Niko Rittenau ist Ernährungswissenschaftler mit dem Fokus auf pflanzliche Ernährung. Er kombiniert seine kulinarischen Fertigkeiten mit dem Ernährungswissen seiner akademischen Laufbahn, um Innovationen zu kreieren, bei denen guter Geschmack auf Gesundheitsbewusstsein und nachhaltigen Konsum trifft. In Vorträgen und Seminaren zeigt er seine Version von bedarfsgerechter Ernährung für eine wachsende Weltbevölkerung und fördert die Achtsamkeit gegenüber hochwertigen Lebensmitteln. Niko absolvierte einen Bachelorstudiengang der Ernährungsberatung sowie ein Masterstudium in Mikronährstofftherapie und Regulationsmedizin.

Facebook: @niko.rittenau
Instagram: @niko_rittenau
YouTube: @nikorittenau

Patrick Schönfeld, auch bekannt als »Der Artgenosse«, ist Humanist und Tierrechtsaktivist. Unter seinem Pseudonym betreibt er einen der größten YouTube-Kanäle zum Thema Tierethik im deutschsprachigen Raum, auf dem er die gängigen Vorurteile und Vorwürfe, die vegan lebenden Menschen regelmäßig begegnen, aufgreift und diese auf sachliche, faktenbasierte und rationale Art entkräftet. Als Illustrator stellt er das Thema der Tierethik außerdem in Web-Comics zeichnerisch auf teils satirische und stets humorvolle Art und Weise dar. Neben seinem Online-Aktivismus kennt man den Dresdener auch von seinen zahlreichen Vorträgen zu den Themen Tierethik und Veganismus, in denen er auch live dem Publikum näherbringt, dass Veganismus mehr ist als eine Ernährungsform und warum das Thema vielfältige stichhaltige Argumente auf seiner Seite hat.

Facebook: @artgenosse
Instagram: @der.artgenosse
YouTube: @derartgenosse

Ed Winters, auch bekannt als »Earthling Ed«, ist Speaker, Tierrechtsaktivist und Produzent aus London. Er ist weltweit mit seinen Vorträgen zum Thema Veganismus aktiv, hat bereits an etwa einem Drittel aller britischen Universitäten Vorträge gehalten und war unter anderem Gastdozent an der Harvard University. Ed Winters ist darüber hinaus Mitbegründer und Co-Direktor von Surge, einer Tierrechtsorganisation, die 2016 den Official Animal Rights March gegründet hat, dem sich in 2019 weltweit über 41.000 Menschen angeschlossen haben. Im Jahr 2017 produzierte er den Dokumentarfilm »Land of Hope and Glory«, der die Zustände in britischen Mastbetrieben dokumentierte. 2018 eröffnete er mit Unity Diner ein gemeinnütziges veganes Restaurant in London. In 2019 startete darüber hinaus sein »The Disclosure Podcast« zum Thema Tierethik und veganem Aktivismus.

Facebook: @earthlingedpage
Instagram:@earthlinged
YouTube: @earthinged

Niko Rittenau
Patrick Schönfeld
Ed Winters

VEGAN IST UNSINN!

Populäre Argumente
gegen Veganismus und wie
man sie entkräftet

BECKER
JOEST
VOLK
VERLAG

Copyright ©: Ventil Verlag UG (haftungsbeschränkt) & Co. KG, Mainz 2021
Copyright © dieser Ausgabe: Becker Joest Volk Verlag GmbH & Co. KG
Bahnhofsallee 5, 40721 Hilden, Deutschland
© 2021 – alle Rechte vorbehalten
1. Auflage Mai 2021

ISBN 978-3-95453-194-3

Text: Niko Rittenau, Patrick Schönfeld, Ed Winters
Coverfoto: Caro Hoene
Covergestaltung: Anne Krause
Innengestaltung und Satz: Oliver Schmitt
Lektorat: Ingo Rüdiger, Hans-Eckehard Volk
Bildbearbeitung, Lithografie: Ellen Schlüter und Makro Chroma Joest & Volk
GmbH & Co. KG, Werbeagentur
Druck: Firmengruppe Appl, aprinta druck GmbH

**BECKER
JOEST
VOLK
VERLAG**

www.bjvv.de

FSC
www.fsc.org
MIX
Papier aus ver-
antwortungsvollen
Quellen
FSC® C004592

Inhalt

Vorwort von Dr. Friederike Schmitz

Es sind oft dieselben Argumente, die in Diskussionen um Tierhaltung und Veganismus immer wieder vorgebracht werden – sei es bei der Gartenparty am Grill, in den Kommentarspalten unter fleischkritischen Artikeln oder nach tierethischen Vorträgen an Universitäten. »Veganes Bullshit Bingo« nennen wir es gern. Meist handelt es sich bei diesen beliebten Einwänden nicht um wohldurchdachte Argumente. Es sind vielmehr Schnellschüsse – abgefeuert, um sich mit der Bedrohung, als die der Veganismus offenbar wahrgenommen wird, nicht weiter auseinandersetzen zu müssen. Oder glaubt die Person am Grill, die eben noch ihren Rasen gemäht und ihren Rosmarinbusch gestutzt hat, ernsthaft, dass Pflanzen auch Gefühle haben? Hat sich der Verfasser, der in seinem Facebook-Kommentar den Veganismus als Sekte bezeichnet, etwa je mit den Charakteristika von Sekten beschäftigt? Oder scheren sich die Leute, die nach einem Tierethik-Vortrag die pflanzliche Ernährung abfällig als unnatürlich bezeichnen, sonst darum, wie natürlich ihre Lebensweise in all den anderen Aspekten ist? Wahrscheinlich nicht.

In diesem Sinne beruhen viele der populärsten Einwände gar nicht auf einer ernsthaften Auseinandersetzung mit der Thematik. Ich habe sogar oft den Eindruck, dass die so Diskutierenden sich kaum für die Wahrheit in der jeweiligen Sache interessieren. Denn sobald man auf das Argument kritisch eingeht, verteidigen viele es gar nicht, sondern bringen einfach ein anderes vor – quasi nach dem Motto neuer Schuss, neues Glück. Daraus folgt allerdings nicht automatisch, dass an keinem der vorgebrachten Argumenten etwas dran wäre. Manche können, mit etwas Ausarbeitung, zu ernstzunehmenden Kritikpunkten werden. Das gilt z. B. für die Idee, dass bei der Erzeugung pflanzlicher Nahrungsmittel auch oder sogar mehr Tiere sterben können als bei der Produktion von Fleisch oder Milch – die Widerlegung dessen ist nicht trivial. Bei einigen anderen muss man dagegen nur kurz logisch überlegen, um zu erkennen, dass der jeweilige Einwand nicht viel taugt. Dennoch kann man aus der gründlichen Beschäftigung damit etwas lernen.

Genau das zeigt auch dieses Buch: Die Antworten, die die drei Autoren formulieren, sind auch dann interessant und lehrreich, wenn man den betreffenden Einwand selbst absurd findet. Das Buch erklärt neueste Erkenntnisse der Ernährungswissenschaft, liefert zahlreiche Fakten zur aktuellen »Nutztierhaltung« und steckt voller kluger Gedanken zur Ethik. Viele Überlegungen sind auch über das Thema des Veganismus hinaus gültig und gekonnt auf den Punkt gebracht. Dass beispielsweise Meinungsfreiheit nicht bedeutet, dass jede Meinung gleichermaßen akzeptabel wäre oder dass man persönliche Ansichten nicht kritisieren dürfe, ist eine Einsicht, die man Menschen generell auf Webseiten erst unterschreiben lassen sollte, bevor die Kommentarfunktion für sie freigeschalten wird.

Auch Lobbyverbände wie der Verband der Fleischwirtschaft fordern gern eine »Versachlichung« der Debatte um Tierprodukte und Ernährung. Eigentlich müssten sie daher dieses Buch bewerben, denn es versammelt diesbezüglich eine Fülle an gut belegten Informationen und rationalen Argumenten. Tatsächlich kommt es den Verbänden aber natürlich in die Quere, denn es entlarvt viele ihrer Aussagen als schlecht begründete Märchen. Auch damit leistet es einen wertvollen Beitrag zu einer gesellschaftlichen Debatte, die mehr Faktenbezug und Vernunft dringend nötig hat.

Zweierlei darf aber zugleich bei all dem Fokus auf Fakten und Argumente aus meiner Sicht nicht aus dem Blick geraten: Erstens kann zur ethischen Reflexion mehr gehören als eine rein rationale Auseinandersetzung. Gefühle wie Mitgefühl oder Empörung zu erleben bzw. überhaupt erst zuzulassen, kann ein wichtiger Schritt in der Beschäftigung mit der Tierindustrie sein. Solche Gefühle sind es oft auch, die uns erst zum Handeln motivieren.

Daran schließt sich auch der zweite Punkt an, den ich hervorheben möchte: Kluge Argumente reichen leider oft nicht aus, um in der Gesellschaft jene Veränderungen herbeizuführen, die in Anbetracht der extremen Ausbeutung der Tiere und der katastrophalen anderen Folgen der Tierindustrie so dringend nötig sind. Damit der Veganismus tatsächlich als die Gerechtigkeitsbewegung wirken kann, als die er in diesem Buch bezeichnet wird, müssen noch viel mehr Veganer*innen über ihre eigene Lebensweise hinaus aktiv werden. Konsistente Überzeugungen und gut begründete Forderungen sind dabei aber natürlich unverzichtbar und dieses Buch liefert dafür jede Menge Material.

Dr. Friederike Schmitz
Autorin u. a. von »Tiere essen – dürfen wir das?«
und »Tierethik kurz + verständlich«

Einleitung

»Es urtheilen vielleicht über keinen moralischen Gegenstand so wenige Menschen richtig, als über die Rechte und Pflichten gegen die Thiere. Das gewöhnlichste ist, daß man gar nichts davon hören will, wie irgendetwas gegen dieselbe sollte unerlaubt sein.«[1]

Diese Worte aus dem 1787 erschienen Werk »Gerechtigkeit gegen Thiere« des Mainzer Philosophen Wilhelm Dietler beschrieben bereits Ende des 18. Jahrhunderts im allerersten deutschsprachigen Tierrechtsbuch den Umstand, mit dem sich die Tierrechtsbewegung auch über 200 Jahre später immer noch konfrontiert sieht: Trotz des großen Leids in der »Nutztierhaltung«, das sich seit deren Industrialisierung und Intensivierung ab Mitte des 20. Jahrhunderts nochmals deutlich verschlimmert hat, schert sich der Großteil der Bevölkerung immer noch herzlich wenig um die schweren Interessensverletzungen gegenüber (Nutz-)Tieren.

Die redliche Auseinandersetzung mit dem Thema der Tierethik im Rahmen der veganen Lebensweise wird zudem durch die zahlreichen gesundheitsbezogenen Mythen erschwert, die – obwohl sie zumeist wenig Substanz haben – noch immer in den sozialen Medien kursieren und sich in den Köpfen vieler Menschen verankert haben. Denn wenn Menschen dem falschen Glauben folgen, dass sie zwingend tierische Nahrungsmittel für ihre Gesundheit benötigen, fällt eine objektive ethische Debatte über das Thema, was wir als Gesellschaft den Tieren schuldig sind, noch schwerer. All die detailreichen Ausführungen zur Nährstoffbedarfsdeckung im Rahmen der veganen Ernährung wurden im Vorgängerwerk »Vegan-Klischee ade! Wissenschaftliche Antworten auf kritische Fragen zu pflanzlicher Ernährung« bereits im Detail diskutiert. Daher bezieht das vorliegende Buch nur in einigen Kapiteln Stellung zu den gesundheitsbezogenen Aspekten der veganen Ernährung, da sie in aller Ausführlichkeit im Vorgängerbuch behandelt wurden.

Der Veganismus war niemals und wird auch niemals die Lösung für alle Probleme dieser Welt sein können und eine vegane Ernährung ist mitnichten (wie auch im Rahmen dieser Einleitung noch beschrieben wird) das gesundheitliche Wundermittel, zu dem sie von einigen Seiten ernannt wird. Der Veganismus ist eine soziale Gerechtigkeitsbewegung, um sozusagen anwaltschaftlich jenen Tieren Gehör zu verschaffen, die ansonsten in unserer Gesellschaft weitestgehend ungehört bleiben. Wenn eine vegane Ernährung richtig praktiziert wird, ist sie jedoch nicht nur eine einfache und effiziente Möglichkeit, Tierrechte zu wahren, sondern ist zugleich nachhaltig, ressourcenschonend und gesund.

Das vorliegende Buch entkräftet dabei nicht nur viele der gängigsten Vorbehalte und Vorurteile gegenüber dem Veganismus, sondern korrigiert auch eine Reihe falscher Vorstellungen und unhaltbarer Argumente, die sich innerhalb der veganen Bewegung festgesetzt haben und zu Lasten der Glaubwürdigkeit des Veganismus gehen. Dieses Buch zeigt anhand der aktuellen wissenschaftlichen Literatur, dass tierische Lebensmittel kein Monopol auf überlebensnotwendige Nährstoffe haben und eine vegane Ernährung bei entsprechend guter Planung in jeder Phase des Lebenszyklus bedarfsdeckend sein kann. Es geht – wie auch sein Vorgänger »Vegan-Klischee ade!« – noch einen Schritt weiter, erläutert, aus welchen Quellen die jeweilige Kritik am Veganismus stammt, und zeigt auf, welche Fehlinterpretationen dazu geführt haben, dass diese Vorurteile entstehen konnten.

Geschrieben wurde dieses Buch einerseits für vegan lebende Menschen, damit diese ein Nachschlagewerk haben, mit dessen Unterstützung sie fundiert auf die häufigsten Argumente gegen die vegane Lebensweise antworten können. Andererseits wurde es aber auch für alle Menschen geschrieben, die ein generelles Interesse an (tier-)ethischen Fragen haben. Diese erhalten hier die Quintessenz der Tierethik. Nicht zuletzt soll es auch denen, die (noch) skeptisch gegenüber dem Veganismus sind, Antworten auf ihre Vorbehalte liefern, um diese aufzulösen. Nach der allgemeinen Einführung in die Ethik im Rahmen dieser Einleitung folgen 30 Kapitel zu je einem (anti-veganen) Vorurteil. Jedes Kapitel schließt mit einer Tabelle ab, in der die Kernaussagen zum jeweiligen Vorurteil nochmals zusammengefasst und widerlegt werden. Sämtliche Quellenangaben zu den Literaturverweisen befinden sich am jeweiligen Ende der einzelnen Kapitel.

Mensch und Tier – ein widersprüchliches Verhältnis

Im Mai 2020 dokumentierten mehrere Handy-Kameras in Frankfurt am Ufer des Mains eine Szene, die kaum symbolischer für unser widersprüchliches Verhältnis zu Tieren hätte sein können.[2,3] Zwei Angler hatten einen kolossalen, 1,5 m langen Wels an Land gezogen und dadurch zahlreiche Schaulustige angezogen, die sich staunend um den Fisch versammelten. Die bewundernde Stille und das vereinzelte heitere Gelächter wichen jedoch blanker Empörung, als einer der beiden Angler den nach Luft schnappenden Giganten mit einem Holzknüppel durch Schläge auf den Schädel betäubte und ihn anschließend tötete. Der Mann wurde daraufhin von den dabeistehenden Passant*innen wüst beschimpft. Eine ältere Dame fragte fassungslos, was denn das für ein Mensch sei, der so etwas tue, und es wurde sogar nach der Polizei verlangt.

Die Angler ließen sich von der gekippten Stimmung und den verbalen Anfeindungen allerdings nicht verunsichern und einer von ihnen richtete sich direkt an die Personen, die am lautesten gegen das Geschehen protestierten: »Essen Sie Tiere? Essen Sie Schwein?« – Eine Rückfrage, deren Legitimität sich kaum bestreiten lässt und eigentlich dazu hätte führen müssen, dass sich bedrücktes Schweigen einstellt, denn eines dürfte klar sein: Auch die Menschen, die mit so viel Entsetzen und Wut auf die Tötung dieses Fisches reagiert haben, werden sich höchstwahrscheinlich noch am gleichen Tag Wurst aufs Brot, ein Schnitzel in die Pfanne oder eben einen Fisch auf den Teller gelegt haben. Stattdessen setzten sie die moralisch aufgeladenen Anfeindungen fort und begriffen dabei nicht die Widersprüchlichkeit ihrer Aufgebrachtheit.

Dieser Vorfall führte in aller Deutlichkeit vor Augen, dass viele Menschen es mittlerweile nicht mehr ertragen, hautnah mitzuerleben, was es letztlich bedeutet, Fisch oder Fleisch zu essen. Zwar gibt es auch in der heutigen Zeit immer noch Menschen, die keinerlei Skrupel haben ein Tier zu töten, aber mehr und mehr Personen scheuen davor zurück ein direkter Teil der Tötung eines Lebewesens zu sein. So sagte auch Ex-Beatle Paul McCartney: »Wenn Schlachthäuser Wände aus Glas hätten, wären alle Menschen Vegetarier.«[4] Würden Menschen zudem den immer wiederkehrenden Kreislauf der Milchwirtschaft aus unmittelbarer Nähe miterleben, in der Kühe zwangsgeschwängert, ihres Nachwuchses beraubt, ausgebeutet und weit vor ihrer eigentlichen Lebenserwartung geschlachtet werden (siehe Kapitel 11) oder die industriellen Produktionsmethoden der Eierindustrie kennen, in der männliche Küken am ersten Tag ihres Lebens vergast oder geschreddert werden, weil sie »wertlos« sind und ihre Geschwister unter unwürdigen Bedingungen eng zusammengepfercht durch Lichtmanipulation und die auf maximale Legeleistung hin optimierte Qualzucht im Akkordtempo solange Eier produzieren müssen, bis auch ihre Legeleistung nachlässt und sie getötet werden (siehe Kapitel 10), dann wären wohl sehr viel mehr Menschen nicht nur Vegetarier*innen, sondern Veganer*innen.

Die biologischen Erkenntnisse und ethischen Diskurse der letzten Jahrhunderte haben im Zusammenspiel mit der besseren Versorgungssicherheit sowie der wachsenden Verbreitung der Haustierhaltung offenkundig zu einer tiefgreifenden Veränderung des Mensch-Tier-Verhältnisses geführt. Nicht zu übersehen ist indes, dass diese Veränderung keineswegs abgeschlossen ist, sondern derzeit mit steigender Geschwindigkeit von Jahrzehnt zu Jahrzehnt voranschreitet, sodass unser gegenwärtiger Umgang mit Tieren noch von derartig vielen Widersprüchen geprägt ist, dass sich damit ein ganzes Buch füllen lässt.

Zahlreiche Menschen kritisieren, dass männliche Küken in der Eierproduktion direkt nach dem Schlupf vergast oder geschreddert werden, aber es gilt als »wichtiger Schritt in Richtung Tierwohl«,[5] wenn in der sogenannten Bruderhahn-Aufzucht die männlichen Küken nicht direkt nach dem Schlüpfen getötet werden, sondern stattdessen einige Wochen später als junge Hähne getötet und zu Fleisch verarbeitet werden. Was ändert sich am Akt des Tötens und wie kann es ein wichtiger Schritt in Richtung Tierwohl sein, wenn die Tötung einfach nur zeitlich um einige Wochen verschoben wird? Wir lieben unsere Haustiere und bezahlen bereitwillig hohe Tierarztkosten, damit es unseren Schützlingen gut geht, während wir parallel dafür zahlen, dass andere Tiere, die in keiner ethisch ausreichend relevanten Hinsicht von Hunden, Katzen oder Wellensittichen unterschieden werden können, unter scheußlichen Bedingungen aufgezogen, aus wirtschaftlichen Gründen oft nicht ausreichend medizinisch behandelt und letztlich gewaltsam aus dem Leben gerissen werden. Wir können uns auch nicht damit herausreden, dass wir nicht wüssten, wie die Tiere, die uns Eier, Milch und Fleisch liefern, in der Regel behandelt werden. Es gibt kaum einen Monat, in dem nicht neue Horroraufnahmen aus genau den Anlagen auftauchen, über die fast die gesamte Nachfrage nach diesen Produkten gedeckt wird. Die Bevölkerung weiß dank der Medien genau, dass sich etwas ändern müsste: »Mehr als vier von fünf Befragten (82 %) sind der Meinung, dass der Tierschutz von Nutztieren im Allgemeinen besser sein sollte, als das derzeit der Fall ist.«[6] Und obwohl 85 % der Deutschen der Aussage zustimmen, dass Tiere wenigstens ein gutes Leben gehabt haben sollten, wenn sie für unsere Ernährung geschlachtet werden,[7] meldete Der Spiegel 2020: »In den Regalen deutscher Supermärkte und Discounter dominiert Billigfleisch das Angebot. Zu diesem Ergebnis kommt eine Untersuchung der Umweltschutzorganisation Greenpeace bei neun Ketten, darunter Aldi, Lidl, Rewe und Edeka. 88 Prozent des Frischfleisches der großen Lebensmittelhändler stammt demnach aus prekären Haltungsbedingungen.«[8]

Wer mit offenen Augen durch den Alltag geht oder in den Medien gezielt darauf achtet, wird beinahe täglich Beispiele für das finden, was der amerikanische Rechtsprofessor und Tierethiker Gary Francione als unsere »moralische Schizophrenie« im Umgang mit Tieren bezeichnet.[9] Der Veganismus stellt den gegenwärtig erfolgreichsten Ansatz dar, dieses Durcheinander durch ein neues, konsequentes Mensch-Tier-Verhältnis zu ersetzen.

Was es bedeutet, vegan zu leben

Die Einbeziehung von Tierrechten in die Ethik und der häufig damit einhergehende bewusste Verzicht auf tierische Nahrung – insbesondere auf Fleisch – sind keineswegs Phänomene der Neuzeit, sondern können über die Jahrtausende hinweg bis weit in die Antike zurückverfolgt werden.[10,11,12,13] Der Veganismus kann also auf eine lange Traditionslinie verweisen, obwohl seine konkreten Ursprünge eher auf Entwicklungen des 19. Jahrhunderts in England zurückzuführen sind: Aus dem – im frühen 19. Jahrhundert oft auch nur als »vegetable diet« bezeichneten[14] – Vegetarismus, der nicht selten einen vollständigen Verzicht auf tierische

Lebensmittel und teils auch die Vermeidung von Leder, Wolle etc. bezeichnete,[15,16,17] wurde über Jahrzehnte hinweg primär der Vegetarismus, wie wir ihn heute kennen: eine Ernährungsweise, die zwar Fleisch, aber nicht Eier und Milch(-Produkte) ausschließt. Da sich die ethischen Probleme des Eier- und Milchkonsums nicht übersehen ließen, waren die ersten Jahrzehnte des 20. Jahrhunderts von einer lebhaften Diskussion darüber geprägt, was eine vegetarische Lebensweise aus- oder eben einschließen sollte.

Die Verweigerung der 1847 gegründeten Vegetarian Society, ein strengeres Verständnis des Begriffs Vegetarier zugrunde zu legen, führte in den 1940ern dazu, dass sich eine kleine Gruppe rund um Donald und Dorothy Watson sowie Elsie Shrigley nach etwas Neuem sehnte. Das Ergebnis war die 1944 gegründete Vegan Society, die sich von Anfang an scharf gegen die Ausbeutung von Tieren aussprach.[18] Es sollten jedoch noch mehrere Jahrzehnte vergehen, bis sich die Mitglieder auf die Veganismus-Definition einigen konnten, die heute wohl auch von den meisten vegan lebenden Personen herangezogen wird:

»Der Veganismus ist eine Philosophie und eine Lebensweise, die danach strebt, alle Formen der Ausbeutung von und Grausamkeiten gegenüber Tieren – soweit es möglich und praktisch durchführbar ist –, sei es für die Ernährung, für Kleidung oder für irgendeinen anderen Zweck, zu vermeiden. Darüber hinaus fördert er zum Vorteil von Mensch, Tier und Umwelt die Entwicklung und Nutzung tierfreier Alternativen. Auf die Ernährung bezogen, bezeichnet der Veganismus die Praxis, auf alle Produkte zu verzichten, die ganz oder teilweise von Tieren stammen.«[19]

Abb. 1: **Auszug aus der ersten Vegan News von November 1944 zum Thema Milchkonsum**[20]

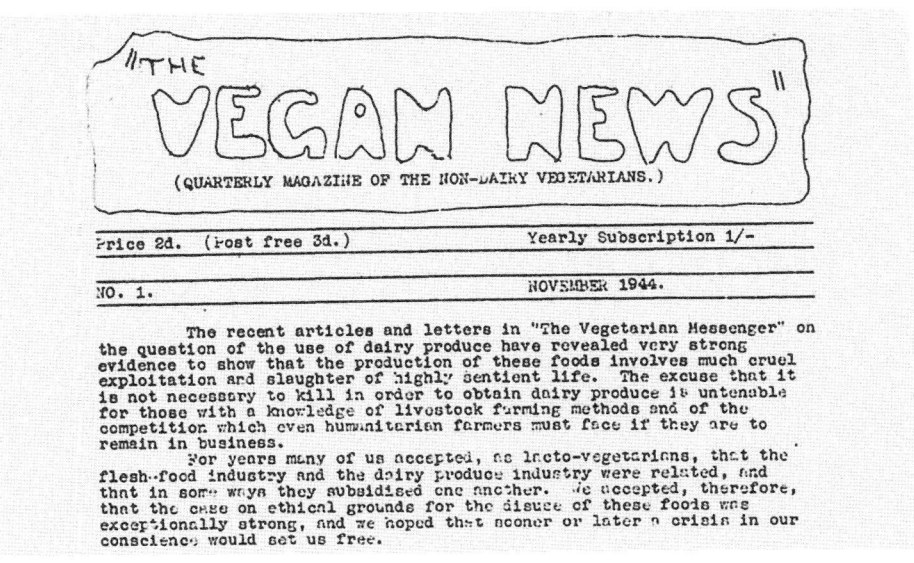

Auch wenn im Normalfall nur der erste Satz herangezogen wird, um in Gesprächen über den Veganismus eine Definition zu benennen, dürfte es sinnvoll sein, die Definition in ihrer Gesamtheit zu betrachten, denn so lassen sich einige wichtige Punkte adressieren, die in Diskussionen immer wieder für Verwirrung sorgen können.

Die von der Vegan Society gewählte Definition enthält gleich mehrere klärungsbedürftige Details. Dass sie derartig erläuterungsbedürftig ist, ist jedoch nicht pauschal ein Indiz dafür, dass es sich um eine unachtsam formulierte Definition handelt. Sie versucht ganz im Gegenteil auf durchaus weitsichtige Weise, einen sinnvollen Minimalrahmen abzustecken.

- **»Der Veganismus ist eine Philosophie und Lebensweise, die danach strebt ...«**
  Unter Philosophie ist in diesem Kontext eine ethische Einstellung gemeint. Die Vegan Society stellt also klar, dass der Veganismus ein (tier-)ethisches Anliegen ist. Der Ausdruck des Strebens nach dieser Lebensweise deutet bereits an, dass es nicht um Perfektion in der Umsetzung geht, da eine hundertprozentige vegane Lebensweise nach den Idealvorstellungen zumindest gegenwärtig praktisch nicht möglich ist (siehe Kapitel 6).

- **»... alle Formen der Ausbeutung von ...«**
  Unter Ausbeutung ist eine ungerechte Nutzung zu verstehen.[21,22] Es geht folglich nicht darum, dass sich in jedem Fall zwingend jede Form der »Nutzung« von Tieren unter keinen Umständen mit den Idealen des Veganismus vereinen lässt, sondern dass in jenen Fällen, in denen es keine Alternative gibt (was entsprechend selten der Fall ist) eine für beide Seiten gerechte Lösung angestrebt wird und dabei keine Ausbeutung stattfindet. Vor allem mit Blick auf zukünftige Technologien wie Cultivated Meat muss deutlich zwischen Nutzung und Ausbeutung unterschieden werden. Vielmehr strebt der Veganismus danach, dass alle Formen der ungerechten und ungerechtfertigten Nutzung vermieden werden.

- **»... und Grausamkeiten gegenüber Tieren ...«**
  Das Oxford Dictionary definiert Grausamkeit wie folgt: »Ein Verhalten, das anderen physische oder psychische Schmerzen zufügt oder sie leiden lässt, insbesondere absichtlich.«[23] Es zählt also die Kombination aus Absicht und Handlungsfolge. Auf der Basis dieser Definition sind unbeabsichtigte Ernteopfer, tote Insekten an der Frontscheibe eines Autos und vergleichbare Fälle keine direkten Widersprüche zur veganen Lebensweise, auch wenn sie selbstverständlich nicht als ethisch bedeutungslos betrachtet werden sollten. Angesichts der Tatsache, dass der Begriff Tier nicht weiter eingeschränkt wird, schließt die

Definition alle Tiere ein. Inwiefern sie Ausbeutung erfahren, ist im Einzelfall von ihren jeweiligen Interessen abhängig zu machen.

- **»... soweit es möglich und praktisch durchführbar ist ...«**

Diese Formulierung ist die zentrale Aussage der Definition. Sie verdeutlicht, dass der Veganismus von Menschen keine völlige Selbstaufopferung fordert. Im Zusammenspiel mit dem Begriff Ausbeutung ergibt sich die Interpretation, dass Menschen, die zwingend darauf angewiesen sind, Tiere zu Ernährungszwecken zu nutzen, berechtigt sind, dies zu tun, und sich dennoch als »vegan lebend« bezeichnen können – mehr dazu an späterer Stelle der Einleitung.

- **»... sei es für die Ernährung, für Kleidung oder für irgendeinen anderen Zweck, zu vermeiden ...«**

Dieser Teil stellt klar, dass es dem Veganismus nicht ausschließlich um die Ernährung, sondern um alle Formen der ungerechten Nutzung geht. Abseits der Ernährung und Kleidung beschreibt dies auch Tierversuche für Kosmetik und Medizin, Tiernutzung zu Unterhaltungszwecken (Zoo und Zirkus) usw.

- **»... Darüber hinaus fördert er zum Vorteil von Mensch, Tier und Umwelt die Entwicklung und Nutzung tierfreier Alternativen ...«**

Die Vegan Society wollte augenscheinlich sicherstellen, dass der Veganismus auch das Ziel verfolgt, die Entwicklung und Nutzung tierfreier Alternativen zu fördern. Eine Auskunft darüber, auf welche Weise diese Förderung erfolgen soll, trifft die Definition allerdings nicht. Von größerer Bedeutung ist, dass dieser Satz so gedeutet werden kann, dass der Veganismus sowohl für Menschen und Tiere als auch für die Umwelt Vorteile hat. Den digitalisierten frühen Ausgaben der Vegan News kann entnommen werden, dass die Gründungsmitglieder der Vegan Society davon überzeugt waren, dass eine Ernährung, die so weit wie möglich auf Tierisches verzichtet, neben den ökologischen Vorteilen auch am gesündesten für den Menschen sei.[24] Dieser Teil der Definition wird an späterer Stelle dieser Einleitung ebenfalls noch im Detail besprochen und kritisch geprüft.

- **»... Auf die Ernährung bezogen bezeichnet der Veganismus die Praxis, auf alle Produkte zu verzichten, die ganz oder teilweise von Tieren stammen ...«**

Der abschließende Satz der Definition der Vegan Society beschreibt, wie eine vegane Ernährung für die allermeisten Menschen aussieht: frei von jeglichen tierischen Produkten wie Fleisch, Fisch, Milch, Käse, Eier, Honig, Gelatine etc. Wenn in Zukunft tierische Lebensmittel im Rahmen der zellbasierten Landwirtschaft auch ohne Tierausbeutung produziert werden können, steht allerdings die Frage im Raum, ob dies dazu führen müsste, die Definition des Veganismus anzupassen. Eine offizielle Stellungnahme seitens der veganen Interessensvertretungen wie der Vegan Society oder ProVeg International steht zum aktuellen Zeitpunkt noch aus. Der letzte Teil der Veganismus-Definition steht außerdem (zumindest in einzelnen theoretischen Fällen) in einem gewissen Widerspruch zu der ebenfalls in der Definition enthaltenen Formulierung, dass die Vermeidung nur »soweit es möglich und praktisch durchführbar ist« gehen muss. Dies bedeutet zwar für den Großteil der Menschen einen kompletten Verzicht auf sämtliche tierische Produkte, aber ermöglicht im Falle von überlebenswichtigen Situationen, notwendige Ausnahmen zu machen.

Ist die vegane Ernährung immer zu 100 % frei von Tierprodukten?

Liest man die Definition des Veganismus nach der Vegan Society, wird deutlich, dass eine vegane Ernährung grundsätzlich auf alle Produkte verzichtet, die ganz oder teilweise von Tieren stammen. Damit ist für die meisten Personen diese Frage auch abgehakt und in den allermeisten Fällen muss hier auch nicht länger diskutiert werden; wenngleich es mehr von theoretischer als praktischer Relevanz ist, soll dennoch folgender Sonderfall adressiert werden: Wie wird mit dem unwahrscheinlichen Fall umgegangen, wenn sich herausstellen sollte, dass es doch Menschen gäbe, die aus welchem Grund auch immer tatsächlich auf tierische Nahrung angewiesen sind?

Hierzu sei auf die Passage der Veganismus-Definition der Vegan Society verwiesen, nach der tierische Produkte »so weit wie möglich und praktisch durchführbar zu vermeiden« sind. Erforderlich ist in diesem (fiktiven) Szenario also, dass die Form der Tierproduktnutzung keine unfaire Nutzung ist (also so wenig wie möglich und so harmlos wie möglich), sodass von einem möglichst fairen »Deal« gesprochen werden kann. Die schlachtungsfreie Haltung von Hühnern zur Gewinnung von Eiern wäre ein solches Beispiel und wäre in einem echten Bedarfsfall (und nur in diesem) mit dem Veganismus vereinbar. Es geht beim Veganismus nicht um pure Selbstaufgabe und Aufopferung, es geht vielmehr darum, das eigene gesunde Überleben, soweit es irgendwie möglich ist, nicht zulasten anderer Lebewesen zu gewährleisten. Nicht mehr und nicht weniger. Dementsprechend hält auch die Vegan Society ausdrücklich fest, dass vegan lebende Menschen beispielsweise nicht-vegane Medikamente nehmen sollen, wenn diese von einem Arzt als notwendig verschrieben werden und es keine Alternative zu diesen gibt, denn tote Veganer*innen helfen den Tieren nicht.[25]

Diesbezüglich muss mit aller Deutlichkeit nochmals die wissenschaftliche Datenlage herausgestellt werden, welche zeigt, dass nicht davon auszugehen ist, dass es Menschen gibt, die (zumindest in westlichen Ländern mit ausreichender Verfügbarkeit an Nahrungsergänzungsmitteln für kritische Nährstoffe) zwingend auf den Verzehr tierischer Lebensmittel angewiesen sind (siehe Kapitel 18). Daher wird in Bezug auf den Veganismus im allgemeinen Sprachgebrauch auch zumeist von einer rein pflanzlichen Ernährung gesprochen (wobei diese auch bakterielle Produkte sowie Pilze enthalten kann, die keine Pflanzen sind). Tierische Produkte besitzen grundsätzlich kein Monopol auf irgendeinen überlebensnotwendigen Nährstoff, und sämtliche Nährstoffe, die überwiegend oder ausschließlich in tierischen Produkten vorkommen, können im Rahmen einer veganen Ernährung über angereicherte Lebensmittel oder Nahrungsergänzungsmittel aufgenommen werden. Die Möglichkeit des Verzehrs von tierischen Produkten in gewissen Lebensumständen oder im Falle einer speziellen genetischen Disposition oder Erkrankung mit schwerwiegenden Einflüssen auf den Nährstoffbedarf ist daher also lediglich der Vollständigkeit halber erwähnt. Hierzulande ist aufgrund des reichhaltigen Lebensmittelangebots und der gut verfügbaren Supplemente nach derzeitigem Kenntnisstand nicht davon auszugehen, dass tierische Lebensmittel in irgendeiner Phase des Lebenszyklus aus gesundheitlichen Gründen zwingend einen Teil des Speiseplans bilden müssen.[26,27] Durch zukünftige Technologien wie die Cellular bzw. Acellular Agriculture[28] werden aber ohnehin auch tierische Lebensmittel wie Fleisch, Milch, Käse und Eier ohne Ausbeutung des Tieres produziert werden können, und somit gibt es selbst im unwahrscheinlichen Fall der gesundheitlichen Notwendigkeit für den Konsum tierischer Lebensmittel auch in seltenen Extremfällen eine ethisch vertretbare Option, diese Lebensmittel ohne den Umweg über das Tier zu produzieren.[29]

Was der Veganismus nicht ist

Immer wieder wird eine vegane Ernährung von ihren Vertreter*innen als die gesündeste unter allen Ernährungsweisen beworben, als wäre sie tatsächlich nur eine Ernährungsweise unter vielen, deren primäres Ziel die optimale Gesundheit des Menschen ist. So liest sich etwa in einer veganen Infobroschüre: »Eine richtig durchgeführte, abwechslungsreiche vegane Ernährung ist die gesündeste Kostform und die einzige wirklich gesunde Ernährung.«[30] Derartige Aussagen lassen sich allerdings anhand der ernährungswissenschaftlichen Datenlage in dieser Deutlichkeit nicht belegen und bergen zudem mehrere Probleme.

Zum einen leidet die Glaubwürdigkeit des Veganismus unter derart übertriebenen und nicht belegbaren Aussagen und zum anderen lenkt sie den Fokus von den Interessen der Opfer (den Tieren) auf die Gesundheit der Tierprodukte essenden Menschen, die durch den Umstieg auf eine vegane Ernährung angeblich zur einzig gesunden Ernährungsweise wechseln. Eine gut geplante vegane Ernährung (inklusive angereicherter Lebensmittel oder Supplemente) kann durchaus den Nährstoffbedarf des Menschen in jeder Lebensphase decken und somit als eine gesunde Ernährung deklariert werden.[31] Aber die Aussage, dass eine vegane Ernährung die gesündeste bzw. sogar die einzig wirklich gesunde Ernährung wäre, entbehrt jeglicher Evidenz. Die Suche nach der gesündesten Ernährung ist ohnehin zum Scheitern verurteilt, da es nicht nur die eine gesündeste Ernährung gibt, sondern zahlreiche unterschiedliche Ernährungsweisen, die bei guter Kostzusammenstellung ähnliche gesundheitliche Auswirkungen haben können.[32] Die Vorstellung, dass jegliche Menge an tierischen Produkten in jedem Fall zu einer Ernährungsweise führt, die weniger gesund ist als eine Ernährung, die ohne Tierprodukte auskommt, ist ernährungsphysiologisch ebenfalls nicht plausibel. Dennoch kann eine vollwertige und bedarfsgerechte vegane Ernährung gesünder als die derzeit übliche westliche Mischkost sein, und Ernährungsfachgesellschaften empfehlen ohnehin auch Mischköstler*innen eine überwiegend pflanzliche Ernährung.[33,34]

Die Suche nach soliden Studien, die belegen, dass beispielsweise der Verzehr einer einzigen Hühnerbrust im Monat einen nachteiligen Effekt auf die Gesundheit hat, wird aber mit an Sicherheit grenzender Wahrscheinlichkeit dauerhaft ergebnislos verlaufen. In anderen Worten: Es lässt sich kein evidenzgestütztes Argument anführen, warum der Konsum jeglicher Menge an tierischen Lebensmitteln aus gesundheitlichen Gründen in Gänze gestoppt werden müsste. Selbst wenn davon auszugehen ist, dass tierische Lebensmittel eher gesundheitsschädlich sind (was nicht unbedingt in allen Fällen zutrifft) führt kein Weg an dem Zugeständnis vorbei, dass eine Hühnerbrust pro Monat gesundheitlich bedeutungslos, der Verzehr aber aufgrund dieser ernährungsphysiologischen Bedeutungslosigkeit als Ausbeutung und damit als unethisch einzustufen und demnach nicht vegan ist – sofern keine zwingende gesundheitliche Notwendigkeit davon ausgeht. Das Gesundheitsargument kann folglich nur für eine starke Reduzierung des Konsums von tierischen Lebensmitteln eintreten. Eine Vermeidung, die im Sinne der Veganismus-Definition so weit wie möglich bis hin zur Vollständigkeit geht (was das Optimum wäre), ist in dieser Hinsicht jedoch argumentativ grundsätzlich nicht von Belang.

Solche Argumente führen außerdem dazu, das Hauptproblem – den unethischen Umgang mit (Nutz-)Tieren – zu marginalisieren, indem suggeriert wird, dass überhaupt noch ergänzende Aspekte notwendig seien, um den Veganismus zu legitimieren – als wäre das eigentliche Problem nicht Grund genug, eine Handlung zu unterlassen oder sein Handeln zu ändern. Aber wenn eine Handlung an sich verwerflich ist, dann sollte sie schon unterlassen werden, eben weil sie verwerflich ist, und nicht erst, weil irgendein zusätzlicher positiver Nebeneffekt bei Unterlassung lockt. Das soll nicht heißen, dass es nicht wichtig ist, im Kontext des Veganismus über Ernährung zu sprechen und etwaige Bedenken über Nährstoffmängel oder gesundheitlich abträgliche Effekte durch vegane Kost auszuräumen.

Außerdem ist es sowohl für einen selbst als auch (indirekt) für die Tiere wichtig, dass man als vegan lebende Person auf die eigene Gesundheit achtet. Denn kränkliche Veganer*innen können nicht nur abschreckend wirken, sondern sie sind auch schnell wieder *Ex*-Veganer*innen und werden in beiden Fällen nicht das für die vegane Bewegung erreichen können, was sie als rundum gut versorgte Veganer*innen hätten bewirken können. Der Veganismus benötigt Fürsprecher*innen, die als Vorbild dienen können. Sie müssen ausreichend informiert sein, um angemessen auf die in der Bevölkerung weit verbreiteten gesundheitlichen Bedenken reagieren zu können. Aber sie sollten sich nicht dazu verleiten lassen, übertriebene Gesundheitsversprechen mit dem Veganismus zu verknüpfen in der Hoffnung, so noch mehr Menschen für eine vegane Ernährung (aus den falschen Gründen) zu begeistern.

Ähnlich verhält es sich mit dem Umweltargument. Vegane Websites bezeichnen die vegane Ernährung zwar immer wieder als die nachhaltigste Ernährungsweise,[35] aber ebenso wie beim Gesundheitsargument reicht das Umweltargument nur für eine sehr starke Reduzierung tierischer Lebensmittel aus Umweltschutzgründen. Es würde eine detaillierte und umfassende Betrachtung der für die Landwirtschaft sowie für das Klima relevanten chemischen Prozesse erfordern und somit den Rahmen einer kurzen Einführung in den Veganismus sprengen; dass aber der Veganismus für die Umwelt streng genommen nicht die beste Lösung sein kann, lässt sich an einem simplen Beispiel festmachen: Die Tötung eines einzelnen Fisches beim Angeln kann genauso wie der Abschuss eines einzelnen Rehs bei ausreichenden Beständen nur tierethisch, nicht aber ökologisch kritisiert werden. Vor dem Hintergrund der aktuellen landwirtschaftlichen Methoden ließen sich durch Jagen und Angeln Kalorien gewinnen, die umweltschonender als ein kalorisch identischer Einkauf bei den ressourcenschonendsten Händlern sind. Das Ziel der veganen Ernährung muss es allerdings auch nicht sein, Superlative wie die gesündeste oder die umweltfreundlichste Ernährung zu bedienen, sondern den Superlativ in ethischen Fragestellungen zu leben, um Tierausbeutung auf das geringstmögliche Maß zu reduzieren. Es steht außer Frage, dass eine vegane Ernährung durchschnittlich dennoch deutlich umweltschonender als eine westliche Mischkost ist,[36,37] aber ebenso wie die Diskussion um die gesündeste Ernährung geht auch die Diskussion um die nachhaltigste Ernährung am eigentlichen Ziel vorbei. Dass man im Rahmen des Veganismus gesund essen und etwas Gutes für die Umwelt tun kann, steht dabei keineswegs im Widerspruch, ist aber nicht der Kern des Veganismus. Wird stattdessen dieser ethische Kern fokussiert, so laufen Gespräche über die vegane Ernährung nicht Gefahr, durch übertriebene Darstellungen gesundheitlicher oder ökologischer Vorteile in die Kritik zu geraten. Außerdem wird so verhindert, dass sich Diskussionen über den Veganismus in ökologischen oder gesundheitlichen Debatten verlieren, sodass am Ende oft sogar jene unerwähnt bleiben, um die es eigentlich geht: die Tiere.

Das Ergebnis der Analyse der Definition der Vegan Society und der damit am weitesten verbreiteten sowie anerkanntesten Definition lässt sich somit wie folgt zusammenfassen: Der Veganismus ist eine tierethisch begründete Lebensweise, die sich darum bemüht, Ungerechtigkeiten gegenüber Tieren so weit wie nur irgendwie möglich zu vermeiden. Sie setzt sich gleichzeitig dafür ein, ethische, nachhaltige und gesunde Alternativen zu tierischen Produkten zu fördern.

Die vegane Bewegung hat sich gerade in den letzten Jahren in vielen Fällen sehr darauf konzentriert, Menschen über Gesundheits- und Umweltargumente zu überzeugen. Dies war mitunter sehr erfolgreich und hat viele Menschen zumindest temporär für eine vegane Ernährung begeistern können, aber es hat auch dazu geführt, dass immer wieder (und nicht selten berechtigte) Kritik zu diversen veganen Büchern[38] oder Dokumentationen[39,40] veröffentlicht wurde, in denen übertriebene gesundheitsbezogene Aussagen getätigt wurden, was der Glaubwürdigkeit der veganen Bewegung äußerst abträglich war. Dies führte außerdem dazu, dass viele primär gesundheitsorientierte Menschen (in einigen Fällen mit sehr großer Social-Media-Reichweite) sich dem Veganismus zuwandten, aber sich nach einiger Zeit wieder öffentlichkeitswirksam davon abwandten, da sie nicht die gewünschten (oft überzogenen) gesundheitlichen Erfolge erzielen konnten oder noch schlimmer – aufgrund einer falschen Vorstellung, wie eine gesunde vegane Ernährung zusammengestellt werden muss – häufig rigide und nicht bedarfsdeckende vegane Ernährungsweisen praktiziert haben, die ihrer Gesundheit geschadet haben (siehe Kapitel 7). Diese Menschen haben dann in vielen Fällen dem Veganismus – und damit den Tieren – mehr geschadet als geholfen. Als tierethisch motivierte Bewegung sollte der Veganismus auch hinsichtlich anderer Aspekte ein redliches Verhalten forcieren und es sollte nicht weggesehen werden, wenn Falschinformationen unter dem Deckmantel des veganen Aktivismus verbreitet werden.

Virginia Messina, eine amerikanische Diätologin und überzeugte Veganerin, schrieb diesbezüglich in ihrer Kritik an der veganen Dokumentation »What the Health« Folgendes: »Als eine vegane Gesundheitsfachkraft bin ich manchmal beschämt, wenn ich mit der schlechten ›Wissenschaft‹ unserer Community in Verbindung gebracht werde. Als Tierrechtsaktivistin bin ich entmutigt von solchem [veganen] Aktivismus, der uns wissenschaftlich ungebildet, unehrlich und zeitweise wie eine Sekte von Verschwörungstheoretiker*innen aussehen lässt. [...] Wir müssen die nicht-vegane Welt wissen lassen, dass es möglich ist für Tierrechte einzustehen und dennoch wissenschaftliche Integrität zu bewahren.«[41]

Wenn nun also festzuhalten ist, dass es streng genommen weder ein veganes Umwelt- noch ein Gesundheitsargument, sondern in dieser Hinsicht jeweils nur ein Reduktionsargument geben kann, dann bleibt für die redliche Überzeugungsarbeit »nur« der tierethische Blickwinkel. Argumente wie das Risiko für das Auftreten von Zoonosen und Antibiotikaresistenzen können ebenfalls nicht als Begründung für eine völlige Abkehr der Tierausbeutung genutzt werden, da diese bereits mit einer drastischen Reform der »Nutztierhaltung« beseitigt werden könnten und es ergo weiterhin Tierausbeutung geben könnte. Auch die Begründung, dass der Veganismus aus einer Welternährungsperspektive die beste Ernährungsform wäre, scheitert schlicht und ergreifend daran, dass Tiere mit uns nicht zwangsläufig in Nahrungskonkurrenz stehen (obwohl dies in der Intensivtierhaltung häufig der Fall ist) und Tiere unter den richtigen Umständen somit Kalorien nutzbar machen können, die für uns sonst nicht zur Verfügung stehen würden. Auch das Bejagen von Wildtieren ließe sich wie erwähnt auf dieser Basis nicht kritisieren.

Die Ethik – eine zu Unrecht gering geschätzte Wissenschaft

Das gewichtigste Argument für den Veganismus, die Tierethik, prallt allerdings an vielen Menschen spurlos ab, da sich eine irritierende Geringschätzung der Ethik durch unsere Gesellschaft zieht. Der Vegankritiker und »Don't go Veggie«-Autor Udo Pollmer sagte dazu beispielsweise: »Der entscheidende Punkt ist eigentlich der, dass man [als Veganer] gar nicht auf sachliche Argumente eingeht, sondern ständig religiöse oder sogenannte moralische Aspekte in den Vordergrund stellt. [...] ich kann die Moral immer vorschieben, wenn ich keine Argumente mehr für meine Position habe. Und deshalb steht das moralische Argument [...] bei den Veganern und bei Teilen der Vegetarier im Vordergrund.«[42] Die falsche Unterstellung, dass der Veganismus eine Religion sei, wird im Rahmen des Kapitels 27 noch im Detail besprochen. Für Udo Pollmer gibt es abseits des moralischen Aspekts keine belastbaren Argumente für den Veganismus (womit er grundsätzlich recht hat), er versucht jedoch, das bedeutende tierethische Argument mit einem Nebensatz abzuhaken, und verhält sich so, als wären die ethischen Grundpfeiler des Veganismus lediglich irrationale Vorwände, um die quasireligiösen Vorstellungen vegan lebender Menschen rechtfertigen zu können.

Diese offen zur Schau gestellte Gleichgültigkeit gegenüber moralischen Argumenten ist schon allein deswegen als irritierend zu bezeichnen, da unsere Gesellschaft grundsätzlich von moralischen Werten abhängt. Wir fordern von Politik und Wirtschaft, dass sie sich moralisch verhalten sollen; unsere Gesetze fußen auf einem moralischen Fundament, unsere Institutionen ziehen regelmäßig Ethikkommissionen zur Beratung heran usw. Unser ganzes Leben wäre in der gegenwärtigen Form nicht ohne moralische Werte denkbar und wir verdanken ihnen vieles.

Abgesehen davon, dass die schulische Ausbildung häufig keine grundlegende Einführung in Moral und Ethik bietet, dürfte noch ein anderer Grund eine wesentliche Ursache für die Geringschätzung des Wissenschaftsbereichs der Ethik darstellen. Und zwar handelt sich bei der Ethik nicht um eine Naturwissenschaft wie die Physik, die Chemie oder die Biologie – ethische Positionen seien »rein subjektiv«, nur »menschengemacht«, willkürlich »erfunden« und demnach auch nicht verpflichtend, heißt es etwa seitens Kritikern wie Udo Pollmer. Derartige Einwände offenbaren im Zusammenspiel mit der Regelmäßigkeit, mit der sie einem begegnen, einen fundamentalen Bildungsmissstand in unserer Gesellschaft. Es ist selbstverständlich vollkommen richtig, dass Werte nicht wie Steine oder Bäume existieren, aber damit ist noch nichts über ihre fehlende Notwendigkeit oder Beliebigkeit gesagt.

Wie selbstverständlich wir uns auf Außernaturwissenschaftliches stützen und dies als äußerst wichtig empfinden, lässt sich schon an den Naturwissenschaften selbst aufzeigen. Naturwissenschaften können an und für sich nur Erkenntnisse gewinnen, sie können jedoch keine Aussage treffen, was wir mit diesen Erkenntnissen anfangen sollen. Eine reine Naturwissenschaft wäre folglich funktionslos und würde nur zweckloses Wissen anhäufen. Naturwissenschaftliche Forschung stellt aber keinen Selbstzweck dar, sondern sie verfolgt, wo sie nicht nur etwa der Befriedigung der Neugier dient, ein Ziel, das selbst nicht naturwissenschaftlich begründet werden kann. Auch die Art und Weise, wie Naturwissenschaft betrieben wird, lässt sich nicht aus naturwissenschaftlichen Erkenntnissen ableiten. Sie ergibt sich aus dem nicht naturwissenschaftlich gewonnenen Wunsch, zuverlässige und intersubjektiv nachvollziehbare Ergebnisse zu produzieren.

Um sich dem damit aufgeworfenen Problem anzunähern, ist es sinnvoll, sich zu vergegenwärtigen, dass wir in der Wissenschaft zwei Formen von Sätzen begegnen: deskriptiven und normativen Sätzen. Bei deskriptiven, also beschreibenden Sätzen, handelt es sich um Sätze, die das Bestehen oder Nicht-Bestehen eines Sachverhaltes aussagen. Es sind wahrheitsfähige Beschreibungen, die folglich mit naturwissenschaftlichen Mitteln überprüft werden und sich als zutreffend oder unzutreffend erweisen können. Normative Sätze sind hingegen Sätze, die auf Handlungen oder Handlungsunterlassungen abzielen. Normative Sätze können daher nicht wie deskriptive Sätze einfach als wahr oder falsch gelten, sondern sie können nur im Hinblick auf einen gesetzten Zweck zielführend oder eben nicht zielführend sein. Die normative Aussage, dass Druckerpapier 29,7 cm mal 21 cm (DIN A4) groß sein sollte, lässt sich nicht rein naturwissenschaftlich bestätigen. Sie kann sich nur als sinnvoll erweisen, wenn hier ein Drucker benutzt wird, der auf dieses Papierformat ausgelegt ist.

Sobald eine naturwissenschaftliche Forschung ein Ziel verfolgt – zum Beispiel die Entwicklung eines Medikaments –, stützt sie sich unweigerlich auf Normen, die ihrerseits nicht rein »objektiv« begründet werden können. In Diskussionen kann daher stets darauf verwiesen werden, dass eine Abwertung von normativen Sätzen nicht nur die Ethik, sondern letztlich die gesamte Wissenschaft betrifft.

Darüber hinaus müsste ein Gegenüber, das diese Abwehrstrategie verwenden möchte, dazu bereit sein, beispielsweise auch die Rechtswissenschaft oder die Logik zu entwerten. Die (Grund-)Rechte, deren Verletzung sicher nicht gewünscht wird, existieren schließlich genauso wenig wie Steine oder Bäume.

Obgleich die Ethik umfassend von beschreibenden (deskriptiven) Sätzen Gebrauch macht, geht es ihr um normative, also um handlungsleitende Sätze. Wer sich mit ihr kritisch auseinandersetzen will, greift zu kurz dabei, die Ethik einfach nur aufgrund ihres normativen Charakters zu verwerfen, denn damit wird unbedacht ausgeblendet, in welchem Umfang unser Wohlergehen von Normen abhängt und dass auch die Naturwissenschaften ohne Normatives nutzlos blieben. Die Frage ist, welches Ziel eine ethische Position verfolgt und ob ihre Mittel zur Erreichung angemessen sind. Doch bevor genauer dargestellt wird, was die tierethischen Hintergründe des Veganismus sind, muss geklärt werden, was die Ethik überhaupt ist und wo die Unterschiede zwischen Moral und Ethik liegen.

Moral versus Ethik

Zuvor wurde die Ethik eine Wissenschaft genannt. Zur Verdeutlichung, was die Ethik als Wissenschaft auszeichnet, ist es hilfreich, sie im Kontrast zum Begriff Moral zu betrachten. Diese – auch in der Philosophie oft nicht vorgenommene – Differenzierung kann auf etwas Bedeutsames hinweisen. Denn jeder Mensch vertritt Werte oder hat moralische Haltungen, aber nicht jeder Mensch hat eine ethische Position.

Unter Moral kann die Gesamtheit der normativen Überzeugungen verstanden werden, die in einer Gesellschaft oder einer Teilgruppe von ihr existieren, selbst wenn diese eventuell nicht ausdrücklich artikuliert werden. Auf der individuellen Ebene ließen sich dementsprechend die verschiedenen normativen Ansichten einer Person als die moralischen Überzeugungen bezeichnen. Betrachtet man die moralischen Normensysteme von Gesellschaften, Gruppen oder Einzelpersonen, so fällt schnell auf, dass sie grundlegende Minimalanforderungen der Wissenschaftlichkeit nicht oder nur unvollständig erfüllen. Was die Ethik also von der Moral trennt, ist das Einhalten der Mindestanforderungen der Wissenschaftlichkeit – oder wenigstens der Anspruch sie einzuhalten. Im Kern geht es dabei um drei Minimalanforderungen:[43]

Konsistenz: Von einer Wissenschaft wird verlangt, dass ihre normativen und/oder deskriptiven Sätze konsistent sind, sich also nicht logisch widersprechen. Einem Beitrag, der zugleich behauptet, dass Rauchen das Lungenkrebsrisiko erhöht und dass einzig und allein die Genetik darüber entscheidet, ob ein Mensch an Lungenkrebs erkrankt, wird man zu Recht Wissenschaftlichkeit absprechen. Unsere

Abb. 2: **Abbildung eines Mopses vor und nach der selektiven Züchtung (1802 vs. 2012)**

Der Mops im 19. Jahrhundert unterscheidet sich deutlich von dem aktuell in Deutschland gültigen Rasse-standard. Im Vergleich zum heutigen Mops mit rundem Kopf und stumpfem Körper war er früher deutlich hochbeiniger, besaß eine längere Schnauze und tiefliegendere Augen. Bei Tieren mit gekürzter Nase wie dem Mops lassen die feinen Lamellen der Nasenmuscheln kaum noch Luft durchströmen und aufgrund ihrer hervorquellenden Augen neigen sie vermehrt zu Hornhautentzündungen.

Alltagsmoral erfüllt diesen Anspruch oft nicht. Wir halten es beispielsweise für wichtig, leidensfähigen Tieren kein unnötiges Leid zuzufügen, während wir als Gesellschaft gleichzeitig Dutzende Zuchtrassen von Hunden und Katzen für vertretbar halten, bei denen kein Zweifel besteht, dass sie einzig und allein für unsere ästhetischen Präferenzen so gezüchtet wurden, wie sie heute aussehen, und dabei körperlich unter ihrer Zucht leiden.

Kohärenz: Von einer Wissenschaft wird gefordert, dass ihre normativen und/oder deskriptiven Sätze ein kohärentes Ganzes ergeben, also in einem sachlichen Zusammenhang zueinander stehen bzw. einen »roten Faden« erkennen lassen, und nicht einfach nur zusammenhanglose Einzelelemente darstellen. Unsere Alltagsmoral wird auch dieser Minimalanforderung oft nicht gerecht, denn unsere moralischen Überzeugungen folgen keineswegs immer einem grundlegenden Prinzip und existieren häufig nebeneinander ohne sachliche Verbindung. Wir haben moralische Haltungen zu unterschiedlichsten Themen, ohne dass sie eine Ableitung aus einem leitenden normativen Ansatz wären. Vielfach wird nicht einmal die Frage gestellt, ob die eigenen Wertvorstellungen in irgendeiner inhaltlichen Verbindung zueinander stehen könnten oder sollten. In der Ethik werden einzelne Handlungen bzw. Sichtweisen hingegen nicht einfach völlig losgelöst voneinander betrachtet: Es wird ein ethisches Modell zugrunde gelegt (z. B. eine Vertragstheorie, eine Mitleidsethik oder ein utilitaristischer Ansatz),[44] von dem aus eine Einschätzung gegenüber den einzelnen ethischen Fragestellungen erfolgen kann.

Luzidität: Von einer Wissenschaft wird erwartet, dass von ihr verwendete Begriffe luzide, also verständlich, klar und eindeutig sind. Begriffe müssen demnach, wo nötig, definiert werden. Einige Grundbegriffe unserer Alltagsmoral werden diesem Anspruch ebenfalls nicht gerecht. Der Versuch, Menschen um eine Erklärung zu bitten, was sie beispielsweise damit meinen, wenn sie von »Würde« oder »Ehre« sprechen, offenbart sehr schnell, dass unsere im Alltag verwendeten Begriffe oft nicht luzide sind.

Zusätzlich zu diesen drei allgemein akzeptierten Mindestanforderungen ließe sich darüber hinaus noch einwerfen, dass der Anspruch an Wissenschaftlichkeit eine empirische Überprüfbarkeit voraussetzt. Das bedeutet, dass Aussagen, die das Bestehen eines Sachverhaltes behaupten, zumindest prinzipiell überprüfbar sein sollten. Dies ist in den Naturwissenschaften eine Selbstverständlichkeit. In der Ethik existieren allerdings zahlreiche Ansätze, deren Grundsätze sich einer Überprüfung entziehen. Ein klassisches Beispiel, das hier angeführt werden kann, stellt Arthur Schopenhauers berühmte Preisschrift über die Grundlage der Moral dar, in der er schrieb, dass die »Abwesenheit aller egoistischen Motivation [...] das Kriterium einer Handlung von moralischem Wert« sei.[45] Gesetzt, dass überhaupt davon ausgegangen wird, dass es gänzlich unegoistische Handlungen geben kann: Es ist in der Praxis nicht möglich festzustellen, ob die Handlung einer Person aus egoistischen oder selbstlosen Gründen erfolgt ist. Es handelt sich also um ein Kriterium ohne praktischen Wert. Als vierte Minimalforderung könnte daher formuliert werden, dass auch in den normativen Wissenschaften nur die (An-)Sätze zulässig sein sollten, die sich wenigstens nicht grundsätzlich einer Überprüfbarkeit entziehen. Aus Konsistenzgründen abgeleitete Schlussfolgerungen können hier eine Ausnahme bilden.

Die Erläuterung dieser wissenschaftlichen Minimalstandards sollte eine grobe Vorstellung davon erzeugt haben, was die Ethik ganz allgemein von unseren moralischen Vorstellungen trennt: Ethik ist die systematische, sich an wissenschaftliche Grundregeln haltende Analyse, die unsere Handlungen und die Organisation unserer Gesellschaft zum Gegenstand hat. Vereinfacht gesagt beschäftigt sich die Ethik mit der Theorie der Moral. Somit ist Ethik sozusagen die Wissenschaft über die Moral. Während also »Moralen« koexistieren können, kann es nur eine Ethik als wissenschaftliche Disziplin geben. Wenn »Don't go Veggie«-Autor Udo Pollmer also sagt, Moral würde immer dann vorgeschoben, wenn man keine Argumente mehr für eine Position habe,[46] dann ist das zwar grundsätzlich nicht falsch, und tatsächlich kann man in sich widersprüchliche und damit irrationale moralische Werte als »Ausrede« für fehlende stichhaltige Argumente vorschieben, die einem Konsistenztest nicht standhalten und damit nicht geeignet sind, eine Handlung (oder die Unterlassung einer Handlung) zu rechtfertigen. Aber wenn es um die Tierethik als wissenschaftliche Disziplin sowie stringent formulierte ethische

Kritik an einem System wie der Tierhaltung geht, dann kann man diese nicht ohne stichhaltige Gegenargumente einfach abtun, als wären das rein subjektive Pseudoargumente oder willkürlich erfundene Ausreden. Somit ist das moralische Argument für den Veganismus auf Basis der Tierethik ganz und gar nicht ein vorgeschobenes Argument, weil es an anderen gewichtigen Argumenten fehlt. Es ist im Gegenteil der Kern des Veganismus als soziale Gerechtigkeitsbewegung. Die Kritik am Speziesismus ist ebenso wie Kritik an Rassismus und Sexismus solide ethisch begründbar und bedarf keines ökologischen oder gesundheitlichen Zusatznutzens, um legitimiert zu werden. Frauenrechte existieren in der Gesellschaft nicht deshalb, weil sich Männer davon Vorteile erhoffen. Es geht dabei um das Wohl der Frauen. Ebenso müssen Tierrechte nicht darauf fußen, dass sich Menschen davon persönliche Vorteile erhoffen, sondern es geht ausschließlich um das Wohl der Tiere. Aber warum sollte man Tieren gegenüber eigentlich gerecht sein?

Das Ziel der Ethik

Normative Sätze können nicht wie deskriptive Sätze für sich in Anspruch nehmen, wahr zu sein – sie können nur für sich beanspruchen, im Hinblick auf ein bestimmtes Ziel angemessen, also zielführend zu sein. Bei der Herstellung von Einzelteilen eines technischen Gerätes erfüllen Normen wie die Vorgabe von Größe und Material den Zweck, die Funktionsfähigkeit des finalen Produkts sicherzustellen; aber welches Ziel verfolgen ethische Normen?

Im Rahmen dieser Einleitung wurde bereits darauf hingewiesen, dass die naturwissenschaftliche Forschung im Normalfall kein Wissen als Selbstzweck generiert, sondern außernaturwissenschaftliche Ziele verfolgt. Analog dazu kann gefragt werden, was die Ethik beabsichtigt, wenn sie ermitteln will, wie wir handeln und wie wir uns organisieren sollen, denn auch richtiges Handeln ist kein Selbstzweck. Es dient einem anderen Zweck. Wenn wir darüber nachdenken, was unser Handeln im Allgemeinen, im Großen und Ganzen antreibt, wird Einigkeit darüber zu erreichen sein, dass es uns letztlich darum geht, ein gutes, ein gelingendes Leben zu führen, auch wenn darunter etwas sehr Unterschiedliches verstanden werden wird.

Der Wert einer ethischen Position oder eines ethischen Ansatzes wäre demzufolge danach zu bemessen, inwiefern er dazu geeignet ist, ein gutes Leben zu fördern. Das Einhalten der Minimalanforderungen der Wissenschaftlichkeit dient in dieser Hinsicht dem Zweck, Willkür auszuschließen. Dort, wo Willkür herrscht, ist kein dauerhaft funktionierendes Miteinander möglich. Wer sich herausnehmen möchte, andere willkürlich behandeln zu dürfen, hat keinerlei Basis, sich zu beklagen, wenn er oder sie selbst willkürlich behandelt wird.

Gerechtigkeit als Willkürausschluss

Da Willkür zu unbegründeter Schlechterbehandlung führen sowie einem funktionierenden Miteinander im Wege stehen kann, ist es im Interesse aller Menschen, die nicht vollständig isoliert und völlig unabhängig von anderen leben, Willkür zu vermeiden, solange sie über das weitsichtige Verständnis verfügen, welchen Preis es haben kann, es nicht zu tun. Der Ausschluss von Willkür ist daher eine wesentliche Grundlage für ein gutes Leben. Infolgedessen stellt der Grundsatz, Gleiches gleich und Ungleiches ungleich zu behandeln, für die Ethik den zentralen Aspekt der ersten Minimalanforderung der Wissenschaftlichkeit (Konsistenz) dar. Die beiden folgenden Beispiele dienen zur Illustration, was genau darunter zu verstehen ist.

Man stelle sich einen Vater vor, der mit seinem Sohn ein Würfelbrettspiel spielen möchte. Der Vater nimmt sich hierfür von den zwei vorhandenen Würfeln den roten und gibt den grünen seinem Sohn. Nach einem kurzen Zögern klagt sein Sohn, dass er lieber den roten Würfel haben möchte, da es mit diesem doch vermeintlich einfacher sei, eine Sechs zu bekommen, obwohl die Würfel, von der Farbe abgesehen, identische Eigenschaften haben.

Wie hinlänglich bekannt, hat die Farbe eines Würfels keinen Einfluss darauf, welche Zahl gewürfelt wird. Wenn das Ziel darin besteht, einen Würfel zu wählen, der häufiger eine Sechs ergibt, wäre das entscheidende Kriterium für die Wahl, ob bei einem der Würfel ein Ungleichgewicht im Material vorliegt, das die Wahrscheinlichkeit für eine Sechs erhöht. Daraus folgt, dass in diesem Kontext kein Anlass für eine Ungleichbehandlung der beiden Würfel vorliegt. Besteht hingegen der Wunsch, einen Würfel zu wählen, den man besonders schön findet, kann die Farbe eine wichtige Rolle spielen, denn eine Ungleichheit der beiden Würfel in Bezug auf ihre Farben wäre in diesem Kontext ein Anlass für eine Ungleichbehandlung.

Abb. 3: **Roter und grüner Würfel**

Ist die Farbe des Würfels für die Ergebnisse des Würfelns relevant?

Als ein zweites Beispiel kann das nachstehende Szenario dienen: Eine junge Frau hat gerade ihre neue Wohnung bezogen und mit der Hilfe einer Freundin frisch möbliert. Einen Tag nach dieser Großaktion merkt sie, dass sie doch lieber eine Sitzecke haben möchte, statt die Couchmöbel recht mittig stehen zu haben. Während sie den Couchsessel schon einmal selbst zur Seite stellt, rührt sie die Couch nicht an und ruft noch einmal ihre Freundin an, um sich Hilfe zu holen.

Gibt es einen relevanten Unterschied zwischen der Couch und dem Sessel, der dazu führen kann, dass nur der Sessel problemlos alleine umgestellt werden kann?

In diesem Fall ist augenscheinlich ersichtlich, warum die Frau den Sessel und die Couch unterschiedlich behandelt, obwohl es sich bei beiden um Sitzgelegenheiten handelt. Während der Sessel sowohl von der Größe als auch vom Gewicht her gut alleine getragen und umgestellt werden kann, ist die Couch für eine einzelne Person zu schwer und zu unhandlich, um sie einfach anzuheben und an eine andere Stelle zu stellen. Im Vergleich zu dem Würfel-Szenario liegt also hier ein sinnvoller Grund für eine Ungleichbehandlung in Bezug auf das angesprochene Kriterium vor.

So trivial diese Beispiele auch erscheinen mögen: Sie können helfen zu verstehen, worauf es in der Ethik ankommt, wenn es zu klären gilt, ob eine Gleich- oder Ungleichbehandlung angemessen ist. Wenn entschieden werden muss, welchen Menschen es ermöglicht werden soll, einen Führerschein zu erwerben, sind das Geschlecht oder die Hautfarbe einer Person unerheblich, da diese Eigenschaften für die Frage irrelevant sind, ob ausreichende Fähigkeiten dafür vorliegen, ein Fahrzeug sicher führen zu können. Die Begriffe Sexismus und Rassismus zielen genau auf solche nicht begründbaren Ungleichbehandlungen ab, und vegan lebende Menschen möchten mit dem Begriff Speziesismus darauf hinweisen, dass derartige Ungleichbehandlungen nicht nur zwischen Geschlechtern oder Ethnien bzw. »Rassen«, sondern auch zwischen ganzen Spezies stattfinden. Wenn Gleiches gleich zu behandeln ist, dann kann das Ziel, jemandem nicht ohne vernünftigen Grund Leid zuzufügen, nicht auf Menschen alleine beschränkt werden, da die Fähigkeit zu leiden nicht an der Artengrenze Halt macht. Wer diese Form der Berücksichtigung auf Menschen beschränken will, müsste im Sinne der Willkürvermeidung aufzeigen können, welche in dieser Hinsicht *relevante* Eigenschaft alle Menschen von anderen Tieren bezüglich des Zufügens von Leid trennt.

Die bloße Spezieszugehörigkeit kann für sich kein ausreichendes Kriterium sein, um eine klare Mensch-Tier-Grenze zu ziehen. Man stelle sich folgende Situation vor: Aufgrund einer technischen Panne hat sich der Feierabend eines Büroangestellten bis tief in die Nacht verzögert, sodass der Weg nach Hause anders als sonst durch menschenleere Straßen und einen um diese Zeit verlassenen Park führt. Im Zentrum des Parks lauert eine vermummte Person mit einer Waffe, die nun ihre Chance nutzen möchte, sich unter Androhung von Gewalt zu bereichern. Ausgerechnet an diesem Tag befindet sich in der Brieftasche des Angestellten jedoch nur noch das magere Wechselgeld des letzten Einkaufs. Ein Umstand, der die Situation völlig eskalieren lässt. Der Räuber brüllt: »Du hast jetzt 30 Sekunden, mir einen guten Grund dafür zu geben, warum ich dich jetzt nicht einfach erschießen sollte!« – Was würde der Büroangestellte wohl sagen? Welche Gründe würde man selbst in einer solchen Situation anführen?

Die Antwortmöglichkeiten sind natürlich vielfältig, jedoch wird man kaum erwidern: »Weil ich ein Mensch bin.« Würde man dies dem Räuber antworten, würde er es nicht für eine angemessene Begründung halten. Menschen wollen nicht bloß deshalb fair behandelt oder verschont werden, weil sie Menschen sind. Das Mensch-Sein ist jedoch mit Eigenschaften verbunden, die ihnen etwas bedeuten: Menschen haben Interessen, deren Durchkreuzung als unangenehm empfunden wird, sie haben Bedürfnisse, die befriedigt werden wollen, sie können leiden, weswegen sie ein Interesse daran haben, Leid zu vermeiden – kurz: Menschen liegt aufgrund dieser Eigenschaften etwas an einem fairen und schonenden Umgang. Diese Interessen sind ebenso bei anderen Tieren vorhanden, auch wenn der Umfang oder die Ausprägung nicht immer identisch ist.

Obgleich Menschen soziale Wesen und im Normalfall auf irgendeine Weise auf andere Menschen angewiesen sind, lässt sich in vielen Situationen das Vorhandensein des Hangs, selbst dann den eigenen Vorteil zu suchen, wenn er nicht nötig wäre, kaum bestreiten. Philosophen haben daher im Verlauf der Geschichte immer wieder versucht, Gedankenexperimente zu formulieren und Vergleiche anzustellen, die dazu dienen könnten, diesen Hang zum Wohle aller zu überwinden. Einige dieser Versuche haben eine explizit »tierethische Stoßrichtung«, andere lassen sich durch geringfügige Abwandlungen hinsichtlich der Tierethik verständlich machen. Sie sind im Folgenden in einer knappen Auswahl als Mittel des Willkürausschlusses und im Dienste der Gerechtigkeit skizziert.

Der Haustier-»Nutztier«-Vergleich

Die große Mehrheit der Bevölkerung teilt die Einschätzung, dass die Art und Weise, wie wir mit unseren »Nutztieren« umgehen, ein nicht gerade kleines Problem darstellt. Während wir unsere Haustiere – wenn auch nicht immer oder ausreichend – lieben und uns bemühen, ihnen ein möglichst schönes und langes Leben zu ermöglichen, werden im Rahmen der Produktion tierischer Lebensmittel Handlungen gegenüber und Haltungsweisen von Tieren hingenommen, die bei unseren Haustieren zu Protesten und staatlichen Maßnahmen führen würden. Aber liegt tatsächlich eine ethische Begründung für eine Ungleichbehandlung von Haustier und »Nutztier« vor? Die standardmäßig vorgebrachte Begründung für diese Ungleichbehandlung lautet, dass man zu seinen Haustieren eine Beziehung habe und zu den »Nutztieren« nicht. Hält dieser Einwand einem Konsistenz-Test stand?

Dem Hinweis auf die persönliche Bindung zum Haustier ließe sich die Behauptung entnehmen, dass Haustiere letztlich nur aus egoistischen Motiven gut behandelt werden würden. Man tötet sie nur deswegen nicht und versorgt sie anständig, weil sie einem fehlen würden oder in einem schlechten Gesundheitszustand keine Freude bereiten. Der Anteil an Haustierhalter*innen, der diese Schlussfolgerung sachlich bestätigen würde, dürfte gering sein. Haustierhalter*innen wünschen ihren Tieren selbst ein glückliches Leben – nicht nur zu ihrem persönlichen Vorteil.

Eine andere Rechtfertigung könnte darin bestehen, dass man nur jenen Tieren ein gutes Leben wünscht, die man persönlich kennt. Allerdings wäre auch dieses Argument als irrational zu verwerfen, denn wenn man (Haus-)Tieren grundsätzlich zugesteht, dass es für sie etwas bedeutet, ein gutes und langes Leben zu führen, dann gibt es keinen Grund, dies zu ignorieren, bloß weil man ein Tier nicht persönlich kennt. Auch diese Rechtfertigung ist außerdem auf ihre Konsistenz hin zu prüfen: Wenn man der Meinung ist, dass es tolerabel wäre, Tiere scheußlich behandeln zu lassen, weil man sie nicht persönlich kennt, warum gilt dieselbe Logik nicht auch beim Menschen? Was ist der ethisch relevante Unterschied? Denkt man diesen Gedankengang weiter, wird die Widersprüchlichkeit schnell deutlich.

Das Argument der menschlichen Grenzfälle

Das Argument der menschlichen Grenzfälle[47] lässt sich wie folgt zusammenfassen:

1. Um behaupten zu können, dass ausschließlich Menschen ethische Berücksichtigung verdienen und Tiere daher keine, müsste es eine ethisch relevante Eigenschaft X geben, die alleine Menschen und nicht Tieren zugesprochen werden kann.
2. Alle Eigenschaften, die Menschen auf eine ethisch relevante Weise von anderen Tieren trennen könnten, fehlen allerdings bei einigen Menschen – sogenannte »menschliche Grenzfälle« wie Personen mit schweren geistigen Beeinträchtigungen.
3. Ethisch relevante Eigenschaften wie Leidensfähigkeit, die alle Menschen (auch »menschlichen Grenzfälle«) haben, werden auch vielen Tieren zugesprochen.
4. Daher gibt es keine Möglichkeit, widerspruchsfrei rechtfertigen zu können, dass nur Menschen eine ethische Berücksichtigung verdienen.[48] Dieses Argument dient dabei keineswegs dazu, Menschen mit schweren geistigen Behinderungen (oder andere »menschliche Grenzfälle«) abzuwerten. Das Bestreben gilt

der Aufwertung von Tieren. Die eigentliche Abwertung erfahren Menschen mit schweren geistigen Einschränkungen, da Faktoren wie Intelligenz, Zukunftspläne, Selbstbewusstsein usw. von manchen Personen zum Maßstab für ethische Berücksichtigungswürdigkeit erhoben werden. Die genannten Merkmale werden auch von vielen Vegankritikern als relevante Unterscheidungsmerkmale des Menschen gegenüber Tieren und als Begründung für ihre Ungleichbehandlung herangezogen. Gerade mit diesen Kriterien wird aber – oftmals auch unbemerkt – behauptet, dass Menschen mit Behinderungen die Eigenschaften fehlen, die eine ethische Berücksichtigungswürdigkeit begründen. Es ist für die ethische Berücksichtigung aber nicht von Bedeutung – und das schrieb auch der britische Philosoph Jeremy Bentham bereits im Jahr 1789 –, ob man denken oder sprechen kann, sondern ob man leiden kann.[49] Die Leidensfähigkeit ist für alle Menschen sowie für eine Vielzahl anderer Spezies gut belegt und kann bezüglich des ungerechtfertigten Zufügens von Leid kein Merkmal für eine Ungleichbehandlung dieser Tiere (und selbstverständlich auch nicht von Menschen mit geistigen Behinderungen) sein.

Die Goldene Regel in der Formulierung Leonard Nelsons

Die Goldene Regel in all ihren Varianten darf wohl als der bekannteste ethische Grundsatz der Welt bezeichnet werden. Im deutschsprachigen Raum sind besonders diese beiden Formulierungen geläufig:

> Behandle andere so, wie du von ihnen behandelt werden willst.
> Was du nicht willst, dass man dir tu', das füg auch keinem andern zu.

Diese zwei in der Alltagsmoral oft unkritisch herangezogenen Versionen weisen jedoch einen – durchaus schwerwiegenden – Mangel auf: Sie machen die eigenen Präferenzen zum Maßstab und fordern dazu auf, diese einfach auf eine andere Person zu übertragen. Nach dieser Logik müsste es für Masochist*innen ethisch vertretbar sein, Sexualpartner*innen ohne eine zuvor eingeholte Einwilligung zu schlagen oder zu demütigen.

Der Philosoph Leonard Nelson hat dieses Problem bereits 1917 in seinem Werk »Kritik der praktischen Vernunft« berücksichtigt und eine eigene Goldene Regel als »Abwägungsprinzip« formuliert. Sie lautet:

> »Handle nie so, dass du nicht auch in deine Handlungsweise einwilligen könntest, wenn die Interessen der von ihr Betroffenen auch deine eigenen wären.«[50]

Mit dieser etwas sperrigen Variante wollte Nelson darauf hinweisen, dass es zwingend erforderlich ist, sich aufrichtig um die Einschätzung zu bemühen, was denn die von der Handlung betroffene Person (Nelson bezeichnet auch Tiere als

Personen) will oder nicht will. Auf der Basis dieser – nie gänzlich sicheren – Einschätzung soll dann versucht werden, die eigenen und die fremden Interessen gerecht abzuwägen. Um der Gefahr der Voreingenommenheit für die eigene Sache entgegenzuwirken, sollen die fremden Interessen zusätzlich als die eigenen Interessen betrachtet werden. Zwei Beispiele können verdeutlichen, wie Nelson sich diesen Vorgang vorgestellt hat:

Beispiel 1: Wenn es zu entscheiden gilt, ob einem Hund ein günstigerer einfarbiger oder ein teurer gemusterter Keramikwassernapf gekauft werden soll, sind von der Entscheidung nach Nelson zwei Parteien betroffen. Hundebesitzer*innen haben (zumindest in vielen Fällen) das Interesse, einen preiswerten Wassernapf zu kaufen, der nicht unnötig teuer sein muss, sodass sie eine Präferenz für den günstigeren Napf haben. Der Versuch sich in die Hunde hineinzuversetzen, führt schnell zu einem Ergebnis: Ihnen ist es (aller Wahrscheinlichkeit nach) völlig egal, wie ihr Napf aussieht. Die Hundehalter*innen können nun beide »Haltungen« (den Wunsch, Geld zu sparen, und die vermutete Gleichgültigkeit der Hunde hinsichtlich der Beschaffenheit des Napfes) gedanklich abwägen. Sie können also den günstigeren Napf kaufen, ohne ein schlechtes Gewissen zu haben.

Beispiel 2: Eine Frau beobachtet, wie einem Mann vor ihr beim Gehen ein 50-Euro-Geldschein herunterfällt, ohne dass er es merkt. Sie hebt ihn auf und überlegt, was sie nun machen soll. Ein Blick auf den Mann, der das Geld verloren hat, offenbart, dass sein Aussehen darauf schließen lässt, dass er in keiner glücklichen finanziellen Situation ist und er das Geld sehr dringend nötig hat – auch wenn sein Äußeres hier natürlich keine letztendliche Sicherheit geben kann. Sie versucht nun, auf dieser Basis festzustellen, welche Entscheidung die richtige ist. Sie denkt an ihre mäßige Freude, sich etwas Schönes quasi »kostenlos« kaufen zu können. Sie stellt sich aber auch vor, wie es wäre, in einer deutlich unglücklicheren finanziellen Lage zu sein, und wie sehr sich der sichtlich nicht wohlsituierte Mann ärgern wird, nun noch mehr sparen zu müssen. Der Vergleich führt sie rasch zu der Einsicht, dass sie lieber die Geldknappheit bei ihrem Gegenüber vermeiden möchte, als das Geld einzubehalten, und sie gibt dem Mann daher den Geldschein zurück.

Leonard Nelsons Modell für eine gerechte Abwägung wird gerade bei zunehmend komplexeren Entscheidungssituationen (mehr Faktoren, mehr Personen) stets mit Unsicherheiten verbunden sein. Aber Nelsons Goldene Regel kann sehr schnell offenlegen, wo unser Umgang mit Tieren zweifelsohne als ungerecht eingestuft werden muss. Wer seinen Gaumenkitzel beim Verzehr eines Stück Fleisches mit dem vergleicht, was ein Tier für gewöhnlich bis zum endgültigen Verlust des Bewusstseins durchleiden muss, wird im Rahmen einer redlichen Betrachtung des Sachverhaltes aus Gründen der Fairness den veganen Ersatz wählen.

John Rawls' »Schleier des Nichtwissens«

John Rawls' Gerechtigkeitstest[51] entwirft – vereinfacht dargestellt – ein hypothetisches Szenario, in dem sich alle vernunftbegabten Menschen an einen Verhandlungstisch setzen und einen Gesellschaftsvertrag aufsetzen, der die Organisation des Zusammenlebens regelt. Um den menschlichen Hang, für sich selbst das Beste herauszuschlagen, zu umgehen, soll innerhalb dieses fiktiven Szenarios unklar bleiben, in welcher Rolle man als Verhandlungspartner*in teilnimmt (»Schleier des Nichtwissens« – Veil of ignorance). Vor der Vertragsunterzeichnung ist also nicht bekannt, ob man als Frau oder Mann, als Kind oder Greis, als Schwarzafrikaner oder Mitteleuropäer in der zu entwerfenden Gesellschaft leben wird. Ebenfalls ist nicht bekannt, ob man eher intelligent oder weniger intelligent, ob man sportlich oder unsportlich, dick oder dünn, gesund oder krank usw. ist.

Dieses Gedankenexperiment kann dazu beitragen, Missstände unserer Gesellschaften deutlicher ins Bewusstsein zu rücken, indem es dazu anregt, sich in die Lage anderer Menschen zu versetzen: Wäre man in dieser Gesellschaft als Frau von Problemen betroffen, die man als Mann nicht hätte? Würde es das eigene Leben schwieriger machen, eine andere Hautfarbe zu haben? Hätte man in der Schule als weniger intelligente Person einen schwerwiegenden Nachteil? Würde man sich als eine im Alter pflegebedürftig gewordene Person in dieser Gesellschaft gut aufgehoben fühlen?

John Rawls' Entwurf eines Willkür ausschließenden Gedankenexperiments wies neben einer viel diskutierten Vernachlässigung von Menschen mit schweren Behinderungen[52] eine große, wenig überzeugend begründete Lücke auf: Tiere wurden aus seinem Gerechtigkeitstest vollständig ausgeschlossen.[53] So plädiert der britische Philosoph Mark Rowlands zu Recht für eine Erweiterung des Schleiers des Nichtwissens auf Tiere.[54] Sowohl der Einschluss von Menschen mit Behinderungen als auch der von Tieren, die direkt von unseren Handlungen betroffen sind, lässt sich durch eine Modifikation des hypothetischen Szenarios ermöglichen: Während bei Rawls eigentlich nur diejenigen ein »Recht auf gleiche Gerechtigkeit« haben, die »moralische Subjekte«, also »eines Gerechtigkeitssinnes fähig« sind,[55] ließe sich schlicht die Prämisse hinzufügen, dass bei der Aushandlung eines Gesellschaftsvertrages ebenfalls unklar bleibt, ob man nicht als ein Mensch mit schwerwiegenden Behinderungen zu einem Teil der entworfenen Gesellschaft wird oder ob man nicht vielleicht sogar als ein Tier an dieser Gesellschaft partizipiert. Es könnte dann gefragt werden: Würde man sich in der Gesellschaft auch als Person mit schwerer geistiger Beeinträchtigung gut aufgehoben fühlen? Wäre man ferner dazu bereit, für den eigenen Fleischkonsum das Risiko einzugehen, als ein typisches »Nutztier« ein jämmerliches, gewaltsam endendes Leben führen zu müssen, obwohl der Nährstoffbedarf der Menschen auch anders gedeckt werden könnte? Auch wenn es sich hierbei lediglich um ein hypothetisches Szenario handelt, führt es dennoch bildlich vor Augen, wie wichtig eine gerechte Gesellschaft ist.

Der Mensch in der Rolle der schwächeren Spezies

Dieser häufig mittels eines Alien-Invasionsszenarios verwendete Versuch, Willkür transparent zu machen, zielt darauf ab, uns gedanklich in die Situation zu versetzen, von erheblich stärkeren, uns möglicherweise auch geistig überlegenen Wesen so behandelt zu werden, wie wir gegenwärtig »Nutztiere« behandeln. Würden wir die Argumente für akzeptabel halten, die wir heranziehen, um unseren Umgang mit Tieren nicht grundsätzlich überdenken zu müssen? Was würden wir tun, wenn also eine andere Spezies, die uns geistig überlegen ist, auf unserem Planeten erscheint, uns versklavt und menschliche Frauen dazu nötigt, in einem immer wiederkehrenden Kreislauf geschwängert zu werden, damit diese fremde Spezies die menschliche Muttermilch für sich beansprucht, um daraus Käse zu machen? Würden wir uns dann nicht auch wünschen, dass jemand diese Ungerechtigkeit beendet und sich so für uns einsetzt, wie es vegan lebende Menschen für »Nutztiere« tun? Besonders wenn keine physiologische Notwendigkeit besteht, sondern diese fremden Wesen die menschliche Milch einzig und allein aus einer geschmacklichen Vorliebe heraus verzehren, würden wir das keinesfalls akzeptieren. Warum muten wir es dann Kühen, Schafen und Ziegen in der »Nutztierhaltung« zu? Gibt es hier wirklich einen ethisch relevanten Unterschied?

All diese Gedankenexperimente (oder Konsistenztests) sind ein wirksames Mittel, um die Missstände im Mensch-Tier-Verhältnis bildlich aufzuzeigen, doch sie vereint eine »Schwäche«: Sie sind davon abhängig, dass das Gegenüber dazu bereit ist, überhaupt gerecht sein zu wollen. So lässt sich oft beobachten, dass Menschen das Rawls'sche Gedankenexperiment als nicht legitim bewerten, da das Gegenüber darauf verweist, niemals ein Tier zu sein. Ebenso wird gerne darauf verwiesen, dass eine Alien-Invasion doch sehr unwahrscheinlich sei und dass ausbeuterisches Verhalten gegenüber Menschen das Risiko einschließe, dass diese Menschen (oder ihre Angehörigen) sich rächen, während Tiere zumeist gefahrlos und ohne zu befürchtende Konsequenzen misshandelt werden können.

Das Argument, dass man schließlich nie ein Tier werde, ist allerdings auch dazu geeignet, Rassismus oder Sexismus zu rechtfertigen, denn man wird ja auch nicht plötzlich am nächsten Morgen mit einer anderen Hautfarbe oder einem anderen Geschlecht aufwachen. Der Einwand, dass von Tieren keine Rache zu befürchten sei, ließe sich ebenso auf Menschen übertragen, denn es wird immer Möglichkeiten geben, Menschen zu töten, ohne mit nennenswerten Folgen rechnen zu müssen. Menschen, die nicht dazu bereit sind, das »Recht des Stärkeren« zu verwerfen, und kein Problem darin sehen, sich auf ihrer eigenen glücklichen Situation auszuruhen, sind für Ethisches nicht zu erreichen. Sie müssen durch die Gesellschaft vermittelt bekommen, dass eine derartige Form des Egoismus nicht erwünscht ist, da diese eine Gefahrenquelle für das gesamte gesellschaftliche Miteinander auch abseits der Mensch-Tier-Beziehung darstellt.

Ethisches Abwägen im Konfliktfall

Im Rahmen dieser Einleitung wurde bereits herausgearbeitet, dass der Veganismus Menschen keineswegs zu Gunsten der Tiere opfern möchte. Er rechnet also damit, dass es durchaus ganz reale ethische Konflikte zwischen Mensch und Tier geben kann. Die bisherigen Betrachtungen haben indes nur gezeigt, dass die Verweigerungshaltung, Tiere ethisch überhaupt zu berücksichtigen, entweder inkonsistent ist oder zu einer Abwertung einiger Menschen (z. B. jener mit schweren geistigen Beeinträchtigungen) führen würde. Offen geblieben ist, wie die Belange der Tiere eingeschätzt werden können, um eine Abwägung mit menschlichen Interessen zu ermöglichen. Die Überlegungen dieses Abschnitts sollen hierfür Anregungen skizzenhaft zur Diskussion stellen, doch zuvor ist zu klären, was es überhaupt wissenschaftlich bedeutet, abzuwägen.

Das Ziel einer ethischen Abwägung ist es, zu ermitteln, in welchem Verhältnis der Nutzen einer Handlung zu dem von ihr verursachten Schaden steht, um das Ergebnis mit den Resultaten anderer Handlungsoptionen zu vergleichen und die beste Option wählen zu können. Die Betrachtung einer einzelnen Handlung ist für eine ethische Bewertung unzureichend, da es stets eine Handlungsoption gibt, die zu einem anderen Ergebnis führt. Es kommt auch nicht selten vor, dass es gar nicht möglich ist, überhaupt einen rundum positiven Ausgang herbeizuführen.

Abb. 5: **Illustration der Schaden-Nutzen-Abwägung**

Die Logik einer Schaden-Nutzen-Abwägung kann mit der Funktion einer Waage mit zwei Waagschalen verglichen werden. In die eine Schale kommt der Nutzen einer Handlung, in die andere der von der Handlung verursachte Schaden. Die ethisch beste Handlungsoption ist jene mit dem geringsten Schaden und dem größten Nutzen für alle von der Handlung Betroffenen.

In solchen Fällen kann es nur darum gehen, die Handlungsoption zu wählen, die mit dem geringsten Schaden einhergeht.

Obwohl das Prinzip der Abwägung in wenigen Sätzen erklärt werden kann, handelt es sich dabei um ein Verfahren, das Sorgfalt und Weitsicht erfordert. Wenn man den Versuch unternehmen will, einen um Gerechtigkeit und Willkürvermeidung bemühten Vergleich von verschiedenen Handlungsoptionen vorzunehmen, steht man vor zwei Herausforderungen: Man muss darauf abzielen, möglichst alle abwägungsrelevanten Folgen zu erfassen, und eine für andere Personen nachvollziehbare Gewichtung dieser Folgen vornehmen.

Die mit diesem Verfahren unvermeidlich verbundene Komplexität und die Unmöglichkeit, es mit mathematischer Präzision durchzuführen, mag dazu verleiten, derartige Abwägungen für kein probates Mittel normativer Wissenschaften zu halten. Hierzu sei allerdings angemerkt, dass sie in allen Bereichen unserer Gesellschaften fest verankert und rechtlich vorgeschrieben sind. Sie prägen zum Beispiel selbst das deutsche Grundgesetz. Die nachfolgend **fett gedruckten Passagen** beschreiben das zugesprochene Recht, die <u>unterstrichenen Passagen</u> definieren, gegen welche Gesetze sie abgewogen werden müssen:

Aus Artikel 5 des Grundgesetzes:[56]

> »(1) **Jeder hat das Recht, seine Meinung in Wort, Schrift und Bild frei zu äußern und zu verbreiten und sich aus allgemein zugänglichen Quellen ungehindert zu unterrichten. Die Pressefreiheit und die Freiheit der Berichterstattung durch Rundfunk und Film werden gewährleistet. Eine Zensur findet nicht statt.**
> (2) <u>Diese Rechte finden ihre Schranken in den Vorschriften der allgemeinen Gesetze, den gesetzlichen Bestimmungen zum Schutze der Jugend und in dem Recht der persönlichen Ehre.</u>«

Aus Artikel 6 des Grundgesetzes:[57]

> »(1) **Ehe und Familie stehen unter dem besonderen Schutze der staatlichen Ordnung.**
> (2) **Pflege und Erziehung der Kinder sind das natürliche Recht der Eltern und die zuvörderst ihnen obliegende Pflicht. Über ihre Betätigung wacht die staatliche Gemeinschaft.**
> (3) <u>Gegen den Willen der Erziehungsberechtigten dürfen Kinder nur auf Grund eines Gesetzes von der Familie getrennt werden, wenn die Erziehungsberechtigten versagen oder wenn die Kinder aus anderen Gründen zu verwahrlosen drohen.</u>«

Wer bestreiten will, dass Abwägungen ethisch legitim sind, wird zugleich die Fundamente unzähliger Staaten verwerfen müssen. Dass sich des Weiteren zumindest viele Handlungen auf unstrittige Weise bewerten lassen, untermauern die weiteren Ausführungen. Der Gerechtigkeitsgrundsatz, »Gleiches gleich und Ungleiches ungleich« zu behandeln, stellt per se noch keinen Garant für einen guten Umgang miteinander dar, denn prinzipiell könnte daraus auch abzuleiten sein, dass einfach nur alle gleich schlecht behandelt werden sollten. Da eine solche Auslegung in der Praxis nicht mit einem gelingenden, guten Leben zu vereinen ist, muss schon aus rein egoistischen Motiven ein zweites Grundprinzip der Ethik hinzugezogen werden: das Wohlwollen.[58] Es bezieht sich sowohl ganz banal darauf, anderen grundsätzlich Gutes zu gönnen, als auch darauf, im Zweifelsfall die negativen Folgen für die von einer Handlung Betroffenen lieber zu über- als zu unterschätzen. Eine Haltung, die besonders den »Nutztieren« gegenüber leider eher selten anzutreffen ist.

Wird hingegen der Versuch gewagt, Tiere tatsächlich wohlwollend und gerecht zu berücksichtigen, kann zunächst gefragt werden, was man sich selbst wünschen würde, wenn man sich beispielsweise gedanklich in das Alien-Invasionsszenario hineinversetzt. Was ist, wenn sie uns zwar genauso geistig überlegen sind wie wir den Tieren, unsere Sprache aber dennoch nicht verstehen? Wie das erwähnte Zitat des britischen Philosophen Jeremy Bentham nahelegt, ist die Leidensfähigkeit ein wichtiges Kriterium für ethische Berücksichtigung,[59] aber auch dieses Kriterium weist Unzulänglichkeiten auf. In den meisten Fällen wird diese Fähigkeit streng an anatomische Eigenschaften (wie das Vorliegen eines Zentralnervensystems) geknüpft. Im Alien-Szenario würde dies bedeuten, dass die Invasoren überhaupt erst einmal abklären müssten, ob wir denn empfindungsfähig sind. Sie wären angehalten festzustellen, ob wir auf gezielt herbeigeführte Reize, die sie mit Schmerzen oder Leid in Verbindung bringen, auf eine erwartungsgemäße Weise reagieren – oder sie müssten unsere Anatomie einer eingehenden Untersuchung unterziehen. Ein Vorgang, den wir in der Rolle des Opfers wohl nicht als wohlwollend bezeichnen würden.

Das Kernproblem des Ansatzes, Empfindungen, also psychische Zustände, zum Startpunkt einer ethischen Betrachtung zu machen, ist: Die Deutung von inneren Zuständen ist immer mit Unsicherheiten verbunden und kann sich nur nach äußeren Indizien richten. Auch die eng damit verbundene Anatomie-Debatte ist nicht dazu imstande, dieses Problem in Gänze zu beseitigen. So sind uns die anatomischen Eigenschaften von Insekten bestens bekannt, ohne dass daher die Debatte, ob sie empfindungsfähig sind, beendet wäre. Aus der Perspektive des Wohlwollens kann also kritisiert werden, dass ein solcher Ansatz sich nur teilwiese als Fundament einer ethischen Betrachtung eignen würde.

Die Suche nach einem alternativen, weniger »wackeligen« Ausgangspunkt führt erneut zu Leonard Nelson und dessen Werk »System der philosophischen Ethik und Pädagogik«, das erstmalig 1932 erschien.[60] Er macht darin nicht die Empfindungsfähigkeit zum Dreh- und Angelpunkt der Ethik, sondern den Begriff des

Interesses. Unter Interesse versteht Nelson dabei Wertungen, die sich schon durch das bloße Verhalten (zum Beispiel durch Vermeiden oder Aufsuchen von Situationen) äußern.[61]

> »Das Vermögen, den Dingen einen Wert oder Unwert zu erteilen, nenne ich das Vermögen des Interesses.«[62]

Der Ansatz, beispielsweise schon das bloße beobachtbare Verhalten ethisch ernst zu nehmen, führt ganz im Sinne des Wohlwollens zu deutlich anderen Ergebnissen. Im Fall der außerirdischen Invasoren führte dies dazu, dass schon unser Flucht- oder Abwehrverhalten als ein Anzeichen gewertet werden würde, dass wir dem, was mit uns gerade geschieht, keineswegs gleichgültig gegenüberstehen und folglich eine Interessenverletzung vorliegt. Auch Insekten würden von diesem Ansatz genauso wie uns völlig fremde Wesen profitieren.

Aus Nelsons Aufwertung des beobachtbaren Verhaltens ergibt sich im Zusammenspiel mit dem Wohlwollen zudem eine Antwort auf die Frage, ob wir Tieren wenigstens ein Interesse an ihrem (Über-)Leben zusprechen sollten. Das Verhalten von Tieren zeigt, dass sie Situationen vermeiden, die ihr Leben gefährden. Bisweilen nehmen Tiere sogar schwerste Schmerzen in Kauf, um sich aus tödlichen Situationen zu befreien. Dieses Resultat einer wohlwollenden Deutung deckt sich mit der Haltung, die wir unseren Säuglingen, Kleinkindern und Haustieren entgegenbringen. Wir gehen keineswegs davon aus, dass sie eine konkrete Vorstellung von Leben und Tod haben müssen, um ihnen ein Überlebensinteresse zuzusprechen. Es wäre demnach weder konsistent noch wohlwollend, es nicht auch »Nutztieren« zuzusprechen.

Die Anwendung des Konsistenzkriteriums führt in dieser Hinsicht auch zu einer Einschätzung, welcher Stellenwert dem Überlebensinteresse bei Tieren zugesprochen werden müsste. Wir versuchen, unsere Kinder und Haustiere erst dann nicht mehr am Leben zu halten, wenn ihr Leben nur noch einer einzigen Qual gleicht. Eine wesentliche Ursache dürfte neben dem Wunsch, Verlustgefühle zu vermeiden, darin liegen, dass in unserer Wahrnehmung auch die Lebensdauer zu einem gelingenden, guten Leben gehört, insofern die Verlängerung des Lebens nicht nur durch die Hinnahme von extremem Leid ermöglicht wird. Auf die Tatsache, dass selbst schwereres Leid das Leben noch nicht als unwert erscheinen lässt, hatte Goethe schon seinen Werther hinweisen lassen. Jeder könne sehen, so Werther, »wie unverdrossen auch der Unglückliche unter der Bürde seinen Weg fortke[u]cht, und alle gleich interessiert sind, das Licht dieser Sonne noch eine Minute länger zu sehen«.[63]

Aus Konsistenz- und Wohlwollensgründen kann demnach Folgendes als erstes Zwischenfazit festgehalten werden: Wenn es darum geht, Handlungsfolgen ethisch zu bewerten, sollte das beobachtbare Verhalten die Grundlage bilden. Das schwerwiegendste Interesse ist das Interesse am Leben. Es kann nur in Ausnahmefällen anderen Interessen (Leidvermeidung) untergeordnet werden. Passend dazu urteilte das deutsche Bundesverwaltungsgericht schon 1997: »Der mit dem schwersten Schaden verbundene Eingriff ist die Tötung eines Tieres.«[64]

Die Feststellung, dass eine Handlung zu einer Interessenverletzung führt, ermöglicht allerdings noch kein Urteil darüber, ob diese Handlung im Vergleich zu den Handlungsalternativen ethisch vertretbar ist oder nicht. Ein sich zwanglos an die bisherigen Überlegungen anschließendes Abwägungskriterium wurde von dem Philosophen Wilhelm Kamlah formuliert. In seinem 1973 veröffentlichten Werk »Philosophische Anthropologie« nahm er eine Unterscheidung zwischen Begehren und Bedürfnis vor, die sich für ethische Abwägungen als fruchtbar erweist.[65]

Unter dem Begriff Bedürfnis können wir diejenigen Interessen verstehen, deren Befriedigung lebensnotwendig ist. Ihre Verletzung führt demnach früher oder später zum Tod. Der Begriff Begehren bezeichnet hingegen die Interessen, deren Befriedigung angenehm, nett oder erfreulich, aber eben nicht notwendig ist. Bedenkt man nun, dass die Verletzung von Interessen, die als Bedürfnis einzuordnen sind, früher oder später zu schwerem Leid führt und tödliche Folgen haben kann, lässt sich folgendes Schema erstellen:

Abb. 6: **Schematische Darstellung zur Bewertung von Interessenkonflikten durch die Unterscheidung von Bedürfnissen und Begehren**[66]

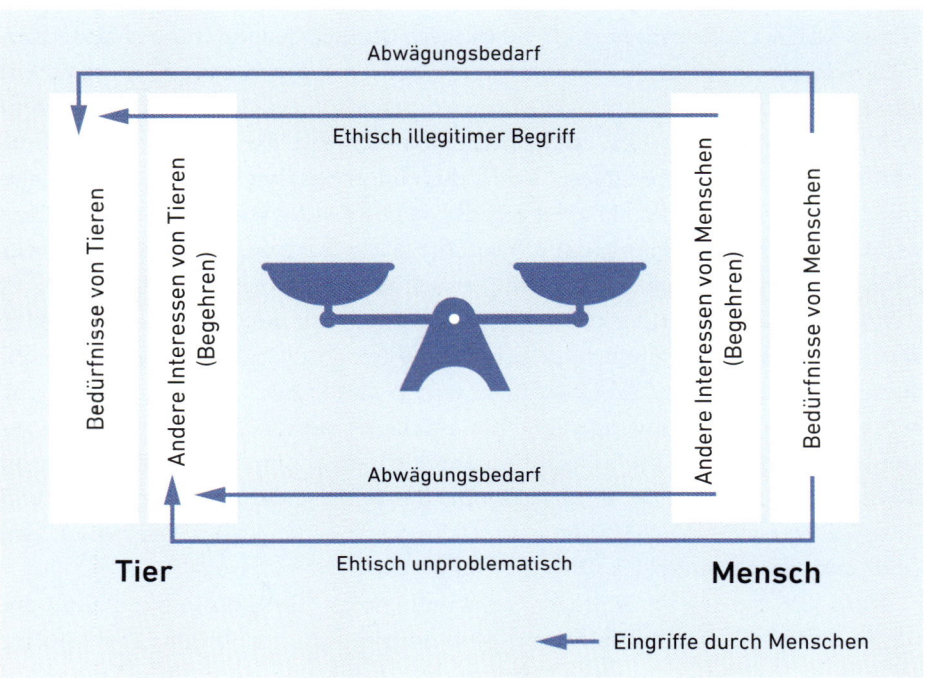

Auf der Basis dieses Schemas lässt sich aufzeigen, dass fast unsere gesamte »Nutztierhaltung« als Ausbeutung und somit als ethisch unstatthaft zu bewerten ist, denn die gegenwärtige Form der »Nutztierhaltung« endet fast immer mit der Tötung der Tiere. Die Verletzung von Interessen, die als Bedürfnisse einzustufen sind, findet dort flächendeckend statt (Schadenseite der Abwägung), während Menschen in unseren Gesellschaften so gut wie ausschließlich nur Begehren befriedigen (Nutzenseite der Abwägung). Der Verzehr von Eiern, Milch und Fleisch kann nicht einfach als Bedürfnis bezeichnet werden, da es keine Notwendigkeit für diese Lebensmittel gibt, sondern nur für Nährstoffe, die auch anderweitig zur Verfügung stehen (siehe Kapitel 18). Nur in den Fällen, in denen Menschen nicht anders dazu in der Lage wären, ihren Nährstoffbedarf zu decken, könnte der Verzehr von Eiern, Milch und Fleisch als Bedürfnis eingestuft werden.

Obgleich bereits an diesem Punkt ausreichend begründet ist, warum Veganer*innen von Ausbeutung sprechen, wenn es um viele Formen der Nutzung von Tieren geht, soll abschließend noch ein abwägungsrelevanter Faktor aufgrund seiner Relevanz etwas genauer betrachtet werden, der in der Abwägung nach der Durchführung der zuvor geschilderten Abwägungsschritte (Prüfung, ob Interessen verletzt werden, Einordnung der Interessen in Bedürfnisse und Begehren) herangezogen werden kann, wenn noch keine Konfliktauflösung erreicht wurde.

Wann immer über unseren Umgang mit »Nutztieren« gesprochen wird – sei es im Fernsehen, in Tageszeitungen oder auf den Social-Media-Plattformen – wird betont, dass insbesondere die sogenannte Massentierhaltung für millionenfaches fürchterliches Leid verantwortlich ist. Dass wir Tieren kein unnötiges Leid zufügen sollten, ist gesellschaftlicher Konsens, auch wenn den Worten oft keine Taten folgen. Es verwundert insofern nicht, dass viele vegan lebende Menschen versuchen, den Veganismus (irrtümlicherweise) als einen leidfreien Lebensstil zu bewerben. Leid ist aber ein unvermeidbarer Bestandteil unseres Lebens und kann Ausmaße annehmen, die einen Suizid als die denkbar beste Handlungsoption erscheinen lassen. Laut einer Erhebung der Universität Aachen hat beispielsweise ca. jeder zwölfte Mensch in Deutschland schon einmal an Selbstmord gedacht.[67]

Die Einschätzung, in welchem Ausmaß Tiere leiden oder Schmerzen empfinden, gestaltet sich im Rahmen einer Abwägung jedoch als schwierig, da Tiere nicht direkt darüber Auskunft geben können, wie sie sich fühlen. Zur Einschätzung ist man genauso wie bei Säuglingen und Kleinkindern auf äußerliche Anzeichen angewiesen, die gerade bei Tieren nicht immer leicht zu erkennen sind. Daraus sollte allerdings nicht abgeleitet werden, dass es der Mühe nicht wert ist, Kriterienkataloge für verschiedene Tiere zu entwickeln, nach denen sich Schweregrade des Leids oder der Schmerzen halbwegs objektiv einschätzen lassen.

Tiere, die nur leichte Schmerzen haben, werden die Nahrungsaufnahme im Gegensatz zu Tieren mit schweren Schmerzen nicht einstellen. Ein leichter Schmerz im Bein wird sich durch dezente Veränderungen im Gang äußern, während bei größeren Schmerzen versucht wird, das Bein gänzlich zu schonen. Das Leiden unter großem Hunger kann durch die gestiegene Wahllosigkeit der Nahrungswahl von bloßem Appetit unterschieden werden. Die Liste ließe sich beliebig fortsetzen und könnte auch für Angstzustände, Unterforderung und weitere Faktoren auf eine ähnliche Weise angelegt werden. So wird zwar kein genaues Maß bestimmbar sein, aber eine Unterscheidung in geringfügig, mittelgradig und schwer ist mit ausreichender Plausibilität möglich, sodass in der Kombination mit der Dauer der Zustände eine gute Grundlage für eine Abwägung mit menschlichem Leiden geschaffen werden kann.

Da Tiere nicht dazu in der Lage zu sein scheinen, viele Situationen einordnen zu können, liegt der Verdacht nahe, dass sie schwerer als Menschen leiden können. Sie können wohl kein Ende eines Schmerzes voraussehen, sie verstehen anders als ein Mensch häufig nicht, dass ihnen nichts Schlimmes passiert, wenn sie eine Spritze bekommen, sie können nicht verstehen, dass postoperativer Schmerz besser ist als das, was ihnen ohne die Operation widerfahren wäre, sie sind aufgrund ihrer niedrigeren Intelligenz oft weniger effektiv darin, sich Schmerzquellen zu entziehen, sie sind nicht in dem Umfang wie Menschen dazu in der Lage, sich mit bestimmten Situationen abzufinden usw. So schrieb auch der Tiermediziner und Verhaltensforscher Bernhard Grzimek über Tiere: »Ihre Schmerzen sind viel fürchterlicher als die unseren, denn sie müssen sie blind und dumpf erleiden, sie wissen nicht warum und wofür. Sie haben keinen Trost.«[68] Der britische Evolutionsbiologe und Verhaltensforscher Richard Dawkins geht sogar noch weiter und stellt die Hypothese auf, dass aufgrund der Tatsache, dass Schmerz ein evolutiv sinnvolles Mittel ist, um Lebewesen vor potenziell lebensbedrohlichen Situationen zu bewahren, weniger intelligente Tiere sogar ein stärker ausgeprägtes Schmerzempfinden als intelligentere Tiere (vergleichbar dem Menschen) haben.[69]

Das scheint plausibel, denn intelligentere Lebewesen würden bereits bei geringem Schmerzempfinden aufgrund ihrer besser entwickelten kognitiven Fähigkeiten ein sinnvolles Vermeidungsverhalten ableiten, wohingegen weniger intelligente Tiere womöglich intensiveren Schmerz fühlen müssen, um dasselbe sinnvolle Vermeidungsverhalten ableiten zu können. Inwieweit dies in welchem Maße zutrifft, ist nicht erforscht, aber wie auch Richards Dawkins betont, sollte diese Hypothese zumindest ein für alle Mal die falsche Ansicht ausräumen, dass die meisten Tiere nicht im selben Maße Schmerz empfinden wie der Mensch. Details zur Leidensfähigkeit von Fischen gibt die britische Wissenschaftlerin Victoria Braithwaite in ihrem Werk »Do Fish Feel Pain?«.[70]

Andererseits darf nicht vergessen werden, dass Menschen gerade aufgrund ihrer Intelligenz gänzlich neue Leidensquellen erleben können, die Tieren durch ihre mindere Intelligenz verschlossen bleiben. Menschen können unter Eifersucht leiden, einen Betrug befürchten, sie wissen, dass irgendwann ihr körperlicher Verfall einsetzt, sie können sich um ihre berufliche Zukunft sorgen, sie können Leiden

Abb. 7: **Symbolische Tabelle zur Abwägung von menschlichem und tierlichem Leid**

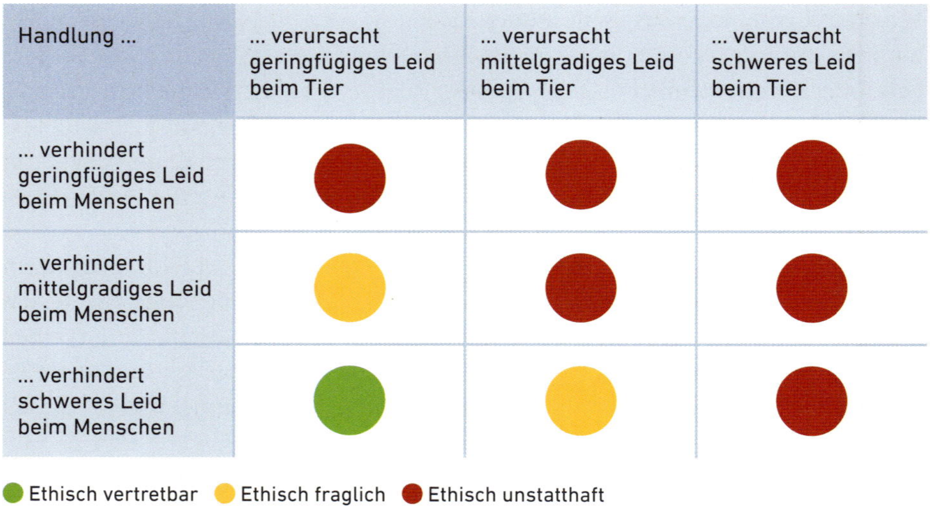

Handlung ...	... verursacht geringfügiges Leid beim Tier	... verursacht mittelgradiges Leid beim Tier	... verursacht schweres Leid beim Tier
... verhindert geringfügiges Leid beim Menschen	🔴	🔴	🔴
... verhindert mittelgradiges Leid beim Menschen	🟡	🔴	🔴
... verhindert schweres Leid beim Menschen	🟢	🟡	🔴

🟢 Ethisch vertretbar 🟡 Ethisch fraglich 🔴 Ethisch unstatthaft

geistig vorwegnehmen usw. Es gibt also zwar gute Argumente dafür, dass Tiere mehr leiden, aber auch gute dafür, dass Menschen mehr leiden. Wie man die unterschiedlichen Arten des Leidens also auch gewichten mag – es steht außer Frage, dass Tiere dazu fähig sind zu leiden und dies unter dem System der »Nutztierhaltung« (sowie bei Tierversuchen, zu Unterhaltungszwecken in Zoos, Zirkussen usw.) in beträchtlichem Maße tun. Abbildung 7 zeigt ein vereinfachtes Schema für die Abwägungen zwischen menschlichem und tierischem Leid.

Für eine Person, die (in einem hypothetischen Szenario) zwingend auf den Konsum von Eiern angewiesen wäre (wovon nach aktueller Datenlage nicht auszugehen ist), würde sich anhand dieser Abbildung Folgendes ergeben: Bei einer sorgfältigen Hühnerhaltung, die auf Tötung verzichtet und die Tiere im Krankheitsfall versorgt, kann von einem glücklichen Leben ausgegangen werden, das höchstens mit geringfügigem Leid einhergeht. Würden diese Hühner nicht gehalten werden, müsste die Person gesundheitlich deutlich schwerer leiden. Ein Blick in die Tabelle verrät, dass es sich im Kontext einer reinen Leidbetrachtung zwischen diesem Menschen und den Hühnern um ein grünes Feld und somit um ein ethisch statthaftes Vorgehen handeln würde.

Zu bedenken ist jedoch, dass auch mit diesem Abwägungsschritt noch immer keine vollständige Abwägung vorgenommen wurde. So haben Tiere nicht nur ein Interesse daran, Leid zu vermeiden, sondern sie suchen auch offensichtlich als angenehm empfundene Situationen auf. Unsere Haustiere – Hunde, Katzen, ja selbst Kaninchen oder manche Vögel – kommen zu uns, um sich Streicheleinheiten abzuholen, Hühner nehmen Anstrengungen in Kauf, um im Sand baden zu können[71] usw. Auch die Berücksichtigung von Glück, Freude oder allgemeinem Wohlbefinden muss demnach im Rahmen der Bewertung unseres Umgangs mit Tieren eine Rolle spielen. Wer zugesteht, dass Tiere positive Zustände erfahren können, wird aus Konsistenzgründen zugestehen müssen, dass zu einem gelingenden, guten Tierleben eben nicht nur gehört, unnötiges Leid vermeiden zu können.

Als schwierig erweist es sich hierbei, Leid und Glück in ein Verhältnis zu setzen. Wie schwer wiegt Glück im Vergleich zu Leid? Unsere eigene Erfahrung zeigt uns, dass uns Leid langfristig belasten kann, während Freuden recht bald wieder aus unserer Wahrnehmung verschwinden. Wer drückende Schuhe hat, wird sie bei jeder Nutzung als unangenehm oder gar schmerzhaft wahrnehmen, aber die Freude darüber, neue, nicht mehr drückende Schuhe zu haben, wird schon nach wenigen Nutzungen wieder völlig vergessen sein – ein Sachverhalt, der aus einer evolutionären Perspektive heraus Sinn ergibt, denn was schon gut ist, bedarf im Vergleich zu einem Leidenszustand keiner sofortigen Veränderung und somit keiner besonderen Beachtung mehr.

Unsere alltäglichen Präferenzen bestätigen die Tendenz, Leiden ein größeres Gewicht zuzusprechen; es erscheint demnach angemessen, in Abwägungen Leid höher zu gewichten als Freude. Würden wir nicht eher einer hungrigen Person etwas zu essen gönnen, als einer ohnehin schon gesättigten Person noch ein zusätzliches Dessert? Würden wir uns nicht zuerst einem aus unklaren Gründen weinenden Kind zuwenden, als einem Kind, das uns ein Brettspiel hinhält und mit uns spielen will?

In der Praxis wird sich in konkreten Fällen immer wieder zeigen, dass zahlreiche Faktoren abwägungsrelevant sein können, bei deren Berücksichtigung die Konsistenzfrage und das Wohlwollensprinzip stets im Blick behalten werden müssen. Ab wann sollte darüber spekuliert werden können, ob ein Lebewesen ein Ich-Bewusstsein und Pläne für die Zukunft hat? Wie sind unterschiedliche Kosten von Handlungsoptionen zu gewichten? Wie können Umweltfolgen in ein Verhältnis zu ganz direktem Leid gesetzt werden? Was bedeutet es, wenn eine Abwägung eine Handlungsweise als vorzugswürdig erscheinen lässt, die mit den in einer Gesellschaft geltenden Regeln unvereinbar ist? Existiert, wie die Definition der Vegan Society suggerieren könnte, ein Grund dafür, Menschen einen gewissen Vorrang einzuräumen? Wenn ja: Wie kann er auf nachvollziehbare Weise in eine Abwägung einfließen?

All diese und weitere Fragen müssen in dieser Einleitung unbeantwortet bleiben, da es nur darum gehen konnte, eine Basis für ein selbstständiges Weiterdenken zu geben. Mit den Grundsätzen des Veganismus sind komplizierte Fragen verbunden, deren Beantwortung mühsame Diskussionen und anstrengende Analysen erfordern wird, wenn redliche Aufklärungsarbeit geleistet werden soll. Vegan lebende Menschen sollten sich diesen Debatten jedoch stellen, damit sie so ihr eigenes argumentatives Fundament Stück für Stück belastungsfähiger machen können. In Anbetracht des milliardenfachen Elends, das die Menschheit täglich mehrheitlich schulterzuckend anrichtet, sollte aber eines nicht vergessen werden: Die Mühe derjenigen, die an diesem Zustand etwas ändern wollen, ist nichts gegen das, was Tiere in einem schwindelerregenden Umfang erdulden müssen. Sie haben unsere Anstrengung verdient.

Populäre Argumente gegen den Veganismus

Anhand der zuvor beschriebenen Umstände könnte man eigentlich annehmen, dass jede rational veranlagte Person sich nach der Beschäftigung mit der Thematik der Tierethik dazu entschließen würde, fortan vegan zu leben und Tieren jene ethische Berücksichtigung zukommen zu lassen, die sie verdient haben. Wie der australische Philosoph Peter Singer betont, geht es dabei auch keineswegs darum, alle Tiere inklusive dem Menschen gleich zu behandeln (equal treatment), sondern um das Prinzip der Gleichbehandlung der Interessen aller Spezies (equal consideration of interests).[72] Diese wichtige Unterscheidung gilt allerdings nicht nur über die Speziesgrenze hinaus, sondern auch innerhalb der menschlichen Spezies und sogar innerhalb eines einzigen Individuums im Laufe des Lebenszyklus. Somit geht es auch dem Veganismus keineswegs darum, Tieren Menschenrechte einzuräumen, sondern lediglich gleiche Interessen von Individuen unabhängig der Spezieszugehörigkeit gleich zu behandeln.

Wie zu Beginn dieser Einleitung allerdings bereits angesprochen, wird die redliche Auseinandersetzung mit dem Thema der Tierethik im Rahmen der veganen Lebensweise aber sowohl durch zahlreiche kognitive Verzerrungen als auch durch falsche Vorurteile aufgrund von mangelnder Informiertheit erschwert. Daher liegt der Fokus des vorliegenden Buches nach dieser allgemeinen Einführung in die Tierethik darauf, aufzuzeigen, was trotz der offensichtlichen Missstände in der Mensch-Tier-Beziehung die häufigsten Argumente gegen eine Verhaltensänderung sind und auf welchen Fehlschlüssen diese beruhen. 30 häufige Gegenargumente werden aufgeführt und jeweils in einem eigenen Kapitel im Detail erläutert. Diese Kapitel besprechen in aller Ausführlichkeit viele moralische, gesundheitliche und ökologische Einwände gegen eine vegane Ernährung und zeigen auf, aus welchen Quellen die jeweilige Kritik stammt und welche Fehlinterpretationen dazu geführt haben, dass diese falschen Vorurteile entstanden und sich so lange halten konnten. Jedes Kapitel schließt mit einer Tabelle ab, in der die Kernaussagen zum jeweiligen Argument nochmals zusammengefasst werden. Sämtliche Quellenangaben zu den Literaturverweisen befinden sich am Ende des jeweiligen Kapitels.

Quellen

1 Dietler, W. (1997). Gerechtigkeit gegen Thiere. Ein Appell von 1787. Bad Nauheim: Asku-Press, VIII.
2 Rajic, Z. (2020). *WELS TITAN Frankfurt am Main.* Zugriff am 1. Februar 2021. Verfügbar unter https://bit. ly/3jbBXfW
3 BREAKING-NEWS ENTERTAINMENT. (2020). *Fisch-Schocr. am Main! SPAZIERGÄNGER BESCHIMPFEN UND BEDROHEN ANGLER.* Zugriff am 1. Februar 2021. Verfügbar unter https://bit.ly/3j7WH86
4 PETA Asia. (2016). *Paul McCartney: ›If Slaughter-houses Had Glass Walls ...‹.* Zugriff am 1. Februar 2021. Verfügbar unter https://bit.ly/39ByuE6
5 Eifrisch-Vermarktung GmbH & Co. KG. (2019). 100 % Aufzucht der männlichen Küken. Zugriff am 1. Februar 2021. Verfügbar unter http://bit. ly/39HNyQA
6 Europäische Kommission. (2016). *Einstellungen der Europäer zum Tierschutz (Spezial Eurobarometer 442).* Zugriff am 1. Februar 2021. Verfügbar unter https://bit. ly/3oOsRXH
7 Zühlsdorf, A., Spiller, A., Gauly, S. und Kühl, S. (2016) *Wie wichtig ist Verbrauchern das Thema Tierschutz? Präferenzen, Verantwortlichkeiten, Handlungskompetenzen und Politikoptionen.* Zugriff am 1. Februar 2021. Verfügbar unter https://bit.ly/3apQ39o
8 Klawitter, N. (2020). *Tierhaltung – Supermärkte verkaufen zu fast 90 Prozent Billigfleisch.* Zugriff am 1. Februar 2021. Verfügbar unter https://bit.ly/3pI65Sj
9 Francione, G. L. (2000). *Introduction to animal rights: Your child or the dog?* Philadelphia: Temple University Press.
10 Haussleiter, J. (1935). *Der Vegetarismus in der Antike.* Berlin: Verlag Alfred Töpelmann.
11 Preece, R. (2008). *Sins of the flesh: A history of ethical vegetarian thought.* Vancouver: UBC Press.
12 Preece, R. (2020). *Awe for the tiger, love for the lamb: A chronicle of sensibility to animals.* Abingdon: Routledge.
13 Spencer, C. (2000). *Vegetarianism: a history.* London: Grub Street Publishing.
14 Davis, J. (2010). *World Veganism – past, present, and future.* Zugriff am 1. Februar 2021. Verfügbar unter http://bit.ly/2BFiblA
15 Davis, J. (o. D.). *Extracts from some journals 1842–48 – the earliest known uses of the word ›vegetarian‹.* Zugriff am 1. Februar 2021. Verfügbar unter https://bit. ly/2LjQfP2
16 Kingsford, A. (1889). *Dreams and Dream Stories.* Zugriff am 1. Februar 2021. Verfügbar unter https://bit. ly/3oEu7MV
17 de Boo, J. (2014). *Ripened by human determination – 70 years of The Vegan Society.* Zugriff am 1. Februar 2021. Verfügbar unter https://bit.ly/3cyHKdV
18 Vegan Society Today. (2016). *Donald Watson created the word »vegan« and later founded the UK Vegan Society.* Zugriff am 1. Februar 2021. Verfügbar unter https://bit. ly/2YySW2d
19 Vegan Society. (1979). *Memorandum of association of the Vegan Society.* Zugriff am 1. Februar 2021. Verfügbar unter https://bit.ly/3oGHKuW

20 Watson D. (1944) *The Vegan News No. 1.* Zugriff am 1. Februar 2021.Verfügbar unter https://bit. ly/3pHZrM2
21 Oxford Dictionary. (o. D.). *Definition of exploitation noun from the Oxford Advanced Learner's Dictionary.* Zugriff am 1. Februar 2021. Verfügbar unter https://bit. ly/3ja7v5z
22 Duden. (o. D.). *Wörterbuch: ausbeuten.* Zugriff am 1. Februar 2021. Verfügbar unter https://bit. ly/2MPHZX7
23 Oxford Dictionary. (o. D.). *Definition of cruelty noun from the Oxford Advanced Learner's Dictionary.* Zugriff am 1. Februar 2021. Verfügbar unter https://bit. ly/2LcnXpz
24 Issuu. (o. D.). *The Vegan Society.* Zugriff am 1. Februar 2021. Verfügbar unter https://bit.ly/3reYmLT
25 Vegan Society. (o. D.). *Definition of veganism.* Zugriff am 1. Februar 2021. Verfügbar unter https://bit. ly/3apY0eB
26 Melina, V., Craig, W. und Levin, S. (2016). Position of the Academy of Nutrition and Dietetics: Vegetarian Diets. *J Acad Nutr Diet,* 16(12), 1970–1980.
27 British Dietetic Association. (2017). *British Dietetic Association confirms well-planned vegan diets can support healthy living in people of all ages.* Zugriff am 1. Februar 2021. Verfügbar unter https://bit.ly/2MS1hYQ
28 New Harvest. (o. D.). *What is Cell Ag?* Zugriff am 1. Februar 2021. Verfügbar unter https://bit. ly/2MlJVqO
29 Rischer, H., Szilvay, G. R. und Oksman-Caldentey, K. M. (2020). Cellular agriculture – industrial biotechnology for food and materials. *Curr Opin Biotechnol,* 61, 128–134.
30 Henrich, E. W. (2019). *VEGAN – Die gesündeste Ernährung und ihre Auswirkungen auf Klima und Umwelt, Tier- und Menschenrechte.* Zugriff am 1. Februar 2021. Verfügbar unter https://bit.ly/3r9rwfo
31 Melina, V., Craig, W. und Levin, S. (2016). Position of the Academy of Nutrition and Dietetics: Vegetarian Diets. *J Acad Nutr Diet,* 16(12), 1970–1980.
32 Ducharme, J. (2018). *There's No Such Thing as a Single ›Best‹ Diet.* Zugriff am 1. Februar 2021. Verfügbar unter https://bit.ly/36D6kGR
33 Deutsche Gesellschaft für Ernährung. (2017). *Vollwertig essen und trinken nach den 10 Regeln der DGE.* Zugriff am 1. Februar 2021. Verfügbar unter http://bit. ly/2nZ7SSo
34 Health Canada, Office of Nutrition Policy and Promotion. (2019). *The New Food Guide.* Zugriff am 1. Februar 2021. Verfügbar unter https://bit.ly/3pI5vnK
35 Gebauer, G. F. (2015). *Vegan ist die nachhaltigste Ernährungsweise.* Zugriff am 1. Februar 2021. Verfügbar unter https://bit.ly/3aqLcol
36 Rosi, A., Mena, P., Pellegrini, N. et al. (2017). Environmental impact of omnivorous, ovo-lacto-vegetarian, and vegan diet. *Sci Rep,* 7, 6105.
37 Springmann, M., Wiebe, K., Mason-D'Croz, D., Sulser, T. B., Rayner, M. und Scarborough, P. (2018). Health and nutritional aspects of sustainable diet strategies and their association with environmental

impacts: a global modelling analysis with country-level detail. *Lancet Planet Health*, 2(10), e451–e461.

38 Minger, D. (2019). *The China Study*. Zugriff am 1. Februar 2021. Verfügbar unter https://bit.ly/3cxlAsJ

39 Messina, V. (o. D.) *A Vegan Dietitian Reviews »What the Health«*. Zugriff am 1. Februar 2021. Verfügbar unter https://bit.ly/39Ie0cY

40 Messina, V. (2017). *A Science-Based (and Vegan) Perspective on the New »What the Health« Documentary*. Zugriff am 1. Februar 2021. Verfügbar unter https://bit.ly/2YHHWiR

41 Messina, V. (o. D.) *A Vegan Dietitian Reviews »What the Health«*. Zugriff am 1. Februar 2021. Verfügbar unter https://bit.ly/39Ie0cY

42 Stocher, O. (2015). *Aspekte – Veganismus ist eine religiöse Bewegung – Udo Pollmer (Min. 3:15–3:50)*. Zugriff am 1. Februar 2021. Verfügbar unter https://bit.ly/2YLQsxf

43 Langanke M. und Kirschke S. (2014) Ethische Probleme der Pränataldiagnostik – Zur Ethik der Inanspruchnahme aus eudaimonistischer Perspektive. *In: Steger F., Ehm S. und Tchirikov M. (eds) Pränatale Diagnostik und Therapie in Ethik, Medizin und Recht*. Berlin/Heidelberg: Springer, 67–92.

44 Düwell, M., Hübenthal, C. und Werner, M. H. (2011). *Handbuch Ethik*. Stuttgart/Weimar: J. B. Metzler.

45 Hübscher, A. (1988). *Arthur Schopenhauer, Sämtliche Werke (Band 4, 4. Auflage)*. Gütersloh/München: Wissen Media Verlag, 204.

46 Stocher, O. (2015). *Aspekte – Veganismus ist eine religiöse Bewegung – Udo Pollmer (Min. 3:34–3:39)*. Zugriff am 1. Februar 2021. Verfügbar unter https://bit.ly/2YLQsxf

47 Dombrowski, D. A. (1997). *Babies and beasts. The argument from marginal cases*. Urbana-Champaign: University of Illinois Press.

48 Wilson, S. D. (o. D.). *Animals and ethics*. Zugriff am 1. Februar 2021. Verfügbar unter https://bit.ly/3pLwDSB

49 Proctor, H. (2012). Animal Sentience: Where are We and Where are We Heading? *Animals (Basel)*, 2(4), 628–639.

50 Nelson, N. (1972) Kritik der praktischen Vernunft. *In:* Bernays, P. et al., Hrsg: et al.: *Gesammelte Schriften in neun Bänden (Band 4)*. Fürth: Martin Klaussner, 133.

51 Rawls, J. (1979). *Eine Theorie der Gerechtigkeit*. Berlin: Suhrkamp.

52 Putnam, D., Wasserman, D., Blustein, J. und Asch, A. (2019). *Disability and Justice*. Zugriff am 1. Februar 2021. Verfügbar unter https://stanford.io/2MMSKcW

53 Rowlands, M. (2009). *Animal Rights. Moral Theory and Practice (second Edition)*. London: Palgrave Macmilla, 152–158.

54 Ach, J. S. und Borchers, D. (2018). *Handbuch Tierethik: Grundlagen – Kontexte – Perspektiven*. Stuttgart: J. B. Metzler, 96.

55 Rawls, J. (1979). *Eine Theorie der Gerechtigkeit*. Berlin: Suhrkamp.

56 Bundesministerium der Justiz und für Verbraucherschutz. (2020). *Grundgesetz für die Bundesrepublik Deutschland*. Zugriff am 1. Februar 2021. Verfügbar unter https://bit.ly/3toOxwQ

57 Ebd.

58 Teutsch, G. M. (1987). *Mensch und Tier – Lexikon der Tierschutzethik*. Göttingen: Vandenhoeck & Ruprecht Verlage, 267.

59 Proctor, H. (2012). Animal Sentience: Where are We and Where are We Heading? *Animals (Basel)*, 2(4), 628–639.

60 Nelson, N. (1970). System der philosophischen Ethik und Pädagogik. *In:* Bernays, P. et al., Hrsg: et al.: *Gesammelte Schriften in neun Bänden (Band 5)*. Fürth: Martin Klaussner, 133.

61 Langanke, M. (2015). Was leistet der Naturbegriff für die Begründung tierethischer Abwehrrechte? Zur Stellung von Zucht- und Wildformen im Tierversuchsrecht. *In:* Gräb-Schmidt, E., Hrsg: *Was heißt Natur? Philosophischer Ort und Begründungsfunktion des Naturbegriffs*. Leipzig: Evangelische Verlagsanstalt, 119–155.

62 Nelson, N. (1970). System der philosophischen Ethik und Pädagogik. *In:* Bernays, P. et al., Hrsg: et al.: *Gesammelte Schriften in neun Bänden (Band 5)*. Fürth: Martin Klaussner, 115.

63 Goethe, J. W. (1987). Leiden des jungen Werthers (zweite Fassung), *In:* Richter, K., Hrsg: *Sämtliche Werke nach Epochen seines Schaffens (Münchner Ausgabe)*. München: Carl Hanser, 356.

64 Bundesverwaltungsgericht. (1997). *Urteil vom 18. 06. 1997, 6 C 5.96*. Zugriff am 1. Februar 2021. Verfügbar unter https://bit.ly/3jhh3fb

65 Kamlah, W. (1972). *Philosophische Anthropologie – Sprachkritische Grundlegung und Ethik*. Berlin: Bibliographisches Institut, 52–60.

66 Langanke, M. (2016). »Bedürfnisgemäßheit« versus »Grundrechte von Tieren« – Der Streit um das normative Minimum in der Tierethik am Beispiel der Haltung von Zootieren. *In:* Brune, J. P., Werner, M. und Langanke, M., *Hrsg: Konzepte normativer Minimalstandards*. Baden-Baden: Nomos, 177–255.

67 Hauschild, J. (2020). *Reden wir über Suizid*. Zugriff am 1. Februar 2021. Verfügbar unter https://bit.ly/3jhhAhb

68 Teutsch, G. M., von Loeper, E., Martin, G. und Müller, J. (1988). *Intensivhaltung von Nutztieren aus ethischer, rechtlicher und ethologischer Sicht*. Basel: Birkhäuser, 51.

69 Big Think. (2017). *Richard Dawkins: No Civilized Person Accepts Slavery So Why Do We Accept Animal Cruelty? | Big Think*. Zugriff am 1. Februar 2021. Verfügbar unter https://bit.ly/2MWTkVm

70 Braithwaite, V. (2010). *Do Fish Feel Pain?* Oxford: Oxford University Press.

71 Dawkins, M. S. (2008). What is good welfare and how can we achieve it? *In:* Bonney, R und Dawkins, M. S., Hrsg: *The Future of Animal Farming*, Oxford: Blackwell Publishing, 73–82.

72 Zuolo, F. (2017). Equality, its Basis and Moral Status: Challenging the Principle of Equal Consideration of Interests. *International Journal of Philosophical Studies*, 25(2), 170–188.

Meinungsfreiheit beschreibt das Recht, seine Meinung in Wort, Schrift und Bild frei zu äußern und verbreiten zu können.[1] Meinungsfreiheit ist dabei eine bedeutende Säule unserer Gesellschaft, aber gerechtfertigte Kritik ist ebenso wichtig und Meinungsfreiheit immunisiert nicht gegen Kritik. Das nachdrückliche Aufzeigen von Missständen ist kein ungerechtfertigtes »Aufzwingen« von Meinungen, sondern Teil des gesellschaftlichen Miteinanders, bei dem unterschiedliche Meinungen ausgetauscht, diese wechselseitig geprüft und im Idealfall die eigene Meinung den valideren Argumenten angepasst wird. Wenn vegan lebende Menschen anhand von berechtigten Argumenten den Konsum von Tierprodukten kritisieren, wird dies jedoch häufig als »Aufzwingen von Meinungen« oder im schlimmsten Fall als »Meinungsfaschismus« angeprangert.

Bestätigungsfehler verhindern objektive Auseinandersetzung

Da das Essen von tierischen Produkten die vorherrschende Norm ist, überrascht es wenig, dass sich viele Menschen nicht wirklich intensiv mit den ethischen Auswirkungen ihrer Essensüberzeugungen auseinandergesetzt haben. Die Überzeugung, dass Fleischessen »normal, natürlich, notwendig«[2] und damit in Ordnung sei, ist in der Regel eine Meinung, die man von klein auf anerzogen bekommt. Solche anerzogenen Ideologien sind meist tief verankert und werden als völlig normal betrachtet, weshalb man sie nur selten hinterfragt. Selbst wenn Menschen im Laufe ihres Lebens mit Argumenten und Aussagen konfrontiert werden, die diese tief verwurzelten und eher unbewussten Denk- und Handlungsweisen kritisieren, ist es sehr wahrscheinlich, dass betroffene Personen valide Kritik nicht annehmen. Dies ist u. a. auf eine Reihe von sogenannten kognitiven Verzerrungen zurückzuführen. Zu den bekanntesten zählt der Bestätigungsfehler (Confirmation Bias). Dieser beschreibt die Neigung, dass Menschen an sie herangetragene Informationen unbewusst filtern und so auswählen bzw. interpretieren, dass sie bestmöglich in ihr bisheriges Weltbild passen.[3] Abbildung 8 illustriert diese menschliche Tendenz, dass man unter der Gesamtheit an zur Verfügung stehenden Informationen vor allem jene besonders schwer gewichtet und wahrnimmt, die bereits existierende Wertvorstellungen bestätigen und gegensätzliche Informationen unabhängig von ihrer Validität häufig unbewusst außen vorlässt. Oder um es mit den Worten des russischen Schriftstellers Leo Tolstoi zu sagen: »Die kompliziertesten Dinge können dem beschränktesten Mann erklärt werden, wenn er ihnen gegenüber noch keine Vorurteile hegt. Aber die einfachsten Dinge können dem intelligentesten Menschen nicht erklärt werden, wenn er glaubt, dass er bereits ohne Zweifel alles darüber weiß.«[4]

Auch vegan lebende Menschen sind keineswegs frei von derartigen kognitiven Verzerrungen und so ist es von großer Bedeutung, sich dieser bewusst zu werden und zu versuchen, Sachverhalte in Diskussionen möglichst objektiv zu betrachten.

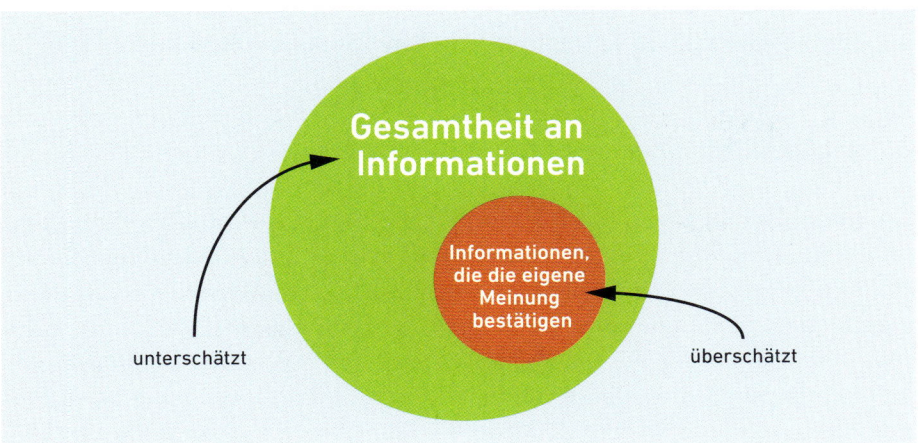

Das Recht auf die eigene Meinung

Um eine potenziell unangenehme Diskussion über die ethischen Grundsätze der eigenen Ernährungsweise zu vermeiden, wird von mischköstlich essenden Personen häufig auf das Recht der eigenen Meinung verwiesen. Die Aussage »Ich habe das Recht auf meine eigene Meinung« wird dabei nicht selten auch deshalb verwendet, um Überzeugungen zu schützen, die man nicht rational verteidigen kann. Es dient sozusagen als eine Umschreibung für »Ich kann sagen und denken (und demzufolge tun), was ich will, und muss dafür keine Argumente liefern«. Eine derartige Willkür im Verhalten würden Menschen in einem anderen Kontext nicht hinnehmen. Außerdem werden in diesem Zusammenhang oft zwei wichtige Punkte übersehen: Zum einen scheint es vielen Menschen am Grundverständnis zu mangeln, was Meinungsfreiheit genau umfasst bzw. bedeutet (und was nicht), und zum anderen wird oft der Fehler begangen, Meinungsfreiheit mit Handlungsfreiheit gleichzusetzen.

Das wichtige Grundrecht der Meinungsfreiheit besagt lediglich, dass man (fast) jede beliebige Meinung haben und äußern darf. Das bedeutet jedoch nicht, dass somit jede Meinung gleichermaßen richtig und gewichtig wäre oder dass man jede Meinung unwidersprochen stehen lassen muss, dass also niemand diese Meinung kritisieren dürfe und man dadurch immun gegenüber Kritik wäre. Im Gegenteil: Meinungsfreiheit gibt Menschen das Recht, Handlungen, die sie für unethisch halten, zu kritisieren, und es bedeutet, dass Kritik an Meinungen eben nicht unterdrückt, sondern frei geäußert werden darf. Wenn jemand Respekt und Toleranz für die eigene Meinung einfordert, dann muss die Person auch respektieren, wenn die eigene Meinung von anderen als kritikwürdig eingestuft wird. Die Überzeugung, dass die Ausbeutung und das Töten empfindungsfähiger Lebewesen Unrecht ist und kritisiert werden muss, ist gleichsam eine Meinung, die von der Meinungsfreiheit gedeckt wird. Und egal wie deutlich und nachdrücklich die Kritik dabei geäußert wird, ist sie kein Aufzwingen, sondern eine gut begründbare Meinung.

Meinungsfreiheit ≠ Handlungsfreiheit

Das Töten und Ausbeuten von Tieren ist hingegen keine Meinung. Es basiert zwar auf der Meinung, dass dies gerechtfertigt sei, aber es ist eine Handlung (die den Tieren aufgezwungen wird) und sie ist damit nicht dasselbe wie eine bloße Meinungsäußerung. Meinungsfreiheit bedeutet weder zivilgesellschaftlich noch vor dem Gesetz, dass man alle Handlungen akzeptieren muss, die aus gutem Grund für Unrecht gehalten werden. Zynisch wirkt bei diesem Einwand vor allem, dass jene Personen, die vegan lebende Menschen anprangern, da diese ihnen ihre Meinung angeblich »aufzwingen« wollen – also die Meinung, dass Gewalt und Ausbeutung aus egoistischen Gründen Unrecht sind –, diejenigen sind, die Tieren Gefangenschaft, Gewalt und den Tod aufzwingen. Dies kann nicht einfach durch den Verweis auf die Meinungsfreiheit gerechtfertigt werden. Von einem Aufzwingen kann man dann sprechen, wenn einem keine Wahl mehr gelassen wird. Solange der Konsum tierischer Produkte legal ist, können vegan lebende Menschen ohnehin Fleischesser*innen nichts aufzwingen. In anderen Lebensbereichen wird wiederum ein »Aufzwingen« gutgeheißen, und in einem Rechtsstaat wird dies in vielen Bereichen sogar durch Gesetze sichergestellt. Das juristische »Aufzwingen« von Normen per Gesetz wird von fast allen Menschen befürwortet, solange es zu ihrem eigenen Vorteil ist. Wir sind dankbar, dass unsere Gesetzgebung uns vor kriminellen Übergriffen, Betrug etc. schützt und nehmen im Gegenzug hin, dass ein derartiges Verhalten unsererseits geahndet werden kann. Selbst in Bezug auf den (Haus-)Tierschutz nehmen wir gesetzliche Vorschriften an. So ist es laut dem Tierschutzgesetz verboten, Hunde und Katzen zu töten.[6] Wenn es jedoch um ethische Diskussionen zum Wohle der »Nutztiere« (oder gar die kleinste Aussicht auf Gesetzesänderungen diesbezüglich) geht, verfallen viele Menschen in Doppelstandards in ihrer Moral.

Nicht jede Meinung ist valide

Vegan lebende Personen werden oft dafür kritisiert, dass sie ihre Meinung für die »einzig richtige« halten. Das mag in Bezug auf das Thema Tierrechte stimmen, und die ablehnende Reaktion darauf ist auf emotionaler Ebene nachvollziehbar. Aber wenn man diese Kritik zu Ende denkt, ergibt sich daraus kein valides Argument. Es geht in der tierethischen Debatte nicht um persönliche Vorlieben, wie etwa den eigenen Musikgeschmack, bei dem niemand durch die eigene Vorliebe beeinträchtigt wird. Musikgeschmack und Essensvorlieben sind diesbezüglich grundverschiedene Kategorien, und nur weil mehrere Meinungen zu einem Sachverhalt existieren, bedeutet das nicht, dass all diese Meinungen gleich fundiert und von ähnlich validen Argumenten untermauert sind. Nur weil man in der Theorie (fast) jede Meinung haben *darf*, leitet sich daraus nicht ab, dass man auch jede beliebige Meinung haben *sollte*. Wenn man den Anspruch an sich selbst hat, seinen ethischen Grundwerten entsprechend zu handeln, sollte man besser nur Meinungen vertreten, die man objektiv widerspruchsfrei belegen kann. Die eigene Meinung generalisierend und ohne entsprechende Expertise für die einzig richtige zu halten und verschlossen für andere Sichtweisen zu sein, ist hingegen ein Zeichen für Überheblichkeit und die Überschätzung der eigenen Kompetenz. Dennoch heißt das nicht, dass man nicht in gewissen Themengebieten, mit denen man sich intensiv beschäftigt und andere Meinungen und deren Quellen überprüft und ehrlich abgewogen hat, eine Meinung mit Nachdruck als die richtige vertreten kann. Dies sind zwei grundsätzlich unterschiedliche Sachverhalte. Es gibt bei den meisten Fragestellungen bei genauerer Betrachtung nicht mehrere objektiv richtige Antworten. Daher zeugt es nicht von Engstirnigkeit, die eigene fundierte Meinung nach reichlich Recherche in gewissen Fragestellungen als die einzig richtige zu vertreten, zumindest bis valide Daten etwas Gegenteiliges zeigen. Ob Fleisch, Käse und Eier gut schmecken, ist durchaus eine Frage des Geschmacks und darüber lässt sich streiten. Ob die Produktion tierischer Lebensmittel Leid verursacht, ist zwar bis zu einem gewissen Grad situationsabhängig, kann aber in den allermeisten Fällen (besonders in der industriellen Intensivtierhaltung, die für den größten Teil aller Tierprodukte verantwortlich ist) bei einem ehrlichen Blick auf den Sachverhalt bejaht werden. Das ist keine Geschmacksfrage, sondern eine Frage der Ethik. Diese ist weit weniger subjektiv, als es fälschlicherweise oft behauptet wird (siehe Einleitung).

Schlussfolgerung

Wir alle haben in vielen Bereichen ethische Überzeugungen, die wir für alternativlos und für die einzig richtigen halten. Diesen Maßstab legen wir dann nicht nur an uns selbst an, sondern auch an andere. Kaum jemand würde behaupten, dass Sklaverei, Sexismus oder Rassismus zu respektierende Meinungen sind. Sklaverei ist beispielsweise keine individuelle Geschmacksfrage, sondern ein Verhalten, das objektiv für Leid anderer Individuen sorgt und entsprechend dem Wertesystem der allermeisten Menschen abgelehnt wird. Vegan lebende Menschen plädieren lediglich dafür, auch leidensfähige Tiere in unser Wertesystem zu inkludieren. In diesem Kontext soll nicht der Eindruck entstehen, dass Tierhaltung und Sklaverei gleichzusetzen sind. Es sind unterschiedliche Themengebiete mit unterschiedlichen Opfern,

Tätern und Motiven. Jedoch lässt sich auf der Metaebene in beiden Fällen ein unterdrückerisches System erkennen, in dem sich eine Gruppe an Individuen auf Kosten anderer bereichert. Da im Falle des Konsums tierischer Produkte gravierende negative Auswirkungen auf andere Individuen auszumachen sind, geht damit auch einher, dass man seinen Standpunkt diesbezüglich sehr wohl plausibel verteidigen muss und sich nicht einfach auf das Recht der eigenen Meinung berufen kann. Die Meinungsfreiheit ist ein Recht, das erst erkämpft werden musste, und zwar nicht von Menschen, die geschwiegen haben, um anderen nicht unbequem zu sein. Wenn man legitime Rechte für sich oder andere erlangen möchte, wie eben das Recht auf Meinungsfreiheit oder Rechte für Tiere, ist es nun einmal nötig, andere Meinungen, die man für Unrecht hält, aufzuzeigen und in einem gesellschaftlichen Diskurs zu besprechen. Das falsche Argument des Aufzwingens veganer Meinungen ist hingegen vielmehr ein Versuch, diesen wichtigen Dialog zu unterbinden, und liegt damit deutlich näher am Aufzwingen einer Meinung.

Richtigstellung des Arguments »Veganer*innen zwingen anderen ihre Meinung auf«

Vorurteil	Faktenlage
Veganer*innen ignorieren das Recht von anderen auf ihre eigene Meinung.	Der vegane Aktivismus verletzt nicht das Grundrecht auf Meinungsfreiheit. Veganer*innen äußern lediglich ihre freie Meinung zu ethisch nicht zu rechtfertigenden Überzeugungen, durch die sich Handlungen mit negativen Konsequenzen für andere ergeben. Aus dem Recht der Meinungsfreiheit lässt sich noch keine Handlungsfreiheit ableiten und so kann man unethisches Verhalten nicht mit einem Verweis auf das Recht der eigenen Meinung legitimieren.
Veganer*innen zwingen ihre Ansichten anderen Menschen auf.	Solange das Töten von »Nutztieren« und »Versuchstieren« legal ist, ist es unmöglich für eine vegan lebende Person, ihre Ansichten jemandem aufzuzwingen. Der mit Nachdruck formulierte Hinweis auf die Missstände in der Mensch-Tier-Beziehung ist ein gesellschaftlich äußerst relevantes Thema, über das es einen offenen Diskurs geben muss. Das falsche Argument des Aufzwingens der veganen Meinung ist hingegen ein Versuch, diesen wichtigen Dialog zu unterbinden, und liegt damit deutlich näher am Aufzwingen einer Meinung.

Quellen

1 Deutscher Bundestag. (2010). *Freie Meinungsäußerung in der Bundesrepublik Deutschland und den USA im Vergleich*. Zugriff am 1. Februar 2021 Verfügbar unter https://bit.ly/2VbYaiT

2 Gilbert, M. und Desaulniers, E. (2014). Carnism. *In*: Kaplan, D. M. Hrsg: *Encyclopedia of Food and Agricultural Ethics*. Berlin: Springer, 292–298.

3 Nickerson, R. S. (1998). Confirmation Bias: A Ubiquitous Phenomenon in Many Guises. *Review of General Psychology*, 2(2), 175–220.

4 Tolstoi, L. (1894). *The Kingdom of God Is Within You*. New York: Cassell Publishing, 21.

5 Koteich, M. (2020). *Outsmart your Confirmation Bias*. Zugriff am 1. Februar 2021. Verfügbar unter https://bit.ly/3qe43da

6 Bundesministerium der Justiz und für Verbraucherschutz. (o. D.). *Tierschutzgesetz § 18*. Zugriff am 1. Februar 2021. Verfügbar unter http://bit.ly/3qaN3US

VEGANER*INNEN IST TIERLEID WICHTIGER ALS MENSCHENLEID

2.

eganer*innen setzen sich gegen das von Menschen verursachte Leid an Tieren ein und wollen dieses so weit wie umsetzbar abschaffen. Von einigen Seiten wird dabei kritisiert, dass sie Tierleid über das Leid von Menschen stellen. Zum einen geht diese Aussage häufig mit der Aufforderung einher, Veganer*innen sollen sich zunächst um hilfsbedürftige Menschen kümmern und ihre Priorisierung überdenken. Zum anderen wird damit suggeriert, dass Veganer*innen andere Menschen egal wären und sie sich misanthropisch verhalten würden. Manchmal kann bei solchen Aussagen auch implizit der gesundheitliche Aspekt der veganen Ernährung gemeint sein, denn trotz der soliden Datenlage gehen einige Personen fälschlicherweise davon aus, dass eine vegane Ernährung für Menschen gesundheitsschädlich sei. Sie kreiden also veganen Aktivist*innen an, dass diese das Wohl der Tiere über die menschliche Gesundheit stellen. Alle drei Teilaspekte dieses Arguments halten jedoch einer genauen Betrachtung nicht stand.

Priorisierung

Es herrscht kein internationaler Konsens darüber, was die wichtigsten Probleme auf der Welt sind, aber es gibt zumindest studienbasierte Auflistungen zu einigen der größten Probleme sowie evidenzgesteuerte Konzepte, mit denen sehr effektive Maßnahmen zur Lösung von Problemen von weniger effektiven unterschieden werden können. Organisationen wie das britische Centre for Effective Altruism (CEA) schlagen dabei ein Drei-Faktoren-Modell zur Entscheidungshilfe vor, mit dem man rational begründet entscheiden kann, welchen Problemen in der Welt man sich bevorzugt widmen soll. Der effektive Altruismus ist sowohl eine Philosophie als auch eine soziale Bewegung, die darauf abzielt, die beschränkten Ressourcen Zeit und Geld optimal einzusetzen, um das Leben möglichst vieler empfindungsfähiger Wesen möglichst umfassend zu verbessern.[1] Es ist also die Leitidee, dass man seine zeitlichen und finanziellen Kapazitäten nicht willkürlich in irgendwelche sozialen Projekte steckt, sondern in jene, die am meisten positive Veränderung in der Welt bringen können. Abbildung 9 illustriert dieses Drei-Faktoren-Modell. Es bezieht die Ebenen der Bedeutung des Problems (= Wichtigkeit/Ausmaß), das Maß des (Nicht-)Bewusstseins über das Problem (= Grad der Vernachlässigung) sowie die Möglichkeit der eigenen Einflussnahme auf das Problem (= Steuerbarkeit/Lösbarkeit) in die Betrachtung mit ein.

Die mit der weltweiten industriellen »Nutztierhaltung« einhergehenden Probleme erreichen, wie nachfolgend dargestellt wird, große Ausmaße. Sie sind zwar in wissenschaftlichen Publikationen gut belegt, jedoch der Allgemeinbevölkerung noch nicht ausreichend bewusst. Daher wird die pflanzenbasierte Ernährungsweise als effektiver Lösungsansatz noch immer stark vernachlässigt. Im Gegensatz

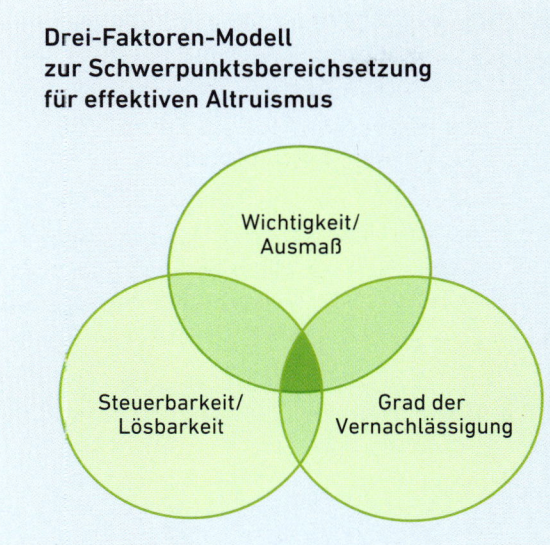

Drei-Faktoren-Modell zur Schwerpunktsbereichsetzung für effektiven Altruismus

- Wichtigkeit/Ausmaß
- Steuerbarkeit/Lösbarkeit
- Grad der Vernachlässigung

Die weltweite »Nutztierhaltung« verursacht bzw. verbraucht:

Klimawandel: 12–18 % aller Treibhausgasemissionen[3,4]
Regenwaldabholzung: 70–80 % der Amazonas-Regenwald-Abholzungen[5]
Flächenverbrauch: 30–33 % der weltweiten Landfläche[6,7] 70–80 % der landwirtschaftlich genutzten Fläche[8,9]
Lebensmittelverbrauch: 36–46 % der weltweiten Ernte[10,11]
Artensterben: ≈ 30 % des menschenverschuldeten Artensterbens[12]
Überfischung: ≈ 33 % der Fischpopulationen sind überfischt[13]
Antibiotikagabe: 70–80 % aller eingesetzten Antibiotika[14]
Zoonosenrisiko: 60–75 % aller humanpathogenen Erreger[15,16]

zu vielen anderen Problemen, die wir durch unsere alltäglichen Konsumentscheidungen nicht maßgeblich beeinflussen können, haben wir in Bezug auf unsere Ernährung allerdings mit jeder Mahlzeit die Möglichkeit, ein Teil einer positiven Veränderung zu werden. Somit erfüllt die Auseinandersetzung mit ernährungsbezogenen Problemen alle drei Faktoren des Modells. Wie Abbildung 9 außerdem zeigt, ist die weltweite »Nutztierhaltung« ein enormer Einflussfaktor hinsichtlich der Emission von Treibhausgasen, der Regenwaldabholzung, des Flächenverbrauchs, der Nahrungsressourcenverschwendung, des Verlusts der Biodiversität, der Überfischung der Meere, des Risikos für das Auftreten von Antibiotikaresistenzen sowie der Entstehung und Verbreitung neuartiger Zoonosen.

Die weltweit größte Ernährungsfachgesellschaft – die Academy of Nutrition and Dietetics – schreibt zu den ökologischen Auswirkungen von pflanzenbasierten Ernährungsformen wie der vegetarischen und veganen Ernährung:

»Pflanzenbasierte Ernährungsformen sind umweltfreundlicher als Ernährungsweisen mit einem großen Anteil an tierischen Produkten, weil sie weniger Ressourcen verbrauchen und somit weniger Umweltschäden verursachen.«[17]

 1. Luftverschmutzung und Klimawandel

 2. Nicht-übertragbare Krankheiten

 3. Globale Influenza-pandemie

 4. Fragile und vulnerable Umgebungen

 5. Antibiotikaresistenzen

 6. Ebola und andere Hochrisiko-Pathogene

 7. Schwache medizinische Grundversorgung

 8. Impfverweigerung

 9. Dengue-Fieber

 10. HIV

rot = von der »Nutztierhaltung« negativ beeinflusst

Wenn man einen Blick auf die »Ten threats to global health in 2019« (Zehn Gefahren für die Weltgesundheit in 2019) der World Health Organization (WHO) in Abbildung 10 wirft, wird ebenfalls deutlich, dass die weltweite industrielle »Nutztierhaltung« (inklusive Wildtiermärkten sowie der Tierhaltung für Tierversuche) auf mindestens drei der Top-10-Gefahren einen bedeutenden Einfluss ausübt.[19] Auch wenn sich der Veganismus im Kern als eine tierethische Bewegung versteht und der komplette Verzicht auf tierische Produkte primär aus ethischen Motiven zu begründen ist, stellt andererseits der überbordende Hunger der wachsenden Weltbevölkerung auf tierische Produkte eine enorme Gefahr für die Weltgesundheit dar. Demnach haben viele Bestrebungen des Veganismus auch positive ökologische und gesundheitliche »Nebeneffekte«.

Auf Platz 1 der WHO-Liste stehen Luftverschmutzung und Klimawandel. Laut der Food and Agriculture Organisation of the United Nations (FAO) und weiterer Hochrechnungen von Wissenschaftler*innen sind die weltweiten Treibhausgasemissionen aus der »Nutztierhaltung« mit 12 bis 18 % sogar ähnlich hoch oder höher als die Treibhausgasemissionen aus dem gesamten weltweiten Transportsektor.[20,21] Somit hat der globale Fleischhunger einen entscheidenden Einfluss auf den Klimawandel. Die Bestrebungen von vegan lebenden Menschen zur Reduzierung des Konsums tierischer Lebensmittel haben somit nicht nur tierethische, sondern auch ökologische Relevanz.

Platz 5 belegen die Gefahren, die von Antibiotikaresistenzen ausgehen. Jährlich sterben etwa 1,6 Millionen Menschen an antibiotikaresistenten Keimen. Wie die WHO selbst in ihrer Veröffentlichung betont, ist einer der relevantesten Gründe für das Auftreten von Antibiotikaresistenzen neben der überhöhten bzw. unsachgemäßen Einnahme von Antibiotika beim Menschen die willkürliche und übermäßige Gabe von Antibiotika in der »Nutztierhaltung«.[22] Weltweit werden ganze 70 bis 80 % der Antibiotika nicht in der Humanmedizin, sondern in der Tierhaltung angewendet.[23] Somit riskieren wir, einen der bedeutendsten medizinischen Meilensteine des letzten Jahrhunderts aufgrund des unstillbaren Verlangens nach möglichst viel billigem Fleisch einzubüßen.

Auf Platz 6 der WHO-Liste landet schließlich die weltweite Gesundheitsgefahr durch Ebola und andere humanpathogene Zoonosen. Zoonosen bezeichnen Infektionskrankheiten, die von Bakterien, Parasiten, Pilzen, Prionen oder Viren verursacht und wechselseitig zwischen Tieren und Menschen übertragen werden können.[24] Ebolaviren sind die Auslöser der Ebolafieber-Epidemien, die zwischen 2014 bis 2016 in Westafrika auftraten und in Einzelfällen zu Ebolafieber-Erkrankungen in den USA, Spanien, Italien und Großbritannien führten.[25] Laut der WHO überträgt sich das Virus auf den Menschen durch den Kontakt mit infizierten Wildtieren.[26] Eine gängige Art solcher Kontakte stellt dabei in Afrika der Verzehr von Wildtieren (»Buschfleisch«) dar.[27] Ein mit dem Ebolavirus verwandtes Virus wurde darüber hinaus in den 1960ern über Affen nach Deutschland eingeschleppt, die als Versuchstiere aus Uganda eingeflogen wurden.[28] Die ersten COVID-19-Fälle sind zwar nach aktuellem Kenntnisstand auf einen Wildtiermarkt in Wuhan in China zurückzuführen,[29] aber zahlreiche weitere Zoonosen wie Geflügelgrippe oder Rinderwahn entstammen der industriellen »Nutztierhaltung«.[30] Insgesamt kann davon ausgegangen werden, dass etwa 60 bis 75 % aller humanpathogenen Erreger aus der »Nutztierhaltung« stammen.[31,32] So hieß es in einem Editorial des American Journal of Public Health im Jahr 2007 bezüglich des Zoonosenrisikos: »Diejenigen, die Tierprodukte konsumieren, schaden damit nicht nur den Tieren und gefährden sich selbst, sondern sie bedrohen damit auch das Wohlergehen anderer Menschen, die heute oder in der Zukunft auf unserem Planeten leben.«[33] All diese Szenarien wären in einer Welt ohne (industrielle) »Nutztierhaltung« zwar nicht gänzlich verschwunden, aber das Risiko wäre bedeutend geringer.[34]

Somit lässt sich sagen, dass die Bestrebungen der veganen Bewegung durchaus als Multi-Problemlöser (in Kombinationen mit anderen wichtigen Interventionen) fungieren und Tierrechte, Umweltschutz und die Weltgesundheit bedeutend positiv beeinflussen können. Außerdem bedeutet eine vegane Ernährung nicht, dass man nicht auch noch zusätzlich andere Dinge tun kann, um zu versuchen, die Welt ein weiteres Stück zu verbessern.

Misanthropie

Misanthropie beschreibt die Sichtweise einer Person, die Menschen hasst oder deren Nähe ablehnt. Eine solche Person wird Misanthrop*in genannt. Die vegane Bewegung bzw. ihre Vertreter*innen als menschenfeindlich zu bezeichnen, ist ungerechtfertigt und sachlich inkorrekt. Ein Blick auf die Definition des Veganismus nach der britischen Vegan Society macht deutlich, warum:

> »Veganismus ist eine Philosophie und Lebensweise, die versucht – soweit wie praktisch durchführbar – alle Formen der Ausbeutung und Grausamkeiten an leidensfähigen Tieren für Essen, Kleidung und andere Zwecke zu vermeiden, und in weiterer Folge die Entwicklung und Verwendung von tierfreien Alternativen zu Gunsten von Mensch, Tier und Umwelt fördert. [...]«[35]

Auch wenn im Rahmen dieses Buches zur einfacheren Verständlichkeit (wie auch in der Definition der Vegan Society) zwischen Menschen und Tieren unterschieden wird, so ist auch der Mensch ein Tier. Der Mensch (Homo sapiens) ist nach der biologischen Systematik ein Vertreter der Gattung Homo aus der Familie der Menschenaffen, die zur Ordnung der Primaten und somit zu den höheren Säugetieren gehört.[36] Dass sich ein großer Teil der Bestrebungen der veganen Bewegung zum aktuellen Zeitpunkt auf das Wohl der (Nutz-)Tiere konzentriert, liegt in erster Linie am fehlenden Einsatz anderer Gruppierungen für eben diese Lebewesen. Wie bereits beschrieben, stehen allerdings viele der den Menschen betreffenden Probleme direkt oder indirekt mit der Tierhaltung in Verbindung. Darüber hinaus zeigen Untersuchungen, dass die Unterstützung von Tierrechten in Umfragen signifikant mit dem Einsatz gegen verschiedene Formen der Diskriminierung von Menschen einhergeht.[37] Auf der anderen Seite zeigen Untersuchungen, dass Personen, die negativ gegenüber gewissen ethnischen Minderheiten eingestellt sind, im Durchschnitt auch Tierausbeutung zum menschlichen Vorteil in höherem Maße befürworten.[38] Die Bestrebungen zur Verbesserung der Lebensrealitäten für Tier und Mensch spiegeln außerdem zahlreiche Symbole der Tierbefreiungsbewegung wider. Das illustrieren die Embleme in Abbildung 11.

Auch wenn mitunter einige Vertreter*innen der veganen Bewegung in öffentlichen Diskursen und den sozialen Medien durch ihre teils sehr direkte und nicht immer höfliche Art auffallen (gleiches gilt allerdings auch für das Online-Benehmen zahlreicher Nicht-Veganer*innen), dürfen in diesem Kontext die Rahmenbedingungen und Beweggründe hierfür nicht außer Acht gelassen werden. Veganer*innen leben in einer nicht-veganen Welt, in der sie mitansehen müssen, wie tagtäglich Tieren unermessliches Leid angetan wird, der Großteil der Bevölkerung sich nicht dafür interessiert und sich sogar darüber mokiert, wenn Veganer*innen

dieses Problem aufzeigen. Es entbehrt dabei auch nicht einer gewissen Absurdität, dass Personen die deutliche Benennung von Gewalt problematischer als die Gewalt selbst empfinden. Und auch wenn in manchen Fällen vereinzelte Veganer*innen tatsächlich über die Stränge schlagen, darf dies nicht kategorisch auf die gesamte vegane Bewegung übertragen werden.

Zudem darf nicht ignoriert werden, welche Menschenrechtsverletzungen im Rahmen der industriellen Massentierhaltung immer wieder dokumentiert werden. Wenn man als Menschenfreund*in die Ausbeutung von Arbeiter*innen unterbinden möchte, sollte eine der Maßnahmen ein Verzicht auf Fleisch aus industrieller Intensivtierhaltung sein. Auch deutsche Schlachtbetriebe beuten in vielen Fällen systematisch Menschen aus osteuropäischen Ländern aus.[39] Berichte zeigen, dass 70 bis 80 % der Arbeiter*innen unfaire Werkverträge bei Subunternehmen haben, bei denen sie, zum Teil über Tricks bei der Arbeitszeitregelung, nicht einmal den gesetzlichen Mindestlohn erhalten. Viele der Beschäftigten wohnen in unwürdigen Massenunterkünften, in denen bis zu sechs Personen in einem Zimmer mit nur einem Gemeinschaftsbadezimmer unter meist mangelhaften hygienischen Zuständen leben müssen. So überraschte es nicht, dass Schlachtbetriebe während der COVID-19-Pandemie zu Hotspots mit explosionsartigen Infektionsanstiegen wurden.[40,41]

Gesundheit

Die Annahme, dass man mit einer veganen Ernährung Tierwohl mit menschlicher Gesundheit erkauft, ist unzutreffend und entspricht nicht dem aktuellen wissenschaftlichen Kenntnisstand (siehe Kapitel 18). Die Datenlage zeigt, dass im Rahmen einer ausgewogenen und bedarfsgerechten veganen Ernährung (inklusive Supplemente bis zum Zeitpunkt einer besseren Anreicherung der Lebensmittel) keine gesundheitlichen Nachteile zu erwarten sind. Im Gegenteil zeigen zahlreiche Studien und Positionspapiere führender Fachgesellschaften, dass eine gut geplante vegane Ernährung im Vergleich zur derzeit üblichen westlichen Mischkost mit einer Risikoreduzierung für eine Vielzahl an chronisch-degenerativen Erkrankungen einhergeht.[42,43,44,45] So heißt es im Positionspapier zur veganen Ernährung der Academy of Nutrition and Dietetics hinsichtlich des gesundheitlichen Werts einer gut zusammengestellten veganen Kost:

>Es ist die Position der Academy of Nutrition and Dietetics, dass eine gut geplante vegetarische Ernährung, inklusive einer veganen Ernährung, gesund und bedarfsdeckend ist und möglicherweise gesundheitliche Vorteile in der Prävention und Therapie von einigen Erkrankungen bietet. [...] Vegetarier und Veganer haben ein geringeres Risiko für das Auftreten bestimmter Erkrankungen wie ischämische Herzerkrankungen, Diabetes mellitus Typ 2, Hypertonie, einige Krebsarten und Adipositas.«[46]

Schlussfolgerung

Wie in diesem Kapitel im Detail dargestellt, geht der überbordende Fleischhunger abseits des Tierleids auch mit einer Reihe an Gefahren für die globale Gesundheit einher. Daher kann eine gut geplante vegane Ernährung – obwohl sie im Kern tierethisch begründet ist – durchaus ein Multi-Problemlöser für diverse ökologische, gesundheitliche und soziale Probleme sein. Somit kann nicht kritisiert werden, dass die Bestrebungen der veganen Bewegung eine falsche Priorisierung aufweisen, denn eine klug umgesetzte vegane Ernährung kommt nicht nur den Tieren, sondern auch den Menschen in unserer Gesellschaft zugute. Veganer*innen stellen also mitnichten die Bedürfnisse von Tieren über die von Menschen. Mit dem Konsum von Billig-Tierprodukten aus industrieller Intensivtierhaltung stellen Menschen hingegen ihre eigenen Geschmacksvorlieben nicht nur über das Leben der Tiere, sondern auch über das Wohlergehen anderer Menschen und gefährden im schlimmsten Fall die Lebensgrundlage zukünftiger Generationen durch das Auftreten von Antibiotikaresistenzen und Zoonosen.

Vorurteil	Faktenlage
Veganer*innen setzen Tierleid über menschliches Leid.	Der Veganismus setzt sich für die Rechte aller Tiere ein und inkludiert somit auch Menschen. Aufgrund der stärkeren Rechtsverletzungen gegenüber Tieren liegt der Fokus der veganen Bewegung jedoch auf ihnen. Daraus ergibt sich aber keine Priorisierung, die Tiere über Menschen setzt. Die Probleme, die sich aus der »Nutztierhaltung« ergeben, sind schwerwiegend, deutlich vernachlässigt und durch persönliche Konsumentscheidungen gut steuerbar. Sie sind somit ein guter Ansatzpunkt, um als Einzelperson eine positive Veränderung zu bewirken. Die weltweite »Nutztierhaltung« hat einen enormen Einfluss auf die Emission von Treibhausgasen, die Regenwaldabholzung, den Flächenverbrauch, die Nahrungsressourcenverschwendung, den Verlust der Biodiversität, die Überfischung der Meere, das Risiko für das Auftreten von Antibiotikaresistenzen sowie die Entstehung neuartiger Zoonosen und betrifft demnach alle Menschen in beträchtlichem Maße. Somit führen die Ziele der veganen Bewegung auch zu positiven Effekten für andere Menschen.
Vegan lebende Menschen sind misanthropisch.	Vegan lebende Menschen setzen sich für die Belange aller Tiere – also auch die des Menschen – ein. Untersuchungen zeigen, dass die Unterstützung von Tierrechten in signifikantem Zusammenhang mit dem Einsatz gegen unterschiedliche Formen der Diskriminierung von Menschen steht. Außerdem sind Personen, die Tierausbeutung gutheißen, durchschnittlich negativer gegenüber gewissen ethnischen Minderheiten eingestellt. Wenn man also von Durchschnittswerten spricht, kann davon ausgegangen werden, dass vegan lebende Menschen weniger misanthropisch sind als die mischköstliche Durchschnittsbevölkerung.
Der Einsatz für Tierrechte durch die vegane Ernährung geht auf Kosten der Gesundheit von Menschen.	Die wissenschaftliche Datenlage zeigt, dass eine gut geplante vegane Ernährung den Nährstoffbedarf des Menschen in jeder Lebensphase decken kann und somit bei korrekter Umsetzung nicht zulasten der Gesundheit geht. Zahlreiche Studien und Positionspapiere führender Fachgesellschaften zeigen sogar, dass eine gut geplante vegane Ernährung im Vergleich zur derzeit üblichen westlichen Mischkost mit einer Risikoreduzierung einiger chronisch-degenerativer Erkrankungen einhergeht.

Quellen

1 Gabriel, I. (2016). Effective Altruism and its Critics. *J Appl Philos*, 34(4), 1–16.

2 Centre for Effective Altruism. (o.D.). *Three-factor framework for focus area selection*. Zugriff am 1. Februar 2021. Verfügbar unter https://bit.ly/3gwzZ74

3 Westhoek, H., Rood, T., van den Berg, M., Janse, J., Nijdam, D., Reudink, M. und Stehfest, E. (2011). *The Protein Puzzle – The consumption and production of meat, dairy and fish in the European Union*. Den Haag: Netherlands Environmental Assessment Agency, 17.

4 Stehfest, E., Bouwman, L., van Vuuren, D.P., den Elzen, M.G.J., Eickhout, B. und Kabat, P. (2009). Climate benefits of changing diet. *Climatic Change*. 95, 83–102.

5 Nepstad, D.C., Stickler, C.M., Filho, B.S. und Merry, F. (2008). Interactions among Amazon land use, forests and climate: prospects for a near-term forest tipping point. *Philos Trans R Soc Lond B Biol Sci*, 363(1498), 1737–1746.

6 Cederberg, C. (2014). Environmental impact of meat production. *In*: Devine, C. und Dikeman, M., Hrsg: *Encyclopedia of Meat Sciences (2. Aufl.)*. London: Academic Press, 503.

7 Broom, D.M., Galindo, F.A. und Murgueitio, E. (2013). Sustainable, efficient livestock production with high biodiversity and good welfare for animals. *Proc Biol Sci*, 280(1771), 20132025.

8 Cederberg, C. (2014). Environmental impact of meat production. *In:* Devine, C. und Dikeman, M., Hrsg: *Encyclopedia of Meat Sciences (2. Aufl.).* London: Academic Press, 503.

9 Stehfest, E., Bouwman, L., van Vuuren, D. P., den Elzen, M. G. J., Eickhout, B. und Kabat, P. (2009). Climate benefits of changing diet. *Climatic Change.* 95, 83–102.

10 Cassidy, E. S., West, P. C., Gerber, J. S. und Foley, J. A. (2013). Redefining agricultural yields: from tonnes to people nourished per hectare. *Environ Res Lett,* 8, 034015.

11 Warschun, M., Suhlmann, G., Ziemßen, F. Donnan, D. und Gerhardt, C. (o. D.). *Kearny – When consumers go vegan, how much meat will be left on the table for agribusiness?* Zugriff am 1. Februar 2021. Verfügbar unter https://bit.ly/2Z7eq7e

12 Westhoek, H., Rood, T., van den Berg, M., Janse, J., Nijdam, D., Reudink, M. und Stehfest, E. (2011). *The Protein Puzzle – The consumption and production of meat, dairy and fish in the European Union.* Den Haag: Netherlands Environmental Assessment Agency, 14.

13 Food and Agriculture Organization of the United Nations. (2018). *The State of World Fisheries and Aquaculture 2018 – Meeting the sustainable development goals.* Rom: FAO, 6.

14 Ritchie, H. (2017). *How do we reduce antibiotic resistance from livestock?* Zugriff am 1. Februar 2021. Verfügbar unter https://bit.ly/3gBQZc5

15 Bryner, J. (2012). *13 Animal-to-Human Diseases Kill 2.2 Million People Each Year.* Zugriff am 1. Februar 2021. Verfügbar unter https://bit.ly/2ZbnAjk

16 Food and Agriculture Organization of the United Nations. (2009). *The State of Food and Agriculture 2009 – Livestock in the balance.* Rom: FAO, 84.

17 Melina, V., Craig, W. und Levin, S. (2016). Position of the Academy of Nutrition and Dietetics: Vegetarian Diets. *J Acad Nutr Diet,* 116 (12), 1970–1980.

18 World Health Organization. (2019). *Ten threats to global health in 2019.* Zugriff am 1. Februar 2021. Verfügbar unter http://bit.ly/3cYciGg

19 World Health Organization. (2019). *Ten threats to global health in 2019.* Zugriff am 1. Februar 2021. Verfügbar unter http://bit.ly/3cYciGg

20 Westhoek, H., Rood, T., van den Berg, M., Janse, J., Nijdam, D., Reudink, M. und Stehfest, E. (2011). *The Protein Puzzle – The consumption and production of meat, dairy and fish in the European Union.* Den Haag: Netherlands Environmental Assessment Agency, 17.

21 Stehfest, E., Bouwman, L., van Vuuren, D. P., den Elzen, M. G. J., Eickhout, B. und Kabat, P. (2009). Climate benefits of changing diet. *Climatic Change.* 95, 83–102.

22 World Health Organization. (2019). *Ten threats to global health in 2019.* Zugriff am 1. Februar 2021. Verfügbar unter http://bit.ly/3cYciGg

23 Ritchie, H. (2017). *Our World in Data – How do we reduce antibiotic resistance from livestock?* Zugriff am 1. Februar 2021. Verfügbar unter https://bit.ly/3gBQZc5

24 Bundesinstitut für Risikobewertung. (o. D.). *Zoonosen: Gesundheitliche Bewertung.* Zugriff am 1. Februar 2021. Verfügbar unter https://bit.ly/3iGZXGT

25 Robert Koch Institut. (2016). *Informationen zum Ebolafieber-Ausbruch in Westafrika 2014/2015.* Zugriff am 1. Februar 2021. Verfügbar unter https://bit.ly/2BMPR6E

26 World Health Organization. (o. D.). *Frequently Asked Questions on Ebola virus disease.* Zugriff am 1. Februar 2021. Verfügbar unter https://bit.ly/3f5671n

27 Ordaz-Németh, I., Arandjelovic, M., Boesch, L. et al. (2017). The Socio-Economic Drivers of Bushmeat Consumption During the West African Ebola Crisis. *PLoS Negl Trop Dis,* 11(3), e0005450.

28 Slenczka, W. und Klenk, H. D. (2007). Forty years of marburg virus. *J Infect Dis,* 196(2), 131–135.

29 Ahmad, T., Khan, M., Musa, T. H. et al. (2020). COVID-19: Zoonotic Aspects. *Travel Med Infect Dis,* 36, 101607.

30 Greger, M. (2007). Their bugs are worse than their bite: Emerging infectious disease and the human-animal interface. *In:* Salem, D. J. und Rowan, A. N., Hrsg: *The state of the animals 2007.* Washington, DC: Humane Society Press, 111–127.

31 Bryner, J. (2012). *Live Science – 13 Animal-to-Human Diseases Kill 2.2 Million People Each Year.* Zugriff am 1. Februar 2021. Verfügbar unter https://bit.ly/2ZbnAjk

32 Food and Agriculture Organization of the United Nations. (2009). *The State of Food and Agriculture 2009 – Livestock in the balance.* Rom: FAO, 84.

33 Benatar, D. (2007). The Chickens Come Home to Roost. *Am J Public Health.* 97(9), 1545–1546.

34 Rosenberg, R. (2015). Detecting the Emergence of Novel, Zoonotic Viruses Pathogenic to Humans. *Cell Mol Life Sci,* 72(6), 1115–1125.

35 The Vegan Society. (o. D.) *Definition of veganism.* Zugriff am 1. Februar 2021. Verfügbar unter https://bit.ly/3gKnAwG

36 Storch, V., Welsch, U. und Wink., M. (2007). *Evolutionsbiologie.* Berlin: Springer, 403–507.

37 Faunalytics. (2012) *Animal Rights And Human Social Issues.* Zugriff am 1. Februar 2021. Verfügbar unter https://bit.ly/2ZSdJOf

38 Dhont, K., Hodson, G. und Leite, A. C. (2016). Common Ideological Roots of Speciesism and Generalized Ethnic Prejudice: The Social Dominance Human-Animal Relations Model (SD-HARM). *Eur J Pers,* 30(6), 507–522.

39 Stegemann, J. (2020). *Ausbeutung und Elend sind der wirkliche Preis für billiges Supermarktfleisch.* Zugriff am 1. Februar 2021. Verfügbar unter https://bit.ly/2DqHtKJ

40 Lanzinger, J. (2020). *Corona-Massenausbruch: Tönnies droht Skandal um Video – dann die überraschende Wende.* Zugriff am 1. Februar 2021. Verfügbar unter https://bit.ly/2ObEKqt

41 Kendal, L. (2020). *Revealed: Covid-19 outbreaks at meat-processing plants in US being kept quiet.* Zugriff am 1. Februar 2021. Verfügbar unter https://bit.ly/2W1JJi5

42 Le, L. T. und Sabaté, J. (2014). Beyond Meatless, the Health Effects of Vegan Diets: Findings From the Adventist Cohorts. *Nutrients,* 6(6), 2131–2147.

43 Olfert, M. D. und Wattick, R. A. (2018). Vegetarian Diets and the Risk of Diabetes. *Curr Diab Rep,* 18(11), 101.

44 Melina, V., Craig, W. und Levin, S. (2016). Position of the Academy of Nutrition and Dietetics: Vegetarian Diets. *J Acad Nutr Diet,* 116 (12), 1970–1980.

45 Dietitians of Canada. (2020). *What You Need to Know About Following a Vegan Eating Plan.* Zugriff am 1. Februar 2021. Verfügbar unter https://bit.ly/3aPizkV

46 Melina, V., Craig, W. und Levin, S. (2016). Position of the Academy of Nutrition and Dietetics: Vegetarian Diets. *J Acad Nutr Diet,* 116 (12), 1970–1980.

Den Veganismus als eine Essstörung zu kategorisieren, funktioniert auf mehreren Ebenen nicht. Im Wesentlichen werden bei Essstörungen drei Hauptformen unterschieden: die Anorexie (Magersucht), die Bulimie (Ess-Brech-Sucht) und die Binge-Eating-Störung (regelmäßig auftretende Essanfälle ohne gewichtsregulierende Maßnahmen).[1] Keine der drei steht in irgendeiner Verbindung mit dem Veganismus und hat primär auch nicht damit zu tun, was gegessen wird, sondern in welchen Mengen. Was die meisten Kritiker*innen mit der Aussage »Veganismus fördert Essstörungen« meinen, könnte vielmehr wie folgt gedeutet werden: Vegan lebende Menschen legen orthorexische Verhaltensweisen beim Essen an den Tag. Orthorexia nervosa bezeichnet ein übertriebenes Bedürfnis, sich vermeintlich gesund zu ernähren. Es wird jedoch noch kontrovers diskutiert, ob es sich dabei überhaupt um eine krankhafte Essstörung handelt.[2] Betroffene räumen dem Essen eine unangemessen hohe Stellung in ihrem Leben ein, denken unentwegt über den gesundheitlichen Wert ihrer Speisen nach und schränken die Anzahl der erlaubten, »gesunden« Lebensmittel zunehmend ein. Liest man diese Definition der Orthorexia nervosa, wird deutlich, weshalb Menschen, die sich nicht näher mit dem Veganismus beschäftigen, eine vegane Ernährung ebenfalls in diese Schublade stecken möchten. Fakt ist, dass vegan lebende Menschen ihrem Essverhalten einen durchaus hohen Stellenwert einräumen, ihre Lebensmittelauswahl einschränken und sich überdurchschnittlich viel mit ihrer Nahrung beschäftigen.

Der ausschlaggebende Punkt, der verdeutlicht, weshalb eine vegane Ernährung im eigentlichen Sinn gar keine orthorexische Essstörung sein kann, ist das Ziel der Orthorexie. Das gestörte Essverhalten entwickelt sich zumeist ursächlich aus dem Wunsch heraus, gesünder zu leben.[3] Der Veganismus ist aber zuvorderst eine tierethisch motivierte soziale Gerechtigkeitsbewegung mit dem Ziel, die Ausbeutung von Tieren zu beenden. Selbstverständlich beschäftigen sich vegan lebende Menschen überdurchschnittlich viel mit ihrer Ernährung, damit sie auch ohne den Konsum tierischer Lebensmittel ihren Nährstoffbedarf decken. Das ist aber nicht die primäre Motivation. Es ist durchaus korrekt, dass Personen mit orthorexischem Essverhalten oft auch zu einer rein pflanzlichen Ernährung finden und sich als vegan bezeichnen. Sie tun dies dann aber aus Eigeninteresse in der Hoffnung auf bessere Gesundheit und nicht aus dem Antrieb, die ungerechte Mensch-Tier-Beziehung zu reformieren.

Der Veganismus als Deckmantel der Essstörung

Die Ärztezeitung schrieb 2018: »Vegane Kost als Ersatzreligion. [...] Wer seine Ernährung mit religiösem Eifer betreibt, leidet möglicherweise an einer Essstörung.«[4] Abgesehen davon, dass »Ersatzreligion« und »religiöser Eifer« in Bezug auf den Veganismus deplatzierte Bezeichnungen sind (siehe Kapitel 27), übersieht Die Ärztezeitung in ihrer Berichterstattung einen wesentlichen Punkt. Korrekter betitelte die Situation die schweizerische TagesWoche mit der Überschrift »Wenn Veganismus als Deckmantel für Essstörungen hinhalten muss«.[5] So müsste die Headline in der Ärztezeitung richtigerweise »Wer an einer Essstörung leidet und seine Ernährung mit religiösem Eifer betreibt, neigt häufiger dazu, sich vegan zu ernähren« lauten. Im Artikel in der TagesWoche heißt es: »In Online-Foren für Magersüchtige wird Veganismus als Waffe gegen Kalorien angepriesen und als sichere Methode, um unangenehmen Fragen auszuweichen. [...] Der Veganismus, wie er sich hier zeigt, hat nichts mit Tierliebe, Ökologie oder Gesundheit am Hut. Es geht ums Hungern, und zwar so, dass möglichst niemand Fragen stellt.«[6] Damit wird der Kern der gesamten Diskussion auf den Punkt gebracht: Es sind nicht die tierethisch motivierten Veganer*innen, die durch eine vegane Ernährung in eine Essstörung rutschen, sondern es gibt Personen mit Essstörungen, die den Veganismus zweckentfremden und dafür benutzen, ihre Krankheit vor Angehörigen als Veganismus zu bemänteln. Zusätzlich ziehen gesundheitlich übertriebene Heilsversprechen mancher veganer Fürsprecher*innen Personen mit orthorexischem Essverhalten an, die glauben, im Veganismus eine vermeintlich »reine« Art der Ernährung zu finden, die ihrem Bild einer optimalen Ernährung entspricht.

Beides hat jedoch nichts mit Veganismus zu tun. Veganismus ist keine Diät, sondern eine Lebenseinstellung, die sich in erster Linie auf den Tierschutz bzw. Tierrechte bezieht. Wenn eine vegane Ernährung gut zusammengestellt ist, kann sie zwar durchaus gesundheitlich wertvoll und ökologisch sinnvoll sein, aber das sind im Kern nicht die primären Gründe für die Adaption einer veganen Lebensweise. Obwohl eine Reihe an Untersuchungen höhere Raten an Essstörungen bei vegan und vegetarisch lebenden Menschen im Vergleich zu Mischköstler*innen zeigte,[7,8] ist es von großer Bedeutung, die Motivation hinter dem Umstieg auf eine vegane oder vegetarische Ernährung in die Betrachtung miteinzubeziehen, da sie einen großen Einfluss auf die Bewertung hat. Darüber hinaus leiden viele der früheren Untersuchungen zu diesem Thema an zahlreichen methodischen Mängeln, was deren Ergebnisse zusätzlich relativiert. In vielen Untersuchungen wurden nicht nur Veganer*innen und Vegetarier*innen in eine Gruppe zusammengelegt, sondern auch das Einhalten der vegetarischen bzw. veganen Ernährung innerhalb der Gruppen wurde nicht ausreichend kontrolliert. So wurden zum Teil auch Pescetarier*innen und Personen, die lediglich kein rotes Fleisch aßen, in die Gruppe der vegetarisch bzw. vegan essenden Personen eingeordnet. Insgesamt erfolgte zu wenig Kontrolle darüber, ob es sich denn bei jenen Personen tatsächlich um »echte« Vegetarier*innen und Veganer*innen handelte.[9]

Ethisch motivierte Veganer*innen haben sogar seltener Essstörungen als mischköstlich essende Personen

Diese methodischen Unzulänglichkeiten haben neuere Untersuchungen allerdings behoben. In einer der bis dato größten Untersuchung mit »echten« Veganer*innen und Vegetarier*innen zu den Auswirkungen ihrer Lebensweise auf ihr Essverhalten – die nicht nur besser kontrolliert wurde, sondern in der auch beide Gruppen separat voneinander ausgewertet wurden –, konnte gezeigt werden, dass Veganer*innen und Vegetarier*innen im Vergleich zu flexitarisch bzw. mischköstlich essenden Menschen sogar seltener pathologische Essverhalten aufwiesen.[10] Die US-amerikanischen Autor*innen dieser Untersuchung betonen explizit, dass vor allem eine ethisch motivierte vegane Ernährungsweise zudem ein potenziell protektiver Faktor gegen das Auftreten von Essstörungen sein kann. In der Untersuchung wies die vegane Gruppe noch vor den Vegetarier*innen im Vergleich zu den Mischköstler*innen und Flexitarier*innen die gesündeste Einstellung gegenüber ihrem Essenverhalten auf. Die vegan lebenden Personen in der Studie folgten im Durchschnitt bereits über mehr als sechs Jahren ihrer veganen Ernährungsweise. Ethische Beweggründe wurden bei weitem als der häufigste Grund für die Ernährungsumstellung genannt. Eine weitere Studie aus der Türkei gab ebenfalls Entwarnung. In dieser Untersuchung wurden keine signifikanten Unterschiede in der Orthorexia-Skala zwischen den den vegan und den mischköstlich essenden Personen nachgewiesen, und die Wissenschaftler*innen schlussfolgerten, dass eine vegane Ernährung nicht mit dem vermehrten Auftreten von Essstörungen assoziiert ist.[11] In einer weiteren Online-Befragung von vegan und mischköstlich essenden Menschen zeigte sich, dass es zwischen den beiden Gruppen nur geringe Unterschiede in Bezug auf das Auftreten von Essstörungen gab und dass die Veganer*innen sogar in manchen Punkten besser abschnitten.[12]

Eine andere Studie verglich erstmals nicht nur Veganer*innen mit Mischköstler*innen, sondern auch mit Personen, die anderen speziellen (restriktiven) mischköstlichen Ernährungsweisen folgten, um einen besseren Vergleich ziehen zu können. Die knapp 400 untersuchten Personen in dieser Studie folgten hier einer der folgenden fünf Ernährungsweisen: vegetarisch, vegan, glutenfrei, paleo oder einer mischköstlichen Restriktionsdiät zum Gewichtsverlust.[13] Als Kontrollgruppe fungierte eine mischköstliche Gruppe, die keinerlei spezifischen Ernährungsrestriktionen folgte. Interessanterweise zeigte sich in dieser Untersuchung, dass gewisse restriktive Ernährungsmuster wie die vegane Ernährung und die Paleo-Ernährung nicht nur im Vergleich zu den anderen restriktiven Ernährungsweisen (vegetarisch, glutenfrei, Diät zur Gewichtsreduktion), sondern auch im Vergleich zur unrestriktierten mischköstlichen Kontrollgruppe mit besseren psychologischen Charakteristiken assoziiert waren. Abbildung 12 illustriert die niedrigere Rate an pathologischen Verhaltensweisen in der veganen Proband*innengruppe im Vergleich zur mischköstlichen Kontrollgruppe.

Abb. 12 **Häufigkeit pathologischer Essensmuster unter Veganer*innen und Mischköstler*innen**[14]

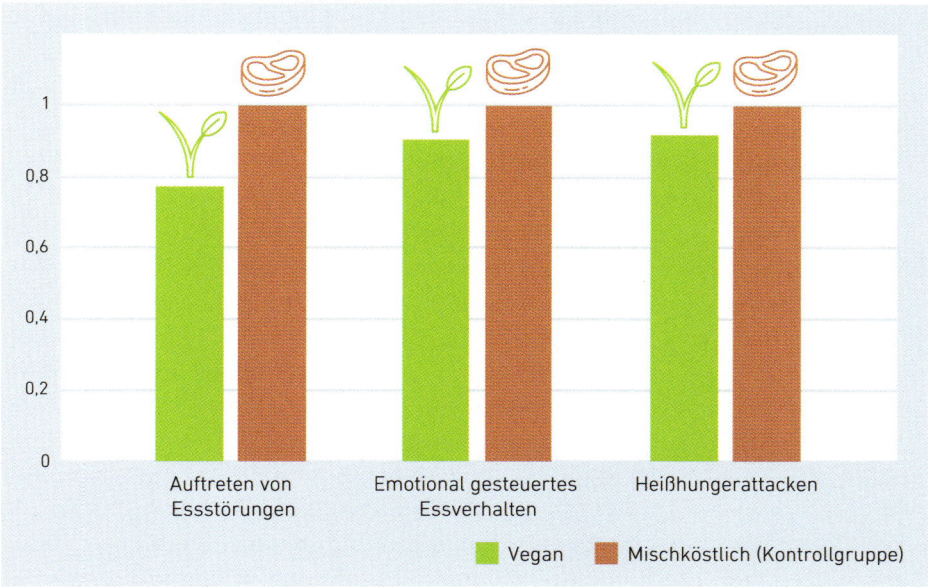

Daraus schlussfolgerten die Autor*innen, dass die psychologischen Risikofaktoren von Ernährungsweisen mit gewissen Restriktionen nicht per se von der Restriktion selbst ausgehen. Die Wissenschaftler*innen wiesen darauf hin, dass vegetarisch oder vegan zu leben meist mit positiven Persönlichkeitsmerkmalen wie Moralität, Integrität, Empathie und Offenheit verbunden ist. Was die Veganer*innen in dieser Untersuchung zusätzlich im positiven Sinne am stärksten von den anderen Gruppen unterschied, war ihr deutlich höheres Maß an Selbstwirksamkeit bezogen auf ihre Ernährung. Eine höhere Selbstwirksamkeit in Ernährungsfragen geht einher mit einer besseren Umsetzung und Aufrechterhaltung des selbst gewählten Ernährungsmusters. Außerdem hatten die Veganer*innen im Vergleich zur Kontrollgruppe sowohl geringere Level an emotionalen Essanfällen als auch an essensbedingtem Stress und generell weniger Anzeichen von abträglichen Gedankenmustern in Bezug auf ihre Ernährung.

»Gesundheitsveganer*innen« neigen häufiger zu Essstörungen

Den bedeutenden Unterschied innerhalb der Beweggründe für die Ernährungsumstellung unterstreichen auch weitere Veröffentlichungen zu dieser Thematik. So heißt es in einer anderen Studie, es sei wichtig zu betonen, dass es nicht die vegane Ernährung per se ist, sondern die zugrunde liegenden Motive (Gesundheit, Ethik, Gewichtsreduktion etc.), die bestimmen, ob ein veganer Lebensstil mit einem höheren Risiko für das Auftreten von Essstörungen einhergeht.[15] Während ethisch motivierte Veganer*innen in dieser Untersuchung ein gesundes Verhältnis zu ihrer Ernährung aufwiesen, waren es vor allem gesundheitlich motivierte Vegetarier*innen und Veganer*innen, die eine höhere Rate an Essstörungen zeigten. Diesem Umstand widmet sich auch eine weitere Studie und betitelt ihre Ergebnisse mit: »Orthorexische Verhaltensmuster von Veganer*innen sind mit [übertriebenem] Gesundheitsbewusstsein und nicht mit Tierschutz verknüpft.«[16]

Wie auch weitere Studien unterstreichen, korreliert darüber hinaus die Dauer der veganen und vegetarischen Ernährungsweise negativ mit pathologischem Essverhalten.[17] In einer Gruppe mit vegetarisch und vegan essenden Menschen wurden psychisch abträgliche Essverhalten bei mehr als 40 % der Teilnehmer*innen festgestellt, die erst weniger als ein Jahr vegan bzw. vegetarisch lebten, bei 30 % der Proband*innen, die zwischen einem und fünf Jahren ihrer Ernährungsweise folgten, und in nur etwas mehr als 20 % der Personen, die bereits länger als fünf Jahre vegan bzw. vegetarisch lebten. Je länger sich eine Person also vegan oder vegetarisch ernährte, desto geringer war in der Untersuchung die Wahrscheinlichkeit für das Auftreten einer Essstörung. Dabei ist es wahrscheinlich nicht der Fall, dass sich mit dem Voranschreiten der veganen Ernährung Essstörungen auflösen und dadurch die sinkende Auftrittsrate bei Langzeitveganer*innen erklärt werden kann, sondern dass es vor allem ethisch motivierte Personen sind, die zu Langzeitveganer*innen werden. Personen, die aus Gründen der Gewichtsreduktion oder aus (teils übertriebenen) gesundheitlichen Motiven vegan werden, bleiben hingegen oft nicht entsprechend lange bei ein und derselben Ernährungsweise. In Veröffentlichungen zu dieser Thematik wird betont, dass gesundheitlich motivierte vegan bzw. vegetarisch essende Personen oder jene, die eine Ernährungsumstellung zur Gewichtsreduktion anstreben, deutlich häufiger pathologische Essensmuster aufweisen.[18] Daher ist es wenig überraschend, dass »echte« Veganer*innen, die ethisch motiviert sind, besser abschneiden.

Umgekehrte Kausalität in Studien zu veganer Ernährung und Essstörungen

In Bezug auf die gesundheitsmotivierten vegan essenden Personen ist es also eine umgekehrte Kausalität, die hier zum Tragen kommt. Es ist nicht die vegane Ernährungsweise per se, die Personen in eine Essstörung treibt, sondern es sind Personen mit Hang zu Essstörungen, die dazu neigen, sich für eine vegane oder vegetarische Ernährung (aus den falschen Gründen) zu interessieren. In einer weiteren Untersuchung wurde gezeigt, dass eine pathologische Fixierung auf »gesunde« Ernährung (»Health Food Fanaticism«) deutlich häufiger bei vegetarisch als bei vegan essenden Menschen auftrat.[19] Das ist insofern nicht überraschend, da in mehreren Untersuchungen als Hauptgrund für den Wechsel hin zu einer vegetarischen Ernährung gesundheitliche Gründe ausschlaggebend waren, wohingegen es bei veganer Ernährung in erster Linie (aber nicht nur) ethische Aspekte sind.[20,21] Somit unterscheiden sich die Beweggründe von Vegetarier*innen und Veganer*innen und ihre Beziehung zum Essen deutlich voneinander. Das ist besonders vor dem Hintergrund spannend, da in Studien Veganer*innen im Vergleich zu Vegetarier*innen (und Mischköstler*innen) durchschnittlich ein höheres Level an Wissen über gesunde Ernährung aufwiesen, obwohl die eigene Gesundheit in vielen Fällen nicht ihre primäre Motivation für die Ernährungsumstellung ist.[22]

Auch die sozialen Medien sind voll mit Geschichten essgestörter (Ex-)Veganer*innen, die zum Teil bewusst oder unbewusst ihre pathologischen Essensmuster hinter der Fassade einer veganen Ernährung versteckten und damit nicht nur ein schlechtes Vorbild für ihre Follower*innen sind bzw. waren, sondern auch dazu beitragen, dass der Veganismus in der öffentlichen Wahrnehmung fälschlicherweise von manchen Seiten als eine Essstörung angesehen wird. Eines der vermutlich prominentesten Beispiele der jüngeren Vergangenheit ist die US-Amerikanerin Jordan Younger. Sie war bis 2014 besser bekannt als »The Blonde Vegan« (heute »The Balanced Blonde«) und erreichte mit ihrem Blog und Social-Media-Auftritt eine große Anhänger*innenschaft. Sie wurde Berichten zufolge nicht aus ethischen, sondern aus gesundheitlichen Gründen vegan – in der Hoffnung, so ihre Verdauungsbeschwerden in den Griff zu bekommen.[23] Ohne Ausbildung im Ernährungsbereich wandte sie sich einer überwiegend rohköstlichen gluten-, zucker-, öl-, getreide- und hülsenfruchtfreien veganen Ernährung sowie periodenweisen, längeren Saftfasten-Kuren mit nur 800 Kalorien pro Tag zu.[24,25] Wenig überraschend setzte aufgrund der Mangelernährung ihre Periode aus, sie kämpfte mit starker Müdigkeit, Haarverlust und Hautproblemen und der Großteil ihrer Gedanken kreiste nur um das Thema Essen. Ist es fair, hier die vegane Ernährung dafür verantwortlich zu machen? Trieb diese Jordan Younger in die Essstörung oder war nicht vielmehr die Essstörung vorhanden und ihre restriktive Art der

»veganen« Ernährung lediglich ein Weg, diese auszuleben? Mit lediglich 800 Kalorien pro Tag und einer extrem limitierten Lebensmittelauswahl würden bei allen Ernährungsweisen gesundheitliche Probleme auftreten – unabhängig davon, ob diese vegan sind oder nicht. Ihr Fall wurde die Grundlage einer Fallstudie zum Thema »Healthism« (Gesundheitshysterie), in der sehr deutlich letzteres Szenario als der wahrscheinlichere Grund benannt wird. Darin schreibt die Autorin: »Youngers orthorexisches Verhalten startete mit dem Wunsch, ihr Wohlbefinden zu verbessern, das schon lange unter unspezifischen Verdauungsbeschwerden litt. Nach ihrem ersten ›Juice Cleanse‹ fühlte sie sich so rein und gesund, dass sie beschloss, vegan zu leben und ihre Erfahrungen über ihren Blog und Instagram-Account zu teilen. [...] Es gibt viele schlechte, pseudowissenschaftliche Argumente für den Veganismus, aber auch ebenso viele seriöse, ethisch motivierte Gründe. Erstere sind [...] die Art von Argumenten, auf der die extrem restriktive Ernährung von Jordan Younger aufbaute.«[26] Ähnliche orthorexische, restriktive und mangelhaft zusammengestellte Ernährungsmuster ziehen sich wie ein roter Faden durch die Erzählungen vieler bekannter Social-Media-Ex-Veganer*innen wie Bonny Rebecca, Raw Alignment, Rawvana, Tim Shieff und weiterer. Keine dieser Personen aß eine ausgewogene und bedarfsdeckende vegane Ernährung und es ist in deren Fällen nicht fair, den Veganismus für dieses destruktive Essverhalten verantwortlich zu machen.

Schlussfolgerung

Die aktuell verfügbaren wissenschaftlichen Daten zeigen, dass »echte« Veganer*innen mit ethischen Beweggründen keine höheren Raten an Essstörungen, sondern in einigen Fällen sogar ein besseres Verhältnis zu ihrer Ernährungsweise aufweisen. Ein genauerer Blick auf jene Studien, in denen Veganer*innen angeblich höhere Raten an Essstörungen haben, beweist, dass diese ein mangelndes Studiendesign besitzen und damit nicht in der Lage sind, Aussagen über vegan lebende Menschen zu treffen. Es ist davon auszugehen, dass es sich in diesen Fällen primär um umgekehrt kausale Zusammenhänge handelt: Die vegane Ernährung begünstigte hier keine Essstörungen, sondern Menschen mit Essstörungen leben diese oft unter dem Deckmantel der veganen Ernährung aus.

Das falsche Bild der orthorexischen Veganer*innen, das in populären Medien oft gezeichnet wird, befeuern zusätzlich einige bekannte Social-Media-Akteur*innen, die bei Durchsicht ihrer Essgewohnheiten und ihrer ernährungsbezogenen Aussagen allerdings zumeist pathologische Essensmuster aufweisen und zumeist nicht ethisch motiviert und somit nicht repräsentativ für den Veganismus sind. Dem äußerst wichtigen und sensiblen Thema der Essstörungen muss mit der notwendigen Aufmerksamkeit und Ernsthaftigkeit begegnet werden, aber daraus ein anti-veganes Argument zu konstruieren, ist nicht nur unredlich, sondern schlichtweg falsch.

Richtigstellung des Arguments »Veganismus fördert Essstörungen«

Vorurteil	Faktenlage
Veganer*innen sind essgestört.	Der Veganismus ist eine ethisch begründete Lebensweise, die das Wohl der Tiere und nicht die eigene Figur oder Gesundheit als primäre Motivation im Fokus hat. Alleine dadurch kann eine vegane Ernährung per se nicht als Essstörung klassifiziert werden. Es kann aber durchaus der Fall sein, dass Personen mit Essstörungen sich für eine vegane Ernährung entscheiden, weil sie ihre Essstörung unter dem Deckmantel des Veganismus leichter gesellschaftsfähig gestalten können. Ebenso kann es sein, dass Personen mit bestehender Essstörung auch tierethisch motiviert sind und ihre vegane Lebenseinstellung mit ihrer Essstörung gemeinsam ausleben. In beiden Fällen ist die vegane Ernährung aber nicht der Auslöser für die Essstörung. Vegan lebende Menschen restriktieren zwar ihre Lebensmittelauswahl und beschäftigen sich überdurchschnittlich viel mit ihrer Ernährung, aber das Ziel ist dabei ein gänzlich anderes als im Kontext einer Essstörung.
Studien zeigen, dass vegan lebende Menschen öfter an Essstörungen leiden als Mischköstler*innen.	Die Summe der wissenschaftlichen Publikationen zu diesem Thema zeigt nicht, dass vegan lebende Menschen öfter an Essstörungen leiden als Mischköstler*innen. Die Studien, die dies tatsächlich suggerieren und allzu bereitwillig in den populären Medien wiedergegeben wurden, weisen zahlreiche Mängel im Studiendesign auf und sollten daher nicht zur alleinigen Meinungsbildung herangezogen werden. Hochwertigere Untersuchungen, die besser zwischen den einzelnen Ernährungstypen und deren zugrunde liegenden Beweggründen differenzieren, zeigen, dass vegan lebende Menschen keine höhere Rate an Essstörungen im Vergleich zur mischköstlichen Kontrollgruppe aufwiesen. In einigen Publikationen schnitten vegan lebende Menschen diesbezüglich sogar besser ab.
Vegarer*innen verbreiten auf den sozialen Medien gefährliche Ernährungspraktiken, die andere Personen in die Essstörung treiben können.	Leider gibt es in den sozialen Medien tatsächlich zahlreiche reichweitenstarke Influencer*innen, die ohne ausreichende Sachkenntnis gefährliche Ernährungsratschläge unter dem Deckmantel der veganen Ernährung aussprechen. Diese sind aber nicht repräsentativ für den Veganismus. Es gilt, diese Falschaussagen zu korrigieren und offene Kritik an ihnen zu üben (sowohl seitens der Veganer*innen als auch der Nicht-Veganer*innen), da Fehlinformationen nicht nur die Gesundheit der Follower*innen gefährden, sondern auch die Außenwahrnehmung der veganen Bewegung negativ prägen. Ein Argument gegen den Veganismus stellen aber auch sie nicht dar.

Quellen

1 Bundesgesundheitsministerium. (2021). *Glossar – Essstörungen*. Zugriff am 1. Februar 2021. Verfügbar unter https://bit.ly/3ccU2sn

2 Verein für unabhängige Gesundheitsberatung. (2006). *Was ist Orthorexia nervosa?* Zugriff am 1. Februar 2021. Verfügbar unter https://bit.ly/3cfEwMi

3 Ebd.

4 Müller, T. (2018). *Vegane Kost als Ersatzreligion – Radikalisierung der Ernährung schreitet munter voran*. Zugriff am 1. Februar 2021. Verfügbar unter https://bit.ly/3gf1sec

5 Beck, R. (2018). *TagesWoche – Wenn Veganismus als Deckmantel für Essstörungen hinhalten muss*. Zugriff am 1. Februar 2021. Verfügbar unter https://bit.ly/2ZwptaU

6 Ebd.

7 Barthels, F., Meyer, F. und Pietrowsky, R. (2018). Orthorexic and Restrained Eating Behaviour in Vegans, Vegetarians, and Individuals on a Diet. *Eat Weight Disord*, 23(2), 159–166.

8 Brytek-Matera, A. (2019). Vegetarian diet and orthorexia nervosa: a review of the literature. *Eat Weight Disord*, Online ahead of print.

9 Timko, C. A., Hormes, J. M. und Chubski, J. (2012). Will the Real Vegetarian Please Stand Up? An Investigation of Dietary Restraint and Eating Disorder Symptoms in Vegetarians Versus Non-Vegetarians. *Appetite*, 58(3), 982–990.

10 Ebd.

11 Çiçekoğlu, P. und Tunçay, G. Y. (2018). A Comparison of Eating Attitudes Between Vegans/Vegetarians and Nonvegans/Nonvegetarians in Terms of Orthorexia Nervosa. *Arch Psychiatr Nurs*, 32(2), 200–205.

12 Heiss, S., Coffino, J. A. und Hormes, J. M. (2017). Eating and Health Behaviors in Vegans Compared to Omnivores: Dispelling Common Myths. *Appetite*, 118, 129–135.

13 Norwood, R., Cruwys, T., Chachay, V. S. und Sheffield, J. (2019). The psychological characteristics of people consuming vegetarian, vegan, paleo, gluten free and weight loss dietary patterns. *Obes Sci Pract*, 5(2), 148–158.

14 Ebd.

15 Brytek-Matera, A. (2019). Vegetarian diet and orthorexia nervosa: a review of the literature. *Eat Weight Disord*, Online ahead of print.

16 Barthels, F., Poerschke, S., Müller, R. und Pietrowsky, R. (2019). Orthorexic Eating Behavior in Vegans Is Linked to Health, Not to Animal Welfare. *Eat Weight Disord*, 25(3), 817–820.

17 Dittfeld, A., Gwizdek, K., Jagielski, P., Brzęk, A. und Ziora, K. (2017). A study on the relationship between orthorexia and vegetarianism using the BOT (Bratman Test for Orthorexia). *Psychiatr Pol*, 2017; 51(6), 1133–1144.

18 Brytek-Matera, A., Czepczor-Bernat, K., Jurzak, H., Kornacka, M. und Kołodziejczyk, N. (2019). Strict health-oriented eating patterns (orthorexic eating behaviours) and their connection with a vegetarian and vegan diet. *Eat Weight Disord*, 24(3), 441–452.

19 Dittfeld, A., Gwizdek, K., Jagielski, P., Brzęk, A. und Ziora, K. (2017). A study on the relationship between orthorexia and vegetarianism using the BOT (Bratman Test for Orthorexia). *Psychiatr Pol*, 2017; 51(6), 1133–1144.

20 Pribis, P., Pencak, R. C. und Grajales, T. (2010). Beliefs and Attitudes toward Vegetarian Lifestyle across Generations. *Nutrients*, 2(5), 523–531.

21 Janssen, M., Busch, C., Rödiger, M. und Hamm, U. (2016). Motives of Consumers Following a Vegan Diet and Their Attitudes Towards Animal Agriculture. *Appetite*, 105, 643–651.

22 Brytek-Matera, A., Czepczor-Bernat, K., Jurzak, H., Kornacka, M. und Kołodziejczyk, N. (2019). Strict health-oriented eating patterns (orthorexic eating behaviours) and their connection with a vegetarian and vegan diet. *Eat Weight Disord*, 24(3), 441–452.

23 Ridley, J. (2015). *My vegan diet almost killed me.* Zugriff am Februar 2021. Verfügbar unter https://bit.ly/2Zxb0LJ

24 Wilson, B. (2017). *Why we fell for clean eating*. Zugriff am 1. Februar 2021. Verfügbar unter https://bit.ly/2AXYtXv

25 Ridley, J. (2015). *My vegan diet almost killed me.* Zugriff am 1. Februar 2021. Verfügbar unter https://bit.ly/2Zxb0LJ

26 Hanganu-Bresch, C. (2019). Orthorexia: Eating Right in the Context of Healthism. *Med Humanit*, 46(3), 311–322.

Der Veganismus wird von einigen Seiten mit der Begründung abgelehnt, dass seine Vertreter*innen vermeintlich eine Reihe unschöner Attribute aufweisen. So seien sie unter anderem intolerant, militant, radikal, extrem bzw. extremistisch und dogmatisch. Eine Überzeugung ist aber nicht notwendigerweise an die Personen gekoppelt, die sie vertreten. Eine vegan lebende Person kann also durchaus eine der zuvor genannten Eigenschaften aufweisen, ohne dass ihre Verhaltensweisen automatisch auf den Veganismus zuträfen. Dies ist hier klar zu trennen. Allen Begriffen gemein ist, dass es sich bei ihnen um Charakterangriffe handelt, die verhindern sollen, dass die veganen Personen ernst genommen werden. Einen der Gründe für derartige Herabwürdigungen sieht die amerikanische Psychologin Dr. Melanie Joy in der Strategie, dass man sich als Mischköstler*in vermeintlich nicht mehr mit der Position des Veganismus beschäftigen muss, wenn man seine Vertreter*innen – und damit auch den Veganismus selbst – als eine extremistische, radikale und damit irrationale und ablehnungswürdige Sache abtut. Oder um es mit ihren Worten zu sagen: »Wenn man den Boten (im übertragenen Sinne) erschießt, muss man die Bedeutung seiner Botschaft nicht mehr ernst nehmen.«[1] Es handelt sich bei Anschuldigungen dieser Art um einen Fehlschluss aus der Kategorie »argumentum ad hominem« (zu Deutsch etwa »Beweisrede gegen den Menschen«).[2] Diese Begrifflichkeit beschreibt Argumente, die nicht das Gesagte aufgreifen und auf dieses eingehen, sondern sich lediglich auf Attribute der Person, die die jeweilige Aussage tätigt, beziehen.[3] Durch diese unredliche Gesprächstaktik wertet man das Gegenüber (in diesem Fall die vegan lebende Person) ab und verschiebt den Fokus von einer faktenbasierten auf eine emotionale Ebene. Die Sache selbst, in diesem Fall den Veganismus, widerlegt man damit aber nicht. Häufig wird auf diese und ähnliche, artverwandte Taktiken zurückgegriffen, wenn keine tatsächlichen Argumente zur Verfügung stehen oder wenn diese ein schlechtes Licht auf einen selbst werfen. Es wird also versucht, dem Gegenüber eine unredliche Motivation zu unterstellen, anstatt auf das vorgebrachte Argument einzugehen. Da es sich bei den zuvor genannten um schwerwiegende, jedoch teils sehr verschiedenartige inhaltliche Vorwürfe handelt, werden diese Aussagen nachfolgend im Einzelnen analysiert.

Veganer*innen sind intolerant

Tolerieren bedeutet laut Duden so viel wie dulden, zulassen bzw. gelten lassen, obgleich etwas nicht den eigenen Vorstellungen entspricht. Ob Toleranz nun gut oder schlecht ist, hängt dabei davon ab, was toleriert wird. Was viele Veganer*innen kritisieren, also vermeintlich nicht »tolerieren«, ist unter anderem Tierausbeutung und das Verursachen von unnötigem Leid. Wenn man das als intolerant bezeichnet, prangert man damit an, dass Gewalt und Ausbeutung nicht toleriert werden.

Häufig wird auch argumentiert, dass Essen Privatsache sei (siehe Kapitel 5). Es wird also die Ansicht vertreten, dass das »Essverhalten« anderer zu tolerieren sei. Doch dabei übergeht man mindestens zwei wichtige Punkte:

Indem man empfindungsfähige Lebewesen, bzw. das, was man aus ihnen macht, kurzerhand als »Essen« bezeichnet, verdrängt man, dass es bei dieser Sache nicht um einen selbst geht oder um Veganer*innen und Nicht-Veganer*innen und deren jeweiliges »Essverhalten«, sondern um das Leben der Tiere. Wenn vegan lebende Menschen also diese Haltung tolerieren, obwohl es nicht ihren eigenen Vorstellungen entspricht, lassen sie dabei zu, dass anderen Lebewesen geschadet wird. Häufig wird in diesem Kontext betont, dass man die vegane Lebensweise Anderer schließlich auch toleriere. Daraus folgt aber nicht automatisch, dass die mischköstliche Ernährungsweise, die in den meisten Fällen zwingend mit Ausbeutung und Grausamkeit verbunden ist, akzeptiert werden muss. Die Toleranz von Gewalt steht in starkem Gegensatz zur Toleranz von Gewaltfreiheit. Mit dieser Forderung nach Toleranz gegenüber dem Konsum von Fleisch (und anderen tierischen Produkten) stellt man Gewalt und die Ablehnung von Gewalt auf eine Stufe, da beides undifferenziert als »Essverhalten« betrachtet wird. Man sagt damit etwa: »Ich toleriere, dass du keine Gewalt verursachen willst, und wenn du nicht tolerierst, dass ich Gewalt verursache, bist du intolerant.« Durch das Fleischessen missachtet man das Bedürfnis der »Nutztiere«, nicht zu leiden, nicht eingesperrt, nicht ausgebeutet und nicht getötet zu werden. Die Inkonsistenz liegt hierbei darin, dass kritisiert wird, dass der Wunsch nach Fleischkonsum nicht toleriert wird, man aber selbst den Wunsch des Tiers nach Unversehrtheit ebenso wenig akzeptiert. Hier ist zusätzlich einzuwenden, dass es sich bei Ersterem nur um ein schlichtes Begehren handelt, bei Letzterem hingegen um den Erhalt des Lebens. Es gibt viele Alternativen zum Fleischkonsum. Zu Leben und Unversehrtheit gibt es jedoch keine. Wenn man fordert, den Fleischkonsum zu tolerieren, verlangt man Toleranz für Intoleranz. Man spricht dabei vom Toleranz-Paradoxon.[4] Der Philosoph Karl Popper schrieb dazu:

»Uneingeschränkte Toleranz führt mit Notwendigkeit zum Verschwinden der Toleranz. Denn wenn wir die uneingeschränkte Toleranz sogar auf die Intoleranten ausdehnen, wenn wir nicht bereit sind, eine tolerante Gesellschaftsordnung gegen die Angriffe der Intoleranz zu verteidigen, dann werden die Toleranten vernichtet werden und die Toleranz mit ihnen.«[5]

Popper erläutert dies am Beispiel der menschlichen Gesellschaft; es gibt jedoch keinen Grund, dieses Prinzip nur darauf zu beschränken. Jeder ist in gewissen Punkten intolerant und es gibt sogar eine staatlich verordnete Intoleranz gegenüber gewissen Verhaltensweisen. Wir sind intolerant gegenüber ungerechtfertigter Gewalt, Rassismus, Sexismus und anderer Formen der Unterdrückung. Ferner gibt es keine valide Rechtfertigung für Toleranz gegenüber Speziesismus und der damit einhergehenden Gewalt an Tieren. Sicher würde kaum jemand fordern, dass man gewalttätige Personen tolerieren muss, nur weil diese friedfertige Personen tolerieren, und dass es intolerant sei, jene zu kritisieren. Auch in solch einem Fall sind nicht nur zwei Parteien involviert (die, welche Gewalt verursacht, und die, welche sie kritisiert), sondern noch eine dritte: das Opfer der Gewalt. Die Interessen der entscheidenden dritten Partei sollten hier auf keinem Fall übergangen werden.

Veganer*innen sind militant

Im Jahr 1932 schrieb der Physiker Albert Einstein in einem Briefwechsel mit dem Arzt Sigmund Freud: »Ich bin nicht nur Pazifist, ich bin militanter Pazifist.«[6] Manchmal wird der Begriff »militant« verwendet, um eine Person mit stark verfestigter Meinung zu bezeichnen.[7] Verwendet man dieses Adjektiv also ganz im Sinne Einsteins, dann kann man durchaus bejahen, dass die meisten vegan lebenden Menschen militant sind, weil sie sich (auf Basis rational begründbarer und konsistenter Gründe) mit Nachdruck gegen die Ausbeutung von Tieren einsetzen. Genauso setzen sich Pazifist*innen mit Nachdruck gegen Krieg und Feminist*innen mit Nachdruck gegen das Patriarchat ein. Wir alle erachten gewisse Handlungen anderer Menschen als völlig inakzeptabel, auch wenn sie uns nicht selbst betreffen. Wenn jemand auf der Straße ein Kind schlägt oder einen anderen Menschen überfällt und eine dritte Person schreitet ein, dann sprechen wir von Zivilcourage. Auch wenn jemand öffentlich einen Hund tritt, werden viele Menschen zum Tierschützer und schreiten ein. Die allermeisten Menschen erachten diese Art der Einmischung als begrüßenswert. Wir reagieren häufig sogar empört, wenn in solchen Situationen weggesehen und nicht gehandelt wird. Aus irrationalen Gründen werden Menschen, die sich konsequent für alle Tiere einsetzen und nicht nur für jene, die willkürlich von der Gesellschaft als schützenswert angesehen werden, nicht selten als »militante, intolerante Gutmenschen, die sich für etwas Besseres halten und anderen ihre Meinung aufzwingen wollen« beschrieben (siehe Kapitel 1). Genau so könnten auch die ersteren Szenarios kommentiert werden. Eine derartige Charakterisierung klingt an diesen Stellen allerdings äußerst zynisch. Objektiv betrachtet sind diese jedoch nicht grundlegend anders, denn alle beschreiben das Einschreiten bei Gewalt gegenüber leidensfähigen Lebewesen.

Somit hat die Bezeichnung »militant« in diesem Kontext per se nichts Negatives, und sogar große Denker wie Einstein bezeichneten sich selbst völlig zu Recht in manchen Aspekten als militant. Eine verfestigte Meinung auf Basis einer kritischen Auseinandersetzung mit einer Thematik zu haben und diese Meinung nach außen zu vertreten, ist nichts Negatives. Vor allem dann nicht, wenn diese Thematik so weitreichende Konsequenzen für andere hat. Eine verfestigte Meinung ist erst dann ein Problem, wenn sie auf keinem rationalen Fundament steht und taub für valide Kritik ist. Beides trifft auf den Veganismus nicht zu. Viel eher trifft dies jedoch auf die unhinterfragten, oft irrationalen und teils ebenso nachdrücklich verteidigten karnistischen Ideale der mischköstlichen Mehrheitsgesellschaft zu. So sind viele Fleischesser*innen der festen Überzeugung, dass Fleischessen gerechtfertigt sei, und sie treten für diese Überzeugung ein, obwohl die Argumente zur Rechtfertigung des Fleischkonsums in unserer heutigen Welt nicht widerspruchsfrei sind und einer kritischen Betrachtung nicht standhalten.

Dennoch wirkt die (stets mit Gewalt gegenüber Tieren verbundene) Ideologie des Fleischessens meist nicht militant, denn ihre Vertreter*innen sind in einer sehr privilegierten Position, weil sie die Gewalt, die sie verursachen, meist nicht wahrnehmen, da sie ausgelagert ist und von anderen ausgeübt wird. Da Mischköstler*innen aber aktuell den weit größeren Teil der Gesellschaft darstellen, sind sie in den meisten Situationen nicht dazu »verpflichtet«, sich für ihr Essverhalten zu rechtfertigen und müssen daher auch gar nicht »militant« sein.

Andererseits bezeichnet Militanz in seiner primären Definition aber eine »[...] kriegerische Haltung, ein aggressives Auftreten oder eine physische oder verbale Gewaltbereitschaft von Personen und Gruppen im Kampf für politische oder religiöse Überzeugungen«.[8] Der Veganismus ist allerdings das Gegenteil einer kriegerischen, gewaltbereiten Bewegung, er setzt sich vielmehr als soziale Gerechtigkeitsbewegung explizit gegen ungerechtfertigte Gewalt, Ausbeutung und Tötung gegenüber allen Tieren (inklusive der Menschen) ein. Der Veganismus ist auch keine Religion (siehe Kapitel 27) oder eine politische Überzeugung, sondern in erster Linie eine Lebensweise. Jede Person kann sich dafür entscheiden, vegan zu werden – egal welche politischen Überzeugungen sie vertritt oder ob sie unpolitisch ist. Veganer*innen folgen keinem politischen Konsens, sondern leben entsprechend ihren ethischen Grundwerten schlichtweg ohne Produkte aus der Tierausbeutung.

Veganer*innen sind radikal

Der Begriff »radikal« stammt vom lateinischen Wort »radix« ab, was Wurzel bedeutet. Schlägt man »radikal« im Duden nach, findet sich dort neben »die Wurzel betreffend« auch die Bedeutungen »von Grund aus erfolgend, ganz und gar; vollständig, gründlich«.[9] Gemeint ist damit, dass versucht wird, Probleme an der Wurzel zu packen und von dort aus möglichst umfassend, vollständig und gründlich zu lösen. Folgt man dieser ursprünglichen (und grundsätzlich wertneutralen) Definition, kann man vegan lebende Menschen durchaus als radikal bezeichnen, denn das Ziel des Veganismus ist keine schlichte Reduzierung der Ausbeutung von Tieren, sondern Abschaffung dieser Ausbeutung. Oder um es mit den Worten des amerikanischen Philosophen Tom Regan zu sagen: »Die Gerechtigkeit verlangt nicht nach größeren oder saubereren, sondern nach leeren Käfigen.«[10]

Ob etwas, das radikal betrieben wird, ergo als gut oder schlecht gewertet werden kann, ist im Begriff selbst noch nicht enthalten. Jemandem, der »radikal« –

also grundsätzlich und kategorisch – Gewalt gegenüber Mitmenschen vermeidet, ablehnt und zu verhindern versucht, würden wir das sicher nicht zum Vorwurf machen. Das heißt also, dass radikale Änderungen zunächst weder schlecht noch unnötig sind, sondern deren ethischer Wert kontextabhängig ist.

Im Duden finden sich allerdings noch weitere Definitionen: So wird radikal auch als »mit Rücksichtslosigkeit und Härte vorgehend« beschrieben, was wiederum das genaue Gegenteil des Veganismus ist. Der Veganismus plädiert im Gegenteil für mehr Rücksicht gegenüber allen Lebewesen und gegen die Rücksichtslosigkeit des aktuell vorherrschenden Mensch-Tier-Verhältnisses. Eine weitere Deutung des Worts radikal ist laut Duden »eine extreme politische, ideologische, weltanschauliche Richtung vertretend [und gegen die bestehende Ordnung ankämpfend]«. Der Veganismus ist durchaus eine Weltanschauung, die gegen die bestehende Ordnung ankämpft – ebenso wie die Feminist*innen ab Ende des 19. Jahrhunderts gegen die bestehende patriarchale Ordnung und die damit einhergehenden Ungerechtigkeiten ankämpften. Die bestehende Ordnung in unserer Gesellschaft hat sich im Laufe der Zeit immer wieder grundlegend verändert, und rückblickend heißen wir viele dieser Veränderungen willkommen.

Veganer*innen sind extrem

Der Duden beschreibt das Wort »extrem« als »bis an die äußerste Grenze gehend«. Damit ist von Kritiker*innen des Veganismus in der Regel gemeint, dass vegan lebende Menschen zu weit gehen oder etwas übertreiben. Synonyme für extrem sind etwa »äußerst« oder »aus dem Rahmen fallend«. Auch darin steckt aber noch keine Wertung. Denn eine Sache kann extrem schön, extrem vielseitig, extrem hilfreich oder extrem wichtig sein. Oder aber extrem brutal, extrem gleichgültig oder extrem ungerecht. Es kommt also immer darauf an, was genau extrem in welchem Kontext bedeutet. Beim Veganismus geht es u. a. um Gewaltfreiheit und den Versuch, empfindungsfähige Lebewesen gerecht zu behandeln. Wenn zwei konträre Ansichten existieren, heißt das nicht, dass das Wahre, Richtige oder Gute zwangsläufig genau in der Mitte liegt. Die »goldene Mitte« ist nicht immer die beste Lösung. Oder um es mit den Worten des deutschen Dichters Friedrich von Logau zu sagen: »In Gefahr und größter Not bringt der Mittelweg den Tod.«[11] Angesichts der Auswirkung der weltweiten industriellen »Nutztierhaltung« mag also auch durchaus eines der »Extreme« das Richtige sein. Wenn man ohne weitere Begründung davon ausgeht, dass die Mitte der beste Kompromiss ist, ist das ein Fehlschluss, der als Argument der goldenen Mitte bzw. als Argument für die Mäßigung (lateinisch »argumentum ad temperantiam«) bezeichnet wird.[12] Eine Aussage oder Überzeugung kann nämlich vollkommen richtig und die entgegengesetzte vollkommen falsch sein. Eine Handlungsweise kann nachweislich schädlicher sein als eine andere, und die richtige

Antwort ist in diesem Fall nicht, dass man sich irgendwo in der Mitte trifft, nur damit beide Parteien ein wenig Recht behalten. Ähnlich sieht es auch bei ethischen Überzeugungen aus. Man kann beispielsweise nicht auf nachvollziehbare Weise argumentieren, dass mittelmäßiger Rassismus oder Sexismus besser wäre als die komplette Abschaffung, weil diese zu extrem wäre. Manchmal liegt das richtige Maß schlichtweg bei null. Ebenso ist es beim Speziesismus.

Veganismus ist also im Grunde das Gegenteil von extrem. Extrem ist es, jährlich viele Milliarden Tiere zu züchten, zu halten, auszubeuten, leiden zu lassen und zu töten, meist nur wegen des Geschmacks und obwohl es Alternativen gibt. Extrem ist, wie wir auf industrialisierter und automatisierter Ebene aus empfindungsfähigen Lebewesen Produkte machen. Extrem ist, wie wir unseren Planeten und unsere Ressourcen ausbeuten und wie schlecht viele Arbeiter*innen in Schlachtbetrieben behandelt werden.

Veganer*innen sind dogmatisch

Wenn Menschen sich gegen Leid und Gewalt engagieren, wird das meist umso positiver gesehen, je engagierter sie dabei auftreten. Konsequent vegan lebende Menschen werden hingegen von ihren Kritikern häufig abwertend als dogmatisch bezeichnet. Letztendlich wird damit gesagt, dass die Ausbeutung von Tieren zu tolerieren sei, und der Versuch, konsequent ethisch verantwortlich zu handeln, wird als blinder Dogmatismus diffamiert. Als Dogma bezeichnet man laut Duden eine quasi unumstößliche Lehrmeinung, die den Anspruch der absoluten Gültigkeit besitzt.[13] Und natürlich ist es kritikwürdig, ohne gute Begründung auf einer Ansicht zu beharren. Aber der Begriff Dogma wird leider nicht selten auch als Kampfbegriff für feste Überzeugungen verwendet, die einem unbequem sind. Damit kann man Ansichten, mit denen man sich sonst auseinandersetzen müsste, die die eigenen Überzeugungen in Frage stellen und gegen die man vielleicht keine guten Argumente hat, einfach als quasireligiös und unvernünftig darstellen, um sie damit beliebig zu machen, sie abzuwerten und die Vertreter*innen dieser Überzeugung in eine Fundamentalist*innenecke zu stellen. Das könnte in Bezug auf den Veganismus kaum falscher sein. Die vegane Philosophie ist ein Konzept, das Abwägung und Graubereiche durchaus zulässt. Schon die Definition des Veganismus (siehe Einleitung) beschränkt den Veganismus auf »so weit wie möglich« und ist damit im Kern bereits das Gegenteil von dogmatisch.

Dogmatisch ist es vielmehr, wenn jemand eine Handlung ausführt, weil vorherige Generationen das schon immer so getan haben und man trotz guter Gegenargumente stur darauf beharrt, sie fortzuführen. Das ist nicht der Fall beim Veganismus, dafür aber bei praktisch allen Fleischesser*innen. Man könnte also auch vielmehr das Essen von Fleisch und anderen tierischen Produkten als Dogma bezeichnen. Die meisten vegan lebenden Menschen haben sich, anders als die meisten Nicht-Veganer*innen, diese Überzeugung aufgrund ethischer Überlegungen selbst angeeignet. Wenn man kein Fleisch isst, weil man sehr gute Argumente dafür hat, dann ist das kein Dogma, egal wie nachdrücklich und konsequent diese Überzeugung vertreten wird. An Überzeugungen festzuhalten, die man vernünftig, anhand von klar nachvollziehbaren Kriterien erläutern, verteidigen und begründen kann und für die man sehr gute Argumente hat, oder weil die Gegenargumente schwach, falsch oder fehlerhaft sind, hat nichts mit »Dogmatismus« zu tun.

Zu fordern, dass es in der Kantine jeden Tag Fleisch zu geben hat, könnte man beispielsweise viel eher dogmatisch nennen. Wenn man sich ansieht, wie viele Menschen sich über den Vorschlag eines freiwilligen Veggie-Days empören und dergleichen als eine Art vegane Diktatur betrachten, gegen die sich das demonstrativ demokratische Volk unbeugsam erhebt, dann lässt dies den Schluss zu, dass der Konsum von Fleisch für viele Menschen eine Art quasireligiöses Dogma zu sein scheint. Es hat sich vermutlich noch nie irgendwer darüber empört, dass es nicht jeden Tag Brokkoli gibt, oder dass es letzten Montag nichts aus Bohnen gab. Das würden die meisten Menschen berechtigterweise auch sehr absurd finden. Aber bei Fleisch legt man völlig andere Standards an, obgleich das in dieser Hinsicht ebenfalls nur eine willkürliche, mögliche Zutat von vielen und zudem ernährungsphysiologisch oder auf anderem Wege nicht rational begründbar ist.

Tierausbeutung ist so tief in unserer Kultur und unseren Glaubenssätzen verankert, dass die meisten Menschen nicht realisieren, dass man sie ebenfalls als Dogmatiker*innen bezeichnen könnte, wenn man so argumentieren wollte. Nur dass dieses Dogma unnötiges Leid, Tod, Ungerechtigkeit und Umweltzerstörung verursacht, während das vermeintliche Dogma des Veganismus solche Dinge zu verhindern bzw. zumindest zu reduzieren versucht. Ersteres ist durch seine Allgegenwärtigkeit aber wesentlich subtiler und oft geradezu unsichtbar, da es sich ja in den Mantel der »Normalität« kleidet. Normal bedeutet aber nicht gleich undogmatisch.

Wenn nun Einzelpersonen eine Überzeugung wie den Veganismus vertreten, ohne gute Argumente dafür zu haben, kann man das natürlich erst einmal kritisieren. Daraus folgt aber nicht automatisch, dass die Überzeugung selbst falsch oder nicht begründbar ist und dass man diesen eventuellen Dogmatismus dann auf alle anderen oder auf die Überzeugung selbst übertragen kann. Dieser logische Fehlschluss ist bekannt als Fehlschluss-Fehlschluss (argumentum ad logicam).[14]

Wenn man die möglichst konsequente Ablehnung von egoistischer Gewalt und das Kritisieren von Tierausbeutung, Leidverursachung, Umweltzerstörung und Ressourcenverschwendung trotz sehr guter Argumente pauschal als Dogma bezeichnen möchte, dann ist das zumindest das beste Dogma, das man haben kann, und wohl eines der wenigen, das Gutes bewirkt. Und es ist sicherlich besser als egoistische Dogmen wie: Jeder soll machen, was er will, egal wie viel Gewalt, Ausbeutung, Leid und Ungerechtigkeit er damit verursacht. Mit so einer Argumentationskultur könnte man jede einigermaßen überzeugte Aussage als Dogma bezeichnen. Das ist aber nicht mehr als unkonstruktive Polemik und hat mit einem sachlichen Diskurs nichts zu tun. Und man sollte auch auf die eigene undogmatische Geisteshaltung nicht zu unkritisch stolz sein, denn das ist oftmals nur ein beschönigender Ausdruck für Gleichgültigkeit.

Schlussfolgerung

Ja, Veganer*innen haben keine Toleranz gegenüber der Ausbeutung von Tieren und treten »militant« und »radikal« für eine »extreme« Veränderung des Mensch-Tier-Verhältnisses ein. All das macht den Veganismus und seine Vertreter*innen aber zu keiner schlechten Sache – ganz im Gegenteil. Begriffe wie radikal, militant oder extrem sind nicht per se negative Ausdrücke, auch wenn sie oft auf diese Art gebraucht werden. Sie sind kontextabhängig und es geht vielmehr darum, wofür man radikal, militant oder extrem einsteht. Das Richtige liegt auch nicht immer in der »goldenen Mitte« und der extrem falsche Umgang mit Tieren in der heutigen Zeit erfordert ein extremes Gegensteuern. Wie einst Albert Einstein im zuvor erwähnten Briefwechsel mit Sigmund Freud schrieb: »Um große Ideale wird zunächst von einer aggressiven Minderheit gekämpft.«[15] Vegan lebende Menschen kämpfen dabei um die Rechte der Tiere auf friedliche Art und Weise, aber eben mit dem nötigen Nachdruck, um die dringend benötigte Reform im Mensch-Tier-Verhältnis zu bewirken.

Richtigstellung des Arguments »Veganer*innen sind intolerant, militant, radikal, extrem und dogmatisch«

Vorurteil	Faktenlage
Veganer*innen sind intolerant.	Vegan lebende Menschen sind grundsätzlich äußerst tolerant, denn sie tolerieren die Bedürfnisse all jener Lebewesen, die von der Mehrheitsgesellschaft nicht toleriert werden. Intoleranz weisen sie lediglich gegenüber genau dieser Intoleranz auf, die dafür verantwortlich ist, dass Tiere ausgebeutet und grausam behandelt werden. Toleranz ist wichtig, aber sie muss auch ihre Grenzen kennen, denn uneingeschränkte Toleranz führt zum Ende der Toleranz selbst.
Veganer*innen sind militant.	Eine vegane Lebensweise lässt sich rational und widerspruchsfrei begründen und somit ist es nicht verwerflich, dass Personen diese Lebenseinstellung explizit vertreten. Vor allem dann nicht, wenn diese Thematik so weitreichende Konsequenzen für andere hat. Eine – wenn man sie so nennen will – »militante« Position ist erst dann ein Problem, wenn sie auf keinem rationalen Fundament fußt und taub für valide Kritik ist. Beides trifft auf den Veganismus nicht zu.

Vorurteil	Faktenlage
Veganer*innen sind radikal.	Radikal bedeutet im Grunde »die Wurzel betreffend« bzw. »von Grund aus erfolgend«. Ob etwas Radikales gut oder schlecht ist, ist erneut kontextabhängig. Das Ziel der veganen Bewegung ist durchaus eine radikale, also grundlegende Veränderung im Mensch-Tier-Verhältnis. Dies soll aber auf eine friedvolle Art und Weise und zugunsten aller Lebewesen erreicht werden.
Veganer*innen sind extrem.	Auch im Wort »extrem« steckt noch keine grundsätzliche Wertung. Eine Sache kann einerseits extrem bedeutsam, nützlich oder auch extrem rücksichtsvoll (so wie es der Veganismus ist), andererseits extrem brutal, ungerecht oder auch extrem grausam sein (so wie es der aktuelle Umgang mit »Nutztieren« in unserer Gesellschaft ist). Es kommt also immer darauf an, was genau extrem ist, und erst das entscheidet darüber, ob der Extremismus gut oder schlecht ist.
Veganer*innen sind dogmatisch.	Als Dogma wird eine quasi unumstößliche Meinung mit Anspruch auf absolute Gültigkeit bezeichnet. Vegan lebende Menschen sind zwar mit ihrer Position strikt und verteidigen diese mit Nachdruck, allerdings fußt diese Position entgegen gängiger Dogmen auf rationalen und konsistenten Überlegungen und ist nicht blind und taub für Kritik. Die vegane Philosophie ist ein Konzept, das durchaus Abwägung und Graubereiche zulässt und sich stets auf ein »so weit wie möglich« beschränkt. Alleine das macht den Veganismus bereits undogmatisch. Egal welches Adjektiv man vegan lebenden Menschen anheftet, die ethische Position des Veganismus bleibt davon unberührt.

Quellen

1 Joy, M. (2013). *Speaking Truth to Power: Understanding the Dominant, Animal-Eating Narrative for Vegan Empowerment and Social Transformation*. Zugriff am 1. Februar 2021. Verfügbar unter https://bit. ly/3jE7qHE
2 Glaser, C. (2019). Argumentum ad hominem. *Risiko im Management*, 161–164
3 Walton, D. N. (1987). The ad Hominem argument as an informal fallacy. *Argumentation,* 1(3), 317–331.
4 Popper, K. (2003). *Die offene Gesellschaft und ihre Feinde (Band 1)*. Tübingen: Mohr Siebeck.
5 Welt.de (2006). *Karl Popper über Toleranz*. Zugriff am 1. Februar 2021. Verfügbar unter https://bit. ly/3a8EUeb
6 Heusohn, L. (2020). *»Nie wieder Krieg« – Einstein als Pazifist*. Zugriff am 1. Februar 2021. Verfügbar unter https://bit.ly/3rZfohH
7 Academic. (o. D.). *Encyclopedia – militant*. Zugriff am 1. Februar 2021. Verfügbar unter https://bit. ly/3rTpWPf
8 Ebd.
9 Duden. (o. D.). *Wörterbuch – radikal*. Zugriff am 1. Februar 2021. Verfügbar unter https://bit. ly/2Zn0O73
10 Azquotes. (o. D.). *Quotes – Tom Regan*. Zugriff am 1. Februar 2021. Verfügbar unter https://bit. ly/2N7bR1J
11 Krieghofer, G. (2018). *»In Gefahr und größter Not bringt der Mittelweg den Tod.« Alexander Kluge (angeblich)*. Zugriff am 1. Februar 2021. Verfügbar unter https://bit.ly/3urjdya
12 Bennett, B. (o. D.). *Argument to Moderation – argumentum ad temperantiam*. Zugriff am 1. Februar 2021. Verfügbar unter https://bit.ly/2Z4Sxok
13 Duden. (o. D.). *Wörterbuch – Dogma*. Zugriff am 1. Februar 2021. Verfügbar unter https://bit.ly/3az-N4MU
14 The School of Thought. (o. D.). *Der Fehlschluss-Fehlschluss*. Zugriff am 1. Februar 2021. Verfügbar unter https://bit.ly/3uf6OgD
15 Heusohn, L. (2020). *»Nie wieder Krieg« – Einstein als Pazifist*. Zugriff am 1. Februar 2021. Verfügbar unter https://bit.ly/3rZfohH

Wenn geäußert wird, dass doch alle für sich selbst entscheiden können, ob sie Tierprodukte äßen, dann stellt dies häufig das (gewünschte) Ende einer Diskussion dar. Oder es soll eine solche direkt unterbinden. Obwohl dieses verbale Abwinken wie ein Schlussfazit anmutet, sollte hier eine wichtige Anschlussfrage gestattet sein: Wieso? In der Aussage schwingt zwar einiges mit, sie selbst ist indes so alleinstehend jedoch nicht begründet und hat damit wenig argumentativen Wert. Im Sinne eines möglichst wenig willkürlichen und möglichst konsistenten Handelns (wie wir es uns gegenüber auch erwarten und einfordern) sollte man sich für sein Verhalten rational und auf nachvollziehbare Weise rechtfertigen können, auch wenn man es in Bezug auf den Konsum tierischer Produkte in unserer Gesellschaft zumeist nicht muss.

Nun ist es sicherlich so, dass die meisten Menschen in ihren ersten Lebensjahren nicht selbst entscheiden konnten, ob sie Tierprodukte konsumieren, da diese Entscheidung in der Regel von den Eltern getroffen wurde, bevor man selbst dazu in der Lage war. Allerdings wird man sich später gegebenenfalls entscheiden, dies beizubehalten, wobei den meisten Menschen die grundlegendsten Informationen fehlen, um eine derartige Entscheidung wirklich fundiert unter Abwägung aller Einflussgrößen treffen zu können. Vielmehr behalten Menschen in vielen Fällen ihre von Kindestagen an vorgelebten Normen bei, die von allerlei kognitiven Verzerrungen beeinflusst sind. Etwas zu »können« impliziert in diesem Kontext die Meinung, dass niemand einem diese Entscheidung abnehmen »sollte«. Man verweist dabei also auf die Freiheit, so zu handeln, weil es ja andere vermeintlich nichts angeht, wie man handelt. Es schwingt außerdem auch ein Appell an die Eigenverantwortung mit. Während dies oberflächlich betrachtet sinnvoll klingt, gibt es einige Probleme damit.

Denn es handelt sich bei der Nahrungsaufnahme in vielen Fällen um eine Entscheidung, die man zwar augenscheinlich *für sich* trifft, doch trifft man sie im Falle des Verzehrs tierischer Produkte auch *über andere* – und zwar über Tiere. Diese werden allerdings häufig weitgehend ausgeblendet, obwohl es doch sie sind, für die es bei der Entscheidung im Grunde um alles geht. Gerade um schwerwiegende Entscheidungen wie das Töten eines empfindungsfähigen Individuums zu rechtfertigen, müssen entsprechende Aussagen besonders gut begründet werden. Das wiederum ist das Gegenteil von dem, was mit dem Verweis auf die persönliche Freiheit bzw. Verantwortung getan wird. Eine wirklich neutrale und unbeeinflusste Entscheidung zu treffen, wird zwar niemals möglich sein, aber gerade daher ist es ratsam, sich in die Position derer zu versetzen, über die man urteilt. Und man muss sich fragen, ob man dies für sich in ihrer Lage ebenfalls wünschen würde. Nur so kann man eine möglichst faire und ethisch redliche Entscheidung treffen.

Der Verweis auf die individuelle Entscheidung korreliert zusätzlich mit einer Reihe anderer gängiger Argumente, die gegenüber vegan lebenden Menschen nicht selten vorgebracht werden. Diese werden nachfolgend besprochen.

»Jede*r sollte vor seiner eigenen Tür kehren.«

Mit der Aufforderung, vor der eigenen Tür zu kehren, wird Kritik am Konsum von Tierprodukten mit der Aufforderung zurückgewiesen, stattdessen selbstkritisch zu sein. Selbstkritik gegen Kritik auszuspielen, ist jedoch kein schlüssiges Argumentieren und würde im Grunde jede Form von Kritik verhindern. Konsequent weitergedacht würde dies zu allerlei absurden Szenarien führen. Der Verweis auf mehr selbstkritisches Handeln kann in vielen Fällen sehr wohl berechtigt und angebracht sein. Hierbei wird die Aussage aber lediglich benutzt, um Kritik zu verhindern. Widerlegt wird diese dabei nicht. Es handelt sich dabei also um ein »Totschlagargument«. Fälschlicherweise wird der Ausdruck »Totschlagargument« (thought-terminating cliché) oft als ein Argument verstanden, das so stichhaltig ist, dass es praktisch nicht zu widerlegen sei. Tatsächlich beschreibt man damit aber ein inhaltlich weitgehend leeres Scheinargument.[1] Mit diesem wird versucht, Andersdenkende mundtot zu machen, einen konstruktiven, lösungsorientierten Diskurs zu unterbinden und somit den Status quo beizubehalten. Zum Teil wird dies erreicht, indem mittels implizierter Gegenbeschuldigung die Gesprächspartner*innen herabgesetzt werden. Dieser argumentative Versuch, bei dem eine gegnerische Position oder These durch einen Vergleich mit dem Verhalten der Gegner*innen zurückgewiesen wird, nennt sich Tu-quoque-Argument (lateinisch tu quoque, »auch du«) bzw. appeal to hypocrisy (= Appell an die Heuchelei).[2] Dieses ist dabei eine Variante des Argumentum ad hominem, also ein Scheinargument, und ist insbesondere bei ethischen Debatten (wie dieser) ein häufig genutztes Mittel, um sich vor einer ernsthaften Diskussion zu drücken. Es ist allerdings ein Fehlschluss, wenn es um objektive Sachverhalte wie diesen geht, denn ein valides Argument wird dadurch nicht ungültig, nur weil derjenige, der es vertritt, ihm vielleicht selbst nicht gerecht wird bzw. auch »nicht perfekt« ist (siehe Kapitel 6). Häufig genug wird aber genau dies vielen vegan lebenden Menschen mit einem gewissen Unterton von Genugtuung von Vegankritiker*innen vorgeworfen. Nur weil eine vegan lebende Person beispielsweise nicht in jedem Lebensbereich zu jedem Zeitpunkt ihrem Anspruch an eine ethische Lebensweise gerecht wird, entkräftet das nicht den Veganismus selbst.

In diesem Ausdruck ist zudem auch ein Aspekt von »Halte dich da raus! Das geht dich nichts an!« enthalten. Aber das tut es durchaus, denn die Auswirkungen des Konsumverhaltens von Menschen beschränken sich nicht nur auf deren eigenes Privatleben. Demgemäß ist auch die nachfolgende Aussage unzutreffend.

»Essen ist Privatsache.«

Man betont mit dieser Aussage freiheitliche Aspekte und kritisiert eine vermeintliche Intoleranz seitens vegan lebender Menschen. Hier hat man es allerdings häufig mit einer Vermischung zweier unterschiedlicher Dinge zu tun: normativ und deskriptiv, also *sein* und *sollen*. Man besteht darauf, dass Essen Privatsache sein soll (normativ), praktisch ist (deskriptiv) diese Forderung aber gar nicht möglich, da das, was wir essen, in einer globalisierten Welt unvermeidlich Auswirkungen auf andere Lebewesen hat.

Es könnte vielleicht juristisch als Privatsache benannt werden, praktisch gesehen ist unser Konsum jedoch schon lange keine Privatangelegenheit mehr. Der Konsum von Tierprodukten betrifft dabei nicht nur die einzelne Person, sondern unzählige Tiere. Leidensfähige Lebewesen werden für das Geschmackserlebnis ihrer Freiheit beraubt, gemästet, ausgebeutet und getötet. Darüber hinaus betrifft es auch andere Menschen. Die »Nutztierindustrie« ist einer der größten Vernichter von Ressourcen und verursacht gravierende Umweltschäden, die uns selbstverständlich alle betreffen. Sie emittiert mehr Treibhausgase als der gesamte weltweite Verkehr zusammen, verseucht Trinkwasser, verursacht massive Regenwaldabholzungen, massenhaftes Artensterben und hat auch ansonsten verheerende Auswirkungen auf die Umwelt – von der wir alle abhängig sind.[3,4,5,6] Dies als Privatsache zu bezeichnen, ist die Verkörperung des sprichwörtlichen »Nicht-über-den-Tellerrand-Schauens«. Immer mehr Krankheitserreger sind nicht mehr behandelbar, weil 70 bis 80 %[7] aller Antibiotika weltweit willkürlich und großflächig in der Viehwirtschaft eingesetzt werden und so vermehrt Antibiotika-resistente Keime entstehen können.[8] Laut der europäischen Seuchenbehörde ECDC sterben in Europa jährlich über 30.000 Menschen an multiresistenten Erregern.[9] Da sich diese Erreger nicht darum kümmern, ob der Betroffene der Verursacher war, kann man hier nicht von Privatsache sprechen. Ferner ist die industrielle »Nutztierhaltung« ein brandheißer Gefahrenherd für die Entstehung und Verbreitung neuartiger Zoonosen (Krankheitserreger, die vom Tier auf den Menschen übertragen werden).[10] Etwa drei von vier neuen Erregern, die eine Gefahr für die menschliche Gesundheit darstellen, stammen aus der »Nutztierhaltung«.[11] Fleischkonsum ist zudem Mitverursacher von sozialer Ungerechtigkeit und der Welthungerproblematik.[12]

Aufgrund all dieser Aspekte wirkt sich Fleischkonsum auch auf andere Personen aus. Die Freiheit des Einzelnen muss dort enden, wo sie die Freiheit anderer einschränkt. Und die vermeintliche Freiheit, Tierprodukte zu konsumieren, tangiert nicht nur die Tiere, sondern in vielerlei Hinsicht auch andere Menschen. Aber selbst wenn man als Veganer*in nicht persönlich betroffen wäre, ist dies kein Grund, sich nicht für andere einzusetzen – auch wenn die Betroffenen einer anderen Spezies angehören. Etwas sehr Ähnliches bildet den Kern einer Floskel, die in diesem Kontext Veganer*innen gegenüber ebenfalls häufig geäußert wird.

»Jedem das Seine.«

Es kommt nicht selten vor, dass Sprichworte aus einem völlig anderen Kontext gelöst und unpassend verwendet werden oder eine Bedeutungsverschiebung erfahren haben. »Jedem das Seine« ist eines davon. Es wird meist so verstanden und verwendet, dass jeder Mensch das Recht auf eigene Ansichten, Vorlieben und Handlungsweisen haben sollte, und dass andere, die diese nicht teilen, sich daran nicht stören oder Kritik üben sollten. Das klingt – zumindest oberflächlich betrachtet – zunächst vernünftig und tolerant. Jedoch als derartig allgemein gehaltene Forderung ohne weitere Konkretisierungen ist dies ein problematischer Spruch, da man damit beispielsweise auch berechtigte Kritik an schädlichen Handlungen als »intolerant« klassifizieren könnte (siehe Kapitel 4). Grundlage für diesen heutigen Ausspruch ist die jahrtausendealte Gerechtigkeitsformel »Suum cuique!«, zu Deutsch »Jedem das Seine«, die allerdings von den Nationalsozialisten missbraucht und als zynische Inschrift am Innentor des Konzentrationslagers Buchenwald angebracht wurde.[13] Der Spruch richtete sich dort an die Insassen und wurde in der Bedeutung »Jedem, was er verdient« verwendet. Bis heute ist diese Phrase daher für Leidtragende ein Sinnbild der nationalsozialistischen Gewaltherrschaft. Vor diesem Hintergrund ist die Gedankenlosigkeit, mit der dieser Spruch meist verwendet wird, durchaus heikel. Und es zeigt, wie solche Aussagen verzerrt, instrumentalisiert und sinnentfremdet werden können. Denn diese Verwendung entspricht kaum noch der ursprünglichen Bedeutung im antiken Griechenland. Bei »Jedem das Seine« ging es zwar auch um Verteilungsgerechtigkeit, vor allem aber meinte der griechische Philosoph Platon, dass jeder Mensch für eine gerechte und harmonische Gesellschaft so handeln solle, wie es seinem Wesen, seinen Möglichkeiten und seinen Umständen entspräche.[14] Jeder sollte das tun, was ihm am meisten liegt, um zu helfen. Es ging nicht darum, dass jeder tun und lassen und nehmen können soll, was er gerade möchte. Wenn man nun aber »Jedem das Seine« auf den Fleischkonsum anwendet, versucht man damit quasi das genaue Gegenteil zu rechtfertigen, und zwar, dass man anderen Lebewesen das *Ihre* nimmt: ihre Freiheit, ihre Unversehrtheit, ihre Nachkommen und ihr Leben. All das beansprucht man für *sich*.

Oft hört man auch die Formulierung, dass sich eine Person »ihr Fleisch« nicht nehmen lässt. Dies impliziert, dass einem die gewaltsam erbeuteten Körperteile von Tieren zustehen. Tatsächlich gehörte dieses Fleisch aber einem anderen Lebewesen mit eigenen Emotionen, Interessen und Bedürfnissen. Wenn man »Jedem das Seine« wirklich aufrichtig meinen würde – und damit nicht nur »Fleisch für mich!« ausdrücken möchte –, dann müsste man den Tieren ihr Leben lassen. Das bringt uns zum nächsten heiklen Ausspruch.

»Leben und leben lassen.«

Natürlich klingt dieser Ausspruch erst einmal richtig, gut und wünschenswert. So schrieb der deutsch-französische Arzt und Philosoph Albert Schweitzer: »Ich bin Leben, das leben will, inmitten von Leben, das leben will.«[15] Entgegen seiner eigentlichen Bedeutung wird dieser Ausspruch aber oftmals verwendet, um von Veganer*innen vermeintlich fehlende Toleranz einzufordern, wohingegen man selbst keine Toleranz gegenüber den getöteten Tieren zeigt, um die es aber eigentlich im Kern geht.

Dieser Satz wird ferner benutzt, um sich gegen Kritik am eigenen Verhalten, also konkret am Töten (lassen) von Tieren, zu immunisieren. Als Gegenleistung bietet man quasi indirekt an, das Nicht-Töten von Tieren, also das, was vegan lebende Menschen praktizieren, nicht zu kritizieren und somit zu zeigen, wie tolerant man doch selbst ist. Dies wiederum ist aber keine Toleranzleistung und stellt vor allem für die konsumierten Tiere ein ausgesprochen unfaires Geschäft dar.

Der australische Philosoph Peter Singer schrieb dazu: »Wohlklingende Phrasen sind die letzte Zuflucht derer, denen die Argumente ausgegangen sind.«[16] Um eine derartige wohlklingende, aber im Kontext des Fleischessens hohle Phrase handelt es sich beim Ausspruch »Leben und leben lassen«. Mit dieser Phrase fordern Fleischesser*innen eigentlich eher ein »Leben und *töten* lassen«. Denn »leben lassen« ist ja genau das, wofür Veganer*innen einstehen: leben, ohne Tiere zu töten.

Vorurteil	Faktenlage
Jeder Mensch hat das Recht, selbst zu entscheiden, was er essen möchte.	Wenn man für sich ein derartiges Recht einräumt, benötigt es eine solide Begründung. Diese konnten Mischköstler*innen allerdings bis heute nicht vorbringen. Eine derartige Aussage ohne eine rationale Begründung hat wenig argumentativen Wert. Nur weil man die Möglichkeit hat, unter den aktuellen Rahmenbedingungen gewisse Entscheidungen treffen zu können, leitet sich daraus noch keine ethische Legitimierung ab, dass man auch so handeln sollte.
Veganer*innen sollten lieber vor der eigenen Haustüre kehren.	Kritik an der anderen Person als Argument gegen eine berechtigte Kritik an der eigenen Handlungsweise anzuführen, ist nicht nur unredlich und verhindert einen sinnstiftenden Dialog, sondern es widerlegt auch den Einwand nicht. Ein valides Argument wird nicht dadurch ungültig, dass derjenige, der es vorbringt, ebenfalls kritikwürdiges Verhalten an den Tag legt oder dem eigenen Argument selbst nicht zur Gänze gerecht wird.
Essen ist Privatsache.	Eine reine Privatsache kann etwas nur dann sein, wenn es keine anderen Lebewesen betrifft. Der Konsum tierischer Produkte in seinem heutigen Ausmaß betrifft allerdings nicht nur die Tiere, die darunter leiden, sondern durch die ökologischen und gesundheitlichen Auswirkungen auch alle anderen Menschen weltweit. Die persönliche Freiheit kann nur so weit gehen, wie sie nicht die Freiheit Anderer einschränkt.
Fleischesser*innen fordern doch nur »Jedem das Seine«.	Wenn man als Fleischesser*in zur Verteidigung des eigenen Konsums »Jedem das Seine« fordert, stellt dies einen Widerspruch in sich dar, denn man rechtfertigt damit, dass man durch »das Seine« anderen Lebewesen *das Ihre* nimmt: ihre Freiheit, ihre Unversehrtheit, ihre Nachkommen und ihr Leben.
Veganer*innen sollten doch einfach »leben und leben lassen«.	Vegan lebende Menschen mit den Worten »Leben und leben lassen« zu mehr vermeintlicher Toleranz aufzufordern, ist widersprüchlich, denn das ist genau das, wofür Veganer*innen einstehen: zu leben, ohne dass dafür andere Tiere ihr Leben lassen müssen. Was man mit dieser Aussage eigentlich fordert, ist mehr Toleranz für das eigene »Leben und töten lassen«. Dies wiederum würde man in der Rolle des Opfers niemals billigend in Kauf nehmen.

Quellen

1 Dietrich, D. R. und Hengstler, J. G. (2016). Conflict of interest statements: current dilemma and a possible way forward. *Arch Toxicol,* 90, 2293–2295.

2 Mößmer, A. (2014*). 64 Fehlschlüsse in Argumenten – Logische und rhetorische Irrwege erkennen und vermeiden.* Erschienen im Eigenverlag, 137 f.

3 Food and Agriculture Organization of the United Nations. (2006). *Livestock's Long Shadow: Environmental Issues and Options.* Zugriff am 1. Februar 2021. Verfügbar unter https://bit.ly/2YmldcM

4 Food and Agriculture Organization of the United Nations. (o. D.). *Key facts and findings.* Zugriff am 1. Februar 2021. Verfügbar unter https://bit.ly/3en-HyMI

5 Dopelt, K., Radon, P. und Davidovitch, N. (2019). Environmental Effects of the Livestock Industry: The Relationship between Knowledge, Attitudes, and Behavior among Students in Israel. *Int J Environ Res Public Health*, 16(8), 1359.

6 Cassuto, D. N. und Saville, S. (2012). Hot, Crowded and Legal: A Look at Industrial Agriculture in the United States and Brazil. *Animal L,* 18(2), 11–30.

7 Ritchie, H. (2017). *How do we reduce antibiotic resistance from livestock?* Zugriff am 1. Februar 2021. Verfügbar unter https://bit.ly/2WUBeWU

8 Landers, T. F., Cohen, B., Wittum, T. E. und Larson, E. L. (2012). A Review of Antibiotic Use in Food Animals: Perspective, Policy, and Potential. *Public Health Rep*, 127(1), 4–22.

9 Cassini, A., Högberg, L. D., Plachouras, D. et al. (2019). Attributable deaths and disability-adjusted life-years caused by infections with antibiotic-resistant bacteria in the EU and the European Economic Area in 2015: a population-level modelling analysis. *Lancet*, 19(1), 56–66.

10 Leibler, J. H., Otte, J., Roland-Holst, D., Pfeiffer, D. U. und Magalhaes, R. S. (2009). Industrial Food Animal Production and Global Health Risks: Exploring the Ecosystems and Economics of Avian Influenza. *Ecohealth*, 6(1), 58–70.

11 Food and Agriculture Organization of the United Nations. (2009). *The state of food and agriculture – Livestock in the balance.* Zugriff am 1. Februar 2021. Verfügbar unter https://bit.ly/2WUmU0D

12 Schilly, J. (2012). *»Durch Fleischkonsum entsteht soziale Ungerechtigkeit«.* Zugriff am 1. Februar 2021. Verfügbar unter https://bit.ly/2Z28Lyh

13 Brunssen, F. (2010). ›Jedem das Seine‹: Zum Umgang mit nationalsozialistisch belasteten Wörtern und Wendungen in Deutschland seit 1945. *Oxford German Studies*, 39(3), 290–311.

14 Gerlach, J. (2017). ›Jedem das Seine‹ – Von der Gerechtigkeitsformel zum Synonym von Massenmord? Eine korpuslinguistische Zeitungsanalyse einer nationalsozialistisch belasteten Phrase. Zugriff am 1. Februar 2021 Verfügbar unter https://bit.ly/37Qv0eo

15 Deutsches Albert-Schweitzer-Zentrum. (o. D.). *»Ich bin Leben, das leben will, inmitten von Leben, das leben will.« – Albert Schweitzer wissenswert.* Zugriff am 1. Februar 2021. Verfügbar unter https://bit.ly/3q62UnA

16 Singer, P. (2017). Alle Tiere sind gleich. *In*: Krebs, A., Hrsg: *Naturethik*. Berlin: Suhrkamp, 28.

ES IST UNMÖGLICH 100 % VEGAN ZU LEBEN

6.

A uf die Kritik des Veganismus an der aktuell vorherrschenden Mensch-Tier-Beziehung wird nicht selten mit der Gegenkritik reagiert, dass es unmöglich sei, zu 100 % vegan zu leben. Die vorgebrachte Kritik vegan lebender Menschen sei daher ohnehin nicht ernst zu nehmen. Es wird so suggeriert, dass Veganer*innen eben auch nicht »perfekt« und damit nicht in der Position seien, andere für ihr Handeln zu kritisieren. Das Paradox dabei: Diese Argumentation negiert sich quasi von selbst. Denn es handelt sich ja ebenfalls um eine Kritik (an der Kritik), die nach eigener Aussage nur geäußert werden sollte, wenn man selbst frei von Fehlern ist. Natürlich ist das kein valides Argument. Schließlich ergäbe sich daraus, dass niemand mehr Missstände kritisieren dürfte, solange man selbst nicht »perfekt« ist – keine Person mit klarem Verstand würde sich ernsthaft für ein solches Verhalten einsetzen. Es geht in der gesamten Diskussion rund um den Veganismus nicht um unrealistische Perfektion und es geht auch nicht darum, dass vegan lebende Menschen sich für »etwas Besseres« halten. Sie streben lediglich danach, sich besser zu verhalten als ihr früheres Selbst, und sie möchten andere Menschen dazu animieren, es ihnen zum Wohle der Tiere gleichzutun.

Nicht alles ist »ganz oder gar nicht«

Als Beispiele, warum man quasi gar nicht zu 100 % vegan leben könne, werden Sachverhalte wie das versehentliche Zertreten von Insekten, die Benutzung von Geräten wie Smartphones mit tierischen Inhaltsstoffen oder die Verwendung von Medikamenten, die an Tieren getestet wurden, angebracht. So heißt es, eine Person mache sich etwas vor, wenn sie denkt, sie könne zu 100 % vegan leben. Nach dieser Logik sei eine vegane Lebensweise also unsinnig und inkonsequent, weil sich Leid und Ausbeutung häufig nicht vollständig vermeiden lassen. Im Umkehrschluss steckt darin die Aussage, dass es anscheinend kein Problem ist, eine Ameise zu zertreten, wenn man ohnehin andere Tiere töten lässt, um sie zu essen. Das ist allerdings ebenso falsch und wir würden im menschlichen Kontext auch nicht akzeptieren, dass jemand willentlich Menschen mit dem Auto überfährt, nur weil es Verkehrstote durch Unfälle gibt. Es muss in diesem Kontext also zum einen deutlich zwischen beabsichtigten und unbeabsichtigten Todesfällen unterschieden werden und zum anderen muss verstanden werden, was der Veganismus wirklich ist und welches Ziel er verfolgt. Denn schon der offiziellen Definition des Veganismus der Vegan Society ist zu entnehmen, dass der Veganismus eine Lebensweise ist, die (wie bereits mehrfach erwähnt) versucht – soweit wie möglich und praktisch durchführbar (!) –, alle Formen der Ausbeutung und Grausamkeiten gegenüber leidensfähigen Tieren für Essen, Kleidung und andere Zwecke zu vermeiden.[1] Es wird außerdem versucht, das praktisch Durchführbare immer weiter auszuweiten. Dies ist ein Prozess, der nach ständiger Verbesserung strebt, bei dem aber wohl niemals Perfektion erreicht werden wird. Daraus lässt sich aber nicht das Recht ableiten, beliebig Schaden anrichten zu dürfen.

Die Sinnhaftigkeit des Vermeidens von Tierprodukten zur Leidverringerung bleibt gleich, auch wenn sich nicht alle vegan lebenden Menschen immer zur Gänze daran halten oder wenn nicht-beabsichtige Tötungen z. B. während der Ernte pflanzlicher Lebensmittel geschehen (siehe Kapitel 9). Auch alle anderen sozialen Verbesserungen in unserer Gesellschaft sind nicht hinfällig, nur weil sie nicht in allen Bereichen zur selben Zeit konsequent umgesetzt werden können. Ein Beispiel dafür ist der Versuch auf erneuerbare Energien umzusteigen, der nicht dadurch sinnlos wird, dass es nicht sofort und überall gleichzeitig umsetzbar ist. Obwohl neuere Technologien sicherlich nicht einem hundertprozentigen Ideal entsprechen und vielleicht zunächst nur etwas besser sind, sollten diese Verbesserungen trotzdem unternommen werden. Wir gehen doch im Grunde meistens kleine Schritte, obwohl wir damit nicht alle Probleme auf der Welt mit einem Schlag lösen können. Aber kleine Schritte akkumulieren sich über die Zeit zu großen Veränderungen und führen so zum gewünschten Wandel.

Häufig bekommen vegan lebende Menschen von Nicht-Veganer*innen beschwichtigend zu hören, sie äßen ja selbst sowieso nur wenig Fleisch. Der 100-%-Logik folgend, wäre das vollkommen sinnlos, weil dabei keine Perfektion erreicht wird. Dies weiterdenkend, würde ein Feuerwehrmann bei einem Häuserbrand darauf verzichten, eine Person aus dem brennenden Gebäude zu retten, nur weil er womöglich nicht alle retten kann? Würde die Küstenwache eine Gruppe ertrinkender Menschen ihrem Schicksal überlassen, sobald realisiert werden würde, dass nicht alle aus der Gruppe gerettet werden könnten? Dem Argument einer 100-%-Perfektion ist also im menschlichen Kontext nicht zuzustimmen; ergo hält es auch im veganen Kontext einer kritischen Überprüfung nicht stand. Es gibt eben weit mehr als nur schwarz und weiß, und die Reduktion tierischer Lebensmittel ist bereits ein äußerst wichtiger Schritt, wenn dieser denn tatsächlich stattfindet und nicht nur ein vorgeschobenes Argument ist, um einer ernsthaften Diskussion aus dem Weg zu gehen.

Denn auch wenn eine vegane Welt das Ideal darstellen sollte: Unter den aktuellen Umständen bewirken zwei Menschen, die ihren Konsum von Tierprodukten halbieren, rein rechnerisch kurzfristig die gleiche Verbesserung wie ein Mensch, der ihn ganz einstellt. So sagte der Autor Jonathan Safran Foer in einem Interview passend: »Ich glaube nicht, dass sich die Hälfte der Menschheit in zehn Jahren vegetarisch ernährt. Aber ich halte es für möglich, dass dann die Hälfte aller Mahlzeiten vegetarisch ist. Und das hat denselben positiven Effekt auf Tiere und Umwelt.«[2] Natürlich würde ersteres mittel- und langfristig einen schnelleren Wandel in der Gesellschaft hin zu einer rein vegetarischen bzw. rein veganen Ernährung herbeiführen, aber jeder Schritt in diese Richtung ist positiv und unterstützenswert.

Veganer*innen nutzen Elektrogeräte mit tierischen Bestandteilen

Ab wann etwas nicht mehr vegan ist, unterliegt auch ein Stück weit der Interpretation. Ist Wasser aus der Leitung womöglich nicht vegan, weil in Klärwerken unter Umständen Fische oder Krebse benutzt werden, um die Wasserqualität zu prüfen?[3,4] Und selbst wenn nicht, würde man durch die Begleichung der Wasserrechnung den Lohn von Wasserwerksmitarbeiter*innen mitfinanzieren, die dann womöglich nicht-vegane Nahrungsmittel kaufen? Dass dies die Definition des Veganismus zu weit treiben würde, wird schnell deutlich – es ist daher in der offiziellen Definition nur die Rede von »soweit wie möglich und praktisch durchführbar«. Natürlich sollte dennoch in allen Lebensbereichen daran gearbeitet werden, Tierausbeutung und -tötung bestmöglich zu verhindern.

Daher sind auch Diskussionen um Themen wie die Verwendung von Smartphones und weiteren Elektrogeräten mit tierischen Bestandteilen (und teils unethischen Produktionsbedingungen) durchaus wichtig, aber sie relativieren die vegane Position nicht. LCD-Bildschirme können tierisches Cholesterin enthalten und praktisch jedes Elektrogerät enthält eine gewisse Menge Kupfer, oftmals sogenanntes Elektrolytkupfer, für das bei der Raffination häufig nicht-veganer Glutinleim eingesetzt wird.[5] Glutinleim wiederum ist ein Klebstoff, der aus tierischen Abfällen durch Auskochen gewonnen wird.[6] Dieser Knochenleim ist im Endprodukt zwar nicht enthalten, wird aber während der Produktion als Inhibitor verwendet, um glatte Oberflächen zu erzeugen und dadurch Verunreinigungen zu vermeiden.[7] Er ist jedoch für die Kupferraffination keinesfalls alternativlos oder unverzichtbar und es existieren vergleichbare nicht-tierische Alternativen,[8] die teilweise bereits in Verwendung sind.[9] Erkennbar ist das für Nutzer*innen jedoch praktisch nie, da sich keine Zutatenliste wie auf einem Lebensmittel auf der Verpackung der Elektrogeräte findet. Allerdings handelt es sich bei derartigen Stoffen um sogenannte Kuppelprodukte, die in dieser Menge zu diesen Preisen nicht zur Verfügung stehen würden, wenn unsere Gesellschaft den Konsum tierischer Nahrungsmittel und damit die Tierhaltung und Schlachtung drastisch zurückführe. Unter einem Kuppelprodukt ist ein Produkt zu verstehen, das bei der Produktion eines anderen Produkts simultan in einem Produktionsprozess entsteht, d.h. aus naturgesetzlichen oder technischen Gründen zwangsläufig anfällt.[10] Würden die großen Mengen an Schlachtabfällen wegfallen, wäre zwangsweise auf alternative Stoffe zurückzugreifen und diese vermehrt zu erforschen. So würde sich dieses Problem mit hoher Wahrscheinlichkeit von selbst erledigen. Es wäre also sozusagen eine »Kuppellösung« – also eine Lösung eines Problems, die sich mehr oder weniger automatisch durch die Lösung eines anderen Problems ergäbe. Solange jedoch so viele Tiere gehalten und geschlachtet werden, wird nachvollziehbarer Weise nicht mit demselben Eifer nach

Moderlieschen (links) und Bachflohkrebse (rechts) reagieren empfindlich auf Veränderungen der Wasserqualität und werden daher in Wasserwerken zur Überprüfung der Wasserqualität eingesetzt.

ethischeren Alternativen geforscht. Und solange dies nicht der Fall ist, haben die Endverbraucher*innen leider relativ wenig direkten Einfluss.

Deshalb ist es äußerst sinnvoll, da anzusetzen, wo am meisten bewirkt und mittelfristig auch auf solche Dinge Einfluss genommen werden kann, die aktuell kaum zu steuern sind. Das ist vor allem beim Essen der Fall, aber auch bei Kleidung, Kosmetik und weiteren Bereichen unseres Alltags. Im Gegensatz zum Elektronikbereich gibt es in den zuvor genannten Gebieten bereits heute zahlreiche ethische Alternativen. Gerade das Kupfer-im-Smartphone-Argument ist aber auch noch aus einem weiteren Grund ein sehr schwacher Kritikpunkt, denn die eingesetzten Mengen an Glutinleim sind äußerst gering. Für eine Tonne Kupfer werden etwa 100 g Knochenleim verwendet.[11] Ein aktuell handelsübliches Smartphone enthält etwa 16 Gramm Kupfer.[12] Das entspricht wiederum etwa 24 mg verwendetem Glutinleim pro Gerät. Zur Veranschaulichung: Dies entspricht etwa 0,01 Gummibärchen – also 1 % der Masse eines Gummibärchens aus Gelatine (2,38 g) – bei einem Gerät, das idealerweise über mehrere Jahre verwendet wird. Dennoch sollte dieses Thema zukünftig nicht nur aufgrund der tierischen Bestandteile, sondern auch aufgrund der human-ethischen Probleme behandelt werden.[13] Für die Produktion von Smartphones werden auch Rohstoffe benötigt, mit denen möglicherweise in Zentralafrika Warlords und von diesen geführte bewaffnete Konflikte mitfinanziert werden.[14] Der Abbau der Rohstoffe wie die daraus hergestellten Produkte finden außerdem nicht selten unter unmenschlichen Bedingungen für die Arbeiter*innen statt, die häufig noch im Kindesalter sind.[15] Kritik daran ist entsprechend angebracht und wichtig, aber werden diese Missstände nicht angesprochen, um diese zu beseitigen, sondern lediglich, um die Kritik am eigenen Verhalten in einem anderen Bereich abzuwehren, handelt es sich bloß um einen sogenannten »Whataboutismus«. Dieser Begriff beschreibt eine Taktik, die unliebsame Kritik am eigenen Verhalten durch Gegenkritik an Missständen oder vermeintlichen Missständen an anderer Stelle abwehrt, ohne dass dabei das eigentliche Argument adressiert oder widerlegt wird. In diesem Kontext bezieht sich der Whataboutismus also auf einen Umstand, wohingegen das an anderer Stelle vorgestellte »Tu-quoque-Argument« gewissermaßen eine (Sub-)Form des Whataboutismus ist, die auf die Person, die kritisiert, und deren konkretes Verhalten verweist.

Dennoch verursachen vegan lebende Menschen mit Smartphone im Schnitt aber weniger Leid als Mischköstler*innen mit Smartphone, die abseits ihrer Smartphones mit jeder Mahlzeit deutlich mehr Ausbeutung mitzuverantworten haben. Hinzu kommt, dass hier eine implizite Gleichsetzung vorgenommen wird, die so nicht gerechtfertigt und korrekt ist. Der Konsum von Tierprodukten ist in aller Regel nicht notwendig, sondern lediglich ein Begehren, und es gibt geschmacklich und ernährungsphysiologisch adäquate Alternativen. Nicht für alle benötigten technischen Geräte gibt es vegane Alternativen, und auch wenn sie nicht per se überlebensnotwendig sein mögen, sind diese in der heutigen multimedialen Welt zumindest für Ausbildung und Arbeit in vielen Fällen eine zwingende Voraussetzung. Ein komplettes Ablehnen von Elektronik würde außerdem bedeuten, unzählige sehr grundlegende Dinge aufzugeben, die teilweise überlebensnotwendig sein können. Es ist ferner so gut wie unmöglich, auf Elektronik in Gänze zu verzichten, ohne sich zu einem sozialen Außenseiter zu machen und sich von einem Großteil an Informationen, gesellschaftlicher Teilhabe und Mitgestaltung und nahezu jeder modernen Form von Kommunikation abzuschneiden. Mit einer vollständigen (Selbst-)Ausgrenzung wäre es auch im Hinblick auf die intendierten positiven Veränderungen der Gesellschaft nicht zielführend, sämtliche Elektrogeräte aus dem eigenen Leben zu verbannen, da der langfristige Nutzen, den vegan lebende Menschen mit dieser Reformation der Mensch-Tier-Beziehung erreichen können, deutlich schwerer wiegen würde als der Schaden. Diese beiden Umstände – der Konsum tierischer Produkte und die Verwendung von tierischen Kuppelprodukten bei der Herstellung von Elektrogeräten – liegen im Hinblick auf ihre Dringlichkeit und auf vorhandene Alternativen also nicht auf einer Ebene, weshalb eine solch undifferenzierte Gleichsetzung unzulässig ist. Außerdem sind Smartphones, Laptops usw. auch im gebrauchten Zustand käuflich zu erwerben; diese Form des Konsums trüge immerhin nicht mehr aktiv zur Nachfrage nach diesen Geräten bei.

Selbstverständlich ist es kritikwürdig, unnötigerweise stets die neueste Elektronik anzuschaffen oder diese frühzeitig zu entsorgen, obwohl sie ihren Zweck noch erfüllen könnte. Und natürlich ist es wichtig, alles dafür zu tun, um mit der Herstellung und Nutzung so wenig Schaden wie möglich anzurichten und die Produktionsmethoden menschen- und tierrechtskonform zu gestalten. Veganer*innen wie auch Nicht-Veganer*innen sollten versuchen, den Kauf von Elektronik so weit wie möglich einzuschränken. Wenn also Elektrogeräte benutzt werden, dann sollte alles daran gesetzt werden, um deren negativen Einfluss so weit wie möglich zu verringern, sich für bessere Bedingungen stark zu machen, und wenigstens an anderen Stellen so wenig wie möglich Schaden anzurichten. Das könnten mischköstlich essende Personen beispielsweise tun, indem sie vegan leben, anstatt die eigene Tierausbeutung in gewissen Lebensbereichen als Vorwand zu nutzen, um auch an anderer Stelle nichts zu ändern. Die negativen Auswirkungen von Elektrogeräten ausgerechnet bei der verhältnismäßig kleinen Gruppe der Veganer*innen anzuprangern, die bereits durch ihre Lebensweise schon sehr viel weniger Schaden anrichten als vergleichbare Nicht-Veganer*innen, zeigt aber, dass dies wohl nicht ein ehrlicher Ansatz ist, Missstände zu beseitigen, sondern schlicht versucht wird, das eigene Verursachen von Missständen zu rechtfertigen und argumentativ zu verschleiern. Wenn man wirklich ein Problem damit hat, dass Mensch, Tier und Umwelt für unsere Elektronik leiden, dann sollten sich Menschen natürlich dafür einsetzen, dass das geändert wird – so wie sich vegan lebende Menschen dafür einsetzen, dass Tierausbeutung abgeschafft wird. Ansonsten wird mit diesem Argument das Leid instrumentalisiert, um den eigenen Luxus zu rechtfertigen und durch den eigenen Lifestyle noch mehr Leid und Umweltzerstörung zu verursachen.

Veganer*innen nutzen an Tieren getestete Produkte

Tierversuche gelten gemeinhin als grausam, und auch wenn es Abstufungen gibt, ist diese Feststellung in den allermeisten Fällen berechtigt. Wie man an vielen Kampagnen veganer Organisationen und Demonstrationen vegan lebender Menschen sehen kann, ist ihnen die Abschaffung von Tierversuchen ein ganz besonderes Anliegen. Ein weiterer Hinweis sind etwa entsprechende Labels auf Produktverpackungen wie bei Kosmetika. Nicht selten findet sich dort neben einem der zwei gängigen Veganlogos auch der Hinweis »Ohne Tierversuche«.

Abb. 14: **Gütesiegel für tierversuchsfreie Kosmetik**

Von links nach rechts: »Hase mit schützender Hand« des Deutschen Tierschutzbundes, »Leaping Bunny« der European Coalition to End Animal Experiments (ECEAE), PETA Cruelty-Free-Logo, Veganblume der Vegan Society, V-Label der European Vegetarian Union (EVU)

Dennoch wird häufig versucht, Veganer*innen als inkonsequent und damit als unehrlich bzw. als lächerlich darzustellen, indem argumentiert wird, vegan lebende Menschen würden zwar keine tierischen Produkte essen, jedoch im Ernstfall solche benutzen, die an Tieren getestet wurden. Veganer*innen ist diese Thematik jedoch durchaus bewusst und sie achten im Allgemeinen überdurchschnittlich genau auf die Vermeidung von Tierversuchen. Darüber hinaus ließe sich argumentieren, dass der Kauf von bereits am Markt erhältlichen Produkten nicht unbedingt für mehr Tierversuche sorgt. Das bedeutet nicht, dass es nicht durchaus gute Argumente gibt, diese Produkte zu meiden, etwa den entsprechenden Hersteller nicht mit dem Kauf der jeweiligen Produkte zu unterstützen. Für die Marktzulassung von Produkten müssen aber in der Regel vorab nur einmalig Tierversuche durchgeführt werden. Hingegen müssen für tierische Nahrungsmittel selbstredend jedes Mal aufs Neue Tiere ausgebeutet oder getötet werden. Und auch wenn bei der Gegenüberstellung nicht alles 1:1 vergleichbar ist, werden in Deutschland jährlich mehr 265-mal so viele Landtiere (Fische und andere Meeresbewohner nicht einberechnet) für den Verzehr getötet als bei Tierversuchen.[16,17] Keine dieser Zahlen gibt Anlass zur Freude, aber wenn so argumentiert wird, sollte dennoch die Anzahl der geschädigten Individuen ins Verhältnis gesetzt werden. Ein Blick auf Abbildung 15 zeigt explizit nicht nur das Verhältnis der Anteile hinsichtlich der Ausbeutung von Tieren in unterschiedlichen Bereichen in westlichen Ländern – anhand der Zahlen aus den USA –, sondern illustriert darüber hinaus, wie vernachlässigt der »Nutztiersektor« auch in Bezug auf die Zuwendung von Spendengeldern ist. Obwohl dort etwa 99 % der Ausbeutung und Tötung von Tieren in der »Nutztierhaltung« passieren, fließen nur etwa 1 % der Spenden an gemeinnützige Organisationen, die sich dieses Problems annehmen.[18]

Während sich gerade bei Kosmetika problemlos tierversuchsfreie Alternativen aufzeigen lassen, kann es Situationen geben, in denen auch vegan lebende Personen gezwungen sein können, auf Produkte zurückzugreifen, die an Tieren getestet wurden. Dies ist vor allem bei Medikamenten der Fall. Aber selbst vegane Institutionen wie die Vegan Society halten ausdrücklich fest, dass vegan lebende Menschen auch nicht-vegane Medikamente (also sowohl in Bezug auf Tierversuche als auch tierische Inhaltsstoffe) einnehmen sollen, wenn diese von Ärzt*innen als notwendig verschrieben werden und es keine vegane Alternative zum jeweiligen Medikament gibt.[21]

Daran ist auch nichts überraschend oder widersprüchlich, schließlich ist es der vegane Anspruch, wie mehrfach betont, die Verursachung von Leid so weit wie möglich zu vermeiden, und natürlich ist hierbei auch das eigene Leid zu berücksichtigen. Dennoch wird oft der Anschein erweckt, es existiere mit dem Hinweis auf derartige Szenarien eine Lücke, mit der Inkonsequenz oder Unredlichkeit von Veganer*innen aufgedeckt würde und sich aufzeigen ließe, dass es unmöglich sei, zu 100 % vegan zu leben. Zudem lässt sich argumentieren, dass der

Vorwurf, Tierversuche in Ausnahmesituationen wie im Krankheitsfall zu unter-stützen, äußerst unangebracht ist, wenn dieser von Menschen kommt, die nicht einmal relativ einfach vermeidbares Tierleid im Alltag beim Essen vermeiden. Abschließend kann gesagt werden, dass aus einer unvermeidlichen Handlung kein Freibrief für Situationen abgeleitet werden kann, in denen es sich lediglich um die Befriedigung eines Begehrens handelt, wie es beim Konsum tierischer Lebens-mittel der Fall ist.

Schlussfolgerung

Der Veganismus ist nicht perfekt und Perfektion ist in einer so komplexen Welt auch kaum möglich. Dennoch ist die vegane Lebensweise so effektiv wie kaum eine andere, wenn es darum geht, Tierrechte zu wahren und mit jeder Mahlzeit durchschnittlich umweltfreundlicher als der westliche Durchschnitt zu essen. Im Umgang bezüglich der Tatsache, dass Menschen (noch) nicht zu jeder Zeit zu 100 % nach dem veganen Ideal leben können, gibt es dabei im Wesentlichen zwei Schluss-folgerungen: Die aufrichtige Reaktion darauf wäre, dass Menschen versuchen, so wenig Leid und Schaden wie möglich zu verursachen, und einander helfen, Hand-lungen zu vermeiden, durch die unnötiges Leid verursacht wird. Die zweite mög-liche Reaktion ist hingegen jene, die sich leider häufig in Gesprächen zum Thema Veganismus zeigt: Man wirft vegan lebenden Menschen vor, dass auch sie nicht zu 100 % perfekt und damit Heuchler seien. Selbst beharren diese Personen dabei darauf, trotz valider Kritik nichts an ihrem eigenen Verhalten zu ändern. Denn nur weil man vielleicht nicht die 100 % schafft, ist es aber absurd zu argumentieren, dass es im Grunde keinen Unterschied zwischen 99 % und 0 % gäbe. Eine derartige Handlungsweise würden wir selbst niemals akzeptieren, wenn es dabei um unsere Interessen ginge und diese zur Gänze missachtet würden, nur weil sie nicht zu 100 % beachtet werden können.

Wenn es in unserer Gesellschaft nicht möglich ist, ethisch zu leben, dann sollten wir nicht unsere ethischen Ansprüche ändern, um sie der Gesellschaft anzupassen, sondern wir sollten die Gesellschaft so reformieren, dass wir möglichst ethisch in ihr leben können. Und genau das ist es, was vegan lebende Menschen versuchen. Dass der Anspruch, fühlenden Lebewesen nicht vorsätzlich Schaden zuzufügen, einem in unserer Gesellschaft nicht leicht gemacht wird, zeigt dabei höchstens einen Missstand unserer Gesellschaft und stellt kein Argument gegen den Veganismus dar.

Richtigstellung des Arguments »Es ist unmöglich 100 % vegan zu leben«

Vorurteil	Faktenlage
Eine 100-prozentige vegane Lebensweise ist gar nicht möglich.	Auch wenn eine Lebensweise, die zu 100 % frei von Tierausbeutung ist, wohl nie möglich sein wird, ist dennoch eine Lebensweise möglich, die zu 100 % den Bestrebungen des Veganismus folgt. Die Definition des Veganismus betont, dass eine Vermeidung von Ausbeutung und Grausamkeit gegenüber Tieren soweit wie möglich und praktisch durchführbar angestrebt werden soll. Alles andere wäre ein unrealistisches Ziel. Somit ist es kein Doppelstandard und relativiert auch nicht die vegane Position, wenn vegan lebende Menschen es nicht in allen Bereichen zu 100 % schaffen, Ausbeutung und Grausamkeit gegenüber Tieren zu verhindern.
Veganer*innen benutzen Dinge wie Smartphones und Laptops, obwohl diese tierische Bestandteile enthalten.	Einer vegan lebenden Person kann kein Vorwurf gemacht werden, wenn sie aus reiner Unwissenheit Konsumgüter benutzt, bei denen es mit den gängigen, im Alltag zur Verfügung stehenden Möglichkeiten zur Überprüfung (z. B. Zutatenliste, Internetrecherche) nicht möglich ist, deren jeweiligen »Veganstatus« ausreichend zu prüfen, und bei denen tierische Bestandteile für Laien nicht offensichtlich sind (z. B. bei Elektronikgeräten). Gerade bei der Benutzung von Elektronikgeräten zu Kommunikationszwecken (bei deren Produktion zudem lediglich Kuppelprodukte der Tierindustrie verwendet werden) überwiegen darüber hinaus die langfristigen positiven Aspekte für die Mensch-Tier-Beziehung gegenüber den negativen, da vegan lebende Menschen diese Kommunikationsmittel auch zur gesellschaftlichen Teilhabe einsetzen und damit im Normalfall einen positiven Einfluss auf die Gesellschaft in Bezug auf eine Reformation der Mensch-Tier-Beziehung haben.

Vorurteil	Faktenlage
Im Zweifelsfall greifen auch vegan lebende Personen auf Medikamente zurück, die an Tieren getestet wurden.	Das ist korrekt und so auch kein Widerspruch zur veganen Position. Es geht beim Veganismus darum, Ausbeutung und Grausamkeit sowie damit verbundenes Leid gegenüber Tieren soweit wie möglich und praktisch durchführbar zu reduzieren, und natürlich ist dabei auch das eigene Leid zu berücksichtigen. Aus dem Umstand, dass in Ausnahmesituationen das menschliche Leid durch die Teilhabe an Tierleid zu einem so großen Maß verhindert werden kann, dass sich dieses dadurch ethisch rechtfertigen lässt (siehe Einleitung), lässt sich jedoch kein Freibrief für die Ausbeutung von Tieren zur Befriedigung kulinarischer Gelüste ableiten.

Quellen

1 Vegan Society. (o. D.). *Definition of veganism.* Zugriff am 1. Februar 2021. Verfügbar unter https://bit.ly/2Zz0KBz

2 Die Klimaschutz-Baustelle. (o. D.). *Zitate Ernährung & Klima 2/9.* Zugriff am 1. Februar 2021. Verfügbar unter https://bit.ly/3bqsLR5

3 Tiemann, C. (2013). *Fische warnen vor Verunreinigungen.* Zugriff am 1. Februar 2021. Verfügbar unter https://bit.ly/3pCVG9D

4 Jacobs, S. (2018). *Wie Bachflohkrebse das Trinkwasser kontrollieren.* Zugriff am 1. Februar 2021. Verfügbar unter https://bit.ly/3pHgj4A

5 Cudmore, D. (2020). *Are Electronics Vegan? (Short Summary).* Zugriff am 1. Februar 2021. Verfügbar unter https://bit.ly/3ukuhgw

6 Römpp Online. (o. D.). *Glutin.* Zugriff am 1. Februar 2021. Verfügbar unter https://bit.ly/3pAyLfe

7 Grossinger, A. R. M. (2003). *Die Beeinflussung des kathodischen Niederschlages durch die chemische Anodenqualität in der Kupferraffinationselektrolyse.* Zugriff am 1. Februar 2021. Verfügbar unter https://bit.ly/2ZBSAbr

8 Free Patents Online. (o. D.). *Verfahren zur elektrolytischen Herstellung von hochreinem Kupfer mit sehr niedrigen Schwefelgehalten.* Zugriff am 1. Februar 2021. Verfügbar unter https://bit.ly/2NNmu9U

9 Moats, M. S., Luyima, A. und Cui, W. (2016). Examination of copper electrowinning smoothing agents. Part I: A review. *Minerals & Metallurgical Processing,* 33, 7–13.

10 Weber, J. (o. D.). *Gabler Wirtschaftslexikon: Kuppelprodukte.* Zugriff am 1. Februar 2021. Verfügbar unter https://bit.ly/2Nlncvy

11 Google Patents. (o. D.). *Verfahren zur elektrolytischen Abscheidung von Kupfer.* Zugriff am 1. Februar 2021. Verfügbar unter https://bit.ly/2OOnQBR

12 Reinwald, E.M, Thiel, T. und Cresnar, L. (2018). *Minehandy – Ein Minecraft-Minigame zu den Folgen des Handykonsums für Mensch und Umwelt.* Zugriff am 1. Februar 2021. Verfügbar unter https://bit.ly/3unddWX

13 Bundesministerium für Umwelt, Naturschutz und nukleare Sicherheit. (2020). *Handyproduktion – Umweltfolgen und Arbeitsbedingungen.* Zugriff am 1. Februar 2021. Verfügbar unter https://bit.ly/3qT99LS

14 Dörner, S., Fuest, B. und Trentmann, N. (2016). *Nach diesem Handyrohstoff buddeln Kinder metertief.* Zugriff am 1. Februar 2021. Verfügbar unter https://bit.ly/3kb5R4i

15 Kelly, A. (2016*). Children as young as seven mining cobalt used in smartphones, says Amnesty.* Zugriff am 1. Februar 2021. Verfügbar unter https://bit.ly/3shK1z4

16 Tierversuche verstehen. (2018). *Zahl der Versuchstiere bleibt 2018 konstant.* Zugriff am 1. Februar 2021. Verfügbar unter https://bit.ly/3siJ5do

17 Albert Schweitzer Stiftung. (2018). *Schlachtzahlen 2017: 8 Mio. Tiere weniger.* Zugriff am 1. Februar 2021. Verfügbar unter https://bit.ly/3uiCWQv

18 Bockman, J. (2016). *Animal Charity Evaluators: Why farmed animals?* Zugriff am 1. Februar 2021. Verfügbar unter https://bit.ly/3bthrE0

19 Ebd.

20 Green, C. (2016). *Faunalytics: Animal Advocacy By Numbers.* Zugriff am 1. Februar 2021. Verfügbar unter http://bit.ly/2ZUdEdD

21 Vegan Society. (o. D.). *Definition of veganism.* Zugriff am 1. Februar 2021. Verfügbar unter https://bit.ly/3apY0eB

VIELE HÖREN NACH KURZER ZEIT WIEDER AUF VEGAN ZU LEBEN

7.

n Diskussionen rund um das Thema Veganismus wird oft behauptet, dass ein Großteil der Menschen ohnehin nicht langfristig vegan leben könne und viele Menschen nach einiger Zeit dem Veganismus wieder den Rücken kehren und erneut zu einer mischköstlichen Ernährung wechselten. Die Untersuchung, auf die sich dabei zumeist bezogen wird, stammt von Faunalytics aus dem Jahr 2014 aus den USA und wurde in mehreren Teilen in den Folgejahren veröffentlicht.[1,2,3] Die Untersuchung befragte über 11.000 Personen und zeigte auf, dass es etwa fünfmal mehr Ex-Vegetarier*innen und Ex-Veganer*innen in der Stichprobenpopulation gab als »aktive« Vegetarier*innen und Veganer*innen. Anders gesagt gaben 84 % der Personen, die bereits für einen gewissen Zeitraum vegetarisch oder vegan gelebt hatten, an, dass sie nach einiger Zeit zu ihrer ursprünglichen Mischkost zurückgekehrt waren.

Ex-Veganer*innen sind kein Argument gegen den Veganismus

Solange sich diese Personen allerdings aus anderen Gründen als einer unbedingten gesundheitlichen Notwendigkeit heraus von der veganen Ernährungsweise abwenden (was nicht der Fall ist, wie nachfolgend dargelegt wird), lässt sich aus dieser Beobachtung kein Argument gegen den Veganismus als ethische Position ableiten. Denn selbst wenn sich der Großteil der Veganer*innen und Vegetarier*innen aus Gründen der Bequemlichkeit, des sozialen Drucks, des Verlangens nach dem Geschmack tierischer Produkte etc. wieder mischköstlich ernährt, ändert das dennoch nichts am grundsätzlichen ethischen Argument für den Veganismus. Menschen sind schlichtweg oft nicht konsequent genug, Veränderungen in ihrem Lebensstil nachhaltig umzusetzen und beizubehalten. Immerhin werden laut Untersuchungen auch etwa 80 % der Neujahrsvorsätze knapp nach dem ersten Monat wieder gebrochen.[4] Letztendlich versteckt sich in diesem augenscheinlichen Argument gegen den Veganismus außerdem ein klassischer Fehlschluss. Das sogenannte »Argumentum ad populum« (Beweisrede für das Volk) bezeichnet eine Argumentation, bei der fälschlicherweise etwas als wahr oder richtig angenommen wird, nur weil es der Meinung einer relevanten Mehrheit von Personen entspricht.[5] Der Umstand, dass ein großer Teil der Veganer*innen den Veganismus (noch) nicht langfristig umsetzen kann, macht diesen trotzdem nicht irrelevant. Wie viele Leute schaffen es, langfristig regelmäßig Sport zu treiben? In einer österreichischen Befragung von 1.000 Personen gaben rund 72 % an, aufgrund des vollen Terminkalenders und familiärer Verpflichtungen nicht dazu zu kommen, Sport regelmäßig auszuüben. 67 % der Berufstätigen werfen laut eigener Aussage regelmäßig ihre Pläne für Sport am Abend mangels Motivation über Bord.[6] Nur weil es ein Großteil nicht schafft, neben dem beruflichen und familiären Alltag sportlich aktiv zu sein, macht das

Sport nicht unnötig. Ein anderes Beispiel ist Schlaf: Es ist wissenschaftlich sehr solide belegt und auch allgemein bekannt, dass ungenügender Schlaf ein relevanter Risikofaktor für unsere Gesundheit ist.[7] In einer US-amerikanischen Studie berichtete etwa ein Drittel der Befragten, dass sie durchschnittlich ungenügend Schlaf bekommen.[8] Fachgesellschaften wie die deutsche Gesellschaft für Ernährung (DGE) empfehlen, täglich drei Portionen Gemüse zu essen. Wie viele Menschen schaffen das hierzulande? Gerade mal jede siebente Person.[9]

Nur weil sich der Großteil der westlichen Bevölkerung nicht an die Empfehlungen für ausreichend Sport, Schlaf und den Verzehr von Gemüse hält, macht es all diese nachgewiesenermaßen gesundheitsförderlichen Maßnahmen nicht schlecht. Und nur weil viele zumindest zeitweise vegan lebende Menschen unter den aktuellen Rahmenbedingungen eine vegane Ernährung auf Dauer nicht umsetzen, lässt sich daraus noch kein Argument gegen den Veganismus formulieren, sondern höchstens aufzeigen, welche Hürden es in Bezug auf die Umsetzung und die Alltagstauglichkeit noch zu überwinden gilt.

Der Beweggrund bestimmt das Dabeibleiben maßgeblich

Auch wenn diese Ergebnisse auf den ersten Blick etwas entmutigend erscheinen, relativiert dies ein näherer Blick auf die Datenlage. Wie die amerikanische Psychologin Dr. Melanie Joy schreibt, ist der ethisch motivierte Veganismus eine der am schnellsten wachsenden sozialen Gerechtigkeitsbewegungen des 21. Jahrhunderts.[10] Er ist in seinem Kern eine soziale Bewegung mit Bezug auf Tierrechte. Jedoch hat sich auch abseits dieser Motivation in den vergangenen Jahren ein regelrechter Vegantrend herausgebildet, im Zuge dessen sich Menschen aus gänzlich anderen Motiven als der Tierethik für eine vegane Ernährung interessieren. Abseits von reinem Lifestyle-Veganismus gibt es zahlreiche Bücher, Blogs und Social-Media-Kanäle, die Heilsversprechen in Bezug auf die vegane Ernährung publizieren. Manche davon – beispielsweise die deutliche Risikoreduktion für Typ-2-Diabetes bei vollwertiger veganer Kost[11,12] – beruhen auf validen wissenschaftlichen Daten. Andere von ihnen sind aber weit hergeholt bzw. übertrieben. In beiden Fällen führt dies aber dazu, dass auch viele Leute aus (richtigen oder falschen) gesundheitlichen Gründen für eine vegane Ernährung begeistert werden und eine Umstellung lediglich als temporäre, ernährungstherapeutische Maßnahme gesehen wird und nicht derselbe Eifer für eine langfristige vegane Ernährung mitschwingt wie bei ethisch motivierten Veganer*innen. Die Daten von Faunalytics zeigen, dass mehr als die Hälfte der Neu-Veganer*innen und Neu-Vegetarier*innen ihre Lebensweise innerhalb eines Jahres aufgeben und etwa ein Drittel sogar bereits nach weniger als drei Monaten. Wie im Bericht erwähnt, ist dies ein gängiges Verhalten von Menschen in Bezug auf sämtliche Ernährungsumstellungen bzw. Diäten, die oft nicht langfristig umgesetzt werden (können). Daher ist es auch nicht sonderlich überraschend, dass einige Leute durch die Berichterstattung in populären Medien eine vegane Ernährung testen, aber nach einiger Zeit wieder damit aufhören.

Eine Abkehr ist nicht immer von Dauer

Zudem sind Befragungen wie diese auch immer nur eine Momentaufnahme. Ein bekanntes Beispiel ist der (ex-)vegane Bodybuilder und Influencer Jon Venus. Dieser verkündete im Juni 2020, dass er sich nicht mehr länger vegan ernährt.[13] Nur vier Monate später verkündete er auf YouTube in einem mit »I am sorry« betitelten Video, dass er voreilige Schlüsse gezogen habe, seine Abkehr von der veganen Ernährung bereue und sich nun wieder vegan ernähren werde.[14]

Wie aus der zuvor genannten Untersuchung von Faunalytics hervorging, wechselten knapp ein Drittel aller Ex-Vegetarier*innen und Ex-Veganer*innen in der Vergangenheit schon mehrfach zwischen ihrer mischköstlichen und pflanzlichen Ernährung, und so ist es nicht unwahrscheinlich, dass ein Teil Ex-Vegetarier*innen und Ex-Veganer*innen aus dieser Befragung zu einem späteren Zeitpunkt wieder zur pflanzlichen Ernährung zurückkehrt. In der Untersuchung gaben sogar mehr als ein Drittel aller Ex-Vegetarier*innen und Ex-Veganer*innen an, sie seien daran interessiert, wieder zur vegetarischen oder veganen Ernährungsweise zu wechseln. Von diesem Drittel gab sogar mehr als die Hälfte an, dass es sehr wahrscheinlich sei, dass sie wieder zu einer vegetarischen bzw. veganen Ernährung zurückfinden.

Gesundheitliche Probleme sind zumeist nicht der Grund

Wie Abbildung 16 illustriert, wurden als Hauptmotivation für die Rückkehr zu einer veganen Ernährungsweise gesundheitliche Gründe genannt, was zudem unterstreicht, dass diese Personen nicht mit der veganen Ernährung aufgehört haben, weil ihnen diese nicht gut bekommen ist. Ferner wird ersichtlich, dass es sich bei jenen Ex-Veganer*innen nicht primär um ethisch motivierte Personen handelt, denn Tierschutz bzw. Tierrechte landen lediglich auf Platz 3 der Gründe für die Rückkehr zur veganen Ernährung.

Wenn Personen nicht aus tierethischen Motiven vegetarisch oder vegan werden, sind sie deutlich eher dazu bereit, im Laufe der Zeit wieder zu anderen Ernährungsweisen überzugehen, da sie die vegane Ernährungsweise nicht als Teil ihrer Identi-

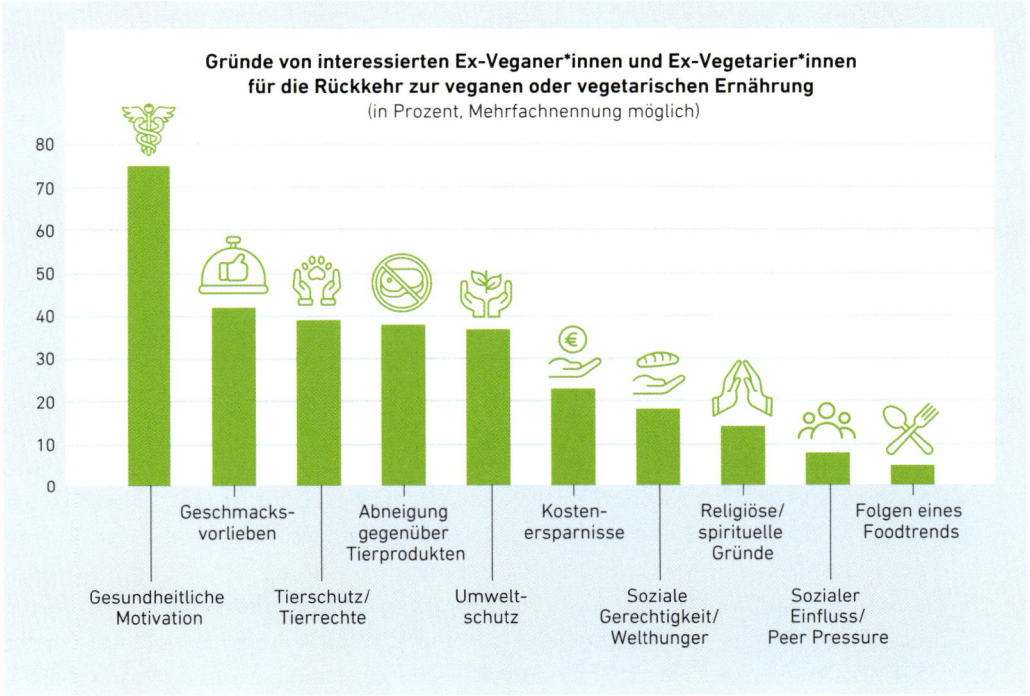

Gründe von interessierten Ex-Veganer*innen und Ex-Vegetarier*innen für die Rückkehr zur veganen oder vegetarischen Ernährung (in Prozent, Mehrfachnennung möglich)

tät bzw. ihrer ethischen Überzeugungen ansehen. Für sie ist die vegane Ernährung entgegen ihrer ursprünglichen Bedeutung nicht die Konsequenz einer Weltanschauung, dass Tiere für den Konsum des Menschen nicht ausgebeutet werden dürfen, sondern ein Ernährungstrend, der in einer Kategorie mit anderen bekannten Trends wie der Paleo-Ernährung, der ketogenen Ernährung und anderen zu nennen ist. Darauf verweisen auch die Daten der Untersuchung, in der mehr als die Hälfte der Ex-Vegetarier*innen und Ex-Veganer*innen sich nicht mit tierethischen Überzeugungen identifizieren, wohingegen dies bei nur etwa einem Zehntel der Vegetarier*innen und Veganer*innen der Fall ist. Wie die Daten zeigen, wenden sich die allermeisten Ex-Vegetarier*innen und Ex-Veganer*innen nicht von ihrer Ernährungsweise ab, weil ihnen der Veganismus oder Vegetarismus gesundheitlich nicht bekommt, sondern weil sie schlichtweg nicht die Motivation aufweisen, sich im Alltag an derartig strenge Essensmuster anpassen und ihren Speiseplan entsprechend einschränken wollen. Entgegen der Handvoll an reichweitenstarken Social-Media-Ex-Veganer*innen, die ihren eigenen Aussagen nach durch eine vegane Ernährung krank wurden und auf wundersame Weise Genesung all ihrer gesundheitlichen Probleme erfuhren, nachdem sie wieder tierische Produkte aßen, zeigen die Daten, dass der überwiegende Teil der Ex-Veganer*innen und Ex-Vegetarier*innen keine gesundheitlichen Probleme mit der veganen Ernährungsweise hatte. Über 70 % der Befragten gaben in der Untersuchung an, dass sie während ihrer Ernährungsumstellung an keinerlei Gemütsschwankungen, depressiven Episoden, Verdauungsbeschwerden, Lebensmittelallergien, Schilddrüsenproblemen, Essstörungen oder Nährstoffmangelerscheinungen gelitten hätten.

Jede Ernährungsform kann potenziell ungesund gestaltet werden und Mängel verursachen

Dass es unter ihnen aber auch einen gewissen Teil an Menschen gab, der genau das erlebt hat und von dem wiederum ein großer Teil berichtete, dass es ihm nach dem Wiedereinstieg in eine mischköstliche Ernährung besser gehen würde, zeigt die Dringlichkeit, mit der dieses Phänomen betrachtet und eine Lösung dafür gefunden werden muss. Wie in Kapitel 18 dargestellt, beweist ein genauerer Blick auf die Daten der Faunalytics-Umfrage: Die Schwierigkeiten mit der veganen Ernährungsweise sind mehr einer unzureichenden Umsetzung als der veganen Ernährung per se zuzuschreiben. Mehr als ein Viertel aller Ex-Veganer*innen und Ex-Vegetarier*innen gab in der Befragung an, selbst das wichtigste Basis-Supplement einer veganen Ernährung – Vitamin B_{12} oder damit angereicherte Lebensmittel oder Zahnpasten – nicht auf regelmäßiger Basis zu verwenden. Mehr als drei Viertel aller Ex-Vegetarier*innen und Ex-Veganer*innen berichteten ferner, dass sie niemals ihre B_{12}-Blutwerte überprüfen ließen.

Noch höhere Raten an Personen, die trotz veganer Kost nicht supplementierten, fanden sich in früheren Untersuchungen. So gaben in einer Untersuchung aus dem Jahr 1993 noch etwa zwei Drittel der befragten Vegetarier*innen und Veganer*innen an, sie seien der Meinung, dass ihre Nahrungsmittel alleine sämtliche Nährstoffe ihres täglichen Bedarfs decken und es daher keinen Grund zur Supplementierung gebe.[16] Auch in einer aktuellen Befragung des Bundesinstituts für Risikobewertung (BfR) gab ein Fünftel (21 %) der befragten Veganer*innen an, kein B_{12} zu supplementieren, und unter jenen, die es taten, nahmen es nicht alle auf regelmäßiger Basis.[17] In dieser und weiterer Untersuchungen wird außerdem das Glaubensmuster vieler Veganer*innen deutlich, die grundsätzlich skeptisch bis ablehnend gegenüber den meisten Nahrungsergänzungsmitteln mit Ausnahme von Vitamin B_{12} sind. Wenn es also aufgrund mangelnder Sachkenntnis in Kombination mit einer Ablehnung gegenüber »unnatürlichen« Nahrungsergänzungsmitteln (siehe Kapitel 15 und 19) zu einer mangelhaften veganen Ernährung kommt, ist es nicht weiter verwunderlich, dass es vielen Personen durch den Konsum tierischer Produkte, in denen einige der kritischen Nährstoffe in größerer Menge vorhanden sind, wieder besser geht.

Bei den Personen, die in der Zeit ihrer vegetarisch-veganen Ernährungsweise mit psychischen Problemen zu kämpfen hatten, muss außerdem neben der Möglichkeit eines Nährstoffmangels mit negativen Einflüssen auf die Psyche auch die Möglichkeit einer umgekehrten Kausalität und anderer Störfaktoren in Betracht gezogen werden, wie im Kapitel 20 im Detail besprochen wird.

Rahmenbedingungen erschweren oft die Aufrechterhaltung

Dass nicht-ethisch motivierte »Lifestyle«-Veganer*innen eher dazu neigen, dem Veganismus nach einiger Zeit den Rücken zu kehren, zeigt auch die Übersicht der Beweggründe für die Ernährungsumstellung hin zu vegetarisch-veganer Ernährung aus der Faunalytics-Untersuchung. So gaben mehr als zwei Drittel der aktuellen Vegetarier*innen und Veganer*innen Tierschutz als einen wichtigen Grund für die Ernährungsumstellung an, während Tierschutz bei den Ex-Vegetarier*innen und Ex-Veganer*innen nur bei weniger als einem Drittel ein wichtiger Grund war. Mehr als die Hälfte der aktuellen Vegetarier*innen und Veganer*innen gaben darüber hinaus Umweltschutz als eine der primären Motivationen für den Ernährungswechsel an, während es bei den Ex-Vegetarier*innen und Ex-Veganer*innen weniger als ein Viertel waren. Bei den Ex-Veganer*innen und Ex-Vegetarier*innen waren gesundheitliche Gründe gefolgt von geschmacklichen Vorlieben bzw. Abneigungen gegen tierische Produkte die Hauptmotivatoren.

Es wird also deutlich, dass die befragten Ex-Vegetarier*innen und Ex-Veganer*innen weniger ethisch motiviert waren und somit, wenig überraschend, nicht dieselbe Überzeugung zur Aufrechterhaltung ihrer Ernährungsweise mitbrachten und schneller wieder wechselten. Unabhängig von welcher Art der Ernährungsumstellung oder sonstigen Lebensveränderung die Rede ist – ein großer Teil der Personen hat Schwierigkeiten, langfristig umfassende Verhaltensänderungen aufrecht zu erhalten. Das trifft in besonderem Maße zu, wenn das private Umfeld nicht mitzieht bzw. die Rahmenbedingungen erschwerend wirken. Dass diese Bedingungen zum aktuellen Zeitpunkt für Veganer*innen noch nicht optimal sind, wird ebenfalls bei einem weiteren Blick in die Befragung deutlich. Veganer*innen leben in der heutigen Zeit noch in einer überwiegend nicht-veganen Welt, die ihre Werte und Ideale nicht annimmt oder sogar aktiv ablehnt, was selbst bei aufrichtig tierethisch motivierten vegan lebenden Personen dazu führen kann, dass sie dem Druck ihres Umfelds nachgeben und zu alten Gewohnheiten zurückkehren. Über 80 % der Ex-Vegetarier*innen und Ex-Veganer*innen in der Untersuchung waren nicht Teil eines veggie-freundlichen Umfelds mit regelmäßigen Potlucks, einer Onlinecommunity, einer Regionalgruppe oder ähnlichem. Etwa ein Drittel der Ex-Vegetarier*innen und Ex-Veganer*innen lebte außerdem zum Zeitpunkt der

Abkehr von der pflanzlichen Ernährung in einem Haushalt mit Personen, die nicht derselben Ernährungsweise wie sie folgten. Dieser Umstand kann zu zwischenmenschlichen Konflikten führen. Obwohl es also den meisten Menschen mit einer veganen Ernährung gesundheitlich gut geht, können erfahrungsgemäß einige von ihnen dem sozialen Druck ihres Umfelds nicht standhalten und hören deshalb wieder mit der veganen Ernährung auf. In der Untersuchung gaben außerdem über 60 % der Befragten an, dass sie es nicht mochten, dass ihre vegane Lebensweise sie aus der Masse hervorstechen ließ.

Obwohl soziale Konflikte und Impraktikabilität durchaus relevante Gründe für die Beendigung der veganen Ernährungsweise sein können, war der am häufigsten genannte Grund unter den Ex-Vegetarier*innen und Ex-Veganer*innen allerdings ein anderer. An der Spitze der Gründe für die Abkehr von einer vegetarisch-veganen Ernährungsweise stand die Unzufriedenheit mit dem Geschmack des eigenen Essen. Wie in Kapitel 13 im Detail aufgezeigt, gibt es zahlreiche Strategien, wie eine pflanzliche Ernährung ähnlich intensive Geschmackserlebnisse wie eine mischköstliche Ernährung bieten kann. So wäre es zukünftig für die vegane Bewegung also von großem Interesse, nicht nur das »Warum« in Form der tierethischen Komponente in den Fokus des Aktivismus zu rücken, sondern auch das »Wie«, damit Neu-Veganer*innen alle Tools zur Verfügung haben, um sich gesund, abwechslungsreich, einfach und schmackhaft vegan zu ernähren.

Der Erfolg der veganen Bewegung hängt nicht nur an den Veganer*innen

Zwei Dinge sind bei der Betrachtung der Daten der Faunalytics-Untersuchung und der Übertragung auf die Verhältnisse hierzulande wichtig. Zum einen kann angezweifelt werden, inwieweit derartige Befragungen auf die vegane Bewegung in der D-A-CH-Region übertragbar sind. Befragungen der letzten Jahre zeigten beinahe jährlich einen Zuwachs der vegan lebenden Menschen (nicht nur) in Deutschland, und diese Zahlen erwecken nicht den Anschein, dass die vegane Bewegung an Zugkraft bzw. Anhänger*innen verliert.

Dies illustriert auch Abbildung 17. Waren es im Jahr 2008 nur rund 80.000 Personen in Deutschland,[18] die sich als vegan klassifizierten, waren es zehn Jahre später bereits mehr als die zehnfache Menge und in 2020 erreichte der Veganismus mit etwa 1,13 Millionen Anhänger*innen ein historisches Hoch.[19]

Die Untersuchung von Faunalytics betont, dass der Erfolg der veganen Bewegung außerdem nicht alleine auf die Zahl der gänzlich vegan lebenden Personen beschränkt werden sollte, da durch den veganen Aktivismus ein großer Teil der westlichen Bevölkerung mehr und mehr dazu motiviert wird, sich pflanzenbetonter zu ernähren und tierische Produkte bewusster und seltener zu konsumieren. Wie Umfragen zeigen, sind zwischen 20 und 50 % der deutschen Bevölkerung tendenziell daran interessiert, Flexitarier*in zu sein bzw. den eigenen Konsum tierischer Produkte bewusst zu senken.[20]

Abb. 17: **Anzahl vegan lebender Menschen in Deutschland von 2008 bis 2020**[21,22]

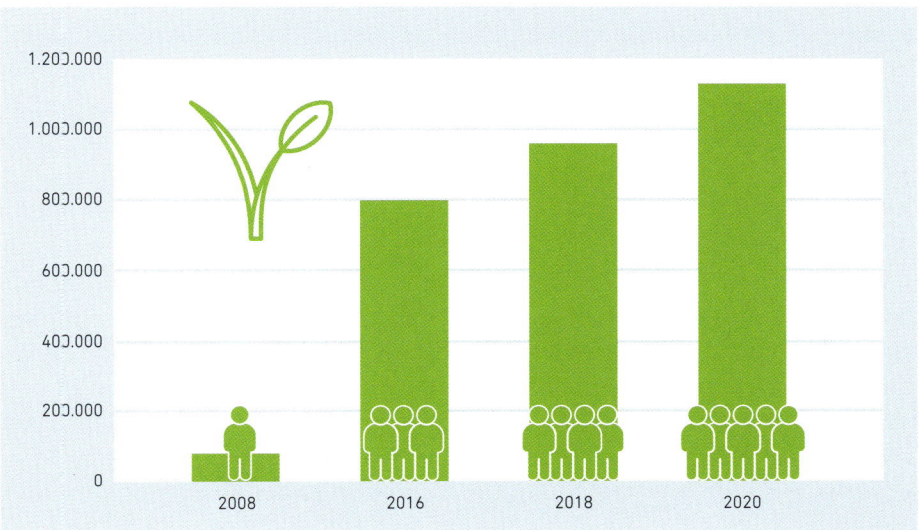

Wenn ein so großer Teil der mischköstlichen Bevölkerung auf regelmäßiger Basis weniger tierische Produkte konsumiert, kann das in Bezug auf die Menge an eingesparten tierischen Mahlzeiten bzw. den Auswirkungen auf das Klima einen ähnlich großen oder eventuell sogar noch größeren Einfluss haben, als wenn sich die Anzahl an Vegetarier*innen und Veganer*innen vervielfacht. Selbst Ex-Vegetarier*innen und Ex-Veganer*innen konsumieren laut der Untersuchung von Faunalytics, trotz ihrer Abkehr von der rein vegetarisch-veganen Ernährung, nur halb so viel Fleisch wie der westliche Durchschnitt. Damit hat bei ihnen ein beständiges Umdenken stattgefunden. Auch wenn es selbstverständlich der Wunsch jeder ethisch motivierten veganen Person ist, dass möglichst die ganze Welt vegan wird, muss man dennoch für den Moment einsehen, dass dies nicht in absehbarer Zeit geschehen wird. Durch die steigende Anzahl an Vegetarier*innen und Veganer*innen , plus der immer zahlreicher werdenden Gruppe von Flexitarier*innen bzw. Fleischreduzierer*innen, kann jedoch gemeinsam ein signifikanter Unterschied in der Gesellschaft zum Wohl der Tiere und der Umwelt erreicht werden. In der Untersuchung gaben knapp die Hälfte der ehemaligen Vegetarier*innen und Veganer*innen an, dass sie es schlichtweg als zu kompliziert empfanden, sich zur Gänze ohne Ausnahmen strikt vegetarisch bzw. vegan zu ernähren. Diesen Personen dennoch die Möglichkeit zu eröffnen, abseits einer rein veganen Ernährung

Teil der Lösung des weltweiten überbordenden Fleischhungers zu werden, öffnet neue Wege in der Kommunikation und Effektivität, mit der die vegane Bewegung agieren kann.

Die von Dr. Melanie Joy als »Vegan Allies« bezeichneten Menschen, die der veganen Bewegung, auf welchem Wege auch immer, zuträglich sind – obwohl sie selbst nicht zur Gänze vegan sind –, spielen beim Erfolg des Veganismus eine bedeutende Rolle und sollten nicht unterschätzt werden.[23] Somit ist es nicht nur die absolute Zahl der Vegetarier*innen und Veganer*innen zu einem bestimmten Zeitpunkt, sondern die Gesamtheit der gesellschaftlichen Konsumentscheidungen, die den Erfolg der veganen Bewegung widerspiegelt.

Schlussfolgerung

Mit der steigenden Zahl an vegan-interessierten Personen und mehr und mehr veganen Produkten in Supermärkten und Restaurants wird es nicht nur immer einfacher, sich überwiegend oder komplett vegan zu ernähren, sondern es wird mehr und mehr zur Normalität und auch immer bequemer. Unabhängig davon, wie bequem oder unbequem eine ethische Position allerdings ist, kann dieser Umstand nicht als Begründung für die Zustimmung oder Ablehnung der hinter dem Veganismus stehenden Tierrechte führen. Die Validität der ethischen Grundsätze des Veganismus steht und fällt weder mit der Anzahl seiner Anhänger noch mit der Rate an Personen, die sich dem Veganismus zu- oder von ihm abwenden. Das hier besprochene Argument der Abkehr gewisser Personen vom Veganismus verfehlt seinen von Vegan-Kritiker*innen gewünschten Zweck, den Veganismus als ethische Position zu diskreditieren. Denn wer dies leisten will, muss sich mit der Position selbst beschäftigen und nicht mit den Anhänger*innen oder den Ex-Anhänger*innen.

Vorurteil	Faktenlage
Die Grundsätze des Veganismus können nicht valide sein, weil ein großer Teil der Neu-Veganer*innen nach einer Zeit wieder zu einer Mischkost übergeht.	Die Validität der tierethischen Maxime des Veganismus bleibt davon unberührt, wie viele Menschen sich selbst konsequent vegan ernähren und wie lange Menschen eine vegane Ernährung für sich selbst praktizieren. Menschen sind in vielen Fällen nicht besonders konsequent darin, Verhaltensänderungen in Bezug auf ihr Essverhalten nachhaltig aufrechtzuerhalten. So ist es wenig überraschend, dass jene Personen, die sich nicht aus tierethischer Überzeugung vegan ernähren, dies oft nicht langfristig machen. Untersuchungen zeigen hingegen, dass tierethisch motivierte Veganer*innen deutlich häufiger langfristig bei ihrer veganen Lebensweise bleiben. Egal welcher Anteil an Personen vegan wird oder es wieder sein lässt – ein Argument gegen die ethischen Grundsätze des Veganismus ist dies dennoch nicht.
Ein großer Teil der vegan lebenden Menschen kehrt dem Veganismus auf Dauer aus gesundheitlichen Gründen den Rücken.	Das ist nicht das Bild, das Untersuchungen wie jene von Faunalytics zeichnen. Im Gegenteil war in dieser Untersuchung die gesundheitliche Motivation sogar der mit Abstand stärkste Faktor von Menschen, um wieder zu einer veganen Ernährung zurückzukehren. Die bedeutendsten Gründe für die Abkehr von einer veganen Ernährung sind soziale Konflikte, Impraktikabilität und kulinarische Unzufriedenheit. Alle drei Gründe haben eine gewisse Relevanz, lassen sich aber recht leicht beheben und werden mit der Verbreitung der veganen Lebensweise in der Gesellschaft schrittweise an Bedeutung verlieren.
Da sich so viele Menschen wieder vom Veganismus abwenden, wird dieser in Deutschland niemals auf breiter Gesellschaftsebene anerkannt sein.	Die Anzahl an vegan lebenden Menschen erreichte 2020 in Deutschland ihr bisheriges historisches Hoch und es gibt keine Anzeichen, dass die Zahl an vegan lebenden Menschen in den Folgejahren sinken wird. Vielmehr zeichnet sich ein stetiges Wachstum in den kommenden Jahren ab, das von einer Vielzahl an neuen veganen Lebensmitteln, Restaurants, Büchern etc. begleitet wird. Der Erfolg der veganen Bewegung hängt außerdem nicht nur mit der Anzahl an rein vegan lebenden Menschen zusammen. Schon jetzt zeigt sich, dass das vegane Angebot in Restaurants und im Einzelhandel ebenso wie die Anzahl an veganen Koch- und Sachbüchern überproportional zur Anzahl an strikt vegan lebenden Menschen ist. Das rührt daher, dass die Nachfrage nach diesem veganen Angebot nicht nur von Veganer*innen stammt, sondern durch den veganen Aktivismus ein großer Teil der westlichen Bevölkerung mehr und mehr dazu motiviert wird, sich pflanzenbetonter zu ernähren und tierische Produkte seltener zu konsumieren.

Quellen

1 Faunalytics. (2014*). Study of Current and Former Vegetarians and Vegans – Initial Findings*. Zugriff am 20. Januar 2021. Verfügbar unter https://bit.ly/2yz4OIc

2 Faunalytics. (2015). S*tudy of Current and Former Vegetarians and Vegans – Qualitative Findings*. Zugriff am 20. Januar 2021. Verfügbar unter https://bit.ly/2LfaREv

3 Faunalytics. (2016). S*tudy of Current and Former Vegetarians and Vegans – Secondary Findings*. Zugriff am 20. Januar 2021. Verfügbar unter https://bit.ly/3clhYai

4 Luciani, J. (2015). *Why 80 Percent of New Year's Resolutions Fail*. Zugriff am 20. Januar 2021. Verfügbar unter https://bit.ly/3hrX4Jp

5 Van Vleet, J. C. (2011). *Informal Logical Fallacies: A Brief Guide*. Maryland: University Press of America, 20.

6 Intersport. (2019). *Intersport Sport Report 2019*. Zugriff am 20. Januar 2021. Verfügbar unter https://bit.ly/391dKVY

7 Chattu, V. K., Manzar, D., Kumary, S., Burman, D., Spence, D. W. und Pandi-Perumal, S. R. (2019). The Global Problem of Insufficient Sleep and Its Serious Public Health Implications. *Healthcare (Basel), 7*(1), 1.

8 Centers for Disease Control and Prevention. (2016). *1 in 3 adults don't get enough sleep – A good night's sleep is critical for good health*. Zugriff am 1. Februar 2021. Verfügbar unter https://bit.ly/38ZU84I

9 Dr. Wolz Zell GmbH und Deutsches Institut für Sporternährung e. V. (2016). *Gemüse- und Obstverzehr in Deutschland: Ergebnisse einer repräsentativen Umfrage zum Ernährungsverhalten 2016*. Zugriff am 1. Februar 2021. Verfügbar unter https://bit.ly/3bVZwaI

10 Joy, M. (2017). *Beyond Beliefs – A guide to improving relationships and communication for vegans, vegetarians and meat eaters*. Petaluma: Roundtree Press, 121.

11 Barnard, N. D., Cohen, J., Jenkins, D. A. et al. (2009). A low-fat vegan diet and A conventional diabetes diet in the treatment of type 2 diabetes: a randomized, controlled, 74-wk clinical trial. *Am J Clin Nutr*, 89(5), 1588–1596.

12 Olfert, M. D. und Wattick, R. A. (2018). Vegetarian Diets and the Risk of Diabetes. *Curr Diab Rep*, 18(11), 101.

13 Rittenau, N. (2020). *Jon Venus ist nicht mehr vegan • Stellungnahme* (YouTube-Video vom 17. 06. 2020 – Originalvideo nicht mehr verfügbar). Zugriff am 1. Februar 2021. Verfügbar unter https://youtu.be/mEVTkU1rSN4

14 Venus, J. (2020). *I am sorry (YouTube-Video vom 19. 10. 2020)*. Zugriff am 1. Februar 2021. Verfügbar unter https://bit.ly/3o2g4jE

15 Faunalytics. (2014*). Study of Current and Former Vegetarians and Vegans – Initial Findings*. Zugriff am 20. Januar 2021. Verfügbar unter https://bit.ly/2yz4OIc

16 Draper, A., Lewis, J., Malhotra, N. und Wheeler, E. (1993). The energy and nutrient intakes of different types of vegetarian: a case for supplements? *Br J Nutr*, 69(1), 3–19.

17 Hopp, M., Keller, T., Lange, S., Epp, A., Lohmann, M. und Böl, G. F. (2017). *Bundesinstitut für Risikobewertung – Vegane Ernährung als Lebensstil: Motive und Praktizierung (Abschlussbericht)*. Zugriff am 1. Februar 2021. Verfügbar unter https://bit.ly/2LgGqxv

18 Max Rubner-Institut. (2008). *Nationale Verzehrs Studie II: Die bundesweite Befragung zur Ernährung von Jugendlichen und Erwachsenen (Ergebnisbericht, Teil 1)*. Zugriff am 1. Februar 2021. Verfügbar unter https://bit.ly/3bVaKw9

19 Statista. (2020). *Personen in Deutschland, die sich selbst als Veganer einordnen oder als Leute, die weitgehend auf tierische Produkte verzichten, in den Jahren 2016 bis 2020*. Zugriff am 1. Februar 2021. Verfügbar unter https://bit.ly/2Ya5flr

20 Deutsche Gesellschaft für Ernährung. (2013). Flexitarier – die flexiblen Vegetarier. *DGEinfo*, 10(13), 146–148.

21 Max Rubner-Institut. (2008). *Nationale Verzehrs Studie II: Die bundesweite Befragung zur Ernährung von Jugendlichen und Erwachsenen (Ergebnisbericht, Teil 1)*. Zugriff am 1. Februar 2021. Verfügbar unter https://bit.ly/3bVaKw9

22 Statista. (2020). *Personen in Deutschland, die sich selbst als Veganer einordnen oder als Leute, die weitgehend auf tierische Produkte verzichten, in den Jahren 2016 bis 2020*. Zugriff am 1. Februar 2021. Verfügbar unter https://bit.ly/2Ya5flr

23 Joy, M. (2017). *Beyond Beliefs – A guide to improving relationships and communication for vegans, vegetarians and meat eaters*. Petaluma: Roundtree Press, 9 f.

I n einem Artikel mit dem Titel »Fleisch essen – mit Gottes Segen?« schreibt der Autor Joel Salatin: »Letztlich bedeutet auch das Verspeisen einer Mohrrübe das Ende eines lebendigen Organismus und somit eine Tötung.«[1] Die Frage, ob die Argumentation religiöser Menschen, dass Gott ihnen das Essen von Fleisch gestattet, eine gute Rechtfertigung für den Fleischkonsum ist, wird an anderer Stelle dieses Buches im Detail erläutert (siehe Kapitel 26). Nachfolgend soll es darum gehen, ob es gerechtfertigt ist, auch bei der Ernte einer Karotte von einer Tötung zu sprechen, und inwieweit Argumente wie »Pflanzen sind auch Lebewesen« eine Relevanz in Bezug auf die ethische Position des Veganismus haben.

Pflanzen leiden nicht

Im Jahr 1973 erschien das Buch »The Secret Life of Plants« der Autoren Peter Tompkins und Christopher Bird, mit dem zum ersten Mal die Idee, Pflanzen hätten Gefühle, in den Mainstream gelangte.[2] Als Grundlage für derartige Aussagen wurden u. a. die Experimente des ehemaligen CIA-Mitarbeiters Cleve Backster herangezogen, der mit einem Lügendetektor angeblich das Schmerzempfinden von Pflanzen messen konnte.[3] Zahlreiche Wissenschaftler*innen überprüften seine These und alle schlussfolgerten, dass diese nicht reproduzierbar und außerdem implausibel sei.[4,5] Trotz der fehlenden wissenschaftlichen Basis für derartige Aussagen hält sich diese falsche Vorstellung in der Bevölkerung zum Teil bis heute und wird nur allzu gerne als Vegankritik instrumentalisiert, indem behauptet wird, dass sich vegan lebende Menschen diskriminierend bzw. speziesistisch gegenüber Pflanzen verhielten, da sie Tiere verschonen, aber Pflanzen essen würden, obwohl diese ja auch Lebewesen seien. Derartige Behauptungen entbehren allerdings jeglicher Logik. Es geht dabei nicht darum, dass Menschen lediglich Tieren gegenüber zugeneigter sind, da diese ebenso Augen haben oder Laute von sich geben können und Pflanzen eben nicht. Sicherlich machen uns Ähnlichkeiten wie vertraute Gesichtsausdrücke oder Lautäußerungen die Tatsache, dass wir nicht die einzigen Lebewesen sind, die Gefühle haben, eher bewusst. Und mit Sicherheit gibt es auch Fehlinterpretationen, da nicht alle fühlenden Lebewesen Gefühle auf die gleiche Art und Weise ausdrücken. Aber dass zumindest alle komplexeren Tierarten empfindungsfähig sind, kann heute wissenschaftlich nicht mehr ernsthaft angezweifelt werden.[6,7] Dass Pflanzen über eine derartige bewusste Empfindungsfähigkeit verfügen, wird von Wissenschaftler*innen hingegen verneint.[8,9,10]

Eine Ethik sollte sich vor allem an Bedürfnissen und Interessen orientieren, um nicht willkürlich zu sein. Zum Beispiel an dem Interesse, zu leben und Leid und Schaden zu vermeiden. Dabei ist zunächst nicht entscheidend, dass man es bei einem Wesen mit einem Lebewesen bzw. einem lebendigen Organismus zu tun hat, auch nicht ob bei diesem irgendwelche Rezeptoren oder Signalleiter stimuliert werden, sondern ob entsprechende Reize in diesem Individuum autonom verarbeitet werden können und daraus ein Interesse oder eine Wahrnehmung entsteht. Eine Grundlage des Veganismus ist der Pathozentrismus.[11] Es handelt sich hierbei um einen ethischen Ansatz, der sämtlichen empfindungsfähigen Wesen aufgrund ihrer Leidensfähigkeit einen moralischen Eigenwert zuspricht und anderen Wesen aufgrund der Annahme einer fehlenden Leidensfähigkeit einen solchen abspricht. Die Fähigkeit Leid zu empfinden, sowie das damit einhergehende Interesse dieses zu vermeiden, stellen also einen zentralen Aspekt dieses Ansatzes dar. Da Pflanzen nicht leiden, widerspricht das Schädigen von Pflanzen dem Antispeziesismus nicht. Es geht beim Veganismus nicht um sture Gleichbehandlung von Lebensformen mit unterschiedlichen Interessen und Bedürfnissen, sondern um die Berücksichtigung von Interessen und Bedürfnissen unabhängig von der Spezieszugehörigkeit. Da Pflanzen, anders als Tiere, jedoch keine solchen Interessen haben,

Abb. 18: **Cleve Backster**

Backsters Behauptung, dass er Gefühle von Pflanzen mittels eines Lügendetektors messen könne, wurde in zahlreichen Publikationen falsifiziert.

kann man diese demgemäß auch nicht ethisch berücksichtigen oder ihre Interessen verletzen. Pflanzen haben keinen Willen, gegen den man handeln könnte. Es ist nicht das Töten als solches, das grundsätzlich problematisch ist. Es geht um das Töten, wenn ein Lebensinteresse zugesprochen wird und dieses ohne vernünftigen Grund verletzt wird. Ein Synonym für den Pathozentrismus lautet Sentientismus, da für ein bewusstes Leiden ein Bewusstsein (lateinisch sentire: empfinden) erforderlich ist. Unbewusstes Leiden hebt sich im Grunde selbst auf und ist ein Widerspruch in sich. Natürlich sollte unnötiges und sinnloses Zerstören von Pflanzen dennoch unterlassen werden, da diese schließlich auch Lebensraum bzw. Lebensgrundlage von Tieren darstellen; eine Gleichsetzung von Tieren und Pflanzen in dieser Fragestellung entbehrt jedoch jeglicher Vernunft. Wenn man dies weiterdenkt, würde wohl niemand ernsthaft behaupten, dass das Kupieren der Schweineschwänze in der Tierhaltung vergleichbar mit dem Beschneiden von Ästen in der Gartenpflege ist, oder dass es quasi dasselbe ist, eine Blume zu pflücken und einer Katze die Beine abzutrennen.

Abb. 19: **Kupieren eines Schweineschwanzes und Stutzen eines Nadelbäumchens**

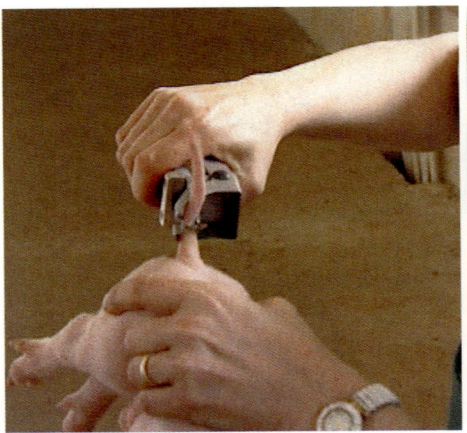

Gleiches gleich und Ungleiches ungleich behandeln: Das Kupieren eines Schweineschwanzes ist nicht vergleichbar mit dem Stutzen von Pflanzen.

Reagieren ≠ Empfinden

Es würde wohl kein Mensch die gleiche Reaktion zeigen, wenn man vor ihm einen Kohlkopf zerteilt oder eine Katze. Das Einschlagen einer Autoscheibe zwecks Rettung eines im Auto zurückgelassenen und eingesperrten Hundes an einem heißen Sommertag wird von einem Großteil der Menschen als etwas Gutes und Richtiges befürwortet, wohingegen die gleiche Handlung zur Rettung einer vertrocknenden Topfpflanze im Autoinneren als fanatisch, absurd oder gar als Zeichen geistiger Verwirrtheit eingeordnet würde. Kein vernünftiger Mensch müsste lange überlegen, ob er aus einem brennenden Haus eine Katze oder eine Topfpflanze rettet. Wie in der Einleitung dieses Buches dargelegt, stellt der Grundsatz, Gleiches gleich und Ungleiches ungleich zu behandeln, einen zentralen Aspekt der Ethik dar. So haben wir aus guten Gründen ein Tierschutzgesetz, jedoch kein Pflanzenschutzgesetz, in dem stünde: »Niemand darf einer Pflanze ohne vernünftigen Grund Schmerzen, Leiden oder Schaden zufügen.« Zu Recht gibt es Demonstrationen gegen Massentierhaltung, aber nicht gegen »Massenpflanzenhaltung« oder für die »humane Tötung« von Pflanzen mit ausreichender Betäubung. Eine Betäubung, also die Ausschaltung von Schmerz und Bewusstsein, setzt nicht nur voraus, dass es Schmerzen und Bewusstsein gibt, sondern auch, dass man ungefähr weiß, wie diese strukturiert sind. Das Herbeiführen eines Zustands der Wahrnehmungs- und Empfindungslosigkeit setzt voraus, dass ein solcher Zustand nicht ohnehin gegeben ist. Genau davon muss man bei Pflanzen aber ausgehen. Schon 1926 schrieb der deutsche Journalist und Politiker Willi Eichler treffend: »Pflanzen-Interessen kennen wir nicht, können sie also nicht willkürlich verletzen; wir können Pflanzen also nicht ausbeuten! Tier-Interessen kennen wir; wir können also Tiere ausbeuten, und wir tun dies, wenn wir uns von ihrem Fleisch ernähren, solange Pflanzen genug da sind.«[12]

Aus der Tatsache, dass sowohl Pflanzen als auch Tiere Lebewesen sind, wird fälschlicherweise geschlussfolgert, dass Pflanzen potenziell in der Lage wären, Gefühle und Schmerzen empfinden zu können. Diesen Fehlschluss bezeichnet man als falsche Äquivalenz.[13] Korrekt ist, dass Pflanzen auf ihre Umwelt und auf gewisse Stimuli reagieren. Allerdings tun das beispielsweise auch Smartphones. Dennoch sind wir nicht der Meinung, dass Smartphones eine Wahrnehmung und Empfindungsfähigkeit wie Menschen und Tiere aufweisen. Moderne Smartphones sind voller Sensoren, die diverse Umweltbedingungen erfassen und entsprechende Signale weiterleiten. Smartphones reagieren also ebenfalls auf ihre Umwelt. (Der Begriff »Sensor« stammt vom lateinischen sentire, was »fühlen« oder »empfinden« bedeutet.) Zuweilen werden Sensoren auch als Messfühler bezeichnet. Dennoch gehen wir nicht davon aus, dass Mobilfunkgeräte fühlen können. Eine Reaktion ist nicht gleichzusetzen mit einer Empfindung oder einem Bewusstsein. Bei den Reaktionen von Pflanzen auf ihre Umwelt handelt es sich um automatisierte Reizreaktionen, die nicht auf Bewusstsein oder Gefühlen basieren. Pflanzen zeigen kein Verhalten, das Schmerzempfinden nahelegt. Schmerz ist eine lebenswichtige Sinneswahrnehmung, die vor Gefahren warnt, damit Schäden und Verletzungen vermieden werden können. Schmerz ist etwas Unangenehmes. Aber darin liegt seine Funktion – er soll das Lebewesen dazu bewegen, ihn zu vermeiden und sich damit von der schädlichen Ursache zu entfernen. Es handelt sich dabei um kein perfektes System, aber es funktioniert. Es wird jedoch erst erforderlich, wenn Lebewesen bzw. die Umstände, in denen sie existieren, eine so hohe Komplexität erreichen, dass einfache automatisierte Reizreaktionen nicht mehr ausreichen, diesen Schutz zu gewährleisten, wenn Lebewesen sich in schnellen und komplexen Umgebungen bewegen und entsprechend rasch reagieren müssen.[14] Pflanzen sind hingegen ortsgebunden und sie können sich nicht fortbewegen. Aber sie reagieren durchaus auf Stress und Umweltreize. In begrenztem Maße haben Pflanzen die Möglichkeit, schädlichen Reizen zu entgehen oder ihnen etwas entgegenzusetzen. Mimosen klappen bei Berührung ihre Blätter zusammen und manche Pflanzen können Insektizide absondern, um Fressfeinde abzuwehren. Teilweise interagieren Pflanzen sogar mit anderen Pflanzen auf vielfältige Art und Weise über die Luft und Wurzeln. Wissenschaftler beobachteten beispielsweise schon im Jahr 1983, dass junge und gesunde Ahornbäume ihren natürlichen Schutzmechanismus erhöhen, sobald sich in ihrer direkten Umgebung Artgenossen befinden, die von Schädlingen befallen sind.[15] Die von Schädlingen befallenen Bäume geben dabei sogenannte Blattduftstoffe ab, die von ihren Artgenossen in ihrer Umgebung aufgenommen und verarbeitet werden. Forscher fanden außerdem heraus, dass

Pflanzen auch über ihre Wurzeln miteinander kommunizieren, wenn sich diese berühren. Es handelt sich dabei aber nicht um einen zielgerichteten Austausch von Informationen, sondern vielmehr um ein gegenseitiges wachsames Zuhören.[16]

Dies ist aus evolutiver Sicht sehr plausibel und sinnvoll, denn gewisse Formen von Austausch und Koordination können für das erfolgreiche Fortbestehen der Population elementar sein. Jedoch handelt es sich dabei nicht um gerichtete (bewusste) Übermittlung von Informationen. Darüber hinaus ist Kommunikation nicht zwingend ein Zeichen für Bewusstsein. Denn auch die an früherer Stelle erwähnten Smartphones »kommunizieren«. Das sind jedoch automatisierte vorgegebene elektronische Reaktionen. Auch bei Pflanzen hat man es zunächst nur mit automatisieren, meist biochemischen Aktionen und Reaktionen zu tun, die sich evolutiv als vorteilhaft erwiesen haben. Es handelt sich grob gesagt um vergleichsweise simple Reaktionen auf dieselben Reize, ohne einen schlüssigen Hinweis darauf, dass dahinter Gefühle oder ein Wille stecken. Es scheint unter den Individuen einer Pflanzenart keine Exemplare zu geben, die sich dagegen entscheiden, ihre Artgenossen zu warnen, obwohl das eine denkbare (egoistische) Entscheidung sein könnte, das eigene Überleben zu schützen. Nun ist aber die Fähigkeit, sich für oder gegen etwas entscheiden zu können, noch kein handfestes Argument in dieser Fragestellung. Aber das Fehlen dieser Fähigkeit lässt viel stärker auf simple mechanistische Vorgänge als auf eine Art Bewusstsein schließen.

Kein Gehirn + kein Nervensystem = kein Empfinden

Ein Lebewesen benötigt – nach heutigem Kenntnisstand – ein funktionierendes zentrales Nervensystem und ein ausreichend komplexes Verarbeitungsorgan wie ein Gehirn, um ein Bewusstsein zu haben oder leidensfähig zu sein. Die subjektive Schwere von Schmerzen hängt beispielsweise nicht von der Schwere einer Gewebeschädigung ab, sondern von der zentralen Verarbeitung. Schmerz entsteht nicht an der Stelle der Verletzung. Er entsteht nachweislich im Hirn.[17] Deshalb fühlen manche Menschen auch Phantomschmerzen in Gliedern, die sie verloren haben.[18] Während Reaktionen also ohne ein Gehirn möglich sind, ist bis heute kein Fall bekannt, in dem ein Lebewesen ohne Gehirn Schmerzen empfindet. Die erwähnten stets gleichen Handlungen von Pflanzen funktionieren nicht nur gut, ohne dass sie über ein Bewusstsein gesteuert werden; es wäre sogar ziemlich unsinnig und fatal, sie von einem Bewusstsein abhängig zu machen. Solche biologisch festliegenden, automatisch ablaufenden Vorgänge, wie bei uns Menschen das Atmen, regelt das vegetative Nervensystem. (Vegetativ bedeutet: nicht dem Willen unterliegend; unbewusst wirkend, ablaufend.) Für solche Reaktionen sind kein Entscheiden, kein Interesse und kein Schmerzempfinden notwendig. Wenn man der Natur unterstellt, sie würde Pflanzen trotzdem mit Schmerzempfindung ausstatten – ohne ihnen die Fähigkeit zu geben, sich von der schädlichen Ursache des Reizes zu entfernen, da sie im Boden verwurzelt sind –, dann ist das im Hinblick darauf wie Evolution funktioniert keine plausible These und würde entsprechend starke Belege erfordern. Was hingegen ohne Beleg behauptet wird, kann auch ohne Belege wieder verworfen werden – diese Maxime wurde von dem Philosophen Christopher Hitchens geprägt und ist als Hitchens' Rasiermesser (englisch Hitchens' razor) bekannt.[19] Menschen, die eine Behauptung aufstellen, tragen also für diese die Beweislast. Können sie diese nicht leisten, so kann die Behauptung ohne weitere Begründungen verworfen werden. Belastbare Beweise für die Theorie zur Leid- bzw. Schmerzempfindung von Pflanzen sucht man bis dato allerdings nicht nur vergebens, sondern die wissenschaftliche Datenlage zeigt sogar deutlich das exakte Gegenteil.[20,21,22]

Dass in Pflanzen chemische oder physikalische Signale fließen, ist wiederum plausibel. Es bedeutet jedoch nicht, dass diese in Gefühle oder Gedanken umgewandelt werden. Wofür sonst hätten Menschen und andere Tiere überhaupt ein so energieaufwendiges, hochkomplexes Gehirn, wenn Pflanzen auch ohne Gehirn denken und fühlen können? Wenn Pflanzen aufgrund eines Umweltreizes unwillkürlich reagieren, dann sind Schmerzempfinden nicht nur unnötig, sondern widersinnig. Die Evolution begünstigt keine unnötigen Dinge, die Ressourcen verbrauchen, ohne entsprechenden Nutzen zu erbringen. In der Natur geht es um Effizienz und Anpassungsfähigkeit zum Vorteil des Weiterbestehens der eigenen Art. Jegliche Fähigkeit, die einem Lebewesen keine Vorteile bringt, aber Energie kostet, benachteiligt dieses Lebewesen durch unnötige Komplexität und somit durch zusätzliche Fehleranfälligkeit und durch einen erhöhten Energiebedarf. Unser menschliches Hirn benötigt etwa 20 Watt.[23] Ein solcher Energiebedarf muss freilich Vorteile bringen, sodass die damit einhergehenden Nachteile aufgewogen werden.

Und was, wenn doch?

Häufig hört man in diesem Zusammenhang den Einwand, dass man früher Tiere als »seelenlose Automaten« ohne Leidensfähigkeit angesehen hat,[24] was freilich längst widerlegt wurde. In diesem Kontext wird nicht selten betont, dass die Wissenschaft nicht alles wissen und dass die Empfindungsfähigkeit von Pflanzen in Zukunft noch bewiesen werden könne. Dieser Einwand geht meist mit einer mehr oder weniger stark ausgeprägten Unterstellung einher, dass vegan lebende Menschen engstirnig seien. Zu dieser Thematik muss angeführt werden, dass das frühere Absprechen der Empfindungsfähigkeit von Tieren auf keiner wissenschaftlichen Grundlage fußte. Menschen gestanden sich, quasi geleitet von ihrem religiösen Weltbild, sehr lange einen Sonderstatus zu, indem sie sich etwa zum

Ebenbild Gottes erklärten und sich eine Seele attestierten, die sie anderen Spezies absprachen und dementsprechend deren Schmerzensschreie zu bloßen Geräuschen verklärten, die seelenlose Automaten nun eben von sich geben. Die Wissenschaft war es aber, die mit diesem (Irr-)Glauben aufräumte, und die Wissenschaft ist es auch, die die Meinung, dass auch Pflanzen Gefühle haben, einen bloßen Glauben sein lässt.

Wissenschaftlicher Fortschritt lebt fraglos davon, dass Behauptungen grundsätzlich zunächst geprüft, getestet und kritisiert werden. Dementsprechend ist die Frage, ob Schmerzempfindung nicht auch anders möglich ist, als wir sie kennen, zunächst völlig legitim. Allerdings benötigt diese Frage, um sinnvoll beantwortet oder wirklich ernst genommen werden zu können, Indizien und plausible Vermutungen sowie Thesen, wie und wo Pflanzen ohne zentrale Reizverarbeitung so etwas wie Schmerz und Leid empfinden können sollen. Anschließend benötigt es entsprechende Untersuchungen, die die Hypothese vernünftig belegen. Ohne plausible Annahmen kann alles behauptet werden, wodurch eine sinnvolle Auseinandersetzung mit einem Thema unmöglich gemacht wird.

Selbstverständlich wissen wir bei Weitem nicht alles über die Welt, lernen stetig dazu und geben dabei auch alte (falsche) Überzeugungen auf – nein, wenn es gewittert, liegt das nicht daran, dass Zeus erzürnt ist, und die Erde ist auch keine Scheibe usw. Irgendwann ist dann aber der Punkt erreicht, an dem »und was, wenn doch?!« einfach aufgrund der aktuell vorliegenden Fakten vernünftigerweise nicht mehr ernsthaft hinterfragt werden kann und sollte. Es ist zudem unredlich, mit diffusen zukünftigen Erkenntnissen gegen bestehende gut gesicherte Fakten zu argumentieren, als sei beides gleich valide. Nichts deutet plausibel darauf hin, dass Pflanzen Gefühle in einem ethisch relevanten Sinn haben. Wir können uns bei Tieren hingegen sehr sicher sein, dass sie ein Schmerzempfinden haben, und es wäre demnach unstatthaft, äußerst Zweifelhaftes gegen Sicheres auszuspielen und Tiere weiterhin auszubeuten.

Schlussfolgerung

Selbst im äußerst unwahrscheinlichen Fall, dass sich entgegen aller bisheriger wissenschaftlicher Erkenntnisse herausstellen sollte, dass Pflanzen Schmerzen wahrnehmen können und ihnen daher ebenfalls zu berücksichtigende Interessen zugesprochen werden müssen, wäre auch das noch kein Argument für den Fleischverzehr bzw. gegen den Veganismus. Die berechtigte Kritik des Veganismus wird zum einen nicht durch Gegenkritik hinfällig, denn selbst wenn Pflanzen tatsächlich leidensfähig wären, würde dieser Umstand noch kein Argument für die Ausbeutung von Tieren darstellen. Es würde daraus auch nicht folgen, dass man am besten Pflanzen und Tierprodukte im Verhältnis 50:50 essen sollte, um gerecht zu sein, oder dass es egal ist, was man isst. Denn »Nutztiere« verzehren bis zu ihrer Schlachtung deutlich mehr pflanzliche Kalorien, als sie in Form tierischer Produkte (Fleisch, Milch, Eier etc.) liefern (sogenannte Veredelungsverluste). Das bedeutet, dass beim Verzehr von Tierprodukten stets mehr Pflanzen »leiden« als beim direkten Pflanzenverzehr. Abseits des reinen Einsatzes von Futtermitteln muss zusätzlich auch noch die Landrodung im Dienste der »Nutztierhaltung« einberechnet werden, die ebenfalls auf Kosten von zahlreichen Pflanzen geht. Die weltweite Haltung von Tieren zu Nahrungszwecken beansprucht etwa ein Drittel der gesamten weltweiten Landfläche[25] und es gingen über 90 % der Abholzung des Amazonas-Regenwalds seit 1970 auf das Konto der Intensivtierhaltung.[26] Egal, wie man es dreht und wendet – und selbst unter der falschen Annahme, dass Pflanzen leidfähig sind: Eine vegane Ernährung wird in jedem dieser Szenarien mit weniger Leid einhergehen.

Richtigstellung des Arguments »Pflanzen sind auch Lebewesen und haben Gefühle«

Vorurteil	Faktenlage
Pflanzen sind auch Lebewesen und werden von vegan lebenden Menschen ohne Rücksicht getötet.	Es ist korrekt, dass Pflanzen auch Lebewesen sind. Es gibt allerdings bis dato keine haltbaren wissenschaftlichen Daten, die nahelegen, dass Pflanzen leidensfähig sind. Selbst wenn Pflanzen leidensfähig wären, würde eine vegane Ernährung dennoch mit der geringsten Menge an »Pflanzenleid« einhergehen, da für die Produktion tierischer Kalorien eine Vielzahl pflanzlicher Kalorien eingesetzt werden müssen und somit mehr Pflanzen vernichtet werden.
Pflanzen fühlen auch Schmerz und müssen ethisch berücksichtigt werden.	Pflanzen verfügen weder über ein zentrales Nervensystem noch über ein Gehirn, um Schmerzempfindungen verarbeiten zu können. Es gibt bis heute keine seriösen Daten, die eine ethische Berücksichtig von Pflanzen rechtfertigen würden. Im Gegensatz zu vielen Tieren haben Pflanzen keine Interessen, die man entsprechend berücksichtigen oder verletzen könnte, und sie haben auch keinen Willen, gegen den man handeln könnte.
Es kann nicht mit hundertprozentiger Sicherheit ausgeschlossen werden, dass Pflanzen nicht doch leidensfähig sind.	Es ist korrekt, dass man nicht mit hundertprozentiger Sicherheit ausschließen kann, dass Pflanzen nicht doch entgegen aller wissenschaftlichen Erkenntnis auf irgendeine Art leidensfähig sein könnten. Allerdings fehlen bislang Indizien und plausible Vermutungen, wie und wo Pflanzen ohne zentrale Reizverarbeitung so etwas wie Leid empfinden könnten. Da das Argument der pflanzlichen Gefühlswelt zumeist nicht aus ehrlichem Interesse am Pflanzenschutz, sondern als Argument gegen den Veganismus angeführt wird, gilt es hier aufzuzeigen, dass die Leidensfähigkeit von sämtlichen »Nutztieren« zweifelsfrei bewiesen ist, wohingegen es keine derartigen Belege für Pflanzen gibt. Somit sollte die primäre ethische Berücksichtigung in Bezug auf unsere Ernährungsgewohnheiten den Tieren zugutekommen.

Quellen

1 Salatin, J. (2018). Fleisch essen – mit Gottes Segen? Zugriff am 1. Februar 2021. Verfügbar unter https://bit.ly/3pN3BkM

2 Carroll, R. T. (2015). *Plant perception (a.k.a. the Backster effect).* Zugriff am 1. Februar 2021. Verfügbar unter https://bit.ly/3qPv3Qe

3 Eells, J. (2013). *Cleve Backster – He talked to plants. And they talked back.* Zugriff am 1. Februar 2021. Verfügbar unter https://nyti.ms/2MgWdk0

4 Galston, A. W. und Slayman, C. L. (1979). The Not-So-Secret Life of Plants: In which the historical and experimental myths about emotional communication between animal and vegetable are put to rest. *American Scientist,* 67(3), 337–344.

5 Horowitz, K. A., Lewis, D. C. und Gasteiger, E. L. (1975). Plant »primary perception«: electrophysiological unresponsiveness to brine shrimp killing. *Science,* 189(4201), 478–480.

6 Proctor, H. S., Carder, G. und Cornish, A. R. (2013). Searching for Animal Sentience: A Systematic Review of the Scientific Literature. *Animals (Basel),* 3(3), 882–906.

7 Braithwaite, V. (2010). *Do Fish Feel Pain?* Oxford: Oxford University Press.

8 Draguhn, A., Mallatt, J. M. und Robinson, D. G. (2020). Anesthetics and plants: no pain, no brain, and therefore no consciousness. *Protoplasma,* online veröffentlicht.

9 Taiz, L., Alkon, D., Draguhn, A. et al. (2019). Plants Neither Possess nor Require Consciousness. *Trends Plant Sci,* 24(8), 677–687.

10 Mallatt, J., Blatt, M. R., Draguhn, A., Robinson, D. G. und Taiz, L. (2020). Debunking a myth: plant consciousness. *Protoplasma,* online ahead of print.

11 Mayr. P. (2003). *Das pathozentrische Argument als Grundlage einer Tierethik.* Zugriff am 1. Februar 2021. Verfügbar unter https://bit.ly/3bs2GBg

12 Eichler, W. (1926). *»Sogar Vegetarier?« – Mitteilungsblatt des Internationalen Sozialistischen Kampf-Bundes,* 1(12), 206–212.

13 Hohner, M. (2011). *Ratioblog: Fehlschluss #17: Falsche Äquivalenz.* Zugriff am 1. Februar 2021. Verfügbar unter https://bit.ly/3bvyaXl

14 Wolpert, D. (2011). *The real reason for brains.* Zugriff am 1. Februar 2021. Verfügbar unter https://bit.ly/3uoG11s

15 Pflanzenforschung.de. (2014). *Pflanzen im Dialog – Pflanzensprache für Fortgeschrittene.* Zugriff am 1. Februar 2021. Verfügbar unter https://bit.ly/2NWPg8s

16 Ebd.

17 Jones, M. (2012). *Pain and how you sense it.* Zugriff am 1. Februar 2021. Verfügbar unter https://bit.ly/3buexyN

18 Corves, A. (2011). *Wenn die fehlende Hand schmerzt.* Zugriff am 1. Februar 2021. Verfügbar unter https://bit.ly/3kfyVHO

19 Hitchens, C. (2009). *God Is Not Great: How Religion Poisons Everything.* New York: Twelve.

20 Draguhn, A., Mallatt, J. M. und Robinson, D. G. (2020). Anesthetics and plants: no pain, no brain, and therefore no consciousness. *Protoplasma,* published online.

21 Taiz, L., Alkon, D., Draguhn, A. et al. (2019). Plants Neither Possess nor Require Consciousness. *Trends Plant Sci,* 24(8), 677–687.

22 Mallatt, J., Blatt, M. R., Draguhn, A., Robinson, D. G. und Taiz, L. (2020). Debunking a myth: plant consciousness. *Protoplasma,* online ahead of print.

23 Hsu, J. (2009). *How Much Power Does The Human Brain Require To Operate?* Zugriff am 1. Februar 2021. Verfügbar unter https://bit.ly/3dEY1P9

24 Luy, J. (2003). *Die Tötungsfrage in der Tierschutzethik.* Zugriff am 1. Februar 2021. Verfügbar unter https://bit.ly/3unTFC1

25 Broom, D. M., Galindo, F. A. und Murgueitio, E. (2013). Sustainable, efficient livestock production with high biodiversity and good welfare for animals. *Proc Biol Sci,* 280(1771), 20132025.

26 Margulis, S. (2003). *Causes of Deforestation of the Brazilian Amazon. World Bank Working Paper No. 22.* Washington, DC: The World Bank, 9.

BEIM ANBAU VON PFLANZEN WERDEN AUCH TIERE GETÖTET

9.

Viele vegan lebende Menschen werben für ihr tierethisches Anliegen fälschlicherweise mit dem Argument, dass für eine vegane Ernährung keine Tiere leiden oder sterben müssen. Dies ist bei genauerer Betrachtung allerdings nicht korrekt, wie auch schon der deutsche Philosoph Friedrich Nietzsche mit aller Deutlichkeit betonte: »Leben lebt immer auf Unkosten andern Lebens. – Wer das nicht begreift, hat bei sich noch nicht den ersten Schritt zur Redlichkeit gemacht.«[1] Das Ziel des Veganismus – und das zeigt auch die Definition der Vegan Society (siehe Einleitung) – kann es dabei lediglich sein, Ausbeutung und Grausamkeit auf ein möglichstes Minimum zu begrenzen. Es geht also *nicht* darum, dass für Veganer*innen gar kein Tier mehr stirbt oder leidet, da es realistisch betrachtet gar nicht darum gehen *kann*. Eine völlige Vermeidung ist zumindest unter den aktuellen Gegebenheiten schlichtweg nicht möglich. Die nachstehende Betrachtung beschränkt sich auf die Landwirtschaft, folglich bleiben andere Bereiche wie die Medikamentennutzung, der Straßenverkehr, der Hausbau etc., in denen ebenfalls Tiere sterben, ausgeklammert. Sie können auf der Basis dieses Kapitels aber gänzlich oder teilweise auf eine analoge Weise entkräftet werden.

Ein »Du auch«-Fehlschluss ist kein valides Argument

Zunächst ist auf prinzipieller Ebene zu fragen, ob das vorgebrachte Argument, dass auch für die vegane Ernährung Tiere sterben, nicht schon unabhängig vom konkreten Inhalt einen argumentativen Fehler aufweist: Obgleich die Schlussfolgerung für gewöhnlich nicht explizit ausgesprochen wird, lässt sich das Argument doch fairerweise so zusammenfassen:

> Der Verzehr tierischer Lebensmittel schadet Tieren.
> Auch vegane Lebensmittel schaden Tieren (wenn auch in geringerem Maße).
> Daher gibt es keinen Anlass, dass vegan lebende Menschen Mischköstler*innen etwas vorwerfen dürfen.

Dieser Einwand wird, wie auch in Kapitel 5 beschrieben, als Tu-quoque-Fehlschluss bezeichnet, also als »Du (aber) auch«-Fehlschluss. Warum es sich hierbei um eine unstatthafte Erwiderung handelt, wenn sie dazu dienen soll, den Grund dafür zu liefern, nichts ändern zu müssen, wird offensichtlich, wenn man sie in einen anderen Kontext überträgt:

> *Elena:* Peter, warum trinkst du schon wieder so viel Alkohol? Du weißt, dass das schlecht für deine Gesundheit ist!
> *Peter:* Du rauchst doch auch sehr viel!

Hier ist zuzugestehen, dass Peter etwas Richtiges sagt: Auch Elena schadet ihrer Gesundheit, indem sie raucht. Eines ist damit aber nicht geleistet: Es ist nicht widerlegt, dass der übermäßige Alkoholkonsum von Peter nicht gesundheitsschädlich ist, sondern damit ist lediglich bewiesen, dass auch Elena nicht ausreichend auf ihre Gesundheit achtet. Dieses Beispiel illustriert eine Verhaltensweise, die sich immer wieder beobachten lässt: Menschen wollen oft nicht unbedingt gut sein. Sie wollen nur nicht schlechter als andere sein. Eine tatsächlich vernünftige Herangehensweise wäre es jedoch, aus einer solchen Du-aber-auch-Situation den Schluss zu ziehen, dass beide Seiten ein Problem zu adressieren haben – und nicht, dass die Fehler der anderen Person die eigenen legitimieren.

Das Motiv spielt eine wichtige Rolle

Ein schlichter Verweis auf die Tatsache, dass es auch im Rahmen einer veganen Ernährung zur Tötung von Tieren kommen kann, immunisiert somit noch nicht gegen die Kritikpunkte, die der Veganismus am aktuell vorherrschenden Mensch-Tier-Verhältnis übt. Dennoch soll das Argument des Tötens von Tieren beim Anbau von pflanzlicher Nahrung eingehender beleuchtet werden, weil auch dieses ein gewichtiges ethisches Thema darstellt. Hierbei sind aber grundsätzlich zwei Kontexte zu unterscheiden, in denen Tiere für eine Ernährung ohne tierische Lebensmittel getötet werden: intentional und nicht-intentional, also beabsichtigt und unbeabsichtigt.

Die unbeabsichtigte Tötung von Tieren

Sowohl der Anbau als auch die Ernte von pflanzlichen Lebensmitteln führen in vielen Fällen dazu, dass Tiere sterben. In der großen Masse betrifft das Insekten und andere wirbellose Tiere, bei denen kritisch zu diskutieren ist, in welchem Umfang sie in Anbetracht der vorhandenen Forschung ethisch relevante Eigenschaften wie ein Schmerzempfinden besitzen, aber es betrifft auch Mäuse oder zum Beispiel vereinzelt Rehkitze. Um zu klären, ob hier eine Ungerechtigkeit geschieht, muss in Betracht gezogen werden, wie sich unsere Gesellschaft im Wesentlichen zu nicht-intendierten Todesfällen bei Menschen positioniert. Am deutlichsten zeigt sich unser Umgang mitunter beim Straßenverkehr, der sich somit gut zum Vergleich eignet: Es werden Jahr für Jahr weltweit über eine Million Verkehrstote registriert,[2] ohne dass ein Abwärtstrend festzustellen wäre und ohne dass es zu breiten gesellschaftlichen Debatten käme; es wird kaum darüber gesprochen, die gefährlichsten Fortbewegungsmittel einzuschränken, Motorräder zu verbieten, strengere Richtlinien beim Fahrradfahren einzuführen usw. Wie Abbildung 20 zeigt, sterben beim Autofahren im Vergleich zum Zugfahren hundertmal mehr und im Vergleich zum Flugzeug tausendmal mehr Menschen pro einer Milliarde Reisekilometer. Sobald jedoch Fahrzeuge gezielt in Menschenmengen gesteuert werden, überschlagen sich trotz der vergleichsweise deutlich geringeren Opferzahl die Nachrichtenportale mit Schlagzeilen. Von Bedeutung sind also offenkundig nicht nur die bloßen Resultate bzw. die Anzahl der Opfer, sondern auch die Intentionen, die dazu führen. Dieser Sachverhalt spiegelt sich auch in den Gesetzgebungen fast aller Länder wider, denn sie berücksichtigen neben den Handlungsfolgen auch stets die Handlungsabsichten, sodass auf dieser Ebene zwischen Unfällen und Morden deutlich unterschieden wird.

Abb. 20: **Anzahl der Todesfälle pro einer Milliarde Reisekilometer mit unterschiedlichen Verkehrsmitteln**[3]

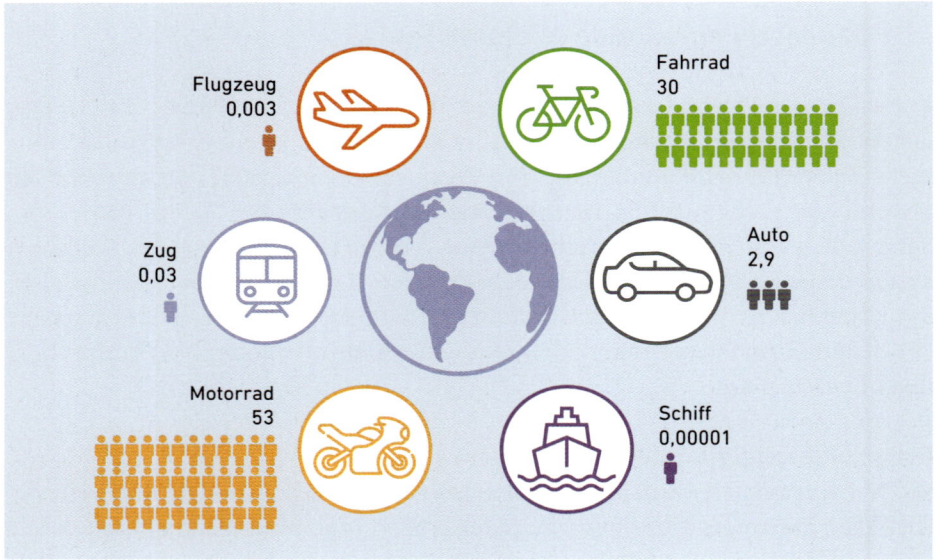

Zu bedenken ist zwar, dass stets versucht wird, die nicht-intentionalen Schäden über Sicherheitsmaßnahmen und gesetzliche Regulierungen zu reduzieren, es wird aber keineswegs alles unternommen, um sie zur Gänze zu vermeiden, da andere Güter als gewichtiger eingestuft werden. Selbst Trivialitäten wie Bequemlichkeit, Zeiteinsparung, Adrenalinkick oder bloßer Genuss werden unter dem Banner der Freiheit als wichtig genug eingestuft, um Verkehrstote beim Menschen in Kauf zu nehmen. Darüber hinaus darf es auch als gesellschaftlicher Konsens betrachtet werden, dass nicht-intendierte Schädigungen keine intendierten Schädigungen legitimieren. Vegankritiker*innen müssen sich daher fragen, ob sie Personen, die unbeabsichtigt Menschen getötet haben, wirklich mit Mörder*innen gleichstellen wollen oder ob davon auszugehen ist, dass ein Unfall an einer Stelle einen Mord an anderer Stelle rechtfertigt. Wenn wir für nicht zwingend notwendige

Bequemlichkeiten wie den Individualverkehr mit dem Auto (der deutlich mehr Verkehrstote als der Bahn- und Flugzeugverkehr verursacht)[4] Tode in Kauf nehmen – warum sollen dann ungewollte Ernteopfer für unsere Lebensgrundlage ungerecht sein? Wir würden zu Recht keinen Mord damit rechtfertigen, dass es auch Verkehrsunfälle gibt. So können nicht-intendierte Tiertötungen im Rahmen des Pflanzenanbaus keine ethische Rechtfertigung dafür sein, wenn Menschen dafür bezahlen, dass einem Tier nach einer nicht tiergerechten Mast unter oft unwürdigen Bedingungen im Schlachthof das Leben für den Verzehr von dessen Fleisch genommen wird. Aus der Tatsache, dass auch für Veganer*innen zwangsläufig Tiere sterben, ergibt sich also keinen Doppelstandard. Daraus folgt indes keineswegs, dass nicht versucht werden sollte, die Anzahl nicht-intendierter Tötungen soweit wie möglich zu reduzieren. Wenn auch unser Umgang mit Wildtieren in dieser Hinsicht gerecht sein soll, sind alle Maßnahmen zu fördern, die mit weniger Opfern einhergehen. Dazu gehört dann allerdings letzten Endes ein Lebensstil, der große Kalorienüberschüsse und unnötige Produkte wie Schnittblumen usw. vermeidet – eine Schlussfolgerung, die sicherlich geeignet ist, die Gemüter zu erhitzen, die aber einleuchtet, sobald man sich gedanklich in die Lage versetzt, selbst Gefahr zu laufen, für einen unnötigen Überkonsum zu sterben. Berechtigterweise kann in diesem Zusammenhang eingewendet werden, dass (vegan lebenden) Menschen bewusst ist, dass Tiere beim Anbau und bei der Ernte von Pflanzen sterben. Kann man daher wirklich noch davon reden, dass diese Tötungen nicht-intentional sind? Nach dieser Logik ließen sich dann allerdings auch Autounfälle nicht mehr als nicht-intendiert bezeichnen. Es ist kein Geheimnis, dass die Technik versagen, das Wetter Straßen zu einer Gefahr werden lassen kann und Reisen mit dem Auto deutlich öfter zu Todesfällen führen als Reisen mit der Bahn oder dem Flugzeug. Somit kann auch dies kein valides Gegenargument sein. Aufgrund der Intransparenz auf Produzentenseite können vegan lebende Menschen hier außerdem (noch) keinen entscheidenden Einfluss über ihr Konsumverhalten auf derartige landwirtschaftliche Praktiken nehmen. Die Bestrebung sollte zukünftig aber wie erwähnt sehr wohl darauf liegen, damit die nicht-intendierten Todesfälle beim Pflanzenanbau so weit wie möglich reduziert werden.

Die beabsichtigte Tötung von Tieren

Die Produktion der Lebensmittel, die von Veganer*innen verzehrt werden, geht üblicherweise auch mit der intendierten Tötung von Tieren einher. Landwirt*innen setzen Schädlingsbekämpfungsmittel ein, Jäger*innen erschießen Tiere für den Ernteschutz,[5] zur Vermeidung von Schäden an und Verunreinigungen von eingelagerten Ernten werden Mäuse getötet usw. Auf den ersten Blick scheint das anti-vegane Argument demnach berechtigterweise darauf hinzuweisen, dass auch für pflanzliche Lebensmittel de facto gezielt Tiere getötet werden, sodass sich Veganer*innen nicht nur auf den Unterschied zwischen intentionaler und nicht-intentionaler

Tötung berufen können. Wie bei der unbeabsichtigten Tötung ist es jedoch notwendig, auch hier den Handlungskontext genauer zu betrachten und zu prüfen, ob sich dabei im Vergleich zum menschlichen Miteinander Ungerechtigkeiten ergeben. Im Rahmen der Produktion pflanzlicher Lebensmittel dient die gezielte Tötung von Tieren entweder dem Ernteschutz oder der Hygiene (Krankheitsübertragungen), also der Sicherung unserer Lebensgrundlage und unserer Gesundheit. Der Kontext, in dem die intentionale Tötung erfolgt, lässt sich demnach als Selbstverteidigung beschreiben. In unserer Gesellschaft gilt es als statthaft, sich zu verteidigen, wenn eine Person die Unversehrtheit, das Leben oder die Lebensgrundlagen einer anderen Person gefährdet. Zu bedenken ist lediglich, ob die ergriffenen Maßnahmen verhältnismäßig sind; da die Gefahr mit einer möglichst harmlosen Verteidigung abgewehrt werden sollte.

Aus diesen Feststellungen resultiert, dass auch die intentionale Tötung nicht einfach mit dem Schlachten von »Nutztieren« gleichgesetzt werden kann. In einer Diskussion kann das in diesem Kapitel analysierte Argument folglich mit dem Verweis zurückgewiesen werden, dass es einen Unterschied macht, ob ein (Nutz-)Tier, das keine Bedrohung darstellt, das keinen Schaden angerichtet und niemandem etwas getan hat, getötet wird oder aber ein Wildtier, das unsere Lebensgrundlage gefährdet. Nur weil es Menschen gibt, die das Leben anderer Menschen gefährden oder zu Mörder*innen werden, sodass man sie in manchen (Selbstschutz- oder Notwehr-)Situationen nur durch eine Tötung stoppen kann, ist es dadurch ethisch nicht vertretbar, Unschuldige zu töten. Trotz dieses Umstands ist die intentionale Tötung von Tieren für die Produktion pflanzlicher Lebensmittel gegenwärtig als hochgradig problematisch einzustufen, da die Verhältnismäßigkeit in vielen Fällen bestritten oder zumindest bezweifelt werden kann. Der ethische und rechtliche Grundsatz, dass Gleiches gleich und Ungleiches ungleich zu behandeln ist (siehe Einleitung), legitimiert eine gewisse Andersbehandlung, da Tiere nun einmal keinem vernünftigen Zureden zugänglich und oft auch aufgrund ihrer Größe oder anderer Unterschiede schwerer mit schonenderen Mitteln fernzuhalten sind. Gäbe es Menschen, die uns vor vergleichbare Hürden stellen und unsere Lebensgrundlage gefährden würden, wäre auch hier mit angepassten, drastischeren Maßnahmen zu rechnen. Das Gerechtigkeitsdefizit, das die intentionale Tötung von Tieren gegenwärtig so problematisch macht, ist daher nicht auf der prinzipiellen Ebene zu suchen. Kritikwürdig ist, dass in der Praxis aus Traditions-, Zeit- und Kostengründen auf Bekämpfungsmethoden gesetzt wird, die gegen den im menschlichen Rahmen geltenden Grundsatz verstoßen, dass ein möglichst harmloses Mittel zu wählen ist – obgleich sich kein vernünftiger Grund anführen lässt, warum dieser Grundsatz nicht auch für unseren Umgang mit Tieren gelten sollte. Es handelt sich um einen Missstand, der sich aufgrund der Intransparenz für die Endverbraucher*innen erst beseitigen lassen wird, wenn sich in der Gesellschaft insgesamt die Überzeugung durchsetzt, dass Tiere Gerechtigkeit verdienen.

Werden beim Pflanzenanbau sogar mehr Tiere als durch den Fleischkonsum getötet?

Mitunter wird von Vegankritiker*innen die Einschätzung vertreten, der Pflanzenanbau fordere sogar mehr Tierleben als gewisse Formen der Fleischproduktion. Dies wird unter anderem im Artikel »Veganismus tötet mehr Tiere als die Karnivorenernährung« behauptet.[6] Daher sei es ihrer Meinung nach unter bestimmten Bedingungen sogar ethisch die bessere Wahl, Fleisch zu konsumieren, damit möglichst wenige Tiere umkommen. Als ethischere Beispiele werden das Jagen, Angeln und die Weidehaltung von Rindern genannt. Dieses Argument unterstellt allerdings, dass jede Form des Tötens gleich zu bewerten sei. Ob ein Tier unbeabsichtigt bei der Ernte, aus Notwehr (Schutz unserer Lebensgrundlagen) oder in einem Schlachthaus gezielt getötet wird, sei in diesem Argument aufgrund des gleichen Ergebnisses gleich zu bewerten. Nimmt man diese Position ernst, müssten wie beschrieben auch tödliche Unfälle, Selbstverteidigungen mit Todesfolge und Morde im menschlichen Kontext gleichgestellt werden – eine Folge, die zu Recht kaum in Diskussionen vom Gegenüber akzeptiert werden wird. Daher gilt es einzuräumen, dass die jeweiligen Intentionen auch abseits der reinen Opferzahl einen bedeutenden Unterschied machen. Wenn behauptet werden soll, dass die intentionale Tötung eines Tieres wie z. B. eines Weiderinds fernab des Selbstschutzes im Vergleich zu vier ungewollt getöteten Nestlingen einer Maus während der Ernte vorzugswürdig ist, da es nur auf das Ergebnis (d. h. die Opferzahl) ankomme, müsste gezeigt werden, dass unsere Gesellschaft im menschlichen Kontext ebenfalls der Logik folgt, dass lediglich die Anzahl der Opfer darüber entscheidet, welche Handlungsoption zu wählen ist. Es gibt nämlich keinen rationalen Grund, hier in Bezug auf Tiere einen anderen Maßstab anzulegen. Sollte eine gesunde Person willkürlich getötet werden, wenn mit ihren Organen vier andere Menschen gerettet werden können? Es dürfte aus gutem Grund wohl nicht möglich sein, für eine solche Haltung eine gesellschaftliche Mehrheit zu bekommen, sodass festgehalten werden kann, dass der in diesem Abschnitt unter die Lupe genommene Einwand in dieser Form schon aus prinzipiellen Gründen zurückgewiesen werden kann. Aber selbst dann, wenn man sich auf die Opferzahlen konzentriert, zeigt eine Publikation aus dem Jahr 2009,[7] in der versucht wurde, die Anzahl der getöteten Tiere in ein Verhältnis zu den produzierten Kalorien zu setzen, dass das Ergebnis deutlich zugunsten der veganen Ernährung ausfällt. Abbildung 21 illustriert diese Ergebnisse.

Dass die Erzeugung von einer Million Kalorien durchschnittlich mehr Tiere tötet, wenn die Kalorien tierischen Ursprungs sind, verwundert nicht, denn während für pflanzliche Lebensmittel einfach nur Pflanzen angebaut und geerntet werden, erfordert die Produktion von Fleisch, Eiern und Milch im Normalfall nicht

Abb. 21: **Anzahl der durchschnittlich für die Produktion einer Million Kalorien getöteten Tiere[8]**

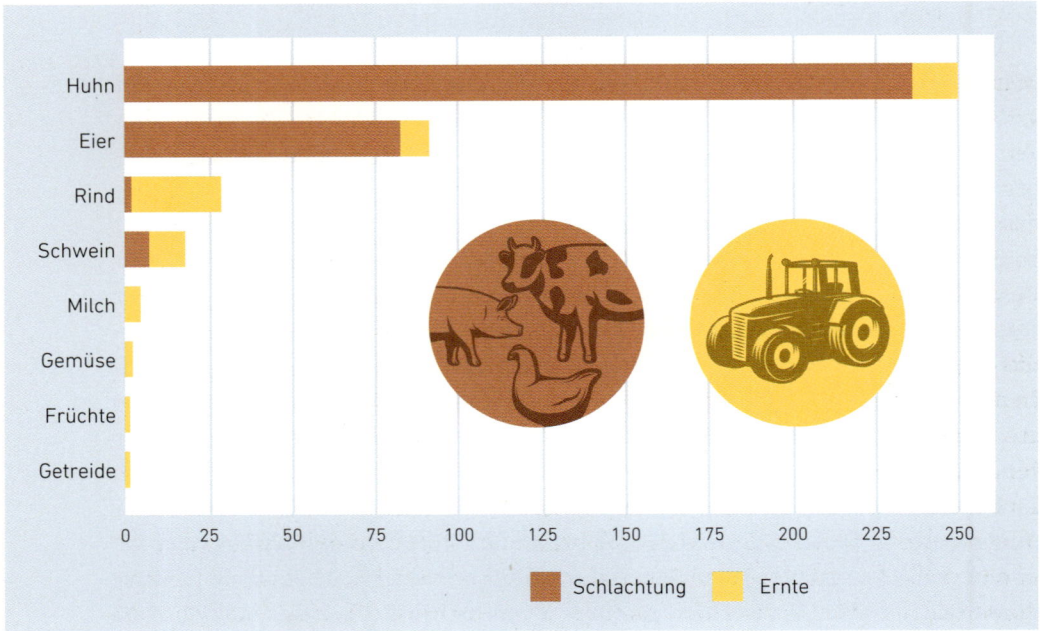

nur den Anbau von Pflanzen als Futtermittel, sondern involviert früher oder später auch noch die Tötung der »Nutztiere« selbst. Da die Menge der gewonnenen tierischen Kalorien nur einem Bruchteil der verfütterten pflanzlichen Kalorien entspricht, kommt hinzu, dass erheblich mehr Flächen für dieselbe Kalorienmenge bewirtschaftet werden müssen, sodass das Risiko, bei der Ernte zum Beispiel Mäuse zu töten, zwangsläufig höher ist. Lediglich ein tierisches Lebensmittel scheint anhand dieser Abbildung gut abzuschneiden – die Milch. Allerdings darf diesbezüglich nicht vergessen werden, dass in der Milchwirtschaft andere ethische Probleme auftreten, die im Detail in Kapitel 11 besprochen werden.

Die in Abbildung 21 illustrierte Untersuchung weist allerdings zwei Lücken auf, die keineswegs nebensächlich sind: Zum einen handelt es sich in dieser Hochrechnung nur um einen Vergleich der durchschnittlichen Produktionsmethoden von tierischen und pflanzlichen Lebensmitteln, und zum anderen blieben – wie schon die verhältnismäßig niedrigen Opferzahlen zeigen – wirbellose Tiere unberücksichtigt. Aus der Tatsache, dass lediglich durchschnittliche Produktionsmethoden ausgewertet wurden, ergibt sich sowohl für Veganer*innen als auch für Vegankritiker*innen der Spielraum, unfaire Vergleichsszenarien heranzuziehen. Gerade Vertreter*innen der sogenannte Karnivoren-Szene (ausschließlicher Verzehr von Tierischem) tendieren dazu, die »schonendste« Form der Tierausbeutung mit den

Standardmethoden des konventionellen Pflanzenanbaus zu vergleichen; ein sichtlich unangemessener Vergleich, der sich umgekehrt auch auf der veganen Seite machen lassen würde.

Es ist ebenso unredlich, den bioveganen Anbau von Pflanzen mit Discounter-Massentierhaltung zu vergleichen. Dass dieses Spiel in beide Richtungen gespielt werden kann, verdeutlicht, dass es ein breites Spektrum an Methoden gibt, Pflanzen anzubauen und »Nutztiere« zu halten. Vor dem Hintergrund dieser Spannbreite an möglichen Szenarien kommen einige Autor*innen zu der Einschätzung, dass es auch Formen der Gewinnung tierischer Nahrungsmittel geben kann, die in der Praxis zu weniger toten Tieren führen als der Anbau von Pflanzen.[9,10,11] Besonders die Jagd oder das Angeln können im Vergleich zu üblichen Pflanzenanbaumethoden mit weniger Opfern insgesamt einhergehen, wenn beispielsweise die Kalorienmenge eines Rehs oder Fischs als Vergleichswert herangezogen wird. In der Theorie besteht zudem die Möglichkeit, dass die Tötung eines Weiderinds aus diesem Blickwinkel im Einzelfall hinsichtlich der Tötungszahlen günstiger sein kann als die Ernte einer identischen Kalorienmenge an pflanzlicher Nahrung. Zu bedenken ist hierbei dennoch, dass die ganzjährige, ausschließliche Weidehaltung ohne jedwede Zufütterung nur in bestimmten Regionen der Welt möglich ist und eher die Ausnahme als die Regel darstellt. Ansonsten bliebe auch die Option, die Anzahl der »Nutztiere« auf die Menge zu beschränken, die ausschließlich über Weidehaltung und in für diese ungeeigneten Zeiten ausnahmslos mit Produktionsresten gemästet werden kann. Somit wären Ernten und ergo Ernteopfer zu vermeiden, die der Tierhaltung zuzurechnen sind. Soll tatsächlich eine Beschränkung auf Haltungs- und Versorgungsformen erfolgen, bei denen zumindest die Chance besteht, dass sie mit weniger Tieropfern als der übliche Pflanzenanbau einhergehen, würde sich der durchschnittliche Pro-Kopf-Fleischkonsum aber auf ein Level reduzieren müssen, das sich dem Fleischverzicht so weit annähert, dass unklar bleibt, warum überhaupt noch ein »Fleisch-Verteidiger« daran festhalten wollen würde. Aus diesen Haltungs- und Versorgungsformen würden sich nur dann regelmäßig nennenswerte Fleischmahlzeiten ergeben können, wenn ein erheblicher Teil der Menschen gänzlich auf Fleisch verzichten würde, sodass der gesamte Ertrag dieser Art der Fleischproduktion für sehr wenige bliebe – was natürlich weiterhin eine unfaire Situation wäre. Der Anbau von Pflanzen in Gewächshäusern oder moderne Ansätze wie Vertical Farming[12,13,14] könnten außerdem nicht nur die Tötung von Wirbeltieren vermindern, sondern senken auch die Anzahl der getöteten Wirbellosen.

Vergleicht man die »schonendste« Form der Tierausbeutung mit dem schonendsten Pflanzenanbau, kann behauptet werden, dass der Pflanzenanbau mit an Sicherheit grenzender Wahrscheinlichkeit zu der geringsten Anzahl getöteter Tiere führen würde. Wenn man versucht, wirbellose Tiere in derartige Vergleiche miteinzubeziehen, kommt man vorerst – und das bestätigt auch eine 2018 veröffentlichte Übersichtsarbeit[15] – zu dem Ergebnis, dass es kaum möglich ist, überhaupt zuverlässige Daten zur durchschnittlichen Anzahl der gesamten Opfer zu erheben bzw. diese zu gewichten. Dass wir zukünftig auch Insekten nicht bedenkenlos eine ethische Berücksichtigung verwehren können, legen mehrere Publikationen nahe. So hieß es in einer 2019 veröffentlichten Arbeit zur ethischen Komponente des Verzehrs von Insekten, dass neue Studienergebnisse davor warnen, Insekten zur Gänze ein Bewusstsein sowie Schmerzempfinden und Leidensfähigkeit (oder etwas Vergleichbares) abzusprechen.[16] Eine weitere Publikation schlussfolgerte unlängst, dass die Interaktionen zwischen Menschen und Insekten voller ungelöster (und wohl auch künftig unlösbarer) ethischer Fragen sind und es keine strikten Gebote für die Insekten-Mensch-Beziehung gibt, auf die man die persönliche Verantwortung abschieben kann.[17]

Schlussfolgerung

Die vorangegangene Darstellung zeigt, dass das vorgebrachte Argument rein deskriptiv korrekt ist und de facto auch Tiere für eine vegane Ernährung sterben. Daraus lässt sich aber wie ausführlich beschrieben erneut kein valides Argument gegen die vegane Position formulieren. Das Ziel des Veganismus ist es, Ausbeutung, Grausamkeit und Tod auf ein möglichstes Minimum zu begrenzen. Das vorgebrachte Gegenargument ist schlicht inkonsistent, da es Kontexte und Motive ausblendet und somit schon aus prinzipiellen Gründen verworfen werden kann. Selbst *wenn* sich eine Mischkost zusammenstellen ließe, die tatsächlich weniger Tiere in absoluten Opferzahlen tötet, wäre damit aus ethischer Perspektive nichts Ausreichendes gezeigt worden, da hier die Intention unberücksichtigt bliebe. In den allermeisten Fällen, und das zeigen Hochrechnungen, fallen aber auch die reinen Opferzahlen zugunsten veganer Lebensmittel aus und so halten Argumente in diese Richtung gleich auf mehreren Ebenen einem kritischen Abgleich nicht stand. Durch zukünftige Entwicklungen in der Landwirtschaft in Kombination mit einer größeren Bewusstwerdung der ethischen Verpflichtungen gegenüber anderen Tieren können zudem vegane Lebensmittelproduktionsmethoden geschaffen werden, die (un-)beabsichtige Tötungen während der Ernte noch weiter reduzieren.

Vorurteil	Faktenlage
Veganismus verhindert Tierleid gar nicht komplett.	Es ist korrekt, dass eine vegane Lebensweise Tierleid nicht zur Gänze verhindern kann, aber das ist ohnehin nicht das Ziel des Veganismus. Es kann realistisch betrachtet gar nicht darum gehen, da eine völlige Vermeidung zumindest unter den aktuellen Rahmenbedingungen unmöglich ist. Der Veganismus strebt aber – und das ist ein wichtiges Ziel – danach, Ausbeutung und Grausamkeit gegenüber Tieren auf ein absolutes Minimum zu begrenzen.
Für vegane Lebensmittel sterben auch Tiere.	Eine Lebensmittelproduktion – sowohl pflanzlich als auch tierisch – ist im heutigen Ausmaß leider nicht ohne die Tötung von Tieren möglich. Allerdings muss hier aus ethischer Sicht deutlich zwischen den Absichten und den Umständen der Tötung unterschieden werden, so wie es auch in anderen Lebensbereichen der Fall ist. Die unbeabsichtigte Tötung bei der Ernte bzw. die beabsichtigte Tötung im Rahmen der bis dato unvermeidlichen Schädlingsbekämpfung zum Schutz der menschlichen Nahrung ist nicht mit dem vermeidbaren beabsichtigten Ausbeuten und Schlachten von »Nutztieren« gleichzusetzen und legitimiert Letzteres ethisch nicht. Selbstverständlich soll aber alles unternommen werden, um die Opferzahl so gering wie möglich zu halten, und verbesserte zukünftige Produktionsmethoden veganer Lebensmittel bieten diesbezüglich großes Potenzial.
In einigen Fällen sterben für eine vegane Ernährung sogar mehr Tiere als in einer Ernährung mit Fleisch.	Stellt man einen redlichen Vergleich zwischen gleichwertigen Methoden zur Produktion tierischer und pflanzlicher Nahrungsmittel an, zeigen Hochrechnungen, dass mit Blick auf die Opferzahl pflanzliche Lebensmitteln durchschnittlich deutlich besser abschneiden. Wird die »schonendste« Form der Tierausbeutung mit dem schonendsten Anbau von Pflanzen verglichen, führt auch hier der Pflanzenanbau mit an Sicherheit grenzender Wahrscheinlichkeit zu der geringeren Anzahl von getöteten Tieren. Selbst wenn sich eine Mischkost zusammenstellen ließe, die tatsächlich weniger Tiere in absoluten Opferzahlen tötet, wäre damit aus ethischer Sicht aber noch nichts Ausreichendes gezeigt worden, da hier dennoch die wichtige Unterscheidung der Intention sowie der Kontext unberücksichtigt bliebe.

Quellen

1 The Nietzsche Channe. (o. D.). *Nachlass Herbst 1885—Herbst 1886 [205]*. Zugriff am 1. Februar 2021. Verfügbar unter https://bit.ly/2MNaw0d

2 World Health Organization. (2016). *World Health Data Platform – Road safety*. Zugriff am 1. Februar 2021. Verfügbar unter https://bit.ly/3jCtPoV

3 Fluege.de. (o. D.). *Infografik: Flugsicherheit*. Zugriff am 1. Februar 2021. Verfügbar unter https://bit.ly/2Z9TdsF

4 Handelsblatt. (2013). *Welches Verkehrsmittel ist das sicherste?* Zugriff am 1. Februar 2021. Verfügbar unter https://bit.ly/2OkpuuM

5 Krenn, K. (2015). *Wildschweine fressen Ernte: 15 Tonnen Verlust*. Zugriff am 1. Februar 2021. Verfügbar unter https://bit.ly/3qob0rO

6 Carnivore Aurelius. (2020). *Veganism Kills More Animals Than The Carnivore Diet*. Zugriff am 1. Februar 2021. Verfügbar unter https://bit.ly/3t1hHB4

7 Middleton, M. (2009). *The Number of Animals Killed to Produce One Million Calories in Eight Food Categories*. Zugriff am 1. Februar 2021. Verfügbar unter https://bit.ly/3rGw39s

8 Ebd.

9 Schmitz, F. (2020). *Tiere essen – dürfen wir das?* Stuttgart: J. B. Metzler Verlag, 85.

10 Fischer, B. und Lamey, A. (2018). Field Deaths in Plant Agriculture. *J Agric Environ Ethics*, 31, 409–428.

11 Wills, J. (2018) The intentional killing of field animals and ethical veganism. *In:* Linzey, A. und Linzey, C.: Hrsg.: *Ethical vegetarianism and veganism*. New York/London: Routledge, 255.

12 Kalantari, F., Tahir, O. M., Joni, R. A., und Fatemi, E. (2018). Opportunities and Challenges in Sustainability of Vertical Farming: A Review. *Journal of Landscape Ecology*, 11(1), 35–60.

13 Al-Kodmany, K. (2018). The Vertical Farm: A Review of Developments and Implications for the Vertical City. *Buildings*, 8(2), 24.

14 Benke, K. und Tomkins, B. (2017). Future food-production systems: vertical farming and controlled-environment agriculture. *Sustainability: Science, Practice and Policy*, 13(1), 13–26.

15 Fischer, B. und Lamey, A. (2018). Field Deaths in Plant Agriculture. *J Agric Environ Ethics*, 31, 409–428.

16 Pali-Schöll, I., Binder, R., Moens, Y., Polesny, F. und Monsó, S. (2019). Edible insects – defining knowledge gaps in biological and ethical considerations of entomophagy. *Crit Rev Food Sci Nutr*, 59(17), 2760–2771.

17 Waltner-Toews, D. und Houle, K. (2017). Biophilia on the Dinner Plate: a Conversation about Ethics and Entomophagy. *Food Ethics*, 1, 157–171.

Ähnlich wie die Milchindustrie wirbt auch die Eierindustrie seit Langem mit mehr oder weniger kreativen Werbeslogans wie »Happiness is egg-shaped« (»Das Glück ist eiförmig«), »If it ain't eggs, it ain't breakfast« (»Wenn es kein Ei ist, ist es kein Frühstück«) oder »The incredible, edible egg« (»Das unglaubliche, essbare Ei«) für den Verzehr von Eiern in den USA, Kanada und Großbritannien.[1,2] In Großbritannien wurden alleine für die »Go to work on an egg«-Kampagne (»Mit Ei im Bauch zur Arbeit gehen«) ab 1957 vom britischen Egg Marketing Board insgesamt zwölf Millionen Pfund ausgegeben.[3] Von Seiten der Ernährungswissenschaft werden Eier vor allem aufgrund ihrer Proteinqualität geschätzt. In Bewertungsmodellen zum Vergleich von Proteinqualitäten unterschiedlicher Lebensmittel wie der sogenannten biologischen Wertigkeit stellen Eier mit einem Wert von 100 den Referenzwert für diese Skala dar.[4] Weitere Publikationen schwärmen vom gesundheitlichen Wert von Eiern mit den Worten: »Die perfekte Balance und Vielfalt im Nährstoffgehalt zusammen mit seiner hohen Verdaulichkeit und seinem günstigen Preis machen das Ei zu einem besonders wichtigen Grundnahrungsmittel für den Menschen.«[5]

Steigender Ei-Konsum geht zu Lasten des Hühnerwohls

So ist es wenig verwunderlich, dass die Informationen zum Nährwert in Kombination mit den zahlreichen Marketingkampagnen in den allermeisten westlichen Ländern dazu führten, dass der Ei-Konsum über lange Zeit hinweg kontinuierlich wuchs. Wie Abbildung 22 zeigt, stieg auch in Deutschland der Verzehr von Hühnereiern seit Beginn der Aufzeichnungen im Jahr 1850 sukzessive an und erfuhr vor allem ab 1950 ein starkes Wachstum, bevor er dann in den 1970er-Jahren seinen vorläufigen Höhepunkt erreichte. Etwa die Hälfte der verzehrten Eier hierzulande wird als sogenannte Schaleneier konsumiert (also im Ganzen verkaufte Eier für weichgekochte Eier, Spiegeleier etc.) und die andere Hälfte wird in Back- und Teigwaren usw. verarbeitet.[6]

1850 wurden pro Person in Deutschland jährlich nur durchschnittlich 46 Eier gegessen (Schaleneier und Eier in verarbeiteten Produkten zusammengezählt), 1900 hatte sich der Verzehr mit durchschnittlich 90 Eiern pro Person schon beinahe verdoppelt und 1950 waren es 136 Eier. Den stärksten Anstieg gab es in Deutschland in den 1950er-, 1960er- und 1970er-Jahren mit einer durchschnittlichen Verzehrmenge von 288 Eiern pro Jahr 1975. Beginnend mit dem Ende der 1960er- und Anfang der 1970er-Jahre wurden parallel zum Anstieg des Ei-Verzehrs allerdings mehr und mehr Studien zum Zusammenhang von erhöhten Cholesterinspiegeln im Blut und Herz-Kreislauf-Erkrankungen publiziert, was in den Folgejahren in den weltweiten Empfehlungen der Fachgesellschaften zur Reduktion von Cholesterin und gesättigten Fetten (gesättigte Fettsäuren erhöhen den Cholesterinspiegel

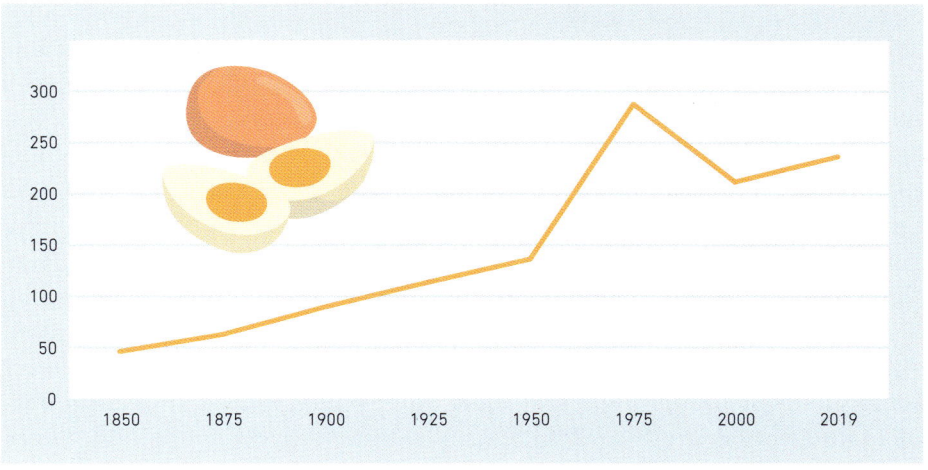

im Vergleich zum Konsum ungesättigter Fettsäuren)[10] in der Ernährung mündete.[11] Diese Empfehlungen trugen sichtlich Früchte, und so sank ab Mitte der 1970er-Jahre der Ei-Verzehr in Deutschland wieder deutlich. In den USA werden heutzutage durchschnittlich ebenfalls nur noch knapp halb so viele Eier gegessen wir noch zu Hochzeiten des Eierbooms.[12] Eine Aufarbeitung der seit Einführung der Cholesterinbegrenzungen aufflammenden Kontroverse rund um den Sinn bzw. Unsinn der Reduktion gesättigter Fettsäuren und Cholesterin im Speiseplan kann aus Platzgründen hier nicht stattfinden, wird aber im Video »Cholesterin verursacht Herzerkrankungen« behandelt, das unter www.nikorittenau.com/viu-update zu sehen ist.

Das ethische Problem des menschlichen Eierverzehrs

Der einzige Lebenszweck von Legehennen in der »Nutztierhaltung« ist die Eierproduktion für den menschlichen Verzehr. In der Natur dienen die Eier aller Vogelarten allerdings lediglich ihrer Fortpflanzung. Die nicht-domestizierten Vorfahren heutiger Hühner legten zwei- bis viermal pro Jahr fünf bis zehn Eier, die sie in selbst gebauten Nestern ausbrüteten.[13] Um die steigende Nachfrage zu bedienen, wurden über die Jahrzehnte hinweg die Betriebe immer größer und die Legehennen wurden auf immer höhere Legeleistungen hin gezüchtet. Die heutige Form der Intensivtierhaltung von Hühnern fand ihren Anfang dabei in den USA im Jahr 1923 – quasi aus Versehen. Eine amerikanische Hausfrau namens Celia Steele hatte sich in diesem Jahr vorgenommen, ihren Hühnerstall mit 50 Masthühnern zu bestücken. Sie erhielt jedoch versehentlich zehnmal so viele und musste die 500 angelieferten Masthühner in dem für 50 Hühner vorgesehenen Stall zusammendrängen.[14] Trotz der engen Befüllung überlebten 387 der 500 Tiere die Mast und so wurde die Marschrichtung der Tierhaltung durch diesen Zufall nachhaltig geprägt und zum Vorbild für die Hühnerhaltung in der Eierindustrie. Dies geschah zum monetären Vorteil der Betreiber, die dadurch deutlich ökonomischer Hühnerfleisch und Eier produzieren konnten, aber diese neue Art der Intensivtierhaltung ging zum schweren Nachteil aller darin involvierten Tiere. Schon im Folgejahr hielt Celia Steele 1.000 Masthühner und im Jahr darauf bereits 10.000.[15] Das nahmen sich in den vergangenen Jahrzehnten auch deutsche Betriebe zum Vorbild: Knapp drei Viertel der knapp 50 Millionen Legehennen in Deutschland leben heute in Beständen mit mehr als 30.000 Hühnern auf engstem Raum.[16] Um die steigende Nachfrage erfüllen zu können, wurde die Legeleistung der Hennen wie erwähnt außerdem durch immer leistungsfähigere Qualzuchten erhöht, während gleichzeitig ihr Bruttrieb durch die Züchtung sukzessive verringert wurde. Wie Abbildung 23 zeigt, legten Hühner in der »Nutztierhaltung« um 1900 mit etwa 80 Eiern pro Jahr schon mehr als das Doppelte von natürlich vorkommenden Hühnerrassen. Um 1950 waren es bereits etwa 120 Eier, und heutige Hühner legen bis zu 300 Eier und mehr pro Jahr.

Abb. 23: **Vergleich der Legeleistung von Hühnern zwischen 1900 und 2000**[17,18]

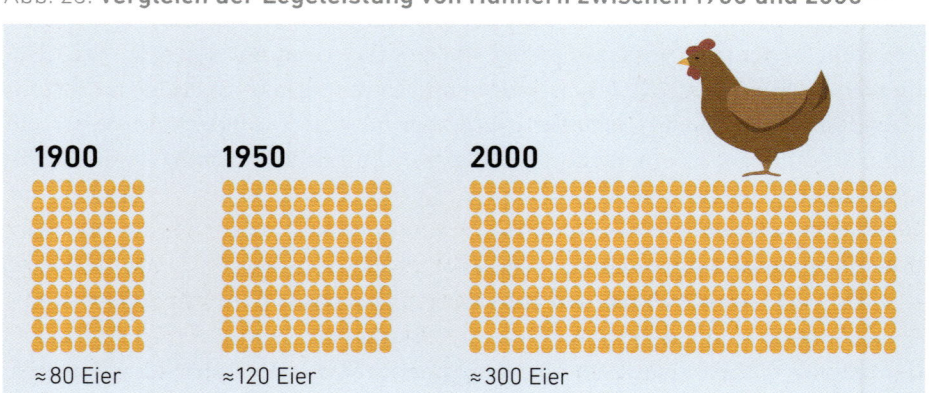

»Ich wollt', ich wär' ein Huhn, ich hätt' nicht viel zu tun. Ich legte vormittags ein Ei und abends wär' ich frei« hieß es 1936 im Text eines Songs aus dem Kinofilm »Glückskinder«. Obwohl man bereits damals diesen Wunsch durchaus hätte anzweifeln können, wirkt ein derartiger Text in heutigen Zeiten der Intensivtierhaltung noch mehr wie blanker Hohn. Jeden Tag ein Ei zu legen, ist für ein Huhn auf Dauer nämlich alles andere als leichte Arbeit und wirkt langfristig abträglich auf dessen Gesundheit, zumal Hühner die restliche Zeit des Tages in den allermeisten Fällen ganz und gar nicht »frei« sind. 2018 stammten knapp zwei Drittel der Eier, die in Deutschland verkauft wurden, aus Bodenhaltung und knapp 6 % aus der noch grausameren Käfig- bzw. Kleingruppenhaltung.[19] In der Bodenhaltung werden Legehennen zu mehreren Tausenden in großen Hallen dicht gedrängt gehalten und haben keinen Ausgang ins Freie. Wie in Abbildung 24 zu sehen, dürfen dort bis zu neun Hennen pro Quadratmeter gehalten werden, und in der beschönigend als »Kleingruppenhaltung« bezeichneten Haltung sind es sogar 13 Hennen pro Quadratmeter. Somit hat in der Bodenhaltung jede Henne nur etwa die Fläche von anderthalb DIN-A4-Blättern Platz, und in der Kleingruppenhaltung ist es nur etwa ein einziges DIN-A4-Blatt. Selbst in der Biohaltung sind es immer noch 6 Hennen pro Quadratmeter.

Abb. 24: **Anzahl an Legehennen pro Quadratmeter in unterschiedlichen Haltungsformen[20]**

In den Ställen, in denen nicht selten Zehntausende Hühner auf engem Raum zusammengedrängt werden, können sich selbstredend keine Familien- und Sozialverbände bilden. Hühner leben in der Natur in Gruppen von höchstens 50 Tieren.[21] Ist die Gruppe wesentlich größer, können Hühner keine stabile Rangordnung aufbauen, und so ist es wenig überraschend, dass die Tiere unter permanentem Stress leiden und es zu Verhaltensstörungen wie Federpicken kommen kann. Diese Störung kann sich bis zum Kannibalismus ausweiten. Um Verletzungen zu verhindern, wird den Hennen für gewöhnlich im Kükenalter der vordere Teil ihres Schnabels abgeschnitten. Das Kürzen des Schnabels zerstört dabei Knochen und Gewebe und verursacht dem Tier starke akute und zum Teil chronische Schmerzen.[22] Der Schnabel ist ein empfindliches Tastorgan und kann durch das Kupieren seine Funktion nur noch eingeschränkt erfüllen. Das führt dazu, dass die Tiere kaum noch artgemäß fressen und ihr Gefieder nicht pflegen können. Dieser Eingriff ist zwar offiziell verboten, aber er wird auf der Grundlage von Ausnahmegenehmigungen dennoch weiterhin routinemäßig durchgeführt.[23] Aufgrund der schlechten

Eigentlich per Gesetz verboten, aber leider immer noch gängig – Schnabelkürzen mit glühendem Messer (links) und ein kupiertes Küken (rechts)

Haltungsbedingungen und der hohen Legeleistung weisen mehr als die Hälfte der Legehennen Knochenbrüche auf.[24] Zur Bildung der Schale eines Eies benötigt das Huhn etwa 3.000 mg Calcium.[25] Das benötigte Calcium wird für die Eischalenbildung aus dem Hühnerskelett mobilisiert und aufgrund der hohen Legeleistung demineralisieren die Hühnerknochen unverhältnismäßig rasch, was wiederum die Festigkeit des Skelettes herabsetzt und zu Osteoporose führen kann.[26] Dies gilt als Hauptursache für Knochenbrüche bei Legehennen. Sie erhalten in der Regel zudem keine ausreichende medizinische Versorgung, und so sind beträchtliche Sterberaten aufgrund von Krankheiten und Verletzungen in den Betrieben stets fest miteinkalkuliert. In Deutschland sterben jährlich laut Hochrechnungen etwa 2,6 Millionen Legehennen bereits vor der Schlachtung und über 32 Millionen werden hierzulande pro Jahr aufgrund nachlassender Eierleistung getötet.[27,28]

Ein weiteres ethisches Problem ist die Tötung der Hühner in der Eierindustrie. Viele Menschen denken fälschlicherweise, der Konsum von Eiern und Milch (siehe Kapitel 11) gehe nicht mit der Tötung von Tieren einher. Die Wahrheit könnte aber leider nicht weiter von dieser Vorstellung entfernt sein. Wie Abbildung 26 zeigt, wird kaum eine Legehenne älter als etwa anderthalb Jahre, obwohl sie eigentlich eine Lebenserwartung von fünf bis acht Jahren hätte. Das bis dato älteste Huhn namens Matilda wurde sogar 16 Jahre alt.[29] Der Grund für die frühe Schlachtung: Nach 16 bis 18 Monaten lässt die Legeleistung nach und es ist so für die jeweiligen Betriebe zunehmend unökonomisch, diese Legehennen am Leben zu lassen. Es ist für das Unternehmen profitabler, die Hennen durch neue zu ersetzen und die »alten« (die erst einen Bruchteil ihrer eigentlichen Lebenserwartung erreicht haben) zu töten, um sie zu Suppenhühnern verarbeiten zu lassen. Ebenso ist es für Betriebe nicht rentabel, die frisch geschlüpften männlichen Küken großzuziehen, da diese in der Eierindustrie einer Zuchtlinie entspringen, die nicht schnell genug Fleisch ansetzt, um sie profitabel als Masthuhn aufzuziehen. Masthybriden wiegen nach 30 Tagen bereits über zwei Kilogramm, wohingegen die männlichen Küken aus der Zuchtlinie der Legehybriden weniger als ein Kilogramm wiegen.[30] Daher werden in Deutschland jährlich etwa 45 Millionen Küken direkt nach dem Schlüpfen vergast oder geschreddert.[31] Zusammen mit den getöteten Legehennen, die aufgrund nachlassender Legeleistung getötet werden, sowie jenen bereits vor der Schlachtung verstorbenen Tieren sterben so in Deutschland jährlich zwischen 80 und 100 Millionen Tiere für die Eierproduktion.[32,33] Durch den Kauf und den Konsum von Eiern finanziert man also auch Tierausbeutung und -tötung.

Abb. 26: **Gegenüberstellung der naturgegebenen Lebenserwartung von Hühnern mit ihrer Lebensdauer in der Tierhaltung**[34,35,36]

Kein Huhn erreicht in der Eier- und Fleischindustrie im Ansatz dessen naturgegebene Lebenserwartung in Höhe von 5-8 Jahren.

Technologien zur Vermeidung des Kükenschredderns

Seit einiger Zeit wird zumindest zur Vermeidung des Schredderns männlicher Küken an mehreren Früherkennungsverfahren gearbeitet, mit deren Hilfe schon vor dem Schlüpfen erkannt werden soll, welches Geschlecht das Huhn hat. So können die Eier, aus denen männliche Küken schlüpfen würden, aussortiert werden, bevor sie sich weiterentwickeln. Ein derartiges Aussortieren wäre jedoch nur dann ethisch vertretbar, wenn es zu einem Zeitpunkt geschähe, bei dem nicht von einer Leidensfähigkeit des Embryos auszugehen ist. Zur Bestimmung des Geschlechts der Küken gibt es aktuell grundsätzlich zwei nennenswerte Methoden: das spektroskopische Verfahren und das endokrinologische Verfahren. Bei ersterem wird ein Lichtstrahl in das Ei-Innere geschickt, nachdem die Eier etwa vier Tage lang bebrütet wurden.[37] Da sich das Blut je nach Geschlecht des Embryos unterscheidet, hat das reflektierte Licht eine entsprechende spezifische Farbzusammensetzung. Beim endokrinologischen Verfahren werden hingegen minimale Flüssigkeitsproben entnommen, an denen mittels Hormonanalyse das Geschlecht bestimmt wird.[38] Daraufhin werden die männlichen Eier dann vernichtet. Allerdings geschieht dies erst, nachdem die Eier etwa neun Tage lang bebrütet wurden.[39,40] Es ist wissenschaftlich umstritten, wann genau und in welchem Maße zwischen dem 7. und dem 13. Tag Schmerz empfunden werden kann.[41,42,43] Gesichert ist nur, dass vor dem 7. Tag kein Schmerzempfinden vorhanden ist, sodass zu späteren Zeitpunkten bereits von einem von einer Leidensfähigkeit auszugehen ist.[44] Die Entwickler*innen des endokrinologischen Verfahrens vertreten zwar die Meinung, dass die eventuelle Leidensfähigkeit vor dem 9. Tag nur sehr gering sei und es sich damit um eine bessere Alternative gegenüber dem Schlupf, Sortieren, Transportieren und Töten eines Eintagskükens handelt.[45] Vom Deutschen Tierschutzbund werden allerdings sämtliche Methoden, die nach dem 6. Bruttag angewendet werden, (selbst als Übergangslösung) abgelehnt, da es gemäß dem Tierschutzbund keinen großen Unterschied machen würde, ob das Küken vor oder nach dem Schlüpfen getötet wird.[46] Aus diesem Grund drängt der Tierschutzbund, alle Bemühungen auf das spektroskopische Verfahren zu richten.

Schlussfolgerung

Trotz ihres Proteinreichtums und der verhältnismäßig hohen Nährstoffdichte haben Eier kein Monopol auf irgendwelche überlebensnotwendigen Nährstoffe. Auch die höhere biologische Wertigkeit des Proteins von Eiern im Vergleich zu einzelnen pflanzlichen Proteinlieferanten verliert im Alltag im Rahmen einer ausgewogenen veganen Ernährung an Relevanz, da sich unterschiedliche Proteine mit geringerer biologischer Wertigkeit im Lauf des Tages untereinander aufwerten.[47] Da (zumindest in westlichen Ländern) zahlreiche ethischere Alternativen zur Nährstoffbedarfsdeckung zur Verfügung stehen, handelt es sich beim Verzehr von Eiern um keine Notwendigkeit, sondern lediglich um ein Begehren. Dieses wiegt dabei nicht die deutlich schwerwiegenderen Interessensverletzung gegenüber den Hühnern auf.

Es gäbe hierzu allerdings eine Alternative, die alle Seiten glücklich stimmen kann: die Produktion von Eiern ohne jedes Tierleid. Was Unternehmen wie Eat Just (vormals Hampton Creek) mit Produkten wie JUST Egg (einem veganem Rührei) oder der ei-freien JUST Mayo bereits auf pflanzlicher Basis erfolgreich auf den Markt gebracht haben, wird in den kommenden Jahren völlig neue Dimensionen erreichen und es ermöglichen, bioidente Eiprodukte ohne Hühner zu kreieren. Das Schlüsselwort ist Acellular Agriculture. Im Gegensatz zur zellbasierten Landwirtschaft (Cellular Agriculture), bei der Lebensmittel wie Zellkulturfleisch aus lebenden Zellen wachsen, enthalten die Endprodukte der Acellular Agriculture keine Zellen.[48] Diese Art der mikrobiellen Lebensmittelproduktion nutzen Unternehmen wie Clara Foods aus den USA, um mit Hilfe von Hefebakterien Ei-Proteine zu erzeugen, die identisch mit dem von Hühnern produzierten Proteinen sind. Die proteinproduzierende Hefe wird nach getaner Arbeit entfernt, und was übrig bleibt, sind bioidente Ei-Proteine ganz ohne den Rucksack voller Probleme in Bezug auf die Tierethik.[49]

Richtigstellung des Arguments »Eierlegen schadet den Hühnern nicht«

Vorurteil	Faktenlage
Der Körper benötigt hochwertige Proteine aus Eiern.	Im Rahmen eines ausgewogenen veganen Speiseplans stehen pflanzliche Proteinträger wie Hülsenfrüchte, Getreide, Nüsse und Samen der biologischen Wertigkeit von tierischen Lebensmitteln wie Eiern in nichts nach. Eier besitzen kein Monopol auf irgendwelche für den menschlichen Körper überlebensnotwendige Nährstoffe, und eine abwechslungsreiche und kalorienbedarfsdeckende Kost deckt problemlos den Bedarf an allen überlebensnotwendigen Aminosäuren; sie stellt somit die Proteinbedarfsdeckung sicher. Zahlreiche Ernährungsfachgesellschaften haben in ihren Positionspapieren und Stellungnahmen betont, dass eine ausgewogene und gesunde Ernährung zwar Eier optional enthalten kann, aber dies keineswegs muss, und dass auch eine vegane Ernährung den Nährstoffbedarf decken kann.
Hühner legen ohnehin Eier.	In der Natur dienen die Eier aller Vogelarten der Fortpflanzung. So legen Hühner naturgemäß auch nur etwa ein Zehntel der Menge an Eiern wie heutzutage zuchtbedingt. Die hohe Legeleistung geht dabei wie bei allen Tieren, die einseitig auf Leistung gezüchtet wurden, zulasten des Wohlergehens der Tiere. Unabhängig davon, wie viele Eier ein Huhn letztendlich legt, lässt sich daraus aber in keinem Fall ableiten, dass sich dadurch das Recht für den Menschen ergibt, dem Huhn diese einfach zu entwenden. Die Eier sind das Eigentum des Huhns und ein Entwenden der Eier führt dazu, dass es in Stress versetzt und permanent gezwungen wird, weitere Eier zu legen.
Hühner leiden in der Eierproduktion nicht.	Aufgrund der schlechten Haltungsbedingungen und der hohen Legeleistung der heutigen Qualzuchten weisen mehr als die Hälfte der Legehennen in deutschen Betrieben Knochenbrüche auf, da ihre Knochen durch die enorme Legeleistung ihres Calciums beraubt und daher poröser werden. Der überwiegende Teil der Legehennen wird in Deutschland außerdem zu mehreren Tausend in großen Hallen dicht gedrängt gehalten und hat keinen Ausgang ins Freie. So können sich keine Familien- und Sozialverbände und keine stabile Rangordnung bilden, was die Tiere wiederum in permanenten Stress versetzt und Verhaltensstörungen wie Federpicken auslösen kann. Um das Federpicken zu verhindern, werden (obwohl dies eigentlich gesetzlich verboten ist) immer noch vielen Legehennen die Schnäbel kupiert, was äußerst schmerzhaft ist und häufig langfristige Leiden hervorruft. Hühner leiden also in den allermeisten Fällen extrem für unseren Ei-Verzehr.

Vorurteil	Faktenlage
Für die Produktion von Eiern stirbt kein Tier.	Alleine in Deutschland sterben jährlich zwischen 80 und 100 Millionen Tiere für die Eierproduktion. Dazu zählen geschredderte bzw. vergaste männliche Eintagsküken, Hennen, die aufgrund nachlassender Legeleistung geschlachtet werden, und jene Legehennen, die aufgrund von Stress, Überzüchtung und mangelnder medizinischer Versorgung bereits vor der Schlachtung sterben. Somit finanziert man mit dem Kauf von Eiern stets Tierausbeutung und Tötung.
Man kann ja auch einfach die Eier von glücklichen Hühnern kaufen.	Die Idee einer ethischen Eierproduktion in einer der Nachfrage angemessenen Größe ist eine Illusion und selbst unter den besten Haltungsbedingungen werden die Tiere in der »Nutztierhaltung« letztlich immer noch sehr früh getötet und führen kein glückliches Leben. Die gesamte Debatte ändert außerdem nichts an der Tatsache, dass es nicht darum geht, Hühner auf weniger grausame Weise auszubeuten, sondern darum, sie gar nicht mehr auszubeuten.

Quellen

1 Wikipedia. (2020). *Egg Marketing Board.* Zugriff am 1. Februar 2021. Verfügbar unter https://bit.ly/37Uo557

2 Wikipedia. (2020). *American Egg Board.* Zugriff am 1. Februar 2021. Verfügbar unter https://bit.ly/37UKiQq

3 Dailymail. (2007). ›Go To Work On An Egg‹ advert banned for failing to promote balanced diet. Zugriff am 1. Februar 2021. Verfügbar unter https://bit.ly/37Tu-I7F

4 Semler, P. und Jekat, F. (1978). Comparative balance study of the value of amino acids for humans after oral and parenteral input. *Nutr Metab*, 22(1), 58–71.

5 Réhault-Godbert, S., Guyot, N. und Nys, Y. (2019). The Golden Egg: Nutritional Value, Bioactivies, and Emerging Benefits for Human Health. *Nutrients*, 11(3), 684.

6 Süddeutsche Zeitung. (2015). *Legehennen geht es mies – egal, wie sie gehalten werden.* Zugriff am 1. Februar 2021. Verfügbar unter https://bit.ly/2ZYfXfs

7 Teuteberg, H. J. (1988). *Der Verzehr von Nahrungsmitteln in Deutschland pro Kopf und Jahr seit Beginn der Industrialisierung (1850–1975) – Versuch einer Quantitativen Langzeitanalyse.* Zugriff am 1. Februar 2021. Verfügbar unter https://bit.ly/3pWRGkx

8 Statista. (2020). *Pro-Kopf-Konsum von Eiern in Deutschland in den Jahren 2006 bis 2019 (in Stück).* Zugriff am 1. Februar 2021. Verfügbar unter https://bit.ly/3sx6esN

9 Brade, T. und Janning, T. (2008). *Bedeutung der Eiererzeugung: Aktueller Stand und weitere Herausforderungen.* Zugriff am 1. Februar 2021. Verfügbar unter https://bit.ly/3uF7E6i

10 Deutsche Gesellschaft für Ernährung. (2010). *Cholesterinwerte im Griff.* Zugriff am 1. Februar 2021. Verfügbar unter https://bit.ly/3pVeLEp

11 Garbarino, J. (2011). *Scientific American – Cholesterol and Controversy: Past, present and Future.* Zugriff am 1. Februar 2021. Verfügbar unter https://bit.ly/2PccfwB

12 Ferdman, R. A. (2014). *Quartz – Americans once ate nearly twice as many eggs as they do today.* Zugriff am 1. Februar 2021. Verfügbar unter https://bit.ly/3pV6Cj3

13 Schmitz, F. (2014). *Tierethik – Grundlagentexte.* Berlin, Suhrkamp, 17.

14 Heinrich-Böll-Stiftung. (2020). *Iss was?! Tiere, Fleisch & Ich (Update 2020).* Zugriff am 1. Februar 2021. Verfügbar unter https://bit.ly/3spjC2e

15 U. S. Department of the Interior. (1969). *National park service: National register of historic places – First Broiler House.* Zugriff am 1. Februar 2021. Verfügbar unter https://bit.ly/3uCsVh5

16 ARIWA. (2019). *Das Leben der Hühner in der Eierproduktion.* Zugriff am 1. Februar 2021. Verfügbar unter https://bit.ly/3rlUv55

17 Mansvelt, J. (2011). *Green Consumerism: An A-To-Z Guide.* Thousand Oaks: SAGE Publishing, 353.

18 Hofreiter, A. (2017). *Fleischfabrik Deutschland: Wie die Massentierhaltung unsere Lebensgrundlagen zerstört und was wir dagegen tun können.* München: Goldmann.

19 Bundesanstalt Für Landwirtschaft Und Ernährung. (2019). *Bericht zur Markt- und Versorgungslage: Eier 2019.* Zugriff am 1. Februar 2021. https://bit.ly/3aZ0dzm

20 Süddeutsche Zeitung. (2015). *Legehennen geht es mies – egal, wie sie gehalten werden.* Zugriff am 1. Februar 2021. Verfügbar unter https://bit.ly/2ZYfXfs

21 Heinrich-Böll-Stiftung. (2020). *Iss was?! Tiere, Fleisch & Ich (Update 2020).* Zugriff am 1. Februar 2021. Verfügbar unter https://bit.ly/3spjC2e

22 Deutscher Tierschutzbund. (o. D.). *Manipulationen*

an Tieren. Zugriff am 1. Februar 2021. Verfügbar unter https://bit.ly/3q0AXwX

23 Schmitz, F. (2014). *Tierethik – Grundlagentexte.* Berlin, Suhrkamp, 18.

24 Heinrich-Böll-Stiftung, Bund für Umwelt und Naturschutz Deutschland und Le Monde Diplomatique. (2018). *Fleischatlas 2018 – Daten und Fakten über Tiere als Nahrungsmittel.* Zugriff am 1. Februar 2021. Verfügbar unter https://bit.ly/2ZT8HRZ

25 Deutsche Geflügelwirtschaft. (2020). *Brustbeinschäden bei Legehennen – Was das Huhn zusammenhält.* DGS, 36.

26 Leyendecker, M., Hamann, H., Hartung, J. et al. (2002). *Untersuchungen zur Schalenfestigkeit und Knochenstabilität von Legehennen in drei verschiedenen Haltungssystemen.* Zugriff am 1. Februar 2021. Verfügbar unter https://bit.ly/37Ryped

27 Laut diversen Studien, die in der nachfolgenden Dissertation aufgeführt sind, beläuft sich die stark schwankende Verlustrate für Legehennen auf 1,8–25 %. Die meisten Zahlen bewegen sich eher im höheren Bereich und wenn man mit einer konservativen Verlustrate von 8 % rechnet sind es 2,6 Millionen Legehennen, die vor der Schlachtung versterben. Dissertation: Herr, L. (2016). *Untersuchungen von Legehennen am Schlachthof und ihre Aussagekraft über die Tiergesundheit und das Tierwohl in den Legebetrieben.* Zugriff am 1. Februar 2021. Verfügbar unter https://bit.ly/2O747wQ

28 Albert Schweitzer Stiftung. (2020). *Schlachtzahlen 2019 um 8 Mio. Tiere gesunken.* Zugriff am 1. Februar 2021. Verfügbar unter https://bit.ly/3dXxlcJ

29 Wikipedia. (2020). *Matilda (chicken).* Zugriff am 1. Februar 2021. Verfügbar unter https://bit.ly/3sB5QJJ

30 Heinrich-Böll-Stiftung, Bund für Umwelt und Naturschutz Deutschland und Le Monde Diplomatique. (2018). *Fleischatlas 2018 – Daten und Fakten über Tiere als Nahrungsmittel (S. 30).* Zugriff am 1. Februar 2021. Verfügbar unter https://bit.ly/2ZT8HRZ

31 Bundesministerium für Ernährung und Landwirtschaft. (2021). *Ausstieg aus dem Kükentöten.* Zugriff am 1. Februar 2021. Verfügbar unter https://bit.ly/37UL0gN

32 ARIWA. (2019). *Das Leben der Hühner in der Eierproduktion.* Zugriff am 1. Februar 2021. Verfügbar unter https://bit.ly/3r1Uv55

33 Rittenau, N. (2020). *Im Jahr 2019 durch die Nahrungsmittelproduktion getötete Tiere* [in Deutschland]. Zugriff am 1. Februar 2021. Verfügbar unter https://bit.ly/37QBYRM

34 Vier Pfoten. (2017). *Lebenserwartung von Hühnern.* Zugriff am 1. Februar 2021. Verfügbar unter https://bit.ly/3swB4BR

35 Bundesinformationszentrum Landwirtschaft.

(2020). *Wie lange leben Rind, Schwein, Schaf und Huhn?* Zugriff am 1. Februar 2021. Verfügbar unter https://bit.ly/3spmZWW

36 Schlachthof transparent. (o. D.). *Lebenserwartung von Schlachttieren.* Zugriff am 1. Februar 2021. Verfügbar unter https://bit.ly/3r2FD6B

37 Zöfel, K. (2016). *Deutschlandfunk: Geschlechterbestimmung im Ei – Hahn oder Henne?* Zugriff am 1. Februar 2021. Verfügbar unter https://bit.ly/2Mz7Cfk

38 Aleksandrowicz, E. und Herr, L. (2015). Ethical euthanasia and short-term anesthesia of the chick embryo. *ALTEX,* 32(2), 143–147.

39 Girschick, K. und Meyer-Fünffinger, A. (2020). *ARD Tagesschau – 2019 mehr als 45 Millionen Küken getötet.* Zugriff am 1. Februar 2021. Verfügbar unter https://bit.ly/3bHXvND

40 Deter, A. (2019). *Topagrar – Geschlechtsbestimmung im Ei zu spät? Streit: Wann spürt der Küken-Embryo im Ei Schmerz?* Zugriff am 1. Februar 2021. Verfügbar unter https://bit.ly/2ZTeCGH

41 Brown University Institutional Animal Care and Use Committee. (2019). *Policy for Use of Avian Embryos.* Zugriff am 1. Februar 2021. Verfügbar unter https://bit.ly/2ZSgxvg

42 Reithmayer, C., Danne, M. und Mußhoff, O. (2019). *Look at that! – The effect pictures have on consumer preferences for in ovo gender determination as an alternative to culling male chicks, Diskussionsbeitrag, No. 1907.* Göttingen: Georg-August-Universität Göttingen, Department für Agrarökonomie und Rurale Entwicklung (DARE).

43 Seleggt. (o. D.). *Das Seleggt Verfahren.* Zugriff am 1. Februar 2021. Verfügbar unter https://bit.ly/2Pcks3T

44 Verbraucherzentrale Bremen. (2021). *Tötung von Eintagsküken: Diese Alternativen gibt es.* Zugriff am 1. Februar 2021. Verfügbar unter https://bit.ly/3uA9qFX

45 Seleggt. (o. D.). *Das Seleggt Verfahren.* Zugriff am 1. Februar 2021. Verfügbar unter https://bit.ly/2Pcks3T

46 Deutscher Tierschutzbund. (2019). *Kükentötung… und SELEGGT-Methode.* Zugriff am 1. Februar 2021. Verfügbar unter https://bit.ly/2ZWaupK

47 Rittenau, N. (2018). *3 Tipps zur Optimierung der veganen Proteinversorgung (Min. 4:18 bis 10:16).* Zugriff am 1. Februar 2021. Verfügbar unter https://bit.ly/3pZJGiH

48 New Harvest. (o. D.). *Cellular agriculture is the production of animal-sourced foods from cell culture.* Zugriff am 1. Februar 2021. Verfügbar unter https://bit.ly/3aWRduj

49 Shapiro, P. (2018). *Foddive – One order of eggs, hold the hens: How acellular agriculture will reshape food.* Zugriff am 1. Februar 2021. Verfügbar unter https://bit.ly/3qZ6ikU

MILCHKONSUM
SCHADET
DEN TIEREN
NICHT

11.

Sprüche wie »Die Milch macht's«, »Milch bringt dich wieder in Schwung«, »Milch macht müde Männer munter« und »Milch ist meine Stärke« sind nur einige der zahlreichen Werbeslogans der Milchindustrie vergangener Jahrzehnte. Auch wenn sich Milchprodukte in so gut wie jeder Ernährungsempfehlung der offiziellen Ernährungsfachgesellschaften finden, zeigt die Datenlage, dass aus gesundheitlicher Sicht auch Ernährungsweisen ohne Milchprodukte bei entsprechend guter Kostzusammenstellung bedarfsdeckend sind.[1,2,3] Oder um es mit den Worten des amerikanischen Mediziners Dr. Michael Klaper zu sagen: »Der menschliche Körper hat ebenso wenig einen Bedarf an Kuhmilch wie an Hundemilch, Pferdemilch oder Giraffenmilch.«[4]

Falsche Werbeversprechen und mangelnde Verbraucherkenntnis

Neben den Werbeversprechen, die Milch als ein unschlagbar gesundes Lebensmittel mit unverzichtbarer positiver Wirkung auf die Knochengesundheit positionieren, zeigen Milchverpackungen häufig idyllische Abbildungen von weidenden Kühen und suggerieren so, dass Milchkühe ein glückliches Leben führen. Die Wahrheit über die tatsächlichen Lebensumstände von Kühen könnte in den allermeisten Fällen allerdings nicht weiter von dergleichen Postkartenmotiven entfernt sein. So kritisiert beispielsweise die Verbraucherzentrale Bayern in einer Überprüfung die Werbeversprechen auf Milchpackungen: »Die Abbildungen und Versprechen auf Milchpackungen geben Verbrauchern oft kein wirklichkeitsgetreues Bild zur Erzeugung des Produkts.«[5] In der Untersuchung von 24 handelsüblichen Milchpackungen zeigten acht der Packungen Bilder von Kühen auf einer Weide. Doch bei fünf dieser acht Herstellern ist den Milchbauern der Weidegang für ihre Tiere gar nicht verpflichtend vorgeschrieben und die Dauer der Weidehaltung im Sommer ist darüber hinaus häufig nur von kurzer Dauer.

Viele Menschen hierzulande wissen außerdem so wenig über die tatsächliche Milchproduktion, dass in einer Umfrage der Gesellschaft für Konsumforschung (GfK; Deutschlands größtes Marktforschungsunternehmen) mehr als ein Drittel der knapp 1.000 Befragten angab, dass eine Kuh grundsätzlich immer Milch gibt, egal ob sie ein Kalb zur Welt gebracht hat oder nicht.[6] Knapp ein weiteres Viertel der Befragten gab an: »Weiß nicht, dazu kann ich nichts sagen.« So waren es also weniger als die Hälfte der Umfrageteilnehmer*innen, die korrekterweise angaben, dass eine Kuh nur dann Milch gibt, wenn sie ein Kalb zur Welt gebracht hat. Es ist also wenig verwunderlich, dass in den Köpfen vieler Leute Milch und Milchprodukte nicht nur als ein unverzichtbarer Bestandteil einer gesunden Ernährung verankert sind, sondern viele Menschen auch gar nicht nachvollziehen können, weshalb vegan lebende Menschen so »extrem« sind (siehe Kapitel 4) und gänzlich auf Milchprodukte verzichten. Ein Blick hinter die Kulissen der Milchwirtschaft macht allerdings schnell deutlich, weshalb sämtliche gängigen erhältlichen Milchprodukte ethisch nicht vertretbar sind und daher von vegan lebenden Menschen nicht konsumiert werden.

Die allermeisten Haltungsformen in der Milchindustrie sind äußerst leidvoll

Jeder Mensch in Deutschland konsumiert im Durchschnitt etwa 90 kg Frischmilcherzeugnisse (davon etwa 50 kg Konsummilch)[7] pro Jahr.[8] Zusammen mit etwa 25 kg Käse und etwa 12 kg an weiteren Milchprodukten beläuft sich der Pro-Kopf-Durchschnitt auf über 120 kg pro Jahr und es wird deutlich, wie groß die Nachfrage nach Milch und daraus hergestellten Lebensmitteln hierzulande ist. Besonders Käse ist für viele Menschen unwiderstehlich (siehe Kapitel 12) und Deutschland liegt sogar auf Platz 3 (hinter Finnland und Frankreich) der EU-Länder mit dem höchsten jährlichen Pro-Kopf-Käseverzehr.[9] In Bezug auf den direkten Milchkonsum liegt Deutschland zwar nicht einmal in den Top 10,[10] aber dennoch ist es mit einer Gesamtproduktionsmenge in Höhe von über 30 Millionen Tonnen der größte Milcherzeuger der EU.[11] Die Hälfte der an die Molkereien abgelieferten Milch geht allerdings in den Export.[12] Um solche enormen Mengen produzieren zu können, wurden 2020 etwa vier Millionen Milchkühe in Deutschland gehalten.[13] Vor allem im Süden Deutschlands ist dabei die besonders qualvolle Anbindehaltung von Milchkühen trotz zahlreicher tierschutzrelevanter Einwände immer noch weit verbreitet. Rund die Hälfte der circa 30.000 Milchviehbetriebe in Bayern hält ihre Tiere in Anbindehaltung.[14] Deutschlandweit lebt etwa ein Viertel der Milchkühe in Anbindehaltung und ist somit häufig monatelang – oft sogar jahrelang – praktisch bewegungslos an einen Fleck gefesselt.[15] Die Tiere sind dabei über Halsrahmen, Gurte oder Ketten um den Hals fixiert und können wesentliche Verhaltensweisen wie das Bewegungs-, Sozial- und Komfortverhalten nicht artgerecht ausleben. Die Bewegungsabläufe der Kühe beim Hinlegen und Aufstehen sowie ihre Ruhepositionen sind deutlich eingeschränkt und Verletzungen beim Kontakt mit den Stalleinrichtungen sind möglich, da vor allem die älteren Stallungen für die heutigen Milchkühe meist zu klein sind. Im Anbindestand fallen der Fress- und Liegeplatz außerdem räumlich zusammen, was Rindern ebenfalls zuwiderläuft. Je nachdem, wie die Futtertröge und Tränkanlagen im Kopfbereich der Kuh angebracht sind, kann es vorkommen, dass Kühe aufgrund der chronischen Muskelüberdehnung beim Fressen aus zu niedrig angebrachten Trögen eine Fehlstellung der Vordergliedmaßen entwickeln.

Auch unter den restlichen drei Vierteln der Kühe, die in Laufställen gehalten werden, wird einem Großteil ein artgerechtes Leben nicht ermöglicht. Mit friedlichem

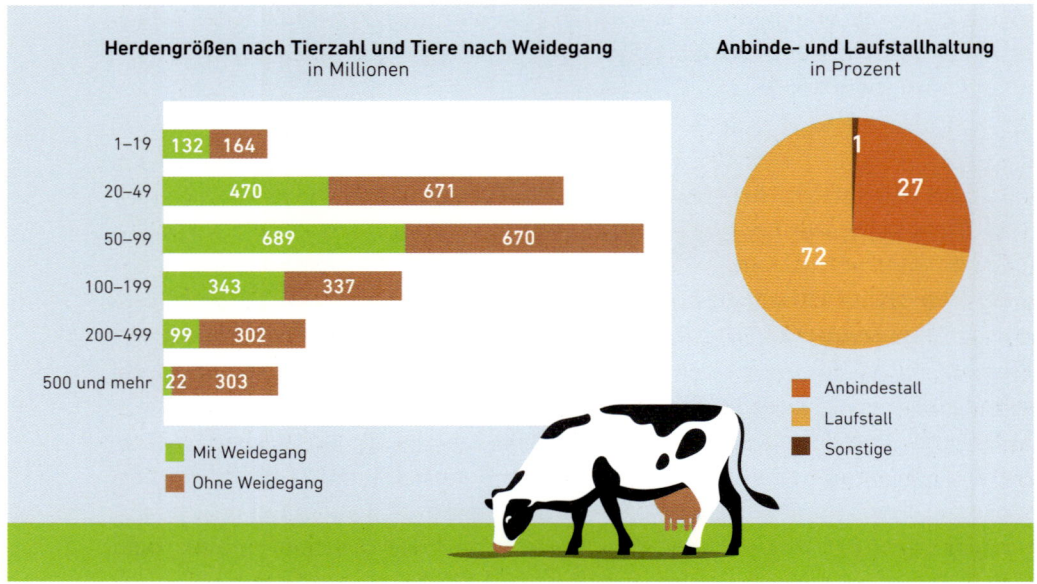

Herdengrößen nach Tierzahl und Tiere nach Weidegang
in Millionen

1–19	132	164
20–49	470	671
50–99	689	670
100–199	343	337
200–499	99	302
500 und mehr	22	303

■ Mit Weidegang
■ Ohne Weidegang

Anbinde- und Laufstallhaltung
in Prozent

1
27
72

■ Anbindestall
■ Laufstall
■ Sonstige

Grasen auf grünen, saftigen Weiden hat das Leben der Milchkühe in Deutschland meist nichts zu tun. Wie Abbildung 27 illustriert, verbringt weit mehr als die Hälfte der Milchkühe ihr Leben in Stallhaltung gänzlich ohne Weidegang.[16]

Zahlreiche Tierschutzorganisationen[18,19,20] haben in aller Ausführlichkeit über die grundlegenden Probleme der nicht-artgerechten Haltung von Milchkühen geschrieben und auch das Thünen-Institut hat eine Publikation zu den tierethischen Problemen der zwei weitverbreitetsten Milchkuhhalteformen mit Schwerpunkt auf der Anbindehaltung publiziert.[21] Zusammenfassend kann anhand dieser Veröffentlichungen in Bezug auf sechs wichtige Verhaltensweisen von Kühen aufgezeigt werden, was die Problematiken beider Haltungsformen sind:

Sozialverhalten: Die natürliche Sozialstruktur von Rindern ist die Kleinherde mit etwa 20 bis 30 Tieren, innerhalb derer es eine Rangordnung gibt, die über lange Zeit stabil bleibt. Etwa zwei Drittel der Milchkühe in Deutschland lebt allerdings in Betrieben mit mehr als 50 Milchkühen und jede sechste Milchkuh sogar in Betrieben mit mehr als 200 Kühen.[22] Die komplexe Sozialstruktur innerhalb der Herde wird in der Milchindustrie ständig gestört, da Kühe mit nachlassender Milchleistung schon nach vier bis sechs Jahren geschlachtet werden und neue Tiere hinzukommen. Diese ständigen Umgruppierungen rufen immer wieder Stress und Unruhen hervor und belasten die Tiere. In der Anbindehaltung kann praktisch überhaupt kein Sozialverhalten stattfinden, da sich die Kühe nicht aus ihren Einzelboxen hinausbewegen können. Aber auch im Laufstall schränken die mitunter fehlenden

Ausweichmöglichkeiten und der in einigen Ställen vorherrschende Platzmangel die Milchkühe in ihrem Sozialverhalten maßgeblich ein. Diese Umstände begünstigen vermehrt Auseinandersetzungen und damit einhergehenden Stress.

Bewegungsverhalten: Auf der Weide legen Rinder bis zu 13 km pro Tag zurück, wohingegen sie im Laufstall zumeist deutlich passiver sind und sich im Schnitt weniger als einen Kilometer am Tag bewegen. Sie sind außerdem für weiche Weideböden adaptiert, die nachgeben und ihre Klauen entlasten. Dies ist bei den harten Stallböden nicht gegeben. In der freien Natur bewegen sich Kühe außerdem nicht nur in gemächlichem Schritttempo fort, sondern springen, traben und galoppieren. Im Laufstall ist das je nach Platzangebot nur sehr begrenzt möglich. In der Anbindehaltung können Milchkühe wiederum nur einen Schritt nach vorne und einen Schritt zurück treten, sich überhaupt nicht drehen und nicht laufen. Der andauernde Bewegungsmangel kann zu schwerwiegenden Klauen- und Gelenkerkrankungen führen.

Ruheverhalten: Im Gegensatz zu den Gegebenheiten auf den Weiden, wo Kühe beim Ruhen ausreichend Platz haben und zum Teil auch Individualdistanzen von mehreren Metern einhalten können, befinden sich im Stall die Liegeboxen direkt nebeneinander. Diese Anordnung widerspricht allerdings dem Platz- und Raumanspruch der Kühe. Ferner engen die Metallstangen der Liegeboxen als Begrenzungselemente die Bewegungsfreiheit und die Ruhepositionen der Kühe deutlich ein. Die Anbindehaltung schränkt das artgemäße Ruhen dabei besonders stark ein. Das Zusammenspiel aus engen und kurzen Liegeboxen sowie zu knappen Anbindungen zwingt die Kühe zu Verrenkungen beim Aufstehen und Ablegen, und die Tiere sind so kaum in der Lage, ihre gewünschten Liegepositionen einzunehmen.

Nahrungsverhalten: Auf den Weiden grasen Rinder mehrere Stunden täglich, und Gräser, Pflanzenstängel und Blätter sind dabei ihre Hauptnahrungsquelle. In der Milchindustrie hingegen erhalten Kühe als Hauptenergiequelle verarbeitetes Getreide wie Hafer oder Weizen und Leguminosen wie Soja. Im Stall sind die Kühe außerdem gezwungen, stehend anstatt im Vorwärtsschritt zu fressen. Die Metallrohre der Fressgitter im Futterbereich können Druckstellen und sogar Verletzungen bei den Tieren verursachen. Hinsichtlich der Wasseraufnahme hat im Anbindestall zwar normalerweise jedes Tier einen Zugang zu einer Tränke, aber das artgemäße Trinken ist aufgrund der Schalen- bzw. Zungentränken zumeist nicht möglich.

Fortpflanzungsverhalten: Die künstliche Besamung ist in der heutigen Rinderhaltung der Standard. Laut Bundesverband Rind und Schwein (BRS) setzen heute knapp drei Viertel aller rinderhaltenden Betriebe auf die künstliche Besamung. Eine naturgemäße Paarung mit einem Deckbullen findet nur noch in wenigen

Tab. 1: Vergleich von Anbindehaltung und Boxenlaufstall in Bezug auf das Tierwohl

Verhaltensweise	Indikator	Anbindehaltung*	Boxenlaufstall**
Sozialverhalten	Gruppe	✗	≈
	Sozialstruktur	✗	≈
	Sozialkontakt	≈	≈
	Ausweichen/Rückzug	/	≈
Bewegungs- verhalten	Gehen	✗	≈
	Laufen	✗	≈
	Rennen	✗	≈
	Drehung	✗	✓
Ruheverhalten	Abliegen/Aufstehen	≈	≈
	Ruhe-/Schlafplatzwahl	✗	≈
	Ruhe-/Schlaflage	≈	≈
	Störungsfreies Ruhen und Schlafen	≈	≈
Nahrungs- verhalten	Nahrungssuche/Futterselektion	✗	✗
	Futteraufnahme	≈	≈
	Wasseraufnahme***	≈	✓
	Ungestörte Futteraufnahme	✓	≈
Fortpflanzungs- verhalten	Paarung: Aufspringen/Rindern	✗	✗
	Geburt: Separation zur Geburt	✗	✗
	Geburt: Geburtsverhalten	✗	≈
Pflegeverhalten	Eigene Körperpflege	≈	≈
	Körperpflege am Objekt	✗	✓
Sonstiges Verhalten	Orientierungsverhalten/räumliche Erkundung	✗	≈
	Koten und Harnen	✓	✓
	Thermoregulatorisches Verhalten (Abkühlung)	✗	≈

✓ = Normalverhalten uneingeschränkt ausführbar, ≈ = Normalverhalten eingeschränkt ausführbar
✗ = Normalverhalten nicht ausführbar

*Mittellangstand (Bezeichnung des Haltungsverfahrens im Bewertungsrahmen: R/MV0002). **Liegeboxenlaufstall mit Hochboxen, harten Gummimatten und perforierten Laufflächen (R/MV0007). ***Das artgemäße Trinken ist aber wegen der Schalen-/Zungentränken nicht möglich. (Nach Thünen-Institut 2018; modifiziert nach Albert Schweitzer Stiftung, 2017)[23,24]

Betrieben statt. Damit wird den Tieren ein weiterer Teil ihrer artgemäßen Verhaltensweisen vorenthalten. Wie jedes andere Säugetier gibt auch eine Kuh nur dann Milch, wenn sie ein Kalb auf die Welt gebracht hat. Milchkühe werden daher in Dauerschwangerschaft gehalten und gebären in ihrem kurzen und tristen Leben von vier bis sechs Jahren meist drei bis vier Kälber. Zwei bis drei Wochen nach der Geburt wird die Kuh bereits erneut besamt. Der Nachwuchs wird ihnen meist kurz nach der Geburt weggenommen.

Pflegeverhalten: Rinder betreiben eine intensive Körperpflege, die dabei nicht nur ihrem Wohlbefinden und ihrer Gesundheit dienlich ist, sondern auch eine soziale Komponente bedient. Rinder lecken, kratzen und scheuern sich nach Belieben und nutzen dafür ihre Zunge, Klauen und Hörner. Während die Kühe in der

Laufstallhaltung die gegenseitige Körperpflege grundsätzlich ausführen können, macht die Anbindehaltung jegliche – also die eigene und die gegenseitige – Körperpflege so gut wie unmöglich. Durch die Fixierung des Kopfes und die Enge der Gittervorrichtung können die Kühe beispielsweise das typische Schleudern des Kopfes, um schlecht erreichbare Stellen zu lecken, ebenfalls nicht mehr ausführen.

Zusammenfassend schreibt das Thünen-Institut in ihrer Publikation: »Auf der Basis der zur Verfügung stehenden wissenschaftlichen Erkenntnisse kann davon ausgegangen werden, dass die ganzjährige Anbindehaltung kein tiergerechtes Haltungsverfahren darstellt, da es das Tierverhalten stark einschränkt.«[25] Neben dem Thünen-Institut sprechen sich auch die Bundestierärztekammer, die Tierärztliche Vereinigung für Tierschutz, der Bundesverband der beamteten Tierärzte sowie zahlreiche Tierschutzverbände wie Vier Pfoten, die Welttierschutzgesellschaft und der Deutsche Tierschutzbund bereits seit Längerem für ein gänzlichen Verbot der Anbindehaltung aus.[26] Tabelle 1 illustriert eine Übersicht und Bewertung zu Anbinde- und Boxenlaufstallhaltung und zeigt, dass beide in ihrer aktuellen Form ethisch nicht vertretbar sind, da ein artgerechtes Verhalten von Kühen in beiden Fällen wesentlich beeinträchtigt wird.

Enthornung und Qualzucht auf maximale Milchleistung

Ein weiteres ethisches Problem stellt in der Milchindustrie die Enthornung der Kälber dar. Das sehr schmerzhafte Ausbrennen der Hornanlagen ist derzeit in Deutschland laut Tierschutzgesetz bis zum Alter von sechs Wochen sogar gänzlich ohne Betäubung erlaubt.[27] Ein heißer Brennstab zerstört dabei die Hornanlagen, die von Nerven durchzogen sind. Entsprechend schmerzvoll ist dieser Eingriff für die Tiere. Kälber werden grundsätzlich enthornt, damit sich später die Kühe in den engen Laufställen nicht gegenseitig durch ihre Hörner verletzen können. Verletzungen können jedoch nur deshalb auftreten, weil sie auf so engem Raum gehalten werden und die Milchkühe daher unter Stress stehen und unter Angst leiden. Wie das Forschungsinstitut für biologischen Landbau (FiBL) allerdings betont, kann eine erfolgreiche Haltung horntragender Milchkühe im Laufstall ermöglicht werden, wenn Haltungsbedingungen gegeben sind, die dem artgemäßen Verhalten der Tiere bestmöglichst Rechnung tragen.[28] Das Gutachten des Wissenschaftlichen Beirats für Agrarpolitik sieht die Enthornung von Kälbern ebenfalls kritisch und merkt an, dass bei einem Verzicht auf die Enthornung bestehende Probleme bei der Haltung von Milchkühen wesentlich deutlicher sichtbar werden würden. Dies könne dann wiederum als Signalfunktion angesehen werden.[29] Die Enthornung ist nur eines von vielen grausamen Beispielen (ebenso wie das Kürzen der Schwänze von Ferkeln oder das Schnabelkürzen bei Legehennen, siehe Kapitel 10), wie Tiere

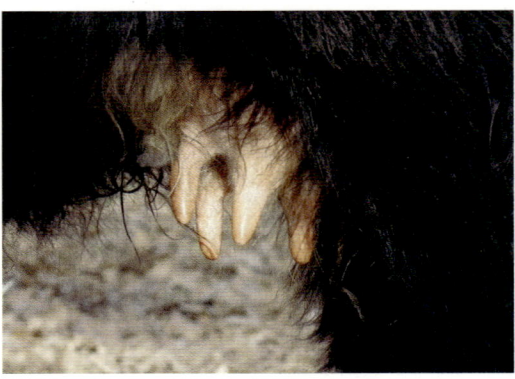

in der »Nutztierhaltung« (oft sogar ohne Betäubung) verstümmelt werden, nur um sie noch profitabler ausbeuten zu können.

Seit einiger Zeit wächst zudem in Deutschland der Anteil an hornlos gezüchteten Rindern. Dabei wird ignoriert, dass Hörner ein wichtiger Körperteil für das Rind darstellen. Diese spielen sowohl bei sozialen Auseinandersetzungen als auch bei der Körperpflege eine wichtige Rolle.[30] Ein zusätzliches ethisches Problem stellt die generelle Qualzucht heutiger Milchkühe dar. Wie Abbildung 28 zeigt, ist die sichtbarste Folge der auf maximale Milchleistung ausgelegten Züchtung das große Euter. Es kann so groß werden, dass es die normalen Bewegungsabläufe der Kuh einschränkt.

Diese Überzüchtung wirkt sich nicht nur auf das Aussehen und die Beweglichkeit der Tiere aus, sie verursacht auch verschiedene Krankheiten. So kommt es zuchtbedingt überdurchschnittlich oft zu Stoffwechsel- und Eutererkrankungen.[31] Mehr als ein Drittel der Milchkühe leidet an derartigen Euterentzündungen (Mastitis).[32] Das Gremium für Tiergesundheit und Tierschutz der Europäischen Behörde für Lebensmittelsicherheit bestätigt diesen Zusammenhang.[33] Dr. Holger Vogel, der Präsident der Landestierärztekammer Mecklenburg-Vorpommern, sagt diesbezüglich: »Wenn man sich die Kreatur, das Mitgeschöpf mal anschaut, wie sie dann oft aussehen, wenn die Nutzungszeit zu Ende ist, wie sie auf den Schlachthöfen ankommen, ja, geradezu entsorgt werden, das muss doch betroffen machen.«[34] Wie betroffen macht es Verbraucher*innen aber wirklich? Immerhin gaben in einer FORSA-Umfrage knapp drei Viertel aller Befragten an, dass sie Milch und Milchprodukte aus tiergerechter Haltung wollen, und mehr als die Hälfte gab an, dass sie nicht glaubt, dass sich »die deutsche Milchwirtschaft stark für das Wohlergehen der Kühe einsetzt und es den Kühen in modernen Milchviehbetrieben gut geht«.[35] Leider unterstützen die meisten Menschen trotz ihrer Wünsche durch ihre Kaufentscheidungen genau jene Art der Tierhaltung, die sie eigentlich ablehnen. Wie stark die Milchleistung in den vergangenen Jahrzehnten angestiegen ist, illustriert Abbildung 29. Diese zeigt die Veränderung der jährlichen Milchleistung von Kühen zwischen 1900 und 2019. In Deutschland gab eine Kuh im Jahr 1900 im nationalen Durchschnitt nur knapp über 2.000 Liter Milch pro Jahr. Im Jahr 1990 hatte sich die Milchleistung bereits mehr als verdoppelt und 2019 gab eine Milchkuh mit über 8.000 Litern Milch pro Jahr etwa die vierfache Menge im Vergleich zum Jahr 1900.[36]

Abb. 29: **Vergleich der jährlichen Milchleistung von Kühen in Deutschland zwischen 1900 und 2019**[37]

1900 — 2.165 Liter/Jahr

1990 — 4.710 Liter/Jahr

2010 — 8.250 Liter/Jahr

Kälbertrennung und frühzeitige Tötung

Weitere ethische Probleme stellen die frühzeitige Tötung der Kühe in der Milchwirtschaft sowie die Tötung des männlichen Nachwuchses dar. Wie Abbildung 30 zeigt, entspricht die naturgegebene Lebenserwartung einer Kuh 25 bis 30 Jahre. In der Milchindustrie werden Milchkühe jedoch aufgrund ihrer nachlassenden Milchleistung bereits nach vier bis sechs Jahren geschlachtet, da sie dann nicht mehr rentabel sind. Sie werden unter anderem zu Hackfleisch verarbeitet.[38] Darüber hinaus wird den Milchkühen ihr Nachwuchs kurz nach der Geburt weggenommen. Zahlreiche Veröffentlichungen beschäftigen sich mit der Frage, ob etwas frühere oder etwas spätere Kälbertrennungen weniger traumatisierend auf Mutterkuh und Kalb wirken würden; es sollte jedoch keiner Mutter – unabhängig ihrer Spezieszugehörigkeit – gegen ihren Willen ihr Nachwuchs entrissen werden.

Kuh und Kalb entwickeln eine sehr enge Bindung zueinander. Kälber verbringen rund 30 Prozent ihrer Zeit abseits des Säugens in unmittelbarer Nähe der Mutterkuh[39] und leiden ohne diese Nähe zur Mutter unter chronischen Stressbelastungen.[40] Kerstin Barth vom Thünen-Institut für Ökologischen Landbau in Westerau erklärt dazu: »Die Kälber lernen den Umgang mit ausgewachsenen Kühen nicht und können die Signale anderer Kühe später nicht richtig deuten.«[41] Die Kühe lernen z. B. nicht, wie sie später auf der Weide eine Auseinandersetzung vermeiden können, und einige Tiere reagieren zudem mit Verhaltensauffälligkeiten. Da durch die Fütterung von Milchersatz aus dem Eimer oder aus dem Tränkautomat der Saugreflex der Kälber nicht hinreichend befriedigt wird, beginnen diese sich selbst und andere Kälber zu belecken und zu besaugen[42] und selbst als ausgewachsenes

Rind weisen sie diese Auffälligkeit häufig noch auf.[43] Kälber mit hinreichendem Kontakt zur Mutter zeigen solche Verhaltensstörungen nicht.[44]

Schon ab der zweiten Woche zeigen Kälber außerdem einen ausgeprägten Spieltrieb. Dieser wird umso drängender, je länger sie sich in Einzelhaltung befinden. Selbst wenn das Fehlen der Möglichkeit zur Auslebung dieses Triebs für die Tiere kein großes Leid bedeuten sollte, präferieren sie sozialen Kontakt über das Alleinsein, denn Kühe sind keine bloßen Leidvermeidungsautomaten. Genau wie bei Menschen gehört zu einem guten Leben nicht nur das das Ziel der Leidvermeidung, sondern auch das Streben nach Glück. Diese Möglichkeit wird ihnen bei einer Trennung vorenthalten und senkt somit ihre Lebensqualität.

Nach der Trennung steht den weiblichen Kälbern ein Lebenslauf wie der ihrer Mütter bevor, wohingegen die männlichen Kälber für drei bis acht Monate aufgezogen und dann zu Kalbfleisch verarbeitet werden. Milch- und Fleischindustrie gehören also unweigerlich zusammen und die falsche Vorstellung, dass Milchprodukte kein Leid und keinen Tod verursachen, könnte nicht weiter von der Realität entfernt sein. Wie der amerikanische Rechtswissenschaftler Gary Francione diesbezüglich richtig anmerkte: »Jedes Mal, wenn man ein Glas Milch trinkt oder ein Stück Käse isst, schadet man einer Mutter.«[45]

Was viele Konsument*innen bezüglich Käse ebenfalls nicht wissen: Viele Käse (vor allem Hartkäse) sind nicht einmal vegetarisch, denn sie können Lab aus Kälbermägen enthalten.[46] Lab ist ein Gerinnungsenzym, das bei der Käseherstellung zur Dicklegung der Milch dient. Das Enzym stammt zwar nicht zwangsläufig vom Kalb, sondern es kann auch mikrobiologisch hergestellt oder durch pflanzliche Labaustauschstoffe ersetzt werden, aber als Käufer*in erkennt man anhand der Zutatenliste nicht immer, ob Lab bei der Käseherstellung verwendet wurde und aus welcher Quelle das jeweilige Lab stammt. Das liegt daran, dass Lab laut

Abb. 30: **Gegenüberstellung der naturgegebenen Lebenserwartung und der Lebensdauer in der Tierhaltung**[47,48,49]

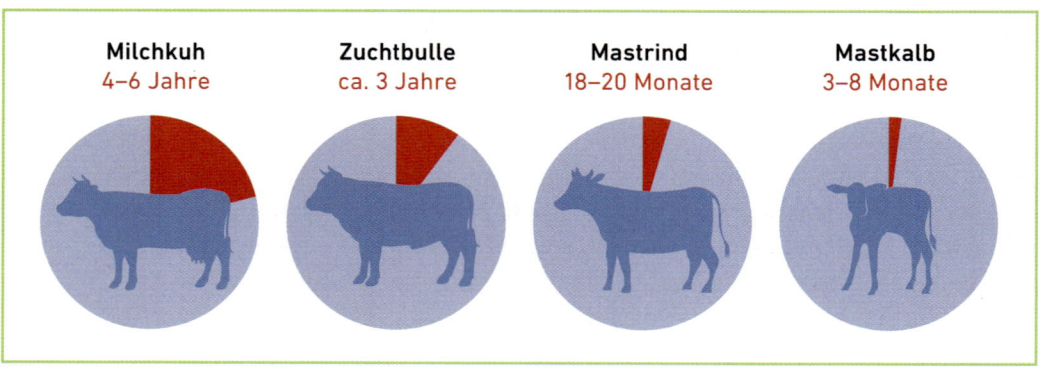

Keins der Tiere erreicht in der Milchwirtschaft im Ansatz seine natürliche Lebenserwartung von 25-30 Jahren.

Käseverordnung nicht als Zutat gekennzeichnet sein muss und die Herkunftsbezeichnung des Enzyms – tierisch, pflanzlich oder mikrobiell – eine freiwillige Angabe ist, zu der produzierende Betriebe nicht verpflichtet sind.

Schlussfolgerung

Unter den aktuellen Rahmenbedingungen finden sich im gängigen Supermarkt keine Milch oder Milchprodukte, die von ansatzweise fair behandelten Kühen stammen. Besonders die grausame Anbindehaltung muss so schnell wie möglich der Vergangenheit angehören, aber auch die Gegebenheiten in Laufställen sind bei weitem nicht akzeptabel. Egal wie eine Kuh gehalten wird, bereits ihre auf maximale Milchleistung ausgelegte Zucht geht auf Kosten des Wohlbefindens. Darüber hinaus endet der Kreislauf aus Zwangsschwängerung, Entreißen des Nachwuchses und permanentem Melken für Milchkühe hierzulande erst mit dem frühzeitigen Tod, wenn sie aufgrund einer nachlassenden Milchleistung geschlachtet werden. Es gibt also eine ganze Reihe von Problemen, die von der Milchviehwirtschaft verursacht werden, die aber vielen Menschen leider noch nicht in vollem Maße bewusst sind. Es läuft hinsichtlich der Milch und der Milchprodukte erneut darauf hinaus, dass ethisch vertretbare Alternativen für die breite Bevölkerung entweder auf pflanzlicher oder mikrobieller Basis hergestellt werden müssen. Mikrobiell hergestellte Milch (sogenannte »Flora-Based Milk«) wird von Unternehmen wie Perfect Day in den USA produziert. Hier wird im Grunde dieselbe Technik, mit der auch mikrobielles Lab (und z. B. Insulin für Diabetiker*innen) hergestellt wird, genutzt: die Fermentation. Für Diabetiker*innen war dies vor über einem Vierteljahrhundert ein medizinischer (und tierethischer) Durchbruch.[50] Pro Woche verbrauchte vor der Entwicklung des mikrobiellen Insulins jeder insulinpflichtige an Diabetes erkrankte Mensch durchschnittlich ein Schwein. Eine blutige Angelegenheit, die außerdem die Gefahr von möglichen Übertragungen noch unbekannter Erkrankungen vom Tier auf den Menschen barg. Was man bei der Produktion von Insulin also schon lange bemerkt hat, wird nun auch in der Lebensmittelproduktion sichtbar: Der extravagante Umweg über das Tier zur Produktion tierischer Nahrungsmittel ist unnötig ressourcenintensiv, teuer, ineffizient und unethisch.

Durch spezielle Fermentationstechniken können Mikroorganismen bioidentes Milchprotein (sowohl Casein als auch Molkeprotein) auf nachhaltige und ethische Art ohne den Umweg über die Kuh in einem Bioreaktor produzieren.[51] Diese Proteine sind aus chemischer Sicht identisch mit den tierischen Milchproteinen und verhalten sich entsprechend auch gleich in der Herstellung von Milchprodukten. Das ist ein Zugewinn für alle Milchkühe, die Umwelt und letztendlich auch für die Verbraucher*innen, die ein sichereres und gesünderes Lebensmittel, ohne die damit einhergehenden ökologischen und ethischen Probleme, erhalten.

Richtigstellung des Arguments »Milchkonsum schadet den Tieren nicht«

Vorurteil	Faktenlage
Der Körper benötigt Milch für starke Knochen.	Milch und daraus hergestellte Lebensmittel besitzen kein Monopol auf irgendwelche für den menschlichen Körper überlebensnotwendige Nährstoffe. Gängige mit Calcium angereicherte Pflanzendrinks enthalten dieselbe Menge an Calcium wie Kuhmilch, und die anderen in der Milch enthaltenen Nährstoffe können über (angereicherte) vegane Lebensmittel und/oder Nahrungsergänzungsmittel zugeführt werden. Zahlreiche Fachgesellschaften im Bereich der Ernährung haben in ihren Positionspapieren und Stellungnahmen betont, dass eine ausgewogene und gesunde Ernährung zwar optional Milchprodukte enthalten kann, aber keineswegs muss, und auch eine vegane Ernährung den Nährstoffbedarf decken kann.
Kühe geben ohnehin Milch.	Kühe geben – so wie alle anderen Säugetiere auch – nur Milch, wenn sie nach einer Schwangerschaft Nachwuchs bekommen haben. Daher müssen Milchkühe immer wieder künstlich besamt werden, um dauerhaft gemolken werden zu können. Milchkühe werden kurz nach der Geburt von ihren Kälbern getrennt und durchlaufen in ihrem verhältnismäßig kurzen und nicht-artgerechten Leben zumeist drei bis viermal diesen traurigen Kreislauf, bevor sie wegen nachlassender Milchleistung geschlachtet werden.
Kühe leiden in der Milchproduktion nicht.	Kühe leiden auf mehrfache Art in der Milchproduktion. Aufgrund der auf maximale Milchleistung ausgelegten Qualzucht leidet ihre Gesundheit bereits zuchtbedingt. Die meisten Milchkühe werden außerdem verstümmelt, indem ihnen ihre Hornanlagen ausgebrannt werden. Sie leiden in den Laufställen – aber noch mehr in der Anbindehaltung – unter ihrer nicht-artgerechten Haltung. Sie müssen ferner den mehrfachen Trennungsschmerz von ihren Kälbern nach jeder einzelnen Geburt ertragen und landen am Ende ihres verhältnismäßig kurzen und wenig freudvollen Lebens im Schlachthof.
Für die Produktion von Milch stirbt kein Tier.	Die Milchindustrie funktioniert in ihrer heutigen Form nicht ohne das Töten. Milchkühe werden in der Natur 25 bis 30 Jahre alt, in der Milchindustrie werden sie aber aus wirtschaftlichen Gründen bereits nach vier bis sechs Jahren getötet und zu Hackfleisch und anderen tierischen Erzeugnissen verarbeite, weil ab diesem Zeitpunkt ihre Milchleistung drastisch nachlässt. Die männlichen Kälber aus der Milchindustrie werden nach der Trennung von ihrer Mutter für einige Monate gemästet, im Anschluss geschlachtet und zu Kalbfleisch verarbeitet. Auch Zuchtbullen werden weit vor ihrem naturgegebenen Ableben geschlachtet. Die Milchindustrie und die Fleischindustrie sind in unserem aktuellen Wirtschaftssystem untrennbar miteinander verbunden. Wenn man Milch und Milchprodukte konsumiert, fördert man ebenso wie mit dem Verzehr von Fleisch die Ausbeutung und den Tod von Tieren in der »Nutztierhaltung«.

Quellen

1 Mayo Clinic. (2019). *Boost your calcium levels without dairy? Yes you can!* Zugriff am 1. Februar 2021. Verfügbar unter https://mayocl.in/2Nurq3v

2 Harvard T. H. Chan School of Public Health. (o. D.). *The Nutrition Source – Calcium*. Zugriff am 1. Februar 2021. Verfügbar unter https://bit.ly/3at0ryf

3 Physicians Committee for Responsible Medicine. (o. D.). *Healthy Bones – Build Bone Strength with a Plant-Based Diet*. Zugriff am 1. Februar 2021. Verfügbar unter https://bit.ly/3dsg9vH

4 AZ Quotes. (o. D.). *Michael Klaper Quotes*. Zugriff am 1. Februar 2021. Verfügbar unter https://bit.ly/2ODEi7W

5 Verbraucherzentrale Bayern. (2016). *Idylle auf Milchverpackungen oft eine Illusion*. Zugriff am 1. Februar 2021. Verfügbar unter https://bit.ly/3qHJqGx

6 Gesellschaft für Konsumforschung. (2015). *Milchkühe*. Zugriff am 1. Februar 2021. Verfügbar unter https://bit.ly/3bdi5FB

7 Statista. (2019). *Pro-Kopf-Konsum von Konsummilch in der Europäischen Union nach Ländern im Jahr 2017*. Zugriff am 1. Februar 2021. Verfügbar unter https://bit.ly/3aqATSw

8 Statista. (2020). *Pro-Kopf-Konsum von Milch und Milcherzeugnissen in Deutschland nach Art in den Jahren 2016 bis 2018*. Zugriff am 1. Februar 2021. Verfügbar unter https://bit.ly/2OPPZsx

9 Statista. (2019). *Pro-Kopf-Konsum von Käse in der EU nach Ländern 2017*. Zugriff am 1. Februar 2021. Verfügbar unter https://bit.ly/3dkPsZw

10 Statista. (2019). *Pro-Kopf-Konsum von Konsummilch in der Europäischen Union nach Ländern im Jahr 2017*. Zugriff am 1. Februar 2021. Verfügbar unter https://bit.ly/3jVafnZ

11 Statistisches Bundesamt. (o. D.). *Deutschland größter Milcherzeuger der Europäischen Union*. Zugriff am 1. Februar 2021. Verfügbar unter https://bit.ly/3s8bD9L

12 Milchindustrieverband. (2020). *Wohin die Milch in Deutschland fließt 2019*. Zugriff am 1. Februar 2021. Verfügbar unter https://bit.ly/2LYkP0L

13 Milchindustrieverband. (2020). *Die Milch im Überblick 2019/2020*. Zugriff am 1. Februar 2021. Verfügbar unter https://bit.ly/2N5B7Wr

14 Bayrischer Bauernverband. (o. D.). *Anbindehaltung beim Milchvieh*. Zugriff am 1. Februar 2021. Verfügbar unter https://bit.ly/3dmAous

15 Bundesanstalt für Landwirtschaft und Ernährung. (o. D.). *Milchviehhaltung in Deutschland*. Zugriff am 1. Februar 2021. Verfügbar unter https://bit.ly/3bdjSdN

16 Heinrich-Böll-Stiftung, Bund für Umwelt und Naturschutz Deutschland und Le Monde Diplomatique. (2018). *FLEISCHATLAS – Daten und Fakten über Tiere als Nahrungsmittel (2. Aufl., S. 25)*. Zugriff am 1. Februar 2021. Verfügbar unter https://bit.ly/3u2mkfP

17 Ebd.

18 Albert Schweitzer Stiftung. (2017). *Milchkühe*.

Zugriff am 1. Februar 2021. Verfügbar unter https://bit.ly/37mYuS8

19 ARIWA. (2019). *Milch – Hintergründe und Fakten*. Zugriff am 1. Februar 2021. Verfügbar unter https://bit.ly/3btBJxh

20 Deutscher Tierschutzbund. (o. D.). *Milchkühe*. Zugriff am 1. Februar 2021. Verfügbar unter https://bit.ly/3bdaXsF

21 Bergschmidt, A., Lindena, T., Neuenfeldt, S. und Tergast, H. (2018). *Thünen Working Paper 111 – Folgenabschätzung eines Verbots der ganzjährigen Anbindehaltung von Milchkühen*. Zugriff am 1. Februar 2021. Verfügbar unter https://bit.ly/37lplOm

22 Statistisches Bundesamt. (2016). *Land und Forstwirtschaft, Fischerei: Viehhaltung der Betriebe – Agrarstrukturerhebung*. Zugriff am 1. Februar 2021. Verfügbar unter https://bit.ly/3u6kL05

23 Ebd.

24 Albert Schweitzer Stiftung. (2017). *Milchkühe*. Zugriff am 1. Februar 2021. Verfügbar unter https://bit.ly/37mYuS8

25 Bergschmidt, A., Lindena, T., Neuenfeldt, S. und Tergast, H. (2018). *Thünen Working Paper 111 – Folgenabschätzung eines Verbots der ganzjährigen Anbindehaltung von Milchkühen*. Zugriff am 1. Februar 2021. Verfügbar unter https://bit.ly/37lplOm

26 Ebd.

27 Deutscher Tierschutzbund. (2012). *Enthornen von Rindern*. Zugriff am 1. Februar 2021. Verfügbar unter https://bit.ly/3bcEPFv

28 Forschungsinstitut für biologischen Landbau. (2011). *Laufställe für horntragende Milchkühe: Empfehlungen für die Dimensionierung und Gestaltung*. Zugriff am 1. Februar 2021. Verfügbar unter https://bit.ly/3pAgpLy

29 Bundesministerium für Ernährung und Landwirtschaft. (2015). *Wege zu einer gesellschaftlich akzeptierten Nutztierhaltung (S. 99)*. Zugriff am 1. Februar 2021. Verfügbar unter https://bit.ly/3qvv7oj

30 Fretz. T. (2015). *Argumente zur Hornkuh-Initiative: Warum braucht das Rind Hörner?* Zugriff am 1. Februar 2021. Verfügbar unter https://bit.ly/2NEuSZe

31 Conrad, A. C. (2016). *Herausforderungen einer globalen Wirtschaftsethik*. Hamburg: Disserta Verlag, 135.

32 Heinrich-Böll-Stiftung, Bund für Umwelt und Naturschutz Deutschland und Le Monde Diplomatique. (2018). *FLEISCHATLAS – Daten und Fakten über Tiere als Nahrungsmittel (2. Aufl., S. 24)*. Zugriff am 1. Februar 2021. Verfügbar unter https://bit.ly/3u2mkfP

33 European Food Safety Authority. (2009). *EFSA leistet wissenschaftliche Beratung zum Tierschutz bei Milchkühen*. Zugriff am 1. Februar 2021. Verfügbar unter https://bit.ly/2ZsXxDv

34 Veauthier, G. (2020). *Tierzucht – »Zucht auf Milchleistung hat fatale Folgen«*. Zugriff am 1. Februar 2021. Verfügbar unter https://bit.ly/3rYYeRd

35 Dialog Milch. (2017). *FORSA-Umfrage: Wie sehen die Deutschen ihre Milchwirtschaft? Zehn markante*

Ergebnisse der FORSA-Umfrage 2017. Zugriff am 1. Februar 2021. Verfügbar unter https://bit.ly/3bjg62B

36 Statista. (2020). *Milchleistung je Kuh in Deutschland in den Jahren 1900 bis 2019.* Zugriff am 1. Februar 2021. Verfügbar unter https://bit.ly/3bg9Yrz

37 Ebd.

38 ARIWA. (2019). *Milch – Hintergründe und Fakten.* Zugriff am 1. Februar 2021. Verfügbar unter https://bit.ly/3btBJxh

39 Quarks. (2018). *Milchproduktion – So stresst die frühe Trennung Kalb und Kuh.* Zugriff am 1. Februar 2021. Verfügbar unter https://bit.ly/3avsQDK

40 Roth, B.A., Barth, K. und Hillmann, E. (2009). *Vergleich der muttergebundenen und der künstlichen Aufzucht in Bezug auf Gesundheit, Gewichtsentwicklung und chronischen Stress bei Milchviehkälbern.* Zugriff am 1. Februar 2021. Verfügbar unter https://bit.ly/2LY4vgw

41 Quarks. (2018). *Milchproduktion – So stresst die frühe Trennung Kalb und Kuh.* Zugriff am 1. Februar 2021. Verfügbar unter https://bit.ly/3avsQDK

42 Welttierschutzgesellschaft. (2019). *Positionspapier – Mutter-Kalb-Trennung bei Milchkühen.* Zugriff am 1. Februar 2021. Verfügbar unter https://bit.ly/3pvEYcc

43 Quarks. (2018). *Milchproduktion – So stresst die frühe Trennung Kalb und Kuh.* Zugriff am 1. Februar 2021. Verfügbar unter https://bit.ly/3avsQDK

44 Welttierschutzgesellschaft. (2019). *Positionspapier – Mutter-Kalb-Trennung bei Milchkühen.* Zugriff am 1. Februar 2021. Verfügbar unter https://bit.ly/3pvEYcc

45 Goodreads. (o.D.). *Quotes – Gary L. Francione.* Zugriff am 1. Februar 2021. Verfügbar unter https://bit.ly/37oJEuf

46 Verbraucherzentrale. (o.D.). *Tierisch unklar: Kennzeichnung vegetarischer und veganer Lebensmittel.* Zugriff am 1. Februar 2021. Verfügbar unter https://bit.ly/3bcXQHW

47 Vier Pfoten Österreich. (2017). *Die Lebenserwartung von Rindern.* Zugriff am 1. Februar 2021. Verfügbar unter https://bit.ly/3bdXiSj

48 Bundesinformationszentrum Landwirtschaft. (2020). *Wie lange leben Rind, Schwein, Schaf und Huhn?* Zugriff am 1. Februar 2021. Verfügbar unter https://bit.ly/3docC1g

49 Schlachthof transparent. (o.D.). *Lebenserwartung von Schlachttieren.* Zugriff am 1. Februar 2021. Verfügbar unter http://bit.ly/3qy0pLg

50 Pues, M. (2010). *Insulin – Hormon aus Bakterien, Hefen und Pflanzen.* Zugriff am 1. Februar 2021. Verfügbar unter https://bit.ly/3dm4wWV

51 Hoogenkamp, H. (2019). *Flora-Based Milk Protein: No Cows About It!* Zugriff am 1. Februar 2021. Verfügbar unter https://bit.ly/3jVJLml

KÄSE IST ZU SCHMACKHAFT, UM DARAUF ZU VERZICHTEN

12.

Die meisten Menschen schätzen Käse wirklich sehr. Welchen enormen Stellenwert Käse im Leben vieler Menschen hat, zeigte eine Befragung an über 200 Studierenden der Columbia University in New York City. In der Umfrage gaben ganze 64 % der Frauen und 53 % der Männer an, dass sie lieber auf Oralverkehr als auf Käse verzichten würden.[1] Selbst unter langjährigen Veganer*innen finden sich Berichte, dass sie selbst eine Dekade nach ihrer Ernährungsumstellung noch nicht völlig von ihren Gelüsten nach Käse befreit waren.[2]

Die Milchproduktion verursacht immenses Tierleid

Wie in Kapitel 11 ausführlich dargelegt, geht die Produktion von Milch allerdings mit einem immensen Leid für die Milchkühe einher, weshalb die Frage berechtigt ist, ob das Interesse der Kuh, nicht zwangsgeschwängert, ihres Nachwuchses beraubt, ausgebeutet und bei nachlassender Milchleistung geschlachtet zu werden, schwerer wiegt als das Begehren der Menschen nach dem Geschmack von Käse. Steht der kurze Genuss von Käse hier wirklich in einem Verhältnis zur Tierqual? Würde eine andere Spezies, die uns geistig überlegen ist, auf unserem Planeten erscheinen, uns versklaven und Frauen dazu nötigen, in einem immer wiederkehrenden Kreislauf geschwängert zu werden, damit diese fremde Spezies die menschliche Muttermilch für sich beanspruchen und daraus Käse machen kann, würden wir uns dann nicht auch wünschen, dass jemand diese Ungerechtigkeit beendet? Besonders wenn keine physiologische Notwendigkeit besteht, sondern diese fremden Wesen die menschliche Milch einzig und allein aus einer geschmacklichen Vorliebe heraus verzehren, würden wir das keinesfalls akzeptieren. Zudem ist es interessant zu beobachten, dass die meisten Menschen den Konsum von Kuh-, Schafs- oder Ziegenmilchkäse als appetitlich und wünschenswert kategorisieren, aber die Vorstellung von Katzen- oder Hundemilchkäse von vielen Menschen als abstoßend empfunden wird. Dies ist in sich widersprüchlich, da es sich bei allen Milchsorten um dasselbe Grundprodukt handelt. Der einzige Unterschied (mit Ausnahme von gewissen geringfügigen Unterschieden in den Nährwerten und gewissen geschmackliche Differenzen) ist in erster Linie die Konditionierung, mit der die meisten Menschen aufgewachsen sind.

Trotz der ethischen Probleme, die mit dem Konsum von Milchprodukten verbunden sind, ist die Nachfrage in den vergangenen Jahren so stark gestiegen, dass man sie nur durch industrielle Produktionsmethoden decken kann, die noch mehr zu Lasten des Tierwohls gehen und das ethische Grundproblem weiter verschärfen. Wie Abbildung 31 illustriert, stieg in Deutschland der Käseverzehr in den letzten Jahrzehnten um ein Vielfaches. Um 1950 waren es lediglich 3,9 kg Käse pro Person und Jahr, wohingegen es zwanzig Jahre später bereits 10 kg und im Jahr 2019 über 25 kg pro Kopf und Jahr waren. Im Gegensatz zum steigenden Verzehr von Milchprodukten hat der Bestand an Milchkühen in Deutschland in den letzten 70 Jahren allerdings stark abgenommen. Waren es 1950 noch etwa fünf Millionen Milchkühe, so waren es 2020 weniger als vier Millionen.[3] Trotz dieses Rückgangs leben in Deutschland mehr Milchkühe als in jedem anderen Land der Europäischen Union.[4] Dieser Rückgang des Milchkuhbestandes erfolgte allerdings zu Lasten der verbleibenden Milchkühe, da er nur möglich war, weil sich die Milchleistung der einzelnen Kühe in den vergangenen Jahrzehnten stark erhöhte. Die extra hierfür herangezüchteten Kühe leiden allerdings unter ihrer Qualzucht, wie im Detail im Kapitel 11 beschrieben wird.

Abb. 31: **Käseverbrauch in Kilogramm pro Person in Deutschland und Österreich von 1950 bis 2019**[5,6,7,8,9]

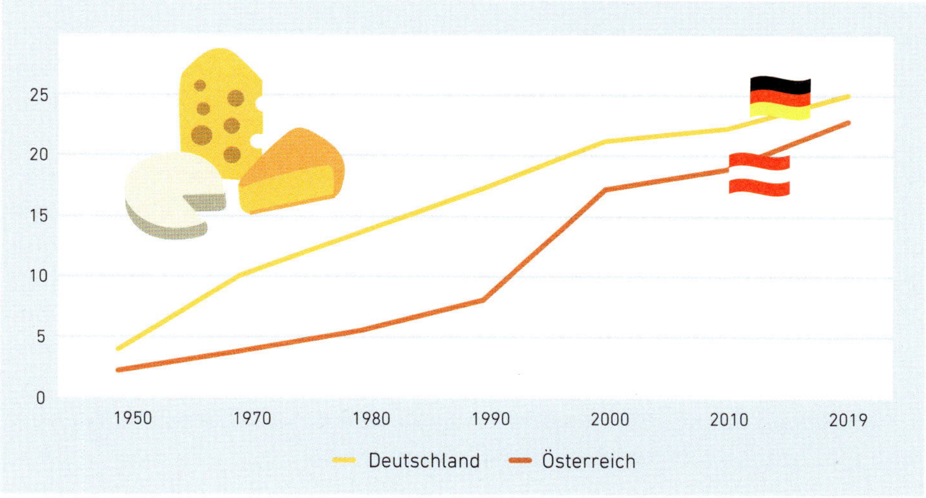

Macht Käse süchtig?

Warum fällt es uns so schwer auf Käse zu verzichten? In der Vergangenheit tauchten in den Medien immer wieder Schlagzeilen auf wie »Käse ist wie Crack – Studie zeigt, dass Käse so suchterregend wie Drogen ist«[10] (Los Angeles Times) oder »Die Wissenschaft zeigt, dass Käse wie Kokain ist«[11] im GQ-Magazin. Viele dieser Artikel bezogen sich dabei auf eine Untersuchung an etwa 500 befragten Personen, in der 35 unterschiedliche Lebensmittel anhand ihres »suchterregenden« Potenzials bewertet wurden.[12] Die Studie ergab dabei allerdings nicht das, was dann in den Schlagzeilen verbreitet wurde. In der Untersuchung landete zwar Pizza auf Platz eins, Käse jedoch nur auf Platz zehn. In den Top-Fünf hinter Pizza befanden sich Schokolade, Chips, Kekse und Eiscreme – alles Lebensmittel, in denen zwar Milch verarbeitet wird, aber in deutlich geringerem Maße und nicht so dicht konzentriert wie im Käse. Dass Pizza so weit oben landet, kann zudem auch abseits des dafür verwendeten Käses diverse andere Ursachen haben, wie an späterer Stelle in diesem Kapitel noch ausgeführt wird. Wenig überraschend findet sich in Anbetracht der Rangordnung nirgends in der Studie, dass Käse ähnlich suchterregend wie Drogen wirkt. Dies ist ein gutes Beispiel, wie Studienergebnisse in den populären Medien missrepräsentiert werden können. In diesem Fall sogar so sehr, dass sich eine der Autor*innen der Studie an die Öffentlichkeit wandte und in einem Interview darüber sprach, wie geschockt sie über die Falschaussagen und die zu starken Vereinfachungen in der Berichterstattung in Bezug auf die suchterregende Wirkung von Käse war und dass diese dann als Ausrede für den generellen Überkonsum sämtlicher käsehaltiger Lebensmittel herangezogen werden.[13] Die Wissenschaftlerin ergänzte außerdem, dass etwas sehr zu mögen mitnichten dasselbe ist wie süchtig nach etwas zu sein.

Doch auch wenn diese Studie nicht als Argument für die »suchterregenden« Eigenschaften von Käse herangezogen werden kann, berichten viele Menschen von ihrer Begierde nach Käse und wie schwer es ihnen fallen würde, darauf zu verzichten. Populäre Bücher wie »Raus aus der Käsefalle« (»The Cheese Trap«) von Dr. Neal Barnard behandeln dieses Thema und nennen drei mögliche Ursachen für die starke Vorliebe für Käse: den zumeist hohen Fettgehalt, den hohen Salzgehalt sowie das Vorkommen von opiatähnlichen Stoffen namens Casomorphine.[14] Auch wenn es in veganen Kreisen ein weit verbreitetes Argument für die »suchterregende« Wirkung von Käse ist, können aufgrund der überaus begrenzten Datenlage zu diesem Thema keine verbindlichen Aussagen zu den Auswirkungen von Casomorphinen gemacht werden und es zeigt sich, dass die meisten Behauptungen diesbezüglich übertrieben sind.

Casomorphine in der Milch

Es ist korrekt, dass Kuhmilch, aber auch menschliche Muttermilch, in geringen Konzentrationen Morphine enthält und ebenfalls (im Gegensatz zur menschlichen Muttermilch) große Mengen an Casein, das im Verdauungsvorgang zu den erwähnten Casomorphinen abgebaut werden kann.[15,16] Zusätzlich können auch während der Käseherstellung weitere Casomorphine entstehen.[17] Bei Casomorphinen handelt es sich um sogenannte Opioidpeptide. Das sind kurzkettige Peptide (Ketten von Aminosäuren, die bei der Proteinverdauung entstehen), die die natürlich vorkommenden Bindungspartner der Opioidrezeptoren darstellen. Aus evolutiver Sicht wäre es durchaus plausibel, dass Muttermilch opiatähnliche Substanzen enthält, da diese eine beruhigende Wirkung auf den gestillten Säugling (und die Mutter) haben könnten, den Säugling zum Trinken animieren und auch die Mutter-Kind-Bindung verstärken könnten.[18] Da Säuglinge in ihren ersten Lebensmonaten naturgemäß ausschließlich von Muttermilch leben, wäre es fatal, wenn sie diese nicht mögen würden und so wäre es ein schlauer »Trick« der Natur, dass Säuglinge durch die opiatähnlichen Stoffe sozusagen »süchtig« nach der Milch ihrer Mutter würden.[19] Die Datenlage hierzu ist allerdings unzureichend, um definitive Aussagen treffen zu können. Untersuchungen zeigen jedoch, dass Casomorphine aus dem Darm in die Blutbahn aufgenommen werden können[20,21] und es ein Teil von ihnen, zumindest im Tiermodell, über die Blut-Hirn-Schranke hinwegschafft.[22,23] Bei der Verdauung von Kuhmilch entstehen dabei im Vergleich zur menschlichen Muttermilch deutlich mehr Casomorphine, da Kuhmilch knapp fünfzehnmal mehr Casein enthält.[24] Etwa 80 % des Proteins in der Milch ist Casein und nur 20 % ist Molkenprotein.[25] Das Casein in der Kuhmilch unterscheidet sich dabei nicht nur in der Menge von jener in der menschlichen Milch, sondern auch in Bezug auf seine unterschiedlichen Untergruppen und deren Aminosäurenstruktur.[26] Casomorphine in der Kuhmilch sind daher nicht nur dichter konzentriert, sondern wirken auch um ein Vielfaches stärker als die in der menschlichen Muttermilch.[27]

Wissenschaftler gaben daher schon in den 1990er-Jahren zu bedenken, dass es trotz der geringen Aufnahmemenge und der deutlich schwächeren Wirkung im Vergleich zu Morphin schwer vorstellbar ist, dass diese Stoffe tatsächlich gar keine physiologische Wirkung auf den Körper haben.[28] In der Vergangenheit stellten deshalb einige Untersuchungen die Vermutung auf, Casomorphine könnten eine Auswirkung auf unser Gehirn haben. Dies begründeten die Autor*innen einer anderen Veröffentlichung mit dem vermeintlich entdeckten Zusammenhang zwischen dem Auftreten von Autismus sowie der Schwere der Symptome mit der Exposition gegenüber Casomorphinen in der Kuhmilch.[29] Wenn autistische Kinder in früheren Untersuchungen auf eine milchfreie (und glutenfreie) Ernährung gesetzt wurden, konnten deutliche Verbesserungen auf deren autistisches Verhalten im Vergleich zur Kontrollgruppe dokumentiert werden.[30] Allerdings bestätigen neuere und hochwertigere (weil doppelblinde) Studien diesen Effekt von milch- und glutenfreien Ernährungsweisen auf das Verhalten von autistischen Kindern nicht.[31,32] Anhand der aktuellen Datenlage scheint es sehr wahrscheinlich, dass die früher dokumentierten Verbesserungen lediglich auf dem Placebo-Effekt beruhten oder anderen Störfaktoren geschuldet waren. Hinsichtlich der suchterregenden Wirkung finden sich in der wissenschaftlichen Literatur bis heute keine belastbaren Humandaten. Die wenigen Tierversuche, die bis dato zu diesem Thema durchgeführt wurden, zeigten ebenfalls keine suchterregende Wirkung von Casomorphinen aus Milchprodukten bei Ratten.[33] Natürlich ist der Mensch keine Ratte, aber Erwachsene sind auch keine Säuglinge, und so sollte man mit der Übertragung von Studienergebnissen insgesamt stets vorsichtig sein. Eine der bislang umfangreichsten Analysen zur Thematik der Casomorphine von der European Food Safety

Authority (EFSA) schließt ihre über hundertseitige Publikation unter anderem mit der Schlussfolgerung ab, dass es eher unwahrscheinlich ist, dass bei Erwachsenen eine relevante Menge an Casomorphinen in intakter Form über die Darmschleimhaut aufgenommen wird und diese die Blut-Hirn-Schranke überwindet.[34] Die EFSA betont allerdings, dass bei Neugeborenen sowie bei Personen mit erhöhter Darmpermeabilität (Darmdurchlässigkeit) der Sachverhalt anders aussehen kann. Somit ist zumindest die zuvor besprochene Theorie der »suchterregenden« Wirkung der Casomorphine bei Säuglingen tatsächlich plausibel, bei den meisten Erwachsenen jedoch wohl nicht.

Darüber hinaus darf nicht vergessen werden, dass derartige morphinähnliche Substanzen (zu denen u. a. Casomorphin gehört) auch während der Verdauung zahlreicher anderer Lebensmittel entstehen, bei denen keine suchterregende Wirkung in Betracht gezogen wird. So entstehen Substanzen wie das Soymorphin bei der Verstoffwechslung von Soja, Gliadorphin beim Verzehr glutenhaltiger Nahrungsmittel oder Rubiscoline bei der Verdauung von Blattspinat.[35] Außerdem entstehen bei der Verdauung von Milch neben den Opiat-Agonisten (Substanzen, die an Opiat-Rezeptoren binden) wie Casomorphine auch Opiat-Antagonisten (Substanzen, die Opiat-Rezeptoren blockieren) wie Lactoferroxine. Durch das Blockieren der Opiat-Rezeptoren können Opiat-Antagonisten die Wirkungsweise der Casomorphine schwächen, und bei einigen Käsen wie Gouda überwiegt sogar die Menge dieser Antagonisten.[36] Das spricht – zumindest bei einigen Käsesorten – deutlich gegen eine suchterregende Wirkung. Wenn es also tatsächlich in manchen Fällen eine suchtfördernde Wirkung gibt, müsste man deutlich zwischen unterschiedlichen Käsesorten differenzieren. Zusätzlich müsste zwischen der Milch unterschiedlicher Rinderzüchtungen unterschieden werden, da es hier deutliche Unterschiede in den Potenzialen zur Freisetzung von Casomorphinen gibt.[37] Somit kann eine verhaltensformende Wirkung von Käse zwar zum aktuellen Zeitpunkt nicht zur Gänze ausgeschlossen werden, aber die Vorliebe für Käse liegt aller Wahrscheinlichkeit nach in anderen Eigenschaften begründet.

Käse bedient evolutiv geprägte Geschmacksvorlieben auf perfekte Weise

So wäre die Hypothese des hohen Salzgehaltes eine plausible Erklärung, da sämtliche salzreichen Lebensmittel von Menschen (sowie herbivoren und omnivoren Tieren)[38] überaus geschätzt werden. Natrium (ein Bestandteil von Salz) ist ein überlebensnotweniger Nährstoff und war im Laufe der menschlichen Evolution vor dem breitflächigen Zugang zu günstigem Salz äußerst spärlich in der Nahrung des Menschen vertreten.[39] So ist es nicht verwunderlich, dass Menschen eine Vorliebe für natriumhaltige Lebensmittel entwickelt haben, um trotz ihres in früheren

Zeiten oft natriumreduzierten (weil pflanzenbetonten) Speiseplans eine ausreichende Grundversorgung sicherzustellen.[40] Tierische Lebensmittel sind dabei im Durchschnitt von Grund auf (ohne die Zugabe von Salz) deutlich reicher an Natrium als pflanzliche. Ein Blick in die gängigen Nährwerttabellen zeigt allerdings, dass Käse bei Weitem nicht das einzige Lebensmittel mit einem sehr hohen Natriumgehalt ist. Weit vorne mit dabei sind Wurstwaren und zahlreiche weitere verarbeitete Lebensmittel.[41] Daher kann der Salzgehalt nicht die alleinige Erklärung für die starke Vorliebe für Käse sein.

Zwei weitere Faktoren spielen vermutlich neben dem Salzgehalt von Käse ebenso entscheidende Rollen: zum einen der Fettgehalt und zum anderen die ausgeprägte Umami-Note einiger Käsesorten. Je nach Sorte haben Käse einen Fettanteil in der Trockenmasse in Höhe von 40–70 % und in Bezug auf die Energie stammen so etwa 70–90 % der Kalorien aus Fett.[42] Ähnlich wie beim Salz haben Menschen eine angeborene Vorliebe für Fett und seit einigen Jahren wird Fett sogar als sechste Geschmacksrichtung diskutiert, da eigene Fett-Rezeptoren in den Geschmacksknospen entdeckt wurden.[43] Diese Vorliebe war in der Evolution des Menschen ebenfalls von Bedeutung, da sie in Zeiten der Lebensmittel-Knappheit garantierte, dass Menschen fettreichere (und damit energiereichere) Lebensmittel bevorzugten.[44] Die entscheidende Rolle von hoch konzentrierten Fettquellen (sowie hochglykämsichen Kohlenhydraten) in der Entstehung starker Vorlieben für gewisse Speisen postulierten auch die Wissenschaftlier*innen der weiter vorne genannten Untersuchung, in der Pizza (mit relativ großen Mengen an Fett durch Käse und hochglykämischen Kohlenhydraten durch Weißmehl) an der Spitze der »suchterregenden« Lebensmittel stand und in der aber kein Wort über mögliche Casomorphine zu finden war.[45] Pizza hatte in der Untersuchung zudem einen der höchsten Natriumgehalte aller untersuchten Lebensmittel, und obwohl Mozzarella im Vergleich zu anderen Käsen wie Parmesan deutlich weniger Umami enthält, liefert die Tomatensauce auf der Pizza diesen Geschmack in Fülle.[46] Diese Kombination aus hochglykämischen, fetthaltigen, salzigen und umamireichen Komponenten erklärt mit größerer Wahrscheinlichkeit als die Casomorphin-Theorie, warum Pizza an der Spitze der Aufzählung landete. Alle weiteren vier der Top-5 in dieser Liste (Schokolade, Chips, Kekse, Eiscreme) weisen ebenfalls entweder einen hohen Zucker- oder Fettgehalt (oder beides) auf.

Für den Umamigeschmack vieler Käsesorten spielen Stoffe wie die Glutamin-, Propion- oder die Bernsteinsäure eine wichtige Rolle.[47] Menschen haben auch diesbezüglich eine natürliche Vorliebe, da der Umamigeschmack einen hohen Proteingehalt signalisiert.[48] Dieses Aroma verstärkt sich um ein Vielfaches bei der Reifung von proteinhaltigen Lebensmitteln, und da Käse häufiger als andere tierische Produkte über längere Zeit hinweg einem Reifungsprozess ausgesetzt ist, wäre das ein weiterer erklärender Faktor.[49]

Schlussfolgerung

Übersichtsarbeiten zum Thema der suchterregenden Wirkung von Lebensmitteln haben in der überwiegenden Anzahl der Studien deutliche Hinweise gefunden, dass vor allem die Kombination aus raffinierten (und damit hochglykämischen) Kohlenhydraten wie Zucker zusammen mit zugesetzten Fetten bei Menschen eine Art »suchterregende« Wirkung erzeugen können.[50] Käse kann zwar je nach Sorte mehr oder weniger fettreich sein und auch der mitunter hohe Salzgehalt spielt eine Rolle in der vorgeblichen Unwiderstehlichkeit von Käse, dennoch zeigt die überaus begrenzte Datenlage keine vergleichbare suchterregende Wirkung von Käse. Die Hypothese der suchterregenden Casomorphine wird demnach aufgrund der spärlichen Datenlage nicht unterstützt. Sie ist einfach noch nicht ausreichend erforscht, um sie sicher be- oder widerlegen zu können und daher muss zukünftige Forschungsarbeit erst noch zeigen, wie belastbar diese Idee letztendlich ist.

Aus welchem Grund auch immer Menschen Käse so sehr lieben, ist letztendlich ohnehin von sekundärer Bedeutung. Wichtiger ist die Frage, wie die vegane Bewegung damit umgehen kann. Einen sehr pragmatischen Ansatz auf die Aussage »Ich würde ja vegan leben, aber ich könnte nie auf Käse verzichten« gab der vegane Aktivist Jack Norris, als er sagte: »Dann werde doch vegan, mit Ausnahme von Käse!«[51] Jack Norris betonte, dass diese Einstellung keineswegs den Konsum von Käse gutheißen sollte, jedoch wäre dies ein lösungsorientierter Ansatz, um jene Personen für eine vegan-freundlichere Ernährung zu begeistern, die grundsätzlich offen und interessiert, aber aufgrund ihrer augenscheinlichen Vorliebe für Käse nicht dazu bereit sind, sich komplett vegan zu ernähren. Wenn eine Person sich allerdings mit Ausnahme von Käse rein vegan ernährt, wird sie im Vergleich zu einer mischköstlichen Person ihren Konsum tierischer Produkte insgesamt drastisch reduzieren und wäre damit zumindest auf einem deutlich ethischeren und ökologischeren Kurs, der eventuell über die Zeit hinweg dazu führt, dass sie auch den Käsekonsum schrittweise reduziert und womöglich zukünftig ganz weglässt. Wenn sämtliche Käsefanatiker*innen, deren Hauptgrund gegen eine vegane Ernährung Käse ist, auf alle anderen tierischen Produkte verzichten würden, wäre damit bereits ein großer Schritt in die richtige Richtung unternommen.

Darüber hinaus finden sich von Jahr zu Jahr mehr vegane Käsealternativen, die immer besser werden. Wenn man davon ausgeht, dass es nicht Casomorphine sind, die uns so sehr an Käse binden, sondern schlichtweg viel Fett, Salz und Umami-Aromen, dann können diese Geschmackserlebnisse auch rein vegan gut nachempfunden und damit die Gier nach dem Geschmack von Käse ohne Kuhmilch befriedigt werden. Durch Innovationen wie die Cellular Agriculture können in den kommenden Jahrzehnten außerdem tierleidfreie Käse (aus sogenannter »Flora-based Milk«) mit echtem Kuhmilchprotein unabhängig von der

Kuh produziert werden.[52] Diese Milch hat das Potenzial, authentische Käseprodukte ohne Tierleid zu ermöglichen und Kühe künftig von der Milchproduktion zu befreien.

Richtigstellung des Arguments »Käse ist zu schmackhaft, um darauf zu verzichten«

Vorurteil	Faktenlage
Vegane Ernährung ist nichts für mich, denn ich könnte nie auf Käse verzichten.	Die vegane Ernährung ist keine Ernährungsweise, die man primär aus geschmacklichen Vorlieben wählt. Es geht dabei nicht um einen selbst und was man besonders gerne mag oder nicht mag, sondern darum, welche Auswirkungen die eigenen Geschmacksvorlieben auf andere Lebewesen haben. So sehr die meisten Menschen Käse mögen – unsere Gesellschaft muss zu einer alternativen Produktionsmethode für Käse übergehen, denn das Leid der etwa 290 Millionen Milchkühe[53] weltweit sowie deren Effekt auf unsere Umwelt sind nicht länger tragbar. In anderen Lebensbereichen würde eine persönliche Vorliebe wie der Geschmack alleine auch keine angemessene Rechtfertigung für unethische Praktiken darstellen. Vegane Käsealternativen werden von Jahr zu Jahr besser und die zellbasierte Landwirtschaft wird in den kommenden Jahren mit »Flora-based«-Milchprodukten geschmacklich gleichwertige – aber ethischere und ökologischere – Käsealternativen bieten.
Käse macht süchtig und daher kommen Menschen nicht von ihm los.	Die immer wieder vorgebrachte Erklärung, dass Casomorphine in Käse süchtig machen, hält einem kritischen Abgleich mit der bisherigen wissenschaftlichen Datenlage nicht stand. Menschen haben allerdings eine evolutiv bedingte Vorliebe für fettreiche, salzige und umamireiche Lebensmittel, und die meisten Käsesorten vereinen all diese drei Vorlieben in einem Produkt. Daher sind es eher diese Geschmackskomponenten, die Käse für viele Leute so unwiderstehlich machen. Um diese Geschmacksrichtungen in den Speiseplan zu integrieren, benötigt es allerdings nicht zwingend Säugetiermilch, und so können diese Geschmackserlebnisse auch rein vegan geschaffen werden.
Wenn man nicht auf Käse verzichten kann, kommt eine vegane Ernährung nicht in Frage.	Da Käse kein Monopol auf irgendeinen Nährstoff hat und somit ein gesundes Überleben des Menschen auch problemlos ohne Käse möglich ist, ist sein Verzehr (zumindest unter den aktuell vorherrschenden Produktionsbedingungen) tatsächlich nicht mit dem Ziel des Veganismus, dem Ende der Tierausbeutung, vereinbar. Dennoch ist der Veganismus eine pragmatische soziale Gerechtigkeitsbewegung, die zielgerichtet Tierausbeutung verhindern möchte und daher jede Maßnahme in dieser Sache begrüßt. Wenn eine Person also mit Ausnahme von Käse auf alle weiteren tierischen Produkte verzichtet, lebt sie zwar keineswegs vegan, aber isst damit durchschnittlich dennoch deutlich ethischer und umweltfreundlicher. Daher wäre dieses Verhalten aus Sicht des Veganismus zu begrüßen und es öffnet zusätzlich die Tür für derartige Esser*innen, durch die Weiterentwicklungen im Bereich der veganen Käsealternativen zukünftig zur Gänze auf Käse aus Säugetiermilch zu verzichten.

Quellen

1 Bwog Staff. (2013). *Oral Sex Or Cheese: The Truth Revealed?* Zugriff am 1. Februar 2021. Verfügbar unter https://bit.ly/2Lzkeiq

2 Superfoodly. (2017). *Cheese Addiction: Has Casomorphin Turned You Into a Fat Pig?* Zugriff am 1. Februar 2021. Verfügbar unter https://bit.ly/2LDo5Lk

3 Milchindustrieverband. (2020). *Die Milch im Überblick 2019/2020.* Zugriff am 1. Februar 2021. Verfügbar unter https://bit.ly/2NDrPRl

4 Statista. (2020). *Milchkühe in der Europäischen Union nach Ländern 2019.* Zugriff am 1. Februar 2021. Verfügbar unter https://bit.ly/3cdgAJI

5 Statista. (2020). *Pro-Kopf-Konsum von Käse in Deutschland bis 2019.* Zugriff am 1. Februar 2021. Verfügbar unter https://bit.ly/3bGytMQ

6 Statistik Austria. (o. D.). *Lebensmittel: Pro-Kopf-Verbrauch (in Kilo/Jahr).* Zugriff am 1. Februar 2021. Verfügbar unter https://bit.ly/2Yqz017

7 Statista. (2020). *Pro-Kopf-Konsum von Käse in Österreich in den Jahren 2007 bis 2019 (in Kilogramm).* Zugriff am 1. Februar 2021. Verfügbar unter http://bit.ly/3qQypSG

8 Österreichisches Institut für Wirtschaftsforschung. (1950). *Marktproduktion und Verbrauch von Milch und Milcherzeugnissen in Österreich.* Zugriff am 1. Februar 2021. Verfügbar unter https://bit.ly/39nON7u

9 Statistik Austria und AMA-Marketing. (o. D.). *Entwicklung des Pro-Kopf-Verbrauches von Käse in Österreich (in kg).* Zugriff am 1. Februar 2021. Verfügbar unter https://bit.ly/2M1Axsg

10 Harris, J. (2015). *Cheese really is crack. Study reveals cheese is as addictive as drugs.* Zugriff am 1. Februar 2021. Verfügbar unter https://lat.ms/2LAiYeQ

11 Vrabel, J. (2016). *Science Says Cheese is Basically Cocaine.* Zugriff am 1. Februar 2021. Verfügbar unter https://bit.ly/3g2mTyS

12 Schulte, E. M., Avena, E. M. und Gearhardt, A. N. (2015). Which Foods May Be Addictive? The Roles of Processing, Fat Content, and Glycemic Load. *PLoS One*, 10(2), e0117959.

13 Brookshire, B. (2015). *No, cheese is not just like crack – Headlines joked about cheese addiction, but the real science is far more complex.* Zugriff am 1. Februar 2021. Verfügbar unter https://bit.ly/36AjrZj

14 Barnard, N. (2018). *Raus aus der Käsefalle: Warum der Verzicht auf Käse uns schlanker, gesünder und vitaler macht.* Kandern: Unimedica, 39 f.

15 Hazum, E., Sabatka, J. J., Chang, K. J., Brent, D. A., Findlay, J. W. und Cuatrecasas, P. (1981). Morphine in cow and human milk: could dietary morphine constitute a ligand for specific morphine (mu) receptors? *Science*, 213(4511), 1010–1012.

16 Raies ul Haq, M., Kapila, R., Shandilya, U. K. und Kapila, S. (2014). Impact of Milk Derived β-Casomorphins on Physiological Functions and Trends in Research: A Review. *Int J Food Prop*, 17(8), 1726–1741.

17 Meisel, H. und Fitzgerald, R. J. (2000). Opioid peptides encrypted in intact milk protein sequences. *Br J Nutr*, 84(1), 27–31.

18 Pal, S., Woodford, K., Kukuljan, S. und Ho, S. (2015). Milk Intolerance, Beta-Casein and Lactose. *Nutrients*, 7(9), 7285–7297.

19 Hazum, E. (1991). Neuroendocrine peptides in milk. *Trends Endocrinol Metab*, 2(1), 25–28.

20 Summer, A., Di Frangia, F., Ajmone Marsan, P., De Noni, I. und Malacarne, M. (2020). Occurrence, biological properties and potential effects on human health of β-casomorphin 7: Current knowledge and concerns. *Crit Rev Food Sci Nutr*, 7, 1–19.

21 Raies ul Haq, M., Kapila, R., Shandilya, U. K. und Kapila, S. (2014). Impact of Milk Derived β-Casomorphins on Physiological Functions and Trends in Research: A Review. *Int J Food Prop*, 17(8), 1726–1741.

22 Ermisch, A., Rühle, H. J., Neubert, K., Hartrodt, B. und Landgraf, R. (1983). On the blood-brain barrier to peptides: [3H]beta-casomorphin-5 uptake by eighteen brain regions in vivo. *J Neurochem*, 41(5), 1229–1233.

23 Herrera-Marschitz, M., Terenius, L., Grehn, L. und Ungerstedt, U. (1989). Rotational behaviour produced by intranigral injections of bovine and human beta-casomorphins in rats. *Psychopharmacology (Berl)*, 99(3), 357–361.

24 Miller, M. J., Witherly, S. A. und Clark, D. A. (1990). Casein: a milk protein with diverse biologic consequences. *Proc Soc Exp Biol Med*, 195(2), 143–159.

25 Davoodi, S. H., Shahbazi, R., Esmaeili, S., Sohrabvandi, S., Mortazavian, A., Jazayeri, S. und Taslimi, A. (2016). Health-Related Aspects of Milk Proteins. *Iran J Pharm Res*, 15(3), 573–591.

26 Miller, M. J., Witherly, S. A. und Clark, D. A. (1990). Casein: a milk protein with diverse biologic consequences. *Proc Soc Exp Biol Med*, 195(2), 143–159.

27 Herrera-Marschitz, M., Terenius, L., Grehn, L. und Ungerstedt, U. (1989). Rotational behaviour produced by intranigral injections of bovine and human beta-casomorphins in rats. *Psychopharmacology (Berl)*, 99(3), 357–361.

28 Teschemacher, H. und Koch, G. (1991). Opioids in the milk. *Endocr Regul*, 25(3), 147–150.

29 Sokolov, O., Kost, N., Andreeva, O. et al. (2014). Autistic children display elevated urine levels of bovine casomorphin-7 immunoreactivity. *Peptides*, 56, 68–71.

30 Knivsberg, A. M., Reichelt, K. L., Høien, T. und Nødland, M. (2002). A randomised, controlled study of dietary intervention in autistic syndromes. *Nutr Neurosci*, 5(4), 251–261.

31 Elder, J. H., Shankar, M., Shuster, J., Theriaque, D., Burns, S. und Sherrill, L. (2006). The gluten-free, casein-free diet in autism: results of a preliminary double blind clinical trial. *J Autism Dev Disord*, 36(3), 413–420.

32 Hyman, S. L., Stewart, P. A., Foley, J. et al. (2016). The Gluten-Free/Casein-Free Diet: A Double-Blind Challenge Trial in Children with Autism. *J Autism Dev Disord*, 46(1), 205–220.

33 Reid, L. D. und Hubbell, C. L. (1994). An assessment of the addiction potential of the opioid associated with milk. *J Dairy Sci,* 77(3), 672–675.

34 De Noni, I., FitzGerald, R. J., Korhonen, H. J. et al. (2019). Review of the potential health impact of ß-casomorphins and related peptides. EFSA Scientific Report, 231, 1-107

35 Lister, J., Fletcher, P. J., Nobrega, J. N. und Remington, G. (2015). Behavioral effects of food-derived opioid-like peptides in rodents: Implications for schizophrenia? *Pharmacol Biochem Behav,* 134, 70–78.

36 Sienkiewicz-Szłapka, E., Jarmołowska, B., Krawczuka, S., Kostyra E., Kostyra, H. und Iwan, M. (2009). Contents of agonistic and antagonistic opioid peptides in different cheese varieties. *International Dairy Journal,* 19(4), 258–263.

37 Summer, A., Di Frangia, F., Ajmone Marsan, P., De Noni, I. und Malacarne, M. (2020). Occurrence, biological properties and potential effects on human health of β-casomorphin 7: Current knowledge and concerns. *Crit Rev Food Sci Nutr,* 7, 1–19.

38 Hurley, S. W. und Johnson, A. K. (2015). The biopsychology of salt hunger and sodium deficiency. *Pflugers Arch,* 467(3), 445–456.

39 Ebd.

40 Morris, M. J., Na, E. S. und Johnson, A. K. (2008). Salt craving: The psychobiology of pathogenic sodium intake. *Physiol Behav,* 94(5), 709–721.

41 Souci, S. W., Fachmann, W. und Kraut, H. (2016). *Die Zusammensetzung der Lebensmittel – Nährwerttabellen (8. Aufl.).* Stuttgart: Wissenschaftliche Verlagsgesellschaft.

42 Ebd.

43 Keast, R. S. J. und Costanzo, A. (2015). Is fat the sixth taste primary? Evidence and implications. *Flavour,* 4, 5.

44 Besnard, P., Passilly-Degrace, P. und Khan, N. A. (2016). Taste of Fat: A Sixth Taste Modality? *Physiol Rev,* 96(1), 151–176.

45 Schulte, E. M., Avena, E. M. und Gearhardt, A. N. (2015). Which Foods May Be Addictive? The Roles of Processing, Fat Content, and Glycemic Load. *PLoS One,* 10(2), e0117959.

46 Kurihara, K. (2015). Umami the Fifth Basic Taste: History of Studies on Receptor Mechanisms and Role as a Food Flavor. *Biomed Res Int,* 2015, 189402.

47 Drake, S. L., Whetstine, C. M. E., Drake, M. A., Courtney, P., Fligner, K., Jenkins, J. und Pruitt, C. (2007). Sources of umami taste in Cheddar and Swiss cheeses. *J Food Sci,* 72(6), 360–366.

48 Hartley, I. E., Liem, D. G. und Keast, R. (2019). Umami as an ›Alimentary‹ Taste. A New Perspective on Taste Classification. *Nutrients,* 11(1), 182.

49 Ebd.

50 Gordon, E. L., Ariel-Donges, A. H., Bauman, V. und Merlo, L. J. (2018). What Is the Evidence for »Food Addiction?« A Systematic Review. *Nutrients,* 10(4), 477.

51 Leenaert, T. (2017). *How to Create a Vegan World: A Pragmatic Approach.* New York: Lantern Books, 150 f.

52 Hoogenkamp, H. (2019). *Flora-Based Milk Protein: No Cows About It!* Zugriff am 1. Februar 2021. Verfügbar unter https://bit.ly/3e8bQ5R

53 Arvidsson-Segerkvist, K., Hansson, H., Sonesson, U. und Gunarsson, S. (2020). Research on Environmental, Economic, and Social Sustainability in Dairy Farming: A Systematic Mapping of Current Literature. *Sustainability,* 12(14), 5502.

Auf Deutschlands größter Frage-Antwort-Plattform *gutefrage.net* findet man folgende Frage von einem anonymen User: »Warum schmeckt veganes Essen so eklig? Fleisch schmeckt viel besser warum isst man Tofu? Ich weiß wegen den Tieren aber c'mon.«[1] Viele vegan lebende Menschen, die regelmäßig durch vegane Rezeptblogs oder Social-Media-Rezept-Profile scrollen oder sich Inspiration in einem der unzähligen veganen Kochbücher holen, zeigen für derlei Aussagen vermutlich wenig Verständnis, doch es ist nicht von der Hand zu weisen, dass es eine relevante Anzahl von Personen gibt, die sich auf Dauer schwertut, alltagstauglich, lecker und bedarfsdeckend vegan zu kochen. In der in mehreren Teilen veröffentlichten Studie von Faunalytics mit dem Titel »Study of Current and Former Vegetarians and Vegans« spiegelte sich dieses Muster ebenfalls wider.[2,3,4] Obwohl soziale Konflikte und Impraktikabilität im Alltag oft als relevante Gründe für das Beenden der veganen Ernährungsweise genannt wurden, war der am häufigsten genannte Grund unter den Ex-Vegetarier*innen und Ex-Veganer*innen in dieser Untersuchung deren Unzufriedenheit mit dem Geschmack der eigenen Mahlzeiten, wie auch in Kapitel 7 im Detail beschrieben wird.

Studien aus den USA können nicht auf Deutschland übertragen werden

Man darf hierbei nicht vergessen, dass diese Studie aus den USA stammt und damit nicht zwingend auf den deutschsprachigen Raum übertragbar ist. Denn vor allem im D-A-CH-Raum wächst das vegane Angebot wie in kaum einem anderen Teil der Welt. So existierten im Jahr 2019 in Deutschland mehr als 250 rein vegane Gastronomiebetriebe und auch das vegane Angebot in nicht-veganen Restaurants wächst stetig.[5] Alleine in Berlin gab es in 2019 mehr als 75 rein vegane Cafés und Restaurants. In Deutschland leben jedoch nicht genügend Veganer*innen, um die Existenz all dieser Gastronomiebetriebe wirtschaftlich auf Dauer zu sichern. Das legt nahe, dass auch zahlreiche Nicht-Veganer*innen dort essen und es augenscheinlich genießen. Im Supermarkt wächst das Angebot in einem Maße, das den Rückschluss zulässt, dass auch hier weit mehr als nur vegan lebende Menschen diese Produkte kaufen, was ebenfalls für deren Geschmack spricht. Im Jahr 2018 waren stolze 14 % der Lebensmittel-Neueinführungen in Deutschland vegan.[6] Diese hohe Rate beschert Deutschland bereits mehrere Jahre in Folge den weltweit ersten Platz unter den Ländern mit dem höchsten Anteil an veganen Lebensmittel- und Getränke-Neueinführungen.[7] Durch dieses stetig wachsende und sich kontinuierlich verbessernde vegane Lebensmittelangebot wird zukünftig der Geschmack kein valides Argument mehr gegen den Umstieg auf eine vegane Ernährung bzw. gegen die Beibehaltung einer veganen Ernährung sein. Dass die vegane Küche per

se nicht schmackhaft ist, widerlegen außerdem die vielen veganen Kochbuch-Neuerscheinungen, von denen einige verkaufsstarke Bestseller wurden und auch viele
Nicht-Veganer*innen begeisterten. In den Jahren von 2010 bis 2020 erschienen
über 550 vegane Koch- und Backbücher in deutscher Sprache.[8] Abbildung 32 illustriert diese Entwicklung der Kochbuch-Neuerscheinungen der letzten Dekade.

Abb. 32: **Jährliche Neuveröffentlichungen veganer Kochbücher 2010–2020**[9,10]

Vegane Kochbuch-Neuveröffentlichungen in deutscher Sprache. Gezählt wurden nur jene neuen Kochbücher,
die im Titel als explizit vegan bezeichnet wurden. Die Zahl aller jährlich erschienenen veganen Kochbücher ist
daher noch höher.

In 2014, dem bisherigen Spitzenjahr der veganen Buchveröffentlichungen, erschienen laut Mediacontrol 100 neue rein vegane Kochbücher, die im Titel bzw. Unter-
titel auch explizit als vegane Kochbücher erkennbar waren. Zählt man alle Koch-
buchveröffentlichungen hinzu, die zwar rein vegane Rezepte enthalten, die aber
nicht »vegan« im Titel stehen haben (wie zum Beispiel »Zero Waste Küche« von
Veganköchin Sophia Hoffmann oder die vegane »The Lotus & the Artichoke«-
Kochbuchreihe von Justin P. Moore ebenso wie »zufällig« vegane Kochbücher wie
beispielsweise Smoothie-Bücher und Ähnliches) dann kommt ProVeg Deutschland
(ehemals Vegetarierbund, VEBU) im Jahr 2016 sogar auf 211 neue vegane Kochbuch-
veröffentlichungen.[11] Welche Zahl man auch nehmen möchte – die Anzahl der
neu erscheinenden veganen Kochbücher, in vielen Fällen auch aus renommierten Verlagshäusern, sowie deren Beliebtheit auch unter mischköstlichen Hobby-
köch*innen unterstreicht, dass die vegane Küche alles andere als langweilig oder
geschmacklos ist.

Geschmacksvorlieben sind nicht in Stein gemeißelt

Im Gegensatz zu Herbivoren und Karnivoren, die eine sehr eingeschränkte Lebensmittelauswahl und deutlich geringer entwickelte Geschmacksknospen aufweisen, verfügt der Mensch als ursprünglicher Omnivor (siehe Kapitel 17) aufgrund seines größeren potenziellen Speisenangebots über eine größere Vielfalt an Geschmackswahrnehmungen.[12] Daher ist guter Geschmack Menschen besonders wichtig, aber es ist ein Irrtum, dass hierfür zwingend tierische Produkte benötigt werden. Obwohl einige kulinarische Vorlieben und Abneigungen durchaus genetische Prägungen aufweisen, ist es auch die Art der Ernährung während der ersten Lebensjahre, die Geschmacksvorlieben und die Offenheit gegenüber neuen Geschmacksrichtungen im späteren Verlauf des Lebens bestimmt.[13] Darüber hinaus sind manche Geschmackswahrnehmungen erlernt und können entsprechend umgelernt werden. So zeigten beispielsweise Untersuchungen, dass Menschen gesunde, ballaststoffreichere Kost umso mehr mochten, je häufiger sie diese Speisen verzehrten.[14] Der kontinuierliche Verzehr von salzfreien Speisen führte in einer Untersuchung auf Dauer dazu, dass Personen sensibler für Salz wurden und nachhaltig weniger salzige Speisen mochten und nach Ende des Untersuchungszeitraumes langfristig weniger Salz verwendeten.[15]

Ebenso wie man sich in (fast) jeder Ernährungsform gesund und bedarfsdeckend ernähren kann, finden sich in (fast) jeder Ernährungsweise Wege, um diese geschmacklich ansprechend zu gestalten. Viele Personen, die den Veganismus zudem zu Beginn mit der Begründung ablehnten, dass veganes Essen nicht schmecken würde, änderten ihren Standpunkt zur Gänze, als sie die Vielfalt der veganen Küche kennenlernten, und verstanden, wie guter Geschmack entstehen kann. Es existieren etwa 50.000 unterschiedliche essbare Pflanzen auf unserem Planeten, unter denen es alleine etwa 10.000 unterschiedliche Getreidearten gibt.[16] Wenn mehr Fokus auf pflanzenbetonte Ernährungsweisen gelegt wird, werden auch mehr und mehr dieser essbaren Pflanzen angebaut und die Vielfalt steigt dadurch drastisch. Aber auch schon mit der aktuellen Auswahl an pflanzlichen Lebensmitteln kann eine vegane Ernährung sehr vielfältig ausfallen und viele vegan lebende Menschen berichten, dass sie durch ihre Ernährungsumstellung erstmals mit einer ganzen Reihe an pflanzlichen Lebensmitteln in Berührung gekommen sind, die sie zuvor nicht kannten oder zumindest nie gegessen hatten. Die große Vielfalt der unterschiedlichen Hülsenfrüchte, Getreide, Gemüse, Früchte, Nüsse, Samen, Kräuter und Gewürze kann bei richtiger Anwendung von Kochtechniken hervorragenden Geschmack liefern.

Eine vegane Ernährung besteht nicht nur aus Pflanzen

Eine vegane Ernährung als »rein pflanzlich« zu beschreiben, ist streng genommen nicht korrekt, da sie auch Pilze enthalten kann. Pilze, die im eigentlichen Sinne keine Pflanzen sind, sondern eine eigene Gattung für sich darstellen,[17] spielen durch ihre vielfältigen Texturen und ihren deftigen Geschmack eine tragende Rolle in der veganen Küche. Viele traditionelle Proteinlieferanten wie Tofu, Tempeh und Seitan ergänzen ebenso wie die vielfältige Auswahl an pflanzlichen Alternativen zu Fleisch, Milch und Käse den veganen Speiseplan. Während die meisten Milchkonsument*innen überwiegend eine Art von Milch, nämlich Kuhmilch, konsumieren, bietet die vegane Ernährung mit pflanzlichen Milchalternativen auf Basis von Hafer, Reis, Dinkel, Soja, Lupine, Kokos, Mandel etc. eine Vielzahl an Geschmacksrichtungen. Vegane Ernährung ist also weit mehr als »nur Gemüse«. Auch wenn zum aktuellen Zeitpunkt noch nicht alle veganen Ersatzprodukte geschmacklich oder ernährungsphysiologisch überzeugen, sind viele von ihnen überaus schmackhaft und die Auswahl erweitert sich Jahr für Jahr. Ferner werden die bestehenden Produkte stetig weiterentwickelt und verbessert. Auch Produkte aus Quorn stehen vegan lebenden Menschen zur Verfügung. Quorn ist ein proteinreiches Nahrungsmittel aus dem fermentierten Myzel (fadenförmige Zellen eines Pilzes oder Bakteriums) eines Schlauchpilzes namens *Fusarium venenatum*.[18] Durch weitere Techniken wie dem 3-D-Druck können zukünftig komplexe dreidimensionale Strukturen wie die eines Steaks geschaffen werden, die denen von ganzen Fleischstücken zum Verwechseln ähnlich sind, aber aus veganen Zutaten bestehen. In ersten Geschmackstests schnitt das 3-D-Fleisch von Firmen wie Redefine Meat (Israel) und NovaMeat (Spanien) überragend gut ab und soll zeitnah in den ersten Restaurants in Deutschland erhältlich sein.

Auch wenn es hierzu innerhalb der veganen Szene (noch) keinen Konsens gibt, steht zumindest zur Diskussion, dass auch Fleisch (Cultivated Meat), Milch und Eier (Flora-based Milk bzw. Eggs), die ohne Tierausbeutung mit Hilfe der zellbasierten Landwirtschaft produziert werden, zukünftig Teil der veganen Kost sein können. Während die »Cellular Agriculture« (tierische) Zellen zum direkten Verzehr (etwa Muskelzellen für Cultivated Meat) kultiviert, geht es bei der sogenannten »Acellular Agriculture« um neue Produktionsmethoden, bei denen von Zellkulturen produzierte Produkte – aber nicht die Zellkulturen selbst – für den Konsum gewonnen werden können. Beispiele sind hier Flora-based Milk oder Flora-based Eggs, deren Einzelbestandteile von Hefebakterien produziert werden, um Kuhmilch ohne Kühe oder Eiklar ohne Huhn zu produzieren.[19,20] Wie real diese Art der Lebensmittelproduktion bereits ist, wurde im Dezember 2020 ersichtlich, als in Singapur im Restaurant »1880« das weltweit erste zellbasierte Hühnerfleisch des amerikanischen Unternehmens Eat Just (früher Hampton Creek) angeboten wurde.[21]

Wenn veganes Essen nicht schmeckt, liegt es an der Zubereitung

Die hohe Kunst des Kochens ist ebenso sehr Wissenschaft wie Kunst. Denn erst durch das Verständnis der chemischen Prozesse während der Zubereitung von Lebensmitteln und den evolutionsbiologischen Einflüssen auf unsere Geschmacksvorlieben ist es möglich, guten Geschmack zu verstehen und Wege zu finden, vegane Gerichte zuzubereiten, die nicht nur gesund sind, sondern auch hervorragend schmecken.

Die angeborene Vorliebe für fetthaltige und deftige Lebensmittel war wie die Vorliebe für Süßes und Salziges im Laufe der Evolution des Menschen von großer Bedeutung. Diese stellten sicher, dass unsere Vorfahren stets kalorienreiche, nährstoffdichte und ungiftige Lebensmittel an ihrem fetthaltigen (= fettreich), umamihaltigen (= proteinreich), süßen (= kohlenhydratreich) und salzigen (= mineralstoffreich) Geschmack erkennen konnten.[22] Um rundum schmackhafte vegane Gerichte zu kreieren, gilt es diese vier Geschmacksrichtungen ebenso wie die anderen beiden »sauer« und »bitter« in einem Gericht auszubalancieren. Obwohl bisweilen meist nur von den fünf Geschmacksrichtungen (süß, sauer, salzig, bitter und umami)[23] gesprochen wird, zeigen neuere wissenschaftliche Veröffentlichungen, dass Fett tatsächlich eine sechste Geschmacksrichtung ist, für die es eigene Geschmacksrezeptoren gibt.[24] Das Spüren von Schärfe hingegen ist kein Geschmack im eigentlichen Sinne, sondern ein Verbrennungssymptom im Mundraum, das nicht von Geschmacksknospen wahrgenommen wird.[25] Dennoch kann Schärfe in der richtigen Dosierung Speisen das gewisse Etwas verleihen. Wenn man diese sechs Geschmacksrichtungen gut ausbalanciert und an der richtigen Stelle etwas Schärfe hinzufügt, hebt das jedes vegane Gericht auf das nächste Level und bedient damit jene Erwartungen, die man typischerweise an fleischhaltige Gerichte hat. Vor allem die Umami-Komponente ist hier von besonderer Bedeutung, da sie am deutlichsten mit dem Verzehr tierischer Produkte in Verbindung steht. Der Begriff »umami« wurde um 1910 in Japan geprägt und bedeutet so viel wie würzig, kräftig, deftig und fleischig.[26] Dieser reichhaltige Geschmack wird unter anderem durch die natürlich in Lebensmitteln enthaltene Glutaminsäure erzeugt, die Teil vieler proteinhaltiger tierischer Produkte ist, aber ebenfalls in einer Reihe pflanzlicher Lebensmittel vorkommt. Vegane Lebensmittel wie getrocknete Pilze, getrocknete Tomaten, Zwiebel, Misopaste, Sojasauce, Hefeflocken und einige weitere enthalten viel Umami. Auch Zubereitungsmethoden wie Backen und Braten können durch die Erzeugung von Röstaromen eine Menge an Umami in Gerichte bringen. Guter Geschmack ist darüber hinaus mehr als das bloße Ausbalancieren der Geschmacksrichtungen. Neben ihnen entscheiden auch Geruch, Konsistenz und Temperatur über Geschmackserlebnisse. Unterschiedliche Temperaturen und abwechslungsreiche Konsistenzen innerhalb eines Gerichts machen dieses spannender. Köch*innen und Lebensmittelproduzent*innen können sich all dieser Hilfsmittel bedienen, um rundum wohlschmeckende vegane Gerichte zu kochen, die auch mischköstlich essenden Personen munden.

Veganer Fleischersatz wird im Blindtest oft nicht erkannt

Wenn Fleischalternativen richtig zubereitet werden, können viele von ihnen den Speisen, denen sie nachempfunden sind, verblüffend ähnlich sein. Im eingangs erwähnten Beitrag auf *gutefrage.net* antwortete ein User namens *PurpleKoi* auf die Frage »Warum schmeckt veganes Essen so eklig?« unter anderem mit folgenden Worten: »Ich erinnere mich an ein Festival. Dort gab es leckere Fleischtaschen. Super lecker. Als ich später nochmal mir was holen wollte, stand dort TOFU. Ich war wirklich überrascht wie lecker das schmecken kann.«[27] Dieses Beispiel ist eines von vielen, die nahelegen, dass vegane Gerichte in vielen Fällen den tierischen Lebensmitteln, denen sie nachempfunden sind, zum Verwechseln ähnlich sind. Das bestätigen auch mehrere Versuchsreihen.

Abbildung 33 illustriert die Ergebnisse von zwei Blindverkostungen, in denen Fleischliebhaber*innen jeweils ohne ihr Wissen vegane Fleischersatzprodukte kredenzt wurden. Wie aus den Ergebnissen ersichtlich wird, bemerkte ein Großteil der Testpersonen nicht, dass sie gar kein Fleisch aßen. Das erste Experiment fand im Jahr 2010 in der Mensa der Ruhr-Universität Bochum statt, in der Vegankoch

Abb. 33: **Anteil an Personen, die eine vegane Speise während einer Blindverkostung als fleischhaltig einstuften**[28,29]

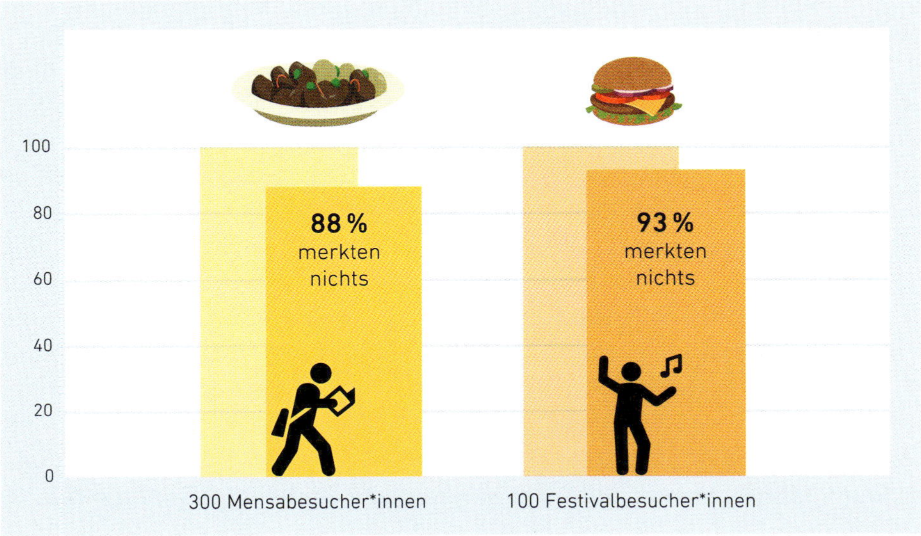

88 % merkten nichts

93 % merkten nichts

300 Mensabesucher*innen

100 Festivalbesucher*innen

Björn Moschinski für 300 Personen veganes »Rinder«-Gulasch kochte. Ganze 88 % der mischköstlichen Mensabesucher*innen merkten dabei auf Nachfrage nicht, dass sie ein veganes Gulasch ganz ohne Fleisch gegessen hatten.[30] Das zweite Experiment wurde in 2017 auf einem Festival durchgeführt, bei dem 100 Personen, die eigentlich einen fleischhaltigen Burger an einem der Essensstände bestellt hatten, ein veganer Burger serviert wurde. Beachtliche 93 % merkten es nicht und betonten, wie schmackhaft der Burger sei.[31] Auf Nachfrage der Reporterin, wie das Fleisch im Burger geschmeckt habe, antwortete ein Blindverkoster »Fleisch war gut. So wie es eigentlich sein soll.«[32] Nach der Enthüllung war der Verkoster sichtlich überrascht und entgegnete auf die Nachfrage, was er gemacht hätte, wenn er vorab gewusst hätte, dass der Burger vegan sei, dass er ihn wohl gar nicht erst probiert hätte. Vegane Gerichte unterliegen also, oft schon bevor sie probiert werden, falschen Vorurteilen, was wiederum eine objektive Bewertung von deren Geschmack beeinträchtigt. Dass eigene Vorurteile die Geschmackswahrnehmung (negativ wie positiv) beeinflussen können, ist dabei gut erforscht. In einer Untersuchung bewerteten Testesser*innen bei Blindverkostungen Chips, Säfte und Joghurt mit Biosiegel als wohlschmeckender als deren konventionelle Pendants, obwohl es sich bei den vermeintlichen Bio-Lebensmitteln und den konventionellen Gegenstücken um ein und dasselbe Lebensmittel handelte.[33]

Auch in einem weiteren Testessen zeigte Vegankoch Björn Moschinski seine Kochfähigkeiten: In einem Fünf-Gänge-Menü servierte er einer Gruppe an Testesser*innen in einer Blindverkostung vegane Alternativen zu Fleischsalat, Wirsingroulade, Lachshäppchen, Entenbrust mit Rotkohl, Pilzen und Kartoffeln sowie Mousse au Chocolat – alles selbstverständlich ohne tierische Produkte. Mit Ausnahme einer Person, die lediglich bei der Hühnerbrust an deren Echtheit zweifelte, lobten alle anderen Gäste das gesamte Menü und erkannten trotz Nachfrage nicht, dass kein einziges der Gerichte Fleisch, Fisch, Milch und Eier enthielt.[34]

Eine Frage, die im Kontext der veganen Fleischersatzprodukte oft gestellt wird: Wieso wollen vegan lebende Menschen denn überhaupt Fleisch, Käse, Eier etc. in einer veganen Variante (siehe Kapitel 16)? Die kurze Antwort lautet: Weil man den Geschmack mag, aber nicht die Produktionsmethoden, unter denen diese Lebensmittel produziert wurden. Der Preis, den Lebewesen dafür bezahlen, dass Menschen Fleisch essen können, ist ungleich höher als der Wert des geschmacklichen Verlusts dieser Gaumenfreuden. Dort, wo tierische Produkte für das gesunde Überleben des Menschen nicht notwendig sind – wie es in westlichen Ländern in den allermeisten Situationen der Fall ist –, konkurrieren das schlichte kulinarische Begehren nach tierischen Produkten, bloße Gewohnheiten oder Bequemlichkeiten des Menschen mit dem schwerwiegenderen Interesse des Tieres auf ein unversehrtes Leben. Wenn es also eine Möglichkeit gibt, durch vegane Fleisch- und Käsealternativen das kulinarische Begehren mit dem Leben des Tiers zu vereinen, wäre das eine Win-win-Situation für alle Beteiligten.

Zahlreiche vegane Köch*innen zeigen in ihren Blogs und Kochbüchern und auf YouTube, wie schmackhaft und abwechslungsreich die vegane Küche sein kann. Es sind zu viele um sie alle zu nennen, aber hier eine Auswahl (von links nach rechts): Lea Green (Veggies-Foodblog), Sebastian Copier, Bianca Zapatka, Alexander Flohr (»Hier kocht Alex«), Nadine Horn und Jörg Mayer (»Eat This!«-Foodblog), Philipp und Nadine Steuer (Kupferfuchs) sowie Justin P. Moore (»The Lotus & the Artichoke«).

Vegane Rezepteblogs und Social-Media-Accounts

Zahlreiche deutsche vegane Food-Blogs wie Lea Greens »Veggies«-Blog, der »Eat This!«-Blog von Nadine Horn und Jörg Mayer ebenso wie der Food-Blog von Bianca Zapatka und viele weitere liefern kostenfrei eine Fülle an schmackhaften veganen Rezepten. Auch auf YouTube gibt es gleich mehrere Kanäle, auf denen es regelmäßig neue vegane Kochvideos zu sehen gibt. Dazu zählen unter anderem der YouTube-Kanal »Hier kocht Alex« von Alexander Flohr, die YouTube-Kochsendung »Gemüse kann alles« von Sebastian Copien oder die beiden YouTube-Kanäle des Ehepaars Philipp und Nadine Steuer, auf denen es in den Videos neben Rezepten auch vegane Produkttests gibt.

Viele Länderküchen bieten eine Fülle an Gerichten, die entweder bereits vegan sind oder sehr einfach veganisiert werden können. Der weitgereiste Vegankoch Justin P. Moore zeigt beispielsweise mit seinem veganen Rezepteblog »The Lotus & the Artichoke« sowie der gleichnamigen Kochbuchreihe, welche schmackhaften veganen Gerichte man aus Länderküchen wie der äthiopischen, mexikanischen, indischen, malaysischen und anderen Länderküchen zubereiten kann.

Die beim Fleisch gängigen Zubereitungsmethoden wie Grillen, Schmoren, Braten etc. sind keineswegs nur Fleischgerichten vorenthalten. Wenn pflanzlichen Rohstoffen dieselbe Aufmerksamkeit und Hingabe in der Zubereitung zuteilwird, können diese ebenso großartigen Geschmack hervorbringen. Oder um es mit den Worten von Vegankoch Sebastian Copien zu sagen: »Wenn Gemüse nicht schmeckt, liegt es nicht am Gemüse, sondern an der Zubereitung.«[35]

Schlussfolgerung

Wenn eine vegane Ernährung einseitig ausfällt, dann liegt das in erster Linie an der mangelnden Kenntnis über pflanzliche Lebensmittel und die richtigen Zubereitungstechniken. Ohne Frage gibt es noch nicht im gesamten deutschsprachigen Raum eine vegane Restaurantdichte wie in Berlin, und nicht jeder Supermarkt und Discounter ist gleich gut mit einem veganen Warensortiment bestückt. Dennoch wächst das vegane Angebot immer weiter und zahlreiche vegane Onlineshops erleichtern den Lebensmitteleinkauf auch in ländlicheren Gegenden.

Selbst im fiktiven Szenario, dass veganes Essen wirklich nicht so gut schmecken würde wie Gerichte mit tierischen Produkten, wäre aber selbst das kein Argument gegen die ethische Position des Veganismus. Auch wenn zahlreiche vegane Köch*innen beweisen, dass die vegane Küche äußerst schmackhaft sein kann, geht es beim Veganismus grundsätzlich nicht um Geschmack, sondern vielmehr darum, dafür einzutreten, dass Geschmack, Komfort und Artverwandtes die Ausbeutung von »Nutztieren« in keinem Fall rechtfertigen. Wären wir in der Rolle der Opfer, würden wir eine derartige Argumentation ebenso wenig hinnehmen. Wenn eine andere uns überlegene Spezies unser Fleisch gerne äße oder den Geschmack von Menschenmilchkäse so gerne hätte, dass sie uns dafür all das antäte, was wir für Fleisch den Masttieren und für Käse den Kühen, Ziegen, Schafen etc. antun, wären wir froh darüber, wenn sich jemand so für unsere Belange einsetzen würde, wie es vegan lebende Menschen für die Belange der Tiere tun.

Dass man die Rechte der Tiere bewahren und lecker essen kann, ist aber zweifelsfrei ein großer Pluspunkt, und so sei allen veganen Köch*innen sowie allen Lebensmittelunternehmen gedankt, die mit ihrer Arbeit dazu beitragen, dass der Einsatz für Tierrechte und kulinarischer Genuss sich nicht gegenseitig ausschließen.

Vorurteil	Faktenlage
Veganes Essen schmeckt nicht.	So gut wie jede Art der Ernährung kann durch die richtige Art der Lebensmittelzubereitung schmackhaft gestaltet werden. Selbst wenn veganes Essen wirklich nicht vergleichbar schmackhaft wie Gerichte mit tierischen Produkten wäre, dann würde selbst das noch kein Argument gegen die ethische Position des Veganismus darstellen. Es geht der veganen Bewegung darum aufzuzeigen, dass Geschmack, Komfort und Artverwandtes die Ausbeutung von »Nutztieren« in keinem Fall rechtfertigen, da keine gesundheitliche oder andere Notwendigkeit hierfür besteht. Wären wir in der Rolle des Opfers, würden wir es ebenso wenig akzeptieren, dass wir nur aus geschmacklichen Gründen ausgebeutet oder getötet werden.
Man findet unterwegs kaum vernünftiges veganes Essen.	Deutschland befindet sich an der weltweiten Spitze der veganen Lebensmittel- und Getränke-Neueinführungen und daher ist die Umsetzung einer veganen Ernährung besonders hierzulande um ein Vielfaches einfacher als in anderen Ländern. Beinahe alle Supermärkte, Discounter und Bioläden haben mittlerweile ein vernünftiges veganes Lebensmittelangebot. Fast alle großen Fast-Food-Ketten bieten auch vegane Optionen an und es gibt kaum noch Restaurants, die nichts Veganes auf der Speisekarte haben. Dennoch muss eingestanden werden, dass es zum aktuellen Zeitpunkt nichtsdestotrotz im Vergleich zur Mischkost aufwendiger sein kann, sich außer Haus vegan zu ernähren. Komfort und Annehmlichkeiten stellen jedoch keine valide Rechtfertigung für die Ausbeutung von Tieren dar. Erneut gilt: Wären wir selbst betroffen, würden wir eine derartige Rechtfertigung ebenfalls nicht hinnehmen.
Wenn man kein Gemüse mag, kann man auch die vegane Küche nicht mögen.	Gemüse kann auf so viele Arten zubereitet werden, dass es unter der Verwendung geeigneter Küchentechniken durchaus auch Leuten schmeckt, die von sich selbst behaupten, kein Gemüse zu mögen. Selbst wenn eine Person überhaupt kein Gemüse mag, ist das aber dennoch kein Argument gegen den Veganismus. Man kann seinen Bedarf an überlebensnotwendigen Nährstoffen im Rahmen der veganen Ernährung auch gänzlich ohne Gemüse decken, und die Vielfalt an veganen Lebensmitteln würde es in der Theorie zulassen, eine kulinarisch ansprechende und abwechslungsreiche vegane Ernährung gänzlich ohne Gemüse zu ermöglichen. Aus ernährungswissenschaftlicher Sicht wird aber selbstverständlich eine gemüselastige Kost empfohlen.
Tierische Lebensmittel bringen unvergleichbaren Geschmack in Gerichte.	Zahlreiche Blindverkostungen zeigten in der Vergangenheit bereits, dass viele Fleischliebhaber*innen oft gar nicht merken, wenn sie vegane Burger, Gulasch und ähnliches essen. Wird veganen Lebensmitteln dieselbe Aufmerksamkeit und Hingabe in der Zubereitung zuteil und wird darauf geachtet, dass die unterschiedlichen Geschmacksrichtungen ausbalanciert werden, können diese ebenso großartige Geschmackserlebnisse hervorbringen. Durch die richtige Lebensmittelauswahl und Zubereitung können auch deftige, fleischige Umami-Aromen in der veganen Küche erzeugt werden. Aber selbst wenn tierische Lebensmittel unvergleichliche Aromen in Gerichte bringen würden, wiegt dieses Begehren nicht schwerer als das Interesse des Tiers auf ein unversehrtes Leben.

Quellen

1 GuteFrage.net. (o. D.). *Warum schmeckt veganes Essen so eklig?* Zugriff am 1. Februar 2021. Verfügbar unter https://bit.ly/39YYecF

2 Faunalytics. (2014*). Study of Current and Former Vegetarians and Vegans – Initial Findings*. Zugriff am 1. Februar 2021. Verfügbar unter https://bit.ly/2yz4OIc

3 Faunalytics. (2015). *Study of Current and Former Vegetarians and Vegans – Qualitative Findings*. Zugriff am 1. Februar 2021. Verfügbar unter https://bit.ly/2LfaREv

4 Faunalytics. (2016). S*tudy of Current and Former Vegetarians and Vegans – Secondary Findings*. Zugriff am 1. Februar 2021. Verfügbar unter https://bit.ly/3clhYai

5 ProVeg. (2019). *Vegan-Trend: Zahlen und Fakten zum Veggie-Markt.* Zugriff am 1. Februar 2021. Verfügbar unter https://bit.ly/2KC1fXt

6 Ahrens, S. (2020). *Statista – Anteil veganer Lebensmittel bei Produktlaunches in Deutschland bis 2018*. Zugriff am 1. Februar 2021. Verfügbar unter https://bit.ly/3jW0Xa5

7 Mintel. (2018). *Deutschland dominiert weiterhin bei veganen Produkteinführungen.* Zugriff am 1. Februar 2021. Verfügbar unter https://bit.ly/3cFxZc5

8 Eine detaillierte Auflistung der Kochbuchneu-erscheinungen von 2010–2020 laut Mediacontrol gibt es unter www.nikorittenau.com/vegan-ist-unsinn

9 Veggieworld. (2020). *Zahlen und Fakten zum veganen Trend in Deutschland.* Zugriff am 1. Februar 2021. Verfügbar unter https://bit.ly/3sPnSJe

10 Eine detaillierte Auflistung der Kochbuchneu-erscheinungen von 2010–2020 laut Mediacontrol gibt es unter www.nikorittenau.com/vegan-ist-unsinn

11 Veggieworld. (2020). *Zahlen und Fakten zum veganen Trend in Deutschland.* Zugriff am 1. Februar 2021. Verfügbar unter https://bit.ly/36bBTaJ

12 Breslin, P. A. S. (2013). An Evolutionary Perspective on Food Review and Human Taste. *Curr Biol*, 23(9), 409–418.

13 De Cosmi, V., Scaglioni, S. und Agostoni, C. (2017). Early Taste Experiences and Later Food Choices. *Nutrients*, 9(2), 107.

14 Anguah, K. O., Lovejoy, J. C., Craig, B. A., Gehrke, M. M., Palmer, P. A., Eichelsdoerfer, P. E. und McCrory, M. A. (2017). Can the Palatability of Healthy, Satiety-Promoting Foods Increase with Repeated Exposure during Weight Loss? *Foods*, 6(2), 16.

15 Blais, C. A., Pangborn, R. M., Borhani, N. O., Ferrell, M. F., Prineas, R. J. und Laing, B. (1986). Effect of dietary sodium restriction on taste responses to sodium chloride: a longitudinal study. *Am J Clin Nutr*, 44(2), 232–243.

16 Ji, Q., Xu, X. und Wang, K. (2013). Genetic transformation of major cereal crops. *Int J Dev Biol*, 57(6–8), 495–508.

17 Feeney, M. J., Miller, A. M. und Roupas, P. (2014). Mushrooms—Biologically Distinct and Nutritionally Unique: Exploring a »Third Food Kingdom«. *Nutr Today,* 49(6), 301–307.

18 Finnigan, T. J., Wall, B. T., Wilde, P. J., Stephens, F. B., Taylor, S. L. und Freedman, M. R. (2019). Myco-protein: The Future of Nutritious Nonmeat Protein, a Symposium Review. *Curr Dev Nutr*, 3(6), nzz021.

19 Bryant, C. J. (2020). Culture, meat, and cultured meat. *J Anim Sci*, 98(8), skaa172.

20 Wells, S. (2020). *Inverse: Microflora-made dairy offers a new way to go vegan – Vegan company Perfect Day offers an animal-free alternative.* Zugriff am 1. Februar 2021. Verfügbar unter https://bit.ly/3oajlxz

21 Scipioni, J. (2020). *CNBC: This restaurant will be the first ever to serve lab-grown chicken (for $23).* Zugriff am 1. Februar 2021. Verfügbar unter https://cnb.cx/2Y69Ox4

22 Finger, T. E. und Kinnamon, S. C. (2011). Taste isn't just for taste buds anymore. *Biol Rep*, 3, 20.

23 Melis, M. und Barbarossa, I. T. (2017). Taste Perception of Sweet, Sour, Salty, Bitter, and Umami and Changes Due to l-Arginine Supplementation, as a Function of Genetic Ability to Taste 6-n-Propylthio-uracil. *Nutrients*, 9(6), 541.

24 Besnard, P., Passilly-Degrace, P. und Khan, N. A. (2016). Taste of Fat: A Sixth Taste Modality? *Physiol Rev*, 96(1), 151–176.

25 Institute for Quality and Efficiency in Health Care. (2006). *How does our sense of taste work?* Zugriff am 1. Februar 2021. Verfügbar unter http://bit.ly/3sOQRNy

26 Ebd.

27 GuteFrage.net. (o. D.). *Warum schmeckt veganes Essen so eklig?* Zugriff am 1. Februar 2021. Verfügbar unter https://bit.ly/39YYecF

28 Moschinski, B. (2013). *Wie ernährt sich Deutschland? ARD-Themenwoche »Essen ist Leben«. Sendung vom 28. 10. 2010.* Zugriff am 1. Februar 2021. Verfügbar unter https://bit.ly/2ShMppJ

29 stern TV. (2017). *Wenn man Fleisch-Fanatikern vegane Burger unterjubelt.* Zugriff am 1. Februar 2021. Verfügbar unter https://bit.ly/3cNZyzi

30 Moschinski, B. (2013). *Wie ernährt sich Deutschland? ARD-Themenwoche »Essen ist Leben«. Sendung vom 28. 10. 2010.* Zugriff am 1. Februar 2021. Verfügbar unter https://bit.ly/2ShMppJ

31 stern TV. (2017). *Wenn man Fleisch-Fanatikern vegane Burger unterjubelt.* Zugriff am 1. Februar 2021. Verfügbar unter https://bit.ly/3cNZyzi

32 stern TV. (2017). *Wenn man Fleisch-Fanatikern vegane Burger unterjubelt (Min. 2:37–2:40).* Zugriff am 1. Februar 2021. Verfügbar unter https://bit.ly/3cNZyzi

33 Schouteten, J. J., Gellynck, X. und Slabbinck, H. (2019). Influence of organic labels on consumer's flavor perception and emotional profiling: Comparison between a central location test and home-use-test. *Food Res Int.* 116, 1000–1009.

34 Galileo. (2019). *Bluffermenu: Weder Fisch noch Fleisch.* Zugriff am 1. Februar 2021. Verfügbar unter https://bit.ly/3dYRb4s

35 Kowitz, M. (2016). *»Vegan bedeutet nicht Verzicht«.* Zugriff am 1. Februar 2021. Verfügbar unter http://bit.ly/2Npfos5

TIERISCHE
PRODUKTE
ZU ESSEN IST
NATÜRLICH

14.

Ein großer Teil der vorgebrachten Rechtfertigungen für den Konsum von Tierprodukten sind Argumente, die sich in irgendeiner Form auf deren Natürlichkeit beziehen. Aus einer vermeintlichen Natürlichkeit wird dann geschlussfolgert, dass entsprechend »natürliche« Handlungen gut (und damit ethisch gerechtfertigt) sind, da sie sozusagen »unserer Natur« entsprechen. Häufig geschieht das auch anhand von Verweisen auf vermeintlich analoge Beispiele innerhalb der Natur. Dies ist allerdings ein Fehlschluss, der bereits im Jahr 1922 im Werk »Principia Ethica« vom britischen Philosophen George Edward Moore als »Appeal to nature«-Fehlschluss (Natürlichkeitsfehlschluss) benannt wurde.[1] Dieser beschreibt vereinfacht ausgedrückt die falsche Annahme, dass die Natur grundsätzlich gut sei und somit auch alles Natürliche automatisch gut und erstrebenswert wäre. Dass dieser Fehlschluss knapp 100 Jahre später immer noch so häufig begangen wird, liegt wohl daran, dass »Natürlichkeit« auch heute noch gesellschaftlich im Allgemeinen als etwas Positives, Richtiges und Erstrebenswertes angesehen wird. »Unnatürliche« (siehe Kapitel 15) oder »chemische« Dinge (siehe Kapitel 6) sind hingegen nicht selten ohne nähere Betrachtung des Sachverhalts negativ konnotiert und werden oft grundsätzlich als potenziell schädlich betrachtet. Dabei bringt die Natur selbst genügend schädliche Substanzen hervor. Stoffe wie Arsen oder Uran ebenso wie zahlreiche Gifte in Pilzen oder von Schlangen sind allesamt natürlich. Eine der krebserregendsten Substanzen überhaupt ist ebenfalls natürlich: das vom Schimmelpilz Aspergillus flavus produzierte Aflatoxin.[2] Das Befürworten des Natürlichen geschieht dabei allerdings nicht konsequent, sondern bezieht sich zumeist selektiv auf Dinge, die man eigentlich aus anderen Gründen befürwortet und lediglich unter dem Deckmantel der Natürlichkeit zu rechtfertigen versucht, weil stichhaltige Argumente fehlen.

Der Sein-Soll-Fehlschluss

Der Mensch ist allerdings nicht nur ein Natur-, sondern auch ein Kulturwesen. Letzteres wird im Kontext dieses Arguments willkürlich ausgeblendet, obwohl es auf den heutigen Menschen im besonderen Maße zutrifft. Durch all die technologischen und gesellschaftlichen Fortschritte sind wir heute in der einzigartigen Position, unser Handeln auf ethische Motive hin zu hinterfragen, da wir nicht mehr täglich um unser Überleben kämpfen müssen. Schon im 19. Jahrhundert betonten Vordenker wie der Philosoph John Stuart Mill, der Biologe Thomas Henry Huxley und der Schriftsteller Émile Zola, dass es in der Natur selbst keinerlei moralische Werte gibt. Die Natur »ist« schlichtweg und es benötigt das Zutun des Menschen, um dieses »Sein« in ein ethisch gelenktes »Sollen« umzuwandeln.[3] Daher kann aus dem Sein in der Natur kein legitimer Rückschluss auf das gezogen werden, wie Dinge sein *sollten*. Diese irrtümliche Annahme wird auch als Sein-

Soll-Fehlschluss (auch naturalistischer Fehlschluss genannt) bzw. dessen tunlichstes Vermeiden als »Humes Gesetz« (nach dem schottischen Philosophen David Hume) bezeichnet.[4]

Natürlichkeit ist nicht immer gut

Die Natürlichkeit einer Sache ist als solche noch kein valides Argument für oder gegen etwas. Die Natur ist per se weder gut noch schlecht. Sie entwickelt sich aufgrund von gegebenen Naturgesetzen und tut dies ohne den Einfluss einer Ethik. Die Natur ist im Grunde zunächst nur der Ablauf von Prozessen. Nicht das Gerechteste, das Anständigste oder das ethisch Gute setzt sich automatisch durch, sondern schlichtweg das, was funktioniert. Das kann in manchen Fällen zwar Güte, Friedlichkeit, Kooperation und gegenseitiges Unterstützen sein. Aber es kann in einigen Situationen eben auch das genaue Gegenteil sein. Menschen neigen dazu, die Natur fälschlicherweise zu romantisieren.[5] Es ist leicht, diesen Fehler zu begehen, wenn man in Sicherheit und Wohlstand in westlichen Ländern lebt und unter Natur das versteht, wo man an der frischen Luft zum Entspannen spazieren geht, und eben nicht den seit fast vier Milliarden Jahren andauernden und teils gnadenlosen Überlebenskampf, den die meisten Spezies auf diesem Planeten (und bis vor nicht allzu langer Zeit auch die meisten Menschen) führen. Die Natur ist in dieser Hinsicht skrupellos. Damit ist nicht gemeint, dass sie selbst boshaft oder sadistisch ist, sondern wortwörtlich ohne jeden Skrupel – also frei von auf moralischen Bedenken beruhenden Hemmungen. Die Natur hat keine Vorstellung von Gut und Böse. Ihr ist es auch nicht wichtig, ob Individuen gut, lange, glücklich oder gesund leben. All das ist aber uns als Individuen wichtig. Die Natur bzw. die Evolution unterstützt das, was sich mit dem größten Reproduktionserfolg durchsetzt – völlig egal ob es dabei friedlichere und aus unserer Sicht ethischere Optionen gibt. Wer nicht in einer grausamen und skrupellosen Gesellschaft leben möchte, kann sich also bei seinem Tun und Handeln nicht auf die Natur berufen.

Kaum etwas ist heutzutage noch natürlich

Einer der prägendsten Punkte in der menschlichen Entwicklungsgeschichte war zweifelsohne die neolithische Revolution. Menschen, die bisher als Jäger*innen und Sammler*innen lebten, wurden sesshaft und begannen, Ackerbau und Viehhaltung zu betreiben. So bauten sie unter anderem Getreide an, statt sich auf das zu verlassen, was in der Natur wuchs und dort gesammelt werden konnte. Dementsprechend könnte man durchaus argumentieren, dass seit diesem Zeitpunkt eigentlich nichts mehr wirklich natürlich ist – einschließlich der Tierhaltung und der Produkte, die mit ihrer Hilfe hergestellt wurden und werden. Diese »unnatürliche« Veränderung in unserem Essverhalten bildete allerdings als einer der Eckpfeiler nachfolgender Hochkulturen eine wichtige Grundlage für die weitere Entwicklung des Menschen. Dies kann man durchaus als einen kulturellen Wandel betrachten. Kultur ist dabei der Gegenbegriff zu Natur.[6] Wenn man blind dem Streben nach Natürlichkeit folgt, würde das bedeuten, dass jede kulturelle Errungenschaft automatisch als schlecht zu kategorisieren und damit abzulehnen wäre. Denkt man das weiter, erkennt man schnell die Absurdität dahinter. Obwohl wir die Kategorie »natürlich« regelmäßig und intuitiv verwenden, ist es zunächst gar nicht so leicht, sie klar zu definieren. Dementsprechend ist es häufig recht willkürlich, was damit bezeichnet wird. So werben Hersteller unterschiedlichster Lebensmittel gerne mit der »Natürlichkeit« ihrer Produkte. Allerdings sind alle modernen pflanzlichen Lebensmittel ebenso wie die Tiere bzw. deren Produkte meilenweit von dem entfernt, wie sie früher in der Natur vorzufinden waren. Wenn man sich also möglichst natürlich ernähren möchte, dürfte man so gut wie gar nichts essen, was man im Supermarkt, Bioladen oder Reformhaus findet. Abbildung 35 zeigt, wie heutige, vermeintlich natürliche Lebensmittel tatsächlich in ihrer Urform aussahen und wie weit sie sich durch das unnatürliche (aber positive) Zutun des Menschen verändert haben.

Abb. 35: **Vergleich zwischen kultivierten Formen und Urformen von Mais, Auberginen, Karotten und Bananen**[7]

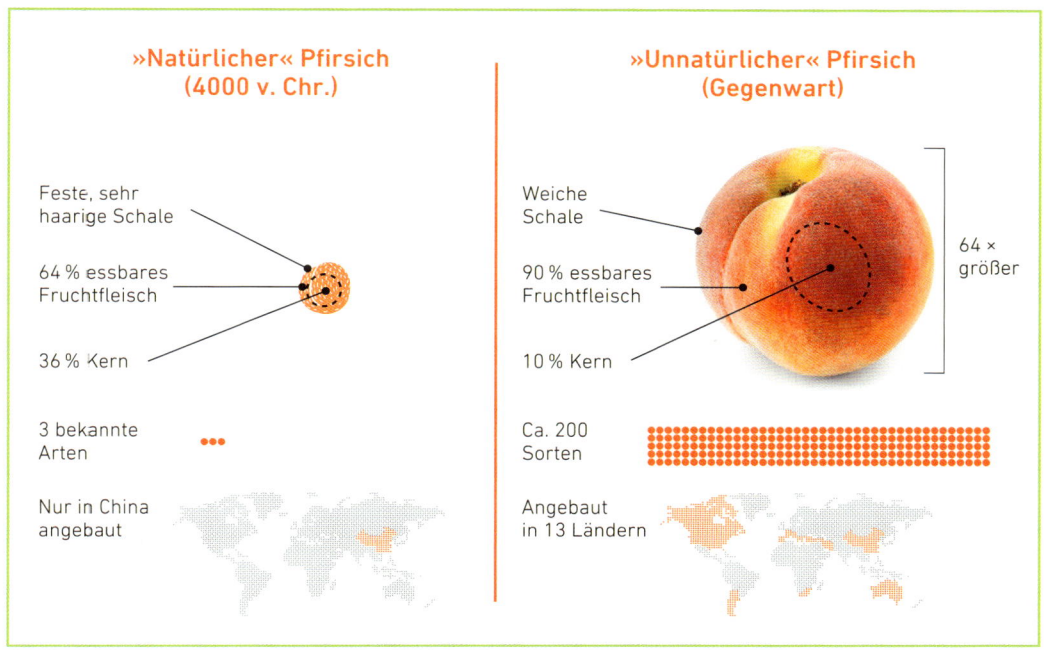

Nicht nur das Aussehen der Lebensmittel, sondern auch ihre Verbreitung und Beschaffenheit haben sich grundlegend verändert. Die Natur verfolgt nicht das Ziel, möglichst optimale oder kulinarisch ansprechende Lebensmittel für den menschlichen Verzehr hervorzubringen. Durch das allmähliche Zutun des Menschen entstanden aber über viele Jahrtausende hinweg Züchtungen der bekannten heutigen Kulturpflanzen, deren Früchte, Wurzeln und Blätter den Vorlieben des Menschen entsprachen – weniger Bitterstoffe, mehr Süße, weniger Kerne etc. Was wir heutzutage essen, ist mitnichten ein Geschenk der Natur, sondern eine enorme Leistung unserer Vorfahr*innen und sollte als solche angesehen und wertgeschätzt werden. Abbildung 36 zeigt die Veränderung in der Zusammensetzung und Verbreitung unserer modernen unnatürlichen (aber guten) Nahrungsmittel am Beispiel des Pfirsichs.

Wie Abbildung 36 illustrieren soll, hat der heutige, »unnatürliche« Pfirsich kaum noch etwas mit dem ursprünglichen Pfirsich zu tun. Das ist auch gut so, da dieser ursprüngliche, »natürliche« Pfirsich deutlich kleiner und weniger schmackhaft war sowie eine unangenehm feste und wachsartige Schale aufwies. Es gab vermutlich lediglich drei verschiedene Ur-Pfirsich-Sorten, die alle nur in China vorkamen. Der heutige Pfirsich ist im Durchschnitt ganze 64-mal größer als seine Ur-Formen, deutlich saftiger und süßer und hat deutlich mehr Fruchtfleisch. Es gibt mittlerweile mehr als 200 unterschiedliche Pfirsichsorten, die in 13 Ländern angebaut werden.[10] Auch viele Getränke wie Bier und Wein sind alles andere als natürlich – obwohl sie gelegentlich mit diesem Attribut beworben werden. So gibt es sogar die Bezeichnung »Naturwein«.[11] Auch hier wird dieses Wort wertend gebraucht. Dabei ist durchaus fraglich, wie man dieses Wort hier widerspruchsfrei definieren kann. Sämtliche Traubenarten für die Weinherstellung sind wie die in Abbildung 35 gezeigten Lebensmittel Kulturpflanzen, die vom Menschen gezüchtet und damit nicht natürlich sind. Selbst die Gegend, in der die Weinreben wachsen, ist eine von Menschenhand geschaffene Kulturlandschaft. Damit aus Trauben Wein wird, sind vom Menschen gesteuerte chemische Reaktionen notwendig und weder die Holzfässer zur Lagerung noch die Glasflaschen zum Abfüllen des Weins kommen so in der Natur vor.

Die heutige »Nutztierhaltung« könnte ebenso nicht weiter von »Natürlichkeit« entfernt sein. Auch wenn der Mensch im Laufe seiner Entwicklung stets mehr oder weniger relevante Mengen an tierischen Produkten verzehrt hat, ist das heutige Fleisch ebenso wie Eier und Milch mindestens so »unnatürlich« wie sämtliche pflanzliche Lebensmittel.

Manche vermeintlich künstlichen Nahrungsmittel sind dabei deutlich gesünder als die, die man in der Natur findet. Andere sind es wiederum nicht. Wie künstlich oder natürlich etwas ist, kann keinen Leitfaden für den gesundheitlichen Wert darstellen. Unsere natürlichen Instinkte sind teilweise noch auf andere Lebensumstände kalibriert und können uns daher heute kaum noch vernünftig leiten: Ständiger potenzieller Nahrungsmangel war z. B. bis vor verhältnismäßig kurzer Zeit ein ständiger Begleiter. Deshalb ist es wiederum ganz natürlich, dass Menschen eine natürliche Vorliebe für Fett und Zucker haben (siehe Kapitel 13). In früheren Zeiten war es kaum denkbar, davon zu viel zu bekommen. Heute könnte es hingegen kaum einfacher sein. Mit unserem aber immer noch vorhandenen natürlichen Verlangen nach Fett und Zucker ergibt das allerdings eine problematische Kombination. Deshalb kann man sich nicht mehr nur ausschließlich auf sein Bauchgefühl und seine Instinkte verlassen, sondern muss auch hier den Verstand benutzen und sich darüber im Klaren sein, dass eine Schwarz-Weiß-Einteilung in natürlich und unnatürlich als Kriterium für gut und schlecht nicht ausreicht.

Schlussfolgerung

All diese Natürlichkeits-Überlegungen sind wie beschrieben nicht zielführend. Selbst wenn man Fleischessen als »natürlich« bezeichnen könnte (was angesichts der modernen Züchtungen in der Intensivtierhaltung mehr als fraglich ist), wäre das dennoch in keinem Fall eine valide ethische Rechtfertigung. Denn wenn die Natürlichkeit einer Sache per se schon genügen würde, um sie ethisch zu rechtfertigen, dann müsste alles Natürliche automatisch als ethisch vertretbar betrachtet werden. Gewalt, Mord und Vergewaltigung sind ebenso wie Hungersnöte und Seuchen in der Natur weit verbreitet und ziehen sich quer durch das Tierreich und die Geschichte der menschlichen Spezies. Dennoch wirken wir Ersteren mit Gesetzen entgegen und bekämpfen Letztere mit Medizin und würden diese niemals aufgrund ihrer Natürlichkeit billigen. Im Jahr 1900 erschien der Roman »The Romance of Leonardo da Vinci« des russischen Schriftstellers Dmitry Merezhkovsky, in dem folgende Worte zu finden sind: »Es wird die Zeit kommen, da das Verbrechen am Tier genauso geahndet wird wie das Verbrechen am Menschen.«[12] Ob dies jemals eintreten wird, kann heute noch nicht gesagt werden, aber es steht zumindest fest, dass die Natürlichkeit des Fleischverzehrs nicht für das Verbrechen an den Tieren als Rechtfertigung herangezogen werden und schon gar nicht als ein Argument gegen den Veganismus gelten kann.

Richtigstellung des Arguments »Tierische Produkte zu essen ist natürlich«

Vorurteil	Faktenlage
Fleisch und andere tierische Lebensmittel zu essen ist natürlich.	Fleisch, Milch, Käse, Eier und andere tierische Lebensmittel können heutzutage nicht mehr als natürliche Lebensmittel bezeichnet werden, da sie von selektiv von Menschenhand gezüchteten »Nutztieren« stammen, die unter äußerst unnatürlichen Bedingungen leben und sterben. Selbst wenn der Konsum dieser Lebensmittel natürlich wäre, würde sich daraus allerdings trotzdem noch keine ethische Rechtfertigung ergeben.
Natürliche Lebensmittel sind gesünder als unnatürliche.	Die vermeintliche Natürlichkeit eines Lebensmittels sagt noch nichts über dessen gesundheitlichen Wert aus. Es gibt zahlreiche gesundheitlich abträgliche »natürliche« Lebensmittel sowie gesunde unnatürliche Lebensmittel und umgekehrt. Beinahe alle in gängigen Supermärkten, Bioläden, Discountern etc. erhältlichen tierischen und pflanzlichen Lebensmittel sind das Resultat selektiver Züchtung und somit nicht natürlich. Natürlichkeit ist ohnehin nicht der Anspruch an unsere Ernährung. Diese soll nicht zwingend natürlich, sondern stattdessen gesundheitsförderlich, umweltfreundlich und ethisch sein.

Quellen

1 Moore, G. E. (1922). *Principia Ethica*. Cambridge: Cambridge University Press, 45. Zugriff am 1. Februar 2021. Verfügbar unter https://bit.ly/2Nosina

2 Fischer, L. (2016). *Pilzgift in Lebensmitteln – Warum Aflatoxine so gefährlich sind*. Zugriff am 1. Februar 2021. Verfügbar unter https://bit.ly/2YsqxuF

3 Daston, L. (2014). The Naturalistic Fallacy Is Modern. *Isis*, 105(3), 579–587.

4 Bayertz, K. und Kompa, N. (2016). *Moralisches Argumentieren*. Zugriff am 1. Februar 2021. Verfügbar unter https://bit.ly/3esCbfd

5 Malik, K. (2020). *Let's stop romanticising nature. So much of our life depends on defying it*. Zugriff am 1. Februar 2021. Verfügbar unter https://bit.ly/3fOmyPr

6 Spanier, H. (2001). *Natur und Kultur*. Zugriff am 1. Februar 2021. Verfügbar unter https://bit.ly/37UeGsZ

7 Andrei, M. (2021). *How fruits and veggies looked like before we domesticated them*. Zugriff am 1. Februar 2021. Verfügbar unter https://bit.ly/2NlMea5

8 Kennedy, J. (2018). *Fighting Chemophobia: A survival guide against marketers who capitalise on our innate fear of chemicals for financial and political gain*. Scotts Valley: CreateSpace Independent Publishing Platform, 52 f.

9 Franke, Wolfgang. (2007). *Nutzpflanzenkunde*. Stuttgart: Thieme.

10 Kennedy, J. (2018). *Fighting Chemophobia: A survival guide against marketers who capitalise on our innate fear of chemicals for financial and political gain*. Scotts Valley: CreateSpace Independent Publishing Platform, 53.

11 Sevenich, J. (2012). *Natural Wine: eine bewegende Geschichte*. Zugriff am 1. Februar 2021. Verfügbar unter https://bit.ly/3hU4Tb7

12 Merezhkovsky, D. S. (2020). *The Romance of Leonardo da Vinci*. Frankfurt am Main: Outlook Verlag, 136.

VEGANISMUS IST UNNATÜRLICH

15.

So wie der Konsum von Tierprodukten häufig mit dem Verweis auf deren Natürlichkeit gerechtfertigt wird (siehe Kapitel 14), wird umgekehrt die vegane Lebensweise häufig mit der Begründung abgelehnt, sie sei unnatürlich. Die behauptete Unnatürlichkeit ist zunächst auch durchaus richtig. Der daraus gezogene Schluss ist es jedoch nicht. Der Begriff »unnatürlich« wird in vielen Fällen sehr willkürlich angewendet und nicht selten fälschlicherweise mit ungesund oder »chemisch« (siehe Kapitel 16) gleichgesetzt.

Unnatürlich ≠ schlecht

Auf emotionaler Ebene ist die irrationale Abneigung mancher unnatürlichen Dinge oder zumindest eine gewisse Skepsis ihnen gegenüber durchaus nachvollziehbar. Diese beruht allerdings häufig auf Uninformiertheit sowie einer gewissen Naturverklärung und stellt kein rational begründbares Empfinden dar. Der Mensch hat sich in vielerlei Hinsicht sehr weit von der Natur entfernt, was sehr viele gute und einige weniger gute Folgen mit sich brachte und bringt. Letztere sind aber nicht per se negativ, weil sie sich abseits der Natur bewegen. Daher ist es auch nicht korrekt, Unnatürlichkeit pauschal als Argument gegen etwas zu verwenden. Menschen in westlichen Ländern nutzen heutzutage die Annehmlichkeiten einer unnatürlichen Welt (z. B. das Gesundheitssystem, Bildungseinrichtungen, Internet, Telefonie, Kleidung, Häuser, Strom etc.), die alle auf den wissenschaftlichen Fortschritt zurückzuführen sind. So ist es widersprüchlich, sich in Ernährungsfragen lediglich auf die Natur anstatt auf wissenschaftliche Erkenntnisse zu beziehen. Nur weil eine Sache natürlich ist, ist sie nicht automatisch gesund oder gut (z. B. Knollenblätterpilz, Viruserkrankungen, pathogene Bakterien etc.), und nur weil eine Sache in einer bestimmten Form in der Natur nicht vorkommt und somit augenscheinlich unnatürlich ist, macht es sie nicht automatisch ungesund oder schlecht. Da das natürliche »Design« des menschlichen Körpers auf 40 Jahre ausgelegt ist, wäre es also nur natürlich, wenn der Mensch bereits in diesem Lebensjahr das Zeitliche segnet.[1] »Wenn ein Ingenieur beauftragt worden wäre, den menschlichen Körper zu konstruieren, dann hätte er diese Aufgabe niemals so gelöst wie die Natur«, kommentiert der Anthropologe Bruce Latimer den von der Natur geschaffenen Körper des Menschen und weist damit auf die Unzulänglichkeiten der menschlichen »Architektur« hin.[2] Wir verklären die Natur, so faszinierend und beeindruckend sie oft auch sein mag, fälschlicherweise zu einer perfekten Sache, die sie jedoch nicht ist und niemals war. Aus einer Natürlichkeit folgt nicht, dass es sich um die ideale oder um die einzige mögliche Lösung handelt, und der menschliche Verstand ist heutzutage in der Lage, viele natürliche Dinge zu verbessern.

Die Mängel des menschlichen Körperbaus, die sich zumeist erst mit fortschreitendem Alter bemerkbar machen, waren lange Zeit in der Evolution des Menschen ohnehin irrelevant, weil nur etwa 14 % der Menschen zu Zeiten der Neandertaler sowie der zeitgleich lebenden frühen Homo sapiens älter als 40 Jahre alt wurden.[3] Für diese war das Leben außerdem entbehrungsreich. Die Kindersterblichkeit war hoch und Krankheiten, die heute gut mit unnatürlichen Mitteln geheilt werden können, waren früher nicht selten ein Todesurteil. Man war natürlichen Raubtieren, Krankheiten und Schwankungen im Nahrungsangebot ausgesetzt. Im Jahr 1950 betrug die durchschnittliche Lebenserwartung in Deutschland 64,6 (m) bzw. 68,5 (w) Jahre. Im Jahr 2020 konnte sie mit 78,9 (m) bzw. 83,6 (w) Jahren angegeben werden und laut Prognosen wird sie im Jahr 2060 »unnatürliche« 84,4 (m) bzw. 88,1 (w) Jahre betragen.[4] Eine derartige Erhöhung der Lebenserwartung geht mit der Verbesserung des Lebensstandards, den Fortschritten in der Medizin und mit vielen anderen Entwicklungen einher, die nicht nur die Nahrung betreffen und allesamt nicht die Definition von Natürlichkeit erfüllen. Vor mehr als einer Million Jahren begannen die Vorfahr*innen der heutigen Menschen, das Feuer für sich zu nutzen (siehe Kapitel 17), und diese bis heute im Tierreich einzigartige Fähigkeit war wohl einer der entscheidenden Faktoren für die menschliche Erfolgsgeschichte.[5] Auch hier könnte man sich fragen, ob die Nutzung von Feuer natürlich ist oder nicht doch vielmehr eine kulturelle Errungenschaft. Spätestens aber beim Kochen auf einem elektrischen Herd gilt das Natürlichkeitsargument dann zweifelsohne nicht mehr.

Natürlichkeit ist nicht das Ziel

Das Argument der Unnatürlichkeit ist ohnehin inkonsistent und zeichnet ein völlig falsches Bild dessen, was die Ernährung des Menschen ausmachen kann und wie viele mögliche gesunde Ernährungsweisen rein ernährungsphysiologisch zur Verfügung stünden. Entgegen der falschen Vorstellung vieler Menschen gab und gibt es nicht *die eine* evolutiv »perfekte« Ernährung[6] und auch die oft als Argument herangezogenen indigenen Volksgruppen und deren natürlichen fleischbetonten Ernährungsweisen sind kein valides Argument gegen den Veganismus in westlichen Ländern (siehe Kapitel 24). Entgegen der zu stark simplifizierten Ansicht der Vertreter*innen der Paleo-Ernährung ist der Mensch nicht genetisch in der Altsteinzeit hängen geblieben, sondern erlebte eine Reihe an entscheidenden genetischen Adaptionen aufgrund der sich verändernden Lebensweise im Laufe der letzten Jahrtausende.[7,8,9] Die Suche nach einer möglichst natürlichen Ernährung ist in ihrem Kern zum Scheitern verurteilt, da alle heutigen Lebensmittel – tierische wie pflanzliche – auf unnatürliche Art und Weise durch selektive Züchtung von Menschenhand verändert wurden. Wenn man also den Veganismus kritisiert, weil dieser unnatürlich sei, möge man sich auch die Frage stellen, was an den extra für den menschlichen Verzehr gezüchteten »Nutztieren« sowie deren industrieller Haltung und ihrer maschinellen Schlachtung natürlich ist. Abbildung 37 illustriert, wie »unnatürlich« sich heutige »Nutztiere« – am Beispiel von Masthühnern – alleine in den vergangenen Jahrzehnten verändert haben. Die Abbildung zeigt die unnatürliche Veränderung der Wachstumsrate von Masthühnern zwischen 1957 und 2005. Während Küken in der Hühnermast 2005 bereits bei der Geburt knapp ein Drittel schwerer waren als im Jahr 1957, wuchsen sie in den ersten zwei Monaten ihres Lebens durch ihre Qualzüchtung so schnell, dass sie im Vergleich zu 1957 nach 56 Tagen bereits mehr als viermal so schwer wie 1957 bzw. mehr als doppelt so schwer wie 1978 waren.[10] Dieses zu schnelle Wachstum führt dazu, dass die Knochen der Masthühner nicht mit ihrer schnellen Gewichtszunahme mithalten können und das junge Skelett die enorme Körpermasse nicht tragen kann.[11] So brechen in der Tiermast sogar manche Hühner unter ihrem eigenen Gewicht zusammen.[12]

Abb. 37: **Vergleich der Wachstumsrate von Masthühnern zwischen 1957 und 2005[13]**

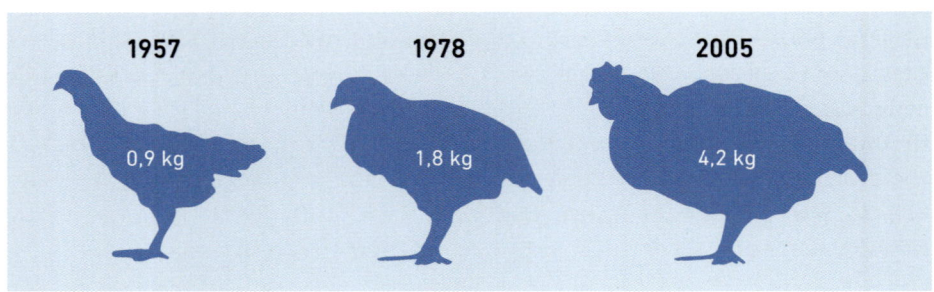

Im Alter von 56 Tagen wiegen heutige Züchtungen von Masthühnern mehr als viermal so viel wie im Jahr 1957.

Ein derartiges Wachstum ist alles andere als natürlich und dennoch nicht das eigentliche Argument gegen die »Nutztierhaltung«. Auch das Trinken der Muttermilch einer anderen Spezies im Erwachsenenalter ist alles andere als natürlich, jedoch stoßen sich anscheinend (noch) nicht allzu viele Menschen daran, wenn man sich Kuhmilch in den Kaffee gießt. Die Tatsache, dass sich Menschen aus der Haut anderer Tiere Kleidung, Schuhe und Taschen machen, könnte kaum weiter von Natürlichkeit entfernt sein. Die Kritik an der (Massen-)Tierhaltung, dem Milchkonsum, der Leder- und Pelzindustrie und weiterer Auswüchse unseres Konsums beruht aber ohnehin nicht auf einer verklärten Einstellung gegenüber der Natur, sondern auf validen ethischen Überlegungen hinsichtlich der Tierausbeutung und der damit einhergehenden massiven Verletzung der Rechte der Tiere.

Schlussfolgerung

Es ist vollkommen richtig, dass der Veganismus eine unnatürliche Art der Ernährung ist, die es bis zur Mitte des zwanzigsten Jahrhunderts in dieser Form nicht gab. Auch andere bedeutende Entwicklungen – gesellschaftliche, medizinische und technologische – kamen erst in den letzten Jahrzehnte auf und all das kann nicht mit dem bloßen Verweis auf deren Unnatürlichkeit abgelehnt werden. Es ist korrekt, dass eine vegane Ernährungsweise erst durch die gezielte Anreicherung von pflanzlichen Lebensmitteln mit gewissen Nährstoffen oder der Supplementierung kritischer Nährstoffe optimal umsetzbar ist, doch ist dies kein valides Argument, den Veganismus abzulehnen (siehe Kapitel 19). Warum nutzen wir nicht die technologischen Fortschritte der letzten Jahrzehnte, um zu einer Ernährungsweise zu finden, die das Wahren von Tierrechten, Umweltschutz und die Förderung der eigenen Gesundheit miteinander in Einklang bringt, und verlieren uns nicht länger in naturalistischen Fehlschlüssen und anderen kognitiven Verzerrungen, um unsere Traditionen und Gewohnheiten zu rechtfertigen? Die letztendlich wichtigste Frage ist nicht, wie natürlich eine vegane Ernährung ist, sondern ob sie bedarfsdeckend ist und somit alle für den menschlichen Körper überlebensnotwendigen Nährstoffe liefert. Da der Organismus keine bestimmten Lebensmittel, sondern lediglich bestimmte Nährstoffe benötigt und tierische Produkte kein Monopol auf irgendwelche dieser essenziellen Nährstoffe haben, kann eine vegane Ernährung bei guter Planung grundsätzlich bedarfsdeckend sein. So stellt die Kritik der mangelnden Natürlichkeit kein valides Argument gegen den Veganismus dar.

Vorurteil	Faktenlage
Der Mensch sollte sich möglichst natürlich ernähren, um gesund zu sein.	Die Natürlichkeit einer Sache ist prinzipiell weder ein valides Argument für noch gegen einen Sachverhalt. Aus dem Grad der Natürlichkeit der Ernährung lässt sich keine gesundheitliche Wertung ableiten. Die Ernährung des Menschen sollte nicht natürlich, sondern gesund, nachhaltig und ethisch sein.
Eine vegane Ernährung ist unnatürlich und damit schlecht.	Egal ob vegan oder nicht – die Ernährung des heutigen Menschen ist in keinem Fall natürlich. Sowohl die »Nutztierzüchtungen« und deren Futtermittel und damit auch deren Fleisch, Milch und Eier als auch sämtliche pflanzliche Lebensmittel wurden durch selektive Züchtung verändert und haben heute nur noch äußerst wenig mit ihren natürlichen Ursprüngen zu tun. Das gesamte Lebensumfeld des heutigen Menschen ist unnatürlich: die Wohnsituation, die Fortbewegung, die Kommunikationsmittel, das Bildungs- und Gesundheitssystem etc. Das ist aber nicht automatisch schlecht. Zumeist ist sogar das Gegenteil der Fall. Entsprechend soll auch in Ernährungsfragen nicht die Natürlichkeit das Ziel sein, sondern der gesundheitliche Wert, die umweltfreundliche und ressourcenschonende Umsetzung sowie die ethische Vertretbarkeit.

Quellen

1 Ewe, T. (2015). *Fluch der Evolution*. Zugriff am 1. Februar 2021. Verfügbar unter https://bit.ly/2BbISDY

2 Ebd.

3 Vieweg, M. (2011). *Freispruch für die Lebenserwartung*. Zugriff am 1. Februar 2021. Verfügbar unter https://bit.ly/31fss8s

4 Statista. (2020). *Entwicklung der Lebenserwartung bei Geburt in Deutschland nach Geschlecht in den Jahren von 1950 bis 2060*. Zugriff am 1. Februar 2021. Verfügbar unter https://bit.ly/2CFRbsh

5 Czichos, J. (2016). *Evolution des Menschen: Wo Feuer ist, ist auch Rauch*. Zugriff am 1. Februar 2021. Verfügbar unter https://bit.ly/2Yu55pU

6 Pitt, C. E. (2016). Cutting Through the Paleo Hype: The Evidence for the Palaeolithic Diet. *Aust Fam Physician*, 45(1), 35–38.

7 Heath, K. M., Axton, J. H., McCullough, J. M. und Harris, N. (2016). The evolutionary adaptation of the C282Y mutation to culture and climate during the European Neolithic. *Am J Phys Anthropol*, 160(1), 86–101.

8 Sabbagh, A., Darlu, P., Crouau-Roy, B. und Poloni, E. S. (2011). Arylamine N-Acetyltransferase 2 (NAT2) Genetic Diversity and Traditional Subsistence: A Worldwide Population Survey. *PLoS One*, 6(4), e18507.

9 Perry, G. H., Dominy, N. J., Claw, K. G. et al. (2007). Diet and the evolution of human amylase gene copy number variation. *Nat Genet*, 39(10), 1256–1260.

10 Zuidhof, M. J., Schneider, N. L., Carney, V. L., Korver, D. R. und Robinson, F. E. (2014). Growth, Efficiency, and Yield of Commercial Broilers From 1957, 1978, and 2005. *Poult Sci*, 93(12), 2970–2982.

11 Hofreiter, A. (2017). *Fleischfabrik Deutschland: Wie die Massentierhaltung unsere Lebensgrundlagen zerstört und was wir dagegen tun können*. München: Goldmann.

12 Ebd.

13 Zuidhof, M. J., Schneider, N. L., Carney, V. L., Korver, D. R. und Robinson, F. E. (2014). Growth, Efficiency, and Yield of Commercial Broilers From 1957, 1978, and 2005. *Poult Sci*, 93(12), 2970–2982.

VEGANE
ERSATZ-
PRODUKTE
SIND PURE
CHEMIE

16.

Aussagen wie »Dieses Lebensmittel ist mir zu chemisch!« hört und liest man häufig und sie spiegeln das überwiegend falsche Bild davon wider, was Menschen weitestgehend als »chemisch« betrachten. Für viele Menschen ist das Adjektiv »chemisch« offenbar gleichbedeutend mit »unnatürlich« und »schlecht«. In einer Untersuchung aus den 1970er-Jahren wurden Personen dazu befragt, welche Wörter ihnen in den Sinn kommen, wenn sie den Ausdruck »Chemikalien« hören. Unter den Top-Antworten waren durchgehend negative Assoziationen wie gefährlich, toxisch, tödlich und krebserregend.[1] Obwohl zwar durchaus toxische und potenziell krebserregende Chemikalien existieren, gibt es weit mehr von ihnen, die dies nicht sind, und viele Menschen würden überrascht davon sein, was sich alles unter dem Sammelbegriff der chemischen Stoffe einordnen lässt.

Die undifferenzierte Chemophobie

Aufgrund der fehlenden Kenntnis über Chemie empfinden einige Menschen eine ebenso starke wie irrationale Abneigung gegenüber allem Chemischen. Diese irrationale Angst vor allen chemischen Substanzen wird als Chemophobie bezeichnet.[2,3] Auch wenn die Bezeichnung durchaus treffend ist, ist die Chemophobie dennoch keine Phobie im klassischen Sinne und verlangt keine Psychotherapie, sondern in erster Linie Grundlagenunterricht in Chemie. Die US-amerikanische Chemikerin Michelle Francl beschreibt Chemophobie daher im übertragenen Sinn als eine Art Farbenblindheit. Sie schreibt, dass Chemophobiker*innen sozusagen »blind« für all die chemischen Stoffe um sie herum sind, denn jede Substanz im Universum ist chemisch.[4] Interessanterweise haben viele Menschen darüber hinaus deutlich mehr Sorge vor künstlichen als vor natürlichen Substanzen.[5] Synthetische und natürliche chemische Stoffe sind aber in etwa gleich stark risikobehaftet und etwa 99,99 % der Pestizide in Nahrungsmitteln sind natürlichen Ursprungs.[6,7]

Dieses Kapitel soll ausdrücklich nicht dazu führen, dass man unnötige Ängste vor *allen* Chemikalien (natürlichen und synthetischen) bekommt. Es soll auch freilich nicht darüber hinweggesehen werden, dass einige Chemikalien tatsächlich ein Risiko bergen. Vielmehr gilt es, das tatsächliche Risiko zu kennen und weder die Gefahr synthetischer Chemikalien zu überschätzen noch die der natürlich vorkommenden zu unterschätzen. Lediglich die fälschliche und undifferenzierte Ablehnung von »chemischen« Lebensmitteln ist hier zu hinterfragen.

Die Dosis macht das Gift

Insgesamt ist es stets eine Frage der Dosis. Schon im Jahr 1564 schrieb der schweizerische Arzt, Naturphilosoph, Alchemist und Sozialethiker Paracelsus: »Alles ist Gift. Es gibt nichts ohne Gift. Alleine die Dosis führt dazu, dass etwas nicht als Gift wirkt.«[8] Dieses Prinzip der Toxikologie ist auch in Ernährungsthemen überaus relevant. Selbst überlebensnotwendige Nährstoffe wie Mineralstoffe, die für unsere Gesundheit unabdingbar sind, wirken in größeren Mengen toxisch. Sogar Wasser kann in zu großen Mengen zu einer Wasservergiftung führen.[9] Andererseits wirkt keine der als potenziell krebserregend beschriebenen Chemikalien (z. B. Aflatoxin in Erdnüssen) in jeder Konzentration karzinogen. Man findet diese und weitere Chemikalien immer wieder in Lebensmitteln und sie gelten dennoch als verzehrtauglich. Das liegt daran, dass die nachgewiesenen Konzentrationen so gering sind, dass sie selbst bei sehr großen Verzehrmengen des jeweiligen Lebensmittels keine schädliche Wirkung aufweisen. Daher ist es von großer Bedeutung, dass in den Ernährungswissenschaften eine genaue Kenntnis der therapeutischen Breite von einzelnen Nährstoffen und in der Toxikologie das Wissen um die Grenzwerte potenziell toxischer Substanzen herrscht. All diese Erkenntnisse über das Dosis-Wirkungs-Prinzip sind von großer Wichtigkeit, da sie nicht nur die Chemophobie entkräften, sondern auch dazu führen können, dass ernährungsbezogene Diskussionen insgesamt rationaler geführt werden.

»Frei von Chemikalien« ist ein Oxymoron

Lebensmittel, Kosmetikartikel und viele weitere Konsumgüter werden häufig mit Bezeichnungen wie »natürlich« und »frei von Chemikalien« ausgelobt und appellieren so an die chemophoben Empfindungen vieler Menschen. »Chemikalienfrei« ist allerdings ein Oxymoron, also eine Formulierung aus zwei Gegensätzen, da sämtliche Materie aus Chemikalien besteht.[10] Die Tatsache, dass ein Inhaltsstoff synthetisch ist, macht diesen nicht automatisch gefährlich und der Umstand, dass ein Stoff natürlich ist, macht diesen im Umkehrschluss nicht automatisch sicher. Letztendlich ist alles um uns herum Chemie und das Leben selbst wäre ohne Chemie gar nicht möglich. Zwar wurden in der Vergangenheit Chemikalien eingesetzt, die sich nachträglich als gesundheitlich abträglich herausgestellt haben, jedoch lässt sich daraus keine kategorische Ablehnung gegenüber allen Chemikalien ableiten. Die ausgeprägte Chemophobie eines großen Teils der Bevölkerung kann im schlechtesten Fall sogar dazu führen, dass Menschen zukunftsträchtige Innovationen mit großem Mehrwert für die Weltbevölkerung vorschnell aufgrund ihrer Unnatürlichkeit ablehnen. Das gilt es durch gezielte Aufklärung zu vermeiden.

Jede Ernährung ist voller Chemie

Vor allem in unserer Nahrung ist schon seit jeher – und nicht erst seit der Industrialisierung unserer Nahrungsmittelproduktion – sehr viel Chemie im Spiel und das ist auch gut so. Verschiedene Methoden zur chemischen Veränderung von Lebensmitteln zur Verbesserung ihrer Haltbarkeit, des Geschmacks und weiterer Eigenschaften sind uralte Kulturtechniken, die die Menschheit seit Tausenden von Jahren begleiten. Das Fermentieren, Räuchern und Einkochen von Lebensmitteln sind alles chemische Prozesse. Diese altbekannten Techniken akzeptieren wir zu Recht als Teil unserer Ernährung, wohingegen viele Menschen eine unbegründete Antihaltung gegen viele neue Techniken der chemischen Veränderung haben. Selbstverständlich ist etwas nicht automatisch gut, nur weil es neu ist, aber es ist auch nicht alles Neue automatisch schlecht. Neue Verarbeitungsmethoden eröffnen uns vielfältige Möglichkeiten, um in den Genuss von noch nie dagewesenen Lebensmitteln zu kommen. So können moderne Verfahrenstechniken in der Lebensmittelproduktion schon jetzt ethischere und umweltfreundlichere Fleisch-, Fisch-, Käse- und Ei-Alternativen hervorbringen, die den tierischen Lebensmitteln, denen sie nachempfunden sind, im Geschmack äußerst nahekommen. Nicht jedes vegane Produkt ist dabei ein Hit und viele dieser Lebensmittel sind kein Health Food, das uns als Grundnahrungsmittel dienen sollte. All das ist aber auch (noch) nicht ihr Anspruch. Sie bieten in erster Linie aus kulinarischer Sicht eine tierethische Alternative zum Status quo und dank des technischen Fortschritts werden zukünftig viele von ihnen geschmacklich sowie gesundheitlich den letzten Feinschliff erhalten.

Irrationale Kritik an veganen Alternativprodukten

Dennoch heißt es in Artikeln beispielsweise: »Reichlich Lebensmittelchemie verwandelt Pflanzen in Fleischersatz«.[11] Reichlich Lebensmittelchemie ist allerdings, wie gesagt, auch notwendig, um aus Milch Käse herzustellen oder um aus Hopfen, Malz, Hefe und Wasser Bier zu brauen. All das ist ebenso chemisch und dabei ein längst akzeptierter Teil der Speisepläne vieler Menschen, die bei veganem Fleischersatz »chemisch!« rufen. Es ist *nicht* die Menge an chemischen Substanzen, die ein Lebensmittel gesund oder ungesund macht, sondern deren jeweilige Wirkung. Als Hauptkritikpunkte derartiger Fleischersatzprodukte werden vor allem ihr teils sehr hoher Gehalt an Salz und Fett sowie ihre langen Zutatenlisten inklusive der den Konsumierenden nicht näher bekannten Zusatzstoffe bemängelt. Diese Kriterien treffen jedoch zum einen auch auf herkömmliche verarbeitete Fleischprodukte zu und zum anderen ist im Rahmen einer insgesamt ausgewogenen veganen Ernährung weder der Salz- noch der Fettgehalt von Fleischalternativen problematisch, da sämtliche Höchstwerte für diese Stoffe stets für den gesamten Speiseplan gelten. Wenn man sich insgesamt gesund ernährt, können solche Lebensmittel in die Salz- und Fettbilanz des Tagesplans passen. Darüber hinaus ist es ohnehin nicht die absolute Menge an Fett, sondern die Art des Fettes, die über den gesundheitlichen Wert bestimmt.[12,13] Auch die Anzahl an Zusätzen bzw. die Länge der Zutatenliste kann per se noch keine Auskunft über den gesundheitlichen Wert eines Lebensmittels geben. Die allermeisten heute noch gängigen Lebensmittelzusatzstoffe sind faktisch vollkommen unbedenklich.[14] Selbst in Bio-Produkten sind über 50 E-Nummern zugelassen.[15]

Die Länge einer Zutatenliste spiegelt nicht den gesundheitlichen Wert wider

Die Länge einer Zutatenliste kann nicht als sinnvolles Argument gegen den gesundheitlichen Wert eines Lebensmittels genannt werden, solange alle in einem Lebensmittel enthaltenen Stoffe ungefährlich sind. In diesem Kontext wird oft vergessen, dass die Zutatenlisten von herkömmlichen tierischen Lebensmitteln im Grunde genommen auch deutlich länger wären, wenn alle darin enthaltenen Stoffe einzeln aufgelistet werden müssten. Denn auch ein Ei besteht beispielsweise aus unterschiedlichen Fett- und Aminosäuren, Mineralstoffen, Vitaminen und weiteren Stoffen, die das Tier über die Nahrung zugeführt hat. Wenn ein Unternehmen eine pflanzliche Alternative zu einem Ei produzieren möchte, bedient es sich dabei – vor allem in neueren Produkten wie JUST Egg von der amerikanischen Firma JUST – dieser einzelnen Komponenten und kreiert daraus einen Ei-Ersatz mit ähnlichem Kochverhalten und Geschmack. All diese einzelnen Komponenten müssen dann allerdings auf der Zutatenliste ausgewiesen werden. Solange die Inhaltsstoffe in der verwendeten Konzentration ungefährlich sind, ist es allerdings sekundär, wie viele Zutaten in einem Produkt enthalten sind.

Diesen Umstand greift auch der Chemiker James Kennedy auf, indem er all die chemischen Verbindungen in herkömmlichen pflanzlichen und tierischen Lebensmitteln wie Blaubeeren, Bananen und Eiern auflistet, die zum Teil so kryptische Namen wie manche Lebensmittelzusätze haben. Er schreibt dazu, dass er als Professor der Chemie die Angst vieler Leute vor sämtlichen »Chemikalien« mindern möchte, indem er illustriert, dass chemische Verbindungen in natürlichen Lebensmitteln zum Teil noch deutlich komplexer und unvorhersehbarer sind als all die Stoffe, die im Labor produziert werden können.[16] Abbildung 38 illustriert die »Zutatenliste« von Heidelbeeren und zeigt, dass auch diese eine äußerst lange Zutatenliste hätten, sofern hier wie bei verarbeiteten Produkten alle Stoffe aufgeführt werden müssten. Wie die Abbildung verdeutlicht, handelt es sich bei vielen E-Nummern lediglich um harmlose und zum Teil sogar nützliche Stoffe wie Vitamin C (Ascorbinsäure; E300) oder Ballaststoffe (Zellulose; E460). Werden plötzlich all die unterschiedlichen Amino-, Fett- und Fruchtsäuren sowie die aromagebenden Substanzen in einer Heidelbeere aufgeführt, wird deutlich, wie viele »chemisch« anmutende Substanzen in »natürlichen« Heidelbeeren stecken.

Abb. 38: **Chemische Verbindungen in Heidelbeeren**[17,18,19,20]

Zutaten: Wasser, **Zucker** (Fructose, Glucose, Saccharose), E460 (Zellulose), E440 (Pektin), **Fruchtsäuren** (E330 [Zitronensäure], E296 [Apfelsäure], E334 [Weinsäure]), **Aminosäuren** (Tryptophan, Threonin, Isoleucin, Leucin, Lysin, Methionin, Cystein, Phenylalanin, Tyrosin, Valin, Arginin, Histidin, Alanin, Asparaginsäure, E620 [Glutaminsäure], Glycin, Prolin, Serin), **Fettsäuren** (Linolsäure, Alpha-Linolensäure, Ölsäure, Palmitinsäure), Phytosterole, E306 (Tocopherol), Folsäure, Phyllochinon, Cholin, Calcium, Magnesium, Phosphor, Kalium, Natrium, **Farbstoffe** (E160a (Carotinide), E161b (Lutein), E163a (Cyanidin), E163b (Delphinidin), E163e (Ponidin), E163f (Petunidin), **Aromastoffe** (Essigsäureethylester, 3-Methylbutyraldehyd, 2-Methylbutyraldehyd, Pentanal, Buttersäuremethylester, Hexanal, Decanal, 3-Caren, Limonen, Styrol, Nonan, Linalool, Terpinylacetat, Caryophyllen, α-Terpineol, α-Terpinen, 1,8-Cineol, Citral, Benzaldehyd), **Konservierungsmittel** (E218 [Methylparaben], E300 [Ascorbinsäure]), **Süßungsmittel** (E421 [Mannitol], E420 [Sorbitol], E967 [Xylitol])

Schlussfolgerung

Zusammenfassend ist festzuhalten, dass es nicht die Menge der Zusatzstoffe bzw. Zutaten sowie ihre Herkunft sind, die ein Lebensmittel zu- oder abträglich machen, sondern welche Zusatzstoffe und welche Zutaten verwendet werden und ob sie in der jeweiligen Dosis gefährlich oder ungefährlich sind.

In der Diskussion um »chemische« pflanzliche Fleischalternativen und andere vegane Ersatzprodukte geht auch oft unter, dass solche Fleischersatzprodukte unter vegan lebenden Menschen nicht als tägliches Grundnahrungsmittel fungieren und so auch nicht von ihnen wahrgenommen werden. Leider wird aber in den populären Medien immer wieder der Eindruck vermittelt, vegan lebende Menschen ernährten sich quasi überwiegend von Ersatzprodukten, obwohl vergleichende Umfragen das Gegenteil zeigen. In einer Befragung von über 1.000 vegan lebenden Personen gaben weniger als 2 % an, täglich Pflanzenkäse zu essen, und weniger als 1 % der Befragten konsumierte Fleischersatzprodukte auf täglicher Basis.[21] Mehr als die Hälfte aller Befragten aß diese Produkte nie bzw. seltener als einmal pro Monat. Im Gegensatz dazu essen in der mischköstlichen Allgemeinbevölkerung im Durchschnitt 16 % täglich hoch verarbeitete Fleischprodukte wie Wurstwaren und knapp die Hälfte der Befragten tut dies zumindest mehrmals pro Woche.[22]

Allein in Deutschland sind die Jahresumsätze mit Fleischersatzprodukten im Jahr 2018 im Vergleich zu 2015 um knapp die Hälfte gestiegen und es wird prognostiziert, dass sie sich bis 2022 im Vergleich zu 2015 mehr als verdoppeln werden.[23] Ein großer Teil dieser Produkte wird aber nicht von Veganer*innen, sondern von jenen mischköstlichen Menschen verzehrt, die bewusst ihren Konsum tierischer Produkte reduzieren möchten.[24] Dieser Umstand ist ein weiterer Faktor, weshalb »Eure Ersatzprodukte sind chemisch!« kein gutes Argument gegen den Veganismus ist. Weder sind diese Ersatzprodukte für eine vegane Ernährung notwendig, noch ist »chemisch« im eigentlichen Sinne herabwertend und zuletzt sind Veganer*innen eben nicht die größte Zielgruppe dieser Lebensmittel.

Richtigstellung des Arguments »Vegane Ersatzprodukte sind pure Chemie«

Vorurteil	Faktenlage
Vegane Ersatzprodukte sind der reinste Chemiebaukasten.	Alles um uns herum ist Chemie und das Leben selbst wäre ohne Chemie gar nicht möglich. Daher ist es widersinnig, etwas als »chemisch« zu kritisieren. In Bezug auf unsere Ernährungsweise ist schon seit jeher (nicht erst seit der Industrialisierung unserer Nahrungsmittelproduktion) jede Menge Chemie im Spiel. Das ist aber auch gut so und geschieht zu unserem Vorteil. Die Käsereifung, die Sauerteiggärung, das Bierbrauen etc. sind allesamt chemische Vorgänge, die die Menschheit seit Jahrtausenden begleiten. Auch das Fermentieren, Räuchern und Einkochen von Lebensmitteln sind chemische Prozesse. Die Frage ist nicht, ob ein Lebensmittel »chemisch« ist oder nicht (denn alles ist Chemie), sondern ob es gut oder schlecht bzw. gesund oder ungesund ist.
Vegane Ersatzprodukte stecken voller E-Nummern.	Die Anzahl an Zusatzstoffen per se kann noch keine Auskunft über den gesundheitlichen Wert eines Lebensmittels geben. Die allermeisten heute noch gängigen Lebensmittelzusatzstoffe sind vollkommen unbedenklich, und selbst in Bio-Produkten sind über 50 E-Nummern zulässig. Bei vielen E-Nummern handelt es sich lediglich um harmlose und zum Teil sogar nützliche Stoffe wie Vitamin C (Ascorbinsäure; E300). Die Frage lautet also nicht, wie viele E-Nummern ein Lebensmittel hat, sondern welche konkreten E-Nummern es enthält, wie diese wirken und wie das Lebensmittel in seiner Gesamtheit zusammengestellt ist.
Vegane Ersatzprodukte haben ellenlange Zutatenlisten.	Solange die Inhaltsstoffe in der verwendeten Konzentration ungefährlich sind, ist es sekundär, wie viele Zutaten in einem Produkt enthalten sind. Aus der Länge der Zutatenliste allein lässt sich also weder ein Argument für noch gegen ein Lebensmittel ableiten. Entscheidend ist vielmehr, was genau im Lebensmittel enthalten ist und wie es auf die Gesundheit des Menschen, auf die Umwelt und auf alle an der Produktion beteiligten Lebewesen wirkt.
Man sollte möglichst wenige synthetische Chemikalien zu sich nehmen.	Es geht nicht darum, weniger Chemikalien zu essen, denn alles um uns herum ist Chemie. Man sollte lediglich darauf achten, möglichst wenige schädliche Chemikalien – egal ob natürlich oder synthetisch – zuzuführen. Synthetische und natürliche Chemikalien sind im Grunde in etwa gleich risikobehaftet und über 99 % der Chemikalien, denen wir ausgesetzt sind, sind ohnehin natürlichen Ursprungs.

Quellen

1 Ropeik, D. (2015). On the roots of, and solutions to, the persistent battle between »chemonoia« and rationalist denialism of the subjective nature of human cognition. *Hum Exp Toxicol*, 34(12), 1272–1278.

2 Entine, J. (2011). *Scared to Death: How Chemophobia Threatens Public Health*. New York: American Council on Science and Health.

3 Gribble, G. (2013). Food chemistry and chemophobia. *Food Security*, 5, 177–187.

4 Francl, M. M. (2013). *Don't Take Medical Advice From the New York Times Magazine – The dangerous chemophobia behind its popular story about childhood arthritis*. Zugriff am 1. Februar 2021. Verfügbar unter https://bit.ly/3btBbWJ

5 Gribble, G. (2013). Food chemistry and chemophobia. *Food Security*, 5, 177–187.

6 Ames, B. N., Profet, M. und Gold, L. S. (1990). Dietary pesticides (99.99% all natural). *Proc Natl Acad Sci USA*, 87(19), 7777–7781.

7 Gribble, G. (2013). Food chemistry and chemophobia. *Food Security*, 5, 177–187.

8 National Research Council (US) Committee on Comparative Toxicity of Naturally Occurring Carcinogens (1996). *Carcinogens and Anticarcinogens in the Human Diet: A Comparison of Naturally Occurring and Synthetic Substances – Naturally Occurring Carcinogens and Anticarcinogens in the Diet*. Washington (DC): National Academies Press (US).

9 Yamashiro, M., Hasegawa, H., Matsuda, A., Kinoshita, M., Matsumura, O., Isoda, K. und Mitaraib, T. (2013). A Case of Water Intoxication with Prolonged Hyponatremia Caused by Excessive Water Drinking and Secondary SIADH. *Case Rep Nephrol Urol*, 3(2), 147–152.

10 American Chemical Society (o. D.). *Chemistry Is Everywhere*. Zugriff am 1. Februar 2021. Verfügbar unter https://bit.ly/2XTdOSD

11 Apfel, P. (2016). *Essen aus dem Chemiebaukasten: So ungesund ist veganer Fleischersatz*. Zugriff am 1. Februar 2021. Verfügbar unter http://bit.ly/3iRQnSa

12 Hayes, J. und Benson, G. (2016). What the Latest Evidence Tells Us About Fat and Cardiovascular Health. *Diabetes Spectr*, 29(3), 171–175.

13 Willett, W. C. und Leibel, R. L. (2002). Dietary fat is not a major determinant of body fat. *Am J Med*, 113(9B), 47–59.

14 Van Gunst, A. und Roodenburg, A. J. C. (2019). Consumer Distrust about E-numbers: A Qualitative Study among Food Experts. *Foods*, 8(5), 178.

15 Die Verbraucher Initiative e. V. (o. D.). *Fragen & Antworten – 9. Sind Bio-Produkte frei von Zusatzstoffen?* Zugriff am 1. Februar 2021. Verfügbar unter http://bit.ly/3olkcLW

16 Kennedy, J. (2013). *Ingredients of All-Natural Blueberries*. Zugriff am 1. Februar 2021. Verfügbar unter https://bit.ly/34UdS5T

17 Kennedy, J. (2013). *Ingredients of All-Natural Blueberries*. Zugriff am 1. Februar 2021. Verfügbar unter https://bit.ly/37r0pDR

18 Souci, S. W., Fachmann, W. und Kraut, H. (2016). *Die Zusammensetzung der Lebensmittel – Nährwerttabellen (8. Aufl.)*. Stuttgart: Wissenschaftliche Verlagsgesellschaft Stuttgart, 974 f.

19 Hui, Y. H., Barta, J., Cano, M. P., Gusek, T. W., Sidhu, J. S. und Sinha, N. (2006). *Handbook of Fruits and Fruit Processing*. Iowa: Blackwell Publishing, 383.

20 Retamales, J. B. und Hancock, J. F. (2018). *Blueberries (2. Aufl.)*. Wallingford: CABI, 71 f.

21 Gebauer G. F. (2015). *Umfrage: Veganer verzehren vegane Ersatzprodukte nur sparsam*. Zugriff am 1. Februar 2021. Verfügbar unter https://bit.ly/3aqAkoo

22 Statista (2019). *Wie häufig essen Sie durchschnittlich Wurstwaren?* Zugriff am 1. Februar 2021. Verfügbar unter https://bit.ly/2VojIcC

23 Statista (2020). *Entwicklung des Umsatzes mit Fleischersatzprodukten in Deutschland in den Jahren 2015 bis 2022*. Zugriff am 1. Februar 2021. Verfügbar unter https://bit.ly/2Y0MsKt

24 Süddeutsche Zeitung (2016). *Interessante Zielgruppe für die Produkte: die sogenannten Flexitarier*. Zugriff am 1. Februar 2021. Verfügbar unter https://bit.ly/3ar8cBF

DER MENSCH
IST EIN
ALLESESSER
UND FLEISCH
HAT UNS
INTELLIGENT
GEMACHT

17.

agträumst du davon, eine Kuh mit bloßen Händen zu töten und sie roh zu verspeisen? Wenn die Antwort ›nein‹ lautet, dann bist du – ob du es willst oder nicht – ein Herbivore.« Diese Behauptung findet sich auf einer veganen Website.[1] Dem widersprechend heißt es auf einer anderen Plattform: »Sind Menschen Karnivoren? Sorry, Veganer. Ja, sie sind es.«[2] Beide Aussagen sind allerdings nicht korrekt und halten einem kritischen Abgleich mit der wissenschaftlichen Literatur nicht stand. Wie nachfolgend noch im Detail beschrieben wird, ist aber auch die Kategorisierung des Menschen als Omnivore bzw. Allesesser zu stark simplifiziert und wird der Anatomie des Menschen auch nicht vollends gerecht.

Die Wissenschaftlerin Briana Pobiner hat sich auf die Erforschung der Ernährungsweise unserer frühesten Vorfahren spezialisiert und gelangt zu der Einschätzung, dass deren Ernährung der Kost der heutigen Schimpansen ähnelte und zu überwiegenden Teilen aus Früchten, Blättern, Nüssen und Insekten bestand. Fleisch spielte mit einem Anteil von ca. drei Prozent nur eine geringe Rolle.[3] Einen Fingerzeig dafür, dass der Mensch im Laufe der Evolution allerdings wohl niemals über längere Zeiträume hinweg herbivor gelebt hat, stellen zahlreiche fossile Funde dar. Diese geben Auskunft über die Tatsache, dass schon unsere Vorfahren seit Jahrmillionen Fleisch gegessen bzw. auf andere Nahrung tierischen Ursprungs zurückgegriffen haben.[4]

Der Fokus auf den Fleischverzehr in der medialen Diskussion sollte folglich nicht den Blick darauf versperren, dass vorzeitliche Menschen auf viele verschiedene tierische Nahrungsquellen (Eier, Insekten und andere Wirbellose) zurückgegriffen haben, sodass davon auszugehen ist, dass Nahrung tierischer Herkunft bereits vor der Intensivierung der Jagd ein bedeutender Faktor für die menschliche Evolution gewesen ist. Ein Blick auf die unterschiedlichen Verdauungstrakte verschiedener Spezies von Säugetieren (Abbildung 39) verdeutlicht, wie weit der Mensch von einem klassischen Herbivoren entfernt ist.

Der Mensch ist kein Herbivore

Vegankritiker*innen weisen regelmäßig darauf hin, dass der Mensch vor dem Hintergrund der Vitamin-B$_{12}$-Problematik kein Herbivore sein könne. Im Gegensatz zum Menschen können sich klassische Pflanzenfresser wie Kühe, Schafe oder Pferde über die in ihrem Verdauungstrakt lebenden Mikroorganismen selbst mit Vitamin B$_{12}$ versorgen und sind daher im Normalfall nicht auf eine externe Zufuhr angewiesen. Im menschlichen Verdauungstrakt befinden sich zwar auch B$_{12}$-produzierende Bakterien, allerdings erst in einem Abschnitt, in dem eine Absorption des Vitamins meist nicht mehr in ausreichender Menge möglich ist.[7,8] Somit ist der Mensch im Gegensatz zu tatsächlichen Herbivoren darauf angewiesen, seine

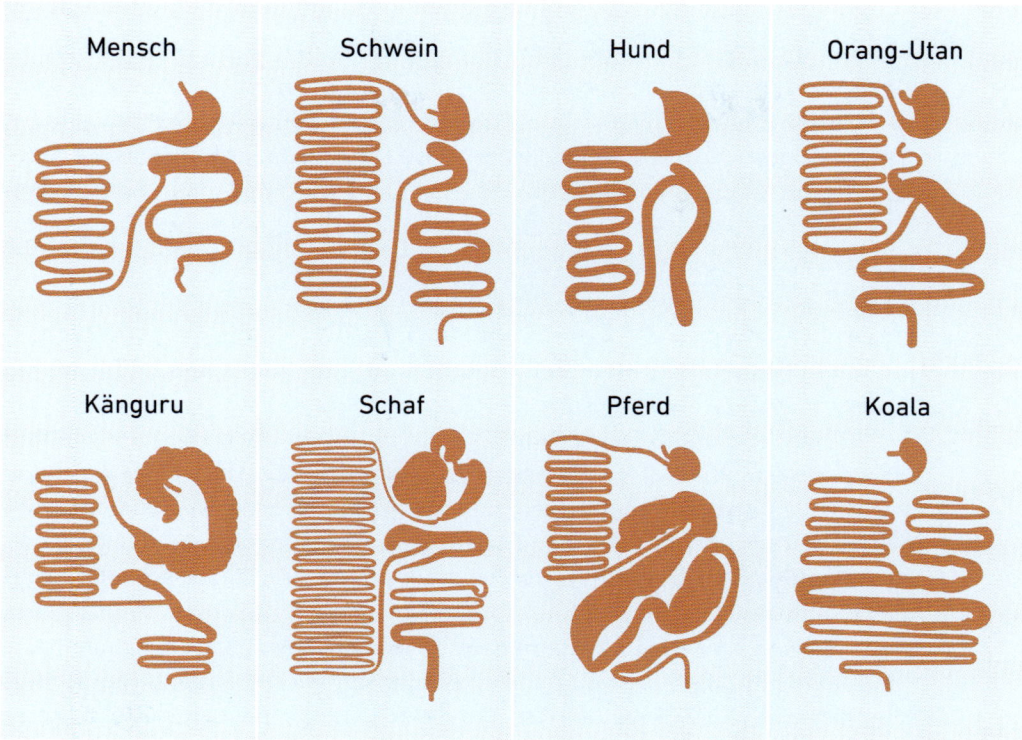

Der menschliche Verdauungstrakt stellt aufgrund seiner Anpassung an gekochte Nahrung einen Sonderfall dar. Selbst im Vergleich zu nahen Verwandten wie dem Orang-Utan zeigt sich beim Menschen eine deutliche Reduktion der Größe des Dickdarms, da durch das Kochen der Anteil an roher, unverarbeiteter Nahrung gesenkt wurde. Die auf den ersten Blick dennoch vorhandene Ähnlichkeit mit dem Verdauungstrakt des Orang-Utans liefert übrigens kein Argument dafür, dass der Mensch ein herbivores Tier ist, denn Orang-Utans verzehren verschiedene Insektenarten[5] und hin und wieder kleine Wirbeltiere.[6]

B_{12}-Versorgung anderweitig sicherzustellen, da er das in seinem Verdauungstrakt gebildete B_{12} ungenutzt mit dem Kot ausscheidet. Koprophagie – also das Verzehren von (eigenen oder fremden) Exkrementen – würde insofern eine wenig reizvolle, in der Natur hingegen weit verbreitete Versorgungsoption darstellen. Nicht nur Nagetiere und einige Vögel,[9] sondern auch (Menschen-)Affen machen von dieser Möglichkeit Gebrauch und decken so zumindest anteilig ihren Vitamin-B_{12}-Bedarf.[10] Bei unseren nächsten Verwandten stellt Koprophagie jedoch nicht die einzige B_{12}-Versorgungsform dar: Während die als reine Pflanzenfresser bezeichneten Gorillas Insekten verspeisen,[11] jagen Schimpansen neben kleineren Wirbeltieren sogar andere Primaten, sodass auch Fleisch bei ihnen als B_{12}-Quelle zu nennen ist.[12]

Es mag zwar theoretisch der Fall sein, dass in früheren Zeiten aufgrund mangelnder Hygiene die Chance bestand, dass unsere Vorfahr*innen und frühe Menschen über durch Kot verunreinigte Wasser- bzw. Nahrungsquellen oder über mitverschluckte Erde etwas B_{12} aufgenommen haben, jedoch ist die Datenlage hierzu äußerst dünn.[13] Viele häufig zu diesem Thema zitierte Studien sind einige Jahrzehnte alt und haben äußerst begrenzte Aussagekraft. Aktuellere Untersuchungen von vermeintlich »natürlich« lebenden Veganer*innen, die ungewaschenes rohes Gemüse und andere »natürliche« pflanzliche B_{12}-»Quellen« nutzten, zeigten jedenfalls hohe B_{12}-Mangelraten.[14] Vor diesem Hintergrund spricht also wenig dafür, dass der Mensch ein Herbivore ist.

Der Mensch ist kein Karnivore

Der Mensch ist allerdings auch (zumindest genauso) weit davon entfernt, ein Karnivore zu sein. Wie Veröffentlichungen zur Ernährung unserer Vorfahr*innen festhalten, ist nicht davon auszugehen, dass Menschen ausschließlich und auch nicht überwiegend von tierischen Nahrungsmitteln gelebt haben, da die daraus resultierende extrem überhöhte Proteinzufuhr ohne ausreichende Fett- oder Kohlenhydrataufnahme äußerst abträglich auf den menschlichen Organismus gewirkt hätte.[15,16] Dieses als »Kaninchenhunger« oder »Protein poisoning« bekannte Problem, das echten Karnivoren fremd ist, lässt sich nur dann umgehen, wenn – was selten der Fall gewesen sein dürfte – das ganze Jahr über Tiere mit einem hohen Fettanteil erbeutet werden können.

Echte karnivore Tiere sind zudem nur sehr eingeschränkt dazu in der Lage, Kohlenhydrate zu verdauen.[17] Hunde, die Carni-Omnivora sind, sind hingegen deutlich besser in der Lage, Kohlenhydrate zu verstoffwechseln.[18] Da Kohlenhydrate in der Ernährung von Karnivoren wie Katzen eine unbedeutende Rolle spielen, fehlt ihnen überdies auch der Geschmacksrezeptor für Süßes.[19] Der Mensch kann hingegen nicht nur Süßes schmecken, sondern er weist dafür sogar eine Präferenz und gute Fähigkeiten zur Verdauung sowie Verwertung von Kohlenhydraten auf. Die Vorliebe für Süßes ist auch evolutiv sinnvoll, da süßlicher Geschmack dem Menschen signalisierte, dass etwas mit einer größeren Wahrscheinlichkeit ungiftig und energiereich bzw. eine gute Kohlenhydratquelle für das nach Glucose hungrige menschliche Gehirn ist.[20] Menschen weisen zudem deutlich mehr Speichel- und Pankreasamylase auf, weil in ihrer Kost, im Gegensatz zu der Kost von Karnivoren, Kohlenhydrate (in diesem Fall Stärke) eine bedeutende Rolle spielen und das Enzym Amylase der Verdauung von Stärke dient.[21]

Hinzu kommt, dass der Mensch (ebenso wie Menschenaffen, Meerschweinchen und weitere Tiere) Vitamin C nicht selbst synthetisieren kann und daher auf eine kontinuierliche Nahrungszufuhr an Vitamin C angewiesen ist. Die plausibelste

Erklärung für das Nichtvorhandensein dieser Fähigkeit ist laut Wissenschaftler*innen die fehlende evolutive Notwendigkeit aufgrund der pflanzenbetonten Ernährungsweise, die eine ausreichende Vitamin-C-Versorgung sicherstellt.[22] Somit war es für den menschlichen Organismus im Laufe der Evolution schlichtweg nicht notwendig, selbst in der Lage zu sein, Vitamin C zu synthetisieren. Hätte sich der Mensch überwiegend von Tierischem ernährt, hätte unser Organismus – wie es bei Karnivoren der Fall ist – einen Weg zur Eigensynthese von Vitamin C entwickeln müssen. Nicht minder gewichtig sind die Tatsachen, dass Karnivore nicht dazu in der Lage sind, Beta-Carotin (Provitamin A) zu Vitamin A zu konvertieren und dass Taurin für sie eine essenzielle Aminosäure darstellt.[23] Der Mensch kann hingegen in der Regel in ausreichendem Maße Vitamin A aus Beta-Carotin synthetisieren[24] und Taurin aus den Aminosäuren Cystein und Methionin selbst bilden, weswegen diese Aminosäure für den Menschen nicht essenziell ist.[25]

Selbst Vertreter*innen der Paleo-Ernährung verweisen in ihren Veröffentlichungen darauf, dass Menschen in der Altsteinzeit als Jäger*innen und Sammler*innen noch etwa 100 g Ballaststoffe pro Tag verzehrt haben.[26] Auch dieses Detail spricht gegen die Theorie der karnivoren frühmenschlichen Ernährung. Es scheint viel eher so zu sein, dass Tierisches in den meisten Gegenden nicht einmal in den Zeiten, als die Nutzung solcher Nahrungsquellen zunahm, mehr als 10–20 % der Gesamtkalorienzufuhr ausmachte.[27]

Auch die oftmals fälschlich als »Reißzähne« bezeichneten Eckzähne des Menschen liefern keinen Anlass, ihn als Karnivoren zu betrachten. Wie Abbildung 40 zeigt, gibt es zahlreiche reine Pflanzenfresser wie Dscheladas, Wasserrehe, Moschushirsche, Nilpferde etc., die sehr stark ausgeprägte Eckzähne aufweisen.

Abb. 40: **Reine Pflanzenfresser mit ausgeprägten Eckzähnen: Dscheladas und Wasserrehe**

In Bezug auf das menschliche Gebiss schrieb der deutsche Anthropologe Hans Friedenthal schon im Jahr 1912, dass sich dieses deutlich von anderen Spezies unterscheide und das mitunter vielfältigste im Tierreich sei.[28] Friedenthal hob schon damals die deutlichen Ähnlichkeiten der großen mittleren Schneidezähne des Menschen mit den großen Schneidezähnen anderer (überwiegend) pflanzenfressender Tiere wie Orang-Utans, Gorillas und Pferde hervor. Allerdings merkte auch er vor über 100 Jahren an, dass dieses Gebiss kein Beleg dafür sei, dass der Mensch im Laufe seiner Entwicklung kein Fleisch verzehrt habe oder dass sein Gebiss dafür gänzlich ungeeignet sei. Er schrieb: »Das menschliche Gebiss ist durch die einseitige Anpassung an Mahlwirkung keineswegs ungeeignet geworden, um Fleischnahrung zu zerkleinern, zumal auch hier die Hände des Menschen durch Zerreißen die Kauarbeit erheblich erleichtern können. [...] Selbst bei reiner Fleischnahrung genügt dem Menschen sein Omnivorengebiss mit Anpassung an das Körnermahlen vollständig, da das grobe Zerreißen und Aufbrechen größerer Jagdbeute mit den Händen respektive mit Werkzeugen vollbracht werden kann, während bei den Raubtieren der Mangel eines Greifwerkzeuges zu einer Umbildung des Gebisses, zu einer Zange zum Festhalten der Beute und zu einer Schere als Zerkleinerungswerkzeug zwang.«[29]

So hat der Mensch durch seine Fingerfertigkeit, seine Werkzeuge und die Fähigkeit des Erhitzens von Nahrung die Möglichkeit geschaffen, gewisse Aufgaben des Gebisses zu externalisieren und damit überflüssig zu machen. Somit wurden körperliche Anpassungen des Gebisses an die Art der Nahrungszufuhr, wie sie bei anderen Tieren oft deutlich zu erkennen sind, beim Menschen Stück für Stück überflüssig. Äußere Merkmale des Menschen geben demnach nur bedingt Auskunft über seine frühere Ernährung.

Der Mensch ist kein (klassischer) Omnivore

Was hieraus letztendlich erneut abgeleitet werden kann, ist die Tatsache, dass der Mensch anatomisch weder ein klassischer Pflanzen- noch ein klassischer Fleischfresser ist, sodass von den drei gängigen Kategorien in dieser Hinsicht nur noch eine bleibt: Der Mensch ist ein omnivores Tier und das ist auch die allgemein vorherrschende Klassifizierung des Menschen.[30,31]

Der Mensch verdankt seinen kognitiven Fähigkeiten allerdings auch die Möglichkeit, seine Ernährungsweise aus ethischen Gründen zu hinterfragen und zu verändern. Er hat sich im Laufe der kulturellen Entwicklung Wahlmöglichkeiten geschaffen. Und nur weil Menschen als Omnivoren unterschiedlichste Nahrungsquellen nutzen *können*, folgt daraus nicht automatisch, dass sie diese auch alle nutzen *sollten*. Im Gegensatz zu unseren steinzeitlichen Vorfahr*innen sind wir – von möglichen vereinzelten Ausnahmen abgesehen – in vielen Gebieten der Welt nicht mehr darauf angewiesen, tierische Lebensmittel zu essen. Die reichhaltige Auswahl an pflanzlichen Lebensmitteln und die moderne Technik ermöglichen es uns inzwischen, unseren Nährstoffbedarf ohne Tierisches zu decken (siehe dazu im Detail Kapitel 18). Ferner bedeutet eine vegane Ernährungsweise nicht zwingend, dass man »rein pflanzlich« essen muss. Neben Pflanzen stehen die zahlreichen essbaren Pilze auf dem veganen Speiseplan und zukünftig werden Technologien wie die »Cellular Agriculture« (zellbasierte Landwirtschaft) die Produktion von Fleisch, Milch, Käse, Eiern und anderen tierischen Lebensmitteln ohne Ausbeutung von Tieren und damit im Sinne des Veganismus ermöglichen. Spätestens ab diesem Zeitpunkt verliert die hier diskutierte Debatte ohnehin zur Gänze an Bedeutung.

Durch die omnivore Ernährungsweise standen dem Menschen im Laufe der Evolution vielfältige Nahrungsquellen zur Verfügung und so konnte die Ernährung des Menschen in Abhängigkeit der betrachteten Zeitperiode und der geografischen Lage in einem schwankenden Umfang pflanzlich oder tierbetont erfolgen. Diese Flexibilität stellte einen bedeutsamen Katalysator für die weltweite Ausbreitung der Spezies Mensch dar, die dadurch ein erstaunliches Spektrum an unterschiedlichen Lebensräumen erobern konnte. Heutzutage können wir uns aufgrund des technologischen Fortschritts aber in den allermeisten Gegenden unabhängig vom Klima ernähren. Dennoch ist es unzureichend, den Menschen einfach als klassischen Omnivoren zu bezeichnen. Er nimmt innerhalb dieser Kategorie vielmehr eine Sonderstellung ein.

Das kochende Tier

Bereits 1773 betitelte der schottische Autor James Boswell den Menschen als das »kochende Tier«.[32] Denn was den Menschen schon früh vom Rest der Tierwelt unterschied, ist die Tatsache, dass kein anderes Tier kocht. Auch Charles Darwin bezeichnete das Kochen 1882 als Grundlage des Menschseins. Er betonte, dass die Entdeckung des Feuers neben der Sprache die wohl bedeutendste Entwicklung in der Geschichte der Menschheit gewesen sei.[33] Der Anthropologe Dr. Richard Wrangham widmete dieser Feststellung mit »Feuer fangen« ein ganzes Buch und zieht darin das folgende Fazit: »Wir Menschen sind die kochenden Affen, Geschöpfe des Feuers.«[34] Diese Tatsache ist von zentraler Bedeutung, denn sie zeigt, dass der Mensch nicht einfach in eine der drei Schubladen – herbivor, karnivor und omnivor – gesteckt werden kann. So erklären sich nicht nur einige anatomische Auffälligkeiten des Menschen, sondern dies beantwortet auch die Fragen, warum der Mensch zum Menschen wurde und was seine bemerkenswerte Gehirnentwicklung ermöglicht hat.

Die Intelligenz des Menschen wird nämlich fälschlicherweise oft nur auf den Konsum von Fleisch und auf die Nutzung von anderen tierischen Nahrungsquellen zurückgeführt. So schreibt beispielsweise der Autor Florian Asche in seinem Buch »Tiere essen dürfen«: »Heute gilt es als gesichert, dass vor allem die proteinreiche Tiernahrung des frühzeitlichen Menschen ein Hirnwachstum ermöglichte, das zu seiner weltweiten ökologischen Hegemonie [d. h. Vormachtstellung] führte.«[35] Laut dieser Fleischesser-Theorie (»Meat-eating hypothesis«) wurde das Gehirnwachstum des Menschen also hauptsächlich durch den Konsum von Fleisch und anderer Nahrung tierischen Ursprungs möglich.

Richtig ist: Im Laufe der Menschwerdung über die letzten vier Millionen Jahre hinweg verdreifachte sich das Volumen des menschlichen Gehirns.[36] Müssten dann aber nicht diejenigen Tiere am intelligentesten sein, die den größten Appetit auf Tierisches vorzuweisen haben, wenn das der entscheidende Faktor ist? Auch Dr. Wrangham betont, dass diese Erklärung unvollständig und zu simpel ist.[37] Der Weg zum heutigen Menschen wurde von zwei sehr unterschiedlichen Transformationen geprägt, die zeitlich Hunderttausende Jahre auseinanderliegen. Beide bedürfen einer Erklärung und die Fleischesser-Hypothese kann dabei höchstens eine der zwei begründen.[38]

Die erste Transformation von herausragender Bedeutung erfolgte vor etwa 2,5 Millionen Jahren, als sich aus den schimpansenartigen Australopithecinen die Habilinen entwickelten.[39] Der Verzehr von Fleisch und die damit einhergehende höhere Kalorien- und Proteinaufnahme ist ein plausibles Erklärungsmodell für diesen Übergang. Allerdings fehlt eine weitere Erklärung für den vor etwa 1,9 bis 1,8 Millionen Jahren stattfindenden zweiten wichtigen Schritt in der Entwicklung hin zum heutigen Menschen (Homo erectus).[40] Der Übergang der Habilinen zum Homo erectus kann nicht einfach mit derselben Hypothese erklärt werden, da er eine vollkommen andere Transformation darstellt, die nach einem alternativen Erklärungsmodell verlangt. Der beim Homo erectus im Vergleich zu den Habilinen wesentlich schwächer ausgeprägte Kiefer, der kleinere Mund und die kleineren Zähne lassen sich ebenso wie die besseren kognitiven Fähigkeiten nicht durch einen immer höheren Fleischkonsum erklären.

Der Mensch als Cucinivore

Diese Entwicklungen – wie auch der sich verkürzende Dickdarm – deuten vielmehr auf eine erfolgreiche Entwicklung zum ersten Tier hin, das seine Nahrung kocht. Das von Dr. Richard Wrangham als »Koch-Hypothese« (Cooking Hypothesis) benannte Erklärungsmodell ist das aktuell wohl plausibelste Bindeglied, das diese zweite wichtige Veränderung erklären kann, durch die sich die Vorfahren der heutigen Menschen an die weichere, gegarte Nahrung anpassten. Laut Dr. Wrangham ist »[...] der Mensch in ganz derselben Weise dafür eingerichtet, gekochte Nahrung aufzunehmen, wie Kühe dafür eingerichtet sind, Gras zu fressen, oder

Flöhe dafür, Blut zu saugen [...]«.[41] Somit ist der Mensch eher ein Cucinivore als ein klassischer Omnivore.[42,43] Das Kochen hat aller Wahrscheinlichkeit nach dazu geführt, dass sich der Verdauungsapparat als Anpassung an die erhitzte, leichter verdauliche und damit energiedichtere Nahrung verkleinerte und damit energiesparender wurde. So stand mehr Energie für das wachsende Gehirn zur Verfügung.[44] Das erklärt auch die paradoxe Beobachtung, dass trotz des energie-intensiven menschlichen Gehirns der Gesamtbedarf an Energie beim Menschen vergleichbar mit anderen Säugetieren unserer Körpergröße und unseres Gewichts ist.[45] Der reduzierte Verdauungstrakt des heutigen Menschen ist als Anpassung an die gekochte Kost zudem nur mehr etwa halb so groß wie bei Säugetieren unserer Größe.[46] So macht beim Menschen der Dickdarm nur etwa 20 % des Volumens des Darms aus, während es bei anderen Primaten etwa 50 % sind.[47] Dadurch, dass der Mensch nicht mehr so große Mengen an rohen, unverdaulichen Nahrungs-bestandteilen im Dickdarm fermentieren musste (wie es bei anderen Affen der Fall ist), konnte sich der Dickdarm reduzieren. Mittels hochwertiger Kochkost verwenden Menschen heute nur noch etwa 6–7 % der Kalorien einer Mahlzeit für deren Verdauung – im Vergleich zu 13–16 % bei anderen Säugetieren.[48] Ab dem Zeitpunkt, an dem Menschen ihre Nahrung ausreichend verarbeiten konnten, ver-brachten sie im Gegensatz zu anderen Tieren deutlich weniger Zeit mit dem Kauen von Nahrung und hatten so zeitliche Kapazitäten für andere Aufgaben, was eben-falls ihrem Gehirnwachstum zugutekam.[49]

So verbringt beispielsweise ein Schimpanse vier bis sechs Stunden pro Tag mit dem Kauen seiner Nahrung, wohingegen Menschen im Durchschnitt weniger als eine Stunde pro Tag benötigen.[50] Die schwächere Ausprägung des menschlichen Kaumuskels und sein Gebiss resultieren in einer geringeren Bisskraft, als es bei anderen Primaten der Fall ist. Auch das scheint eine Anpassung an den Verzehr gekochter Nahrung zu sein.[51] Kochen ist also weit mehr als nur eine kulinarische Technik. Es ist eine Art der Externalisierung eines Teils des Verdauungsvorgan-ges.[52] Das bedeutet, dass das Erhitzen der Nahrung vor dem Verzehr einen Teil der Verdauungsarbeit übernimmt und so den anschließenden Verdauungsvorgang energiesparender gestaltet. Dadurch ist die Energieausbeute aus gekochter Nah-rung höher als aus roher.[53,54,55] Selbstverständlich hat sich das Kochen auch auf den Verzehr tierischer Produkte ausgewirkt, die durch den Garprozess nicht nur schmackhafter, sondern auch nahrhafter und leichter verdaulich wurden. Durch das Kochen wurde dem Menschen ferner eine neuartige und äußerst bedeutsame Nahrungsquelle zugänglich gemacht, die ihm bis dahin verwehrt geblieben war und in Verbindung mit dem Kochen den plausibelsten Grund für die Entwicklung des menschlichen Gehirns darstellt.

Stärke als Treiber der Evolution

Bei dieser erstmals zugänglichen Nahrungsquelle handelte es sich um Urformen von Süßgräsern, den Vorläufern unserer heutigen Getreidesorten, die im Rohzustand kaum verdaulich und unappetitlich sind, sowie um stärkehaltige Wurzeln, die im rohen Zustand ebenfalls schwer verdaulich und zum Teil sogar giftig sind. Durch das Erhitzen der stärkehaltigen Getreide und Wurzeln verkleistert deren Stärke und wird damit leichter verdaulich, weil die im Speichel enthaltenen, stärkespaltenden Enzyme bei roher Stärke nur bedingt wirksam sind.[56] Mit den gut lagerbaren Getreiden und Wurzeln hatten die Menschen zu dieser Zeit nun das zur Verfügung, was ihr Gehirn in großer Menge benötigte: Kohlenhydrate.[57] Das menschliche Gehirn verbraucht etwa 20 % der Gesamtenergiemenge des Organismus, obwohl es nur etwa 2 % der Körpermasse ausmacht.[58] Das ist deutlich mehr als die 8–10 % der Energie bei Primaten und ein Vielfaches der üblichen 3–5 % bei anderen Säugetieren.[59] Die Menge an Energie, die das Gehirn eines Primaten verbraucht, steht dabei in Korrelation mit der Nährstoffdichte der Ernährungsweise. Dabei ist das Gehirn (außer in Zeiten des Fastens oder bei ketogener Ernährung) auf Glucose als Hauptenergieträger angewiesen.[60] Tierische Lebensmittel haben in vielen Teilen der Welt anhand der Funde durchaus eine relevante Rolle gespielt und lieferten wichtiges Protein und energiedichtes Fett, aber die gut verfügbaren Kohlenhydrate aus den Vorläufern der heutigen Getreide und aus den Wurzeln scheinen in diesem Zeitabschnitt eine besondere Relevanz für das nach Kohlenhydrat hungrige Gehirn und damit die Entwicklung des Menschen gehabt zu haben.[61]

Weitere Erklärung für die Entwicklung des Menschen

Abgesehen von der Nahrung werden weitere Einflussgrößen auf die Entwicklung diskutiert. Neben einer Verkleinerung der Verdauungsorgane verfügt der Mensch im Gegensatz zu anderen Primaten über unterdurchschnittlich wenig Muskulatur und ein überdurchschnittlich ausgeprägtes Fettgewebe. Dies ist vermutlich ein zusätzlicher Grund für die steigende Gehirnleistung des Menschen, da Muskulatur viel Energie benötigt und ein Rückgang der Muskulatur Energie einspart.[62] Durch die ausgeprägteren Fettspeicher konnte darüber hinaus auch die kontinuierlichere Energieversorgung des Gehirns gewährleistet werden, da durch das Fettdepot in Zeiten des Nahrungsmangels eine komplementäre Energiequelle für das Gehirn zur Verfügung stand. Ein weiteres Erklärungsmodell bietet die Hypothese des kognitiven Puffers (Cognitive Buffer Hypothesis).[63] Diese besagt, dass das Gehirnwachstum einen Schutz gegen die Gefahren in der Umwelt gewährleisten konnte, indem es die kognitiven Fähigkeiten und damit den Handlungsspielraum erhöhte.

So konnten sich komplexe soziale Strukturen in größeren Gruppen bilden, der Mensch konnte Werkzeuge entwickeln (bedingt durch die frei gewordenen Hände, durch seinen aufrechten Gang) und die besser koordinierte Jagd in der Gruppe erhöhte die Erfolgschancen beträchtlich.[64,65,66] All diese Punkte waren vermutlich ebenfalls Einflussfaktoren dafür, dass unsere geistige Leistungsfähigkeit zugenommen hat. Manche Quellen stellen sogar die Hypothese auf, dass die Veränderungen im Ernährungsverhalten des Menschen nicht der Auslöser für die Entwicklung des Gehirns waren, sondern lediglich eine notwendige Voraussetzung, um die aus anderen Gründen einsetzenden kognitiven Veränderungen zu gewährleisten.[67]

Schlussfolgerung

Selbst im unwahrscheinlichen Fall, dass der Konsum von tierischen Produkten tatsächlich der einzig wichtige Faktor für unsere Entwicklung gewesen wäre (was aller Wahrscheinlichkeit nach nicht zutrifft), kann daraus dennoch nicht automatisch abgeleitet werden, dass der Verzehr von Tierprodukten dadurch heutzutage noch notwendig bzw. von Vorteil oder gar ethisch vertretbar ist. Die temporäre Notwendigkeit in früheren Zeiten ist in der Gegenwart nicht mehr gegeben. Es erscheint nicht plausibel, dass ein Verzicht auf tierische Produkte per se (wenn der Nährstoffbedarf durch nicht-tierische Lebensmittel adäquat gedeckt wird) dazu führt, dass die kognitiven Fähigkeiten des Menschen darunter leiden oder sich gar die menschliche Spezies auf Dauer wieder zurückentwickelt und weniger intelligent wird. In der heutigen Zeit stehen uns ein breites Nahrungsangebot sowie ausreichende Nahrungsergänzungsmittel für kritische Nährstoffe zur Verfügung, sodass wir uns tierfrei ernähren können. Im Gegenteil: Es ist unter anderem der übermäßige Konsum tierischer Produkte, der mit enormen negativen Auswirkungen auf unsere Umwelt einhergeht und das Risiko für das Auftreten von neuartigen Zoonosen und antibiotikaresistenten Keimen erhöht, was unsere aktuelle Lebensgrundlage bedroht. Seit jeher galt »Survival of the fittest«, wobei »fittest« nicht (wie oft fälschlicherweise angenommen) auf physische Fitness im Sinne von Stärke oder Größe bezogen ist, sondern auf den Grad der Anpassung und den damit einhergehenden reproduktiven Erfolg.[68] Durch das starke Bevölkerungswachstum und den ressourcenintensiven Lebensstil westlicher Populationen leben Menschen heute deutlich über ihre Verhältnisse und so gilt es, eine Lebens- und Ernährungsweise zu finden, die im Einklang mit unseren naturgegebenen Ressourcen steht und das gesunde und unbeeinträchtigte Weiterbestehen der menschlichen Spezies fördern kann. Denn ebenso wichtig wie die Frage, wie der Mensch sich entwickelt hat, sind die Fragen, wohin er sich entwickeln wird und sollte. Wir sind heute in der privilegierten Position, unsere Entwicklung selbst beeinflussen zu können, und sollten die Chance mitsamt der damit verbundenen Verantwortung ernst nehmen.

Richtigstellung des Arguments »Der Mensch ist ein Allesesser und Fleisch hat uns intelligent gemacht«

Vorurteil	Faktenlage
Der Mensch ist ein Herbivore und sollte daher rein pflanzlich essen.	Ein Blick auf die Evolutionsgeschichte des Menschen zeigt deutlich, dass tierische Lebensmittel (je nach zeitlicher und geografischer Betrachtung) in den meisten Fällen eine mehr oder weniger relevante Rolle im Speiseplan unserer Vorfahren gespielt haben und der Mensch in Bezug auf seinen Verdauungstrakt weit von einem klassischen Herbivoren entfernt ist. Dennoch kann sich der Mensch bei guter Kostzusammenstellung rein pflanzlich ernähren und es gibt verschiedene gute Gründe dies auch zu tun.
Der Mensch ist ein Karnivore und benötigt daher zwingend Fleisch.	Zahlreiche Faktoren sprechen deutlich dagegen, dass der Mensch ein Karnivore ist: Menschen können im Gegensatz zu Karnivoren süße Geschmäcker wahrnehmen, haben einen deutlich höheren Gehalt an kohlenhydratspaltenden Enzymen im Speichel, können Beta-Carotin zu Vitamin A umwandeln und gewisse Aminosäuren wie Taurin im Gegensatz zu Karnivoren selbst synthetisieren. Außerdem fehlt dem Menschen (anders als Karnivoren) die endogene Vitamin-C-Synthese. Es ist also anatomisch äußerst unplausibel, dass sich der Mensch im Laufe der Evolution überwiegend wie ein Karnivore ernährt hat, was durch fossile Funde zudem bestätigt wurde.
Der Mensch ist ein Omnivore und sollte daher sowohl pflanzliche als auch tierische Lebensmittel essen.	Unter den drei gängigen Kategorien passt der Mensch zwar am ehesten noch in die des Omnivoren, allerdings hat das Kochen unserer Nahrung unsere Physiologie so sehr verändert, dass der Mensch heute eher als »Cucinivore« – also das kochende Tier – bezeichnet werden kann. Aus der Klassifizierung des Omnivoren ergibt sich außerdem mitnichten die Pflicht, mischköstlich zu essen, sondern primär die große Freiheit, sich von vielfältigen Nahrungsquellen ernähren zu können und eben keine Notwendigkeit zu haben, zwingend tierische Produkte verzehren zu müssen, solange der Nährstoffbedarf gedeckt wird.
Der Fleischverzehr hat den Menschen intelligent gemacht.	Der Fleischverzehr hat ohne Frage eine relevante Rolle in der Evolution des Menschen gespielt, allerdings scheint gerade der große Sprung in der Intelligenz des Menschen weniger mit dem Fleischverzehr zu tun zu haben. Sollte es primär ein nahrungsbedingtes Phänomen sein, sind gekochte Süßgräser und Wurzeln als Stärkelieferanten für das kohlenhydrathungrige Gehirn deutlich plausiblere Kandidaten hierfür. Vor allem das Kochen führte dazu, dass Verdauungsenergie gespart wurde und somit mehr Energie für die Entwicklung des Gehirns zur Verfügung stand. Selbst wenn der Fleischverzehr ein entscheidender Treiber für unsere Intelligenz gewesen wäre, ergibt sich daraus im Umkehrschluss dennoch nicht, dass ein Verzicht auf Fleisch und andere tierische Produkte im Rahmen des vielfältigen westlichen veganen Speiseplans unsere Gehirnleistung oder zukünftige Entwicklung in irgendeiner Art beeinträchtigen würde. Das Gehirn benötigt – so wie der Rest unseres Organismus – nicht gewisse Lebensmittel, sondern gewisse Nährstoffe.

Vorurteil	Faktenlage
Das Gebiss des Menschen gibt Aufschluss über seine evolutiv passende Ernährungsweise.	Durch seine Fingerfertigkeit, den Bau von Werkzeugen ebenso wie die Möglichkeit zum Erhitzen der Nahrung hatte der Mensch im Laufe der Evolution mehr und mehr Möglichkeiten, gewisse Aufgaben seines Gebisses zu externalisieren und damit zwingende Anpassungen des Kauapparates schrittweise unnötig zu machen. Somit wurden Anpassungen des Gebisses auf die Nahrungszufuhr, wie sie bei anderen Tieren oft deutlich zu erkennen sind, beim Menschen Stück für Stück überflüssig. Dadurch lässt ein Blick alleine auf das Gebiss heute keine sicheren Rückschlüsse über die evolutiv passende Ernährung des Menschen zu.

Quellen

1 PETA (2018). *Is It Really Natural? The Truth About Humans and Eating Meat.* Zugriff am 18. Januar 2021. Verfügbar unter https://bit.ly/3g8GFZV

2 Carnivore Aurelius (2019). *Are Humans Carnivores? Why We're Made to Eat Red Meat.* Zugriff am 18. Januar 2021. Verfügbar unter https://bit.ly/3bPg4gO

3 Pobiner, B. (2016). Meat-Eating Among the Earliest Humans. *American Scientist,* 104(2), 110.

4 Pobiner, B. (2013). Evidence for Meat-Eating by Early Humans. *Nature Education Knowledge,* 4(6), 1.

5 Galdikas, B. M. F. (1988). Orangutan Diet, Range, and Activity at Tanjung Puting, Central Borneo. *International Journal of Primatology,* 9, 1–35.

6 Rijksen, H. D. und Meijaard, E. (1999). *Our vanishing relative – The status of wild Orang-Utans at the close of the twentieth century.* Wageningen: Stichting Tropenbos, 66.

7 Albert, M. J., Mathan, V. I. und Baker, S. J. (1980). Vitamin B12 synthesis by human small intestinal bacteria. *Nature,* 283(5749), 781–782.

8 Rowley, C. A. und Kendall, M. M. (2019). To B12 or not to B12: Five questions on the role of cobalamin in host-microbial interactions. *PLoS pathogens,* 15(1), e1007479.

9 Georgievskii, V. I., Annenkov, B. N. und Samokhin, V. T. (1982). *Mineral Nutrition of Animals: Studies in the Agricultural and Food Sciences.* London/Boston/Sydney/Durban/Wellington/Toronto: Butterworths, 189.

10 Soave, O. und Brand, C. D. (1991). Coprophagy in animals: a review. *Cornell Vet,* 81(4), 357–364.

11 Deblauwe, I., Dupain, J., Nguenang, G. M., Werdenich, D. und Van Elsacker, L. (2003). Insectivory by Gorilla gorilla gorilla in Southeast Cameroon. *International Journal of Primatology* 24, 493–502.

12 Tennie, C., O'Malley, R. C. und Gilby, I. C. (2014). Why do chimpanzees hunt? Considering the benefits and costs of acquiring and consuming vertebrate versus invertebrate prey. *J Hum Evol,* 71, 38–45.

13 Siehe zum Beispiel: Robbins, W. J., Hervey, A. und Stebbins, M. E. (1950). Studies on Euglena and Vitamin B12. *Bulletin of the Torrey Botanical Club,* 77(6), 423–441.

14 Donaldson, M. S. (2000). Metabolic Vitamin B12 Status on a Mostly Raw Vegan Diet With Follow-Up Using Tablets, Nutritional Yeast, or Probiotic Supplements. *Ann Nutr Metab,* 44(5-6), 229–234.

15 Speth, J. D. (2010). The Other Side of Protein. *In: The Paleoanthropology and Archaeology of Big-Game Hunting. Interdisciplinary Contributions to Archaeology.* New York: Springer, 45–85.

16 Wrangham, R. und Conklin-Brittain, N. L. (2003). ›Cooking as a Biological Trait‹. *Comp Biochem Physiol A Mol Integr Physiol,* 136(1), 35–46.

17 Furness, J. B., Cottrell, J. J. und Bravo, D. M. (2015). Comparative Gut Physiology Symposium: Comparative physiology of digestion. *J Anim Sci,* 93(2), 485–491.

18 Kienzle, E. (1993). Carbohydrate metabolism of the cat 1. Activity of amylase in the gastrointestinal tract of the cat. *J Anim Physiol a Anim Nutr,* 69, 92–101.

19 Li, X., Li, W., Wang, H., Cao, J., Maehashi, K., Huang, L. et al. (2005). Pseudogenization of a sweet-receptor gene accounts for cats' indifference toward sugar. *PLoS Genet,* 1(1), 27–35.

20 Beauchamp, G. K. (2016). Why do we like sweet taste: A bitter tale? *Physiol Behav,* 164(Pt B), 432–437.

21 Perry, G. H., Dominy, N. J., Claw, K. G., Lee, A. S., Fiegler, H., Redon, R. et al. (2007). Diet and the evolution of human amylase gene copy number variation. *Nat Genet,* 39(10), 1256–1260.

22 Drouin, G., Godin, J. R. und Pagédd, B. (2011). The Genetics of Vitamin C Loss in Vertebrates. *Curr Genomics,* 12(5), 371–378.

23 MacDonald, M. L., Rogers, Q. R. und Morris, J. G. (1984). Nutrition of the Domestic Cat, a Mammalian Carnivore. *Annu Rev Nutr,* 4, 521–562.

24 Novotny, J. A., Harrison, D. J., Pawlosky, R., Flanagan, V. P., Harrison, E. H. und Kurilich, A. C. (2010). Beta-carotene Conversion to Vitamin A Decreases as the Dietary Dose Increases in Humans. *J Nutr,* 140(5), 915–918.

25 Ripps, H. und Shen, W. (2012). Review: Taurine: A »very essential« amino acid. *Mol Vis,* 18, 2673–2686.

26 Siehe zum Beispiel: Eaton, S. B. (2006). The Ancestral Human Diet: What Was It and Should It Be a Paradigm for Contemporary Nutrition? *Proc Nutr Soc.* 65(1), 1–6.

27 Leonard, W. R., Snodgrass, J. und Robertson, M. L. (2007). Effects of Brain Evolution on Human Nutrition and Metabolism. *Annu Rev Nutr,* 27, 311–327.

28 Friedenthal, H. (1912). Über die Anpassung des

Menschen an die Ausnutzung pflanzlicher Nahrung. *Pflüger's Arch*, 144, 152–168.

29 Ebd.

30 Hladik, A. und Pasquet, P. (2002). The human adaptations to meat eating: a reappraisal. *Human Evolution*, 17(3-4), 199–206.

31 Furness, J. B. und Bravo, D. M. (2015). Humans as cucinivores: comparisons with other species. *J Comp Physiol B*, 185(8), 825–34.

32 Symons, M. (2004). *A History of Cooks and Cooking*. Champaign: University of Illinois Press, XII.

33 Darwin, C. (1882). *The Descent of Man, and Selection in Relation to Sex (2. Aufl.)*. London: John Murray, 42. Zugriff am 18. Januar 2021. Verfügbar unter https://bit.ly/2IpSbOS

34 Wrangham, R. (2009). *Feuer fangen: Wie uns das Kochen zum Menschen machte – eine neue Theorie der menschlichen Evolution*. München: Deutsche Verlags-Anstalt, 21.

35 Asche, F. (2015). *Tiere essen dürfen – Ethik für Fleischfresser*. Melsungen: Verlag J. Neumann-Neudamm, 24.

36 McHenry, H. M. und Coffing, K. (2000). Australopithecus to Homo: transformations in body and mind. *Annu Rev Anthropol*, 29, 125–146.

37 Wrangham, R. (2009). *Feuer fangen: Wie uns das Kochen zum Menschen machte – eine neue Theorie der menschlichen Evolution*. München: Deutsche Verlags-Anstalt, 13 f.

38 Ebd.

39 Wrangham, R. (2009). *Feuer fangen: Wie uns das Kochen zum Menschen machte – eine neue Theorie der menschlichen Evolution*. München: Deutsche Verlags-Anstalt.

40 Ebd.

41 Wrangham, R. (2009). *Feuer fangen: Wie uns das Kochen zum Menschen machte – eine neue Theorie der menschlichen Evolution*. München: Deutsche Verlags-Anstalt, 20.

42 Furness, J. B. und Bravo, D. M. (2015). Humans as cucinivores: comparisons with other species. *J Comp Physiol B*, 185(8), 825–834.

43 Furness, J. B., Cottrell, J. J. und Bravo, D. M. (2015). Comparative Gut Physiology Symposium: Comparative physiology of digestion. *J Anim Sci*, 93(2), 485–491.

44 Carmody, R. N. und Wrangham, R. W. (2009). Cooking and the human commitment to a high-quality diet. *Cold Spring Harb Symp Quant Biol*, 74, 427–434.

45 Leonard, W. R., Snodgrass, J. und Robertson, M. L. (2007). Effects of Brain Evolution on Human Nutrition and Metabolism. *Annu Rev Nutr*, 27, 311–327.

46 Furness, J. B. und Bravo, D. M. (2015). Humans as cucinivores: comparisons with other species. *J Comp Physiol B*, 185(8), 825–834.

47 Armelagos, G. J. (2014). Brain Evolution, the Determinates of Food Choice, and the Omnivore's Dilemma. *Crit Rev Food Sci Nutr*, 54(10), 1330–1341.

48 Boback, S. M., Cox, C. L., Ott, B. D., Carmody, R., Wrangham, R. W. und Secor, S. M. (2007). Cooking and Grinding Reduces the Cost of Meat Digestion. *Comp Biochem Physiol A Mol Integr Physiol*, 148(3), 651–656.

49 Fonseca-Azevedo, K. und Herculano-Houzel, S. (2012). Metabolic constraint imposes tradeoff between body size and number of brain neurons in human evolution. *Proc Natl Acad Sci USA*, 109, 18571–18576.

50 Furness, J. B. und Bravo, D. M. (2015). Humans as cucinivores: comparisons with other species. *J Comp Physiol B*, 185(8), 825–834.

51 Ebd.

52 Aiello, L. C. und Wheeler, P. (1995). The Expensive-Tissue Hypothesis: The Brain and the Digestive System in Human and Primate Evolution. *Current Anthropology*, 36(2), 199–221.

53 Groopman, E. E., Carmody, R. N. und Wrangham, R. W. (2015). Cooking increases net energy gain from a lipid-rich food. *Am J Phys Anthropol*, 156(1), 11–18.

54 Carmody, R. N. und Wrangham, R. W. (2009). The energetic significance of cooking. *J Hum Evol*, 57(4), 379–391.

55 Wrangham, R. und Conklin-Brittain, N. (2003). ›Cooking as a Biological Trait‹. *Comp Biochem Physiol A Mol Integr Physiol*, 136(1), 35–46.

56 Butterworth, P. J., Warren, F. J. und Ellis, P. R. (2011). Human a-amylase and starch digestion: An interesting marriage. *Starch*, 63, 395–405.

57 Hardy, K., Brand-Miller, J., Brown, K. D., Thomas, M. G. und Copeland, L. (2015). The Importance of Dietary Carbohydrate in Human Evolution. *Q Rev Biol*, 90(3), 251–268.

58 Fonseca-Azevedo, K. und Herculano-Houzel, S. (2012). Metabolic constraint imposes tradeoff between body size and number of brain neurons in human evolution. *PNAS*, 109(45), 18571–18576.

59 Leonard, W. R., Snodgrass, J. und Robertson, M. L. (2007). Effects of Brain Evolution on Human Nutrition and Metabolism. *Annu Rev Nutr*, 27, 311–327.

60 Berg, J. M., Tymoczko, J. L. und Stryer, L. (2002*). Biochemistry – Section 30.2: Each Organ Has a Unique Metabolic Profile (5. Aufl.)*. New York: W. H. Freeman and Company.

61 Hardy, K., Brand-Miller, J., Brown, K. D., Thomas, M. G. und Copeland, L. (2015). The importance of dietary carbohydrate in human evolution. *Q Rev Biol*, 90(3), 251–68.

62 Leonard, W. R., Snodgrass, J. und Robertson, M. L. (2007). Effects of Brain Evolution on Human Nutrition and Metabolism. *Annu Rev Nutr*, 27, 311–327.

63 Sol, D. (2009). Revisiting the Cognitive Buffer Hypothesis for the Evolution of Large Brains. *Biol Lett*, 5(1), 130–133.

64 Kaplan, H., Hill, K., Lancaster, J. und Hurtado, A. M. (2000). A theory of life history evolution: diet, intelligence and longevity. *Evol Anthropol*, 9, 156–185.

65 Isaac, G. L. (1978). Food sharing and human evolution: archaeological evidence from the Plio-Pleistocene of East Africa. *J Anthropol*, 34, 311–325.

66 Leonard, W. R., Snodgrass, J. und Robertson, M. L. (2007). Effects of Brain Evolution on Human Nutrition and Metabolism. *Annu Rev Nutr*, 27, 311–327.

67 Ebd.

68 Colby, C. (1996). *Introduction to Evolutionary Biology*. Zugriff am 18. Januar 2021. Verfügbar unter https://bit.ly/2ZrFFu1

DER MENSCH BRAUCHT TIERISCHE PRODUKTE FÜR OPTIMALE GESUNDHEIT

18.

Viele Menschen sind fest davon überzeugt, dass der Mensch zwingend auf tierische Nahrung angewiesen ist und dass es daher auf Dauer nicht gesund sein kann, gänzlich ohne diese Nahrungsmittel zu leben. Diese Überzeugung beruht allerdings auf einem ungenügenden Verständnis des Nährstoffbedarfs des menschlichen Organismus. Nach aktuellem wissenschaftlichem Kenntnisstand benötigt unser Körper nicht zwingend tierische Lebensmittel.[1,2,3,4]

Kein Monopol auf Nährstoffe

Es gibt keinen essenziellen, also überlebensnotwendigen Nährstoff, dessen Bedarfsdeckung einzig und allein über den Konsum tierischer Lebensmittel stattfinden muss. Tierische Nahrungsquellen haben folglich kein Monopol auf irgendeinen Nährstoff, dessen Fehlen einem gesunden Leben im Wege stehen würde. Wie Abbildung 41 zeigt, sind folgende Nährstoffe essenziell: acht (bzw. in manchen Lebensphasen neun) Aminosäuren (Phenylalanin, Isoleucin, Lysin, Valin, Methionin, Leucin, Threonin und Tryptophan [sowie Histidin in manchen Lebensphasen]), zwei Fettsäuren (Alpha-Linolensäure [Omega 3] und Linolsäure [Omega 6]), vier fettlösliche Vitamine (Vitamin A bzw. Beta-Carotin, D, E und K), die gesamte Gruppe der wasserlöslichen B-Vitamine (Vitamin B_1, B_2, B_3, B_5, B_6, B_7, B_9 und B_{12}), Vitamin C sowie die Gruppe der Mineralstoffe (Mengenelemente: Kalzium, Kalium, Magnesium, Natrium, Chlorid, Phosphor; Spurenelemente: Eisen, Zink, Jod, Selen, Fluorid, Kupfer, Mangan, Chrom und Molybdän).

Diese Nährstoffe werden einheitlich von Fachgesellschaften wie dem amerikanischen Institute of Medicine (IOM)[5] oder der Deutschen Gesellschaft für Ernährung (DGE)[6] als die Nährstoffe eingestuft, die durch die Nahrung zugeführt werden müssen, weil der Körper sie zum Überleben benötigt, da er sie nicht bzw. nicht in ausreichendem Maße selbst bilden kann.

Die Fragen, die sich im Kontext jeder Ernährungsweise stellen, lauten also: Kann die jeweilige Ernährungsweise diese überlebensnotwendigen Nährstoffe in ausreichender Menge liefern und zugleich sicherstellen, dass jene Stoffe, die im Übermaß gesundheitlich abträglich wirken, nicht in einer hohen Menge zugeführt werden? Wenn beide Fragen bejaht werden können, ist das im ersten Schritt bereits ein sehr gutes Indiz dafür, dass die in Betracht gezogene Ernährungsweise für den Menschen geeignet ist. Ob eine Ernährungsweise einen oder mehrere dieser Nährstoffe nun in Form eines Nahrungsergänzungsmittels enthält oder ob der gesamte Nährstoffbedarf gänzlich ohne Nahrungsergänzungsmittel gedeckt werden kann, spielt bei richtiger Dosierung und Qualität der Nährstoffe keine relevante Rolle für die gesundheitliche Bewertung der jeweiligen Ernährungsweise, solange die Bedarfsdeckung gewährleistet wird (siehe Kapitel 19). Durch die richtigen Anbau-

Essenzielle Nährstoffe für den menschlichen Organismus

Makronährstoffe

Mikronährstoffe

Proteine

Lipide

Vitamine

Mineralstoffe

Essenzielle Aminosäuren

Essenzielle Fettsäuren

Wasser-löslich

Fett-löslich

Mengen-elemente

Spuren-elemente

Essenzielle Aminosäuren	Essenzielle Fettsäuren	Wasser-löslich	Fett-löslich	Mengen-elemente	Spuren-elemente
• Phenylalanin	• Alpha-Linolensäure (Omega 3)	• Vitamin B_1 (Thiamin)	• Vitamin A (Retinol) bzw. Beta-Carotin	• Kalzium (Ca)	• Eisen (Fe)
• Isoleucin	• Linolsäure (Omega 6)	• Vitamin B_2 (Riboflavin)	• Vitamin D (Calciferol)	• Magnesium (Mg)	• Jod (J)
• Lysin		• Vitamin B_3 (Niacin)	• Vitamin E (Tocopherol)	• Natrium (Na)	• Zink (Zn)
• Valin		• (Vitamin B_4 (Cholin)	• Vitamin K (Phyllochinon)	• Kalium (K)	• Selen (Se)
• Methionin		• Vitamin B_5 (Pantotensäure)		• Phosphor (P)	• Fluorid (F)
• Leucin		• Vitamin B_6 (Pyridoxin)		• Chlorid (Cl)	• Kupfer (K)
• Threonin		• Vitamin B_7 (Biotin)			• Mangan (Mn)
• Tryptophan		• Vitamin B_9 (Folat)			• Molybdän (Mo)
• (Histidin)		• Vitamin B_{12} (Cobalamin)			• Chrom (Cr)
		• Vitamin C (Ascorbinsäure)			

und Verarbeitungsmethoden könnten all die essenziellen Nährstoffe auch gänzlich ohne Nahrungsergänzungsmittel durch nicht-tierische Lebensmittel zugeführt werden und im Rahmen einer insgesamt gut zusammengestellten Ernährungsweise werden die von den Fachgesellschaften empfohlenen Grenzwerte (z. B. die Höchstmengen an gesättigten Fetten, Cholesterin, Salz, zugesetztem Zucker etc.) eingehalten.

Mineralstoffe stammen aus dem Boden

Es darf in diesem Zusammenhang nicht vergessen werden, wie Nährstoffe überhaupt in unsere Nahrung gelangen. Sämtliche Mineralstoffe wie Kalzium, Eisen, Zink, Selen und Jod stammen ursprünglich aus unseren Böden und werden dort über die Wurzeln der Pflanzen absorbiert und damit für pflanzenfressende Tiere und den Menschen erst verfügbar gemacht. Wenn fleischfressende Tiere dann diese Pflanzenfresser töten und fressen, gelangen über den Verzehr der Organe und der Muskeln der erlegten Tiere die darin gespeicherten Mineralstoffe aus der ursprünglich pflanzlichen Kost über diesen Weg zum Fleischfresser. Grundsätzlich stellt sich daher auch nicht die Frage, ob es irgendeinen Mineralstoff gibt, den man ausschließlich in tierischen Produkten findet, weil sie alle im ersten Schritt in einer Pflanze vorkommen. Zwar verbinden viele Menschen Eisen in erster Linie mit rotem Fleisch, Kalzium mit Milch und Jod mit Fisch, aber all diese Mineralstoffe finden sich auch in mehr oder weniger großen Mengen in gewissen pflanzlichen Lebensmitteln. Natürlich kann es in manchen Fällen vorkommen, dass die prozentuale Absorptionsrate (auch Bioverfügbarkeit genannt) von Mineralstoffen in tierischen Nahrungsmitteln im Vergleich zu pflanzlichen höher ist, aber durch eine gute Zusammenstellung des veganen Speiseplans kann durch richtige Kombinationen von mineralstoffreichen pflanzlichen Lebensmitteln mit gewissen aufnahmefördernden Stoffen die Bioverfügbarkeit genauso hoch sein wie in tierischen Lebensmitteln. Beim Eisen wären das beispielsweise Vitamin C[8] (aus Paprika, Zitrusfrüchten etc.), Beta-Carotin[9] (aus Süßkartoffeln, Karotten, Grünkohl etc.), schwefelhaltige Substanzen[10] (aus Zwiebeln, Knoblauch etc.) und gewisse organische Säuren[11] (wie die Apfel- oder Zitronensäure aus diversen Obstsorten), die das pflanzliche Nicht-Hämeisen ebenso gut absorbierbar machen wie das Hämeisen in tierischen Produkten wie etwa rotem Fleisch. Wie neuere Untersuchungen der letzten Jahre außerdem zeigen, liegt in manchen pflanzlichen Lebensmitteln wie Hülsenfrüchten ein großer Teil des Eisens (in Linsen bis zu 70 %) in Form von sogenanntem Ferritin-Eisen vor.[12] Diese Eisenverbindung ist auch ohne die Zugabe zuvor erwähnter absorptionsfördernder Stoffe ähnlich gut bioverfügbar wie Hämeisen aus Fleisch und wird auch nicht durch absorptionshemmende Stoffe wie die Phytinsäure oder Polyphenole beeinflusst.[13]

Selbst Vitamin B_{12} stammt nicht nur aus tierischen Produkten

Auch in Bezug auf die Gruppe der fett- und wasserlöslichen Vitamine gibt es kein Vitamin, das exklusiv in tierischen Produkten vorkommt. Vitamine stammen ursprünglich zumeist nicht aus dem tierischen Organismus, sondern werden von Mikroorganismen und Pflanzen als Primärproduzenten hergestellt und gelangen so in die Nahrungskette.[14,15] Selbst das kritischste Vitamin in der veganen Ernährungsweise – das Vitamin B_{12} – ist ein bakterielles Produkt und so haben tierische Produkte zumindest in der Theorie ebenfalls kein Monopol auf diesen Nährstoff.[16] Außerdem zeigt die Forschung, dass gewisse (Mikro-)Algenarten unter den richtigen Anbaubedingungen große Mengen an bioverfügbarem Vitamin B_{12} (vermutlich weil sie in Symbiose mit B_{12}-produzierenden Bakterien leben) enthalten können.[17,18,19] In jüngerer Vergangenheit rückte außerdem eine Pflanze mit dem Namen Wasserlinse (auch Mankai oder Duckweed genannt) in den Fokus der

B_{12}-Forschung, da Untersuchungen zeigten, dass sie eine potenzielle pflanzliche B_{12}-Quelle für die vegane Ernährung darstellen kann.[20] Die Wasserlinse lebt allem Anschein nach in Symbiose mit B_{12}-produzierenden Bakterien, die Teil der Biomasse sind, und so enthält sie auf natürliche Art (natürlich ist hier nicht wertend zu verstehen) Vitamin B_{12}.[21]

Durch richtige Fermentationstechniken mit ausgewählten Bakterienkulturen könnte man überdies auch B_{12}-reiche Lebensmittel wie Sauerkraut[22] und Sojajoghurt[23] produzieren. Da allerdings aktuell noch kaum ein Lebensmittelproduzent in Deutschland einen Fokus auf solche Produktionsmethoden setzt und weder Wasserlinsen noch auf ihren B_{12}-Gehalt getestete Algen weit verbreitet sind, wird als Übergangslösung ein obligatorisches B_{12}-Supplement in der veganen Ernährung als wichtige Ergänzung empfohlen.

Fische sind nicht die Primärproduzenten der Omega-3-Fettsäuren

Die essenzielle Omega-3-Fettsäure Alpha-Linolensäure (in Walnüssen, Lein-, Chia- und Hanfsamen und deren Ölen) und die essenzielle Omega-6-Fettsäure Linolsäure (in sämtlichen anderen Nüssen und Samen sowie deren Ölen) finden sich ebenfalls in ausreichender Menge in pflanzlichen Lebensmitteln. Selbst die semi-essenziellen langkettigen Omega-3-Fettsäuren EPA (Eicosapentaensäure) und DHA (Docosahexaensäure), derentwegen manche Menschen auf fettreiche Fische wie Lachs oder Fischölkapseln schwören, stammen ursprünglich nicht aus dem Tier. Die eigentlichen Primärproduzenten dieser Fettsäuren sind Mikroalgen wie die Schizochytrium.[24] Erst im Laufe der Nahrungskette sammeln sich die von den Mikroalgen produzierten Fettsäuren im Gewebe jener Fische an, die Menschen als Omega-3-Quelle verzehren. So ist es erneut der Umweg über den Fisch, über den diese Omega-3-Fettsäuren in unsere Nahrung gelangen. Im Gegensatz zu den Mineralstoffen sind diese Fettsäuren aus der pflanzlichen Quelle aber auch ohne weiteres Zutun ebenso gut bioverfügbar wie die aus dem Fisch und sind darüber hinaus eine weniger belastete und nachhaltigere Omega-3-Quelle.[25,26] Zusätzlich hat der menschliche Körper (in Abhängigkeit von genetischen Faktoren und der Kostzusammenstellung) auch zu einem gewissen Grad die Kapazität, diese langkettigen Omega-3-Fettsäuren aus der kurzkettigen Omega-3-Fettsäure Alpha-Linolensäure (aus Walnüssen, Lein-, Chia- und Hanfsamen) selbst zu synthetisieren, weshalb sie nicht als essenziell, sondern semi-essenziell bezeichnet werden.[27] Sollte diese Eigensynthese nicht zur optimalen Bedarfsdeckung genügen, kann in der veganen Ernährung der Bedarf über Mikroalgenöle gedeckt werden.

Pflanzen enthalten alle Aminosäuren

Genauso steht es um die Gruppe der essenziellen Aminosäuren, von denen acht bzw. neun (in gewissen Lebensphasen, wie dem Kindesalter) als Bausteine der Proteine überlebensnotwendig sind. Man findet all diese Aminosäuren in Pflanzen und kann so seinen Bedarf durch proteinreiche Lebensmittel wie Hülsenfrüchte, Vollkorngetreide, Nüsse und Samen sowie aus diesen Lebensmitteln hergestellte Produkte wie Tempeh, Tofu, Seitan, Nusskäse etc. recht einfach decken. Auch die etwas geringere sogenannte biologische Wertigkeit von pflanzlichen Proteinen im Vergleich zu tierischen verliert im Alltag an Relevanz, denn unterschiedliche Aminosäuren aus verschiedenen Lebensmitteln ergänzen sich im Laufe des Tages untereinander zu »kompletten«, biologisch hochwertigen Proteinen.[28] So kann ein ausgewogener und kaloriendeckender veganer Speiseplan durch die richtigen Lebensmittelkombinationen ausreichend hochwertiges Protein liefern, um selbst den Bedarf von Athleten zu decken.[29,30] Alle wichtigen Details zu sämtlichen kritischen Nährstoffen in der veganen Ernährung finden sich im Vorgängerbuch »Vegan-Klischee ade! Wissenschaftliche Antworten auf kritische Fragen zu pflanzlicher Ernährung«.

Gibt es noch unentdeckte Nährstoffe in tierischen Lebensmitteln?

Man muss in diesem Zusammenhang allerdings einräumen, dass es auch weitere Nährstoffe gibt, bei denen es zum aktuellen Zeitpunkt noch keinen wissenschaftlichen Konsens zu deren Essenzialität gibt, und dass somit in Zukunft eventuell noch weitere Nährstoffe als überlebensnotwendig klassifiziert werden. Obwohl die aktuell als überlebensnotwendig klassifizierten Nährstoffe bereits seit der Mitte des 20. Jahrhunderts bekannt sind,[31] wurde erst vor etwa 20 Jahren zum letzten Mal ein Nährstoff zumindest von einigen Fachgesellschaften als essenziell eingestuft. So erklärte beispielsweise das Institute of Medicine (IOM) Cholin im Jahr 1998 als essenziell.[32] Laut der Deutschen Gesellschaft für Ernährung (DGE) zählt Cholin allerdings nicht zu den essenziellen Nährstoffen, da laut DGE der Körper selbst in der Lage ist, Cholin in ausreichender Menge zu synthetisieren.[33] Es ist daher nicht auszuschließen, dass in Zukunft noch weitere Nährstoffe als überlebensnotwendig klassifiziert werden. Wenn es sich bestätigen sollte, dass beispielsweise Cholin für die allermeisten Menschen ein essenzieller Nährstoff ist, gilt es, die besten veganen Quellen für diesen Nährstoff zu identifizieren. Zum aktuellen Zeitpunkt liegen zwar noch nicht für sämtliche Lebensmittel Analysen zu deren Cholingehalt vor, aber obwohl Leber und Eier die cholinreichsten Nahrungsmittel darstellen, gibt es mit Quinoa, Weizenkeimen, Mandeln, Brokkoli, Bohnen und Weiteren auch eine Reihe an cholinreichen pflanzlichen Lebensmitteln.[34,35] Darüber hinaus gibt es mit Cholinbitartrat und CDP-Cholin zwei Formen von Cholin in Nahrungsergänzungsmitteln, die im Falle einer Unterversorgung den Cholinbedarf decken können. Sollten zukünftig noch weitere Nährstoffe als essenziell klassifiziert werden, ist es äußerst unwahrscheinlich, dass es sich dabei um Nährstoffe handeln wird, die man nur exklusiv in tierischen Produkten finden kann. Zum einen, weil die bekannten Stoffe mit nutritivem Charakter, die nur in tierischen Produkten vorliegen (beispielsweise Cholesterin,[36] Carnitin,[37] Kreatin[38] etc.) allesamt nicht essenziell sind, da auch der menschliche Körper die benötigten Mengen selbst produzieren kann, sofern keine genetischen Dispositionen vorliegen. Zum anderen ist es auch deshalb unwahrscheinlich, dass es einen noch unentdeckten Nährstoff mit großer gesundheitlicher Bedeutung in tierischen Produkten gibt, da bereits eine ganze Reihe an vegan lebenden Personen schon viele Jahrzehnte lang mit bester Gesundheit ohne tierische Produkte lebt.[39] Es gibt sogar viele Kinder, die seit ihrer Geburt vegan leben und sich bester Gesundheit erfreuen.[40] Darüber hinaus können selbst Stoffe wie Vitamin A (Retinol), die man nur in tierischen Produkten findet, synthetisch (und damit vegan) hergestellt werden.[41] So können selbst die Personen, die aufgrund einer genetischen Disposition Beta-Carotin und andere Carotinoide nicht ausreichend in Vitamin A umwandeln können,[42,43] ohne tierische Produkte ihren Bedarf decken. Diese Ausführung soll deutlich machen, dass man (unter den aktuellen Rahmenbedingungen) zur optimalen Umsetzung einer veganen Ernährung zwar ausreichend Sachkenntnis benötigt, um sich langfristig bedarfsdeckend zu ernähren, aber eine vegane Ernährung andererseits auch keine Raketenwissenschaft ist und mit dem notwendigen Grundwissen in jeder Lebensphase umgesetzt werden kann.

Auch Mischköstler*innen profitieren von Supplementen

Auch wenn eine Mischkost in der Theorie alle Nährstoffe ausreichend ohne Supplementierung decken kann, zeigt die Praxis (und eine Reihe an Verzehrstudien, siehe Kapitel 19), dass auch mischköstliche und vegetarische Ernährungsweisen eine Reihe an Engpässen in der Nährstoffbedarfsdeckung aufweisen können. Diese sollte man daher kennen und es sollte sichergestellt sein, dass man Lebensmittel mit hohen Gehalten dieser Nährstoffe regelmäßig isst und gegebenenfalls vereinzelte besonders kritische Nährstoffe supplementiert. Ferner soll diese Darstellung keineswegs den Eindruck erwecken, dass gewisse Personengruppen wie beispielsweise Kraftsportler*innen nicht von der Supplementierung mit den Nährstoffen profitieren können, die zwar in ausreichender Menge zur Gesunderhaltung des Organismus selbst produziert werden, die jedoch in sehr hohen Zufuhrmengen zur Leistungsverbesserung im Sport führen können. Ein Beispiel hierfür ist Kreatin. Trotz der für Nicht-Athlet*innen ausreichenden Kreatin-Eigensynthese kann eine zusätzliche Kreatingabe vor allem im Kraftsport äußerst dienlich sein. Kreatin ist das mitunter am besten erforschte Nahrungsergänzungsmittel[44] und Untersuchungen konnten eindrücklich zeigen, dass es die Maximalkraftleistung und die fettfreie Körpermasse deutlich erhöhen konnte.[45] Es profitieren sowohl Mischköstler*innen als auch Vegetarier*innen und Veganer*innen im Krafttraining von einer zusätzlichen Kreatinzufuhr über Supplemente, da dort Mengen (zumeist 3 bis 5 g/Tag) zugeführt werden, die auch über eine mischköstliche Ernährung mit Fleisch, Fisch und Geflügel in der Regel nicht erreicht werden. Die durchschnittliche Kreatinzufuhr über die Mischkost beträgt nämlich nur etwa 1 g pro Tag.[46] Da bekannte Darreichungsformen von Kreatin (und auch Carnitin) durch chemische Synthese gewonnen werden, sind diese Stoffe ohnehin frei von tierischen Bestandteilen und somit vegan.[47,48] Wenn eine vegan lebende Person Kraftsport betreibt und von der zusätzlichen Einnahme von Kreatin profitieren möchte, ist dies also auch rein vegan möglich.

Können wirklich alle Menschen ohne tierische Produkte gesund sein?

Es muss eingeräumt werden, dass es nicht mit hundertprozentiger Sicherheit auszuschließen ist, dass es nicht Einzelpersonen geben könnte, die aufgrund seltener genetischer Dispositionen vom Verzehr tierischer Produkte in einem gesundheitlichen Sinne so sehr profitieren, dass man ihnen als Ernährungsfachkraft aus gesundheitlicher Sicht zum Konsum dieser Lebensmittel raten müsste. Diese Hypothese ist nach aktuellem Wissensstand zwar eher ein theoretisches Gedankenspiel als ein reales Szenario, aber auch in dieser hypothetischen Situation wäre es möglich, sich vegan zu ernähren, sofern man den Veganismus nach der Definition der Vegan Society ableitet. Diese wird weitestgehend als Definition des Veganismus akzeptiert, jedoch ist die Interpretation in gewissen Extrembeispielen natürlich dennoch eine Gratwanderung. Wie in der Einleitung näher ausgeführt wurde, definiert sich der Veganismus als eine Lebensweise, die – soweit wie möglich und praktisch durchführbar – alle Formen der Ausbeutung und Grausamkeit gegenüber Tieren für Lebensmittel, Kleidung und in anderen Bereichen vermeidet.[49] Sollte es also für eine Person in einem fiktiven Szenario tatsächlich nicht möglich sein, aus gesundheitlichen Gründen zur Gänze auf tierische Produkte zu verzichten, wäre es in diesem Fall im Rahmen einer veganen Lebenseinstellung das Ziel, den Konsum auf ein notwendiges Minimum zu reduzieren und jene tierischen Lebensmittel zu wählen, bei deren Produktion das Tier am wenigsten leidet. Dieses hypothetische Szenario ist allerdings nicht mit dem zu verwechseln, was in der Realität in regelmäßigen Abständen in den sozialen Medien von Ex-Veganer*innen berichtet wird, die scheinbare Verbesserungen ihrer Krankheitssymptome wie Hautprobleme, Haarausfall, Müdigkeit, Konzentrationsschwäche, Stimmungsschwankungen und Verdauungsbeschwerden durch den Umstieg auf sehr tierbetonte oder gar karnivore Ernährungsweisen feststellen. All diese Berichte sind lediglich anekdotisch, aber bei vielen von ihnen sind bei genauerer Betrachtung dieselben Muster erkennbar. Allgemein begaben sich die allermeisten der bekannteren Social-Media-Ex-Veganer*innen leider nicht in die Hände kompetenter Ernährungsmediziner*innen oder anderer Fachkräfte, um ihren Symptomen auf den Grund zu gehen und die darunterliegende Ursache zu behandeln, obwohl es evidenzbasierte therapeutische Strategien bei derartigen Beschwerdebildern gibt.[50,51,52,53]

Grob scheinen hier zwei Ursachen für einen Großteil der Beschwerden verantwortlich zu sein. Ein Blick auf viele der Speisepläne (sofern diese einsehbar sind) lässt darauf schließen, dass es bei vielen dieser Personen simple Nährstoffmängel durch unnötig restriktive Ernährungsmuster waren, die zu vielen der zuvor genannten Befindlichkeitsstörungen führten. Es fällt auf, dass viele der Ex-Veganer*innen während ihrer veganen Zeit bei genauerer Betrachtung ihres Speiseplans oft über längere Phasen hinweg deutlich unterkalorisch gegessen haben. Zum Teil haben sie überdies keinen Fokus auf kritische Nährstoffe wie beispielsweise Jod und Selen gelegt. Diese Nährstoffe sind vor allem in Europa in pflanzlichen Lebensmitteln potenziell kritisch und ein Mangel wirkt abträglich auf die Schilddrüsenfunktion. Jodmangelbedingte Schilddrüsenfunktionsstörungen können wiederum einige der genannten Symptome wie Müdigkeit, Hautprobleme, Kälteintoleranz etc. bedingen.[54] Selbst eine B_{12}-Supplementierung wurde von manchen von ihnen vernachlässigt und so können sich B_{12}-Mängel manifestieren, die neurologische Probleme wie Parästhesien (Empfindungsstörungen) in Händen und Füßen sowie Muskelkrämpfe, Verwirrtheit, kognitive Störungen, Koordinationsschwierigkeiten, Müdigkeit, Stimmungsschwankungen etc. auslösen können.[55] Andere Probleme folgten wiederum aufgrund einer ungerechtfertigten Fettphobie und der damit einhergehenden extrem fettarmen Ernährungsweisen und so litten manche Ex-Veganer*innen wahrscheinlich am Mangel von essenziellen Fettsäuren, die unter anderem für den langfristigen Erhalt der kognitiven Fähigkeiten von großer Bedeutung sind.[56] Auch der oft berichtete Haarausfall und die Hautprobleme können unter anderem auf einen Mangel an essenziellen Fettsäuren zurückzuführen sein.[57] Viele von ihnen folgten auch dem Rohkost-Narrativ, nach dem es ungesund wäre, Lebensmittel zu kochen, weil dies ihrer Überzeugung nach einen überwiegenden Teil der Nährstoffe im Lebensmittel und wichtige Enzyme zur optimalen Verdaubarkeit zerstöre. Diese und weitere Behauptungen halten allerdings einem kritischen Abgleich mit der Datenlage nicht stand.[58,59,60] Im Gegenteil: Das Kochen unserer Nahrung scheint einer der wichtigsten Faktoren (wenn nicht der wichtigste) in der Evolution des Menschen gewesen zu sein, der unter anderem einen bedeutenden Einfluss auf unseren Verdauungstrakt hatte, wie auch in Kapitel 17 im Detail erläutert.[61] Durch die Anpassung des menschlichen Verdauungstrakts an gekochte Nahrung kann ein zu großer Anteil an unverarbeiteten, rohen pflanzlichen Lebensmitteln beim Menschen abträglich auf Gesundheit und Wohlbefinden wirken.[62] Untersuchungen wie die Gießener Rohkoststudie zeigen, dass vegane Rohkosternährungsweisen oft mit einer grenzwertig geringen Proteinzufuhr, deutlichen Gewichtsverlusten bis hin zum Untergewicht sowie dem Verlust der Periode bei Frauen verbunden sein können und daher nicht als Dauerkost empfohlen werden.[63,64] Die Gewichtsverluste sind wenig verwunderlich, da man aus ein und demselben Lebensmittel im erhitzten Zustand mehr Energie als aus demselben Nahrungsmittel im Rohzustand erhalten kann.[65,66] Ein Blick in die Historie der meisten bekannten Ex-Veganer*innen zeigt meist mehrere dieser Ernährungsfehler, und auch wenn nicht alle Details zu ihren Umständen bekannt sind, liegt es nahe, diese Einflüsse in kausalen Zusammenhang mit dem Scheitern ihrer mangelhaften veganen Ernährungsweise zu bringen. Mehr zu Ex-Veganer*innen gibt es in Kapitel 7 nachzulesen.

Darüber hinaus gibt es eine Reihe an Erkrankungen des Verdauungsapparates, die zu Malabsorptionen und Intoleranzen führen, die wiederum die oft berichteten Verdauungsbeschwerden auslösen können. Wenn man in diesem Fall auf Ernährungsmuster wie die einer karnivoren Ernährung umsteigt, ist dies letztendlich eine Form der Eliminationsdiät, in der sämtliche potenziellen »Triggerstoffe« aus der Ernährung exkludiert werden, und wenig überraschend geht es den betroffenen Personen damit besser. Derartige Ernährungsmuster mögen dann zwar kurzfristig Verbesserung bringen, jedoch wird nicht die zugrundeliegende Ursache, sondern lediglich das Symptom adressiert, während der eigentliche Grund des Problems oft bestehen bleibt. Für viele dieser Probleme gibt es allerdings erfolgversprechende ernährungstherapeutische Maßnahmen, die nicht nur eine Linderung der Symptomatik, sondern eine Verbesserung der ursächlichen Problematik bieten können.[67,68,69]

Schlussfolgerung

In Summe lässt sich sagen, dass es nach aktuellem wissenschaftlichen Kenntnisstand keine Indizien dafür gibt, dass es beim langfristigen Verzicht auf tierische Produkte im Rahmen einer veganen Ernährungsweise bei entsprechend ausgewogener und bedarfsdeckender Kostzusammenstellung (zum aktuellen Zeitpunkt bedeutet dies auch eine zusätzliche Supplementierung kritischer Nährstoffe) zu Mängeln kommt. Es gibt also keinen zwingenden Bedarf an exklusiv in tierischer Nahrung vorkommenden Stoffen, die für die menschliche Gesundheit unabdingbar wären. Fallberichte von Personen, die Schwierigkeiten bei der Umsetzung einer gesunden veganen Ernährung hatten und diese aufgrund negativer gesundheitlicher Konsequenzen wieder ablegten, sollten stets ernst genommen werden. Jedoch scheint es in den bisher bekannten Fällen nicht die vegane Ernährung per se, sondern Fehler deren Umsetzung gewesen zu sein, die mittel- und langfristig zu abträglichen Effekten führten.

Richtigstellung des Arguments »Der Mensch braucht tierische Produkte für optimale Gesundheit«

Vorurteil	Faktenlage
Der Mensch braucht tierische Lebensmittel, um langfristig gesund zu sein.	Der menschliche Organismus benötigt keine bestimmten Lebensmittel zum Überleben, sondern lediglich gewisse Nährstoffe. Wenn diese in ausreichender Menge in guter Bioverfügbarkeit zugeführt werden, ist es nicht von Relevanz, ob diese aus tierischen oder pflanzlichen Quellen oder aus einem Nahrungsergänzungsmittel stammen. Tierische Produkte haben außerdem kein Monopol auf irgendeinen überlebensnotwendigen Nährstoff.
Nährstoffe aus tierischen Lebensmitteln sind besser bioverfügbar.	Die Bioverfügbarkeit von Nährstoffen aus tierischen Lebensmitteln ist nicht in allen Fällen besser. Selbst in den Fällen, in denen sie besser ausfällt, kann durch kluge Lebensmittelkombinationen die Absorption der Nährstoffe auf ein Maß erhöht werden, das vergleichbar mit dem in tierischen Lebensmitteln ist. Entscheidend ist außerdem nicht primär die jeweilige Bioverfügbarkeit oder biologische Wertigkeit eines Stoffes, sondern ob man in Summe durch die Kostzusammenstellung (inkl. Nahrungsergänzung) letztendlich genug davon bekommt. Eine geringere Absorptionsrate kann durch eine schlichte Mehrzufuhr des jeweiligen Stoffes kompensiert werden.
Es ist nicht auszuschließen, dass zukünftig noch überlebensnotwendige Nährstoffe entdeckt werden, die Veganer*innen fehlen.	Es ist äußerst unwahrscheinlich, dass es für den Menschen noch unentdeckte Nährstoffe gibt, die er zum Überleben benötigt und die man aber nur über tierische Lebensmittel bekommt. Dies kann mit recht großer Sicherheit behauptet werden, da es mittlerweile Zehntausende vegan lebender Menschen weltweit gibt, die bereits seit einem Jahrzehnt und darüber hinaus vegan leben und bei bester Gesundheit sind. Gäbe es hier noch unentdeckte überlebensnotwendige Nährstoffe, wäre dies bereits evident geworden. Ferner kann selbst in diesem Fall immer noch auf ein synthetisch hergestelltes Nährstoffsupplement zurückgegriffen werden.
Es gibt manche Menschen, die aufgrund genetischer Dispositionen oder Krankheiten zwingend tierische Lebensmittel benötigen.	Es ist korrekt, dass manche Menschen aufgrund genetischer Dispositionen beispielsweise eine eingeschränkte Beta-Carotin-Konvertierung haben und daher eine direkte Retinolzufuhr (Vitamin A) benötigen. Dies kann dann aber über ein veganes Nahrungsergänzungsmittel sichergestellt werden und erfordert nicht den Verzehr tierischer Produkte. Ähnlich verhält es sich auch mit anderen Dispositionen und Krankheiten mit Einfluss auf den Nährstoffbedarf.

Vorurteil	Faktenlage
Ex-Veganer*innen beweisen, dass der Veganismus nicht langfristig funktioniert.	Ex-Veganer*innen beweisen lediglich, dass es trotz der Vielfalt an Informationen zur veganen Ernährung in Blogs, Büchern und den sozialen Medien immer noch Personen gibt, die eine vegane Ernährung nicht adäquat umsetzen und an den entsprechenden Folgen leiden. Dies zeigte sich bis dato bei genauerer Durchsicht der Einzelfälle deutlich und sollte ein dringendes Signal sein, die Grundlagen zur Bedarfsdeckung noch besser zugänglich zu machen, stellt aber kein Argument gegen den Veganismus dar.

Quellen

1 British Dietetic Association. (2017). British Dietetic Association confirms well-planned vegan diets can support healthy living in people of all ages. Zugriff am 17. Januar 2021. Verfügbar unter https://bit.ly/2XjJS1z

2 Melina, V., Craig, W. und Levin, S. (2016). Position of the Academy of Nutrition and Dietetics: Vegetarian Diets. J Acad Nutr Diet, 116(12), 1970–1980.

3 Direção-Geral da Saúde. (2015). Guidelines for a healthy vegetarian diet. Zugriff am 17. Januar 2021. Verfügbar unter https://bit.ly/2UToC0W

4 Dietitians of Canada. (2010). Eating Guidelines for Vegans. Zugriff am 17. Januar 2021. Verfügbar unter https://bit.ly/2JT4R3k

5 Otten, J. J., Hellwig, J. P. und Meyers, L. D. (2006). Institute of Medicine of the National Academies: Dietary Reference Intakes – The Essential Guide to Nutrient Requirements. Washington, D.C.: The National Academies Press.

6 Deutsche Gesellschaft für Ernährung, Österreichische Gesellschaft für Ernährung und Schweizerische Gesellschaft für Ernährung. (2018). Referenzwerte für die Nährstoffzufuhr (4. Aufl.). Bonn: Neuer Umschau Verlag.

7 Hahn, A., Ströhle, A. und Wolters, M. (2016). Ernährung – Physiologische Grundlagen, Prävention, Therapie (3. Aufl.). Stuttgart: Wissenschaftliche Verlagsgesellschaft.

8 Teucher, B., Olivares, M. und Cori, H. (2004). Enhancers of iron absorption: ascorbic acid and other organic acids. Int J Vitam Nutr Res, 74(6), 403–419.

9 García-Casal, M. N., Layrisse, M., Solano, L. und Tropper, E. (1998). Vitamin A and beta-carotene can improve nonheme iron absorption from rice, wheat and corn by humans. J Nutr, 128, 646–650.

10 Gautam, S., Platel, K. und Srinivasan, K. (2010). Higher bioaccessibility of iron and zinc from food grains in the presence of garlic and onion. J Agric Food Chem, 58(14), 8426–8429.

11 Gillooly, M., Bothwell, T. H., Torrance, J. D., MacPhail, A. P., Derman, D. P., Bezwoda, W. R. et al. (1983). The effects of organic acids, phytates and polyphenols on the absorption of iron from vegetables. Br J Nutr, 49(3), 331–342.

12 Hoppler, M., Zeder, C. und Walcyzk, T. (2009). Quantification of ferritin-bound iron in plant samples by isotope tagging and species-specific isotope dilution mass spectrometry. Anal Chem, 81(17), 7368–7372.

13 Günther, K. (2019). Eisenmangel beheben mit natürlichen Lebensmitteln: Ratgeber für alle Ernährungstypen. Berlin: Springer, 40–43.

14 Revuelta, J. L., Buey, R. M., Ledesma⊠Amaro, R. und Vandamme, E. J. (2016). Microbial biotechnology for the synthesis of (pro)vitamins, biopigments and antioxidants: challenges and opportunities. Microb Biotechnol, 9(5), 564–567.

15 Asensi-Fabado, A. M. und Munné-Bosch, S. (2010). Vitamins in plants: occurrence, biosynthesis and antioxidant function. Trends in Plant Science. 15(10), 582–592.

16 Fang, H., Kang, J. und Zhang, D. (2017). Microbial production of vitamin B12: a review and future perspectives. Microb Cell Fact, 16, 15.

17 Croft, M. T., Lawrence, A. D., RauxDeery, E., Warren, M. J. und Smith, A. G. (2005). Algae acquire vitamin B12 through a symbiotic relationship with bacteria. Nature, 438(7064), 90–93.

18 Ohnish, M., Fujishima, M., Arakawa, Y., Takekoshi, H. und Watanabe, F. (2016). Study Report from the 3rd International Conference on Pharma-Food: Effect of Chlorella supplementation on vitamin B12 and folate status of healthy human adults. Zugriff am 17. Januar 2021. Verfügbar unter http://bit.ly/2Eu0h8b

19 Watanabe, F., Yabuta, Y., Bito, T. und Teng, F. (2014). Vitamin B12Containing Plant Food Sources for Vegetarians. Nutrients, 6(5), 1861–1873.

20 Oliver Morrison, O. (2020). Duckweed grower hails ›potentially game changing‹ B12 discovery. Zugriff am 17. Januar 2021. Verfügbar unter https://bit.ly/3sxFfy7

21 Kaplan, A., Zelicha, H, Tsaban, G., Cabantchik, I., Stampfer, M. J. und Shai, I. (2019). Protein bioavailability of Wolffia globosa duckweed, a novel aquatic plant – A randomized controlled trial. Randomized Control Trials, 38(6), 2576–2582.

22 Watanabe, F., Yabuta, Y., Tanioka, Y. und Bito, T. (1988). Biologically active vitamin B12 compounds in foods for preventing deficiency among vegeta-

rians and elderly subjects. *Agric Food Chem*, 61(28), 6769–6775.

23 Gu, Q., Zhang, C., Song, D., Li, P. und Zhu, X. (2015). Enhancing vitamin B12 content in soy-yogurt by Lactobacillus reuteri. *Int J Food Microbiol*, 206, 56–59.

24 Lenihan-Geels, G., Bishop, K. S. und Ferguson, L. R. (2013). Alternative Sources of Omega-3 Fats: Can We Find a Sustainable Substitute for Fish? *Nutrients*, 5(4), 1301–1315.

25 Arterburn, L. M., Oken, H. A., Hoffman, J. P., Bailey-Hall, E., Chung, G., Rom, D., Hamersley, J. und McCarthy, D. (2007). Bioequivalence of Docosahexaenoic acid from different algal oils in capsules and in a DHA-fortified food. *Lipids*, 42(11), 1011–1024.

26 Adarme-Vega, T. A., Lim, D. K., Timmins, M., Vernen, F., Li, Y. und Schenk, P. M. (2012). Microalgal biofactories: a promising approach towards sustainable omega-3 fatty acid production. *Microb Cell Fact*, 11, 96.

27 Murff, H. J. und Edwards, T. L. (2014). Endogenous Production of Long-Chain Polyunsaturated Fatty Acids and Metabolic Disease Risk. *Curr Cardiovasc Risk Rep*, 8(12), 418.

28 Young, V. R. und Pellett, P. L. (1994). Plant proteins in relation to human protein and amino acid nutrition. *Am J Clin Nutr*, 59 (5), 1203–1212.

29 Melina, V., Craig, W. und Levin, S. (2016). Position of the Academy of Nutrition and Dietetics: Vegetarian Diets. *J Acad Nutr Diet*, 116(12), 1970–1980.

30 Fuhrman, J. und Ferreri, D. M. (2010). Fueling the vegetarian (vegan) athlete. *Curr Sports Med Rep*, 9(4), 233–241.

31 Semba, R. D. (2012). The discovery of the vitamins. *Int J Vitam Nutr Res*, 82(5), 310–315.

32 Zeisel, S. H. und da Costa, K. A. (2009). Choline: an essential nutrient for public health. *Nutr Rev*, 67(11), 615–623.

33 E-Mail-Verkehr mit der Deutschen Gesellschaft für Ernährung vom 8. Oktober 2019: »*Gegenwärtig zählen wir Cholin nicht zu den essenziellen Nährstoffen, da der Körper selbst in der Lage ist, Cholin zu synthetisieren.*«

34 Wiedeman, A. M., Barr, S. I., Green, T. J., Xu, Z., Innis, S. M. und Kitts, D. D. (2018). Dietary Choline Intake: Current State of Knowledge Across the Life Cycle. *Nutrients*, 10(10), 1513.

35 Zeisel, S. H. und da Costa, K. A. (2009). Choline: An Essential Nutrient for Public Health. *Nutr Rev*, 67(11), 615–623.

36 Ma, H. und Shieh, K. J. (2006). Cholesterol and Human Health. *The Journal of American Science*, 2(1), 46–50.

37 Rebouche, C. J., Bosch, E. P., Chenard, C. A., Schabold, K. J. und Nelson, S. E. (1989). Utilization of dietary precursors for carnitine synthesis in human adults. *J Nutr*, 119(12), 1907–1913.

38 Brosnan, M. E. und Brosnan, J. T. (2016). The role of dietary creatine. *Amino Acids*, 48(8), 1785–1791.

39 Beispiele für bekannte Persönlichkeiten, die sich seit Jahrzehnten vegan ernähren, sind unter anderem die Schauspielerin Alicia Silverstone (seit 1998), Vegankoch Björn Moschinski (seit 1995), der Bodybuilder Robert Cheeke (seit 1995), der Autor Paul Shapiro (seit 1993), der Musiker Moby (seit 1986), der Farm-Sanctuary-Gründer Gene Bauer (seit 1985), der Arzt Dr. Michael Klaper (seit 1981) und der Schauspieler Joaquin Phoenix (seit 1977).

40 Beispiele von Kindern, die seit ihrer Geburt vegan leben und deren Mütter auch während der Schwangerschaft vegan aßen, gibt Diätologe Jack Norris unter www.veganhealth.org/real-vegan-children

41 Parker, G. L., Smith, L. K., und Baxendale, I. R. (2016). Development of the industrial synthesis of vitamin A. *Tetrahedron*, 72(13), 1645–1652.

42 Lin, Y., Dueker, S. R., Burri, B. J., Neidlinger, T. R. und Clifford, A. J. (2000). Variability of the conversion of beta-carotene to vitamin A in women measured by using a double-tracer study design. *Am J Clin Nutr*, 71(6), 1545–1554.

43 Leung, W. C., Hessel, S., Méplan, C., Flint, J., Oberhauser, V., Tourniaire, F. et al. (2009). Two common single nucleotide polymorphisms in the gene encoding beta-carotene 15,15'-monoxygenase alter beta-carotene metabolism in female volunteers. *FASEB J*, 23(4), 1041–1053.

44 Cooper, R., Naclerio, F., Allgrove, J. und Jimenez, A. (2012). Creatine supplementation with specific view to exercise/sports performance: an update. *J Int Soc Sports Nutr*, 9, 33.

45 Becque, M. D., Lochmann, J. D. und Melrose, D. R. (2000). Effects of oral creatine supplementation on muscular strength and body composition. *Med Sci Sports Exerc*, 32(3), 654–658.

46 Cooper R., Naclerio, F., Allgrove, J. und Jimenez, A. (2012). Creatine supplementation with specific view to exercise/sports performance: an update. *J Int Soc Sports Nutr*, 9, 33.

47 Creapure®. (o. D.). *What is Creapure®?* Zugriff am 17. Januar 2021. Verfügbar unter https://bit.ly/2x5pOWh

48 Carnipure®. (o. D.). *Frequently Asked Questions – Can vegetarians develop L-Carnitine deficiency?* Zugriff am 17. Januar 2021. Verfügbar unter https://bit.ly/39VyMCK

49 The Vegan Society. (o. D.). Definition of veganism. Zugriff am 17. Januar 2021. Verfügbar unter https://bit.ly/3e2h2ZA

50 Davis, S. (2016). Reversal of Irritable Bowel Syndrome, Sleep Disturbance, and Fatigue With an Elimination Diet, Lifestyle Modification, and Dietary Supplements: A Case Report. *Integr Med (Encinitas)*, 15(5), 60–66.

51 Chang, L., Lacy, B. und Spiegel, B. (2010). An Evidence-based Approach to Therapy in IBS-D: A Case Study Compendium. *Gastroenterol Hepatol (N*Y), 6(9), 1–12.

52 Watts, M. K. (2011). Nutritional therapy in practice for learning, behavioural and mood disorders. *Nutr Health*, 20(3-4), 239–254.

53 Basavaraj, K. H., Seemanthini, C. und Rashmi, R. (2010). Diet in Dermatology: Present Perspectives. *Indian J Dermatol*, 55(3), 205–210.

54 Chaker, L., Bianco, A. C., Jonklaas, J. und Peeters,

R. P. (2017). Hypothyroidism. *Lancet*, 390(10101), 1550–1562.

55 Wolffenbuttel, B., Wouters, H., Heiner-Fokkema, R. und van der Klauw, M. (2019). The Many Faces of Cobalamin (Vitamin B12) Deficiency. *Mayo Clin Proc Innov Qual Outcomes*, 3(2), 200–214.

56 Youdim, K. A., Martin, A. und Joseph, J. A. (2000). Essential fatty acids and the brain: possible health implications. *Int J Dev Neurosci*, 18(4-5), 383–399.

57 Le, H. D., Meisel, J. A., de Meijer, V. E., Gura, K. M. und Puder, M. (2009). The essentiality of arachidonic acid and docosahexaenoic acid. *Prostaglandins Leukot Essent Fatty Acids*, 81(2-3), 165–170.

58 Semler, E. (2006). *Rohkost – Historische, therapeutische und theoretische Aspekte einer alternativen Ernährungsform.* Diss., Institut für Ernährungswissenschaft der Justus-Liebig-Universität Gießen.

59 Strassner, C. (1998). *Ernähren sich Rohköstler gesünder? Die Gießener Rohkoststudie.* Heidelberg: Verlag für Medizin und Gesundheit.

60 Davis, B. und Melina, V. (2010). *Becoming Raw – The Essential Guide to Raw Vegan Diets.* Summertown: Book Publishing Company.

61 Carmody, R. N. und Wrangham, R. W. (2009). Cooking and the human commitment to a high-quality diet. *Cold Spring Harb Symp Quant Biol*, 74, 427–434.

62 Wrangham, R. und Conklin-Brittain, N. (2003). ›Cooking as a biological trait‹. *Comp Biochem Physiol A Mol Integr Physiol*, 136(1), 35–46.

63 Koebnick, C., Strassner, C., Hoffmann, I. und Leitzmann, C. (1999). Consequences of a long-term raw food diet on body weight and menstruation: results of a questionnaire survey. *Ann Nutr Metab*, 43(2), 69–79.

64 Strassner, C. (1998). *Die Gießener Rohkost-Studie: Ernährungs- und Gesundheitsstatus von Rohköstlern unter besonderer Berücksichtigung von Protein und Energie.* Zugriff am 17. Januar 2021. Verfügbar unter https://bit.ly/3c0tR4W

65 Carmody, R. N., Weintraub, G. S. und Wrangham, R. W. (2011). Energetic consequences of thermal and nonthermal food processing. *Proc Natl Acad Sci USA*, 108(48), 19199–19203.

66 Groopman, E. E., Carmody, N. R. und Wrangham, R. W. (2015). Cooking increases net energy gain from a lipid-rich food. *Am J Phys Anthropol*, 156(1), 11–18.

67 Vogelreuter, A. und Smollich, M. (2018). *Nahrungsmittelunverträglichkeiten: Lactose – Fructose – Histamin – Gluten (2., erw. Aufl.).* Stuttgart: Wissenschaftliche Verlagsgesellschaft.

68 Stepaniak, J. (2016). *Low-FODMAP and Vegan: What to Eat When You Can't Eat Anything.* Summertown TN: Book Publishing Company.

69 Ghoshal, U. C., Shukla, R. und Ghoshal, U. (2017). Small Intestinal Bacterial Overgrowth and Irritable Bowel Syndrome: A Bridge between Functional Organic Dichotomy. *Gut Liver*, 11(2), 196–208.

VEGANISMUS FUNKTIONIERT NICHT OHNE SUPPLEMENTE

19.

Ein kleines Gedankenexperiment zu Beginn: Stellen wir uns einen Vampir vor. Diese mythologische Gestalt jagt bekanntlich Menschen, um sich von deren Blut zu ernähren, was wiederum mit dem Wunsch der Menschen auf ein unversehrtes Leben kollidiert. In diesem Szenario würden sich die Menschen als potenzielle Opfer des Blutsaugers vermutlich sehr freuen, wenn es eine Möglichkeit für den Vampir gäbe, jene Stoffe aus dem Blut über einen anderen Weg, wie beispielsweise ein Nahrungsergänzungsmittel, zu erhalten. So ähnlich machen es vegan lebende Menschen, wenn sie Nährstoffe wie das Vitamin B_{12}, das man vor allem (aber nicht ausschließlich!) in tierischen Produkten findet, über ein Nahrungsergänzungsmittel zuführen.

Der wichtige Unterschied zwischen diesem fiktiven Szenario des Vampirs, der Menschen verschont, und der Lebensrealität von Veganer*innen, die Tiere verschonen, ist allerdings, dass der Vampir im Horrorfilm wohl unweigerlich auf das Bluttrinken angewiesen ist, wohingegen es der Mensch in Bezug auf den Konsum tierischer Produkte nicht ist. Lebewesen haben in der realen Welt keinen zwingenden Bedarf an gewissen Lebensmitteln, sondern an gewissen essenziellen Nährstoffen. Werden diese in der richtigen Menge in ausreichender Bioverfügbarkeit zugeführt, wird der Nährstoffbedarf unabhängig von der genauen Lebensmittelauswahl gedeckt. Wie in Kapitel 18 beschrieben, haben tierische Produkte grundsätzlich kein Monopol auf irgendeinen Nährstoff. So ist die aktuelle Notwendigkeit von Nahrungsergänzungsmitteln (sowohl in der veganen als auch zum Teil in der vegetarischen und der mischköstlichen Ernährung) in erster Linie auf suboptimale Anbau- bzw. Verarbeitungsmethoden und ein zu geringes Problembewusstsein seitens der Lebensmittelproduzenten zurückzuführen, wie nachfolgend noch im Detail gezeigt werden wird.

Wenn sich ein Vampir tatsächlich für einen leidfreien Blutersatz entscheiden würde, um künftig Menschenleben zu schonen, würde er eventuell von seinen Vampirkolleg*innen sinngemäß die gleichen Argumente zu hören bekommen wie die, die vegan lebende Menschen sich aktuell von Mischköstler*innen anhören müssen: Die Zufuhr von Nährstoffen über Nahrungsergänzungsmittel sei doch total unnatürlich und es wäre doch viel besser, wenn man es so wie echte Vampire mache und auf »natürliche« Weise diese Stoffe zuführe.

Nun aber weg vom Vampirvergleich und zurück zum realen Vorwurf, dass Veganer*innen auf Nahrungsergänzungsmittel angewiesen wären und das wiederum ein valides Argument gegen den Veganismus sei.

Natürlichkeitsfehlschlüsse in Supplementierungsfragen

In dieser Argumentation stecken mehrere Fehlschlüsse in Bezug auf die vegane Ernährung. Einerseits der »appeal to nature«-Fehlschluss (ein Natürlichkeitsfehlschluss; nicht mit dem naturalistischen Fehlschluss – Naturalistic Fallacy – zu verwechseln), der auch im Detail im Kapitel 14 beschrieben wird. Die Natürlichkeit einer Sache war noch nie ein valides Argument für oder gegen etwas. Vielmehr gilt es zu belegen, ob eine Sache gut oder schlecht bzw. gesund oder ungesund ist, was mit dem bloßen Verweis auf die Natürlichkeit nicht geleistet werden kann. Worin steckt der Wert, einen Nährstoff auf die eine oder andere Art aufzunehmen, solange beide gleich effektiv sind – oder wenn der »unnatürliche« Weg sogar effektiver ist? Warum sollten wir den technologischen Fortschritt nicht nutzen, um unsere Nährstoffbedarfsdeckung vom Konsum ethisch bedenklicher Lebensmittel zu lösen? Dafür gibt es keinen rationalen Grund. Der Mensch kann »von Natur aus« auch nicht fliegen, aber entwickelte Flugzeuge, um dennoch die Vorteile des Fliegens zu nutzen. Wir können auch unter Wasser nicht atmen, haben aber Tauchausrüstungen entwickelt, um das zu überwinden. Selbst wenn wir also »von Natur aus« dazu angehalten sind, tierische Produkte zu konsumieren, wäre es doch zumindest eine ernste Überlegung wert, den technologischen Fortschritt zu nutzen, um eine derart große Ungerechtigkeit wie die moderne Tierhaltung abzuschaffen oder zumindest deutlich zu reformieren. Wir müssen schließlich heute auch keine Wale mehr jagen, um mit ihrem Tran Öllampen zum Brennen zu bringen, sondern haben ethischere und effizientere Methoden gefunden, um Licht zu erzeugen. Auch wenn wir es immer noch tun, müssten wir heute in der westlichen Welt keine Pferde mehr vor Kutschen spannen, um uns fortzubewegen, müssten keine Tiere mehr für Kleidung häuten und eben auch nicht wegen einzelner Nährstoffe Tiere töten, um auf »natürliche« Weise an gewisse Nährstoffe zu gelangen. Dahinter steckt eine fälschliche Romantisierung der Natur und eine ungerechtfertigte Beschönigung der Natürlichkeit.

Mängel und Supplementierung in der Allgemeinbevölkerung

Es wird auch oft vergessen, dass ein großer Teil der Nicht-Veganer*innen in Deutschland Nahrungsergänzungsmittel zu sich nimmt. Zwischen 28[1] und 35 %[2] der Deutschen konsumieren Nahrungsergänzungsmittel. Da nur etwa 4 bis 10 % der deutschen Bevölkerung vegetarisch und nur etwas mehr als 1 % vegan leben,[3] muss es also auch noch einen großen Anteil an Mischköstler*innen geben, der Nahrungsergänzungsmittel einnimmt. Darüber hinaus führt auch der andere Teil der mischköstlichen Bevölkerung, der keine Nahrungsergänzungsmittel in direkter Form zu sich nimmt, unwissentlich indirekt über den Verzehr tierischer Produkte Nährstoffe aus Nahrungsergänzungsmitteln zu, sofern diese Produkte aus der konventionellen Intensivtierhaltung stammen. Weltweit werden über 90 % der »Nutztiere« in sogenannten CAFOs (Concentrated Animal Feeding Operations), also in der Massentierhaltung, aufgezogen.[4] Dort wird sowohl bei Schweinen[5] als auch bei Hühnern[6] und Rindern[7] eine ganze Reihe an Vitaminen und Mineralstoffen supplementiert. So sind beispielsweise in der EU Zugaben von bis zu 500 µg Selen pro kg Futtermittel erlaubt,[8] um die ansonsten in vielen Fällen zu selenarme Ernährung der »Nutztiere« auszugleichen. Dieses Selen wird also eigentlich dem Futtermittel zugesetzt, um die Nährstoffversorgung der »Nutztiere« zu verbessern, landet aber so auch über den Umweg des Tiers beim Menschen. Ob nun ein kritischer Nährstoff wie Selen von vegan lebenden Menschen direkt supplementiert oder ein tierisches Produkt verzehrt wird, dessen Futter zuvor mit Selen angereichert wurde, macht keinen bedeutenden Unterschied hinsichtlich der Selenversorgung. Auch zahlreiche weitere Mineralstoffe und Vitamine werden dem Tierfuttermittel heutzutage in der Mast beigegeben, um den höheren Nährstoffbedarf der Tiere aufgrund des schnelleren Wachstums und der höheren Stressbelastung durch die Intensivtierhaltung auszugleichen. Durch die Trennung des Neugeborenen von der Mutterkuh direkt nach der Geburt entgehen den Kälbern außerdem Nährstoffe, die sie in dieser Lebensphase eigentlich noch über die Muttermilch bekommen würden.

Insgesamt drängt sich bei Durchsicht der wissenschaftlichen Literatur zu den Nährstoffbedürfnissen und der Optimierung der Gesundheit und Leistungsfähigkeit von »Nutztieren« durch Nährstoffzugabe die Frage auf, ob in den vergangenen Jahrzehnten der Fokus weit mehr auf der Optimierung der Nährstoffversorgung von »Nutztieren« lag als auf der von Menschen. Denn trotz der gut dokumentierten nährstoffbezogenen Engpässe der westlichen Mischkost sind sich viele Personen nicht darüber im Klaren, dass es eben nicht nur Veganer*innen sind, die von einer Supplementierung mit gewissen kritischen Nährstoffen profitieren würden, sondern auch viele Mischköstler*innen. In Bezug auf einige besonders kritische Nährstoffe wurde dies in der Vergangenheit bereits getan, aber auch bei weiteren wäre dies sinnvoll. So erfährt beispielsweise die deutsche Bevölkerung bereits seit den 1980er-Jahren Vorteile durch die Jodsalzprophylaxe,[9] da ohne die Verwendung von Jodsalz mehr als 90 % der deutschen Bevölkerung nicht die Zufuhrempfehlungen erreichen würden.[10] In ähnlichem Maße würde die Bevölkerung auch von einer Vitamin-D-Prophylaxe profitieren, da immer noch über 80 % der Deutschen nicht die Optimalversorgung an Vitamin D erreichen.[11] Außerdem werden schon seit den 1990er-Jahren Frauen – unabhängig von ihrer Ernährungsweise – Folsäuresupplemente vor der Schwangerschaft und während des ersten Trimesters empfohlen, um Neuralrohrdefekten beim Kind vorzubeugen.[12]

Abb. 42: **Prävalenz von Nährstoffmängeln bei Veganer*innen, Vegetarier*innen und Mischköstler*innen (Schweiz/Großbritannien)**[13,14]

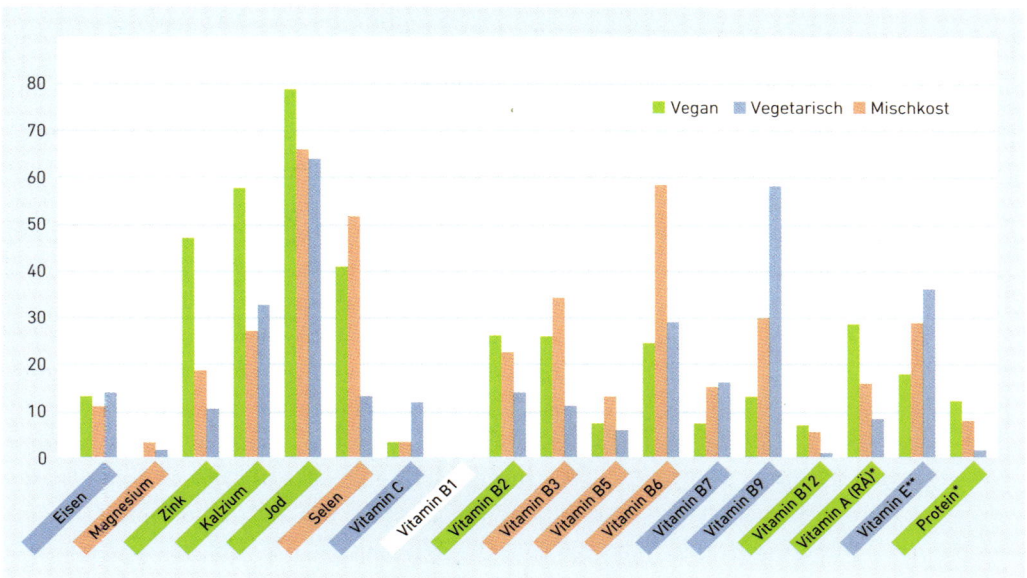

Prozentualer Anteil an Personen mit Nährstoffmangel
* Sobiecki et al. (2016). ** Mittelwert aus Schüpbach et al. (2017) und Sobiecki et al. (2016)

Abbildung 42 illustriert die Ergebnisse vergleichender Untersuchungen aus der Schweiz und aus Großbritannien zu Mischköstler*innen, Vegetarier*innen und Veganer*innen, die ebenfalls bestätigen, dass Nährstoffmängel in unterschiedlicher Ausprägung in allen drei Kostformen vertreten waren und alle Gruppen von einer nährstoffoptimierten Lebensmittelproduktion profitieren würden.

So hat jede Ernährungsweise unterschiedliche Stärken und Schwächen und somit verschiedene potenziell kritische Nährstoffe. Diese sollte man kennen und sollte den Bedarf daran decken. In der mischköstlichen Ernährung sind das in Deutschland neben Jod und Vitamin D, die in sämtlichen Ernährungsweisen (zumindest ohne Jodsalz und ausreichende Sonnenexposition) potenziell kritisch sind, vor allem (aber nicht alleine) die Nährstoffe Vitamin B_9 (Folat) und Vitamin E (Tocopherol). In der vegetarischen Ernährung sind es neben Jod und Vitamin D in erster Linie (aber nicht nur) Selen, Vitamin B_3 (Niacin) und Vitamin B_6 (Pyridoxin). In der veganen Ernährungsweise sind es zumeist (aber nicht ausschließlich) Vitamin B_{12} (Cobalamin), Kalzium, Zink und ebenfalls Selen. Die meisten Ernährungsweisen würden außerdem von der Gabe von semi-essenziellen langkettigen Omega-3-Fettsäuren wie EPA (Eicosapentaensäure) und DHA (Docosahexaensäure) in Form von Mikroalgenöl profitieren, da auch Mischköstler*innen trotz Fischverzehr meist nicht die Zufuhrempfehlungen erreichen.[15]

In einer Untersuchung aus Frankreich wurde gezeigt, dass 80 bis 90 % der (misch-köstlichen) Kinder und Erwachsenen nicht nur mangelhaft mit den langkettigen semi-essenziellen Omega-3-Fettsäuren EPA und DHA, sondern auch mangelhaft mit der essenziellen Fettsäure ALA (Alpha-Linolensäure) versorgt sind.[16]

Natürlichkeitsansprüche in einer unnatürlichen Welt

Die Gründe für diese suboptimale Versorgungslage vieler Menschen in westlichen Ländern sind vielfältig. Einer der Gründe ist schlichtweg, dass Menschen heute aufgrund des überwiegend sedentären Lebensstiles weniger körperlich aktiv sind und dadurch weniger Kalorien verbrauchen. So haben sie auch eine geringere Kalorienbilanz zur täglichen Nährstoffzufuhr zur Verfügung. Von den 1970er-Jahren bis heute hat sich in westlichen Ländern wie den USA die Anzahl der Personen mit überwiegend sitzender Tätigkeit in etwa verdoppelt und die Anzahl an Menschen mit einem körperlich sehr fordernden Job (z. B. im Bauwesen oder in der Landwirtschaft) hat sich im selben Zeitraum um etwa ein Drittel reduziert.[17]

Das bringt Menschen heutzutage in die Situation, dass sie die gleiche Nährstoff-zufuhr mit weniger Kalorien decken und daher noch nährstoffreicher essen müssten. Leider ist in vielen Fällen das Gegenteil zu beobachten. Durch den vermehrten Verzehr von Weißmehlen, raffinierten Ölen und Zucker ist die Nährstoffdichte der westlichen Durchschnittskost in den vergangenen Jahren sogar gesunken. Um 1900 betrug der Vollkornanteil am Gesamtgetreideverzehr noch etwa 35 %, sank um 1950 auf ungefähr 30 % und 2010 belief er sich auf nur mehr etwa 11 %.[18] Der Zuckerverzehr betrug um 1900 noch unter 15 kg pro Jahr, 1950 schon knapp 30 kg und 2010 etwa 35 kg.[19,20] Im Vergleich zu Vollkorngetreide verliert beispiels-weise ein Auszugsmehl Type 405 durch die Verarbeitung zwischen 50 und 90 % der Mineralstoffe sowie zwischen 30 und 90 % an Vitaminen.[21] In Ländern wie den USA[22] ist eine Anreicherung von Lebensmitteln deutlich weiter verbreitet als in Deutschland. In Kanada sind Lebensmittelproduzenten sogar per Gesetz dazu ver-pflichtet, Weißmehlprodukte (inklusive daraus hergestellter Produkte wie Brote, Teigwaren, Kekse etc.) mit B-Vitaminen und Eisen anzureichern, um zumindest einen Teil der durch die Verarbeitung verloren gegangenen Nährstoffe zu kom-pensieren.[23] So passiert es heutzutage immer häufiger, dass Menschen zwar über-ernährt (mit Kalorien), aber unterversorgt (mit Nährstoffen) sind.[24]

Doch auch schon bevor Lebensmittel suboptimal verarbeitet werden, weisen diese durch die auf Ertrag ausgelegten Züchtungen eine geringere Nährstoffdichte als in früheren Zeiten auf. Durch die auf Massenproduktion ausgerichteten Anbau- und Düngungsmethoden sind die Mineralstoffgehalte in vielen Böden heutzutage deutlich geringer.[25,26] Verschärft wird dieses Problem durch zusätzliche Mineral-stoffverluste, bedingt durch Über- und Fehldüngung (zu viel Stickstoff, Phosphor und Kalium). Kalium ist dabei beispielsweise ein Antagonist für Mineralien wie Magnesium und reduziert bei übermäßigem Vorkommen die Magnesiumaufnahme der Pflanze aus dem Boden, was wiederum zu deutlich geringeren Gehalten dieses Minerals in der Pflanze und damit in der Ernährung des Menschen führt.[27] Während die Pflanze unter der Voraussetzung des Vorhandenseins von ausreichend Wasser und Sonnenlicht selbst in der Lage ist, Vitamine zu bilden, ist der Gehalt an Mineralien in erster Linie von der Qualität der Böden abhängig. Im Zuge dessen wird oft auch vom sogenannten »Dilution Effect« gesprochen. Dieser beschreibt, dass schneller wachsende und ertragreichere Pflanzenzüchtungen einen höheren Kohlenhydrat- und Wasseranteil im Verhältnis zu ihrem Gehalt an Mineralstoffen und sekundären Pflanzenstoffen im Vergleich zu ihren ursprünglichen Vorgängern aufweisen und dadurch der Nährstoffgehalt sozusagen »verdünnt« wird.[28,29,30]

Eine vergleichende Untersuchung am Weizen zeigte, dass die Nährstoffkonzentration an Mineralstoffen wie Zink, Eisen und Magnesium von 1850 bis 1960 unverändert blieb, sich jedoch in den nachfolgenden Jahrzehnten signifikant verringerte.[31] Moderne Anbaumethoden von Zuchtgetreide und -gemüse liefern zwar mehr Ertrag, jedoch bringen diese Lebensmittel hervor, die weniger nährstoffreich im Vergleich zu früheren Ernten bzw. ursprünglicheren Sorten sind. Ähnlich wie beim Weizen zeigen Untersuchungen, dass sich seit den 1940er-Jahren auch bei anderen pflanzlichen und tierischen Lebensmitteln die Mineralstoffkonzentration um 5 bis 40 % reduziert hat.[32,33] Im Gegensatz zu Deutschland haben sich manche Länder wie Finnland dieser Problematik zumindest bereits in Teilen angenommen. Wie im Rest von Europa sind die Böden dort unter anderem recht arm an Selen. Um die Versorgungslage der Bevölkerung zu verbessern, werden in Finnland seit 1984 die Böden mit Selen angereichert, wodurch sich die Selenversorgung der Gesamtbevölkerung drastisch verbessert hat.[34]

Nährstoffoptimierung bräuchten nicht nur Veganer*innen

In Deutschland finden weder eine Anreicherung der Böden noch der Lebensmittel und auch keine flächendeckende Aufklärung der Bevölkerung über diese wichtigen Sachverhalte statt und so sind es nicht nur Veganer*innen, die von einer gezielten Supplementierung profitieren würden, sondern auch die mischköstliche Bevölkerung. Nahrungsergänzungsmittel (einzelne Nährstoffe oder Multinährstoffpräparate) sind dabei eine gut verträgliche, effektive und günstige Lösung zur Schließung von Nährstofflücken in Speiseplänen und sie sind bei richtiger Dosierung risikoarm und praktisch.[35,36] Die Voraussetzung hierfür ist allerdings, dass die Nährstoffgabe dem Bedarf entspricht, um sowohl Unter- als auch Überversorgungen zu vermeiden. Dr. Walter Willett, einer der meistzitierten Ernährungswissenschaftler, empfiehlt in seinen Veröffentlichungen neben einer ausgewogenen Ernährung für die Gesamtbevölkerung (also auch für Mischköstler*innen) ein Multinährstoffpräparat als »Sicherheitsnetz«, um eine Grundversorgung an essenziellen Nährstoffen zu gewährleisten.[37] Auch weitere Wissenschaftler*innen schreiben in ihren Veröffentlichungen, dass aufgrund suboptimaler Kostzusammenstellung sehr viele (mischköstliche) Personen keine adäquate Nährstoffversorgung aufweisen und es ihrer Ansicht nach vernünftig wäre, dass alle Erwachsenen im Falle einer unzureichenden Kostzusammenstellung die fehlenden Nährstoffe als Supplement zuführen.[38] Die größte Ernährungsfachgesellschaft weltweit, die Academy of Nutrition and Dietetics, schreibt ebenfalls in Bezug auf Multinährstoffpräparate, dass diese bei regelmäßiger Anwendung und guter Zusammenstellung die Nährstoffzufuhr deutlich erhöhen und so auch in der Mischkost mit tierischen Produkten zu einer besseren Nährstoffbedarfsdeckung beitragen können.[39] Das »Center on Aging« der Tufts University empfiehlt im Rahmen seiner Ernährungspyramide zumindest für ältere Menschen eine gezielte Nährstoffsupplementierung.[40] Das »Department of Nutrition« der Harvard T.H. Chan School of Public Health empfiehlt Multinährstoffpräparate als »Sicherheitspolice« vor allem im Rahmen von restriktiveren Ernährungsweisen (dazu zählt auch eine vegane Ernährung), die trotz breit gefächerter Lebensmittelauswahl in vielen Fällen keine adäquate Bedarfsdeckung erzielen.[41] Auf die Bedeutung von Multinährstoffpräparaten weist auch Ecodemy, Deutschlands größte Fachfernschule mit Schwerpunkt auf vegane Ernährung, hin. So steht in den Ausbildungsskripten ihrer veganen Ernährungsberaterausbildung: »Eine Nahrungsergänzung mit einzelnen Mikronährstoffen oder selektiven Multivitamin-Multimineral-Präparaten (z.B. für Veganer) individuell angepasst, kann sich hingegen als sinnvoll und teils auch als notwendig erweisen«.[42]

Trotz all der vielversprechenden Daten zum Thema Nahrungsergänzung darf in der gesamten Debatte natürlich nicht vergessen werden darauf hinzuweisen, dass die Nahrungsergänzungsmittelindustrie ein Milliardengeschäft ist und viele Hersteller unseriös arbeiten, überzogene Gesundheitsversprechen geben und oft nicht die Qualität liefern, die ihr Marketing suggeriert. Dies kommt leider häufig vor, da zum aktuellen Zeitpunkt Nahrungsergänzungsmittel nur unzureichend reglementiert sind und sich daher immer wieder über- oder unterdosierte Produkte auf dem Markt finden.[43,44] Ebenso befinden sich zum Teil belastete Nahrungsergänzungsmittel in Umlauf und aus diesem Grund ist stets ein Augenmerk auf gute Qualität zu legen. Das Ziel sollte langfristig auch keine permanente Einnahme von Nahrungsergänzungsmitteln sein, sondern eine Optimierung der Lebensmittelproduktion. Bis dahin gilt es schlichtweg, auf gute Qualität und optimale Dosierung der Nährstoffe zu achten.

Dieser Ausflug in die Nährstoffversorgung sollte bereits gezeigt haben, dass eben nicht nur Veganer*innen von einer Nahrungsergänzung profitieren, sondern auch die mischköstliche Allgemeinbevölkerung. Mit dem hoffentlich wachsenden Bewusstsein unter den Verbraucher*innen in Bezug auf ihren Nährstoffbedarf werden zukünftig im Idealfall bei der Zucht und beim Anbau der Pflanzen sowie durch Anreicherung der verarbeiteten Produkte Lebensmittel kreiert, die so nährstoffreich sind, dass sowohl Veganer*innen und Vegetarier*innen als auch Mischköstler*innen auf eine Supplementierung zur Gänze verzichten können. Bis es so weit ist, wäre für alle drei Gruppen die Ergänzung gewisser Nährstoffe in vielen Fällen ratsam und daher ist die notwendige Nahrungsergänzung im Rahmen der veganen Ernährung aus vielerlei Gründen kein haltbares Argument gegen den Veganismus.

Richtigstellung des Arguments »Veganismus funktioniert nicht ohne Supplemente«

Vorurteil	Faktenlage
Veganer*innen müssen zwingend Nahrungsergänzungsmittel einnehmen und daher kann eine vegane Ernährung nicht gesund sein.	Tierische Produkte haben zwar kein absolutes Monopol auf überlebensnotwenige Nährstoffe, aber aufgrund der aktuell vorherrschenden und (noch) nicht auf die Nährstoffbedürfnisse von vegan lebenden Menschen abgestimmten Produktions- und Verarbeitungsmethoden gängiger veganer Grundnahrungsmittel ist eine Nahrungsergänzung zum aktuellen Zeitpunkt eine tragende Säule im Rahmen einer gesunden veganen Ernährung. Auf Basis der Notwendigkeit einer Supplementierung kann allerdings noch keine Aussage über den gesundheitlichen Wert einer Ernährungsweise getroffen werden und es ist auch kein Argument gegen eine auf Ethik basierende Ernährungsform.
Nahrungsergänzungsmittel sind unnatürlich und damit schlecht.	Nahrungsergänzungsmittel sind genauso unnatürlich wie die allermeisten Dinge in unserem Leben. Das macht sie aber nicht per se schlecht. Die Natürlichkeit einer Sache ist in sich weder ein Argument für oder gegen etwas. Nahrungsergänzungsmittel können bei richtiger Anwendung einen wesentlichen Anteil zur Nährstoffbedarfsdeckung leisten und sind somit eine positive Bereicherung für den Alltag vieler Veganer*innen und Nicht-Veganer*innen.
Nährstoffmängel betreffen besonders vegan lebende Menschen.	Jede Art der Restriktion einer Mischkost kann das Risiko für Nährstoffmängel erhöhen. Aufgrund des überdurchschnittlich hohen Interesses vegan lebender Menschen an ihrer Ernährung sind diese aber deutlich besser als die Allgemeinbevölkerung in Ernährungsfragen informiert und für potenzielle Mängel sensibilisiert. Wie Untersuchungen zeigen, ist die Rate an Nährstoffmängeln über alle essenziellen Nährstoffe hinweg im Rahmen einer veganen Kost trotz der Lebensmittelrestriktion nicht bedeutend höher als in der durchschnittlichen vegetarischen oder mischköstlichen Ernährung.

Vorurteil	Faktenlage
Nur wer sich vegan ernährt, braucht Nahrungsergänzungsmittel.	Nicht nur Veganer*innen profitieren von einer Nahrungsergänzung. Grundsätzlich kann man den Nährstoffbedarf in der Mischkost bei guter Kostzusammenstellung zwar ohne Nahrungsergänzungsmittel decken, aber aufgrund des veränderten Lebensstils samt vermindertem Kalorienverbrauch, der oft minderwertigen Fütterung der »Nutztiere«, der auf Ertrag anstatt Nährstoffgehalt optimierten Pflanzenzüchtungen und suboptimaler Verarbeitungsbedingungen gelingt es jedoch auch einem Großteil der mischköstlichen Bevölkerung nicht, die Nährstoffzufuhrempfehlungen der Fachgesellschaften zu erreichen. Nahrungsergänzungsmittel können daher auch für sie sinnvoll sein.
Nahrungsergänzungsmittel sind Geldmacherei und man sollte den Nährstoffbedarf ohne sie decken.	Die Nahrungsergänzungsmittelindustrie ist ein Milliardengeschäft und aufgrund mangelnder Reglementierung befinden sich leider auch zahlreiche minderwertige Präparate auf dem Markt. Deren Existenz rechtfertigt jedoch keine kategorische Ablehnung von Supplementen. Wenn möglich, sollte der Bedarf essenzieller Nährstoffe primär über vollwertige Lebensmittel gedeckt werden, aber wo auch immer das nicht bzw. nur eingeschränkt möglich ist, stellt eine Nahrungsergänzung in adäquater Dosierung eine gut erforschte, sichere und effektive Maßnahme zur Deckung des Nährstoffbedarfs dar.
Es gibt keine wissenschaftlichen Beweise für die Wirksamkeit von Nahrungsergänzungsmitteln.	Der Nutzen von Nahrungsergänzungsmitteln zur Schließung von Nährstofflücken ist durch zahlreiche Studien belegt und gilt als wissenschaftlicher Konsens. Es gibt allerdings keinen Konsens zum Nutzen einer Nährstoffsupplementierung in Dosen über die Zufuhrempfehlungen der Fachgesellschaften hinaus und so sollten Nährstoffpräparate mit Dosen jenseits der Zufuhrempfehlungen nur unter ärztlicher Aufsicht und nur bei einer medizinischen Indikation eingenommen werden.

Quellen

1 Max Rubner-Institut. (2008). *Nationale Verzehrsstudie II: Die bundesweite Befragung zur Ernährung von Jugendlichen und Erwachsenen (Ergebnisbericht, Teil 1)*. Zugriff am 15. Januar 2021. Verfügbar unter https://bit.ly/2LSO84u

2 Verbraucherzentrale. (2017*). Nahrungsergänzungsmittel – hoher Umsatz, bedenkliche Wirkung möglich*. Zugriff am 15 Januar 2021. Verfügbar unter https://bit.ly/34xwk4a

3 Mensink, G. B. M., Lage-Barbosa, C. & Brettschneide, A. (2016). Verbreitung der vegetarischen Ernährungsweise in Deutschland. *Journal of Health Monitoring*, 1(2), 2–15.

4 Witwicki, K. (2019). *Global Farmed & Factory Farmed Animals Estimates*. Zugriff am 15. Januar 2021. Verfügbar unter http://bit.ly/35EVlwb

5 DSM. (o. D.). *Vitamin Nutrition Compendium – Vitamin nutrition for swine*. Zugriff am 15. Januar 2021. Verfügbar unter https://bit.ly/2JWXR5A

6 DSM. (o. D.). *Vitamin Nutrition Compendium – Vitamin nutrition for Poultry*. Zugriff am 15. Januar 2021. Verfügbar unter https://bit.ly/3ab5yA0

7 DSM. (o. D.). *Vitamin Nutrition Compendium – Ruminants*. Zugriff am 15. Januar 2021. Verfügbar unter https://bit.ly/2RAhzZ5

8 Europäische Kommission. (2004). *Verzeichnis der zugelassenen Futtermittel-Zusatzstoffe*. Zugriff am 15. Januar 2021. Verfügbar unter https://bit.ly/2vIakG9

9 Meng, W. & Scriba, P. C. (2002). Jodversorgung in Deutschland: Probleme und erforderliche Maßnahmen – Update 2002. *Deutsches Ärzteblatt*, 99(39).

10 Max Rubner-Institut. (2008*). Nationale Verzehrsstudie II: Die bundesweite Befragung zur Ernährung von Jugendlichen und Erwachsenen (Ergebnisbericht Teil 2)*. Zugriff am 15. Januar 2021. Verfügbar unter https://bit.ly/2TbjpjS

11 Ebd.

12 McStay, C. L., Prescott, S. L., Bower, C. & Palmer,

D. J. (2017). Maternal Folic Acid Supplementation during Pregnancy and Childhood Allergic Disease Outcomes: A Question of Timing? *Nutrients*, 9(2), 123.

13 Schüpbach, R., Wegmüller, R., Berguerand, C., Bui, M. & Herter-Aeberli, I. (2017). Micronutrient status and intake in omnivores, vegetarians and vegans in Switzerland. *Eur J Nutr*, 56(1), 283–293.

14 Sobieck, J. G., Appleby, P. N., Bradbury, K. E. & Keya, T. J. (2016). High compliance with dietary recommendations in a cohort of meat eaters, fish eaters, vegetarians, and vegans: results from the European Prospective Investigation into Cancer and Nutrition-Oxford study. *Nutr Res*, 36(5), 464–477.

15 Gellert, S., Schuchardt, J. P. & Hahn, A. (2017). Low long chain omega-3 fatty acid status in middle-aged women. *Prostaglandins, Leukotrienes & Essential Fatty Acids*, 117, 54–59.

16 Guesnet, P., Tressou, J., Buaud, B., Simon, N. & Pasteau, S. (2019). Inadequate daily intakes of n-3 polyunsaturated fatty acids (PUFA) in the general French population of children (3–10 years) and adolescents (11–17 years): the INCA2 survey. *Eur J Nutr*, 58(2), 895–903.

17 Owen, N., Sparling, P. B., Healy, G. N., Dunstan, D. W., Matthews, C. E. (2010). Sedentary Behavior: Emerging Evidence for a New Health Risk. *Mayo Clin Proc*, 85(12), 1138–1141.

18 Verein für unabhängige Gesundheitsberatung. (2012). *Folgensatz »Ernährung aktuell« – Für Kursleiter und Berater (4. aktual. Aufl.)*. Wettenberg: UGB-Beratungs- und Verlags-GmbH.

19 Von Koerber, K., Männle, T. & Leitzmann, C. (2012). *Vollwert-Ernährung – Konzeption einer zeitgemäßen und nachhaltigen Ernährung (11. Aufl.)*. Stuttgart: Karl F. Haug Verlag, 339.

20 Statista. (2019). *Pro-Kopf-Konsum von Zucker in Deutschland in den Jahren 1950/51 bis 2015/16 (in Kilogramm Weißzuckerwert)*. Zugriff am 1. Juli 2020. Verfügbar unter https://bit.ly/2dpjCIv

21 Von Koerber, K., Männle, T. & Leitzmann, C. (2012). *Vollwert-Ernährung – Konzeption einer zeitgemäßen und nachhaltigen Ernährung (11. Aufl.)*. Stuttgart: Karl F. Haug Verlag, 245–247.

22 Institute of Medicine. (2003). *Dietary Reference Intakes: Guiding Principles for Nutrition Labeling and Fortification – Overview of Food Fortification in the United States and Canada*. Zugriff am 15. Januar 2021. Verfügbar unter https://bit.ly/36uuOQI

23 Government of Canada. (2014). *Prohibition against the sale of unenriched white flour and products containing unenriched flour*. Zugriff am 15. Januar 2021. Verfügbar unter https://bit.ly/2xuGiaj

24 Astrup, A. & Bügel, S. (2019). Overfed but undernourished: recognizing nutritional inadequacies/deficiencies in patients with overweight or obesity. *Int J Obes (Lond)*. 43(2), 219–232.

25 Scheer, R. & Moss, D. (2011). *Scientific American – Dirt Poor: Have Fruits and Vegetables Become Less Nutritious?* Zugriff am 15. Januar 2021. Verfügbar unter http://bit.ly/2XKiYPy

26 Voisin, A. (1963). *Grass Tetany*. Springfield: Charles C Thomas Publisher.

27 Guo, W., Nazim, H., Liang, Z. & Yang, D. (2016). Magnesium deficiency in plants: an urgent problem. *Crop J*, 4(2), 83–91.

28 Jarrell, W. M., & Beverly, R. B. (1981). The Dilution Effect in Plant Nutrition Studies. *Advances in Agronomy*. New York: Academic Press, 197–224.

29 Riedell, W. E. (2010). Mineral nutrient synergism and dilution responses to nitrogen fertilizer in field grown maize. *Journal of Plant Nutrition and Soil Science*, 173(6), 869–874.

30 Welti, E. A. R., Roeder, K. A., de Beurs, K. M., Joern, A. & Kasparia, M. (2020). Nutrient dilution and climate cycles underlie declines in a dominant insect herbivore. *Proc Natl Acad Sci USA*, 117(13), 7271–7275.

31 Fan, M. S., Zhao, F. J., Fairweather-Tait, S. J., Poulton, P. R., Dunham, S. J. & McGrath, S. P. (2008). Evidence of decreasing mineral density in wheat grain over the last 160 years. *J Trace Elem Med Biol*, 22(4), 315–324.

32 Thomas, D. (2007). The mineral depletion of foods available to us as a nation (1940–2002) – a review of the 6th edition of McCance and Widdowson. *Nutrition and Health*, 19, 21–55.

33 Davis, D. R. (2009). Declining Fruit and Vegetable Nutrient Composition: What Is the Evidence? *HortScience*, 44(1), 15–19.

34 Aro, A., Alfthan, G. & Varo, P. (1995). Effects of supplementation of fertilizers on human selenium status in Finland. *Analyst*, 120(3), 841–843.

35 Kiely, M., Flynn, A., Harrington, K. E., Robson, P. J., O'Connor, N. et al. (2001). The efficacy and safety of nutritional supplement use in a representative sample of adults in the North/South Ireland Food Consumption Survey. *Public Health Nutr*, 4(5A), 1089–1097.

36 Ward, E. (2014). Addressing nutritional gaps with multivitamin and mineral supplements. *Nutr J*, 13, 72.

37 Skerrett, P. J. & Willett, W. C. (2010). Essentials of Healthy Eating: A Guide. *J Midwifery Womens Health*, 55(6), 492–501.

38 Fletcher, R. H. & Fairfield, K. M. (2002). Vitamins for chronic disease prevention in adults: clinical applications. *JAMA*, 287(23), 3127–3129.

39 Marra, M. V. & Boyar, A. P. (2009). Position of the American Dietetic Association: nutrient supplementation. *J Am Diet Assoc*, 109(12), 2073–2085.

40 Russell, R. M., Rasmussen, H. & Lichtenstein, A. H. (1999). Modified Food Guide Pyramid for people over seventy years of age. *J Nutr*, 129(3), 751–753.

41 Harvard T. H. Chan School of Public Health. (o. D.). *Nutrition Insurance Policy: A Daily Multivitamin*. Zugriff am 15. Januar 2021. Verfügbar unter https://bit.ly/3en4yfa

42 Ecodemy. (2020). *Handbuch Vegane/r Ernährungsberater/in - Kapitel 06: Potenziell kritische Nährstoffe bei veganer Ernährung (Version 4.02)*. Bonn: Ecodemy, 17.

43 European Food Safety Authority. (2018). *Food Supplements*. Zugriff am 15. Januar 2021. Verfügbar unter https://bit.ly/3aaVjeR

44 Starr, R. R. (2015). Too Little, Too Late: Ineffective Regulation of Dietary Supplements in the United States. *Am J Public Health*, 105(3), 478–485.

n den Medien tauchten in der Vergangenheit immer wieder Meldungen zum Zusammenhang zwischen vegetarischer und veganer Ernährung und der Entstehung von Depressionen auf. So betitelte der FOCUS einen Artikel: »Kein Fleisch kann unglücklich machen – Veganer[*innen] erkranken eher an psychischem Leiden als Fleischesser[*innen]«[1] und die WELT schrieb auf ihrer Website als Schlagzeile: »Diesen Nachteil hat eine fleischlose Ernährung für die Psyche«.[2] Diese beiden und weitere Artikel[3] bezogen sich auf eine Untersuchung aus dem britischen Bristol mit einem Teilnehmerumfang von knapp 10.000 Männern. Wie der FOCUS schrieb, leiden laut dieser Studie vegan lebende Menschen im Vergleich zu Fleischesser*innen häufiger an Depressionen.[4]

Studien untersuchen oft gar keine Veganer*innen

Der erste Widerspruch zwischen der ursprünglichen Publikation und der populären Berichterstattung in Medien ist allerdings, dass in der ursprünglichen Untersuchung in erster Linie die mentale Gesundheit von Vegetarier*innen im Vergleich zu der von Nicht-Vegetarier*innen untersucht wurde und sich deren Angaben folglich auf vegetarisch und nicht auf vegan lebende Menschen beziehen.[5] Zwar gab es in der Veröffentlichung unter den 10.000 Männern (inkl. 311 Vegetariern) auch 39 vegan lebende Männer, jedoch wurden diese in der Studienauswertung nicht separat in Bezug auf ihre mentale Gesundheit analysiert, sondern zur Gruppe der vegetarischen Männer hinzugezählt, wodurch sich keine relevanten Rückschlüsse auf die vegan lebenden Männer ziehen lassen. Außerdem scheint hier eine nichtrepräsentative Gruppe an Veganern ausgewählt worden zu sein, denn von den 39 Männern in der Studie, die sich selbst als vegan bezeichneten, gaben 28 (72 %) an, dass sie in letzter Zeit rotes Fleisch gegessen hatten.[6] Auch die Gruppe der Vegetarier kann nicht als solche angesehen werden, da knapp die Hälfte der »Vegetarier« in ihren Fragebögen angab, Fisch zu essen und mehr als 10 % gaben an, hin und wieder Fleisch zu essen. So wird deutlich, dass hier keine Gruppe an faktischen Vegetariern und Veganern ausgewählt wurde.

Die Veröffentlichung selbst bezieht ihre Daten wiederum aus einer Kohortenstudie namens Avon Longitudinal Study of Parents and Children (ALSPAC), in der schwangere Frauen aus dem früheren County of Avon im Südwesten Englands, die zwischen April 1991 und Dezember 1992 entbunden hatten, untersucht wurden.[7] In dieser Studie waren über 14.000 schwangere Frauen eingeschrieben, die zusätzlich zu ihren eigenen Fragebögen in der 18. Schwangerschaftswoche einen zusätzlichen Fragebogen für ihren Partner zugeschickt bekamen, falls sie es wünschten, dass auch ihre Männer an der Studie teilnehmen. Knapp 10.000 Fragebögen der Männer zu deren psychischen Verfassung wurden eingesandt und bildeten damit die Grundlage für die Veröffentlichung aus Bristol, die für die genannten Schlagzeilen sorgte. Wie für Kohortenstudien typisch handelt es sich bei der ALSPAC-Studie um ein beobachtendes Studiendesign der Epidemiologie, das das Ziel verfolgt, einen Zusammenhang zwischen einem oder mehreren Faktoren und dem Auftreten von Krankheit aufzudecken.

Mangelnde Studienqualität sorgt für Kontroverse

Aus solchen Studien können im Allgemeinen wertvolle Informationen gewonnen werden, jedoch ist es schwierig, kausale Wirkungszusammenhänge abzuleiten, da es vor allem drei relevante Einflussgrößen auf solche Daten gibt, die hier zum Tragen kommen und Ergebnisse verzerren können: die Stichprobenverzerrung (Selection Bias), Messfehler (Information Bias) und Störfaktoren (Confounding).[8]

Eine Stichprobenverzerrung (Selection Bias) kann in dieser Untersuchung nicht ausgeschlossen werden, da jeweils den Frauen die Fragebögen für sich und ihre Männer zugeschickt wurden und sie daher im ersten Schritt die Kontrolle darüber hatten, ob die Fragebögen überhaupt weitergereicht werden. Auch Messfehler (Information Bias) können bei dieser Art der Befragung nicht ausgeschlossen werden, da es sich bei den Ergebnissen zur psychischen Gesundheit der Männer in dieser Veröffentlichung nur um sekundäre und nicht um primäre Studienergebnisse handelt. Primäre Studienergebnisse (Primary Outcomes) sind die wichtigsten Ergebnisse einer Studie, denn sie sind jene, die das Studiendesign, die Stichprobengröße etc. bestimmen.[9] Die primären Studienergebnisse sind in diesem Fall die Gesundheit der schwangeren Frauen und deren Kinder und nicht die psychische Gesundheit der Lebensgefährten. Sekundäre Studienergebnisse können zwar aus manchen Studien generiert werden, jedoch wurde das Studiendesign nicht speziell für diese sekundäre Fragestellung zugeschnitten. Daher sind diese Ergebnisse nicht so aussagekräftig wie die primär aus der Studie abgeleiteten Ergebnisse; sie sind in erster Linie nur dafür geeignet, neue Hypothesen zu generieren, die in zukünftigen Studien als primäre Fragestellung untersucht werden müssen, um sie auf ihre Richtigkeit zu überprüfen.[10] Sekundäre Studienergebnisse sind in dieser Studie unter anderem die psychische Gesundheit der Männer. Die ALSPAC ist also eine Kohortenstudie, die die Gesundheit der Mütter und deren Kinder als primäre Studienergebnisse untersuchte, nur in zweiter Linie Befragungen an den Männern durchführte und unter ihnen nur eine äußerst kleine Probandengruppe an »Veganern« (von den sich viele nicht einmal konsequent vegan ernährten) aufwies. Wäre die Studie primär auf die Untersuchung der Zusammenhänge zwischen veganer Ernährung und psychischen Erkrankungen ausgelegt gewesen, hätte man neben einer größeren Probandengruppe und anderen Befragungsmethoden auch noch zusätzliche Blutwerte bestimmen sollen, wie die Autor*innen der Studie selbst einräumen. Das macht diese Ergebnisse nicht irrelevant, aber man sollte sie mit Vorsicht interpretieren. Zudem darf auch die dritte Einflussgröße der sogenannten Störfaktoren (Confounding) nicht vernachlässigt werden. Zu diesen statistisch zu berücksichtigenden Störfaktoren gehören in dieser Untersuchung u. a. soziodemographische Merkmale wie Geschlecht, Alter, Berufsstand, Einkommen, Familienstand, Haushaltsgröße, Schulbildung, Religionszugehörigkeit etc. Aber auch die Gründe für das Wechseln zu einer vegetarisch-veganen Ernährungsweise, die familiäre Historie an psychischen Erkrankungen und Suchtmittelkonsum stellen allesamt weitere Störfaktoren dar, die die Ergebnisse verfälschen können und daher mit statistischen Methoden so gut wie möglich adjustiert werden sollten.[11] Dies birgt allerdings das Potenzial für Unter- oder Überadjustierung.

Veganer*innen schneiden in einigen Studien sogar besser ab

Alle drei Einflussgrößen können dazu führen, dass in manchen Fällen tatsächlich bestehende kausale Zusammenhänge verschleiert werden. Viel häufiger führen sie allerdings dazu, dass Scheinzusammenhänge zwischen zwei Faktoren (z. B. zwischen veganer Ernährung und dem Auftreten von Depressionen) hergestellt werden, die nicht in einem Ursache-Wirkungs-Zusammenhang stehen. Im Gegensatz zu den unreflektierten Schlagzeilen der Populärmedien beenden die Wissenschaftler*innen ihre eigene Untersuchung mit den zurückhaltenden Worten: »Diese Studie kann die Frage nicht beantworten, ob eine vegetarische [oder vegane] Ernährung das Risiko für depressive Verstimmungen erhöhen oder verringern kann, ob sie einen Einfluss auf die mentale Gesundheit hat und ob, wenn überhaupt, spezielle Nährstoffe dieses Risiko beeinflussen.«[12] So hätte diese Studie also gar nicht erst für Schlagzeilen zu dem angeblichen Zusammenhang zwischen veganer Ernährung und Depressionen sorgen dürfen, da sie diesen Sachverhalt gar nicht ausreichend untersucht hat.

Obwohl diese Untersuchung also unzulänglich ist, um das Risiko für das Auftreten von Depressionen und anderen psychischen Störungen bei vegan lebenden Menschen zu beurteilen, sollte dieses Thema dennoch ernst genommen werden. Die meisten der Untersuchungen, die Zusammenhänge zwischen vegetarischen Kostformen und psychischen Erkrankungen zeigten, haben allerdings für vegan lebende Menschen nur bedingte Aussagekraft, da sich diese beiden Ernährungsmuster deutlich voneinander unterscheiden.[13,14] Außerdem gibt es Studien zu beiden Gruppen, die keinen Zusammenhang zwischen vegetarischer bzw. veganer Ernährung und dem Auftreten von Depressionen nachweisen.[15,16] Manche Studien verzeichnen sogar eine Verbesserung der Stimmungslage durch eine Umstellung auf eine vegane Ernährungsweise.[17,18,19,20] Dies traf auch in einer Untersuchung zu, in der Gruppen an Personen mit vegetarischer, veganer, glutenfreier, kalorienrestriktierter mischköstlicher oder Paleo-Ernährung mit einer Kontrollgruppe an unrestriktiert essenden Mischköstler*innen verglichen wurden.[21] Wie Abbildung 43 illustriert, zeigte sich in der Untersuchung, dass die Gruppe der Veganer*innen im Vergleich zur mischköstlichen Kontrollgruppe niedrigere Raten an Depressionen, negativen Emotionen, Angststörungen und Stressbelastung aufwies.

Abb. 43: **Rate an negativen Gefühlen und Depressionen unter Veganer*innen und Mischköstler*innen** [22]

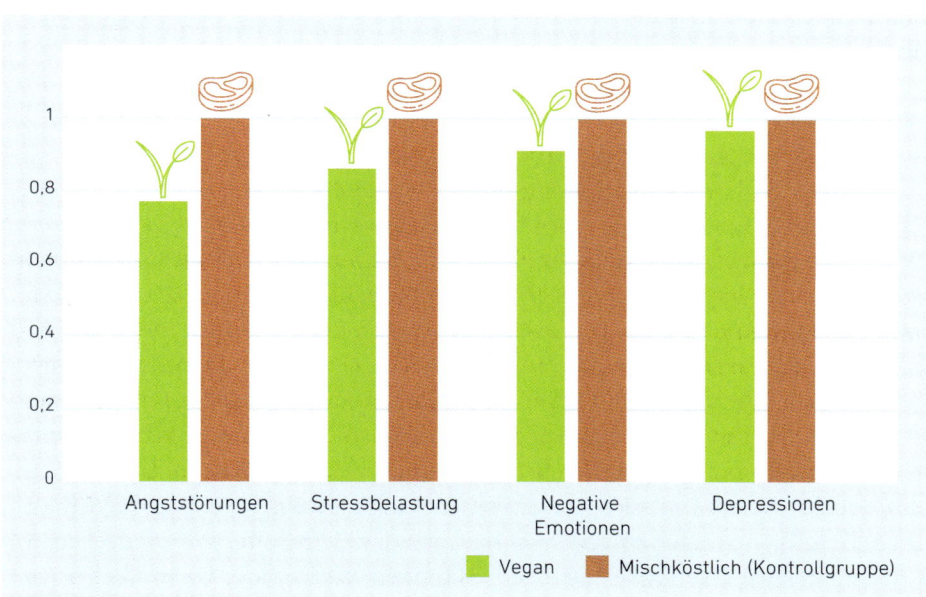

Vegan lebende Menschen wiesen in dieser Untersuchung 10–20 % geringere Raten an Angststörungen, Stressbelastungen, negativen Emotionen und Depressionen im Vergleich zur mischköstlichen Kontrollgruppe auf.

Korrelation ≠ Kausalität

Um mehr Klarheit in diesen Sachverhalt zu bringen, gilt es fünf wichtige Fragen zu klären: 1. Zeigen die Studienergebnisse eventuell nur Scheinzusammenhänge anstatt echter kausaler Zusammenhänge? 2. Kann eine vegane Ernährung aufgrund von Nährstoffmängeln ursächlich dem mentalen Wohlergehen schaden? 3. Könnten nach der Ernährungsumstellung neu auftretende soziale Konflikte mit dem (mischköstlichen) Umfeld aufgrund schwer vereinbarer Weltanschauungen der eigentliche Grund der psychischen Belastung sein? 4. Kann es eine dritte bis dato übersehene Einflussgröße geben, die Personen sowohl anfälliger für psychische

Erkrankungen als auch offener für eine vegane Ernährung macht? 5. Könnte es sich diesbezüglich um eine umgekehrte Kausalität handeln?

Aufgrund der widersprüchlichen Datenlage muss die Möglichkeit eingeräumt werden, dass es vielleicht gar keinen kausalen Zusammenhang zwischen veganer Ernährung und dem Auftreten von Depressionen gibt und es sich hierbei womöglich bloß um einen Scheinzusammenhang handelt. Dies würde bedeuten, dass diese beiden Faktoren zwar in Untersuchungen zufällig gemeinsam beobachtet werden, aber die vegane Ernährung keinen ursächlichen Grund und damit keinen relevanten Einfluss auf die Depression hat. Derartige Scheinzusammenhänge können immer wieder in der (Ernährungs-)Wissenschaft entdeckt werden und führten bereits in der Vergangenheit häufig zu falschen Rückschlüssen.

Jede Art der Mangelernährung kann abträglich wirken

Ein kausaler Zusammenhang könnte jedoch dann vorliegen, wenn die Entstehung von Depressionen tatsächlich ursächlich an der veganen Mangelernährung der Proband*innen liegt. In diesem Fall gilt es jene Nährstoffmängel zu identifizieren und auszugleichen. Wie in Kapitel 18 beschrieben, haben tierische Produkte kein Monopol auf irgendwelche Nährstoffe, und daher ist es nicht die vegane Ernährung per se, sondern höchstens eine unzureichend zusammengestellte vegane Ernährung, die das Risiko erhöhen könnte. Sollten Nährstoffmängel die Ursache sein, darf dies unter keinen Umständen auf die leichte Schulter genommen werden, sondern es müssten daran angelehnt Maßnahmen unternommen werden, um die Nährstoffbedarfsdeckung der vegan lebenden Bevölkerung sicherzustellen. Ein Argument gegen den Veganismus per se lässt sich daraus aber nicht ableiten. Leider bieten Studien wie jene aus Bristol keine Laborparameter, sodass keine direkten Rückschlüsse aus dieser Untersuchung auf die Nährstoffversorgung gezogen werden können. Laut der deutschen Gesellschaft für Ernährung (DGE) sind insgesamt zehn essenzielle Nährstoffe in einer nicht optimal zusammengestellten veganen Ernährung potenziell kritisch.[23] Viele davon können auch einen Einfluss auf das psychische Wohlergehen haben. Die Omega-3-Fettsäuren (vor allem DHA) sind nicht nur für die Entwicklung des kindlichen Gehirns von entscheidender Bedeutung, sondern auch für den Erhalt der kognitiven Fähigkeiten im Erwachsenalter.[24]

Bei nicht ausgewogener veganer Kostzusammenstellung kann es zu deutlich verringerten Spiegeln dieser Fettsäuren im Blut kommen.[25] Niedrige Blutwerte an Omega 3 wiederum waren in Untersuchungen mit dem Auftreten von psychischen Erkrankungen wie Depressionen assoziiert,[26] die wiederum effektiv mit der Zufuhr dieser Fettsäuren verbessert werden konnten.[27,28] Auch ein Mangel an Vitamin B$_{12}$ kann zur Entstehung von Depressionen beitragen.[29,30,31] Untersuchungen zeigen, dass B_{12} nicht nur eine Rolle in der Prävention von Depressionen spielt,[32] sondern dass beispielsweise die Behandlung von Depressionen mit Antidepressiva in Kombination mit der Gabe von B_{12} effektiver ist als die alleinige Gabe von Antidepressiva.[33] Vitamin B_{12} ist der kritischste unter allen Nährstoffen in der veganen Ernährung[34] und in Untersuchungen zeigten sich bei Veganer*innen je nach Adhärenz zur Supplementierung B_{12}-Mängel in Höhe von nur etwa 7 %[35] bis im extremsten Fall sogar über 50 %.[36] Daher ist gerade die Supplementierung mit Vitamin B_{12} im Rahmen der veganen Ernährung auch von solcher großer Bedeutung. Alle Details zu Vitamin B_{12} gibt es im B_{12}-Kapitel im Vorgängerwerk »Vegan-Klischee ade! Wissenschaftliche Antworten auf kritische Fragen zu pflanzlicher Ernährung«. Darüber hinaus spielen viele weitere Nährstoffmängel eine bedeutende Rolle in der Entstehung von psychischen Erkrankungen.[37] Man muss aus Furcht vor psychischen Leiden keine Angst davor haben, auf eine vegane Ernährungsweise umzusteigen, sondern man sollte lediglich sicherstellen, dass man seinen Nährstoffbedarf adäquat deckt, um solchen Erkrankungen bestmöglich vorzubeugen.

Leiden Veganer*innen oftmals an sekundären traumatischen Belastungsstörungen?

Der nächste hypothetische kausale Auslöser für mentale Probleme unter vegan lebenden Menschen könnte hingegen gar nichts mit Nährstoffmängeln zu tun haben. Die amerikanische Psychologin Dr. Melanie Joy spricht in diesem Zusammenhang von einer sogenannten sekundären traumatischen Belastungsstörung (STBS). STBS ähnelt dabei laut Dr. Joy der posttraumatische Belastungsstörung (PTBS), die beide aufgrund belastender Ereignisse von außergewöhnlichem Ausmaß oder Umfang entstehen können. Der Unterschied zwischen den beiden Erkrankungen ist, dass PTBS das Opfer solcher traumatischen Ereignisse selbst betrifft, während STBS die Zeugen traumatischer Geschehnisse betrifft.[38] Das Miterleben der grausamen Zustände in der industriellen Massentierhaltung, das viele Menschen dazu bewegt, vegan zu leben, kann zutiefst erschütternd sein. Vor allem, wenn der Großteil der Bevölkerung dieses Leid ignoriert oder sogar vegan lebende Menschen aufgrund ihrer ethischen Beweggründe verhöhnt. Wenn Personen ihre Ernährung umstellen und zu einer veganen Lebensweise übergehen, erleben viele von ihnen die Situation, dass darauf selbst in ihrem Familien- und Freundeskreis mit Ablehnung reagiert wird. Sogar lange bestehende Liebesbeziehungen können daran scheitern und so scheint es nicht abwegig, dass sich vor allem vegane Personen ohne Anschluss an eine vegane Community allein und ausgegrenzt fühlen können. Eine Untersuchung ergab, dass vegan lebenden Menschen ähnlich starke negative Vorurteile entgegengebracht werden wie anderen

Minderheiten wie queeren Personen oder Migrant*innen.[39] In derselben Untersuchung wurde ferner gezeigt, dass etwa ein Viertel aller befragten Veganer*innen bereits miterlebt hatte, wie Freund*innen nach ihrem Umstieg auf eine vegane Ernährung den Kontakt zu ihnen reduzierten, und jede zehnte vegan lebende Person machte diese negative Erfahrung sogar mit Familienangehörigen. Auch wenn es in diesem Beispiel tatsächlich einen ursächlichen Zusammenhang zwischen dem Wechsel zu einer veganen Ernährungsweise und dem vermehrten Auftreten von Depressionen gibt, ist es womöglich nicht die vegane Ernährung selbst, sondern die überwiegend mischköstliche Welt, die die Grundwerte vegan lebender Menschen bereits im Alltag bei jedem Einkauf durch den Anblick der Tierkörper in den Kühlregalen der Supermärkte verletzt. Das Problem ist hier also nicht die vegane Ernährung, sondern die nicht-vegane Welt um sie herum, in der nicht nur Ethik beim Essen ausgeblendet wird, sondern sogar oft diejenigen angegriffen und verunglimpft werden, die ein ethisches Essverhalten an den Tag legen.

Indirekter kausaler Zusammenhang als Erklärung

Als viertes plausibles Erklärungsmodell für die hypothetischen höheren Raten an Depressionen unter vegan lebenden Menschen wäre ein sogenannter indirekter kausaler Zusammenhang unter der Annahme möglich, dass es eine dritte, unabhängige Einflussgröße geben kann, die Personen sowohl anfälliger für psychische Erkrankungen als auch offener für eine vegane Ernährung macht, ohne dass hier die beiden Variablen in einem Wirkungszusammenhang stehen. Diese dritte Einflussgröße könnte zum Beispiel eine chronisch-degenerative Erkrankung wie Diabetes sein.[40] Es ist bekannt, dass Personen mit chronisch-degenerativen Erkrankungen wie beispielsweise Diabetes mellitus Typ II ein zwei- bis dreifach erhöhtes Risiko für das Auftreten von Depressionen haben.[41] Ebenso konnte gezeigt werden, dass vegane Ernährungsweisen sehr effektiv in der Therapie von Typ-II-Diabetes sind.[42,43,44,45] Daher scheint es durchaus plausibel, dass Personen mit Diabetes sowohl eine höhere Wahrscheinlichkeit für das Auftreten depressiver Tendenzen als auch eine höhere Neigung zum Umstieg auf eine vegane Ernährung aufgrund der guten Aussichten auf Therapieerfolg haben könnten. Deswegen ist es wichtig, die Krankheitsgeschichte als möglichen Störfaktor in der Analyse der Daten zu beachten. Ebenfalls wäre es aber auch möglich, dass es gewisse Persönlichkeitsmerkmale (z. B. eingeteilt nach dem Big-Five-Modell)[46] gibt, die Personen anfälliger für psychische Erkrankungen und zugleich offener (weil empathischer) für eine vegane Ernährung machen, ohne dass hier das eine das andere direkt beeinflusst.[47] Daher wird in diesen Fällen von einer indirekten Kausalität gesprochen.

Umgekehrte Kausalität als weiteres Erklärungsmodell

Abschließend bestünde noch die fünfte Möglichkeit, dass weder ein Scheinzusammenhang noch ein direkter oder indirekter kausaler Zusammenhang, sondern stattdessen eine umgekehrte Kausalität (Reverse Causation/Reverse Causality) besteht. Diese Möglichkeit räumen die Autoren der Studie an den 10.000 Männern aus Bristol ein.[48] Auch in einer anderen Untersuchung zu dieser Fragestellung sehen die Autor*innen nicht in der vegetarischen oder veganen Ernährungsweise selbst die Ursache, sondern sprechen von einer umgekehrten Kausalität.[49] So schlussfolgern sie in ihren Veröffentlichung, dass es weniger die vegane Ernährung ist, die anfälliger für Depressionen macht, sondern es vielmehr umgekehrt das Erleben einer psychischen Erkrankung wie einer Depression ist, das die Wahrscheinlichkeit erhöht, dass man sich für eine vegane Ernährung entscheidet, da derartige intensive Erfahrungen Personen empfänglicher macht für das Leiden anderer fühlender Lebewesen wie beispielsweise das der »Nutztiere« in der Intensivtierhaltung.

Schlussfolgerung

Der Vorwurf, dass eine vegane Ernährung das Risiko für Depressionen ursächlich begünstigt, scheint äußerst unwahrscheinlich. Die zuvor dargelegten Ausführungen verdeutlichen, dass dieser Sachverhalt deutlich komplexer und vielschichtiger ist, als er in den populären Medien oft dargestellt wird. Der aktuelle wissenschaftliche Kenntnisstand zeigt in Summe nicht, dass vegan lebende Menschen aufgrund ihrer Ernährungsentscheidung Sorge um ihre psychische Gesundheit haben müssen. Bei guter Planung und Umsetzung der veganen Ernährung kann diese nicht nur gut für Tier und Umwelt, sondern auch für die eigene physische und psychische Gesundheit sein, und in einigen Studien zeigt sich im Gegenteil sogar, dass vegan lebende Menschen eine bessere psychische Gesundheit im Vergleich zur mischköstlichen Kontrollgruppe aufweisen. Somit kann aus diesem Kritikpunkt kein valides Argument gegen den Veganismus gemacht werden.

Vorurteil	Faktenlage
Studien belegen, dass Veganer*innen ein höheres Risiko haben, an Depressionen zu erkranken.	Die Studien, aus denen derartige Schlagzeilen in populären Medien entwachsen, haben in vielen Fällen gar keine vegane Population untersucht und viele von ihnen weisen ein unzureichendes Studiendesign auf. Anhand solcher Studien können keine validen Rückschlüsse gezogen werden. In den Medien werden außerdem meistens die Studien verschwiegen, die keinen Unterschied zwischen Veganer*innen und Nicht-Veganer*innen in Bezug auf die psychische Gesundheit aufzeigen oder in denen vegan lebende Menschen sogar besser abschneiden. Darüber hinaus ist es äußerst unwahrscheinlich, dass es einen direkten kausalen Zusammenhang zwischen veganer Ernährung und Depressionen gibt. Viel wahrscheinlicher sind indirekte kausale Zusammenhänge, bei denen nicht die vegane Ernährung Depressionen begünstigt, sondern Charaktereigenschaften sowohl das Risiko für Depressionen als auch die Offenheit gegenüber dem Veganismus erhöhen. Denkbar sind außerdem umgekehrte kausale Zusammenhänge, bei denen das Auftreten einer Depression Personen empathischer für das Leid anderer Lebewesen macht und damit auch für das Tierleid sensibilisiert.
Nährstoffmängel bei veganer Ernährung verursachen Depressionen.	Eine vernünftig umgesetzte vegane Ernährung samt Supplementierung deckt sämtliche essenziellen Nährstoffe ab und so ist es nicht plausibel, dass in diesem Fall ein Nährstoffmangel entstehen kann, der das Auftreten von Depressionen begünstigt. Jede Art der Mangelernährung kann abträglich auf die psychische Gesundheit wirken, aber daraus lässt sich kein Argument gegen die ethische Position des Veganismus ableiten.
Tierische Lebensmittel sind wichtig für die psychische Gesundheit.	Tierische Lebensmittel haben kein Monopol auf irgendeinen Nährstoff. Sämtliche Nährstoffe, die in tierischen Lebensmitteln vorkommen und in Verbindung mit der psychischen Gesundheit des Menschen stehen, können über vegane Lebensmittel oder Nahrungsergänzungsmittel zugeführt werden. Somit besteht kein zwingender Bedarf für den Verzehr tierischer Lebensmittel für das Wohl der menschlichen Psyche.

Quellen

1 Focus Online. (o. D.). *Kein Fleisch kann unglücklich machen – Veganer erkranken eher an psychischem Leiden als Fleischesser*. Zugriff am 1. Februar 2021. Verfügbar unter https://bit.ly/2yOjrH6

2 Die Welt Online. (2017). *Diesen Nachteil hat eine fleischlose Ernährung für die Psyche*. Zugriff am 1. Februar 2021. Verfügbar unter https://bit.ly/34yGYaP

3 Baroni, O. und Franzoni, N. (2017). *Studie beweist: Veganer sind unglücklicher als Fleischesser*. Zugriff am 1. Februar 2021. Verfügbar unter https://bit.ly/2xdtQvP

4 Focus Online. (o. D.). *Kein Fleisch kann unglücklich machen – Veganer erkranken eher an psychischem Leiden als Fleischesser*. Zugriff am 1. Februar 2021. Verfügbar unter https://bit.ly/2yOjrH6

5 Hibbeln, J. R., Northstone, K., Evans, J. und Golding, J. (2018). Vegetarian diets and depressive symptoms among men. *J Affect Disord*, 225, 13–17.

6 Ebd.

7 Ebd.

8 Skelly, A. C., Dettori, J. R. und Brodt, E. D. (2012). Assessing Bias: The Importance of Considering Confounding. *Evid Based Spine Care J*, 3(1), 9–12.

9 Smith, P. G., Morrow, R. H. und Ross, D. A. (2015). *Field Trials of Health Interventions: A Toolbox (3. Aufl.)*. Oxford (UK): OUP Oxford.

10 Ebd.

11 Pourhoseingholi, M. A., Baghestani, A. R. und Vahedi, M. V. (2012). How to control confounding effects by statistical analysis. *Gastroenterol Hepatol Bed Bench*, 5(2), 79–83.

12 Hibbeln, J. R., Northstone, K., Evans, J. und Golding, J. (2018). Vegetarian diets and depressive symptoms among men. *J Affect Disord*, 225, 13–17.

13 Michalak, J., Zhang, X. C. und Jacobi, F. (2012). Vegetarian diet and mental disorders: results from a representative community survey. *Int J Behav Nutr Phys Act*, 9, 67.

14 Baines, S., Powers, J. und Brown, W. J. (2007). How does the health and well-being of young Australian vegetarian and semi-vegetarian women compare with non-vegetarians? *Public Health Nutr*, 10(5), 436–442.

15 Timko, C. A., Hormes, J. M. und Chubski, J. (2012). Will the real vegetarian please stand up? An investigation of dietary restraint and eating disorder symptoms in vegetarians versus non-vegetarians. *Appetite*, 58(3), 982–990.

16 Lavallee, K., Zhang, X. C., Michalak, J., Schneider, S. und Margraf, J. (2019). Vegetarian diet and mental health: Cross-sectional and longitudinal analyses in culturally diverse samples. *J Affect Disord*, 248, 147–154.

17 Katcher, H. I., Ferdowsian, H. R., Hoover, V. J., Cohen, J. L. und Barnard, N. D. (2010). A worksite vegan nutrition program is well-accepted and improves health-related quality of life and work productivity. *Ann Nutr Metab*, 56, 245–252.

18 Beezhold, B., Radnitz, C., Rinne, A. und Di Matteo, J. (2015). Vegans report less stress and anxiety than omnivores. *Nutr Neurosci*, 18, 289–296.

19 Beezhold, B. L., Johnston, C. S. und Daigle, D. R. (2010). Vegetarian diets are associated with healthy mood states: a cross-sectional study in seventh day adventist adults. *Nutr J*, 9, 26.

20 Medawar, E., Huhn, S., Villringer, A. und Witte, A. V. (2012). The effects of plant-based diets on the body and the brain: a systematic review. *Transl Psychiatry*, 9, 226.

21 Norwood, R., Cruwys, T., Chachay, V. S. und Sheffield, J. (2019). The psychological characteristics of people consuming vegetarian, vegan, paleo, gluten free and weight loss dietary patterns. *Obes Sci Pract*, 5(2), 148–158.

22 Ebd.

23 Richter, M., Boeing, H., Grünewald-Funk, D., Heseker, H., Kroke, A., Leschik-Bonnet, E. et al. (2016). Position der Deutschen Gesellschaft für Ernährung e. V. (DGE) – Vegane Ernährung. *Ernährungs Umschau*, 63(04), 92–102.

24 Horrocks, L. A. und Yeo, Y. K. (1999). Health benefits of docosahexaenoic acid (DHA). *Pharmacol Res*, 40(3), 211–225.

25 Lin, P. Y., Huang, S. Y. und Su, K. P. (2010). A meta-analytic review of polyunsaturated fatty acid compositions in patients with depression. *Biol Psychiatry*, 68, 140–147.

26 Larrieu, T. und Layé, S. (2018). Food for Mood: Relevance of Nutritional Omega-3 Fatty Acids for Depression and Anxiety. *Front Physiol*, 9, 1047.

27 Grosso, G., Pajak, A., Marventano, S., Castellano, S., Galvano, F., Bucolo, C. et al. (2014). Role of omega-3 fatty acids in the treatment of depressive disorders: a comprehensive meta-analysis of randomized clinical trials. *PloS one*, 9, e96905.

28 Hallahan, B., Ryan, T., Hibbeln, J. R., Murray, I. T., Glynn, S., Ramsden, C. E. et al. (2016). Efficacy of omega-3 highly unsaturated fatty acids in the treatment of depression. *Br J Psychiatry*, 209(3), 192–201.

29 Rao, N. P., Kumar, N. C., Raman, B. R., Sivakumar, P. T. und Pandey, R. S. (2008). Role of vitamin B12 in depressive disorder – a case report. *Gen Hosp Psychiatry*, 30(2), 185–186.

30 Penninx, B. W., Guralnik, J. M., Ferrucci, L., Fried, L. P., Allen, R. H. und Stabler, S. P. (2000). Vitamin B12 deficiency and depression in physically disabled older women: epidemiologic evidence from the Women's Health and Aging Study. *Am J Psychiatry*, 157(5), 715–721.

31 Stanger, O., Fowler, B., Piertzik, K., Huemer, M., Haschke-Becher, E., Semmler, A. et al. (2009). Homocysteine, folate and vitamin B12 in neuropsychiatric diseases: review and treatment recommendations. *Expert Rev Neurother*, 9, 1393–1412.

32 Almeida, O. P., Ford, A. H. und Flicker, L. (2015). Systematic review and meta-analysis of randomized placebo-controlled trials of folate and vitamin B12 for depression. *Int Psychogeriatr*, 27, 727–737.

33 Syed, E. U., Wasay, M. und Awan, S. (2013). Vitamin B12 supplementation in treating major depressive

disorder: a randomized controlled trial. *Open Neurol J,* 7, 44–48.

34 Richter, M., Boeing, H., Grünewald-Funk, D., Heseker, H., Kroke, A., Leschik-Bonnet, E. et al. (2016). Position der Deutschen Gesellschaft für Ernährung e. V. (DGE) – Vegane Ernährung. *Ernährungs Umschau,* 63(04), 92–102.

35 Schüpbach, R., Wegmüller, R., Berguerand, C., Bui, M. und Herter-Aeberli, I. (2017). Micronutrient status and intake in omnivores, vegetarians and vegans in Switzerland. *Eur J Nutr,* 56(1), 283–293.

36 Gilsing, A. M., Crowe, F. L., Lloyd-Wright, Z., Sanders, T. A., Appleby, P. N., Allen, N. E. und Key, T. J. (2010). Serum concentrations of vitamin B12 and folate in British male omnivores, vegetarians and vegans: results from a cross-sectional analysis of the EPIC-Oxford cohort study. *Eur J Clin Nutr,* 64, 933–939.

37 Sathyanarayana-Rao, T. S., Asha, M. R., Ramesh, B. N. und Jagannatha-Rao, K. S. (2008). Understanding nutrition, depression and mental illnesses. *Indian J Psychiatry,* 50(2), 77–82.

38 Joy, M. (2017). *Beyond Beliefs – A guide to improving relationships and communication for vegans, vegetarians and meat eaters.* New York: Lantern Publishing. 99 f.

39 MacInnis, C. C. und Hodson, G. (2015). It ain't easy eating greens: Evidence of bias toward vegetarians and vegans from both source and target. *Group Processes & Intergroup Relations,* 1–24.

40 Matta, J., Czernichow, S., Kesse-Guyot, E., Hoertel, N., Limosin, F., Goldberg, M. et al. (2018). Depressive Symptoms and Vegetarian Diets: Results from the Constances Cohort. *Nutrients,* 10(11), E1695.

41 Bădescu, S. V., Tătaru, C., Kobylinska, L., Georgescu, E. L., Zahiu, D. M., Zăgrean, A. M. und Zăgrean, L. (2016). The association between Diabetes mellitus and Depression. *J Med Life,* 9(2), 120–125.

42 Barnard, N. D., Cohen, J., Jenkins, D. J.A., Turner-McGrievy, G., Gloede, L., Green, A. und Ferdowsian, H. (2009). A low-fat vegan diet and a conventional diabetes diet in the treatment of type 2 diabetes: a randomized, controlled, 74-wk clinical trial. *Am J Clin Nutr,* 89(5), 1588–1596.

43 Tonstad, S., Stewart, K., Oda, K., Batech, M., Herring, R. P. und Fraser, G. E. (2011). Vegetarian diets and incidence of diabetes in the Adventist Health Study-2. *Nutr Metab Cardiovasc Dis,* 23(4), 292–299.

44 McMacken, M. und Shah, S. (2017). A plant-based diet for the prevention and treatment of type 2 diabetes. *J Geriatr Cardiol,* 14(5), 342–354.

45 Davis, B. C., Jamshed, H., Peterson, C. M., Sabaté, J., Harris, R. D., Koratkar, R. et al. (2019). An Intensive Lifestyle Intervention to Treat Type 2 Diabetes in the Republic of the Marshall Islands: Protocol for a Randomized Controlled Trial. *Front Nutr,* 6, 79.

46 Heilmann, K., Hinrichs, R., Herke, M., Richter, M. und Rathmann, K. (2020). The Importance of the »Big Five« Personality Traits for Subjective Health and Life Satisfaction in Adolescence: Results of the National Educational Panel Study (NEPS). *Gesundheitswesen,* 83(1), 8–16.

47 Forestell, C. A. und Nezlek, J. B. (2018). Vegetarianism, depression, and the five factor model of personality. *Ecol Food Nutr,* 57(3), 246–259.

48 Hibbeln, J.R, Northstone, K., Evans, J. und Golding, J. (2018). Vegetarian diets and depressive symptoms among men. *J Affect Disord,* 225, 13–17.

49 Michalak, J., Zhang, X. C. und Jacobi, F. (2012). Vegetarian diet and mental disorders: results from a representative community survey. *Int J Behav Nutr Phys Act,* 9, 67.

SPORTLER*INNEN
BENÖTIGEN
TIERPRODUKTE
FÜR OPTIMALE
LEISTUNGEN

21.

Trotz Hunderter veganer Athlet*innen weltweit, die Top-Leistungen in vielen unterschiedlichen sportlichen Disziplinen erbringen, sind dennoch viele Menschen skeptisch gegenüber veganer Ernährung bei Sportler*innen. Man muss in diesem Kontext zwar durchaus einräumen, dass die wissenschaftliche Datenlage zu dieser Fragestellung noch äußerst überschaubar ist, aber es existieren Studien, die zeigen, dass bei richtiger Umsetzung einer veganen Ernährung die Leistungsfähigkeit nicht leiden muss. Wie mehrere Fachgesellschaften wie das American College of Sports Medicine betonen, werden die sportliche Leistungsfähigkeit und die Erholungsfähigkeit in relevantem Maße von einer gut zusammengestellten Sporternährung beeinflusst,[1] und so wird nachfolgend dargestellt, was eine gute vegane Sporternährung ausmacht und was die Datenlage zur Leistungsfähigkeit veganer Athlet*innen preisgibt.

Die Datenlage verneint die Notwendigkeit tierischer Nahrung im Sport

Während manche Personen die Eignung einer veganen Ernährung für Athlet*innen anzweifeln, stellen andere Veröffentlichungen stattdessen die Frage, ob eine vollwertige vegane Ernährung aufgrund des durchschnittlich höheren Gehalts an antioxidativ wirkenden sekundären Pflanzenstoffen (z. B. Polyphenole) und Vitaminen (z. B. Vitamin C und E) sowie dem höheren Kohlenhydratanteil nicht sogar Wettbewerbsvorteile bieten könnte.[2] Darüber hinaus stellen weitere Wissenschaftler*innen die These in den Raum, dass vollwertige vegane Ernährungsweisen durch ihre positive Wirkung auf das Herz-Kreislauf-System die Gesundheit und Leistungsfähigkeit von Athlet*innen auf Dauer besser bewahren können.[3] Schon im Jahr 1912 schrieb der deutsche Anthropologe Dr. Hans Wilhelm Carl Friedenthal: »Man muss nicht denken, dass die Nährstoffe in den grünen Pflanzenteilen, wenn sie nur genügend ausgenutzt werden, weniger Kraft und Stärke verleihen als Fleischnahrung. [...] Beim Menschen hat sich gezeigt, dass die Leistungsfähigkeit der Arbeitsmaschine in keiner Weise durch ausschließlich vegetarische Ernährung eine Minderung erfährt. Die Marschleistungen der reinen Vegetarier[*innen] sind berühmt.«[4] Die (aktuell noch begrenzte) wissenschaftliche Datenlage zum Thema der veganen Sporternährung kommt insgesamt zu der Schlussfolgerung, dass es möglich ist, vegane Ernährungspläne zusammenzustellen, die für Athleten aller Disziplinen angemessen sein können.[5,6,7] Positionspapiere von Fachgesellschaften wie der Academy of Nutrition and Dietetics schlussfolgern ebenfalls, dass eine gut geplante vegane Ernährung für Athlet*innen geeignet ist.[8] Auch wenn vegane Sportler*innen immer wieder davon berichten, dass sie sich nach ihrer Ernährungsumstellung sogar besser und leistungsfähiger als zuvor fühlen,[9,10,11] ist das Ziel der nachfolgenden Darstellung lediglich aufzuzeigen, dass man eine vergleichbare sportliche Leistung ohne den Verzehr tierischer Produkte vollbringen kann.

Studien zeigen vergleichbare Leistungen von Veganer*innen und Mischköstler*innen

Ein objektiver Blick auf die bisherige Datenlage zeigt, dass es bis dato weder überzeugende Daten für die Überlegenheit noch die Unterlegenheit einer gut zusammengestellten vegetarischen oder veganen Ernährung gegenüber einer ebenso gut geplanten mischköstlichen Ernährung für Sportler*innen gibt.[12]

Schon im Jahr 1970 verglich eine Untersuchung vegane, vegetarische und mischköstliche Sportlerinnen und konnte dabei keine signifikanten Unterschiede in der Ausdauerleistungsfähigkeit beobachten.[13] So schlussfolgerten die Wissenschaftler*innen, dass das Fehlen von tierischem Protein keine negativen Effekte auf die Trainingsleistung hätte. Auch aus einer aktuelleren Untersuchung aus dem Jahr 2016 mit Leistungssportler*innen konnte herausgelesen werden, dass sowohl in Bezug auf Kraft- als auch Ausdauerleistung bei den männlichen Probanden keine Unterschiede zwischen der mischköstlichen Gruppe und den veganen und vegetarischen Athleten bestand. Die veganen und vegetarischen Frauen wiesen im Vergleich zu den mischköstlichen Frauen in dieser Untersuchung sogar eine etwas bessere kardiorespiratorische (Herz und Atmung betreffend) Fitness auf.[14] So schlussfolgerten die Autor*innen der Studie: »Die Untersuchung zeigt, dass vegetarisch-vegane Ernährungsweisen adäquat für die Kraft- und Ausdauerleistung sein können und eventuell sogar Vorteile für den Ausdauersport mit sich bringen.« Eine weitere, noch aktuellere Studie aus dem Jahr 2019 untersuchte vegane, vegetarische und mischköstliche Freizeitsportler*innen und deren maximale Leistungsfähigkeit am Fahrradergometer.[15] Auch in dieser Untersuchung fanden die Wissenschaftler*innen keine signifikanten Unterschiede in der Maximalbelastungsfähigkeit der unterschiedlichen Gruppen. In 2020 erschien eine weitere Untersuchung mit jungen veganen und mischköstlichen Frauen. Getestet wurden die Ausdauerleistungsfähigkeit (VO2max) sowie Kraftleistung (Brustpresse und Beinpresse) und erneut zeigten sich keine negativen Effekte in der veganen Gruppe.[16] Im Gegenteil zeigte sich in dieser Untersuchung, dass die vegane Gruppe sogar eine etwas bessere Ausdauerleistungsfähigkeit aufwies. In Bezug auf die Kraftmessung bei der Brust- und Beinpresse ergaben sich keine Stärkeunterschiede zwischen den Gruppen. So schlussfolgerten die Autor*innen, dass medizinische Fachkräfte nicht von einer veganen Sporternährung abraten und im Gegenteil diese sogar als Option in der Betreuung von Sportler*innen in Betracht ziehen sollten. Sie ergänzten außerdem, dass das langfristige Befolgen einer veganen Ernährungsweise dazu imstande sei, den Erhalt der Muskelkraft zu gewährleisten und dass es für Ausdauerleistungen potenziell sogar Vorteile bringen könnte. Abschließend betonen sie, dass diese Studienergebnisse der populären, aber falschen Annahme widersprechen, dass eine vegane Ernährung mit schlechterer sportlicher Leistungsfähigkeit einhergeht. In der sogenannten NURMI Study (Nutrition and Running High Mileage), in der 245 Ausdauersportler*innen (darunter 91 Veganer*innen) in Bezug auf ihren Gesundheitszustand, chronische Erkrankungen, Allergien und ihr generelles Gesundheitsbewusstsein befragt wurden, schlussfolgerten die Autor*innen aufgrund des signifikant besseren Gesundheits-Scores der veganen Läufer*innen im Vergleich zu den Vegetarier*innen und Mischköstler*innen, dass eine vegane Ernährung kompatibel mit ambitionierten sportlichen Leistungen und für Sportler*innen mindestens ebenso geeignet wie eine ausgewogene Mischkost ist.[17] Die NURMI Study wies zudem nach, dass die Lebensqualität veganer Läufer*innen ebenfalls mit jener von omnivoren und vegetarischen Ausdauersportler*innen vergleichbar ist.[18]

Tierische Produkte haben kein Monopol auf Nährstoffe

Auch wenn eine umfassendere Datenlage zu veganer Sporternährung vor allem hinsichtlich des Kraftsports wünschenswert wäre, ist es ernährungswissenschaftlich äußerst plausibel, dass eine vegane Ernährung für Sportler*innen jeglicher Disziplinen funktionieren kann. Wie in Kapitel 18 im Detail besprochen, hat der Mensch keinen Bedarf nach gewissen Lebensmitteln, sondern nach gewissen Nährstoffen. Tierische Produkte besitzen kein Monopol auf irgendeinen überlebensnotwendigen Nährstoff. In Bezug auf Nährstoffe, die zwar nicht überlebensnotwendig, aber leistungsfördernd sein können, wie zum Beispiel Kreatin, besteht außerdem die Möglichkeit, diese als veganes Nahrungsergänzungsmittel zuzuführen, da sämtliche nicht-essenziellen Nährstoffe, die mit dem Konsum tierischer Produkte in Verbindung gebracht werden (Kreatin, Carnitin, Carnosin, Taurin etc.), synthetisch und damit vegan hergestellt werden können.[19,20] Leistungssportler*innen greifen auch in der Mischkost in vielen Fällen auf eine ganze Reihe an Nahrungsergänzungsmitteln zurück und so kann die Gabe von Stoffen wie Kreatin als Nahrungsergänzungsmittel nicht als Argument gegen eine vegane Sporternährung herangezogen werden.

Sportliche Leistungsfähigkeit rechtfertigt keine Ausbeutung

Selbst im nach aktueller Datenlage unwahrscheinlichen Fall, dass eine tierbetonte Ernährungsweise tatsächlich Vorteile in der sportlichen Leistungsfähigkeit bringen würde, muss dennoch die Frage gestellt werden, ob nicht auch in diesem fiktiven Szenario das Lebensinteresse des Tieres schwerer wiegt als der Wunsch der Athlet*innen nach ein wenig mehr Muskulatur oder etwas mehr Kraft und Schnelligkeit. Wären wir in der Situation der Tiere, würden wir es keinesfalls hinnehmen wollen, dass eine uns überlegene Spezies uns ausbeutet und tötet, nur um ihre sportliche Leistungsfähigkeit in geringem Maße zu verbessern. Noch weniger würden wir es akzeptieren, wenn sich zeigen würde, dass dieser Spezies der Konsum unseres Fleisches und der Muttermilch gar keinen gesundheitlichen oder sportlichen Vorteil bringt. Wir wären äußerst froh darüber, wenn sich in diesem fiktiven Szenario jemand so für unsere Rechte einsetzt, wie es vegan lebende Menschen heute für »Nutztiere« tun. Selbst wenn tierische Produkte tatsächlich gewisse sportliche Vorteile bringen würden, die man auf keinem anderen Wege erreicht, würde ein breitenwirksamer Verzicht auf tierische Produkte die Startbedingungen ausgleichen und spräche für Fairness. Von solch einem Szenario muss aber erst gar nicht ausgegangen werden, denn abseits der Studien geben zahlreiche Fallberichte von Athlet*innen Grund zur Hoffnung, dass sie trotz oder gerade wegen der veganen Ernährung Höchstleistungen vollbringen.

Beispiele der Leistungen veganer Athlet*innen

In der wissenschaftlichen Literatur findet sich beispielsweise der gut dokumentierte Fallbericht eines 48-jährigen roh-veganen Athleten, der zum Zeitpunkt seiner Ultra-Triathlon-Absolvierung bereits sechs Jahre roh-vegan und davor drei Jahre vegan lebte.[21] Bei dem absolvierten Ultra-Triathlon handelte es sich um einen dreifachen Ironman mit Strecken von 11,4 km Schwimmen, 540 km Radfahren und 126 km Laufen. Der vegane Athlet trainierte im Durchschnitt 18 Stunden pro Woche und erzielte in der Leistungsdiagnostik ähnliche Ergebnisse wie gleichaltrige mischköstliche Ironman-Triathlet*innen.

Ein weiteres Beispiel aus der wissenschaftlichen Literatur ist die österreichische Sportwissenschaftlerin Dr. Katharina Wirnitzer, die nicht nur Initiatorin der zuvor erwähnten NURMI Study, sondern auch ambitionierte Outdoor-Sportlerin (Laufen, Trailrunning, Mountainbike etc.) ist und sich seit 1999 vegan ernährt. Sie konnte bei der fordernden Transalp Challenge 2004 unter den über 1.000 Profi- und Amateur-Mountainbiker*innen den 16. Platz erreichen (die ersten Plätze wurden ausnahmslos von Profis belegt) und trainierte dafür im Jahr davor bis zu 25 Stunden pro Woche.[22,23] Die Transalp Challenge ist ein Acht-Tage-Mountainbike-Rennen mit 662 Kilometer quer über die Alpen mit über 22.000 Metern Höhenunterschied, in der die Teilnehmer*innen bis zu acht Stunden pro Tag unter Belastung stehen. Während des Acht-Tage-Rennens konnte sie eine beachtliche Durchschnittsgeschwindigkeit von 15,6 km/h erreichen (Gesamtstrecke bergauf und bergab), die einer Belastungsintensität von 88 % der wettkampfbezogenen maximalen Herzfrequenz entspricht. Dieser Wert lag deutlich über der Leistung vergleichbarer gleichaltriger Mischköstlerinnen.[24,25]

Beeindruckend sind auch die sportlichen Erfolge von Ultramarathon-Läufer Scott Jurek, der sich ebenfalls seit 1999 vegan ernährt. Er hat zahlreiche Streckenrekorde gebrochen und unter anderem zweimal in Folge den Badwater Ultramarathon und ganze sieben Mal in Folge den Western States Endurance Run (160 km) gewonnen.[26] Auch die britische Marathon-Läuferin Fiona Oakes, die mittlerweile bereits drei Marathon-Weltrekorde aufgestellt hat, ernährt sich seit ihrem sechsten Lebensjahr vegan.[27] Dr. Ruth Heidrich wechselte im Jahr 1982 im Rahmen ihrer Brustkrebsdiagnose im Alter von 47 Jahren zu einer veganen Ernährungsweise und brach nach ihrer Genesung in den nachfolgenden Jahrzehnten als Marathonläuferin drei Weltrekorde in ihrer Altersgruppe und wurde im Alter von 64 Jahren zu einer der »Top Ten Fittest Women in North America« gekürt.[28]

Selbst im Kraftsport gibt es vegane Rekordhalter wie den Strongman Patrik Baboumian, der sich seit 2011 vegan ernährt und unter anderem 2013 den Weltrekord im Yoke-Walk über zehn Meter mit 550 kg Gewicht auf dem Rücken erzielte.[29] Seinen eigenen Rekord brach er 2015, indem er die 10 Meter nicht nur mit 5 kg mehr auf dem Rücken absolvierte, sondern dabei sogar noch 28 Sekunden schneller als noch zwei Jahre zuvor war.[30]

Abb. 44: **Strongman Patrik Baboumian beim Absolvieren seines Weltrekords im Yoke-Walk**

Effektiver veganer Muskelaufbau ist möglich

Während Athleten wie Patrick Baboumian zeigen, dass man Muskulatur auch problemlos mit einer veganen Ernährung halten und selbst mehrere Jahre nach einem Umstieg zur veganen Ernährung noch Leistungssteigerungen erzielen und Rekorde brechen kann, beweisen zahlreiche weitere Athlet*innen ferner, dass es möglich ist, mit einer veganen Ernährung effektiv von Grund auf Muskulatur aufzubauen. Strongman Patrick Baboumian hat seine ersten Bodybuilding- und Strongman-Erfolge schon mehr als ein Jahrzehnt vor seiner Ernährungsumstellung erzielt, aber viele andere Kraftsportler*innen und Bodybuilder*innen haben erst nach dem Ernährungsumstieg mit dem ambitionierten Krafttraining begonnen und damit ihre gesamten Muskelzuwächse im Rahmen des Bodybuildings rein vegan erlangt.

Der amerikanische Profi-Bodybuilder Torre Washington lebt beispielsweise seit 1998 vegan und hat sämtliche Bodybuilding-Erfolge (erster Wettbewerb im Jahr 2009), darunter alleine vier Erstplatzierungen bei Bodybuilding-Wettbewerben im Jahr 2013, mit einer veganen Ernährung erzielt.[31] Noch länger, seit 1995, lebt der zweifache Natural-Bodybuilding-Champion Robert Cheeke vegan und hat ebenfalls erst nach dem Umstieg auf eine vegane Ernährung mit dem Bodybuilding begonnen.[32] In den sozialen Medien finden sich noch zahlreiche weitere Beispiele wie die beiden deutschen Bodybuilder Ferdinand Beck (Vegains) und Maximilian Lang, die erst nach dem Umstieg auf eine vegane Ernährung mit dem Bodybuilding begonnen haben und seitdem jeweils über 20 bzw. 25 kg an Muskulatur aufgebaut haben.[33] Abbildung 45 zeigt drei der veganen Bodybuilder*innen vor Beginn ihrer Bodybuilding-Karriere (jeweils bereits als Vegaaner*innen) sowie in ihrer aktuellen Form nach jahrelanger veganer Ernährung.

Abb. 45: **Vegane Bodybuilding-Transformationen**

Maximilian Lang 2014 und 2019

Jehina Malik 1998 und 2015

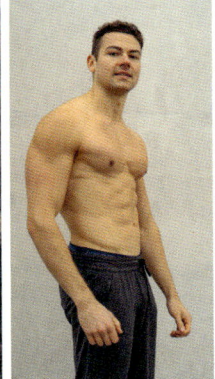

Ferdinand Beck 2014 und 2019

Auch wenn die Fallzahlen an erwachsenen lebenslang veganen Kraftsportler*innen insgesamt noch überschaubar sind, zeigt das Beispiel von Jehina Malik, die ebenso wie ihre fünf Geschwister vegan aufwuchs und in ihrem gesamten Leben noch nie tierische Produkte konsumiert hat, dass auch lebenslange Veganer*innen erfolgreiche Athlet*innen werden können. Sie gewann bereits mehrere Bodybuilding-Wettbewerbe (u. a. NPC Eastern USA Bodybuilding Championship) und ist seit 2014 IFBB Pro-Bodybuilderin.[34] Dutzende weitere Beispiele von veganen Athlet*innen unterschiedlicher Disziplinen finden sich unter www.greateganathletes.com. In den beiden Filmen »The Game Changers« und »V like Victory« kommen ferner noch zahlreiche weitere Athlet*innen zu Wort, die mit ihrer veganen Ernährung Höchstleistungen erbringen. Während »The Game Changers« bekannte internationale Sportler*innen wie u. a. den Formel-1-Weltmeister Lewis Hamilton, den Bodybuilder Nimai Delgado sowie den olympischen Gewichtheber Kendrick Farris (aber auch deutschsprachige Athleten wie den Bodybuilder Mischa Janiec und den Strongman Patrik Baboumian) zeigt, hat »V like Victory« einen stärkeren Bezug zu den D-A-CH-Staaten und stellt ausschließlich deutschsprachige Athlet*innen wie den Fußball-Weltmeister Benedikt Höwedes, den Profiboxer Ünsal Arik und die Kickbox-Weltmeisterin Marie Lang vor.

Schlussfolgerung

Selbstverständlich sind zuvor genannte Einzelfälle keine evidenzbasierten Beweise für die Gleichwertigkeit von veganer Ernährung und Mischkost, aber sie tragen, genau wie die zuvor genannten wissenschaftlichen Veröffentlichungen, zu der Thematik der veganen Ernährung im Sport bei und zeigen anschaulich, dass eine vegane Ernährung und Leistungssport bzw. Bodybuilding kein Widerspruch sein müssen. Selbst wenn tierische Produkte eine Leistungssteigerung im Sport begünstigen könnten, ließe sich jedoch daraus keine ethische Rechtfertigung ableiten. Im fiktiven Szenario, dass tierische Produkte eine leistungssteigernde Wirkung auf Athlet*innen hätten, müsste im Rahmen der Dopingverordnung über deren Konsum gesprochen werden; es müsste also vor die sportethische Betrachtung die tierethische Betrachtung gesetzt werden. Wenn man also darauf beharrt, dass entgegen der wissenschaftlichen Datenlage Sportler*innen zwingend Fleisch oder andere tierische Produkte für optimale Leistungsfähigkeit benötigen, sollte man auch gute Argumente parat haben, weshalb kein kollektives Doping aller Athlet*innen zum Erreichen optimaler Leistungsfähigkeit erlaubt ist. Bei Letzterem kommen zumindest keine unbeteiligten Dritten zu Schaden und eine Leistungssteigerung ist (zumindest bei einigen der Substanzen) tatsächlich wissenschaftlich nachgewiesen.[35,36] Gerade durch den Umstand, dass die Datenlage nahelegt, dass tierische Produkte in keiner sportlichen Disziplin zum Erzielen von Bestleistungen notwendig sind, verliert diese Überlegung aber ohnehin an Relevanz und es bleiben Sportler*innen als einzige Argumente Geschmack, Gewohnheit und Bequemlichkeit für die Beibehaltung der Mischkost. Allesamt Begehren, die die deutlich schwerwiegenderen Interessen der Tiere nicht überwiegen und daher ethisch nicht zu rechtfertigen sind.

Richtigstellung des Arguments »Sportler*innen benötigen Tierprodukte für optimale Leistungen«

Vorurteil	Faktenlage
Ohne tierische Produkte leidet die sportliche Leistungsfähigkeit.	Es ist weder biochemisch plausibel noch durch Studien gestützt, dass ein Verzicht auf tierische Lebensmittel unter Einhaltung einer bedarfsdeckenden veganen Ernährung die Leistungsfähigkeit beeinträchtigt. Es ist kein Stoff bekannt, der in irgendeiner Verbindung mit körperlicher Leistungsfähigkeit steht, der ausschließlich über tierische Produkte zugeführt werden kann. Die wissenschaftliche Datenlage verneint also die Notwendigkeit tierischer Nahrung im Sport. Hunderte Athlet*innen unterschiedlichster Disziplinen belegen außerdem durch ihre sportlichen Erfolge, dass eine vegane Sporternährung umsetzbar ist.
Zumindest für Höchstleitungen benötigt man tierische Lebensmittel.	Es ist erneut weder biochemisch plausibel noch durch Studien gestützt, dass die Zufuhr tierischer Produkte im Vergleich zu einer bedarfsdeckenden veganen Kost weitere Wettbewerbsvorteile mit sich bringt. Es wurden sowohl im Kraft- als auch Ausdauersport von mehreren langjährigen veganen Athlet*innen Weltrekorde in ihren jeweiligen Disziplinen aufgestellt, und selbst im unwahrscheinlichen Falle, dass der Konsum tierischer Produkte geringfügige zusätzliche Vorteile in der sportlichen Leistungsfähigkeit mit sich bringt, lässt sich aus dieser Annahme keine ethische Begründung für deren Konsum ableiten. Denn selbst in diesem fiktiven Szenario wiegen die Ausbeutung und die Interessensverletzungen der Tiere deutlich schwerer als das Begehren von Athlet*innen nach geringfügiger Leistungssteigerung.
Es gibt keine Studien, die belegen, dass eine vegane Ernährung für Athlet*innen funktioniert.	Auch wenn es wünschenswert ist, dass die Datenlage noch weitreichender wäre, gibt es bereits zum heutigen Zeitpunkt zahlreiche Studien, die die Leistungsfähigkeit von veganen und omnivoren Sportler*innen miteinander vergleichen. In Summe zeigt sich, dass es keine relevanten Unterschiede zwischen den Gruppen im Bereich ihrer Kraft- und Ausdauerleistung gibt. In manchen Untersuchungen schnitten Teile der veganen Proband*innengruppen sogar etwas besser ab. Zusätzlich gibt es mehrere gut dokumentierte Fallberichte von veganen Sportler*innen in wissenschaftlichen Journalen, die ebenfalls eine vergleichbar gute Leistungsfähigkeit der Sportler*innen mit veganer Kost unterstreichen. Was hingegen nicht existiert, sind vergleichende Studien, die die Schlussfolgerung nahelegen, dass eine vegane Ernährung im Sport per se nicht funktioniert.

Vorurteil	Faktenlage
Vegane Athlet*innen müssen zahlreiche Nahrungsergänzungsmittel einnehmen.	Leistungssportler*innen nehmen unabhängig von ihrer konkreten Ernährungsform eine Reihe an Nahrungsergänzungsmitteln zu sich. Die Einnahme von Supplementen bei Sportler*innen ist also nicht auf vegane Sportler begrenzt. Und selbst wenn nur vegane Sportler*innen Nahrungsergänzungsmittel einnehmen würden, ließe sich daraus noch kein valides Argument gegen die ethische Position des Veganismus ableiten. Vielmehr steht zur Diskussion, mit welcher Rechtfertigung man durch Ausbeutung entstandene Tierprodukte konsumiert, wenn man die darin enthaltenen Stoffe auch über vegane Nahrungsergänzungsmittel einnehmen kann.
Eine Aufrechterhaltung der Muskulatur mag vegan vielleicht möglich sein, aber effektiver Muskelaufbau nicht.	Auch wenn die Zahl noch überschaubar ist, gibt es bereits heutzutage eine Handvoll Menschen, die seit ihrer Geburt vegan leben und im Profisport bzw. Wettkampfbodybuilding vergleichbare Erfolge wie Mischköstler*innen erzielen. Viele Dutzend Athlet*innen leben zudem bereits seit vielen Jahren vegan und haben sämtliche Muskelzuwächse im Rahmen des Bodybuildings im Zuge einer veganen Lebensweise erzielt. Beides widerlegt dieses Argument und es ist darüber hinaus biochemisch nicht plausibel, weshalb eine gut zusammengestellte vegane Kost inklusive Supplementierung nachteilig auf das Muskelwachstum wirken sollte.

Quellen

1 Thomas, D. T., Erdman, K. A., und Burke, L. M. (2016). Position of the Academy of Nutrition and Dietetics, Dietitians of Canada, and the American College of Sports Medicine: Nutrition and athletic performance. *J Acad Nutr Diet*, 116, 501–528.

2 Rogerson, D. (2017). Vegan diets: practical advice for athletes and exercisers. *J Int Soc Sports Nutr*, 14, 36.

3 Barnard, N. D., Goldman, D. M., Loomis, J. F., Kahleova, H., Levin, S. M., Neabore, S. und Batts, T. C. (2019). Plant-Based Diets for Cardiovascular Safety and Performance in Endurance Sports. *Nutrients*, 11(1), 130.

4 Friedenthal, H. (1912). Über die Anpassung des Menschen an die Ausnutzung pflanzlicher Nahrung. *Pflüger's Arch*, 144, 152–168.

5 Rogerson, D. (2017). Vegan diets: practical advice for athletes and exercisers. *J Int Soc Sports Nutr*, 14, 36.

6 Fuhrman, J. und Ferrer, D. M. (2010). Fueling the Vegetarian (Vegan) Athlete. *Curr Sports Med Rep*, 9(4), 233–241.

7 Venderley, A. M. und Campbel, W. W. (2006). Vegetarian Diets: Nutritional Considerations for Athletes. *Sports Med*, 36(4), 293–305.

8 Melina, V., Craig, W. und Levin, S. (2016). Position of the Academy of Nutrition and Dietetics: Vegetarian Diets. J Acad Nutr Diet, 116(12), 1970–1980.

9 Smith, L. (2019). *The New York Times – Lewis Hamil-ton Changed His Diet, and It's Been Off to the Races Since*. Zugriff am 1. Februar 2021. Verfügbar unter https://nyti.ms/2YUkRe7

10 Baboumian, P. (2014). *Vegan ganz anders – Eine Anleitung zum groß und stark werden*. Kandern: Narayana, 15 f.

11 Kirkova, D. (2015). *Vegan bodybuilder, 40, aims for Mr Universe title as he says meat-free diet has made him stronger than ever*. Zugriff am 1. Februar 2021. Verfügbar unter https://bit.ly/3crwptq

12 Nieman, D. C. (1999). Physical fitness and vegetarian diets: is there a relation? *Am J Clin Nutr*, 70(3), 570–573.

13 Ebd.

14 Lynch, H. M., Wharton, C. M. und Johnston, C. S. (2016). Cardiorespiratory Fitness and Peak Torque Differences between Vegetarian and Omnivore Endurance Athletes: A Cross-Sectional Study. *Nutrients*, 8(11), 726.

15 Nebl, J., Haufe, S., Eigendorf, J., Wasserfurth, P., Tegtbur, U. und Hahn, A. (2019). Exercise capacity of vegan, lacto-ovo-vegetarian and omnivorous recreational runners. *J Int Soc Sports Nutr*, 16(1), 23.

16 Boutros, G. H., Landry-Duval, M. A., Garzon, M. und Karelis, A. D. (2020). Is a Vegan Diet Detrimental to Endurance and Muscle Strength? *Eur J Clin Nutr*, 74(11), 1550–1555.

17 Wirnitzer, K., Boldt, P., Lechleitner, C., Wirnitzer, G., Leitzmann, C., Rosemann, T. und Knechtle, B.

(2018). Health Status of Female and Male Vegetarian and Vegan Endurance Runners Compared to Omnivores—Results from the NURMI Study (Step 2). *Nutrients*, 11(1), 29.

18 Boldt, P., Knechtle, B., Nikolaidis, P., Lechleitner, C., Wirnitzer, G., Leitzmann, C. et al. (2018). Quality of life of female and male vegetarian and vegan endurance runners compared to omnivores – results from the NURMI study (step 2). *J Int Soc Sports Nutr*, 15(1), 33.

19 Creapure® (o. D.). *What is Creapure®?* Zugriff am 1. Februar 2021 Verfügbar unter https://bit.ly/2x5pOWh

20 Carnipure® (o. D.). *Frequently Asked Questions – Can vegetarians develop L-Carnitine deficiency?* Zugriff am 1. Februar 2021. Verfügbar unter https://bit.ly/39VyMCK

21 Leischik, R. und Spelsberg, N. (2014). Vegan triple-ironman (raw vegetables/fruits). *Case Rep Cardiol*, 2014, 317246.

22 Wirnitzer, K. C. und Kornexl, E. (2014). Energy and macronutrient intake of a female vegan cyclist during an 8-day mountain bike stage race. *Proc (Bayl Univ Med Cent)*, 27(1), 42–45.

23 Wirnitzer, K. C. und Kornexl, E. (2008). Exercise Intensity During an 8-day Mountain Bike Marathon Race. *Eur J Appl Physiol*, 104(6), 999–1005.

24 Wirnitzer, K. C. (2020). Vegan Diet in Sports and Exercise, Health Benefits and Advantages to Athletes and Physically Active People: A Narrative Review. *IJSEM*, 6(3), 165

25 Wirnitzer, K. C. (2018). *Vegan nutrition: latest boom in health and exercise*. In: Grumezescu, A. M. & Holban, A. M. (2018). T*herapeutic, Probiotic, and Unconventional Foods. Section 3: Unconventional Foods and Food Ingredients*. Chapter 21. Cambridge, Massachusetts: Academic Press.

26 Jurek, S. (2014). *Eat & Run – Mein ungewöhnlicher Weg als veganer Ultramarathon-Läufer an die Weltspitze*. München: Südwest Verlag.

27 Viva La Vegan! (2012). *Interview with Fiona Oakes: Vegan Marathon Runner*. Zugriff am 1. Februar 2021. Verfügbar unter https://bit.ly/2LkYiHy

28 Iles-Wright, C. (2012). *Great Vegan Athletes: Ruth Heidrich, vegan endurance athlete*. Zugriff am 1. Februar 2021. Verfügbar unter https://bit.ly/2Wqu6kQ

29 McDiarmid, J. (2015). *Vegan strongman shoulders 550 kg – a record, perhaps – at vegetarian food fest*. Zugriff am 1. Februar 2021. Verfügbar unter http://bit.ly/2KMMXna

30 Suggitt, C. (2019). *The Game Changers: 11 record-breaking athletes with plant-based diets*. Zugriff am 1. Februar 2021. Verfügbar unter https://bit.ly/3qM8LhX

31 Iles-Wright, C. (2016). *Great Vegan Athletes: Torre Washington, vegan bodybuilder*. Zugriff am 1. Februar 2021. Verfügbar unter https://bit.ly/2YVCb2v

32 Cheeke, R. (o. D.). *Robert Cheeke, Author and Speaker*. Zugriff am 1. Februar 2021. Verfügbar unter https://bit.ly/2tUsp2Z

33 Rittenau, N. (2020). *Zu glauben Veganer könnten Muskeln aufbauen ist geisteskrank • Sv3rige (Minute 4:20–5:47 & 9:55–11:49)*. Zugriff am 1. Februar 2021. Verfügbar unter https://bit.ly/2SYSLuz

34 Iles-Wright, C. (2019). *Great Vegan Athletes: Jehina Malik, vegan bodybuilder*. Zugriff am 1. Februar 2021. Verfügbar unter https://bit.ly/2QbQycW

35 Clarkson, P. M. und Thompson, H. S. (1997). Drugs and sport. Research findings and limitations. *Sports Med*, 24(6), 366–384.

36 Heuberger, J. A. und Cohen, A. F. (2019). Review of WADA Prohibited Substances: Limited Evidence for Performance-Enhancing Effects. *Sports Med*, 49(4), 525–539.

VEGANE ERNÄHRUNG IM KINDESALTER IST KINDES- MISSHANDLUNG

22.

Die Wochenzeitung Junge Freiheit (laut Bundeszentrale für politische Bildung ein »Sprachrohr einer radikal-nationalistischen Opposition«)[1] schreibt unter dem Titel »Vegane Kinderernährung ist Kindesmisshandlung« folgendes Resümee: »Erwachsenen steht frei, sich selbst durch Veganismus zu geißeln. Ihren Kindern in westlichen Industriestaaten – insbesondere in den ersten wichtigen Lebensjahren – eine ausgewogene Ernährung zu verweigern, ist eine Dekadenzerscheinung und wurde daher zurecht geahndet.«[2] Der Veganismus ist allerdings alles andere als eine »Dekadenzerscheinung« oder ein »Luxusproblem«, wie es fälschlicherweise häufig dargestellt wird. Es ist vielmehr das Gegenteil der Fall.

Bevor nachfolgend die gesundheitliche Komponente dieser Kritik beleuchtet wird, soll zuvor jedoch noch ein weiterer Aspekt derartig formulierter Kritik besprochen werden. So wird beispielsweise in der schweizerischen Zeitung NZZ am Sonntag (Neue Zürcher Zeitung) die Frage aufgeworfen, ob es nicht sogar unmoralisch sei, Kindern eine vegane Ernährung aufzuzwingen. Das Thema des »Aufzwingens« des Veganismus wurde in Kapitel 1 besprochen; in Bezug auf Kinder sei gesagt: Sämtliche Eltern »zwingen« Kindern ihre persönliche Meinung und ihre Wertvorstellungen auf – man nennt dies Erziehung. Eltern müssen schlichtweg in den ersten Lebensjahren viele Entscheidungen im Namen des Kindes treffen. Man lässt Kinder auch nicht frei entscheiden, ob sie Zähne putzen oder den ganzen Tag fernsehen wollen. Wir bringen ihnen ethische Grundwerte bei und erziehen sie im Umgang mit anderen Menschen. Wieso sollte es etwas Schlechtes sein, Kindern von Anfang an beizubringen, dass auch Tiere eine ethische Berücksichtigung verdienen? Wenn ein Kind in einer mischköstlichen Familie geboren wird, bekommt es den Fleischkonsum und alle damit einhergehenden Werte »aufgezwungen« und hat hinsichtlich der Ernährungsform in den ersten Lebensjahren ebenso wenig eine freie Wahl.

Fachgesellschaften bestätigen: Eine gesunde vegane Kinderernährung ist möglich

Zurück zur Kernaussage »Vegane Ernährung im Kindesalter ist Kindesmisshandlung!«: In einer Publikation zu Kindesmisshandlungen werden diese definiert als »[...] gewaltsame psychische oder physische Beeinträchtigungen von Kindern durch Eltern oder Erziehungsberechtigte [...] durch elterliche Handlungen (wie bei körperlicher Misshandlung, sexuellem Missbrauch) oder Unterlassung (wie bei emotionaler und physischer Vernachlässigung) [...]«.[3] Wenn eine vegane Ernährung also den Nährstoffbedarf des Kindes nicht deckt, kann dies durchaus als physische Vernachlässigung angesehen und strafrechtlich verfolgt werden. Dies betrifft aber selbstverständlich nicht nur eine schlecht geplante vegane Ernährung,

Academy of Nutrition and Dietetics (AND), USA 2016
»Es ist die Position der Academy of Nutrition and Dietetics, dass gut geplante vegetarische, inklusive vegane, Ernährungsweisen […] für alle Phasen des Lebenszyklus […] geeignet sind.«

American Academy of Pediatrics (AAP), USA, 1998
»Kinder zeigen gutes Wachstum und gedeihen im Rahmen der allermeisten lacto-ovo-vegetarischen und veganen Ernährungsweisen wenn diese gut geplant und supplementiert werden.«

Dietitians of Canada (CD), Kanada 2014
»Eine gesunde vegane Ernährung kann den menschlichen Nährstoffbedarf in jeder Phase des Lebens […] decken.«

Canadian Paediatric Society (CPS), Kanada 2018
»Gut geplante vegetarische und vegane Ernährungsweisen mit Fokus auf die Deckung kritischer Nährstoffe können eine gesunde Alternative in jeder Phase des fetalen Wachstums, des Säuglingsalters, der Kindheit und der Jugend sein.«

British Nutrition Foundation (BNF), Großbritannien 2005
»Studien mit vegetarischen und veganen Kindern aus Großbritannien haben gezeigt, dass ihr Wachstum und ihre Entwicklung im Normbereich lagen.«

British Dietetic Association (BDA), Großbritannien 2017
»Gut geplante vegane Ernährungsweisen können ein gesundes Leben für Personen jedes Alters unterstützen.«

Direcção-Geral de Saúde (DGS), Portugal 2015
»Wenn sie richtig geplant sind, können vegetarische Kostformen, inklusive lacto-ovo vegetarischer und veganer Ernährungsweisen, gesund und bedarfsdeckend in jeder Phase des Lebenszyklus […] sein.«

European Society for Paediatric Gastroenterology, Hepatology, and Nutrition (ESPGHAN), Schweiz 2017
»Eine vegane Ernährung mit angemessener Supplementation kann ein normales Wachstum sowie eine normale Entwicklung unterstützen.«

National Health and Medical Research Council of Australia (NHMRC); Australien 2013
»Gut geplante vegetarische, inklusive vegane, Ernährungsweisen sind gesund und bedarfsdeckend […] für Individuen in jeder Phase des Lebenszykluses.«

Società Italiana Nutrizione Umana (SINU), Italien 2017
»Die italienische Gesellschaft für Humanernährung (SINU) stimmt veganer Ernährung während der Schwangerschaft, Stillzeit, dem Säuglings- und Kindesalter zu und empfiehlt das staatliche Institutionen und Gesundheitsgesellschaften mehr Informationsmaterialien für Personen mit pflanzlicher Ernährung bieten«

Ministry of Health of Israel, Israel 2020
»Eine vegetarische [inkl. veganer] Ernährung kann, sofern sie klug zusammengestellt ist, den Nährstoffbedarf des Säuglings bis ins hohe Alter hinweg decken.«

Nordic Council of Ministers (NCM), Dänemark 2012
»[…] vegane, lacto-vegetarische und lacto-ovo-vegetarische Ernährungsweisen können in der Lage sein den Nährstoffbedarf von Kleinkindern, Kindern und Jugendlichen zu decken und ein normales Wachstum zu fördern sofern sie ausgewogen zusammengestellt sind […]«

sondern jede Art der unzureichenden Ernährung. Allein im Jahr 2019 wurden in Deutschland über 27.000 Fälle von Kindeswohlgefährdung durch Vernachlässigung festgestellt.[4] Aufgrund der noch überschaubaren Anzahl an vegan ernährten Kindern hierzulande wird deutlich, dass ein Großteil dieser Kindeswohlgefährdungen durch Vernachlässigung nicht-vegane Kinder betrifft.

Wie in Kapitel 18 dargelegt, hat der menschliche Organismus keinen zwingenden Bedarf an tierischen Lebensmitteln, und es gibt keinen überlebensnotwendigen Nährstoff, den man nicht auch ohne den Verzehr tierischer Produkte bekommen könnte. Wenn ein Kind von seinen Eltern also im Rahmen der veganen Ernährung mangelhaft versorgt wird, ist das ein tragischer Vorfall, der mit allen Mitteln hätte verhindert werden müssen, aber es ist die Schuld der Eltern und nicht die des Veganismus. Es gibt – online ebenso wie in Buchform – mittlerweile ausreichend qualitativ hochwertige Informationsquellen, wie eine adäquate vegane Ernährung in der Schwangerschaft, während des Stillens, hinsichtlich der Beikost und darüber hinaus sichergestellt werden kann.

Im Gegensatz zu den kritisch eingestellten Ernährungsfachgesellschaften der D-A-CH-Staaten,[5,6,7] die eine vegane Ernährung für Kinder nicht empfehlen, wird diese von einer Vielzahl von internationalen Ernährungsfachgesellschaften durchaus befürwortete. Sie sehen eine gut geplante vegane Ernährung während jeder Phase des Lebenszyklus (inklusive Schwangerschaft, Stillzeit, Beikost, Kindheit) als bedarfsdeckend an. Wie Abbildung 46 illustriert, gehören dazu unter anderem die amerikanische Academy of Nutrition and Dietetics (AND),[8] die American Academy of Pediatrics (AAP),[9] die Dietitians of Canada (DC),[10] die Canadian Paediatric Society (CPS),[11] die portugiesische Direção-Geral de Saúde (DGS),[12] die European Society for Paediatric Gastroenterology, Hepatology, and Nutrition (ESPGHAN) mit Sitz in der Schweiz,[13] die British Nutrition Foundation (BNF),[14] die British Dietetic Association (BDA),[15] das National Health and Medical Research Council of Australia (NHMRC),[16] die Società Italiana Nutrizione Umana (SINU),[17] das Ministry of Health of Israel[18] sowie das dänische Nordic Council of Ministers (NCM).[19]

Trotz der begrenzten Datenlage kommt die bis dato umfangreichste systematische Übersichtsarbeit mit 22 inkludierten Studien aus Europa, den USA und Indien zu dem Ergebnis, dass eine vegane Ernährung bei Beachtung der kritischen Nährstoffe als sicher für die Schwangerschaft angesehen werden kann.[20] Zudem kommen weitere wissenschaftliche Veröffentlichungen zu der Schlussfolgerung, dass eine vegane Ernährung bei guter Planung für Mutter und Kind geeignet ist.[21,22] In Bezug auf das Geburtsgewicht zeigt eine britische Studie, dass das Gewicht von Neugeborenen veganer Mütter identisch dem Gewicht von Neugeborenen von Müttern, die sich mischköstlich ernähren, war.[23] Die American Academy of Pediatrics schreibt hierzu, dass sich vegane Kinder bei guter Kostzusammenstellung ebenso gut wie bedarfsdeckend ernährte mischköstliche Kinder entwickeln.[24]

Einzelfälle mangelernährter veganer Kinder sind nicht repräsentativ

Ist die Ernährung hingegen unzureichend zusammengestellt, kann dies zu besagten Einzelfällen führen, die auch in den populären Medien immer wieder für Schlagzeilen sorgen. So tauchten in der Vergangenheit eine Reihe an Berichten von veganen Familien auf, die ihren Kindern anstatt Muttermilch oder Säuglingsanfangsnahrung während der ersten Lebensmonate lediglich Pflanzenmilch und Fruchtsäfte gaben.[25,26] Aber selbst wenn Kleinkinder veganer Eltern gestillt werden, kann das Kind eine deutliche Unterversorgung mit Nährstoffen erleiden, wenn die stillende Mutter mangelversorgt ist. Ebenso kann im Rahmen der Beikost trotz abwechslungsreicher veganer Kost ein Mangel auftreten, wenn kein Fokus auf kritische Nährstoffe gelegt wird. So können bei veganen Kleinkindern Entwicklungsstörungen durch B_{12}-Mängel aufgrund einer mangelnden B_{12}-Supplementierung oder durch Jodmangel aufgrund des Verzichts auf Jodsalz und anderen Jodquellen entstehen.[27,28] Die Fallberichte aus der wissenschaftlichen Literatur, in der vegane Kinder Wachstumsverzögerungen, Muskelatrophie, Verdauungsbeschwerden und schlechte psychomotorische Entwicklungen aufwiesen, zeigten bei genauerer Durchsicht der »veganen« Studienpopulation in allen Fällen keine bedarfsdeckenden veganen Ernährungsweisen mit einer passenden Supplementierung oder unnötig restriktive Kostformen wie makrobiotische oder rohvegane Ernährungsformen.[29,30,31,32] In der wissenschaftlichen Literatur findet sich bis zum heutigen Tag kein nach den Richtlinien einer bedarfsdeckenden veganen Ernährung ernährtes Kind, das Nahrungsergänzungsmittel für potenziell kritische Nährstoffe erhielt und eine insgesamt ausgewogene und kalorienbedarfsdeckende vegane Ernährung bekam, das aufgrund des Verzichts auf tierische Produkte erkrankte. So kam in einem der Fallberichte der mangelernährten veganen Kinder der Direktor des Albert Einstein College of Medicine zu Wort, der ebenfalls betonte, dass tragische Fälle wie diese aus einer Unterversorgung an Protein, Energie und Nährstoffen resultieren und nicht aus der veganen Ernährungsform per se.[33]

Obwohl eine gut geplante vegane Ernährung nicht zu Schäden bei Kindern führt, sollen diese tragischen Fälle nicht kleingeredet werden. Denn auch wenn diese Einzelfälle aus ernährungswissenschaftlicher Sicht keine Begründung gegen den Veganismus darstellen, sind sie dennoch ein Zeichen für die Verblendung vieler Menschen, die sich im weitesten Sinne mehr oder weniger mit dem Veganismus identifizieren, ihn aber gerade hinsichtlich der Ernährung ihrer Kinder nicht adäquat umsetzen können oder wollen. Daher gilt das Beileid der Autoren dieses Buches jenen Kindern, jedoch darf diese sträfliche Unterlassung bzw. Unkenntnis der Eltern nicht dazu führen, dass der Veganismus als Ganzes kategorisch für Kinder abgelehnt wird. Dies ist schlichtweg ungerechtfertigt. Auch abseits der veganen Ernährung gibt es in westlichen Ländern Fälle von mangelernährten Kindern, auf die medial aber deutlich weniger eingegangen wird. So berichtet eine Veröffentlichung von einem nicht-veganen dreijährigen Jungen mit Schleimhautläsionen, Berührungsempfindlichkeit und einer Gehverweigerung. Dieser wurde die letzten anderthalb Jahre vor der Einlieferung ins Krankenhaus ausschließlich von Kuhmilch und Keksen ernährt und litt durch den massiven Vitamin-C-Mangel unter anderem an Skorbut.[34] Dies verdeutlicht, dass jede Art der einseitigen und unausgewogenen Ernährung – egal ob vegan oder nicht – zu Mangelerscheinungen führen kann.

Eine vegane Kinderernährung soll nur bei ausreichender Sachkenntnis durchgeführt werden

Da eine vegane Ernährung in diesen sensiblen Phasen besondere Sachkenntnis voraussetzt, ist es von großer Bedeutung, dass Eltern über das notwendige Hintergrundwissen zur optimalen veganen Nährstoffbedarfsdeckung verfügen und bei Unsicherheiten vorab mit geschultem Fachpersonal die Speisenplanung während der Schwangerschaft, der Stillzeit und des Kleinkindalters besprechen. Bücher wie »Vegane Ernährung in Schwangerschaft, Stillzeit und Beikost« sowie »Vegane Kinderernährung« von Prof. Dr. Markus Keller und Edith Gätjen, der Präsidentin des UGB Deutschlands (Verband für unabhängige Gesundheitsberatung), können dabei helfen. Sollten sich Eltern nicht ausreichend informieren und kein besonderes Augenmerk auf kritische Nährstoffe und deren Bedarfsdeckung legen, ist von einer veganen Kinderernährung abzuraten. Wenn sie hingegen gut umgesetzt wird, spricht nichts dagegen.

In den ersten Lebensmonaten unterscheidet sich im Optimalfall die Nahrungsmittelzufuhr veganer Kinder ohnehin nicht von jener der mischköstlichen Kinder. Denn unabhängig von der späteren Ernährungsweise besteht ein wissenschaftlicher Konsens, dass Muttermilch in den ersten sechs Monaten die beste Wahl ist.[35] Muttermilch versorgt den Säugling in den ersten sechs Lebensmonaten mit allen lebensnotwendigen Nährstoffen, mit Ausnahme von Vitamin D und Vitamin K, die supplementiert werden sollten.[36] Das Stillen bietet dabei sowohl physiologische als auch psychologische Vorteile für den Säugling und kann unter anderem die Wahrscheinlichkeit für das Auftreten von Allergien vermindern.[37] Der Nährstoffgehalt der Muttermilch ist jedoch maßgeblich von der Nährstoffversorgung der Mutter abhängig.[38] Da vegane Frauen im Durchschnitt eine günstigere Fettsäurenzufuhr als Mischköstlerinnen haben, ist es hier wenig überraschend, dass auch deren Muttermilch weniger gesättigte Fette und Transfette und dafür mehr ungesättigte Fettsäuren enthält.[39] In Bezug auf die langkettige Omega-3-Fettsäure DHA ist allerdings die Konzentration in der Muttermilch von Veganerinnen zumeist geringer.[40]

Eine Supplementierung mit DHA wird dabei neben veganen Schwangeren und Stillenden auch allen anderen Frauen empfohlen, die eine adäquate DHA-Zufuhr nicht über die Nahrung alleine abdecken können.[41,42] Allerdings braucht eine vegane Mutter hierfür nicht auf Fischöl zurückzugreifen, sondern kann ein veganes Mikroalgenöl verwenden, das ebenso wirksam ist.[43,44]

In einigen Untersuchungen, die vermeintlich niedrige B_{12}-Konzentrationen in der Muttermilch von veganen Stillenden fanden, handelte es sich erneut um Studien mit sehr restriktiv makrobiotisch essenden Müttern, die nicht ausreichend supplementierten.[45] Untersuchungen des B_{12}-Gehalts von ausgewogen essenden (und supplementierenden) Veganerinnen ergaben im Durchschnitt eine vergleichbare B_{12}-Konzentration in der Muttermilch wie von Mischköstlerinnen.[46] Fachgesellschaften empfehlen, zusätzlich zur Einführung der Beikost das Stillen bei vegan ernährten Säuglingen über die ohnehin empfohlenen sechs Monate hinaus auf zwei Jahre auszuweiten.[47] So kann sichergestellt werden, dass Säuglinge und Kleinkinder ausreichend mit hochwertigem Milchprotein aus der Muttermilch versorgt werden. Danach werden Kinder abgestillt und es besteht dann kein ernährungsphysiologischer Bedarf, sie an die Muttermilch einer anderen Spezies heranzuführen.

Wenn vegane Frauen nicht stillen können, gibt es vegane Alternativen zu Säuglingsanfangsnahrung auf Kuhmilchbasis. Es gibt diese sowohl auf Soja- als auch auf Reis- und Mandelbasis. Die erste Wahl sollte aber stets, wenn möglich, das Stillen sein. Die Adäquatheit von Säuglingsanfangsnahrung auf Sojabasis ist dabei weiterhin ein Thema ohne gänzlich einheitlichen internationalen Konsens. Während Institutionen wie das deutsche Bundesinstitut für Risikobewertung[48] oder die British Dietetic Association[49] aufgrund des Isoflavongehalts von Sojabohnen von ihrer Verwendung für Säuglingsanfangsnahrung abraten, sehen internationale Fachgesellschaften für Kinder- und Jugendmedizin wie die Canadian Pediatric Society[50] und die American Academy of Pediatrics[51] keine Gefahr in der Verwendung von sojabasierter Säuglingsanfangsnahrung. Die Sicherheit von Soja-Säuglingsanfangsnahrung unterstreicht auch eine umfangreiche Übersichtsarbeit, die alle relevanten publizierten Daten seit dem Jahr 1909 zusammenfasst. Die Schlussfolgerung der Autor*innen lautet: »[...] moderne Säuglingsanfangsnahrung auf Sojabasis ist eine sichere Option für alle Säuglinge, die sie benötigen. Das Wachstum, die Knochengesundheit sowie die Stoffwechsel-, Fortpflanzungs-, Hormon-, Immun- und die neurologische Funktion von Kindern, die mit Soja-Säuglingsanfangsnahrung gefüttert wurden, sind vergleichbar mit der Entwicklung von Kindern, die mit Kuhmilch-Säuglingsanfangsnahrung oder Muttermilch gefüttert wurden.«[52] Über die Auswahl, Zusammensetzung und Verwendung von veganer Säuglingsanfangsnahrung sowie eine etwaige Supplementierung sollte zwingend mit einer qualifizierten Ernährungsfachkraft mit einem Schwerpunkt auf vegane Ernährung gesprochen werden.

Vegane Kinder zeigen eine normale Entwicklung

Nach dem ersten Lebensjahr zeigten vegane Kinder in Untersuchungen wie der VeChi-Diet-Study aus Deutschland im Vergleich zu mischköstlichen Kindern eine normale Entwicklung.[53] Studien mit veganen Kindern aus Großbritannien zeigten ebenfalls, dass das Wachstum und die Entwicklung vegan ernährter Kinder weitgehend den Referenzstandards entsprachen, wobei diese (wie auch die VeChi-Diet-Study) dazu tendierten, etwas leichter und kleiner als gleichaltrige mischköstliche Kinder zu sein.[54,55] Die Autor*innen der VeChi-Diet-Study betonen allerdings, dass deutlich mehr Kinder aus der mischköstlichen Referenzgruppe mit Säuglingsanfangsnahrung aufgezogen wurden, und es zeigte sich, dass Kleinkinder mit Anfangsnahrung in den ersten Lebensjahren mehr Gewichtszunahme und Längenzuwachs im Vergleich zu gestillten Kindern aufwiesen.[56] Da vegetarisch-vegane Kleinkinder im Vergleich zu mischköstlichen Kindern überdurchschnittlich oft gestillt werden, kann das ein Erklärungsmodell für dieses Studienergebnis sein. Natürlich kann es bei unzureichender Kalorien- und Proteinzufuhr bei vegetarisch-veganer Kost genau wie bei jeder mangelhaften Kost zu Entwicklungsverzögerungen kommen, weshalb ein besonderes Augenmerk darauf liegen sollte, dass vegane Eltern bestens über die vegane Kinderernährung Bescheid wissen. Sämtliche vegane Kinder erreichten in der VeChi-Diet-Study die Proteinzufuhrempfehlungen bzw. überschritten diese sogar zum Teil und hatten ebenfalls eine vergleichbare Energiezufuhr. Bei allem Fokus auf die ausreichende Energie- und Proteinzufuhr darf allerdings nicht vergessen werden, dass zu viel (tierisches) Protein für Kleinkinder abträglich hinsichtlich ihrer Gewichtsentwicklung wirken kann. So ergab eine Untersuchung, dass eine besonders hohe Zufuhr an tierischen Proteinen im ersten Lebensjahr, vor allem durch Milch und Milchprodukte, das Risiko für Übergewicht ab dem siebten Lebensjahr deutlich erhöht.[57]

Konkrete Beispiele von Kindern, die seit ihrer Geburt vegan leben und deren Mütter zudem während der Schwangerschaft vegan aßen, zeigt der Diätologe Jack Norris unter www.veganhealth.org/real-vegan-children. Dass man von Geburt an nicht nur vegan leben, sondern dabei auch außerordentliche sportliche Leistungen erbringen kann, zeigt u. a. Jehina Malik, die wie ihre fünf Geschwister seit ihrer Geburt vegan lebt und so in ihrem gesamten Leben noch nie tierische Produkte konsumiert hat. Sie gewann als Bodybuilderin bereits mehrere Wettbewerbe und ist seit 2014 IFBB Pro.[58]

Supplementierung ist kein Gegenargument

Im Rahmen der VeChi-Diet-Study war auffällig, dass unter den ein- bis dreijährigen Kindern wider Erwarten nicht die veganen oder vegetarischen Kinder die höchste Rate an B_{12}-Unterversorgung aufwiesen, sondern die mischköstlichen Kinder. So erreichte knapp die Hälfte der omnivoren Kinder trotz Mischkost die Referenzwerte für B_{12} nicht. Bei den veganen Kindern waren es lediglich 10 %.[59] Die bessere B_{12}-Versorgung ging dabei auf die konsequente Supplementierung der veganen Kinder zurück, da die verlässlichste Art der B_{12}-Zufuhr eben die der Supplementierung darstellt.

Dieses und andere Supplemente werden allerdings von Kritikern oft als Begründung für die kategorische Ablehnung einer veganen Ernährung in der Schwangerschaft, Stillzeit und im Kleinkindesalter aufgeführt. Dabei erhalten in Deutschland sämtliche Kleinkinder und ein überwiegender Teil der Schwangeren und Stillenden auch bei einer Mischkost Nahrungsergänzungsmittel zur Vermeidung von Defiziten. Alle Kinder erhalten in Deutschland standardmäßig Vitamin-D- und Vitamin-K-Supplemente in den ersten Lebensmonaten und jede Frau erhält im ersten Trimester der Schwangerschaft Folsäure-Präparate, um das Risiko für Neuralrohrdefekte beim Neugeborenen zu minimieren.[60,61] Einige Fachgesellschaften empfehlen ferner unabhängig von der Ernährungsweise allen Schwangeren eine Eisensupplementierung während der Schwangerschaft aufgrund des deutlich erhöhten Bedarfs.[62] Zu dieser wird allerdings nicht von allen Fachgesellschaften geraten. Darüber hinaus gilt die oft ausgesprochene Empfehlung zur zusätzlichen DHA-Supplementierung während der Schwangerschaft und Stillzeit des Kindes unabhängig von der gewählten Ernährungsweise, wenn eine adäquate DHA-Zufuhr nicht über die Nahrung allein abgedeckt werden kann[63,64] – auch wenn diese für vegetarisch und vegan lebende Schwangere von besonders großer Bedeutung ist.[65] Ohne die zusätzliche Verwendung von Jodsalz kann wie bereits erwähnt die mischköstliche Kinderernährung Joddefizite aufweisen. Das Speisesalz ist in Deutschland mit 15–20 µg/g[66] deutlich geringer angereichert als in den USA (45 µg/g).[67] In einigen Fällen stellt daher eine Jodsupplementierung anstelle von Jodsalz die bessere Option dar, um den Salzgehalt der Nahrung für eine optimale Jodzufuhr in Höhe von 230 µg (Schwangerschaft) bzw. 260 µg (Stillzeit) pro Tag nicht unnötig erhöhen zu müssen. So sind es also nicht nur vegane Eltern und Kinder, die von der Verwendung von Nahrungsergänzungsmitteln profitieren können, sondern auch mischköstliche Personen. Dies geschieht zum Teil unbewusst, da in der Intensivtierhaltung dem Futtermittel zahlreiche Nährstoffe zugesetzt werden, sodass mischköstliche Eltern und deren Kinder indirekt eine Nahrungsergänzung über den Umweg der Tierprodukte erfahren.[68]

Schlussfolgerung

Zusammenfassend kann also gesagt werden, dass eine grundsätzliche Ablehnung der veganen Kinderernährung anhand der bisher verfügbaren Datenlage ungerechtfertigt ist. Aufgrund der weitreichenden Konsequenzen einer unzureichend geplanten Kinderernährung – egal ob vegan oder mischköstlich – ist es allerdings von besonderer Bedeutung, dass sich (vegane) Eltern über die Auswirkungen der Kostzusammenstellung des Kindes bewusst sind. Ist diese gut zusammengestellt und um kritische Nährstoffe ergänzt, kann sie so den Weg für ein gesundes Leben bereiten. Solange allerdings das Lebensmittel- und Nahrungsergänzungsmittelangebot in den D-A-CH-Staaten noch suboptimal ist, verlangt dies von Eltern eine besonders gute Sachkenntnis, um die richtigen Bezugsquellen und Nährstoffzusammenstellungen zu kennen und zu nutzen.

Selbst wenn sich eine Familie aufgrund der höheren Komplexität der veganen Kinderernährung im Vergleich zur veganen Ernährung von Erwachsenen zu unsicher fühlt und sich deshalb für eine nicht-vegane Kinderernährung entscheiden sollte, ergibt sich daraus noch kein valides Argument, die vegane Ernährung kategorisch abzulehnen. Durch eine stetige Verbesserung des veganen Angebots und mehr hochwertige Studiendaten sowie der Aussicht auf tierleidfreie tierische Produkte aus zellbasierter Landwirtschaft (Cellular Agriculture) sind all die Hürden in Zukunft ohnehin mehr von theoretischer als praktischer Relevanz.

Richtigstellung des Arguments »Vegane ernährung im Kindesalter ist Kindesmisshandlung«

Vorurteil	Faktenlage
Vegane Kinderernährung ist Kindesmisshandlung.	Jede Art der Mangelernährung, die die gesunde Entwicklung eines Kindes beeinträchtigt, ist eine Form der physischen Vernachlässigung von Kindern und damit als Kindesmissbrauch zu klassifizieren. Dies kann eine unzureichend zusammengesetzte vegane Kost wie auch jede andere Art der Mangelernährung sein. Der Nährstoffbedarf des menschlichen Organismus kann im Rahmen einer adäquat supplementierten veganen Ernährung in jeder Phase des Lebenszyklus sichergestellt werden, und so gibt es keine prinzipielle Notwendigkeit für tierische Produkte in irgendeiner Lebensphase. Die wissenschaftliche Datenlage und zahlreiche Positionspapiere internationaler Fachgesellschaften für Ernährung bzw. Kinder- und Jugendmedizin bestätigen, dass eine gut geplante vegane Kost auch für Kinder bedarfsdeckend ist.

Vorurteil	Faktenlage
Ernährungsfachgesellschaften warnen vor veganer Kinderernährung.	Im Gegensatz zu zahlreichen Ernährungsfachgesellschaften aus den USA, Kanada, Großbritannien, Australien, Portugal, Italien und weiteren Staaten, die eine vegane Ernährung in jeder Lebensphase empfehlen, vertreten die Ernährungsfachgesellschaften der D-A-CH-Staaten einen konservativeren Standpunkt und empfehlen eine vegane Kinderernährung nicht. Dennoch betonen sie, dass bei fachgerechter Durchführung einer veganen Kost inklusive Supplementierung eine Bedarfsdeckung möglich sei. Insofern warnen Fachgesellschaften lediglich – zu Recht – vor einer mangelhaft zusammengestellten veganen (Kinder-)Ernährung.
Vegane Kinder sind in Studien weniger gut entwickelt als mischköstliche Kinder.	Studien zeigen, dass vegane Kinder in Bezug auf ihre Entwicklung weitestgehend den Referenzstandards entsprechen. Die Autor*innen jener Studien, in denen vegane Kinder dazu tendieren, etwas leichter und kleiner als gleichaltrige mischköstliche Kinder zu sein (wobei sie auch in diesen Untersuchungen im Referenzbereich liegen), betonen allerdings, dass deutlich mehr Kinder aus der mischköstlichen Referenzgruppe mit Säuglingsanfangsnahrung aufgezogen wurden und es zeigt sich, dass Kleinkinder mit Anfangsnahrung in den ersten Lebensjahren mehr Gewichtszunahme und Längenzuwachs im Vergleich zu gestillten Kindern aufwiesen. Die Größen- und Gewichtsunterschiede in der Anfangszeit stammen daher wahrscheinlich aus den Unterschieden der Stillraten und sind nicht der veganen Ernährung geschuldet. Bei einer guten Nährstoffzufuhr ist also nicht davon auszugehen, dass im späteren Kindesalter noch signifikante Unterschiede bestehen bleiben.
Die Muttermilch veganer Mütter ist nährstoffärmer als die von omnivoren Müttern.	Vergleichende Studien zeigen, dass die Muttermilch von gut versorgten vegan lebenden Müttern nicht nährstoffärmer ist als die von nicht-veganen Frauen und sogar in einigen Fällen ein besseres Fettsäure-spektrum aufweist.
Wenn Kinder nicht vegan ernährt werden können, sollten sich auch Erwachsene nicht vegan ernähren.	Selbst wenn sich Eltern nicht gut genug informiert fühlen, um in kritischen Lebensphasen wie der Schwangerschaft oder bei Kleinkindern im Rahmen der Beikost eine vegane Ernährung umzusetzen, lässt sich dadurch noch kein prinzipielles Argument gegen die vegane Ernährung in diesen Lebensphasen ableiten. Menschen können sich bei guter Kostzusammenstellung in jeder Lebensphase vegan ernähren. Wenn sich Eltern mit der veganen Kinderernährung überfordert und sich nicht in der Lage fühlen, den Nährstoffbedarf des Kindes auf diese Weise zu decken, sollten sie selbstverständlich keine vegane Ernährung für ihr Kind wählen, solange sie sich nicht besser informiert haben. Die mangelnde Ernährungskenntnis einzelner Elternteile stellt aber kein Argument gegen die vegane Kinderernährung per se dar.

Quellen

1 Botsch, G. (2017). *Die Junge Freiheit – Sprachrohr einer radikal-nationalistischen Opposition*. Zugriff am 1. Februar 2021. Verfügbar unter https://bit.ly/3iHrTL6

2 Graf, A. (2019). *Vegane Kinderernährung ist Kindesmisshandlung*. Zugriff am 1. Februar 2021. Verfügbar unter https://bit.ly/3c6BSIC

3 Oeder, S., Thater, A., Lehmann, S., Pühlhofer, F., Wohlgemuth, W. und Nagel, E. (2009). *Expertise – »Was können Ärzte (und Zahnärzte) in Deutschland zur Prävention und Früherkennung von Kindesvernachlässigung und -misshandlung beitragen?«*. Zugriff am 1. Februar 2021. Verfügbar unter https://bit.ly/3qROnfc

4 Fachkräfteportal der Kinder- und Jugendhilfe. (2020). *Statistische Zahlen von Bund und Ländern zur Kindeswohlgefährdung 2019: Eine Übersicht*. Zugriff am 1. Februar 2021. Verfügbar unter https://bit.ly/3qOJB2h

5 Richter, M., Boeing, H., Grünewald-Funk, D., Heseker, H., Kroke, A., Leschik-Bonnet, E. et al. (2016). Position der Deutschen Gesellschaft für Ernährung e. V. (DGE) – Vegane Ernährung. *Ernährungs Umschau*, 63(04), 92–102.

6 Österreichische Gesellschaft für Ernährung. (2014). *Vegane Ernährung – Gesundheitliche Vorteile und Risiken*. Zugriff am 1. Februar 2021. Verfügbar unter https://bit.ly/2lXiG4J

7 Schweizerische Gesellschaft für Ernährung. (2016). *Wissen, was essen – Vegane Ernährung. Der Diskurs geht weiter*. Zugriff am 1. Februar 2021. Verfügbar unter https://bit.ly/2tVfU4B

8 Melina, V., Craig, W. und Levin, S. (2016). Position of the Academy of Nutrition and Dietetics: Vegetarian Diets. *J Acad Nutr Diet*, 16(12), 1970–1980.

9 American Academy of Pediatrics' Committee on Nutrition. (1998). *Pediatric Nutrition Handbook*. Itasca: American Academy of Pediatrics, 567.

10 Dietitians of Canada. (2010). *Healthy Eating Guidelines for Vegans*. Zugriff am 1. Februar 2021. Verfügbar unter https://bit.ly/3c9ICFC

11 Canadian Paediatric Society. (2018). Vegetarian diets in children and adolescents. *Paediatr Child Health*, 15(5), 303–314

12 Silva, S. C.G., Pinho, J.P., Borges, C., Santos, C. T., Santos, A. und Graça, P. (2015). *Direção-Geral de Saúde: National Programme for the Promotion of Healthy Eating – Guidelines for a healthy vegetarian diet*. Zugriff am 1. Februar 2021. Verfügbar unter https://bit.ly/39cZjy3

13 Fewtrell, M., Bronsky, J., Campoy, C. et al. (2017). Complementary feeding: a position paper by the European Society for Paediatric Gastroenterology, Hepatology, and Nutrition (ESPGHAN) Committee on Nutrition. *J Pediatr Gastroenterol Nutr*, 64, 119–32.

14 British Nutrition Foundation. (2005). *Vegetarian nutrition*. Zugriff am 1. Februar 2021. Verfügbar unter https://bit.ly/2k8x0rw

15 British Dietetic Association. (2017). British Dietetic Association confirms well-planned vegan diets can support healthy living in people of all ages. Zugriff am 1. Februar 2021. Verfügbar unter https://bit.ly/2MSlhYQ

16 National Health and Medical Research Council of Australia. (2013). *Australian Dietary Guidelines*. Zugriff am 1. Februar 2021. Verfügbar unter https://bit.ly/1gxekKL

17 Agnoli, C., Baroni, L., Bertini, I., Ciappellano, S., Fabbri, A., Papa, M. et al. (2017). Position paper on vegetarian diets from the working group of the Italian Society of Human Nutrition. *Nutr Metab Cardiovasc Dis*, 27, 1037–1052.

18 Ministry of Health of Israel. (2020). *Nutrition for Infants in Vegetarian and Vegan Families*. Zugriff am 1. Februar 2021. Verfügbar unter https://bit.ly/2XZCM2e

19 Nordic Council of Ministers. (2014). *Nordic Nutrition Recommendations 2012 – Integrating nutrition and physical activity (5. Aufl.)*. Zugriff am 1. Februar 2021. Verfügbar unter https://bit.ly/3sWbV4q

20 Piccoli, G.B, Clari, R., Vigotti, F. N., Leone, F., Attini, R., Cabiddu, G. et al. (2015). Vegan-vegetarian diets in pregnancy: danger or panacea? A systematic narrative review. *BJOG*, 122(5), 623–633.

21 Sebastiani, G., Barbero, A. H., Borrás-Novell, C., Casanova, M. A., Aldecoa-Bilbao, V., Andreu-Fernández, V. et al. (2019). The Effects of Vegetarian and Vegan Diet during Pregnancy on the Health of Mothers and Offspring. *Nutrients*, 11(3), 557.

22 Baroni, L., Goggi, S., Battaglino, R., Berveglieri, M., Fasan, I., Filippin D. et al. (2018). Vegan Nutrition for Mothers and Children: Practical Tools for Healthcare Providers. *Nutrients*, 11(1), 5.

23 Ebd.

24 American Academy of Pediatrics' Committee on Nutrition. (1998). *Pediatric Nutrition Handbook*. Itasca: American Academy of Pediatrics, 567.

25 Moisse, K. (2011). *Atlanta Couple Gets Life for Starving 6-Week-Old Son – Infant's soy milk and apple juice diet was too limited, Georgia court ruled*. Zugriff am 1. Februar 2021. Verfügbar unter https://abcn.ws/2XYEtxr

26 BBC. (2017). *Baby death: Parents convicted over vegetable milk diet*. Zugriff am 1. Februar 2021. Verfügbar unter https://bbc.in/3ePR0sL

27 Schlapbach, L. J., Schütz, B., Nuoffer, J. M., Brekenfeld, C., Müller, G. und Fluri, S. (2007). Floppy baby with macrocytic anemia and vegan mother. *Praxis (Bern 1994)*, 96(35), 1309–1314.

28 Shaikh, M. G., Anderson, J. M., Hall, S. K. und Jackson, M. A. (2003). Transient neonatal hypothyroidism due to a maternal vegan diet. *J Pediatr Endocrinol Metab*, 16(1), 111–113.

29 Dagnelie, P. C. und van Staveren, W. A. (1994). Macrobiotic nutrition and child health: results of a population-based, mixed-longitudinal cohort study in The Netherlands. *Am J Clin Nutr*, 59(5), 1187–1196.

30 Amoroso, S., Scarpa, M. G., Poropat, F., Giorgi, R., Murru, F. M. und Barbi, E. (2019). Acute small bowel obstruction in a child with a strict raw vegan diet. *Arch Dis Child*, 104(8), 815.

31 Lücke, T., Korenke, G. C., Poggenburg, I., Bentele, K. H. P., Das, A. M. und Hartmann, H. (2007). Maternal Vitamin B12 Deficiency: Cause for Neurological Symptoms in Infancy. *Z Geburtshilfe Neonatol*, 211(4), 157–161

32 Yeliosof, O. und Silverman, L. A. (2018). Veganism as a cause of iodine deficient hypothyroidism. *J Pediatr Endocrinol Metab*, 31(1), 91–94.

33 Moisse, K. (2011). *Atlanta Couple Gets Life for Starving 6-Week-Old Son – Infant's soy milk and apple juice diet was too limited, Georgia court ruled.* Zugriff am 1. Februar 2021. Verfügbar unter https://abcn. ws/2XYEtxr

34 Tebart, L., Stein, K., Wunsch, R. und Seul, R. (2018). Ein seltener Fall von alimentärem Skorbut. *Monatsschrift Kinderheilkunde*, 167(11), 1018–1021.

35 Johnston, M., Landers, S., Noble, L., Szucs, K. und Viehmann, L. (2012). Breastfeeding and the use of human milk. *Pediatrics*, 129(3), 827–841.

36 Borkhardt, A. und Wirth, S. (2014). Ernährung gesunder Säuglinge – Empfehlungen der Ernährungskommission der Deutschen Gesellschaft für Kinder- und Jugendmedizin. *Monatsschr Kinderheilkd*, 527–538.

37 Grimshaw, K. E., Maskell, J., Oliver, E. M., Morris, R. C., Foote, K. D. et al. (2013). Introduction of complementary foods and the relationship to food allergy. *Pediatrics*, 132(6), 1529–1538.

38 Valentine, C. J. und Wagner, C. L. (2013). Nutritional management of the breastfeeding dyad. *Pediatr Clin North Am*, 60(1), 261–274.

39 Perrin, M. T., Pawlak, R., Dean, L. L., Christis, A. und Friend, L. (2019). A cross-sectional study of fatty acids and brain-derived neurotrophic factor (BDNF) in human milk from lactating women following vegan, vegetarian, and omnivore diets. *Eur J Nutr*, 58(6), 2401–2410.

40 Sanders, T. A. (2009). DHA status of vegetarians. *Prostaglandins Leukot Essent Fatty Acids*, 81(2-3), 137–141.

41 Baroni, L., Goggi, S., Battaglino, R., Berveglieri, M., Fasan, I., Filippin, D. et al. (2018). Vegan Nutrition for Mothers and Children: Practical Tools for Healthcare Providers. *Nutrients*, 11(1), 5.

42 European Food Safety Authority. (2013). Scientific Opinion on Nutrient Requirements and Dietary Intakes of Infants and Young Children in the European Union. *EFSA Journal*, 11(10), 340.

43 Arterburn, L. M., Oken, H. A., Hoffman, J. P., Bailey-Hall, E., Chung, G., Rom, D. et al. (2007). Bioequivalence of Docosahexaenoic acid from different algal oils in capsules and in a DHA-fortified food. *Lipids*, 42(11), 1011–1024.

44 Ganuza, E., Benítez-Santana, T., Atalah, E., Vega-Orellana, O., Ganga, R. und Izquierdo, M. S. (2008). Crypthecodinium cohnii and Schizochytrium sp. As potential substitutes to fisheries-derived oils from seabream (Sparus aurata) microdiets. *Aquaculture*, 277(1–2), 109–116.

45 Specker, B. L., Black, A., Allen, L. und Morrow, F. (1990). Vitamin B-12: low milk concentrations are related to low serum concentrations in vegetarian women and to methylmalonic aciduria in their infants. *Am J Clin Nutr*, 52(6), 1073–1076.

46 Pawlak, R., Vos, P., Shahab-Ferdows, S., Hampel, D., Allen, L.H. und Perrin, M.T. (2018). Vitamin B-12 content in breast milk of vegan, vegetarian, and nonvegetarian lactating women in the United States. *Am J Clin Nutr*, 108(3), 525–531.

47 Silva, S.C.G., Pinho, J.P., Borges, C., Santos, C.T., Santos, A. und Graça, P. (2015). *Direção-Geral de Saúde: National Programme for the Promotion of Healthy Eating – Guidelines for a healthy vegetarian diet.* Zugriff am 1. Februar 2021. Verfügbar unter https://bit. ly/39cZjy3

48 Bundesinstitut für Risikobewertung. (2007). *Säuglingsnahrung aus Sojaeiweiß ist kein Ersatz für Kuhmilchprodukte.* Zugriff am 1. Februar 2021. Verfügbar unter https://bit.ly/2XXGie1

49 British Dietetic Association. (2003). Paediatric group position statement on the use of soya protein for infants. *J Fam Health Care*, 13(4), 93.

50 Leung, A. und Otley, A. (2009). Canadian Paediatric Society – Concerns for the use of soy-based formulas in infant nutrition. *Paediatr Child Health*, 14(3), 109–113.

51 Bhatia, J. und Greer, F. (2008). American Academy of Pediatrics' Committee on Nutrition – Use of Soy Protein-Based Formulas in Infant Feeding. *Pediatrics May* 2008, 121(5), 1062–1068.

52 Vandenplas, Y., Castrellon, P.G., Rivas, R., Gutiérrez, C.J., Garcia, L.D., Jimenez, J.E. et al. (2014). Safety of soya-based infant formulas in children. *Br J Nutr*, 111(8), 1340–1360.

53 Weder, S., Hoffmann, M., Becker, K., Alexy, U. und Keller, M. (2019). Energy, Macronutrient Intake, and Anthropometrics of Vegetarian, Vegan, and Omnivorous Children (1–3 Years) in Germany (VeChi Diet Study). *Nutrients*, 11(4), 832.

54 Keller, M. und Müller, S. (2016). Vegetarische und vegane Ernährung bei Kindern – Stand der Forschung und Forschungsbedarf. *Forsch Komplementmed*, 23(2), 81–88.

55 Sanders, T.A. (1988). Growth and development of British vegan children. *Am J Clin Nutr*, 48, 822–825.

56 Weder, S., Hoffmann, M., Becker, K., Alexy, U. und Keller, M. (2019). Energy, Macronutrient Intake, and Anthropometrics of Vegetarian, Vegan, and Omnivorous Children (1–3 Years) in Germany (VeChi Diet Study). *Nutrients*, 11(4), 832.

57 Günther, A.L., Remer, T., Kroke, A. und Buyken, A.E. (2007). Early protein intake and later obesity risk: which protein sources at which time points throughout infancy and childhood are important for body mass index and body fat percentage at 7 y of age? *Am J Clin Nutr*, 86(6), 1765–1772.

58 Great Vegan Athletes (o. D.). *Jehina Malik, vegan bodybuilder.* Zugriff am 1. Februar 2021. Verfügbar unter https://bit.ly/2QbQycW

59 Leitzmann, C. und Keller, M. (2019). *Vegetarische und vegane Ernährung (4. Überarbeit. Aufl.).* Stuttgart: Verlag Eugen Ulmer, 385.

60 Borkhardt, A. und Wirth, S. (2013). Vitamin-K-Prophylaxe bei Neugeborenen – Empfehlungen der Ernährungskommission der Deutschen Gesellschaft

für Kinder- und Jugendmedizin (DGKJ). *Monatsschr Kinderheilkd,* 161, 351–353.

61 Bundesinstitut für Risikobewertung. (2014). *Jod, Folat/Folsäure und Schwangerschaft.* Zugriff am 1. Februar 2021. Verfügbar unter https://bit.ly/3aGHwgx

62 Centers for Disease Control and Prevention. (1998). Recommendations to prevent and control iron deficiency in the United States. *Morb Mortal Wkly Rep,* 47(RR-3), 1–29.

63 Baroni, L., Goggi, S., Battaglino, R., Berveglieri, M., Fasan, I., Filippin, D. et al. (2018). Vegan Nutrition for Mothers and Children: Practical Tools for Healthcare Providers. *Nutrients,* 11(1), 5.

64 European Food Safety Authority. (2013). Scientific Opinion on Nutrient Requirements and Dietary Intakes of Infants and Young Children in the European Union. *EFSA Journal,* 11(10), 340.

65 Sanders, T.A. (2009). DHA status of vegetarians. *Prostaglandins Leukot Essent Fatty Acids,* 81(2-3), 137–141.

66 Jahreis, G., Leiterer, M. und Fechner, A. (2007). Jodmangelprophylaxe durch richtige Ernährung – Der Beitrag von Milch, Seefisch und Jodsalz zur Jodversorgung in Deutschland. *Präv Gesundheitsf,* 2, 179–183.

67 National Institute of Health. (2020). *Iodine – Fact Sheet for Health Professionals.* Zugriff am 1. Februar 2021. Verfügbar unter https://bit.ly/354xjsI

68 DSM. (o.D.). *Vitamin Nutrition Compendium – Vitamin nutrition for Poultry.* Zugriff am 1. Februar 2021. Verfügbar unter https://bit.ly/3ab5yA0

VEGANE
ERNÄHRUNG
FÜR HUNDE UND
KATZEN IST
TIERQUÄLEREI

23.

Sätze wie »Einen Hund oder eine Katze vegan zu ernähren ist nicht artgerecht!«, »Damit zwingt man dem Tier eine Ideologie auf!« oder schlichtweg »Das arme Tier!« hört man im Kontext der veganen Ernährung von Hunden und Katzen in Diskussionen immer wieder. Wie die Philosophin Dr. Friederike Schmitz, die auch im Vorwort dieses Buchs zu Wort kommt, allerdings betont, hat jemand, der aus Tierschutzgründen strikt gegen eine vegane Ernährung von Hunden und Katzen ist, wahrscheinlich nicht an alle betroffenen Tiere gedacht, die es zu schützen gilt.[1] So gibt sie zu bedenken, dass Kritiker*innen der veganen Hunde- und Katzenernährung unter dem Aspekt des generellen Tierschutzes zumindest eingestehen müssen, dass hier aus ethischer Sicht ein Dilemma vorliegt. Denn wenn man sich als Tierfreund*in für die Interessen des Hundes oder der Katze einsetzt, sollte man sich gleichermaßen auch für andere leidensfähige Tiere einsetzen. Alles andere wäre inkonsistent und speziesistisch. Wie auch die amerikanische Psychologin Dr. Melanie Joy in ihrem Werk »Warum wir Hunde lieben, Schweine essen und Kühe anziehen« anmerkt, gibt es keinen rationalen Grund, weshalb die Interessen eines Hundes oder einer Katze schwerer wiegen sollten als die eines Schweins oder eines Rinds, die für die Produktion tierischer Haustiernahrung geschlachtet werden. Weder in Bezug auf die Intelligenz noch die Leidensfähigkeit unterscheiden sich unsere Haustiere in relevantem Maße von »Nutztieren«. Dennoch scheinen sich viele Tierfreund*innen nicht weiter daran zu stören, dass ihre karnivoren Haustiere im Laufe ihres Lebens eine Vielzahl anderer Lebewesen fressen. Würde man hingegen Hunde oder Katzen für die Fütterung anderer Tiere heranziehen, wäre die Empörung in der Bevölkerung groß. Wenn man also dieselben ethischen Parameter konsequent in beiden Fällen anwendet, wird schnell verständlich, weshalb vegan lebende Menschen tierleidfreie Futteralternativen für ihre fleischfressenden Haustiere suchen.

Sicherlich könnte man einwenden, man solle sich als Veganer*in schlichtweg kein karnivores Haustier zulegen, doch zum einen haben viele vegan lebende Menschen ihre Hunde und Katzen noch aus der Zeit vor der Umstellung auf eine vegane Lebensweise und zum anderen bleibt das ökologische und ethische Problem der Fütterung karnivorer Haustiere selbst dann noch bestehen, wenn Veganer*innen konsequent auf die Haltung dieser Haustiere verzichten würden. Dadurch verschiebt sich lediglich das Problem auf den (wesentlich größeren) Teil der mischköstlichen Bevölkerung, der seinen Hunden und Katzen weiterhin Fleisch füttert. Das Problem ist dabei weit mehr als nur ein ethisches; es ist auch ein ökologisches.

Der massive Fleischkonsum von Haustieren hat ökologische Folgen

Während den meisten Menschen die Folgen des übertriebenen Fleischhungers der (westlichen) Welt auf unsere Umwelt durchaus bewusst sind, unterschätzen viele das Ausmaß und die Folgen des Fleischkonsums der karnivoren Haustiere. Wenn man nur die Hunde und Katzen in den USA als Vergleich heranzöge, wird die Größenordnung deutlich: Würden diese Hunde und Katzen (über 163 Millionen Tiere) einen eigenen Staat gründen, wären sie der fünftgrößte Fleischkonsument weltweit, hinter Russland auf Platz vier, Brasilien, den USA und China an der Spitze.[2] Der Kalorienbedarf an tierischen Produkten aller Hunde und Katzen in den USA beträgt etwa ein Drittel dessen der gesamten amerikanischen menschlichen Bevölkerung und trägt damit zu einem erheblichen Teil zu den negativen Umwelteinflüssen der westlichen Länder bei.[3] In Deutschland lebten 2019 in über 40 % der deutschen Haushalte Hunde oder Katzen,[4] in absoluten Zahlen ausgedrückt etwa 14,7 Millionen Katzen und 10,1 Millionen Hunde.[5] Wie Abbildung 47 zeigt, sind das mehr als doppelt so viele wie noch im Jahr 2000. Hinzu kommen noch mehr als 10 Millionen Kleintiere und Ziervögel.

Abb. 47: **Anzahl der Haustiere in deutschen Haushalten in den Jahren 2000–2019 (in Millionen)[6]**

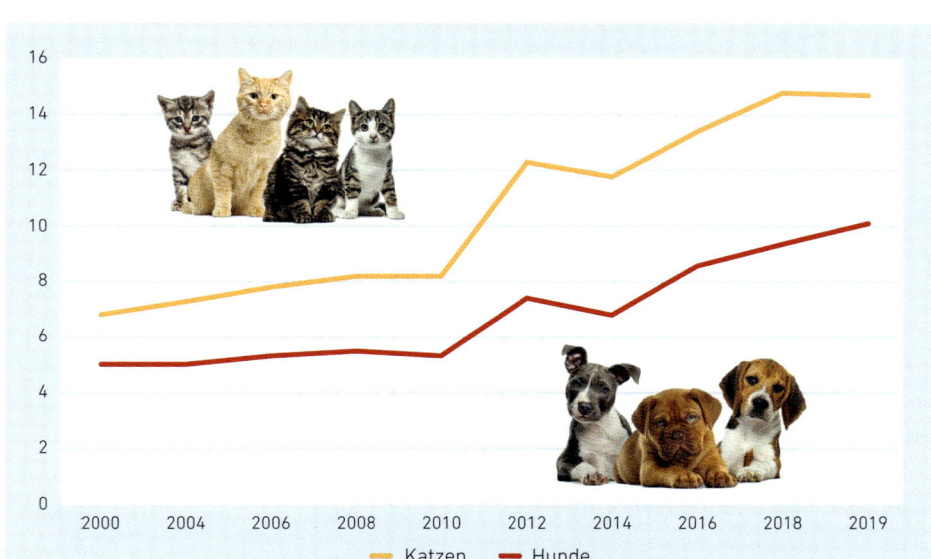

Vor allem Hunde und Katzen haben durch ihren hohen Fleischverzehr einen verhältnismäßig großen ökologischen Fußabdruck. Ein gewisser Teil des Tierfutters entstammt allerdings aus Nebenprodukten der für Menschen bestimmten Fleischproduktion (sogenanntes K3-Material bzw. K3-Fleisch) und kann damit, zumindest solange Menschen selber weiterhin Fleisch konsumieren, nicht im selben Maße bezüglich der ökologischen Folgen bilanziert werden. Bei K3-Material handelt es sich um Fleisch, das ohnehin nicht mehr für die menschliche Ernährung verwendet wird und somit ein Abfallprodukt darstellt. Der wachsende Trend der »Vermenschlichung« von Haustieren und der damit einhergehenden Wahl von Premium-Tierfutter führt jedoch dazu, dass im Tierfutter vermehrt Fleisch verwendet wird, das auch für die menschliche Nahrung herangezogen werden könnte.[7] Reinrassige Katzen werden laut einer Untersuchung an über 4.000 Exemplaren in England im Durchschnitt 12,5 Jahre alt (Mischlingskatzen 14 Jahre).[8] Selbst bei konservativen Rechenmethoden kann davon ausgegangen werden, dass jede Katze in ihren Leben über 400 Hühner bzw. mehr als vier Kühe verspeist.[9] Rechnet man das auf die Anzahl der Katzen (und anderer fleischfressender Haustiere) hoch, wird das enorme Ausmaß des Anteils, den die Haustierhaltung am westlichen Fleischverzehr hat, deutlich.

Hunde und Katzen haben keinen Bedarf an Fleisch, sondern benötigen bestimmte Nährstoffe

Es wäre also eine Win-win-Situation, wenn es Wege gäbe, karnivoren Haustieren kein Fleisch von Tieren zu füttern und dennoch ihre Bedürfnisse nach einer bedarfsgerechten und schmackhaften Ernährung zu erfüllen. Niemand bestreitet in diesem Kontext, dass die Hauskatze (Felis catus) zur Gruppe der Karnivoren und der Haushund (Canis lupus familiaris) zur Gruppe der Omni-Carnivora zählen – sowohl ihr Gebiss als auch ihr Verdauungstrakt ist klar ersichtlich für den Verzehr von Fleisch ausgelegt.[10] Wenn man allerdings die Emotion aus der oft hitzig geführten Debatte rund um vegane Hunde- und Katzenernährung nimmt und nüchtern auf die Datenlage blickt, wird deutlich, dass kein Tier auf diesem Planeten spezielle Lebensmittel benötigt, sondern lediglich eine bestimmte Zufuhr an gewissen Nährstoffen. Dies bringt der britische Tierarzt Dr. Andrew Knight in seiner Veröffentlichung zu vegetarisch-veganer Hunde- und Katzenernährung auf den Punkt: »Hunde, Katzen und alle anderen Spezies haben mehr einen Bedarf an gewissen Nährstoffen als an bestimmten Lebensmitteln. Es gibt, zumindest in der Theorie, keinen Grund dafür, warum Ernährungsweisen auf rein pflanzlicher Basis mit dem Zusatz entsprechender Mineralstoffe und weiterer synthetisch hergestellter Nährstoffe [...] nicht die Anforderungen einer Tierernährung nach gutem Geschmack, guter Bioverfügbarkeit und ausreichender Nährstoffbedarfsdeckung erfüllen können.«[11]

Wenn dies gegeben ist, wäre es egal, wie »natürlich« diese Ernährung ist, solange sie den Haustieren schmeckt und ihre Gesundheit erhält. Wie in den Kapiteln 14 und 15 im Detail erklärt, ist allein die Natürlichkeit einer Sache ohnehin kein valides Argument für oder gegen einen Sachverhalt. Ein objektiver Blick zeigt, dass die menschliche Ernährungs- und Lebensweise zunehmend »unnatürlicher« (und dadurch in vielen Fällen besser) wird, und ebenso ist es bei unseren Haustieren. Diese werden heutzutage gechipt, geimpft, entwurmt und entfloht. Sie werden zu Hause gehalten und bekommen in regelmäßigen Abständen Futter – bei all diesen Vorgängen beschwert sich niemand über eine fehlende Natürlichkeit. Auch ihr fleischhaltiges Tierfutter ist alles andere als natürlich. In der Natur würden Katzen wohl kaum Kühe, Schweine, Schafe oder Garnelen (aus Dosen) verspeisen. Katzenmilch auf Kuhmilchbasis, die regelmäßig Hauskatzen gegeben wird, ist als Muttermilch einer artfremden Spezies alles andere als natürlich, ebenso wie die (wichtige) Anreicherung der gängigen Katzen- und Hundenahrung mit Nährstoffen. In der Natur würden Katzen hauptsächlich kleine Säugetiere, Vögel, Fische, Reptilien und wirbellose Kleintiere mitsamt ihren Organen verspeisen und hätten keine so regelmäßigen Essenszeiten wie Hauskatzen.[12] Sie hätten nicht all den Komfort, der für sie mit der Haustierhaltung einhergeht. Daher ist, wie Dr. Schmitz betont, nicht die artgerechte Tierhaltung per se wichtig, sondern sie ist es nur dann, wenn Tiere unter einer nicht-artgerechten Haltung leiden.[13]

Tierfreund*innen sollten die Interessen aller Tiere berücksichtigen

Wenn man nicht blind die Interessen des eigenen Haustiers über die sämtlicher anderer Tiere stellt, wird deutlich, dass es hier keine so einfache Lösung in Ernährungsfragen gibt. Es gilt alle Interessen abzuwägen, um einen möglichst guten Kompromiss für alle Seiten zu finden. Man sollte, wenn man die Frage stellt, wie schlimm es für den Hund oder die Katze wäre, vegan ernährt zu werden, immer die schlimme Situation der »Nutztiere« in der Intensivtierhaltung im Blick behalten. Dem Haustier, das aufgrund mangelnder kognitiver Fähigkeiten nicht die Konsequenzen seines Handelns begreifen kann, die Essensentscheidung abzunehmen, ist dabei zwar ebenso ein Eingriff in das Leben des Tieres wie all die anderen Fremdbestimmungen (z. B. die Entscheidung, wo und mit wem das Tier lebt, wann es Auslauf hat, welche anderen Tiere es treffen kann etc.), aber solange sichergestellt wird, dass alle Bedürfnisse des Haustiers erfüllt sind, verursacht dieser Eingriff deutlich weniger Leid als die »Nutztierhaltung«. Wenn man die Fremdbestimmung der Fütterung des Haustiers (trotz Gewährleistung der Adäquatheit der Nährstoffversorgung und der Schmackhaftigkeit) kritisiert, dann müssten ebenso all die anderen Aspekte der Haustierhaltung im selben Maße kritisiert werden.

Alles andere wäre inkonsistent. Der einzig valide Einwand gegen eine vegane Hunde- und Katzenernährung wäre das Szenario, dass es tatsächlich nicht möglich wäre, diese Haustiere gesund vegan zu ernähren. Selbst in diesem Fall gäbe es aber immer noch die Möglichkeit, auf ethischere Art und Weise Fleisch zu produzieren, ohne dadurch die Nachfrage und damit das Leid in der (Massen-)Tierhaltung zu erhöhen. Containertes Fleisch wäre eine Alternative oder man könnte versuchen, übrig gebliebenes (und ansonsten weggeworfenes) Fleisch aus Restaurants zu beziehen. Sobald in den kommenden Jahren bzw. Jahrzehnten Cultivated Meat (Zellkulturfleisch) im Tierfuttersektor verfügbar ist, verliert aber die gesamte Diskussion um vegane Hunde- und Katzenernährung ohnehin an Bedeutung. Bis es soweit ist, lohnt sich aber die Diskussion, inwieweit bis dahin eine vegane Hunde- und Katzenernährung möglich wäre.

Der Hund ist mehr Vegetarier als Wolf

Laut Paragraph 2 des Tierschutzgesetzes muss jede Person, die ein Tier hält oder betreut, für die angemessene Ernährung, die Pflege und die verhaltensgerechte Unterbringung des Tieres sorgen.[14] Wenn Hunde und Katzen durch eine vegane Ernährung also nicht ihren Nährstoffbedarf decken könnten, wäre dies als Tierquälerei einzustufen und entsprechend entschieden abzulehnen. Während die vegane Ernährung bei Hunden zwar gesellschaftlich immer noch kontrovers diskutiert wird, gilt sowohl unter Tierärzt*innen als auch bei Tierschutzorganisationen weitestgehend der Konsens darüber, dass ausgewachsene Hunde unter Einhaltung gewisser Rahmenbedingungen problemlos vegan ernährt werden können. So schreiben die Tierärztliche Vereinigung für Tierschutz wie auch der Deutsche Tierschutzbund, dass bei ausgewachsenen Hunden eine vegane Ernährung ohne erkennbare Schäden möglich sei.[15,16] Eine vegane Ernährung von tragenden und laktierenden Hündinnen sowie von Welpen lehnen diese beiden Organisationen allerdings ab. Im Verlauf dieses Kapitels wird jedoch noch deutlich, dass diese Ablehnung, ebenso wie die Ablehnung der veganen Kinderernährung des Menschen seitens der Deutschen Gesellschaft für Ernährung (DGE),[17] zwar auf berechtigten Kritikpunkten beruht, vegane Ernährungsweisen jedoch bei einer guten Umsetzung sowohl für Menschen als auch Tiere in jeder Lebensphase machbar sind. Die Kontroverse rund um die vegane Hundeernährung entstammt vor allem dem verzerrten Bild, Hunde hätten heute immer noch zu großen Teilen den Nährstoffbedarf von Wölfen. Die Abspaltung zwischen Wölfen und Hunden fand allerdings bereits vor mehr als 30.000 Jahren statt[18] und der heutige Hund ist weit mehr ein Omnivor als ein Karnivor.[19] So titelte die Zeitschrift Spektrum passend zum Thema der Hundeernährung: »Hund mehr Vegetarier als Wolf«.[20] Der Wolf wurde domestiziert und als Hund zum »treuesten Freund des Menschen«, der – parallel zum Menschen – einen Geschmack für pflanzliche Nahrung entdeckte.[21] So zeigte eine Untersuchung, dass das Verdauungssystem heutiger Hunde deutlich besser als das des Wolfs an den Abbau pflanzlicher Stärke und damit an eine pflanzlichere Ernährung angepasst ist.[22] Dies ist darauf zurückzuführen, dass Hunde sich in einer evolutiven Nische in Abhängigkeit des Menschen entwickelt haben und dass deren (überwiegend pflanzliche) Essensreste als Großteil ihrer Kost einen starken selektiven Druck auf ehemalige Haushunde ausübten, sich an diese neuartige Nahrung zu adaptieren. Hunde verfügen somit in Abhängigkeit der Rasse über mehr oder weniger hohe Konzentrationen an Enzymen zur Kohlenhydratverdauung, die in einer vergleichbaren Ausprägung bisher lediglich bei Pflanzenfressern wie Hasen und Kühen – nie jedoch bei Fleischfressern – gefunden wurden. Hinsichtlich der Höhe der Amylase-Produktion (ein Enzym, das Stärke spaltet) in der Bauchspeicheldrüse sind Hunde vergleichbar mit Omnivoren wie etwa dem Schwein.[23] Dass eine vegane Hundeernährung funktionieren und zu langanhaltender Gesundheit beitragen kann, zeigen Erfahrungsberichte einer Vielzahl vegan ernährter Hunde in den letzten Jahrzehnte.[24] Ein besonderes Beispiel ist dabei der britische Border Collie Bramble, der über 25 Jahre alt wurde und sich zum Zeitpunkt seines Ablebens im Jahr 2003 unter den Top 5 der weltweit langlebigsten Hunde befand.[25] Bramble wurde – ebenso wie die insgesamt sieben Hunde seiner Halterin Anne Heritage – den überwiegenden Teil seines Lebens vegan ernährt. Vier weitere der sieben Hunde erreichten mit 19 bzw. 20 Jahren ein überdurchschnittlich hohes Alter.

Vegane Katzenernährung: theoretisch möglich – praktisch (noch) schwer umsetzbar

Katzen wurden wohl erst vor etwa 9.000 Jahren domestiziert.[26] Dabei war der Selektionsdruck, sich an die pflanzenbetonten Essensreste der Menschen anzupassen, auf sie nicht so groß wie bei Haushunden, da frühe Hauskatzen stets auch parallel zu ihrem vom Menschen gestellten Futter Kleintiere jagten.[27] Katzen sind heute noch auf eine sehr proteinhaltige Kost eingestellt und produzieren nur etwa 5 % der Menge an Pankreas-Amylase zur Stärkeverdauung wie Hunde.[28] Ihnen fehlen darüber hinaus weitere Adaptionen zur effizienten Verdauung von Kohlenhydraten, wodurch sie in ihrer Fähigkeit, größere Mengen an Kohlenhydraten zu verstoffwechseln, stark eingeschränkt sind. Aufgrund der geringeren Adaption von Katzen ist es nicht weiter überraschend, dass sowohl die Tierärztliche Vereinigung für Tierschutz als auch der Deutsche Tierschutzbund eine vegane Katzenernährung ablehnen.[29,30] Diese Ablehnung beruht allerdings mehr auf den schlechten Rahmenbedingungen als auf einer tatsächlich unmöglichen Umsetzbarkeit. Zurzeit fehlt es oft nicht nur an den richtigen veganen Produkten für Katzen, damit ihr

Nährstoffbedarf optimal gedeckt werden kann, sondern auch an Sachkenntnis, um wichtige Einflussfaktoren auf die Katzengesundheit (z. B. den nahrungsabhängigen pH-Wert des Katzenurins) günstig zu beeinflussen. Möglich wäre eine vegetarische und bei guter Planung auch vegane Ernährung aber durchaus, da selbst Karnivore wie Katzen, deren Physiologie zweifelsohne auf den Verzehr von Fleisch ausgerichtet ist, wie beschrieben keinen Bedarf an Fleisch per se, sondern an einer Reihe an Nährstoffen aus Fleisch haben, die zum Teil im Pflanzenreich nicht in ausreichender Menge vorkommen, aber im Rahmen der veganen Kost über Anreicherung der Nahrung oder Supplementierung zugeführt werden können. Das gut dokumentierte Beispiel der vegetarischen Löwin Little Tyke verdeutlicht die Grenzen des beschränkten Denkens in den Schubladen Karnivore, Omnivore und Herbivore. Little Tyke war eine knapp drei Meter lange und knapp 160 kg schwere Löwin, die im September 1946 geboren, von ihrer Mutter verstoßen und daraufhin vom Ehepaar Georges und Margaret Westbeau aufgezogen wurde. Aufgrund ihrer fleischfreien Ernährung erlangte sie große Berühmtheit.[31] Little Tyke wollte nicht nur von sich aus kein Fleisch essen und verweigerte jeglichen Fütterungsversuch damit, sondern sie lebte auf der Ranch der Westbeaus auch in Gesellschaft eines Schafs, eines Hirschs, einer Katze und eines Schwans. Abbildung 48 zeigt Little Tyke in Gesellschaft des Lamms Becky.

Abb. 48: **Die Löwin Little Tyke mit dem Lamm Becky (um 1950)**[32]

Studien zur veganen Katzen- und Hundeernährung fallen positiv aus

Ebenso wie der Mensch (aktuell) eine vegane Ernährung nur mit Hilfe der Supplementierung gewisser Nährstoffe wie Vitamin B_{12} umsetzen kann, können auch Katzen und Hunde nur dann vegan leben, wenn die für sie benötigten Nährstoffe als Supplement dem Futter beigemengt werden. Erhalten sie diese essenziellen Stoffe (und wird auf weitere Parameter wie die Verdaulichkeit der Nahrung und den nahrungsabhängigen pH-Wert des Urins geachtet), können allerdings nicht nur Hunde, sondern auch Katzen in jeder Lebensphase vegan ernährt werden. So heißt es von Seiten des britischen Tierarztes Dr. Andrew Knight: »Eine wachsende Evidenzlage zeigt, dass Hunde und Katzen mit einer optimal zusammengestellten vegetarischen und veganen Ernährung nicht nur überleben, sondern sogar ausgezeichnet gedeihen können.«[33] Die Schlussfolgerung der Autorin einer kleinen Studie aus Österreich mit 20 veganen Hunden und 15 veganen Katzen lautete ebenfalls: »Mit den Informationen aus dieser Studie, dem Gesamteindruck der teilnehmenden Tiere und den vorliegenden Ergebnissen der Untersuchungen sowie Bluttests kann die engstirnige Verweigerung oder das Abraten einer veganen Ernährung für Hunde und Katzen nicht begründet werden [...].«[34] Außerdem sollten »[...] das zunehmende Interesse an dieser Form der Ernährung und die Nachfrage [...] in einer stärkeren Auseinandersetzung mit diesem Thema unter Tierärztinnen und Tierärzte resultieren. Die starke Überzeugung von veganen Tierbesitzerinnen und Tierbesitzern und der Wille die eigene Philosophie auf die eigenen Hunde und Katzen umzulegen, sollte zu einem Ernstnehmen von rein pflanzlicher Hunde- und Katzenernährung in der modernen Tiermedizin führen.«[35]

In der Studie wiesen die Blutuntersuchungen der veganen Hunde (im Durchschnitt knapp drei Jahre vegan) und Katzen (im Durchschnitt knapp vier Jahre vegan) größtenteils keine signifikanten Unterschiede in den untersuchten Parametern zu Hunden und Katzen mit einer herkömmlichen fleischhaltigen Ernährung auf. Lediglich die Folsäurewerte der Katzen (nicht der Hunde) waren in der veganen Gruppe niedriger. Das wäre allerdings leicht zu beheben, da Folat in großem Umfang in pflanzlichen Lebensmitteln vorkommt. Es ist lediglich recht empfindlich gegenüber Licht, Hitze und Sauerstoff[36] und kann daher durch unsachgemäße Zubereitung der Tiernahrung in größerem Umfang verloren gehen.

Keiner der untersuchten Hunde und keine der Katzen zeigte negative klinische Veränderungen und sie präsentierten sich laut der Veröffentlichung munter und aufmerksam. Ihre Halter*innen berichteten zudem von keinen Akzeptanzproblemen mit veganem Futtermittel. In einer weiteren Studie mit 34 Katzen, die sich ein Jahr oder länger fleischfrei ernährten (davon etwa zwei Drittel mit rein veganer Ernährung), zeigte sich, dass 97 % von ihnen als rundum gesund klassifiziert werden konnten.[37] In 2021 wurde eine weitere Publikation zu veganer Katzenernährung veröffentlicht. Darin wurden die Ergebnisse einer Befragung an über tausend Katzenhaltern aus den USA und Kanada zur Gesundheit ihrer Katzen publiziert.[38] Knapp ein Fünftel der Katzen in dieser Befragung wurde dabei vegan ernährt. Auch in dieser Publikation gab es keine negativen Einflüsse auf die Gesundheit und Lebenserwartung der veganen Katzen im Vergleich zu den konventionell ernährten.

Auch fleischhaltiger Tiernahrung werden Nährstoffe zugesetzt

Selbst wenn es auf den ersten Blick kontraintuitiv erscheint, »natürliche« Fleischfresser vegan zu ernähren, ist es in Anbetracht der ökologischen und ethischen Folgen der weltweit steigenden Haustierhaltung lohnend, über alternative Wege der Fütterung von Hunden und Katzen nachzudenken. Die dafür notwendige Anreicherung des Tierfutters mit Nährstoffen wie Vitamin B_{12}, Vitamin D, Jod, Eisen, Zink oder Taurin ist dabei übrigens nicht nur in veganem Hunde- und Katzenfutter üblich, sondern ist auch in Tiernahrung mit Fleisch weit verbreitet. Im Jahr 1987 titelte die Los Angeles Times: »Tausende Tode bei Katzen zurückzuführen auf einen Nährstoffmangel im Tierfutter« und bezog sich dabei auf den zu geringen Gehalt an Taurin in konventionellem, fleischhaltigem Katzenfutter zu dieser Zeit.[39] Durch die zu geringen Werte an Taurin erlebte eine Vielzahl an Katzen trotz »artgerechter« fleischhaltiger Kost gesundheitlich abträgliche Effekte. Seit diesen Vorfällen wird fleischhaltiges Tierfuttermittel breitflächig angereichert, da die Menge im Tierfuttermittel trotz des Fleisches nicht immer ausreicht. Obwohl einige Hunde von einer zusätzlichen Gabe an Taurin profitieren, sind sie grundsätzlich (ebenso wie der Mensch) zumeist in der Lage, ausreichende Mengen selbst zu produzieren.[40] Katzen können dies nicht und so ist Taurin für sie ein essenzieller Nährstoff.

Vegan lebende Menschen sind überdurchschnittlich gut in Ernährungsfragen informiert

Wenn man sich für eine vegane Ernährung von Hund und Katze entscheidet, sollte dies nur unter der Voraussetzung getan werden, dass man selbst bestens informiert ist bzw. sich im Optimalfall von Fachkräften zu diesem Thema beraten lässt. Wie Untersuchungen zeigen, sind vegan lebende Menschen aber ohnehin nicht nur bei sich selbst, sondern auch gegenüber ihren Haustieren in Ernährungsfragen überdurchschnittlich achtsam. So hat das Bundesinstitut für Risikobewertung (BfR) in einer Befragung 2016 zum Risikopotenzial einer veganen Ernährung beim

Menschen gezeigt, dass Veganer*innen überdurchschnittlich gut gebildet sind, über ein sehr gutes Ernährungswissen verfügen, sich sehr intensiv mit Gesundheits- und Ernährungsthemen befassen und auch über das Risikopotenzial einer veganen Ernährung Bescheid wissen.[41] Dasselbe scheint auch in Bezug auf die vegane Haustierernährung zuzutreffen. Eine Befragung an 100 Hunde- und Katzenhalter*innen zeigte, dass Vegetarier*innen und Veganer*innen viele Kriterien bei der Futterwahl wichtiger sind als mischköstlichen Tierhalter*innen und sie überdurchschnittlich viel Wert auf eine gesunde Fütterung ihrer Tiere legen.[42]

Wenn man (vor allem ältere) Hunde und Katzen auf eine vegane Ernährung umstellen möchte, gilt es ausreichend Geduld mitzubringen und die Veränderungen im Futter graduell durchzuführen. Beginnend mit 10 % des neuen und 90 % des gewohnten Futters kann im Laufe einiger Wochen schrittweise der Anteil bis zum kompletten Wechsel auf das vegane Futter erhöht werden. Wenn die Tiere zu Beginn aufgrund fehlender Gewöhnung um das neue Futter herumfressen und dieses übrig lassen, genügt es zur schrittweisen Gewöhnung, dieses immer wieder beizugeben. Durch das ausreichende Durchmengen des gewohnten mit dem ungewohnten Futter, das leichte Anwärmen sowie die Zugabe von Geruchs- und Geschmacksmitteln wie Nährhefe, Nori-Flocken, Spirulina und neutralen Pflanzenölen kann die Akzeptanz zusätzlich erhöht werden.[43]

Nicht alle pflanzlichen Lebensmittel sind gleichermaßen für Hunde und Katzen geeignet

Es muss jedoch beachtet werden, dass nicht jedes pflanzliche Lebensmittel der menschlichen Ernährung auch für Hund und Katze geeignet ist. So können u. a. Schokolade, Trauben, Rosinen, Zwiebeln, Knoblauch, Avocados, Macadamia-Nüsse, Xylitol (ein Süßstoff) und Koffein mehr oder weniger stark toxisch auf Hunde und einige von ihnen auch toxisch auf Katzen wirken.[44] Darüber hinaus sind Unterschiede zwischen den Spezies in Bezug auf die Verstoffwechselung sekundärer Pflanzenstoffe (etwa Soja-Isoflavone)[45] sowie auf die prozentuale Makronährstoffverteilung (mehr Protein als andere domestizierte Spezies)[46] ebenso wie Unterschiede der essenziellen Nährstoffe zwischen Menschen, Hunden und Katzen zu beachten, um eine auf die Bedürfnisse der Tiere angepasste vegane Ernährung gewährleisten zu können.

Untersuchungen an Katzen hinsichtlich ihres Umgangs mit Soja-Isoflavonen zeigen einige beträchtliche Unterschiede im Vergleich zum Menschen. Katzen sind nur sehr eingeschränkt in der Lage, Soja-Isoflavone aus der Nahrung auszuscheiden und so sind Isoflavone aus der Nahrung bei diesen Tieren um ein Vielfaches wirksamer.[47] Katzen hatten im Gegensatz zum Menschen evolutionär schlichtweg niemals die Notwendigkeit, Möglichkeiten zu entwickeln, diese Phytoöstrogene zu verstoffwechseln und ausscheiden zu können, da sie in der Vergangenheit kaum pflanzliche Lebensmittel mit hohem Phytoöstrogengehalt verzehrt haben. Bei vielen (Hyper-)Karnivoren ist im Gegensatz zum Menschen beispielsweise das Gen UGT1A6 zu einem Pseudo-Gen verkommen, das seine eigentliche Funktion somit verloren hat.[48] Dieses Gen ist für die Ausscheidung von u. a. Isoflavonen von großer Bedeutung. Für Katzen war dieses Gen nicht so wichtig wie für den Menschen, der seit jeher in Abhängigkeit von seinem Lebensraum mehr oder weniger große Mengen an pflanzlichen Lebensmitteln verzehrt hat. Daher sollte auf einen niedrigen Isoflavongehalt in der veganen Katzennahrung geachtet werden.

Unterschiede im Nährstoffbedarf zwischen Menschen, Hunden und Katzen

Während für den Menschen nur acht bzw. neun Aminosäuren (je nach Lebensphase) essenziell sind, sind es für den Hund zehn. Das sind wie beim Menschen Isoleucin, Leucin, Lysin, Methionin, Phenylalanin, Threonin, Tryptophan und Valin sowie zusätzlich die Aminosäuren Arginin und Histidin.[49] Letztere ist auch in manchen Lebensphasen für den Menschen essenziell.[50] Für Katzen sind es elf Aminosäuren, da bei ihnen zusätzlich die zuvor erwähnte Aminosäure Taurin essenziell ist. Da der Organismus des Hundes und der Katze keinen Bedarf an tierischem Protein per se, sondern lediglich an gewissen Aminosäuren hat, die zum Großteil auch in Pflanzen vorkommen bzw. ansonsten synthetisch hergestellt werden können, kann eine adäquate Proteinversorgung rein vegan sichergestellt werden.[51] Die Zellen von Hunden und Katzen nutzen Aminosäuren unabhängig ihrer Herkunft (tierisch, pflanzlich, synthetisch) und unterscheiden nicht, ob diese beispielsweise aus dem Fleisch oder einer Hülsenfrucht kommen, solange sie in ausreichender Menge und im richtigen Verhältnis zueinander zugeführt werden. Daher ist es ratsam, in der veganen Hunde- und Katzennahrung zu überprüfen, ob jene Aminosäuren, die in höheren Mengen überwiegend (z. B. Methionin, Arginin) bzw. ausschließlich (z. B. Taurin, Carnitin, Carnosin) in tierischen Produkten vorkommen (aber auch synthetisch gewonnen werden können) dem veganen Tierfutter beigegeben wurden. Im Gegensatz zum Menschen können weder Hunde noch Katzen Vitamin D über die Eigensynthese bei ausreichender Sonnenexposition produzieren und sind so auf eine Vitamin-D-Zufuhr über die Nahrung angewiesen.[52]

Im Gegensatz zu Hunden, die sowohl Vitamin D_3 (meist aus tierischen Produkten) als auch Vitamin D_2 (meist aus pflanzlichen Produkten) effektiv verwerten können, ist bei Katzen die Verwertbarkeit von Vitamin D_3 deutlich besser ausgeprägt.[53] Dies muss allerdings kein Hindernis für die vegane Katzenernährung sein, da es auch nicht-tierisches Vitamin D_3 aus Flechten gibt.[54] Hunde können (wie der Mensch) Beta-Carotin zu Vitamin A (Retinol) konvertieren.[55] Katzen hingegen können Beta-Carotin zwar absorbieren, aber nicht ausreichend konvertieren, und so ist vorgeformtes Vitamin A für sie ein essenzieller Nährstoff, der nicht (wie beim Menschen) über die Beta-Carotin-Zufuhr gedeckt werden kann.[56] Hunde können ferner im Gegensatz zum Menschen aus der essenziellen Aminosäure Tryptophan nur sehr ineffizient Niacin (Vitamin B_3) synthetisieren und Katzen können dies gar nicht.[57] Daher spielt dieses Vitamin für diese Haustiere eine noch bedeutendere Rolle als für den Menschen. In Bezug auf die Omega-6-Fettsäuren haben Hunde wie der Mensch lediglich einen Bedarf an der in Pflanzen vorkommenden Linol-säure (LA),[58] wohingegen Katzen vorgeformte Arachidonsäure (AA) als essenzielle Fettsäure aus der Nahrung benötigen.[59] Die langkettige Omega-6-Fettsäure Arachi-donsäure kommt zwar in erster Linie in tierischen Lebensmitteln vor, aber eine Reihe an Rotalgen und Braunalgen beinhalten diese Fettsäure ebenfalls und diese können so als pflanzliche Quelle für Arachidonsäure dienen.[60] Ob Hunde und Kat-zen neben der essenziellen Omega-3-Fettsäure namens Alpha-Linolensäure (ALA) auch einen Bedarf an den langkettigen Omega-3-Fettsäuren EPA und DHA haben und wie hoch dieser ausfällt, ist nicht abschließend geklärt,[61] aber in diesem Fall gäbe es pflanzliches Mikroalgenöl für die EPA/DHA-Zufuhr bzw. zahlreiche pflanz-liche Lebensmittel und deren Öle für ALA.

Größte Herausforderung bei veganen Katzen: der nahrungsabhängige pH-Wert des Urins

Von der ausreichenden Nährstoffversorgung abgesehen, ist es vor allem bei Katzen von großer Bedeutung, den von der Nahrung beeinflussten pH-Wert des Urins im Auge zu behalten. Die tierproteinbetonte Ernährungsweise samt ihrem hohen Anteil an schwefelhaltigen Aminosäuren führt dazu, dass der Urin von Katzen bei einem pH-Wert von 5,5–7 und bei Hunden bei einem pH-Wert von 5–7 liegt.[62] Wenn Hunde und Katzen auf eine pflanzliche Ernährung ohne weitere Vorkeh-rungsmaßnahmen umgestellt werden, kann durch den geringeren Anteil an diesen schwefelhaltigen Aminosäuren in der veganen Ernährung der pH-Wert des Urins steigen. Diese Alkalisierung des Urins kann vor allem bei Katzen das Risiko für die Bildung von Harnsteinen erhöhen. Männliche Katzen sind dabei noch emp-fänglicher für Komplikationen dieser Art, da ihre Harnröhren einen geringeren Durchmesser aufweisen. Dies gilt es zu vermeiden, indem zum einen der pH-Wert des Haustiers auf regelmäßiger Basis mit pH-Teststreifen kontrolliert wird (zu Beginn wöchentlich und nach der erfolgreichen Umstellung monatlich), und zum anderen kann durch einen Fokus auf gewisse säurebildende pflanzliche Lebens-mittel wie Erbsen, Linsen, Hafer, Mais, Rosenkohl, Spargel und Hefe wie auch durch die Zugabe von Vitamin C und den schwefelhaltigen Aminosäuren Methio-nin und Cystein (die einzeln gekauft und dem Futter beigegeben werden können) der pH-Wert des Urins gesenkt werden.[63] In der Untersuchung an veganen Hunden und Katzen aus Österreich wurde eine normale Harnausscheidung bei Hunden und Katzen von allen Tierhalter*innen bestätigt. Bei 19 Hunden und einer Katze wurde im Rahmen der Studie der Urin-pH getestet. 95 % der veganen Hunde und die vegane Katze lagen dabei im Normbereich.[64] Somit ist die Kenntnis über dieses potenzielle Problem von äußerst großer Bedeutung, da die Bildung von Harnsteinen mit immensem Leid für das Tier und verhältnismäßig hohen Kosten für die Tierhalter*innen einhergeht. Wenn darauf geachtet wird, dass der pH-Wert des Urins konstant im Normalbereich bleibt, kann der Harnsteinbildung somit jedoch leicht vorgebeugt werden.

Schlussfolgerung

Wie eingangs erwähnt, gilt es im Sachverhalt der Hunde- und Katzenernährung eine ehrliche Abwägung zwischen den Interessen aller Beteiligten zu treffen. Der Sachverhalt kann bei Hunden angesichts der Datenlage klar zu Gunsten der veganen Hundeernährung entschieden werden. Hunde sind keine obligatorischen Karnivore und weisen durch ihre physiologischen Anpassungen alle Voraussetzungen auf, um mit einer gut zusammengestellten veganen Kost gesund ernährt werden zu können. Auch wenn es bei Katzen in der Theorie ebenso umsetzbar wäre und es die tierethische Betrachtung fordern würde, zeigen Erfahrungsberichte veganer Katzen der letzten Jahre vor allem bei männlichen Katzen immer wieder Schwierigkeiten hinsichtlich der Harnwegsbeschwerden. So schreibt beispielsweise der (vegane) Autor des Buches »Obligate Carnivore – Cats, Dogs & What it Really Means to be Vegan«, Jed Gillen, dass er eine rein vegane Ernährung zwar bei weiblichen Katzen für gut umsetzbar hält, jedoch bei männlichen Katzen Vorbehalte aufgrund des deutlich höheren Risikos für Harnwegsbeschwerden hat und daher in der Regel von einer rein veganen Ernährung bei männlichen Katzen abzusehen sein sollte.[65]

Das Hauptproblem in diesem Sachverhalt sind wie erwähnt die aktuellen Rahmenbedingungen: Einerseits sind tiermedizinische Einrichtungen mit dem Thema der veganen Katzenernährung nicht ausreichend vertraut. Andererseits ist das Sortiment an gut kontrolliertem, bedarfsdeckendem und schmackhaftem veganen Katzenfutter äußerst spärlich. Darüber hinaus ist die Verfügbarkeit evidenzbasierter Informationsquellen für vegane Hunde- und Katzenhalter*innen so gering, dass eine rundum bedarfsdeckende vegane Katzenernährung zum aktuellen Zeitpunkt im Alltag schwer umsetzbar ist. In mehreren Analysen zeigte sich außerdem, dass einige der gängigen erhältlichen veganen Katzenfutter, die eigentlich den Nährstoffbedarf der Katze rundum decken sollten, nicht bedarfsdeckend zusammengestellt sind.[66,67,68] Hersteller von veganer Hunde- und Katzennahrung sind daher dazu angehalten, ihre Produkte streng nach der wissenschaftlichen Datenlage zu konzipieren, um sicherzustellen, dass sämtliche Nährstoffe für eine bedarfsgerechte vegane Tiernahrung inkludiert sind. Tierhalter*innen sollten sich beim Umstieg auf eine vegane Ernährung ihrer Haustiere genauestens informieren, um keine Fehler aus Unwissenheit zu begehen. Vor allem bei (männlichen) Katzen sollte nur dann eine vegane Ernährung in Erwägung gezogen werden, wenn wirklich eine umfangreiche Sachkenntnis vorliegt. Trotz der Herausforderungen sollte es Ziel sein, die richtigen Rahmenbedingungen für die vegane Ernährung von Katzen beider Geschlechter zu schaffen. Denn was in der Theorie möglich und ethisch geboten ist, sollte nach Kräften umgesetzt werden. Selbst wenn man sich zum aktuellen Zeitpunkt also noch gegen eine vegane Ernährung von Katzen entscheiden sollte, kann daraus jedoch erneut kein Argument gegen die ethische Position des Veganismus (zumindest in Bezug auf die menschliche Lebensweise) abgeleitet werden.

Richtigstellung des Arguments »Vegane Ernährung für Hunde und Katzen ist Tierquälerei«

Vorurteil	Faktenlage
Vegane Hunde-ernährung ist Tierquälerei.	Jede Art der Mangelernährung beim Tier ist Tierquälerei. Hunde haben aber – wie jede andere Spezies – keinen Bedarf an tierischen Lebensmitteln, sondern lediglich an gewissen darin enthaltenen Nährstoffen. Hunde sind entgegen der populären Meinung genetisch deutlich mehr Vegetarier als Wolf und die Anatomie des Hundes hat sich entsprechend auf die pflanzenbetonte Kost eingestellt. Die Datenlage zeigt, dass eine gut zusammengestellte und angereicherte vegane Hunde-ernährung den Nährstoffbedarf des Hundes decken kann. Eine Vielzahl veganer Hunde weltweit zeigt außerdem, dass eine vegane Hunde-ernährung langfristig die Gesundheit erhalten kann, und einer der weltweit ältesten Hunde wurde sogar den überwiegenden Teil seines Lebens vegan ernährt.
Vegane Katzen-ernährung ist Tierquälerei.	Auch bei Katzen gilt: Jede Art der Mangelernährung ist Tierquälerei – egal ob vegan oder nicht. Katzen haben ebenso wenig einen Bedarf an tierischen Lebensmitteln, sondern lediglich an gewissen darin enthaltenen Stoffen. Sie sind zwar genetisch deutlich weniger gut an eine fleischfreie Kost adaptiert und oft zimperlicher in der Umstellung, aber unter Beachtung der richtigen Kostzusammenstellung können auch Katzen vegan ernährt werden. Selbst wenn man sich als vegan lebende Person dazu entschließt, seine Katze aus Unsicherheit und mangelnder Sachkenntnis nicht vegan zu ernähren, ändert dieser Umstand dennoch nichts an der ethischen Position des Veganismus in Bezug auf die menschliche Ernährung. Sobald es im Rahmen der zellbasierten Landwirtschaft Fleisch ohne Tierleid und die damit einhergehenden negativen ökologischen Aspekte gibt, verliert diese Diskussion ohnehin an Relevanz.

Vorurteil	Faktenlage
Vegan lebende Menschen, die karnivore Haustiere halten, sind Heuchler*innen.	Viele vegan lebende Menschen haben ihre Haustiere bereits vor ihrer Ernährungsumstellung gehalten und es ist daher nur nachvollziehbar, dass sie diese nicht weggeben wollen. Vor allem unter dem Aspekt, dass durch die Weggabe des Tieres dessen Fleischkonsum nicht enden würde, sondern lediglich von einer anderen Person bedient werden würde. Vor allem Hunde sind weit mehr Omnivore als Karnivore und können daher sehr leicht auf eine vegane Kost umgestellt werden. Selbst wenn man – aus welchen Beweggründen auch immer – die eigene Katze nicht in Gänze auf eine vegane Kost umstellt, kann durch die Reduktion des Anteils tierischer Bestandteile in der Nahrung (durch einen veganen Anteil im Futter oder containertes Fleisch) zumindest eine deutliche Verminderung des Tierleids im Vergleich zur Fütterung der Katze bei einem anderen Tierhalter erzielt werden.
Tierschutzorganisationen sprechen sich entschieden gegen die vegane Hunde- und Katzenernährung aus.	Organisationen wie die Tierärztliche Vereinigung für Tierschutz ebenso wie der Deutsche Tierschutzbund sprechen sich für eine vegane Ernährung bei erwachsenen Hunden aus. Bei trächtigen Hündinnen, Welpen und Katzen wird eine vegane Fütterung nicht empfohlen. Wie auch bei der menschlichen Ernährung (in der seitens der DGE eine vegane Kost für Schwangere und Kinder ebenfalls nicht empfohlen wird) bedeutet das aber nicht, dass eine vegane Fütterung nicht möglich wäre und zur Aufrechterhaltung der Gesundheit beitragen könne. Vielmehr bedeutet es, dass ein erhöter Aufwand und ein erhötes Risiko in diesen Phasen bestehen – ein Risiko, das sich allerdings bei ausreichender Sachkenntnis gegen Null reduzieren lässt.
Veganem Tierfutter müssen Nährstoffe zugesetzt werden, was zeigt, dass diese Ernährungsform ungeeignet ist.	Es ist korrekt, dass veganes Tierfutter mit Nährstoffen angereichert werden muss, um bedarfsgerecht für Hunde und Katzen zu sein. Aus dieser Tatsache lässt sich aber keine schlüssige Argumentation gegen eine vegane Tierernährung ableiten, solange die supplementierte Kost sicherstellen kann, dass sie den Nährstoffbedarf des Tiers deckt und zu seiner Gesunderhaltung beiträgt. Dies kann durch adäquates veganes Futter gewährleistet werden. Zudem werden auch die allermeisten fleischhaltigen Hunde- und Katzenfutter mit zusätzlichen Nährstoffen angereichert.

Quellen

1 Schmitz, F. (2017). *»Vegane Hundeernährung? Die armen Tiere!«*. Zugriff am 1. Februar 2021. Verfügbar unter https://bit.ly/2XK8MWW

2 Christie, P. (2020). *Unnatural Companions: Rethinking Our Love of Pets in an Age of Wildlife Extinction*. Washington, D.C.: Island Press, 141.

3 Okin, G.S. (2017). Environmental Impacts of Food Consumption by Dogs and Cats. *PLoS One*, 12(8), e0181301.

4 Statista. (2020). *Anteil der Haushalte in Deutschland mit Haustieren nach Tierarten in den Jahren 2008 bis 2019*. Zugriff am 1. Februar 2021. Verfügbar unter https://bit.ly/2TZf9Va

5 Statista. (2020). *Anzahl der Haustiere in deutschen Haushalten nach Tierarten in den Jahren 2000 bis 2019 (in Millionen)*. Zugriff am 1. Februar 2021. Verfügbar unter https://bit.ly/2XQwiBt

6 Ebd.

7 Swanson, K.S., Carter, R.A., Yount, T.P., Aretz, J. und Buff, P.R. (2013). Nutritional Sustainability of Pet Foods. *Adv Nutr*, 4(2), 141–150.

8 O'Neill, D.G., Church, D.B., McGreevy, P.D., Thomson, P.C. und Brodbelt, D.C. (2015). Longevity and Mortality of Cats Attending Primary Care Veterinary Practices in England. *J Feline Med Surg*, 17(2), 125–133.

9 Dello, M. (2016). *The morality of having a meat-eating pet*. Zugriff am 1. Februar 2021. Verfügbar unter https://bit.ly/3eALrxt

10 Semp, P.G. (2014). *Vegan Nutrition of Cats and Dogs*. Zugriff am 1. Februar 2021. Verfügbar unter https://bit.ly/2ZUnpJG

11 Knight. A. und Leitsberger, M. (2016). Vegetarian Versus Meat-Based Diets for Companion Animals. *Animals (Basel)*, 6(9), 57.

12 Ebd.

13 Schmitz, F. (2017). *»Vegane Hundeernährung? Die armen Tiere!«*. Zugriff am 1. Februar 2021. Verfügbar unter https://bit.ly/2XK8MWW

14 Haack, N. (o.D.). § 2 TierSchG – Paragraph 2 Tierschutzgesetz. Zugriff am 1. Februar 2021. Verfügbar unter https://bit.ly/2ZUlJzS

15 Tierärztliche Vereinigung für Tierschutz e.V. (2018). *Merkblatt Nr. 183 – Vegetarische Ernährung von Hunden und Katzen*. Zugriff am 1. Februar 2021. Verfügbar unter https://bit.ly/2XMbfQz

16 Deutscher Tierschutzbund e.V. (2019). *Vegetarische und vegane Ernährung von Hund und Katze*. Zugriff am 1. Februar 2021. Verfügbar unter https://bit.ly/2Bh8cYZ

17 Richter, M., Boeing, H., Grünewald-Funk, D. et al. (2016). Position der Deutschen Gesellschaft für Ernährung e.V (DGE) – Vegane Ernährung. *Ernährungs Umschau*, 63(04), 92–102.

18 Wang, G., Zhai, W., Yang, H. et al. (2013). The Genomics of Selection in Dogs and the Parallel Evolution Between Dogs and Humans. *Nat Commun*, 4, 1860.

19 Semp, P.G. (2014). *Vegan Nutrition of Cats and Dogs*. Zugriff am 1. Februar 2021. Verfügbar unter https://bit.ly/2ZUnpJG

20 Haarmann, T. (2013). *Hundedomestizierung – Hund mehr Vegetarier als Wolf*. Zugriff am 1. Februar 2021. Verfügbar unter https://bit.ly/3gH4KqH

21 Ollivier, M., Tresset, A., Bastian, F. et al. (2016). Amy2B Copy Number Variation Reveals Starch Diet Adaptations in Ancient European Dogs. *R Soc Open Sci*, 3(11), 160449.

22 Axelsson, E., Ratnakumar, A., Arendt, M.J. et al. (2013). The Genomic Signature of Dog Domestication Reveals Adaptation to a Starch-Rich Diet. *Nature*, 21, 495(7441), 360–364.

23 Furness, J.B., Cottrell, J.J. und Bravo, D.M. (2015). COMPARATIVE GUT PHYSIOLOGY SYMPOSIUM: Comparative Physiology of Digestion. *J Anim Sci*, 93(2), 485–491.

24 The Vegan Truth. (2013). *100 Vegan-Eating Dogs; An encyclopedia of Vegan Dog Nutrition*. Zugriff am 1. Februar 2021. Verfügbar unter https://bit.ly/36Tdd5N

25 Heritage, A. (2012). *Bramble; The dog who wanted to live forever*. Scotts Valley: CreateSpace Independent Publishing Platform.

26 Driscoll, C.A., Menotti-Raymond, M., Roca et al. (2007). The Near Eastern origin of cat domestication. *Science*, 317, 519–523.

27 Knight, A. und Leitsberger, M. (2016). Vegetarian Versus Meat-Based Diets for Companion Animals. *Animals (Basel)*, 6(9), 57.

28 Semp, P.G. (2014). *Vegan Nutrition of Cats and Dogs*. Zugriff am 1. Februar 2021. Verfügbar unter https://bit.ly/2ZUnpJG

29 Tierärztliche Vereinigung für Tierschutz e.V. (2018). *Merkblatt Nr. 183 – Vegetarische Ernährung von Hunden und Katzen*. Zugriff am 1. Februar 2021. Verfügbar unter https://bit.ly/2XMbfQz

30 Deutscher Tierschutzbund e.V. (2019). *Vegetarische und vegane Ernährung von Hund und Katze*. Zugriff am 1. Februar 2021. Verfügbar unter https://bit.ly/2Bh8cYZ

31 Westbeau, G.H. (1986). *Little Tyke: The true story of a gentle vegetarian*. Wheaton: Quest Books.

32 Ebd.

33 Knight, A. und Leitsberger, M. (2016). Vegetarian Versus Meat-Based Diets for Companion Animals. *Animals (Basel)*, 6(9), 57.

34 Semp, P.G. (2014). *Vegan Nutrition of Cats and Dogs*. Zugriff am 1. Februar 2021. Verfügbar unter https://bit.ly/2ZUnpJG

35 Ebd.

36 Bertz, H. und Zürcher, G. (2014). *Ernährung in der Onkologie: Grundlagen und klinische Praxis*. Stuttgart: Schattauer Verlag, 52.

37 Wakefield, L.A., Shofer, F.S. und Michel, K.E. (2006). Evaluation of Cats Fed Vegetarian Diets and Attitudes of Their Caregivers. *J Am Vet Med Assoc*, 229(1), 70–73.

38 Dodd, S.A., Dewey, C., Khosa, D. & Verbrugghe, A. (2021). A cross-sectional study of owner-reported health in Canadian and American cats fed meat- and plant-based diets. *BMC Veterinary Research*, 17(53).

39 Maugh, T.H. (1987). *Los Angeles Times – Thousands*

of *Cat Deaths Traced to Pet Food Deficiency*. Zugriff am 1. Februar 2021. Verfügbar unter https://lat.ms/3cltS2Y

40 Semp, P.G. (2014). *Vegan Nutrition of Cats and Dogs*. Zugriff am 1. Februar 2021. Verfügbar unter https://bit.ly/2ZUnpJG

41 Mrasek, V. (2016). *Vegane Ernährung – Risikofaktor ist niedriger als erwartet*. Zugriff am 1. Februar 2021. Verfügbar unter https://bit.ly/3gAQ1Oh

42 Schwark, S. (2014). *Untersuchung des Einflusses einer vegetarischen Ernährung von Haustierhaltern auf die Wahl des Futtermittels ihrer Hunde und Katzen*. Zugriff am 1. Februar 2021. Verfügbar unter https://bit.ly/36OWyAg

43 Knight, A. und Leitsberger, M. (2016). Vegetarian Versus Meat-Based Diets for Companion Animals. *Animals (Basel)*, 6(9), 57.

44 Kovalkovičová, N., Šutiaková, I., Pistl, J. und Šutiak, V. (2009). Some food toxic for pets. *Interdiscip Toxicol*, 2(3), 169–176.

45 Redmon, J.M., Shrestha, B., Cerundolo, R. und Court, M.H. (2016). Soy isoflavone metabolism in cats compared with other species: Urinary metabolite concentrations and glucuronidation by liver microsomes. *Xenobiotica*, 46(5), 406–415.

46 Semp, P.G. (2014). *Vegan Nutrition of Cats and Dogs*. Zugriff am 1. Februar 2021. Verfügbar unter https://bit.ly/2ZUnpJG

47 Redmon, J.M., Shrestha, B., Cerundolo, R. und Court, M.H. (2016). Soy isoflavone metabolism in cats compared with other species: Urinary metabolite concentrations and glucuronidation by liver microsomes. *Xenobiotica*, 46(5), 406–415.

48 Shrestha, B., Reed, J.M., Starks, P.T. et al. (2011). Evolution of a Major Drug Metabolizing Enzyme Defect in the Domestic Cat and Other Felidae: Phylogenetic Timing and the Role of Hypercarnivory. *PLoS One*, 6(3), e18046.

49 National Research Council. (2006). *Nutrient requirements of dogs and cats*. Washington, DC: National Acadamic Press.

50 Stifel, F.B. und Herman, R.H. (1972). Is histidine an essential amino acid in man? *Am J Clin Nutr*, 25(2), 182–185.

51 Semp, P.G. (2014). *Vegan Nutrition of Cats and Dogs*. Zugriff am 1. Februar 2021. Verfügbar unter https://bit.ly/2ZUnpJG

52 Parker, V.J., Rudinsky, A.J. und Chew, D.J. (2017). Vitamin D Metabolism in Canine and Feline Medicine. *J Am Vet Med Assoc*, 250(11), 1259–1269.

53 Morris, J.G. (2002). Cats Discriminate Between Cholecalciferol and Ergocalciferol. *J Anim Physiol Anim Nutr (Berl)*, 86(7-8), 229–238.

54 Spiro, A. und Buttriss, J.L. (2014). Vitamin D: An overview of vitamin D status and intake in Europe. *Nutr Bull*, 39(4), 322–350.

55 National Research Council. (2006). *Nutrient Requirements of dogs and cats*. Washington, DC: National Acadamic Press.

56 Schweigert, F.J. Raila, J., Wichert, B. und Kienzle, E. (2002). Cats absorb βcarotene, but it is not converted to vitamin A. *J Nutr*, 202, 1610–1612.

57 DSM. (o.D.). *Companion animals: Niacin – Properties and Metabolism*. Zugriff am 1. Februar 2021. Verfügbar unter https://bit.ly/2ZV2FBH

58 Lenox, C.E. (o.D.). *Role of Dietary Fatty Acids in Dogs & Cats*. Zugriff am 1. Februar 2021. Verfügbar unter https://bit.ly/3sYIv5S

59 MacDonald, M.L., Anderson, B.C., Rogers, Q.R., Buffington, C.A. und Morris, J.G. (1984). Essential fatty acid requirements of cats: pathology of essential fatty acid deficiency. *Am J Vet Res*, 45(7), 1310–1317.

60 van Ginneken, V.J., Helsper, J.P., de Visser, W., van Keulen, H. und Brandenburg, W.A. (2011). Polyunsaturated Fatty Acids in Various Macroalgal Species From North Atlantic and Tropical Seas. *Lipids Health Dis*, 10, 104.

61 National Research Council. (2006). *Nutrient Requirements of dogs and cats*. Washington, DC: National Acadamic Press

62 Knight, A. und Leitsberger, M. (2016). Vegetarian Versus Meat-Based Diets for Companion Animals. *Animals (Basel)*, 6(9), 57.

63 Ebd.

64 Semp, P.G. (2014). *Vegan Nutrition of Cats and Dogs*. Zugriff am 1. Februar 2021. Verfügbar unter https://bit.ly/2ZUnpJG

65 Gillen, J. (2008). *Obligate Carnivore: Cats, Dogs & What it Really Means to be Vegan (2. Erw. Aufl.)*. Charleston: BookSurge.

66 Gray, C.M., Sellon, R.K. und Freeman, L.M. (2004). Nutritional adequacy of two vegan diets for cats. *J Am Vet Med Assoc*, 225, 1670–1675.

67 Kanakubo, K., Fascetti, A.J. und Larsen, J.A. (2015). Assessment of Protein and Amino Acid Concentrations and Labeling Adequacy of Commercial Vegetarian Diets Formulated for Dogs and Cats. *J Am Vet Med Assoc*, 247(4), 385–392.

68 Semp, P.G. (2014). *Vegan Nutrition of Cats and Dogs*. Zugriff am 1. Februar 2021. Verfügbar unter https://bit.ly/2ZUnpJG

EINIGE INDIGENE VÖLKER ESSEN FAST NUR FLEISCH UND SIND BEI BESTER GESUNDHEIT

24.

n diversen Diskussionen werden indigene Volksgruppen wie die Inuit oder die Massai, die große Mengen an tierischen Produkten verzehren und dennoch augenscheinlich bei bester Gesundheit sind, häufig als Argument genutzt, um Fleischkonsum als durchweg positiv für die physische Verfassung zu rechtfertigen. Wenn im Rahmen des Veganismus angeführt wird, dass vor allem die industrielle Intensivtierhaltung nicht nur eine ethische Misere ist, sondern neben den ökologischen Schäden der Überkonsum von tierischen Produkten auch gesundheitlich abträglich ist, wird der westliche Fleischkonsum (der kaum weiter von der Ernährungsweise dieser Volksgruppen entfernt sein könnte) mit diesen Bevölkerungsgruppen gerechtfertigt. Die zuvor genannten Volksgruppen sind allerdings kein guter Vergleich, da Studienergebnisse zu ihrem Gesundheitszustand widersprüchlich und unvollständig sind und sich beide Gruppen in gänzlich anderen Lebensumständen im Vergleich zu westlichen Menschen befinden. Der tierrechtlich motivierte Veganismus ist außerdem in seiner philosophischen Grundlage so definiert, dass er dort Ausbeutung und damit verbundenes Leid abschaffen möchte, wo es möglich ist. Wenn jemand keine Wahl hat, sondern eine Notwendigkeit für das eigene Überlegen vorliegt, ist niemandem an dieser Stelle ein moralischer Vorwurf zu machen. So kann es vorkommen, dass Menschen wie die Inuit (zumindest in früheren Jahrzehnten) aufgrund ihrer lebensfeindlichen Umweltbedingungen ohne das Töten von Tieren nicht hätten überleben können.

Daraus folgt aber nicht, dass sich heutzutage westliche Menschen daraus Rechte für die Tierausbeutung ableiten können oder die Existenz dieser Volksgruppen ein valides Argument gegen den Veganismus darstellt. Die Diskussion um den Veganismus darf nicht zu einer Diskussion um den gesundheitlichen Einfluss von fleischbetonten Ernährungsweisen verkommen, da es nicht das gesundheitliche, sondern das ethische Argument ist, das den Veganismus im Kern begründet. Ein näherer Blick auf die Massai und Inuit lässt dieses Argument aber ohnehin auch in gesundheitlichen Belangen an Relevanz verlieren.

Die Massai – wie ernähren sie sich wirklich?

Die Massai (auch Masai, Maassai oder Maasai geschrieben) sind eine ostafrikanische Volksgruppe, die im Süden Kenias sowie im Norden Tansanias beheimatet ist. In den Medien wurden die Angehörigen dieses Hirtenvolks oft als blutrünstige Jäger*innen mit immensem Fleisch- und Blutkonsum dargestellt. So hieß es in einem Artikel: »Es gibt eine große Population, die traditionell eine Ernährung pflegt, die nahe an einer ausschließlichen Rindfleisch-Ernährung ist: die Massai.«[1] Wissenschaftliche Untersuchungen ergaben allerdings, dass die Massai, entgegen populärer Berichte, den Großteil der Zeit über vegetarisch leben, und Fleisch und Blut im Jahresdurchschnitt nur eine untergeordnete Rolle spielen.[2] Wenn sie die

Möglichkeit haben, ernähren sich die Massai traditionell überwiegend von der fermentierten Milch ihrer Kühe. Sie tranken Berichten zufolge, zumindest in den Zeiträumen in denen sie beobachtet wurden, ganze drei bis fünf Liter Milch pro Tag und nahmen so täglich bis zu 1.000 mg Cholesterin zu sich. Zum Vergleich: Die American Heart Association empfiehlt zur Prävention von Herzerkrankungen eine Höchstzufuhr an Cholesterin in Höhe von 300 mg pro Tag.[3] Erst wenn ihre Milchvorräte zur Neige gehen, mischen sie die Milch mit dem Blut der Kühe. Geschlachtet und Fleisch gegessen wird beinahe ausschließlich zu Festivitäten oder wenn Milch und Blut nicht ausreichen. Somit können die Massai nicht als Beispiel für den gesundheitlichen Wert einer überwiegend fleischbetonten Ernährung herangezogen werden, da sie diese gar nicht praktizieren. Aber auch das Bild der beinahe ausschließlich milchtrinkenden Massai-Ernährung aus den 1960er- und 1970er-Jahren hat sich in den letzten Jahrzehnten gewandelt und so verzehren die Massai aktuell einen deutlich höheren Anteil ihrer Nahrungsmittel in Form pflanzlicher Lebensmittel.[4] Mehr als die Hälfte ihrer täglichen Nahrung (bezogen auf das Gewicht und die Kalorien) ist heutzutage pflanzlicher Herkunft und der Anteil an Fleisch in der alltäglichen Ernährung ist verschwindend gering.

Die Massai überraschten Forscher ursprünglich aber vor allem aufgrund ihres geringen Cholesterinspiegels, trotz des hohen Milchkonsums.[5] Denn die Milch der Kühe der Massai ist noch fett- und cholesterinreicher als die herkömmliche westliche Kuhmilch.[6] Sie enthält ebenso ähnlich hohe Mengen an gesättigten Fettsäuren.[7] Außerdem postulierten einige Forscher*innen, dass die untersuchten Massai darüber hinaus eine hervorragende Herz-Kreislauf-Gesundheit aufweisen. All das widerspricht dem wissenschaftlichen Kenntnisstand, in der laut der »Diet-Heart Hypothesis« gesättigte Fettsäuren (und zu einem geringeren Grad auch Nahrungscholesterin) den Gesamt- und LDL-Cholesterinspiegel erhöhen und dies wiederum das Risiko für Herz-Kreislauf-Erkrankungen steigert.[8] Obwohl in den vergangenen Jahren durchaus Kritik an dieser vielleicht übersimplifizierten Hypothese laut wurde,[9] sind die Massai, wie nachfolgend noch beschrieben wird, trotzdem keine gute Beispielpopulation, um Ernährungsweisen mit großen Mengen an gesättigten Fetten zu bewerben.

Genetische Unterschiede, viel Bewegung und lange Phasen der Unterernährung

Es wurde bereits in den 1980ern von Wissenschaftler*innen gemutmaßt, dass die Aufzeichnungen des Milchkonsums (und damit der Menge an gesättigten Fettsäuren) im Jahresdurchschnitt womöglich überschätzt wurden. Den Massai standen zwar in mehreren Monaten im Jahr große Mengen an Nahrung zur Verfügung, aber es gab bis zu sechs Monate pro Jahr auch ausgedehnte Phasen des Hungers.[10] Das ist insofern relevant, da bekannt ist, dass Kalorienrestriktionen den Blutdruck,[11] den Cholesterinspiegel[12] und weitere Marker, die das Risiko für Herzerkrankungen modifizieren, senken können. Daher ist es gut möglich, dass die Massai die potenziell negativen Effekte der sehr cholesterinreichen Ernährung mit großen Mengen an gesättigten Fetten durch ihre Kalorienrestriktion in einigen Monaten des Jahres kompensieren konnten. Eine weitere Vermutung lautete, dass die Massai spezielle »hypocholesterinämische« genetische Merkmale aufweisen, die ihren Cholesterinspiegel trotz der hohen Zufuhr an gesättigten Fettsäuren und Cholesterin regulieren.[13] Untersuchungen zeigten, dass die Massai trotz einer Zufuhr von bis zu 2.000 mg Cholesterin pro Tag durch kompensatorische biologische Mechanismen vor Hypercholesterinämie geschützt sind.[14] Daher kommen Wissenschaftler*innen zu dem Schluss, es könnten genetische Anpassungen der Massai im Cholesterinstoffwechsel gegenüber westlich sozialisierten Bevölkerungsgruppen sein, die für dieses effiziente Feedback-System zur Cholesterinhomöostase verantwortlich sind. Ferner berichteten die Forscher*innen stets auch von der überdurchschnittlich hohen physischen Aktivität der Massai, die ebenfalls die Herz-Kreislauf-Gesundheit verbessere und so die Wirkung anderer negativer Einflussfaktoren reduzieren könne.[15]

Auch die Blutgefäße der Massai weisen Arteriosklerose auf

Eine weitere spannende Frage, neben der Höhe der Cholesterinwerte, ist die, ob die Massai trotz ihrer Ernährung vor der Entstehung von Arteriosklerose geschützt sind. Bei der Arteriosklerose handelt es sich um eine krankhafte Verengung der Arterien durch Ablagerungen an den Gefäßwänden, die wiederum die zugrundeliegende Ursache vieler Herz-Kreislauf-Erkrankungen darstellt. Wie bei den Inuit liegen hier aber auch bei den Massai widersprüchliche Daten vor. So ergaben manche Autopsieberichte aus den 1970er-Jahren keinerlei Arteriosklerose bei den untersuchten Massai,[16] wohingegen andere wiederum sehr ausgeprägte arteriosklerotische Plaques sowohl an der Halsschlagader als auch an den Herzkranzgefäßen zeigten, die vergleichbar mit dem Schweregrad alter US-amerikanischer Menschen waren.[17] Jene Untersuchung, die keinerlei Arteriosklerose feststellen konnte, litt allerdings an mehreren methodischen Mängeln. So wurde das Alter der untersuchten Massai nicht veröffentlicht, die jeweiligen Todesursachen nicht genannt und insgesamt wurden zu wenige Informationen zu den Evaluationsmethoden bekanntgegeben. [18] Die Autor*innen der Publikation, die im Gegensatz dazu durchaus ausgeprägte Ablagerungen an den Gefäßwänden der untersuchten Massai entdeckten betonten allerdings, dass die Massai aufgrund ihrer ausgeprägten physischen Aktivität in der glücklichen Lage sind, dass sich ihre Gefäße über die Jahre hinweg kompensatorisch erweitern und so die gefäßverengenden Effekte der Arteriosklerose weitestgehend ausgeglichen werden. Unabhängig davon, ob es nun die zeitweise stark hypokalorische Nahrungsaufnahme durch die ausgedehnten Hungerszeiten, der Unterschied in der Genetik oder ihre ausgeprägte physische Aktivität ist – all diese Faktoren treffen in diesem Maße nicht auf westliche Populationen zu und zumindest einige Autopsieberichte zeigten wie beschrieben durchaus, dass auch die Massai nicht frei von Arteriosklerose sind. Westliche Bevölkerungsgruppen sind hingegen keinen ausgedehnten Hungerszeiten ausgeliefert, verfügen nicht über dieselben kompensatorischen Feedback-Mechanismen und sind physisch nicht so aktiv wie die Massai. So kann die Ernährung der Massai keine Rechtfertigung für den übertriebenen Konsum tierischer Produkte bei westlichen Mischköstler*innen und auch kein Argument gegen den Veganismus sein.

Die Inuit – wie herzgesund ist ihre Ernährung wirklich?

Die zweite Volksgruppe, auf die sich in vielen Diskussionen zum Verzehr tierischer Lebensmittel bezogen wird, sind die Inuit. Als Inuit (Singular »Inuk«) werden die indigenen Volksgruppen bezeichnet, die im arktischen Zentral- und Nordostkanada, in Alaska sowie auf Grönland leben. Untersuchungen zum Gesundheitszustand und den Essgewohnheiten der Inuit haben in der Vergangenheit für eine große Kontroverse gesorgt. Hier wird vom sogenannten »Inuit-Paradox« gesprochen, demzufolge sich Inuit trotz ihrer beinahe gemüse- und obstfreien Ernährung und des Verzehrs von viel Fisch, Robbe und Wal mit hohem Fettanteil dennoch bester (Herz-)Gesundheit erfreuen.[19] Fürsprecher dieses »Inuit-Paradox« verweisen dabei auf Veröffentlichungen aus den 1950er- und 1970er-Jahren, in denen Wissenschaftler*innnen behaupteten, dass Inuit in deutlich geringerem Maße von Arteriosklerose betroffen waren.[20,21] Doch bereits in den 1930er-Jahren wurden auch zahlreiche Untersuchungen veröffentlicht, die manifeste Arteriosklerose unter den Inuit feststellten und damit einen Gegenpol zur weitverbreiteten Auffassung bezüglich der Gesundheit der Inuit darstellten.[22,23] Dr. Alfred Bertelsen, der als der Begründer der Epidemiologie in Grönland gilt, berichtete bereits um 1940 in seinen Veröffentlichungen von arteriosklerotischen Ablagerungen an den Gefäßwänden bei den von ihm untersuchten Inuit.[24] Dies wurde in einer Übersichtsarbeit aus dem Jahr 2014 bestätigt, die im Detail die methodischen Fehler der Studie aus den 1970er-Jahren zur herzgesunden Ernährung der Inuit erläutert und zu dem Schluss kommt, dass Inuit keine geringeren Raten an Arteriosklerose und Herz-Kreislauf-Erkrankungen aufweisen.[25]

Auch Inuit-Mumien haben Arteriosklerose

Die Bewertung der Ernährung der Inuit und ihrer Gesundheit wird außerdem zusätzlich dadurch erschwert, dass beginnend in den 1930er-Jahren auch die Ernährungsmuster einiger Gruppen der Inuit sukzessive verwestlicht und damit deutlich heterogener wurden. So vervielfachte sich der Verzehr industriell verarbeiteter Nahrung unter den Inuit, und vor allem Zucker trug zu einem erheblichen Teil ihrer Speisepläne bei, wohingegen viele traditionelle Lebensmittel immer weniger verzehrt wurden.[26,27] Darin sehen Fürsprecher*innen der Inuit-Ernährung in einigen Untersuchungen den eigentlichen Grund für die schlechteren gesundheitlichen Zustände der Inuit und plädieren daher für eine Adaption jener Ernährungsmuster der Inuit vor 1900.[28] Da allerdings kaum belastbare wissenschaftliche Daten zur (Herz-)Gesundheit der Inuit vor 1900 erfasst wurden, ist es schwer abzuschätzen, wie gesund oder ungesund ihre Ernährung zu dieser Zeit tatsächlich war. Dass es aber zumindest Einzelfälle von gefäßkranken Inuit lange vor der Einführung industrieller Nahrung gab, legen paläopathologische Untersuchungen an vereisten Mumien von Inuit-Frauen nahe. So zeigt eine Untersuchung an einer gefrorenen, über 1.600 Jahre alten Mumie einer 53-jährigen Inuit-Frau arteriosklerotische Ablagerungen an den Herzkranzgefäßen.[29]

Schlussfolgerung

Nach der Durchsicht der wissenschaftlichen Datenlage bleibt bei den Erzählungen über die Inuit, ebenso wie über die Massai, der ernüchternde Eindruck, dass viele Aussagen übertrieben wurden und die unvollständigen Daten zu beiden Gruppen keineswegs geeignet sind, um davon verlässliche Ernährungsempfehlungen für westlich sozialisierte Menschen abzuleiten. Der weltweite ernährungswissenschaftliche Konsens empfiehlt eine vollwertige pflanzenbetonte Ernährung mit einer lediglich moderaten Menge an tierischen Produkten (die kein Muss sind) und plädiert im Sinne der Herzgesundheit für eine Reduktion gesättigter Fettsäuren zugunsten ungesättigter Fettsäuren.[30,31] Selbst im fiktiven Szenario, dass die Datenlage zeigen würde, dass eine sehr tierbetonte Ernährung nach dem (falschen) Vorbild der Ernährung der Massai oder der Inuit für den westlich sozialisierten Menschen ebenso gesund ist wie eine pflanzenbetonte Ernährung (was nicht der Fall ist), entbindet uns diese Information dennoch nicht von der ethischen Frage, wie wir es rechtfertigen können, Dutzende Milliarden »Nutztiere« für unsere Ernährung auszubeuten, wenn es nicht notwendig ist und dies darüber hinaus mit einer immensen Umweltbelastung einhergeht. Man kann die Weltbevölkerung rein rechnerisch nicht mit einer Ernährung nach dem fiktiven Wunschbild der Massai oder Inuit ernähren, da hierfür schlichtweg die Ressourcen fehlen. Somit wäre diese Art der Ernährung wieder nur einer privilegierten Minderheit vorenthalten, deren ressourcenintensiver Lebensstil auf dem Rücken des minderprivilegierten Großteils der Weltbevölkerung ausgetragen wird. Im Sinne einer enkeltauglichen Welt gilt es, die westliche Ernährung nicht auf Basis halbwahrer Geschichten und von geschmacklichen Vorlieben geleitetem Wunschdenken aufzubauen, sondern die wissenschaftliche Datenlage und unseren ethischen Kompass darüber entscheiden zu lassen, wie wir uns zukünftig ernähren.

Richtigstellung des Arguments »Einige indigene Völker essen fast nur Fleisch und sind bei bester Gesundheit«

Vorurteil	Faktenlage
Es gibt indigene Völker, die praktisch nur Fleisch essen und bei bester Gesundheit sind.	Nach aktuellem Kenntnisstand existieren derartige indigene Völker nicht. Oft genannte Beispiele wie die Massai ernähren sich bei näherer Betrachtung nicht so fleischhaltig, wie es in populären Medien immer wieder dargestellt wird. Selbst im fiktiven Fall, dass es derartige Bevölkerungen gäbe, diese adäquat wissenschaftlich untersucht worden wären und deren exzellente Gesundheit sich bestätigt, können derartige (aktuell nicht existierende) Ergebnisse nicht ohne Weiteres auf westliche Populationen übertragen werden. Und selbst wenn Menschen hierzulande aus rein gesundheitlicher Sicht sehr tierprodukt-betont essen könnten, entbindet dieser Sachverhalt uns noch nicht von dem ethischen Desaster in der »Nutztierhaltung« und der Frage, wie wir dies als Gesellschaft rechtfertigen können.
Die Massai sind ein gutes Beispiel dafür, dass viel Fleisch gar nicht ungesund ist.	Die Massai sind kein gutes Beispiel für dieses Argument. Die Massai essen entgegen populärer Berichte den Großteil der Zeit über vegetarisch, und Fleisch spielt im Jahresdurchschnitt nur eine untergeordnete Rolle. Die Ernährung der heutigen Massai besteht ferner zu mehr als der Hälfte aus pflanzlichen Lebensmitteln. Ihre Lebensweise ist außerdem aufgrund genetischer Unterschiede, ihrer überaus hohen physischen Aktivität und ihren langen Phasen der Unterernährung nicht mit jener von westlichen Populationen zu vergleichen. Eine ethische Rechtfertigung lässt sich aus all diesen Gesundheitsdiskussionen darüber hinaus ohnehin nicht ableiten.
Die Inuit sind trotz sehr tierproduktreicher Ernährung auch ohne Gemüse und Obst bei bester Gesundheit.	Das »Inuit-Paradox« gilt mittlerweile als überholt und die wissenschaftliche Datenlage zeichnet kein einheitliches Bild der Gesundheit der Inuit, und entgegen der oft wiederholten Geschichten sind die Inuit keineswegs frei von Herzerkrankungen. Auch 500 bis 1.600 Jahre alte Funde von Inuit-Mumien zeigen arteriosklerotische Plaques an den Gefäßwänden. Ebenso wie andere indigene Volksgruppen eignen sich die Inuit nicht, um von ihnen irgendwelche Rückschlüsse oder ernährungsbezogene Empfehlungen für die westliche Bevölkerung abzuleiten, geschweige denn ihre Ernährungsweise als ethische Rechtfertigung für die westliche Mischkost heranzuziehen.

Quellen

1 Letzter, R. (2019). *Livescience – Can a Person Survive Eating Only Beef?* Zugriff am 1. Februar 2021. Verfügbar unter https://bit.ly/2y3h3wf

2 Biss, K., Taylor, C.B., Lewis, L.A., Mikkelson, B., Hussey, L.K. und Jey-Ho, K. (1970). The Masai's protection against atherosclerosis. *Pathol Microbiol (Basel)*, 35(1), 198–204.

3 Krauss, R.M., Eckel, R.H., Howard, B., Appel, L.J., Daniels, S.R., Deckelbaum, R.J. et al. (2000). AHA Dietary Guidelines Revision 2000: A Statement for Healthcare Professionals From the Nutrition Committee of the American Heart Association. *Circulation*, 102(18), 2284–2299.

4 Knoll, N., Kuhnt, K., Kyallo, F.M., Kiage-Mokua, B.N. und Jahreis, G. (2011). High content of long-chain n-3 polyunsaturated fatty acids in red blood cells of Kenyan Maasai despite low dietary intake. *Lipids Health Dis*, 10, 141.

5 Gibney, M.J. und Burstyn, P.G. (1980). Milk, serum cholesterol, and the Maasai. A hypothesis. *Atherosclerosis*, 35(3), 339–343.

6 Biss, K., Ho, K.J., Mikkelson, B., Lewis, L. und Taylor, C.B. (1971). Some unique biologic characteristics of the Masai of East Africa. *N Engl J Med,* 284(13), 694–699.

7 Knoll, N., Kuhnt, K., Kyallo, F.M., Kiage-Mokua, B.N. und Jahreis, G. (2011). High content of long-chain n-3 polyunsaturated fatty acids in red blood cells of Kenyan Maasai despite low dietary intake. *Lipids Health Dis*, 10, 141.

8 Jurewitz, D.L. (2007). The Diet-Heart Hypothesis: a critical appraisal of the relationship between diet and coronary artery disease. *Nutrition Bytes*, 12(1).

9 Du Broff, R. und de Lorgeril, M. (2019). Fat or fiction: the diet-heart hypothesis. *BMJ Evid Based Med*, 2019, 111180.

10 Gibney, M.J. und Burstyn, P.G. (1980). Milk, serum cholesterol, and the Maasai. A hypothesis. *Atherosclerosis*, 35(3), 339–343.

11 Nicoll, R. und Henein, M.Y. (2018). Caloric Restriction and Its Effect on Blood Pressure, Heart Rate Variability and Arterial Stiffness and Dilatation: A Review of the Evidence. *Int J Mol Sci*, 19(3), 751.

12 Fontana, L., Meyer, T.E., Klein, S. und Holloszy, J.O. (2004). Long-term calorie restriction is highly effective in reducing the risk for atherosclerosis in humans. *Proc Natl Acad Sci USA*, 101(17), 6659–6663.

13 Gibney, M.J. und Burstyn, P.G. (1980). Milk, serum cholesterol, and the Maasai. A hypothesis. *Atherosclerosis*, 35(3), 339–343.

14 Wagh, K., Bhatia, A., Alexe, G., Reddy, A., Ravikumar, V., Seiler, M. et al. (2012). Lactase Persistence and Lipid Pathway Selection in the Maasai. *PLoS One*, 7(9), e44751.

15 Mann, G.V., Shaffer, R.D. und Rich, A. (1965). Physical fitness and immunity to heart-disease in Masai. *Lancet*, 2(7426), 1308–1310.

16 Biss, K., Ho, K.J., Mikkelson, B., Lewis, L. und Taylor, C.B. (1971). Some unique biologic characteristics of the Masai of East Africa. *N Engl J Med*, 284(13), 694–699.

17 Mann, G.V., Spoerry, A., Gray, M. und Jarashow, D. (1972). Atherosclerosis in the Masai. *Am J Epidemiol*, 95(1), 26–37.

18 Ebd.

19 Gadsby, P. und Steele, L. (2004). *The Inuit Paradox – How can people who gorge on fat and rarely see a vegetable be healthier than we are?* Zugriff am 1. Februar 2021. Verfügbar unter https://bit.ly/2xaaF5P

20 Dyerberg, J., Bang, H.O. und Hjørne, N. (1975). Fatty acid composition of the plasma lipids in Greenland Eskimos. *Am J Clin Nutr*, 28(9), 958–966.

21 Ehrstrom, M. (1951). Medical studies in North Greenland 1948–1949. VI. Blood pressure. Hypertension and arteriosclerosis in relation to food and mode of living. *Acta Med Scand*, 140(6), 417–422.

22 Rabinowitch, I.M. (1936). Clinical and Other Observations on Canadian Eskimos in the Eastern Arctic. *Can Med Assoc J*, 34(5), 487–501.

23 Bjerregaard, P., Young, T.K. und Hegele, R.A. (2003). Low incidence of cardiovascular disease among the Inuit – what is the evidence? *Atherosclerosis*, 166(2), 351–357.

24 Ebd.

25 Fodor, J.G., Helis, E., Yazdekhasti, N. und Vohnout, B. (2014). »Fishing« for the origins of the »Eskimos and heart disease« story: facts or wishful thinking? *Can J Cardiol*, 30(8), 864–868.

26 Pedersen, P.O. (1947). Dental Investigations of Greenland Eskimos [Summary]. *Proc R Soc Med*, 40(12), 726–732.

27 Bang, G. und Kristoffersen, T. (1972). Dental caries and diet in an Alaskan Eskimo population. *Scand J Dent Res*, 80(5), 440–444.

28 Di Nicolantonio, J.J. und O'Keefe, J.H. (2018). The introduction of refined carbohydrates in the Alaskan Inland Inuit diet may have led to an increase in dental caries, hypertension and atherosclerosis. *Open Heart*, 5(2), e000776.

29 Zimmerman, M.R. (1993). The paleopathology of the cardiovascular system. *Tex Heart Inst J*, 20(4), 252–257.

30 World Health Organization. (2020). *Healthy diet.* Zugriff am 1. Februar 2021. Verfügbar unter https://bit.ly/3o8EU1n

31 Forouhi, N.G., Krauss, R.M., Taubes, G. und Willett, W. (2018). Dietary fat and cardiometabolic health: evidence, controversies, and consensus for guidance. *BMJ*, 361, k2139.

ECHTE MÄNNER BRAUCHEN FLEISCH

25.

Vegan lebende Menschen werden nicht selten dafür kritisiert, dass sie das Thema Ernährung ideologisieren. Tatsächlich hat Essen für die allermeisten Personen neben der ernährungsphysiologischen und kulinarischen auch eine ideologische Komponente, die weit über die Funktion der reinen Nahrungsaufnahme und die des Genusses hinausgeht. Besonders deutlich zeigt sich diese Ideologisierung, wenn der Fleischkonsum von vielen Männern (interessanterweise aber auch von einigen Frauen) stark mit Maskulinität gleichgesetzt wird. Fleischkonsum gehört für viele Männer oft zur Identitätsbildung und ist eng verknüpft mit dem eigenen Selbstbild. Diese Ideologie findet ihren Ausdruck beispielsweise in Aussprüchen wie »Real men eat meat« (Echte Männer essen Fleisch).[1] Die Werbung tut ihr Übriges, indem sie Fleisch häufig als stereotyp männlich vermarktet.[2] Altbekannte Werbeslogans der Fleischindustrie wie »Fleisch ist ein Stück Lebenskraft« sind noch immer in den Köpfen vieler Menschen verankert.[3] Burger King beendete seinen 2006er-Werbefilm für den Whopper mit den Worten »Iss wie ein Mann«[4] (denselben Titel trägt auch ein 2011 erschienenes Kochbuch)[5] und auch in der Men's Health war zu lesen: »Wenn dein Instinkt dir sagt, dass eine vegetarische Ernährung unmännlich ist, dann liegst du richtig.«[6]

Das bisher verhältnismäßig geringe Interesse von Männern am Thema Tierrechte und Veganismus (weniger als ein Fünftel aller vegan lebenden Menschen in Deutschland ist männlich)[7] kann daher durchaus als ein Auswuchs des festgefahrenen Konstrukts der Maskulinität verstanden werden.[8] So heißt es in Online-Diskussionen in den sozialen Medien immer wieder, dass männliche Veganer gar keine »echten Männer« seien. Tatsächlich zeigen Untersuchungen, dass vegane Männer in Befragungen im Vergleich zu fleischessenden Männern von mischköstlichen Frauen als weniger maskulin eingeschätzt werden.[9] In einer weiteren Untersuchung gaben darüber hinaus 41 % der befragten mischköstlichen Frauen an, dass »vegan« in einem Dating-Profil Männer für sie unattraktiver mache.[10] Die genauen Gründe sind dabei nicht ganz klar, doch vieles deutet auf die Überzeugung hin, der Fleischverzehr stelle ein Sinnbild für Kraft und Stärke dar; sei dies auch noch so verzerrt.[11]

Fleisch essen ist »männlich«

Je nachdem, wie man eine Aussagen wie »Fleisch essen ist männlich« deutet, steckt dahinter tatsächlich auch etwas Wahres. Es ist bekannt, dass es geschlechtsspezifische Unterschiede in der Einstellung zur Tierausbeutung gibt und Frauen im Durchschnitt mehr positive Einstellungen gegenüber Tieren aufweisen (z. B. im Hinblick auf Tiernutzung oder Tierschutz), wohingegen Männer im direkten Vergleich durchschnittlich mehr negative Verhaltensweisen an den Tag legen (Jagd, Tierquälerei).[12,13] Deutsche Männer essen durchschnittlich zudem etwa doppelt so viel Fleisch wie Frauen[14] und eine US-amerikanische Untersuchung zeigte, dass etwa 90 % der Berufs- und Hobbyjäger*innen in den USA männlich sind.[15] 2019 waren auch nur etwa 14 % der über 180.000 Teilnehmenden beim Veganuary (einer Online-Kampagne, die Menschen ermutigt, vegane Ernährung zu probieren) männlich.[16]

Rein deskriptiv ist Fleischkonsum und Tierausbeutung als tatsächlich »männlich« geprägt, allerdings sollte das nichts sein, was als positiv und wünschenswert angesehen werden sollte. Männer sind im Durchschnitt auch rassistischer[17,18] und gewaltbereiter[19] als Frauen und so könnte man sagen, dass Rassismus und Gewalt »männlich« sind. Aber egal, ob es um rassistisches, speziesistisches oder anderes unterdrückerisches Verhalten geht – nur weil Männer solche Verhaltensweisen augenscheinlich häufiger aufweisen, sollten diese dadurch nicht gesellschaftlich legitimiert werden.

Männlichkeit ist nicht in Stein gemeißelt

Wie willkürlich, wenig substanziell und geradezu austauschbar die herkömmlichen Ideale von Männlichkeit sind, zeigt sich auch an anderen Gender-Normen. Bei Gruppen von Kindern aus Kindertagesstätten kann man oft schon von Weitem mit hoher Sicherheit an der Farbe der Kleidung das Geschlecht erkennen. Blau gilt als Jungenfarbe, Mädchen tragen Rosa. Doch bis in die 1940er-Jahre war dies genau umgekehrt.[20] Die Signalfarbe Rot galt früher in vielen Kulturen als ein Zeichen von Männlichkeit und Stärke, weshalb der Farbton Rosa, bekannt als »kleines Rot«, für Jungen benutzt wurde. Im Jahr 1918 schrieb ein damals führendes Frauenmagazin in den USA: »Die allgemein akzeptierte Regel ist Rosa für Jungen und Blau für die Mädchen. Der Grund dafür ist, dass Rosa als eine entschlossenere und kräftigere Farbe besser zu Jungen passt, während Blau, da es delikater und anmutiger ist, bei Mädchen hübscher aussieht.«[21] Zu den Gründen, warum sich die Farbklischees im Laufe der vergangenen Jahrzehnte veränderten, gibt es mehrere Hypothesen. Ein verbreiteter Ansatz lautet, dass die Arbeitskleidung von Matrosen und Handwerkern den Farbton Blau »vermännlichte«. Eine andere Erklärung geht davon aus, dass der sogenannte »Rosa Winkel« (ein rosarotes Dreieck, das »homosexuelle« KZ-Häftlinge während des Nationalsozialismus auf ihrer Kleidung tragen mussten) dazu geführt hat, dass Rosa für Jungen zu dieser Zeit nicht mehr als tragbar galt.[22] Spätestens mit dem Erscheinen der ersten Barbiepuppe in einer pinken Verpackung im Jahr 1959 wurde Rosa endgültig zur »Mädchenfarbe«. Mit einer »natürlicher« Gegebenheit hat die Farbenzuordnung also nichts zu tun. Und so sehr man das Gefühl haben mag, dass Blau nun mal, quasi von Natur aus, viel besser zu Jungen passt: Es gibt keinen objektiven Grund für diese Überzeugung. Es handelt sich dabei um kein Naturgesetz, sondern eine Festlegung, eine Norm, auf die wir uns gewissermaßen geeinigt haben.

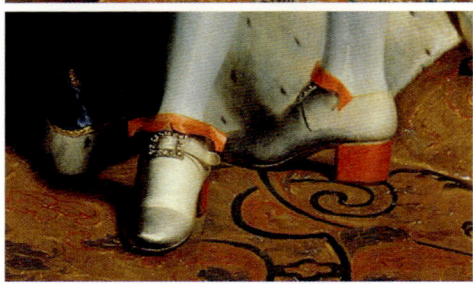

Gleiches gilt für Absatzschuhe. Diese gelten heute als Sinnbild für Weiblichkeit, waren jedoch ursprünglich Männerschuhe.[23] Persische Reiter trugen sie für einen besseren Halt in den Steigbügeln, was ihre Fähigkeiten im Kampf verbesserte. Bei aristokratischen Männern wurden sie dann ein Modetrend, da sie für diese Männlichkeit symbolisierten, also das genaue Gegenteil der heutigen Ansicht. Ende des 18. Jahrhunderts eroberte der Klassizismus Europa und mit dessen Einzug verschwanden hohe Schuhe aus der Männermode.

Fleischverzehr und die Evolution des Menschen

In früheren Zeiten mag die Gleichsetzung von Fleischkonsum mit Männlichkeit tatsächlich noch eine praktische Ursache gehabt haben. Es ist durchaus plausibel, dass die Fähigkeit, eine Familie zu versorgen, einen potenziellen Partner attraktiv machte. Heute noch ist so etwas (z. B. in Form eines gesicherten guten Einkommens) ein relevanter Punkt bei der Partnerwahl.[24] Obwohl der Fleischverzehr – entgegen einigen populären Behauptungen[25] – nicht der primäre Treiber der Evolution des Menschen war (siehe Kapitel 17), haben die Jagd und der Verzehr von Fleisch dennoch seit jeher eine zentrale Rolle in unserer Entwicklung hin zum heutigen Menschen gespielt.[26,27] Die Kulturwissenschaftlerin Nan Mellinger erklärt in ihrer Publikation »Fleisch – Ursprung und Wandel einer Lust«, warum Fleisch für Menschen so einen bedeutenden Stellenwert bekommen hat: Der Fleischverzehr ging in früheren Zeiten mit der Vorstellung einher, dass man sich damit die Kraft des erlegten Tieres einverleibe.[28]

So war das Bereitstellen von Fleisch mitunter nicht nur Beleg, ein erfolgreicher Jäger zu sein und damit das Kriterium des guten Versorgers erfüllen zu können, sondern symbolisierte (einer falschen Vorstellung nach) die Einverleibung von Kraft. Egal wie wichtig das Jagen (das historisch übrigens nicht nur von Männern betrieben wurde)[29] und der Fleischverzehr aber zu einer gewissen Zeitspanne unserer Entwicklung waren – heute sind sie das nicht mehr. Somit ist heutzutage die Fähigkeit, ein Tier zu erlegen, in etwa so irrelevant wie der bessere Halt durch Schuhe mit hohen Absätzen beim Kampf zu Pferde im Krieg.

Fleisch als (veraltetes) Statussymbol

Der Verzehr von Fleisch hat in unserer Gesellschaft Tradition und ähnelt gerade bei Männern häufig einem Ritual. Da es in der patriarchal geprägten Kulturgeschichte vor allem Männer waren, die Machtpositionen innehatten, besaßen diese überhaupt die Möglichkeit, große Mengen an Fleisch zu essen. Diese Ungleichheit hat sich bis in die heutige Zeit hinein institutionalisiert und Fleisch so unabhängig von seinem tatsächlichen Nährwert zu einem Statussymbol gemacht, dem es allerdings spätestens seit der Industrialisierung der Fleischproduktion und dem damit einhergehenden Billigfleisch ohnehin nicht mehr gerecht wird. Um in westlichen Ländern heutzutage Fleisch zu erhalten, ist kein Jagen mehr notwendig, sondern lediglich ein Griff in die Kühltheke des Supermarktregals. Somit fällt nicht nur die Jagd weg – auch das Töten (der in der Tierhaltung ohnehin wehrlosen Tiere) wird von anderen übernommen. Fleisch ist in modernen westlichen Ländern nicht mehr das einstige Statussymbol für Kraft, Ausdauer, Härte und Geschicklichkeit. Heutzutage benötigt man weder diese Fähigkeiten noch eine gute finanzielle Situation, um regelmäßig Fleisch essen zu können.

Und nicht nur das: Fleisch als Ausdruck vermeintlicher Männlichkeit ist im Gegenteil mittlerweile so allgegenwärtig, dass die deutlich größere Willensstärke darin läge, *kein* Fleisch zu konsumieren. Wie viel ist dieses Gefühl von Männlichkeit letztendlich wert, wenn es davon abhängt, ob und wie viel Fleisch man konsumiert? Zeugt es von Kraft und Durchsetzungsvermögen, sich den gesellschaftlichen Klischees von einem Mann zu beugen? Ist es ein Zeichen von Souveränität, das zu tun, was schon seit jeher alle getan haben, anstatt etwas zum Besseren zu verändern? Ist es nicht vielmehr ein Zeichen von Stärke, es nicht nötig zu haben, Schwache und Wehrlose auszubeuten? Das starre Bild des Mannes (und der Frau) befindet sich allerdings glücklicherweise im Wandel. Umfragen deuten darauf hin, dass sich schrittweise eine »neue Maskulinität« etabliert und dass sie gesellschaftlichen Anklang findet.[30] Diese ist geprägt durch die Infragestellung männlicher Normen und (ehemaliger) männlicher Privilegien sowie die Ablehnung sexistischer Verhaltensweisen. Eine höhere Übereinstimmung mit diesen genannten Verhaltensformen ist in Untersuchungen mit einer erhöhten Bereitschaft zur Reduktion des Fleischkonsums verbunden und korreliert ferner mit einer positiveren Haltung gegenüber vegetarisch und vegan lebenden Menschen.[31] Die Aussage »Echte Männer brauchen Fleisch« ist letztendlich schlichtweg eine hohle Phrase. Wie »echte« Männer (oder Frauen) sich vermeintlich verhalten sollen, ist ethisch bedeutungslos. Die Frage sollte nicht lauten, was echte Männer und Frauen charakterisiert, sondern was gute Menschen unabhängig von ihrer Geschlechterzugehörigkeit auszeichnet.

»Soy Boys« und »geiles Fleisch«

In englischsprachigen Foren und auf Social-Media-Plattformen werden »unmännliche« Männer oft abwertend als »Soy Boys« bezeichnet. Laut dem Urban Dictionary ist »Soy Boy« ein Slangwort, das Männer beschreibt, denen es an Maskulinität fehlt.[32] Das britische Nachrichtenportal The Independent griff diese falsche Vorstellung der verweiblichenden Wirkung von Soja als Ursprung der Wortschöpfung »Soy Boy« auf und schrieb, dass Sojaprodukte angeblich den Östrogenspiegel des Mannes erhöhen würden und »echte« Männer daher keine Soja-Fleischalternativen, sondern »echtes« Fleisch äßen.[33] Diese Aussage entbehrt jeglicher Evidenz, denn die zurzeit umfangreichste Meta-Analyse zu dieser Thematik zeigt deutlich, dass der Sojaverzehr in den gängigen Mengen keinen negativen Einfluss auf den Testosteronspiegel hat[34] und auch die Fruchtbarkeit nicht negativ beeinflusst (siehe Kapitel 29).[35] Auch die stupide These »Geiles Fleisch macht geiles Fleisch« (die 2019 ernsthaft von einer Autorin namens Noa Jordan als Titel ihres Buchs gewählt wurde)[36] könnte nicht weiter von der Realität entfernt sein. Eine Vielzahl an erfolgreichen veganen Bodybuilder*innen, Kraft- und Ausdauersportler*innen zeigt im Gegenteil, dass Athlet*innen keine tierischen Produkte für sportliche Höchstleistungen und starke Muskeln benötigen (siehe Kapitel 21). In vergleichenden Untersuchungen zwischen Veganer*innen und Mischköstler*innen zeigte sich zudem kein relevanter Unterschied in Bezug auf Parameter wie den Testosteronspiegel.[37,38]

Wenn man Männlichkeit auf die sexuelle Leistungsfähigkeit bezieht, gibt es keinerlei valide Argumente für einen obligatorischen Fleischverzehr. In einer Reihe an Untersuchungen sind es im Gegenteil vor allem die Mehrzufuhr an vollwertigen pflanzlichen Lebensmitteln wie Vollkorngetreide, Hülsenfrüchte, Gemüse und Obst sowie eine reduzierte Zufuhr an rotem Fleisch, fettreichen Milchprodukten sowie zugesetztem Zucker, die das Risiko für erektile Dysfunktionen senken.[39] In einer Interventionsstudie wurden 65 Männer mit metabolischem Syndrom und Erektionsstörungen entweder einer Interventionsgruppe (mindestens 250 g Früchte, 125 g Gemüse, 25 g Nüsse und 400 g Vollkorngetreide und Hülsenfrüchte

pro Tag) oder der Kontrollgruppe (keine Änderung in ihren Speiseplänen) zuge-
teilt. Nach zwei Jahren zeigte sich, dass in der Interventionsgruppe ganze 37 %
(13 der 35 Männer) ihre erektile Dysfunktion rückgängig machen konnten, wohingegen nur 7 % (2 der 30 Männer) in der Kontrollgruppe innerhalb dieses Zeitraums
ihre Erektionsstörungen überwinden konnten.[40]

Übertriebene Männlichkeit schadet nicht nur den Tieren

In der gesamten Debatte um die Rolle der Maskulinität darf ebenfalls nicht vergessen werden, dass sich aus dem Grad der vermeintlichen Männlichkeit einer
Verhaltensweise keinesfalls eine ethische Begründung für eine Handlung ableiten
lässt. Die Tierausbeutung als Basis des westlichen, überbordenden Fleischkonsums
mit der Begründung der Männlichkeit rechtfertigen zu wollen, entbehrt jeglicher
rationalen Grundlage. In anderen Lebensbereichen würden wir derartige Argu-
mentationslinien keinesfalls akzeptieren. Unter der übertriebenen Männlichkeit
in Form der hegemonialen bzw. »toxischen« Maskulinität leiden aber nicht nur
ausgebeutete »Nutztiere«, sondern auch Frauen und letztendlich sogar die Männer
selbst. Der Begriff der hegemonialen Männlichkeit stammt aus der soziologischen
Geschlechterforschung und beschreibt eine gesellschaftliche Praxis, in der eine
dominante soziale Position von Männern und eine untergeordnete Position von
Frauen sichergestellt werden soll.[41] »Toxische« Männlichkeit beschreibt die stereo-
typen Vorstellungen von der männlichen Geschlechterrolle in einer Gesellschaft
sowie die Limitierung, welche Art von Emotionen und Verhaltensweisen Männer
an den Tag legen dürfen (und welche nicht).[42] Während unter Ersterem vor allem
Frauen leiden, betrifft Letzteres neben den Frauen auch die Männer selbst im negativen Sinne, da diese durch solch eine falsche Vorstellung von Maskulinität dazu
getrieben werden, sich ständig in hyperaggressiven und unnötigen Wettbewerbs-
situationen mit anderen Männern beweisen zu müssen.

Schlussfolgerung

Ebenso wie die Gesellschaft und unsere Welt auf vielen Ebenen von einem Ende
des karnistischen Glaubenssystems und einer Reform der Mensch-Tier-Beziehung
profitieren würden, wäre auch ein Ende der hegemonialen bzw. »toxischen« Maskulinität eine positive Entwicklungsrichtung für alle Menschen. Mehr zu dieser
Thematik lässt sich in Carol J. Adams Werk »The Sexual Politics of Meat« (die deutsche Ausgabe trägt den Titel »Zum Verzehr bestimmt«) sowie in Anna-Lena Klapps
»Food Revolte: Ein vegan-feministisches Manifest« nachlesen. Wie die vorherige
Ausführung zeigt, sind männliche bzw. unmännliche Verhaltensweisen durchaus

wandelbar und somit nicht in Stein gemeißelt. Und selbst wenn sie es wären, dann wäre die »(Un-)Männlichkeit« einer Sache per se noch kein valides Argument für oder gegen einen Sachverhalt und kann daher die ethische Position des Veganismus sowie seine Anhänger*innen nicht diskreditieren.

Richtigstellung des Arguments »Echte Männer brauchen Fleisch!«

Vorurteil	Faktenlage
Echte Männer brauchen Fleisch.	Rein ernährungsphysiologisch benötigen weder Männer noch Frauen Fleisch oder andere tierische Produkte für ihre Gesundheit und Leistungsfähigkeit. Die Einstellung, dass alleine aufgrund der Geschlechterzugehörigkeit ein vermeintliches Anrecht auf irgendetwas besteht (vor allem wenn dies vermeidbares Leid bei anderen verursacht), ist überdies höchst problematisch und führte in der Vergangenheit zu einer ganzen Reihe an sozialen Ungerechtigkeiten in der Gesellschaft.
Fleisch essen ist männlich.	Der durchschnittliche Fleischkonsum von Männern ist zwar höher als jener von Frauen, aber das macht ihn dennoch nicht »männlich«. Es ist problematisch, dass einige Männer ihr Selbstbild mit dem Verzehr gewisser Lebensmittel verknüpfen, weil sie dadurch nicht mehr objektiv auf diese Nahrungsmittel blicken können. Eine unethische Handlung mit einem Geschlecht zu verknüpfen, legitimiert diese Handlung dadurch in keiner Weise und unsere Gesellschaft würde auf vielen Ebenen davon profitieren, wenn derartige unsinnige Ansichten überdacht und abgelegt würden.
Unter dem Fleischverzicht leiden die Kraft und Potenz.	Die Datenlage zeigt, dass im Rahmen einer gut zusammengestellten veganen Ernährung weder die Kraft noch die Potenz des Mannes unter dem Verzicht auf Fleisch und andere tierische Produkte leidet. Eine Vielzahl an erfolgreichen veganen Athlet*innen beweist, dass man mit einer veganen Kost Höchstleistungen erbringen kann. In vergleichenden Untersuchungen zwischen männlichen Veganern und Mischköstlern zeigte sich außerdem kein relevanter Unterschied in Bezug auf Parameter wie den Testosteronspiegel.
Eine vegane Ernährung ist unmännlich.	Auch wenn der Anteil der Frauen in der veganen Bewegung in Deutschland etwa viermal höher ist als der der Männer, lässt sich dadurch nicht im Umkehrschluss ableiten, dass es »unmännlich« ist, sich vegan zu ernähren. Unabhängig davon, ob eine Personengruppe das Töten von Tieren zum Fleischverzehr nun als männlich oder das Ablehnen dieser Tätigkeit als unmännlich bezeichnet, ändert das nichts an der ethischen Debatte über den Fleischverzehr und kann in keinem Fall als Rechtfertigung gelten.

Quellen

1 Garel, C. (2019). *How Masculinity Is Barring Men From Trying Plant-Based Diets – Some men still consider eating meat to be a great pleasure in life – in spite of the environmental costs.* Zugriff am 1. Februar 2021. Verfügbar unter https://bit.ly/3ooOIVd

2 Rogers, R. A. (2008). Beasts, Burgers, and Hummers: Meat and the Crisis of Masculinity in Contemporary Television Advertisements. *Environ Commun – J Nat Cult*, 2(3), 281–301.

3 Centrale Marketing-Gesellschaft der deutschen Agrarwirtschaft mbH (1973). *Essen aus Deutschland: Fleisch ist ein Stück Lebenskraft. Frühstück Dich fit für den Tag.* Zugriff am 1. Februar 2021. Verfügbar unter https://bit.ly/3okU1F9

4 Rogers, R. A. (2008). Beasts, Burgers, and Hummers: Meat and the Crisis of Masculinity in Contemporary Television Advertisements. *Environ Commun – J Nat Cult*, 2(3), 281–301.

5 D'Agostino, R. (2011). *Eat Like a Man: The Only Cookbook a Man Will Ever Need.* San Francisco: Chronicle Books.

6 Stibbe, A. (2004). Health and the Social Construction of Masculinity in Men's Health Magazine. *Men and Masculinities*, 7(1), 31–51.

7 Skopos Group (o. D.). *1,3 Millionen Deutsche leben vegan.* Zugriff am 1. Februar 2021. https://bit.ly/3hKlQEO

8 Rothgerber, H. (2013). Real Men Don't Eat (Vegetable) Quiche: Masculinity and the Justification of Meat Consumption. *Psychology of Men & Masculinity*, 14(4), 363–375.

9 Thomas, M. A. (2016). Are Vegans the Same as Vegetarians? The Effect of Diet on Perceptions of Masculinity. *Appetite,* 1(97), 79–86.

10 McGee, S. (2020). *6 in 10 of us will avoid vegans when looking for love, according to research.* Zugriff am 1. Februar 2021. Verfügbar unter https://bit.ly/2Bo62XE

11 Nath, J. (2011). Gendered fare? A qualitative investigation of alternative food and masculinities. *Journal of Sociology*, 47(3), 261–278.

12 Graça, J., Calheiros, M. M., Oliveira, A. und Milfont, T. L. (2018). Why are women less likely to support animal exploitation than men? The mediating roles of social dominance orientation and empathy. *Personality and Individual Differences*, 129, 66–69.

13 Herzog, H. A. (2007). Gender Differences in Human–Animal Interactions: A Review. *Anthrozoös*, 20(1), 7–21.

14 Max Rubner-Institut (2008). Nationale Verzehrsstudie II – Ergebnisbericht, Teil 2. Zugriff am 1. Februar 2021. Verfügbar unter https://bit.ly/312wiSb

15 U.S. Department of the Interior, U.S. Fish and Wildlife Service, and U.S. Department of Commerce, U.S. Census Bureau (2016). *National Survey of Fishing, Hunting, and Wildlife-Associated Recreation.* Zugriff am 1. Februar 2021. Verfügbar unter https://bit.ly/36lngkZ

16 Muddeman, E. (2019). *Meat and masculinity: Is veganism a female lifestyle?* Zugriff am 1. Februar 2021. Verfügbar unter https://bit.ly/3dm5aQC

17 Johnson, M. K. und Marini, M. M. (1998). Bridging the Racial Divide in the United States: The Effect of Gender. *Social Psychology Quarterly*, 61(3), 247–258.

18 Babbitt, L. G., Gaither, S. E., Toosi, N. R. und Sommers, S. R. (2018). The Role of Gender in Racial Meta-Stereotypes and Stereotypes. *Social Cognition*, 36(5), 589–601.

19 Fleming, P. J., Gruskin, S., Rojo, F. und Dworkin, S. L. (2015). Men's violence against women and men are inter-related: Recommendations for simultaneous intervention. *Soc Sci Med*, 146, 249–256.

20 Fernau, L. (o. D.) *Geschlechterklischees – Warum die Farbe Rosa einst Männersache war.* Zugriff am 1. Februar 2021. Verfügbar unter https://bit.ly/2M90xle

21 Heine, M. (2011). *Als richtige Jungen noch Rosa trugen.* Zugriff am 1. Februar 2021. Verfügbar unter https://bit.ly/3sY0z05

22 Fernau, L. (o. D.) *Geschlechterklischees – Warum die Farbe Rosa einst Männersache war.* Zugriff am 1. Februar 2021. Verfügbar unter https://bit.ly/2M90xle

23 Kaey (2020). *Der High Heel – historisch eine Erfindung von Männern für Männer.* Zugriff am 1. Februar 2021. Verfügbar unter https://bit.ly/2MtSP5g

24 Singh, D. (1995). Female judgment of male attractiveness and desirability for relationships: role of waist-to-hip ratio and financial status. *J Pers Soc Psychol*, 69(6), 1089–1101.

25 Stark, F. (2016). *Nur durch Fleischkonsum war die Menschwerdung möglich.* Zugriff am 1. Februar 2021. Verfügbar unter https://bit.ly/2YlcJlB

26 Liebenberg, L. (2008). The Relevance of Persistence Hunting to Human Evolution. *J Hum Evol*, 55(6), 1156–1159.

27 Leroy, F. und Praet, I. (2015). Meat traditions. The co-evolution of humans and meat. *Appetite*, 90, 200–211.

28 Mellinger, N. (2000). *Fleisch: Ursprung und Wandel einer Lust. Eine kulturanthropologische Studie.* Frankfurt am Main: Campus Verlag.

29 Haas, R., Watson, J., Buonasera, T. et al. (2020). Female hunters of the early Americas. *Science Advances*, 6(45), eabd0310.

30 De Backer, C., Erreygers, S., De Cort, C. et al. (2020). Meat and Masculinities. Can Differences in Masculinity Predict Meat Consumption, Intentions to Reduce Meat and Attitudes Towards Vegetarians? *Appetite,* 147, 104559.

31 Ebd.

32 Urban Dictionary (2017). *Soy Boy.* Zugriff am 1. Februar 2021. Verfügbar unter https://bit.ly/2BwxuSX

33 Hosie, R. (2018). *Soy Boy: What is this new online insult used by the far right?* Zugriff am 1. Februar 2021. Verfügbar unter https://bit.ly/314bZE4

34 Hamilton-Reeves, J. M., Vazquez, G., Duval, S. J., Phipps, W. R., Kurzer, M. S. und Messina, M. J. (2010). Clinical Studies Show No Effects of Soy Protein or Isoflavones on Reproductive Hormones in Men: Results of a Meta-Analysis. *Fertil Steril*, 94(3), 997–1007.

35 Mitchell, J. H., Cawood, E., Kinniburgh, D., Provan, A., Collins, A. R. und Irvine, D. S. (2001). Effect of a phytoestrogen food supplement on reproductive health in normal males. *Clin Sci (Lond)*, 100(6), 613–618.

36 Jordan, N. K. (2019). *Geiles Fleisch macht geiles Fleisch: Das Prinzip der Genom-basierten Ernährung.* Mössingen: stellaplan.

37 Allen, N. E., Appleby, P. N., Davey, G. K. und Key, T. J. (2000). Hormones and Diet: Low Insulin-Like Growth factor-I but Normal Bioavailable Androgens in Vegan Men. *Br J Cancer*, 83(1), 95–97.

38 Key, T. J., Roe, L., Thorogood, M., Moore, J. W., Clark, G. M. und Wang, D. Y. (1990). Testosterone, Sex Hormone-Binding Globulin, Calculated Free Testosterone, and Oestradiol in Male Vegans and Omnivores. *Br J Nutr*, 64(1), 111–119.

39 Maiorino, M. I., Bellastella, G. und Esposito, K. (2015). Lifestyle modifications and erectile dysfunction: what can be expected? *Asian J Androl*, 17(1), 5–10.

40 Esposito, K., Ciotola, M., Giugliano, F., De Sio, M., Giugliano, G., D'Armiento, M. und Giugliano, D. (2006). Mediterranean Diet Improves Erectile Function in Subjects With the Metabolic Syndrome. *Int J Impot Res*, 18(4), 405–410.

41 Smith, R. M., Parrott, D. J., Swartout, K. M. und Tharp, A. T. (2015). Deconstructing Hegemonic Masculinity: The Roles of Antifemininity, Subordination to Women, and Sexual Dominance in Men's Perpetration of Sexual Aggression. *Psychol Men Masc*, 16(2), 160–169.

42 Rivera, A. und Scholar, J. (2020). Traditional Masculinity: A Review of Toxicity Rooted in Social Norms and Gender Socialization. *ANS Adv Nurs Sci*, 43(1), E1–E10.

m Jahr 1980 hieß es seitens des Wissenschaftlers Carl Sagan: »Es zählt nicht, was plausibel klingt, was wir gerne glauben würden, was ein oder zwei Zeugen behaupten, sondern nur, was durch stichhaltige Beweise belegt wird, die gründlich und kritisch geprüft wurden. Außergewöhnliche Behauptungen erfordern außergewöhnlich starke Beweise.«[1] Diese zuweilen auch als »Sagan-Standard« bekannte Prämisse bringt es auf den Punkt: Je außergewöhnlicher eine Behauptung, desto stärker müssen die Beweise dafür sein. Was hingegen ohne Beleg behauptet wird, kann auch ohne Belege wieder verworfen werden.[2] Diese Maxime des Philosophen Christopher Hitchens – siehe hierzu auch Kapitel 8 – trifft hier ebenfalls zu.

Beides sind Grundsätze, die wir meist ganz selbstverständlich als Maßstab anlegen und die wir einfordern, wenn wir selbst mit außerordentlichen Behauptungen oder Forderungen konfrontiert werden. Und das aus gutem Grund, denn alles andere würde zu Willkür führen. Doch gerade für die wahrscheinlich außergewöhnlichste Behauptung, dass ein alleiniger Schöpfer des gesamten Universums existiere, soll augenscheinlich in den meisten Fällen das Gegenteil gelten. Im religiösen Kontext gilt häufig sogar, dass der Glaube an etwas umso tugendhafter ist, je schwerer an etwas zu glauben ist. Doch wenn das Zweifeln nicht als die Grundlage des Lernens betrachtet wird, sondern stattdessen blinder Gehorsam zur Tugend verklärt wird, dann ist es nicht verwunderlich, dass im Namen der Religion bis zum heutigen Tag unaussprechliche Taten verübt werden. So wurde Religion immer wieder zur Rechtfertigung von Krieg, Rassismus, Sexismus, Sklaverei, Homophobie, Gewalttaten, Unterdrückung und Verfolgungen verwendet.[3,4,5,6,7] Natürlich gibt es auch sehr viele gläubige Menschen, die mit ihrem Glauben gegen all diese Dinge mit bewundernswertem Einsatz kämpfen, aber der Glaube an etwas sollte nicht zulasten des rationalen und kritischen Denkens gehen – vor allem dann nicht, wenn andere darunter leiden.

Religion stellt keine valide Rechtfertigung für das Töten von Tieren dar

Religionsfreiheit ist ein wichtiges Gut, sowohl im Hinblick darauf, dass jeder Mensch die Freiheit haben soll, seiner religiösen Überzeugung folgen zu dürfen, als auch im Hinblick, dass jeder Mensch die Freiheit haben muss, keiner Religion anzugehören, ohne dass daraus gesellschaftliche Nachteile für diese Menschen entstehen. Das bedeutet aber auch, dass der Glaube Privatsache zu sein hat – im Gegensatz zu unserer Ernährung. Privatsache bleibt der Glaube jedoch nur, solange dadurch niemand anderes zu Schaden kommt. Werden mit der Religion Handlungen gerechtfertigt, die Tod, Leid und Gewalt verursachen, dann muss an dieser Stelle das Ende der Religionsfreiheit erreicht sein. Schon Immanuel Kant hat sinngemäß erklärt, dass jede einzelne Person nur so viel Freiheit beanspruchen darf, dass die Freiheit eines anderen Individuums nicht eingeschränkt wird.[8] Er bezog sich dabei lediglich auf Menschen, aber es gibt keinen rationalen Grund, diese Prämisse willkürlich bei der Speziesgrenze enden zu lassen. Menschenrechte gelten beispielsweise universell und unabhängig vom Regelwerk jedweder Religionen. Staaten haben säkulare Verfassungen, an die sich auch religiöse Institutionen und gläubige Menschen zu halten haben. Religion und Religionsfreiheit entbindet Menschen nicht von der Verantwortung für das eigene Handeln, und Religion ist keine Rechtfertigung für Ausbeutung oder Unterdrückung. Auf diese Weise wird sie jedoch missbraucht, wenn argumentiert wird, dass die eigene Religion das Töten von fühlenden Lebewesen legitimiert.

Hauptprobleme bei der Verwendung von Religion als Rechtfertigung für jedwede Sache sind zum einen, dass eine grundlegende Unterscheidung nicht beachtet wird: die Unterscheidung zwischen Wahrheit bzw. Wissen auf der einen Seite und Gefühlen bzw. Wünschen auf der anderen Seite.[9] Was wissen wir wirklich über religiöse Dinge, die als Rechtfertigungsgrundlage herangezogen werden? Was können wir mit gutem Gewissen als wahr oder zumindest als einigermaßen plausibel bezeichnen und was glauben wir lediglich auf Basis von Gefühlen und Wünschen? In keinem anderen Lebensbereich würden wir auf Basis einer derart dünnen Beweislage so vieles in Kauf nehmen. Zum anderen sind religiöse Texte oft sehr zweideutig und offen für Interpretationen. Das mag u. a. der Grund dafür sein, dass beispielsweise einige religiöse Menschen Homosexualität auf Basis der jeweiligen heiligen Schriften für eine Sünde halten, während andere es nicht tun. Ebenso ließe sich auf Basis beispielsweise der Bibel auch für die Unterdrückung von Frauen argumentieren. In der Bibel steht z. B. zu diesen beiden Themen:

»Wenn ein Mann mit einem anderen Mann schläft, ist dies eine abscheuliche Tat. Beide sollen mit dem Tod bestraft werden, ihre Schuld fällt auf sie zurück.« (3 Mose 20,13)[10]

»Ihr Frauen, ordnet euch euren Männern unter, so wie ihr euch dem Herrn unterordnet. [...] Und wie sich die Gemeinde Christus unterordnet, so sollen sich auch die Frauen in allem ihren Männern unterordnen.« (Epheser 5,22—24)[11]

Erfreulicherweise akzeptieren aber viele Gläubige solche Vorschriften nicht mehr als verbindlich, obwohl es sich dabei – anders als im Hinblick auf das Essen von Tieren – um tatsächliche Anweisungen handelt und nicht nur um Erlaubnisse. Auch Sklaverei wird von der Bibel nicht verurteilt und es gibt sogar äußerst krude Anleitungen, wie man mit Sklaven umzugehen hat:

»Ihr Sklaven, gehorcht euren irdischen Herren, ehrt und achtet sie! Dient ihnen so aufrichtig, als würdet ihr Christus selbst dienen.« (Epheser 6,5)[12]

»Vielleicht aber will dein Sklave bei dir bleiben, weil er an dir und deiner Familie hängt und es ihm gut bei euch geht. Dann nimm ein spitzes Werkzeug und bohre ihm damit am Türpfosten deines Hauses ein Loch in sein Ohrläppchen. Von nun an muss der Sklave auf Lebenszeit bei dir bleiben.« (5 Mose 15,16—17)[13]

Dennoch wird Sklaverei von Christen heute abgelehnt. Gerade auch im Alten Testament werden durchaus grausame Dinge erlaubt oder gefordert, ohne dass wir diesen heute noch folgen würden. Aber auch aus heutiger Sicht äußerst befremdliche Vorschriften werden von den meisten Christen nicht mehr befolgt, nicht wörtlich genommen oder nur im Kontext der damaligen Zeit gelesen:

»Besät eure Felder nicht mit zweierlei Saatgut; tragt keine Kleidung aus Mischgewebe.« (3 Mose 19,19)[14]

»Wenn ihr um einen Toten trauert, dann schneidet euch deswegen nicht die Haare rund um die Schläfen ab; stutzt auch nicht eure Bärte.« (3 Mose 19,27—28)[15]

»Es kann geschehen, dass in einer der Städte, die der Herr, euer Gott, euch gibt, ein Mann oder eine Frau andere Götter verehren. [...] Stellt sich heraus, dass tatsächlich etwas so Abscheuliches in Israel geschehen ist, dann sollt ihr den Mann oder die Frau außerhalb der Stadt steinigen.« (5 Mose 17,2—7)[16]

Unnötiges Leid ist nicht im Sinne der heutigen Religionen

Einen religiösen Glauben zu instrumentalisieren, um das Töten von Tieren zu rechtfertigen, ist hinsichtlich der Argumentationsgrundlage im Grunde dasselbe, wie einen religiösen Glauben zu benutzen, um queere Menschen oder Frauen zu unterdrücken. Wenn die Logik »Meine Religion sagt, ich darf Tiere essen« den Verzehr von Tieren moralisch machen würde, dann würde auch das Argument »Meine Religion sagt, es ist in Ordnung, queere Menschen oder Frauen schlechter zu behandeln« die Unterdrückung von queere Menschen und Frauen moralisch machen. Das geschieht selbstverständlich in keinem der genannten Fälle und man erkennt so sehr deutlich den Doppelstandard in der Argumentation. Beruft man sich zur Rechtfertigung auf eine religiöse Doktrin, die man willkürlich auslegt und aus der man sich nur jene Aspekte auswählt, die zu den eigenen Wünschen passen, so ist die Rechtfertigung selbst willkürlich und als Argument nicht legitim. Die Zweideutigkeit religiöser Texte zeigen auch die nachfolgenden Beispiele. Einerseits finden sich Passagen, die deutlich gegen das Töten und den Konsum von Tieren sprechen und andererseits liest man von einer expliziten Erlaubnis. So steht in der Bibel geschrieben:

> »Seht, als Nahrung gebe ich euch alle Pflanzen, die Samen tragen, und die Früchte, die überall an den Bäumen wachsen.« (1 Mose 1,29)[17]

Nach dem Sündenfall erteilt Gott dann aber die Erlaubnis – nicht jedoch den Befehl (!) – Tiere zu essen:

> »Von jetzt an könnt ihr euch von ihrem Fleisch ernähren, nicht nur von den Pflanzen, die ich euch als Nahrung zugewiesen habe.« (1 Mose 9,3)[18]

Dass Gott den Menschen die Herrschaft über die Tiere übertrug (»Ihr sollt Macht haben über alle Tiere: über die Fische, die Vögel und alle anderen Tiere auf der Erde!«),[19] muss jedoch nicht als Gewaltherrschaft gedeutet werden. Dies kann ebenso gut auch als Verantwortung interpretiert werden. In keiner religiösen Doktrin, weder im Judentum, im Islam noch im Hinduismus, bestimmt ein Gott bzw. eine Gottheit, dass Menschen Tiere essen müssen. Wenn wir »Gottes Geschöpfe« nicht töten müssen, ist es dann nicht rational anzunehmen, dass ein gütiger, mitfühlender, wohlwollender Gott möchte, dass wir es nicht tun? Sehen in Anbetracht dessen beispielsweise Schlachthöfe nicht eher wie das Werk des Teufels als wie das Werk eines Gottes aus?

Ginge man davon aus, dass ein Gott hinter der Erschaffung von Mensch und Tier steht und er die Tiere für den menschlichen Verzehr vorgesehen hat, dann passt das nicht in das Bild eines gerechten und gnädigen Gottes. Denn warum versieht Gott Geschöpfe, die angeblich dafür bestimmt sind, von uns gegessen zu werden, mit einem Bewusstsein und gibt ihnen die Fähigkeit, Schmerzen und Todesangst zu empfinden? Warum würde er für diese Bestimmung, dem Menschen Nahrung zu sein, empfindungsfähige Wesen mit Persönlichkeiten und einem starken Lebenswillen erschaffen? Und warum hat Gott uns die Fähigkeit von Empathie auch gegenüber Tieren gegeben? Wie könnte ein gütiger Gott es wollen, dass man sich für Leid, Gewalt und Grausamkeit entscheidet, dass man Familien auseinanderreißt und für das bloße Geschmackserlebnis tötet, obwohl man die Wahl hat, sich für andere Nahrungsmittel zu entscheiden? Das Gebot »Du sollst nicht töten« gilt zwar laut der Bibel für Tiere nicht mit derselben Konsequenz wie für Menschen, doch gilt dennoch die Einschränkung, dass Tiere nur getötet werden dürfen, wenn der Mensch das Fleisch wirklich benötigt.[20] Genau das ist in unserer heutigen Gesellschaft jedoch in den allermeisten Situationen nicht der Fall. 1980 erklärte die Deutsche Bischofskonferenz diesbezüglich: »Wir Menschen sind berechtigt, Leistungen und Leben der Tiere in Anspruch zu nehmen. Es ist jedoch nicht zu verantworten, dass Tiere, die fühlende Wesen sind, ohne ernste Gründe, etwa bloß zum Vergnügen oder zur Herstellung von Luxusprodukten, gequält und getötet werden.«[21]

Wenn man gesund leben kann, ohne Tierprodukte zu konsumieren (siehe Kapitel 18), dann besteht kein ernsthafter Grund für die Tötung von Tieren, da dies dann nur für den Genuss ist. Es ist also nicht überzogen, Tierprodukte in der westlichen Welt als Luxusprodukte zu bezeichnen. Laut dem Duden bezeichnet Luxus einen kostspieligen, verschwenderischen, den normalen Rahmen der Lebenshaltung übersteigenden, nicht notwendigen und nur zum Vergnügen betriebenen Aufwand.[22] Auch wenn der Ladenpreis für Tierprodukte an der Kasse des Discounters heutzutage alles andere als kostspielig ist, sind es allerdings die versteckten Kosten dieser Produkte durchaus, gerade im Hinblick auf die Umwelt und somit auf das Leben künftiger Generationen.[23,24,25] Wirft man einen Blick auf den Land- und Futtermittelverbrauch (Veredelungsverluste), kommt man kaum umhin, die Produktion tierischer Lebensmittel als verschwenderisch zu bezeichnen. Und da in Bezug auf die Deckung unseres Nährstoffbedarfs Tierprodukte nicht notwendig sind, ist ihr Verzehr genau der zuvor beschriebene Luxus: ein die notwendige Lebenshaltung übersteigender und nur zum (geschmacklichen) Vergnügen betriebener Aufwand.

Schlussfolgerung

Im Jahr 1920 schrieb der britische Geistliche und dreimalige Literatur-Nobelpreisanwärter William Ralph Inge in seinem Werk »Die Idee des Fortschritts« (»The Idea of Progress«) über die Mensch-Tier-Beziehung: »Wir haben den Rest des Tierreichs versklavt und haben unsere entfernten Verwandten mit Fell und Federn so grausam behandelt, dass diese, wenn sie in der Lage wären eine Religionsgemeinschaft zu gründen, ohne Zweifel den Teufel in menschlicher Gestalt darstellen würden.«[26] Ob man nun an einen Gott glaubt oder nicht, sollte keine Rolle dabei spielen, dass man nicht blind für die Ungerechtigkeiten ist, die Menschen seit jeher

Tieren antun. Weder Religion noch ein anderes der in diesem Buch besprochenen Scheinargumente kann daran etwas ändern. Auch wenn man sich aus den »heiligen Schriften« Textpassagen herauspicken kann, die vermeintlich das erlauben, was manche Menschen glauben oder tun wollen – sei es in Bezug auf die Stellung von Frauen in der Gesellschaft, gleichgeschlechtliche Partnerschaften, den Fleischverzehr oder etwas anderes –, sollte eine moderne Gesellschaft ihre Moralvorstellung nicht unreflektiert aus uralten Büchern entnehmen. Am Ende bleiben all diese Dinge eigene Entscheidungen, die man nicht auf den Glauben schieben sollte. Aus guten Gründen sind wir stolz auf die medizinischen, technischen und nicht zuletzt sozialen Errungenschaften der letzten Jahrhunderte und so sollten wir unabhängig der Religionszugehörigkeit auch für eine zeitgemäße Reformation des Mensch-Tier-Verhältnisses eintreten.

Richtigstellung des Arguments »Gott erlaubt uns Tiere zu essen«

Vorurteil	Faktenlage
Keine Weltreligion verbietet den Konsum von tierischen Produkten.	Es ist korrekt, dass keine Weltreligion den Konsum tierischer Produkte verbietet, aber keine von ihnen schreibt diesen explizit vor. Daher ist es weder ein Verbot noch ein Gebot und obliegt somit der Entscheidung der Gläubigen. Jahrtausendealte Texte sollten aber unabhängig von ihrer inhaltlichen Ausrichtung nicht unreflektiert als moralischer Kompass für unsere heutige Gesellschaft dienen, und die Tatsache, dass etwas in einer der heiligen Schriften steht, entbindet die jeweilige Aussage nicht von einer kritischen Überprüfung.
An vielen Stellen der heiligen Schriften wird der Konsum von Tieren sogar explizit erlaubt.	Das ist korrekt, allerdings finden sich in den heiligen Schriften auch viele weitere Erlaubnisse für Taten, die wir heutzutage als nicht mehr gesellschaftsfähig ansehen und aus ethischen Gründen ablehnen. Man kann diese Regeln aus der damaligen Zeit nicht 1:1 auf die Gegebenheiten heutiger westlicher Länder übertragen. Heutzutage sind wir nicht mehr auf den Konsum tierischer Lebensmittel angewiesen, und es verlangt nach überzeugenderen Argumenten als einigen Textauszügen aus einem Buch (die zum Teil in sich widersprüchlich und in vielen Fällen nicht mehr zeitgemäß sind), um ethisch derart schwerwiegende Verhaltensweisen rechtfertigen zu können.

Quellen

1 Zitate berühmter Personen. (2020). *Zitat von Carl Sagan aus: Unser Kosmos (Folge 12) – Eine galaktische Enzyklopädie.* Zugriff am 1. Februar 2021. Verfügbar unter https://bit.ly/3knSIF9

2 Hitchens, C. (2008). *God Is Not Great: How Religion Poisons Everything.* New York: Twelve.

3 Dawkins, R. (2016). *The God Delusion (10th Anniversary Edition).* London: Black Swan.

4 Harris, S. (2005). *The End of Faith: Religion, Terror, and the Future of Reason.* New York/London: W.W. Norton & Company.

5 Hitchens, C. (2008). *God Is Not Great: How Religion Poisons Everything.* New York: Twelve.

6 Russell, B. (2017). *Warum ich kein Christ bin.* Berlin: Matthes & Seitz Berlin.

7 Zinser, H. (2015). *Religion und Krieg.* Paderborn: Wilhelm Fink Verlag.

8 Ryf, P. (2014). *Die Freiheit des Einzelnen... Immanuel Kant vs. Sentience Politics?* Zugriff am 1. Februar 2021. Verfügbar unter https://bit.ly/2ZO4aAr

9 Binder, A. (2012). *Humanistischer Pressedienst: Argumente für Religion auf dem Prüfstand (3).* Zugriff am 1. Februar 2021. Verfügbar unter https://bit.ly/3aQIGZW

10 Bible Gateway. (o. D.). *3 Mose 20,13.* Zugriff am 1. Februar 2021. Verfügbar unter https://bit.ly/3qXgDO0

11 Bible Gateway. (o. D.). *Epheser 5,22–24.* Zugriff am 1. Februar 2021. Verfügbar unter https://bit.ly/3pQbVQR

12 Bible Gateway. (o. D.). *Epheser 6,5.* Zugriff am 1. Februar 2021. Verfügbar unter https://bit.ly/3bFKmEH

13 Bible Gateway. (o. D.). *5 Mose 15.* Zugriff am 1. Februar 2021. Verfügbar unter https://bit.ly/2ZOsJx1

14 Bible Gateway. (o. D.). *3 Mose 19,19.* Zugriff am 1. Februar 2021. Verfügbar unter https://bit.ly/37LtVG0

15 Bible Gateway. (o. D.). *3 Mose 19,27–28.* Zugriff am 1. Februar 2021. Verfügbar unter https://bit.ly/3uy6euD

16 Bible Gateway. (o. D.). *5 Mose 17,2–7.* Zugriff am 1. Februar 2021. Verfügbar unter https://bit.ly/3bEMVak

17 Bible Gateway. (o. D.). *1 Mose 1,29.* Zugriff am 1. Februar 2021. Verfügbar unter https://bit.ly/3bAgE4d

18 Bible Gateway. (o. D.). *1 Mose 9,3.* Zugriff am 1. Februar 2021. Verfügbar unter https://bit.ly/2P2aF0g

19 Bible Gateway. (o. D.). *1 Mose 1,28.* Zugriff am 1. Februar 2021. Verfügbar unter https://bit.ly/2NExxCD

20 Gottwald, F.T. (2004). *Geschöpfe wie wir.* München: oekom Verlag, 71.

21 Die deutschen Bischöfe. (1980). *Zukunft der Schöpfung – Zukunft der Menschheit: Erklärung der Deutschen Bischofskonferenz zu Fragen der Umwelt und der Energieversorgung.* Bonn: Sekretariat der Deutschen Bischofskonferenz, 17.

22 Duden. (o. D.). *Wörterbuch – Luxus, der.* Zugriff am 1. Februar 2021. Verfügbar unter https://bit.ly/3bynIOG

23 Rust, N.A., Ridding, L., Ward, C. et al. (2020). How to transition to reduced-meat diets that benefit people and the planet. *Sci Total Environ*, 718, 137208.

24 Gaugler, T., Michalkeunter, A., Fitzer, F. und Pieper, M. (2018). *How much is the dish? – Was kosten uns Lebensmittel wirklich?* Zugriff am 1. Februar 2021. Verfügbar unter https://bit.ly/32X2ohy

25 Wissenschaftlicher Beirat für Agrarpolitik beim BMEL (2015). *Wege zu einer gesellschaftlich akzeptierten Nutztierhaltung – Gutachten, 119–136.* Zugriff am 1. Februar 2021. Verfügbar unter https://bit.ly/3jSbvHe

26 Inge, W.R. (1920). *The idea of progress.* Oxford: The Clarendon Press, 13 f.

DER VEGANISMUS IST EINE RELIGION

27.

D ie falschen Vorstellungen über den Veganismus, die in weiten Teilen unserer Gesellschaft kursieren, spiegeln sich unter anderem auch in den Worten des »Don't go Veggie«-Autors Udo Pollmer wider, der in einem Interview zum Thema Veganismus sagte: »Der Veganismus und Teile des Vegetarismus sind heute im Grunde religiöse Bewegungen ähnlich wie die Zeugen Jehovas und sie haben im Grunde ja auch die gleichen Argumente und die gleichen Idealbilder [...] Der entscheidende Punkt ist der, dass man dort gar nicht auf sachliche Argumente eingeht, sondern ständig religiöse oder sogenannte moralische Aspekte in den Vordergrund stellt.«[1] Auf Pollmers Kritik an den quasi »vorgeschobenen« moralischen Aspekten des Veganismus wurde im Detail bereits in der Einleitung dieses Buchs eingegangen. Nachfolgend soll der religiös konnotierte Teil von Pollmers Kritik stellvertretend für dieses Argument gegen den Veganismus besprochen werden.

Soziale Gerechtigkeitsbewegung und nicht Religion

Der Veganismus wird von manchen Kritiker*innen abwertend als eine Art Religion oder als eine Sekte bezeichnet. Viele Aspekte beider Vorwürfe sind dabei zwar deckungsgleich, aber tendenziell wird beim Vorwurf der Religion eher das »Glaubenssystem« dahinter adressiert, während man mit dem Vergleich oder der Gleichstellung mit einer Sekte eher auf das Verhalten von Veganer*innen abzielt (siehe Kapitel 28). Beides sind Weltanschauungen, die im Kern einen zwingenden Punkt erfüllen: Je nach Definition ist Religion »die persönliche Hingabe und der Dienst an Gott oder einer anbetungswürdigen Gottheit« bzw. »der Glaube an eine übernatürliche oder göttliche Kraft, die Macht über das Universum hat und Anbetung und Gehorsamkeit verlangt«.[2] Die Grundlage von beidem ist also der Glaube an bestimmte überirdische, übernatürliche oder übersinnliche Kräfte oder heilige Objekte, denen es zu dienen bzw. die es zu verehren gilt. Der Begriff Religion stammt dabei vom lateinischen Wort religio ab, was so viel wie »rücksichtsvolle, gewissenhafte Beachtung« bedeutet.[3] Dies mag zunächst wie etwas klingen, das man als Veganer*in wichtig findet und vertritt. Jedoch beziehen sich diese wohlklingenden Attribute im Kontext der Religion auf das rücksichtsvolle und gewissenhafte Befolgen von religiösen Vorschriften.

Hier bereits versagt der Versuch, den Veganismus als Religion darzustellen. Denn wenngleich auch der Veganismus mit gewissen Überzeugungen verbunden ist, enthält er nichts Übernatürliches oder vermeintlich Heiliges, sondern beschäftigt sich mit äußerst weltlichen Missständen, die keinen Glauben erfordern. Die Tierausbeutung zu Ernährungszwecken ist ein reales Problem, egal ob man nun daran glaubt oder nicht.[4] Darüber hinaus sind die negativen Auswirkungen des überbordenden Konsums tierischer Produkte in wissenschaftlichen Publikationen gut dokumentiert.[5] Dies zu leugnen, nur um bei seinen alten Gewohnheiten bleiben zu können, ist viel dogmatischer als der rational begründbare Umstieg auf eine vegane Ernährung. Vegan lebende Menschen verehren und dienen keinem »veganen Gott«. Auch wenn es eine Definition des Veganismus gibt, der einen ethischen Rahmen schafft, befolgen vegan lebende Menschen nicht blind irgendwelche vorgelegten Gebote, sondern orientieren sich primär an ihrem moralischen Kompass. Viele vegan lebende Menschen wissen nicht einmal, welche Personen den Veganismus in seiner heutigen Form begründet haben. Der Veganismus ist eine der am schnellsten wachsenden sozialen Gerechtigkeitsbewegungen des 21. Jahrhunderts[6] und mitnichten eine neue Religion. Zwar gibt es beispielsweise unter den Mitgliedern der Glaubensgemeinschaft der Siebenten-Tags-Adventisten, einer protestantischen Freikirche, eine überdurchschnittlich hohe Zahl von Vegetarier*innen und Veganer*innen, allerdings ist der Verzicht auf tierische Produkte bei der weitaus überwiegenden Anzahl an vegan lebenden Menschen weltweit in der Regel nicht religiös, sondern ethisch motiviert. Veganer*innen werben nicht für Fleischverzicht, da ein Gott das so möchte, sondern da es dafür handfeste rationale Gründe gibt. Das ist ein entscheidender Unterschied.

Ethische Überlegungen und nicht blinder Glaube

Da man selbst nicht leiden möchte, entspricht ein veganer Lebensstil im Grunde nur der bereits in der Einleitung besprochenen »Goldenen Regel der Ethik« (abgewandelt nach Leonard Nelson; siehe Einleitung), die besagt, dass man anderen nicht zufügen sollte, was man selbst nicht angetan haben möchte – selbst wenn man davon ausgeht, dass die Interessen der davon Betroffenen die eigenen wären.[7,8] Diese Mitleidsethik, die schon Arthur Schopenhauer mit den Worten »Mitleid mit allen lebenden Wesen ist der festeste und sicherste Bürge für das sittliche Wohlverhalten«[9] beschreibt, ist dabei die Kernmotivation für vegan lebende Menschen und nicht die Erlösung oder die Aussicht auf ein Paradies. Eine Ethik, die auf die Verminderung von Leid abzielt, ist sehr gut rational begründbar und kein blinder Glaube.

Wie Abbildung 50 zeigt, findet sich die Goldene Regel zwar in sämtlichen Weltreligionen wieder, jedoch ist diese Überschneidung alleine kein ausreichendes Indiz dafür, dass der Veganismus eine quasireligiöse Bewegung ist. Außerdem wird die goldene Regel in den meisten Weltreligionen speziesistisch auf Menschen limitiert, wohingegen der Veganismus diese über die Spezieszugehörigkeit hinaus anwendet.

Veganer*innen äußern indirekt, auch ohne zu »predigen«, allein schon durch ihre täglichen Ernährungsentscheidungen Kritik an etwas, das tief in unserer Gesellschaft verwurzelt ist – in unserem Leben, unserem Denken und unserem

Buddhismus
Behandle andere nicht auf eine
Weise, von der du denkst, dass sie
dich selbst verletzen würde.
(Der Buddha, Udana-Varga 5,18)

Christentum
Alles nun, was ihr wollt, das euch
die Leute tun sollen, das tut ihr ihnen
auch. (Matthäus 7:12)

Hinduismus
Tue anderen nichts an, was dir,
wenn es dir selbst angetan würde,
Schmerz verursachen würde.
Das ist die Essenz aller Moral.
(Mahabharata 5.1517)

Islam
Keiner von euch ist wahrhaft
gläubig, solange ihr nicht anderen
wünscht, was ihr für euch selbst
begehrt. (Der Prophet Muhammad,
Hadithch)

Janaismus
Man sollte alle Lebewesen so behandeln, wie man selbst behandelt werden möchte. (Mahavira Sutrakritanga
1, 11, 33)

Judentum
Was dir selbst verhasst ist, tue
deinem Nächsten nicht an. (Talmud,
Shabbat 31 a)

Sikhismus
Ich bin ein Fremder für niemanden
und niemand ist ein Fremder für mich.
(Guru Grant Sahib, S. 1299)

Taoismus
Betrachte den Gewinn des Nachbarn
als deinen Gewinn und seinen Verlust
als deinen Verlust. (T'ai-shang
kan-ying p'ien)

Zarathustrismus
Tue anderen nicht an, was dir schadet!
(Shayast-na-Shayast 13.29)

Handeln. Mit guten Argumenten kritisiert zu werden, ist entsprechend unangenehm. Mit der Diagnose »Der Veganismus ist eine Religion« wird dann zuweilen
versucht, der Kritik zu entgehen, indem man den Veganismus zu einer privaten
Glaubensangelegenheit erklärt und ihm dabei auch noch den Stempel von Irratio-
nalität und bisweilen Fundamentalismus aufdrückt, ohne sich mit stichhaltigen
veganen Argumenten auseinandersetzen zu müssen. Die Behauptung, man habe es
mit einer Religion oder Quasireligion zu tun, suggeriert zudem die Zuschreibung
unkritischer Hörigkeit, was erneut nicht auf den Veganismus zutrifft. Nur weil
eine Gruppe von Menschen ähnliche Wertvorstellungen teilt, handelt es sich dabei
noch nicht um einen irrationalen Glauben, dem diese Menschen blind folgen.

Der Veganismus fußt, wie praktisch alle moralischen Systeme, auf der Berücksichtigung der Interessen von Individuen und ist dabei lediglich konsequenter,
universeller, inklusiver und weniger willkürlich als andere Überzeugungen. Darin
findet sich grundsätzlich nichts Dogmatisches oder Irrationales. Es handelt sich
um sehr greifbare, gut belegte und wichtige ethische Motivationen, die keine Dogmen sind (siehe Kapitel 4), selbst wenn man sich sehr nachdrücklich dafür einsetzt. Sicherlich gibt es Menschen, die sich vom Veganismus falsche Dinge wie
gesundheitliche Wunder versprechen. Und wenn man nur mit solchen Vertreter*innen argumentiert, kann durchaus ein irrationaler Glaube vermittelt werden,

der allerdings nicht auf Fakten basiert. Das ist aber nicht die Regel und man kann bekanntlich fast jede Überzeugung quasi religiös verklären. Man kann also etwas Richtiges aus den falschen Gründen tun und mit unsinnigen Argumenten begründen, aber das ist dennoch kein Beleg für die Falschheit der Sache selbst – wie in diesem Fall des ethisch motivierten Veganismus. Um den Veganismus pauschal als eine Religion zu bezeichnen, muss man die Definition dieses Begriffs sehr weit ausdehnen und zwar so weit, dass ebenfalls das Engagement für Demokratie, Menschenrechte, Gleichberechtigung und Umweltschutz dazu zählen müsste. Aber es ist keine Religion, die uns als Gemeinschaft diese Überzeugungen fassen lässt. Vielmehr ist es die gut begründbare Überzeugung, dass diese Werte moralisch gut sind. Ebenso verhält es sich mit dem Veganismus.

Starke Überzeugungen haben nicht nur Veganer*innen

Zudem folgen, wie auch die amerikanische Psychologin Dr. Melanie Joy in ihrem Buch »Warum wir Hunde lieben, Schweine essen und Kühe anziehen« beschreibt, nicht nur Veganer*innen mit ihrem Verhalten gewissen Überzeugungen, sondern auch Mischköstler*innen.[11] Dr. Joy bezeichnet dieses Glaubenssystem in ihrem Buch als Karnismus. Heutzutage müssen Menschen in westlichen Ländern zum Überleben keine tierischen Produkte mehr essen. Sie entscheiden sich also aus freien Stücken dazu und jede Entscheidung beruht auf einem (mitunter unsichtbaren) Glaubenssystem. Man kann also durchaus die provokante Frage zurückgeben, wie viel von einem Glaubenssystem das Fleischessen für die Menschen hat, wenn diese oft militant und aggressiv auf vegane Initiativen wie freiwillige Veggiedays und fleischfreie Umweltveranstaltungen reagieren. Religiöse Menschen tendieren dazu, jener Religion anzuhängen, mit der sie aufgezogen wurden. So entbehrt es nicht einer gewissen Ironie, wenn Nicht-Veganer*innen vegan lebende Menschen gern der Religiosität bezichtigen, dabei jedoch selbst unhinterfragt und teils dogmatisch karnistische Überzeugungen pflegen, die ihnen von klein auf vorgelebt wurden, die wiederum die Veganer*innen im Laufe ihres Lebens hinterfragt und abgelegt haben.

Allerdings ist der Glaube vieler Menschen, dass es – wie Dr. Melanie Joy schreibt – »normal, natürlich und notwendig« wäre, tierische Produkte zu essen, so allgegenwärtig und weitverbreitet,[12] dass es den meisten Menschen gar nicht auffällt, dass sie das – zumeist ohne es jemals aktiv reflektiert zu haben – glauben. Andere Veröffentlichungen sehen neben diesen »3 Ns der Rechtfertigung« (3Ns of Justification) auch noch ein viertes »N« für den Tierkonsum – es ist schlichtweg »nice« (im Sinne von angenehm/praktisch).[13] Unterzieht man diese 3 bzw. 4 »Ns« allerdings einer kritischen Prüfung, so wird deutlich, dass diese (abseits des Bequemlichkeitsarguments) vielmehr einem fiktiven Glauben als einer rationalen

Begründung nahekommen Überprüft man beispielsweise die Tabus in Bezug auf den Verzehr verschiedenster Tierarten, lässt sich hier keine Stringenz ausmachen. Im Hinduismus ist Rindfleisch tabu und im Islam Schweinefleisch. In unserem Kulturkreis ist der Verzehr von Hunden oder Katzen tabu. Wenn etwa Schweine in Form von Würstchen auf dem Grill landen, um Geld für Hunde und Katzen in Tierheimen zu sammeln, wird dies unhinterfragt von einem Großteil der mischköstlichen Bevölkerung gebilligt. Würde ein fiktiver Verein der Schweinefreunde ein Benefiz-Hundegrillen abhalten, würden sich hingegen die meisten Menschen darüber empören. Das wiederum verdeutlicht die willkürlichen Nahrungstabus der karnistischen Ideologie. Werden Mischköstler*innen zum Essen eingeladen und wird ihnen ein Kalbsschnitzel vorgesetzt, haben sie damit keinerlei Problem. Sagt man ihnen hingegen, dass es sich um ein Katzenschnitzel handelt, wäre die Empörung überaus groß. Es gibt keinen objektiven Grund dafür, manche Tiere zu essen und andere nicht. Menschen aus anderen Kulturkreisen, die derartige Tabus westlicher Gesellschaften beispielsweise im Rahmen des chinesischen Hundefleischfestivals[14] oder beim peruanischen Katzenfleischfestival[15] anders handhaben, wird dann nicht selten mit großer Verachtung begegnet, weil sie die »falschen« Tiere essen. *Keine* Tiere zu essen, ist damit deutlich weniger ein willkürliches Nahrungstabu als *manche* Tiere nicht zu essen.

Schlussfolgerung

Ja, viele Veganer*innen vertreten ihre ethischen Überzeugungen mit Nachdruck, aber viele Menschen treten auch im gleichen Maße vehement und »missionarisch« gegen Rassismus, Sexismus und andere Formen der Diskriminierung ein – und das ist auch gut so. Den meisten Menschen scheint es zu Recht absurd, jemanden, der sich etwa öffentlich mit Nachdruck gegen Rassismus ausspricht, dafür zu kritisieren, dass dies die Züge von religiösem Eifer hätte. In Bezug auf das entschiedene Ablehnen des Speziesismus von vegan lebenden Menschen wird allerdings genau dieser Vorwurf erhoben. Das Ändern solch gewichtiger Überzeugung ist unangenehm und schwierig. Es bedeutet, etwas als (fälschlicherweise) positiv und wichtig Empfundenes aufzugeben. Aber gerade deshalb ist das »Konvertieren« zum Veganismus, um in dieser Analogie zu bleiben, vielmehr das Aufgeben eines Glaubens als die Hinwendung zu selbigem. Wollte man bei dem Gleichnis bleiben, so entspräche der Veganismus eher dem Atheismus unter den »Ernährungsweisen«.

Wie auch immer man zur Religion als solche steht – den Veganismus als eine Religion zu bezeichnen, ist sachlich inkorrekt und in keinem Fall ein valides Argument gegen die vegane Lebensweise.

Richtigstellung des Arguments »Der Veganismus ist eine Religion«

Vorurteil	Faktenlage
Der Veganismus ist eine Religion.	Die vegane Bewegung ist eine soziale Gerechtigkeitsbewegung und im Kern nicht religiös konnotiert. Sie unterscheidet sich in sämtlichen relevanten Merkmalen von einer Religion und daher ist es ungerechtfertigt, den Veganismus als eine solche zu bezeichnen. Vegan lebende Menschen folgen keinem Gott und gehorchen keinen Geboten, sondern orientieren sich lediglich an ihrem eigenen moralischen Kompass.
Veganer*innen wollen Menschen zu ihrer Religion bekehren.	Vegan lebende Menschen weisen lediglich auf das Unrecht gegenüber Tieren hin und möchten dieses beenden. Würde man veganen Aktivismus als »Bekehren zu einer Religion« bezeichnen wollen, müsste man auch Menschen, die sich aktiv gegen andere soziale Belange wie Kinderarbeit, Sklaverei oder Gewalt an Frauen einsetzen, in diese Kategorie einordnen. Im Gegensatz zum religiös konnotierten Bekehren haben vegan lebende Menschen einen gänzlich anderen Antrieb und eine andere Zielsetzung, und somit ist es erneut ungerechtfertigt veganen Aktivismus so zu bezeichnen.

Quellen

1 Stocher, O. (2015). *Aspekte – Veganismus ist eine religiöse Bewegung – Udo Pollmer (Min. 2:58–3:24).* Zugriff am 1. Februar 2021. Verfügbar unter https://bit.ly/3an63Zz

2 Emblen, J.D. (1992). Religion and Spirituality Defined According to Current Use in Nursing Literature. *J Prof Nurs*, 8(1), 41–47.

3 Kluge, F. (1967). *Etymologisches Wörterbuch der deutschen Sprache (20. Auflage).* Berlin: De Gruyter, 596.

4 Das Leid in der Tierhaltung zeigen Filme wie *Earthlings* (www.nationearth.com), *Dominion* (www.dominionmovement.com) oder *Land of Hope and Glory* (www.landofhopeandglory.org)

5 Seves, S.M., Verkaik-Kloosterman, J., Biesbroek, S. und Temme, E.H. (2017). Are more environmentally sustainable diets with less meat and dairy nutritionally adequate? *Public Health Nutr*, 20(11), 2050–2062.

6 Castricano. J. und Simonsen, R.R. (2016). *Critical perspectives on veganism.* London: Palgrave Macmillan, V.

7 Corazzini, K.N., Lekan-Rutledge, D., Utley-Smith, Q., Piven, M.L., Colón-Emeric, C.S., Bailey, D. et al. (2005). »The Golden Rule«: Only a Starting Point for Quality Care. *Director,* 14(1), 255–293.

8 Nelson, N. (1972) Kritik der praktischen Vernunft. *In:* Bernays, P. et al., Hrsg: et al.: *Gesammelte Schriften in neun Bänden (Band 4).* Fürth: Martin Klaussner, 133

9 Aigner, M. (2017). *Der rechtliche Status von Tieren und verfahrensrechtliche Defizite bei der Verfolgung von Tierquälerei-Straftatbeständen unter Berücksichtigung der philosophischen Grundlagen der Mensch-Tier-Beziehung.* Zugriff am 1. Februar 2021. Verfügbar unter https://bit.ly/2YIaJn3

10 Science and Morality. (2015). *Golden Rule in Religions.* Zugriff am 1. Februar 2021. Verfügbar unter https://bit.ly/3akmshE

11 Joy, M. (2013). *Warum wir Hunde lieben, Schweine essen und Kühe anziehen: Karnismus – eine Einführung.* Münster: Compassion Media.

12 Ebd.

13 Piazza, J., Ruby, M.B., Loughnan, S., Luong, M., Kulik, J., Watkins, H.M. und Seigerman, M. (2015). Rationalizing Meat Consumption. The 4Ns. *Appetite,* 91, 114–128.

14 Welt.de (2020). *Hundefleisch-Festival in China eröffnet – Tierschützer warnen vor Risiken.* Zugriff am 1. Februar 2021. Verfügbar unter https://bit.ly/2MYul42

15 Cabitza, M. (2012). BBC - *Peru: Campaigning for the rights of cats.* Zugriff am 1. Februar 2021. Verfügbar unter https://bbc.in/3g0vVyS

DER VEGANISMUS IST EINE SEKTE

28.

ie Solothurner Zeitung schrieb 2017 in ihrem Artikel »Veganismus: Eine Sekte oder gut für Körper, Tiere und Umwelt?« über die gegensätzlichen Reaktionen auf die vegane Ernährung und zitierte einen Facebook-User, der auf der Seite der Zeitung kommentierte: »Die Veganer[*innen] sollen ihr Sektenleben leben.«[1] Im Gegensatz zu der ebenfalls verbreiteten Aussage, dass der Veganismus eine Religion sei (siehe Kapitel 27), zielt diese Aussage meist stärker auf das Verhalten als auf die »Gläubigkeit« von Veganern*innen ab. Das Wort Sekte beschreibt in seiner ursprünglichen Bedeutung »Gruppen, deren Anhänger*innen ein Glaubenssystem und Lehren vertreten, die sich von Mainstream-Religionen unterscheiden«.[2] Laut dem Webster's Dictionary ist eine Sekte »eine Religion, die als unorthodox oder zweifelhaft angesehen wird«[3] und das Soziologie-Lexikon definiert Sekten als »kleinere Glaubensgemeinschaften, die durch Abspaltung entstanden sind« bzw. als »weltanschaulich geprägte Gruppen, die mit religiösem Anspruch auftreten«.[4]

Der Veganismus hat nichts Sektenhaftes an sich

Der Veganismus hat als soziale Gerechtigkeitsbewegung in seinem Kern keinerlei religiöse Konnotation und kann somit weder als Religion noch als Sekte klassifiziert werden. Schon ein Blick auf die gängigen Merkmale einer Sekte zeigt die deutlichen Unterschiede zum Veganismus.[5] So folgen vegan lebende Menschen beispielsweise keinem »Meister«, »Führer« oder »Guru«, sondern leben lediglich entsprechend ihrer eigenen ethischen Werte. Viele Menschen werden vegan, ohne überhaupt zu wissen, wer der Begründer des Veganismus ist, wohingegen die jeweiligen Begründer der unterschiedlichen Sekten mehr oder weniger stark von ihren Anhänger*innen verehrt werden. Die etablierte Wissenschaft und das rationale, eigenständige Denken treten bei Sekten in den Hintergrund. Der Veganismus hingegen fußt auf rationalen Argumenten, ist der Wissenschaft gegenüber offen und orientiert sich in ernährungsbezogenen Fragen an der wissenschaftlichen Datenlage, um die konsistenten ethischen Grundsätze im Rahmen einer bedarfs-deckenden Ernährung umsetzen zu können. Darüber hinaus isolieren Sekten ihre Mitglieder nicht selten von ihren Freund*innen und ihren Familien, um stärkeren Einfluss auf sie nehmen zu können. Vegane Autor*innen wie die Psychologin Dr. Melanie Joy hingegen schreiben Bücher wie »Beyond Beliefs« (aktuell nur auf Englisch erhältlich), in denen sie vegan lebenden Menschen Tipps und Anregungen vermitteln, wie sie trotz vermeintlicher Meinungsverschiedenheiten mit ihrer mischköstlichen Familie oder ihren Partner*innen bessere und engere Beziehungen über die Ernährungsgrenzen hinweg behalten können. In vielen Sekten werden Mitglieder zudem angehalten oder gar gezwungen, andere Personen für die Sektengemeinschaft zu missionieren.

Veganes »Missionieren« ist schlichtes Informieren

Obwohl Veganer*innen nun nicht gerade von Tür zu Tür gehen, um mit den Menschen über Tofu zu sprechen, ist es natürlich richtig, dass viele vegan lebende Menschen für ihre veganen Ideale eintreten und andere Personen vom Veganismus überzeugen möchten. Dadurch wird Veganer*innen mitunter fälschlicherweise vorgeworfen, dass sie Menschen »missionieren« würden, aber bei einem genaueren Blick fallen zwei große und bedeutende Unterschiede auf: der Antrieb und die Zielsetzung. Vegan lebende Menschen erzähle ihren Mitmenschen aus freien Stücken von der veganen Lebensweise, weil es ihnen ein ethisches Bedürfnis ist, und nicht, weil es ihnen ein Sektenoberhaupt aufzwingt. In vielen Fällen müssen vegan lebende Menschen das Gespräch gar nicht erst beginnen, da die andersartige Speisenauswahl vegan lebender Menschen aktiv von Mischköstler*innen angesprochen, ungefragt kommentiert und zu Unrecht kritisiert wird. Wenn Veganer*innen daraufhin rationale Begründungen für ihr Essverhalten entgegnen, wird selbst das schon voreilig als »missionieren« abgestempelt. Auch in Bezug auf die Zielsetzung gibt es beträchtliche Unterschiede. Menschen suchen in Sekten zumeist nach der wahren Heilsfindung oder einer Art Erlösung.[6] Ethisch motivierte vegan lebende Menschen erhoffen sich durch die vegane Lebensweise hingegen keine Erlösung, sondern haben sich für den Veganismus entschieden, weil sie das vorherrschende gewaltsame und ausbeuterische System der »Nutztierhaltung« ablehnen. Der vermeintliche Versuch, Nicht-Veganer*innen die vegane Lebensweise »aufzwingen« (siehe Kapitel 1) zu wollen, ist also lediglich die Konsequenz aus der Tatsache, dass wir Menschen den Tieren Gefangenschaft, Ausbeutung und Tod aufzwingen und vegan lebende Menschen dies verhindern möchten. Was ist das vermeintliche »Missionieren« in diesem Fall anderes als demokratische, gesellschaftliche Teilhabe? Jeder Mensch, der in einer Demokratie sein Wahlrecht wahrnimmt, beeinflusst damit entsprechend seiner Werte das Leben in der Gesellschaft und versucht, seine Interessen zu vertreten. Ein Wahlrecht haben wir allerdings nicht nur im Wahllokal, sondern auch im Supermarkt und bei jeder anderen Konsumentscheidung. Da die Anliegen der »Nutztiere« in unserer Gesellschaft sonst kein Gehör finden, setzen sich vegan lebende Menschen in ihrem Namen für sie ein – und das tun sie, ohne dass es ihnen ein Sektenoberhaupt befiehlt.

Abb. 51: **Erklärung des Halo- und des Horn-Effekts**[7]

Der Halo-Effekt und der Horn-Effekt führen zu kognitiven Verzerrungen

HALO-EFFEKT
Positive Verzerrung von Rückschlüssen durch bereits bekannte gute Eigenschaft(en) auf andere noch unbekannte Eigenschaften

HORN-EFFEKT
Negative Verzerrung von Rückschlüssen durch bereits bekannte schlechte Eigenschaft(en) auf andere noch unbekannte Eigenschaften

Horn-Effekt: Vorurteile verhindern eine objektive Auseinandersetzung

Wenn eine Person zu wissen glaubt, wie sie das Leid anderer – unabhängig davon, um welche soziale Ungerechtigkeit es sich handelt – reduzieren könnte, dies aber für sich behält und *nicht* damit »missionieren« geht, würden nicht wenige Menschen dies für unethisch halten. Die Verbreitung dieser Informationen würde nicht als unerwünschtes Missionieren, sondern als eine Verantwortung oder gar als eine moralische Pflicht angesehen werden. Würde man veganen Aktivismus als Missionieren bezeichnen wollen, müsste man auch Menschen, die sich aktiv gegen beispielsweise Kinderarbeit, Sklaverei oder Gewalt an Frauen einsetzen, als Missionar*innen bezeichnen. Eine der vielen Hürden in der Kommunikation von tierethischen Themen wie diesem ist, dass die Bewertung von Aussagen einer Person in hohem Maße von unserer Meinung von dieser Person geprägt ist und viele mischköstliche Menschen einem karnistischen Weltbild folgen, das es ihnen erschwert, einen objektiven Blick auf Tierrechtsthemen zu werfen.[8] Der Veganismus hat durchaus einiges an Potenzial, als etwas Negatives wahrgenommen zu werden, denn er kritisiert etwas, das die Mehrheit der Gesellschaft schon seit jeher getan und als gerechtfertigt betrachtet hat. Dementsprechend werden vegan lebenden Menschen nicht selten negative Motive unterstellt und Handlungen und Aussagen entsprechend negativ bewertet. Für einen fairen Diskurs und für möglichst objektive Bewertungen ist es dabei wichtig, sich dieser Neigungen gewahr zu sein. Das hängt mit einem Phänomen zusammen, das man als Horn-Effekt bezeichnet.

Wie Abbildung 51 zeigt, benennt dieser Ausdruck eine kognitive Verzerrung, bei der man von bekannten, negativ wahrgenommenen Eigenschaften eines Individuums auf unbekannte schließt bzw. manche Eigenschaften einer Person die weitere Wahrnehmung »überstrahlen« und so den Gesamteindruck unverhältnismäßig negativ beeinflussen.[9] Der Horn-Effekt ist damit gewissermaßen das Gegenteil des Halo-Effekts. (Halo bedeutet im Englischen Heiligenschein.) Beide Effekte, der Horn- und der Halo-Effekt, werden ferner durch mangelndes Wissen der Beurteilenden verstärkt.[10]

Somit treffen eine negative Grundeinstellung zu den Handlungsweisen und Weltanschauungen von vegan lebenden Menschen unter der mischköstlichen Bevölkerung auf Uninformiertheit hinsichtlich der ethischen, ökologischen und gesundheitlichen Aspekte des Fleischkonsums bzw. des Veganismus. Dadurch wird das rationale und begründete Informieren über Themen wie den Fleischkonsum schnell als missionarisch empfunden. Ist man hingegen gewissen Personen(gruppen) zugeneigt, werden deren Absichten als wesentlich positiver und weniger missionarisch empfunden und die ihnen empfundene Sympathie »überstrahlt« dann im anderen Extrem unfundierte und irrationale Argumente und lässt diese fälschlicherweise legitim erscheinen.

Schlussfolgerung

Der Veganismus unterscheidet sich gravierend von manchen vorherrschenden gesellschaftlichen Denkmustern und dies mag auf Außenstehende befremdlich und »sektenartig« wirken. Diese auf Unkenntnis über den Veganismus beruhende Empfindung hält allerdings einer kritischen Betrachtung nicht stand. Die berechtigte Systemkritik vegan lebender Menschen kann nicht als blindes Missionieren abgetan werden, da es in keiner Form religiös konnotiert ist, sondern lediglich auf rationale Art und Weise auf bedeutsame soziale Ungerechtigkeiten hinweist. Es ist menschlich und nachvollziehbar, dass es als unangenehm empfunden wird, eigene Fehler vor Augen geführt zu bekommen. Unsere Gesellschaft kann sich aber nur dann zum Positiven weiterentwickeln, wenn man sich mit den negativen Seiten unserer Lebensweise objektiv auseinandersetzt, anstatt jegliche Auseinandersetzung damit pauschal abzuwehren.

Richtigstellung des Arguments »Der Veganismus ist eine Sekte«

Vorurteil	Faktenlage
Der Veganismus ist eine Sekte.	Die vegane Bewegung ist eine soziale Gerechtigkeitsbewegung und im Kern nicht religiös konnotiert. Sie unterscheidet sich in sämtlichen relevanten Merkmalen von einer Sekte und daher ist es ungerechtfertigt, den Veganismus als eine solche zu bezeichnen. Menschen suchen in Sekten zumeist nach einer Art Heilsfindung oder Erlösung. Vegan lebende Menschen hingegen erhoffen sich keine persönlichen spirituellen Erfahrungen, sondern möchten lediglich etwas gegen das vorherrschende gewaltsame und ausbeuterische System gegenüber Tieren unternehmen.
Veganer*innen wollen andere Menschen missionieren.	Vegan lebende Menschen missionieren nicht, sondern informieren. Sie verlangen nicht, dass man irgendeiner Gemeinschaft beitritt oder sonst etwas von dem macht, was Sekten anstreben. Vegan lebende Menschen wollen lediglich durch Bereitstellung von Informationen Menschen dazu bewegen, ihr bisweilen widersprüchliches Verhalten in ethischen Gesichtspunkten zu überdenken und anzupassen. Würde man veganen Aktivismus als Missionieren bezeichnen wollen, müsste man auch sämtliche andere soziale Gerechtigkeitsbestrebungen als Missionieren kategorisieren, was wiederum jeglicher Vernunft entbehren würde.

Quellen

1 Solothurner Zeitung. (2017). *Veganismus: Eine «Sekte» oder gut für Körper, Tiere und Umwelt?* Zugriff am 1. Februar 2021. Verfügbar unter https://bit.ly/3criiXL

2 Holoyda, B. und Newman, W. (2016). Between Belief and Delusion: Cult Members and the Insanity Plea. *J Am Acad Psychiatry Law*, 44(1), 53–62.

3 Merriam-Webster Inc. (2004). *Merriam-Webster's Collegiate Dictionary – Eleventh Edition*. Springfield: Merriam-Webster Inc, 304.

4 Reinhold, G., Lamnek, S. und Recker, H. (2000). *Soziologie-Lexikon*. München: Oldenbourg Wissenschaftsverlag, 551.

5 Sächsische Staatsministerien für Kultus. (2017). *Sekten versprechen viel … Was ist der Preis?* Zugriff am 1. Februar 2021. Verfügbar unter https://bit.ly/3agzb4Q

6 Flückiger, F. (2015). *Die organisatorische Binnenstruktur von religiösen Sekten*. Zugriff am 1. Februar 2021. Verfügbar unter https://bit.ly/30UVaez

7 Belludi, N. (2010). *The Halo and Horns Effects [Rating Errors]*. Zugriff am 1. Februar 2021. Verfügbar unter https://bit.ly/3tcvvtn

8 Deckers J. (2016). *Animal (De)liberation: Should the Consumption of Animal Products Be Banned?* London: Ubiquity Press, 2 f.

9 Kennon, J. (2011). *Mental Model: Horns Effect and Halo Effect*. Zugriff am 1. Februar 2021. Verfügbar unter https://bit.ly/2NTHxIb

10 Rosenzweig, P. (2012). *Der Halo-Effekt: Wie Manager sich täuschen lassen*. Offenbach am Main: GABAL, 234.

SOJA IST UNGESUND UND ZERSTÖRT DEN REGENWALD

29.

Es hält sich hartnäckig das Gerücht, dass Sojaprodukte wie Tofu, Tempeh und Sojamilch aufgrund »östrogenähnlicher« Stoffe den Hormonhaushalt von Frauen und Männern aus dem Gleichgewicht bringen könnten und darüber hinaus noch eine Reihe weiterer gesundheitlich abträglicher Effekte nach sich zögen. So liest man beispielsweise auf der Website der Weston A. Price Foundation: »Soja-Phytoöstrogene stören die Funktion des Hormonsystems und haben das Potenzial, Unfruchtbarkeit zu verursachen und Brustkrebs zu fördern.«[1] Im Buch »Vegan Betrayal« schreibt Autorin Mara J. Kahn zu Soja: »Sojaisoflavone, manchmal auch Phytoöstrogene genannt, stehen in Verbindung mit erhöhten Östrogenspiegeln. Sie ahmen Östrogen so gut nach, dass Wissenschaftler*innen entdeckt haben, dass bei Männern mit täglich hohem Sojakonsum alarmierende Nebenwirkungen wie niedrige Spermienanzahlen, verringerte Mengen an Testosteron, Libidoverlust, erektile Dysfunktion und sogar Gynäkomastie [Männerbrüste] auftreten«.[2] In einem weiteren Artikel der Weston A. Price Foundation heißt es sogar: »Im Zölibat lebende vegetarische Mönche in Klöstern fanden Sojaprodukte recht hilfreich, um ihre Libido zu dämpfen.«[3] Valide Quellen für derartige Aussagen finden sich in solchen Texten allerdings keine.

Die Sojakritik kann kein Argument gegen den Veganismus sein

Trotz fehlender Evidenz verbreiteten sich solche Aussagen auch im deutschsprachigen Raum in den vergangenen Jahren rasant und trotz fundierter Gegendarstellungen auf Basis der wissenschaftlichen Datenlage kursieren diese Mythen noch bis heute. Da Sojaprodukte in vielen veganen Speiseplänen eine relevante Rolle spielen (eine vegane Ernährung kann aber natürlich auch ohne den Verzehr von Sojaprodukten bedarfsdeckend sein), wird die fälschliche Sojakritik sogleich als ein (ebenso unhaltbares) Argument gegen den Veganismus genutzt. Im Rahmen einer veganen Ernährungsweise muss niemand zwangsweise Soja konsumieren, um beispielsweise den eigenen Proteinbedarf zu decken. Wenn man kein Soja essen möchte, kann man all jene Nährstoffe, die in der Sojabohne vorliegen, auch durch eine Vielzahl anderer pflanzlicher Lebensmittel decken. Ferner essen auch Nicht-Veganer*innen Sojaprodukte und so kann es im Kern kein Argument gegen den Veganismus sein. Dennoch wird es oft als dieses zweckentfremdet.

Die Sojabohne ist eine von zahlreichen verzehrbaren Hülsenfrüchten in der Ernährung des Menschen und ist als solche seit mehr als 3.000 Jahren Teil der Ernährung des Menschen.[4] Allerdings unterscheidet sie sich in einigen Aspekten von anderen Hülsenfrüchten. Sie ist nicht nur wesentlich protein- und fettreicher als andere zumeist fettarme Hülsenfrüchte, sondern sie nimmt unter ihnen vor allem aufgrund ihres Gehalts an sogenannten Phytoöstrogenen eine besondere

Rolle ein. Diese bilden auch die Begründung für die vermeintlich abträgliche Wirkung des Sojaverzehrs. Ein Blick auf die Datenlage zeigt aber, dass es sich hierbei um eine falsche Darstellung handelt, die entweder aufgrund von mangelnder Sachkenntnis oder bewusster Manipulation verbreitet wird. Beides spricht nicht für die Kompetenz bzw. Integrität der Sojakritiker*innen. Die Gruppe der Phytoöstrogene umfasst mehrere Substanzen und einige ihrer Vertreter finden auch abseits der Sojabohne Einzug in unseren Speiseplan. Während beispielsweise in Leinsamen hohe Konzentrationen an Phytoöstrogenen aus der Gruppe der Lignane vorkommen, sind es in Mungbohnensprossen vor allem Phytoöstrogene aus der Gruppe der Coumestane und in der Sojabohne sind es vorrangig die Vertreter aus der Gruppe der Isoflavone.[5] Soja ist dabei die einzige reichhaltige Quelle für Isoflavone in der menschlichen Ernährung. Wie Abbildung 52 illustriert, haben Phytoöstrogene, wie ihr Name suggeriert, eine strukturelle Ähnlichkeit mit dem körpereigenen Hormon Östradiol und können daher durchaus östrogenähnlich wirken.[6] Allerdings ist deren Wirkung je nach Art des Phytoöstrogens mindestens 100-, meist sogar 1.000- bis 10.000-fach schwächer.[7]

Abb. 52: **Die Struktur der Isoflavone im Vergleich zu 17ß-Östradiol[8]**

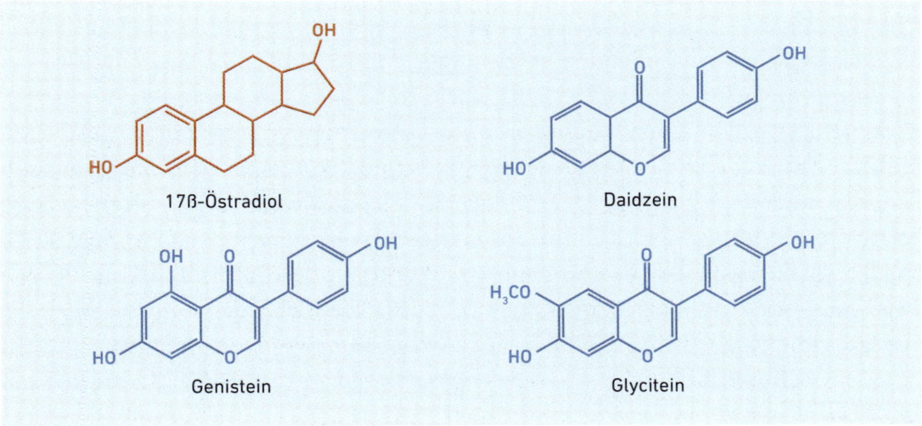

17ß-Östradiol

Daidzein

Genistein

Glycitein

Sojaprodukte schaden nicht der Gesundheit

Irrtümlicherweise wird von einigen Seiten die Meinung vertreten, dass Sojaprodukte durch ihre äußerst schwach wirkenden, östrogenähnlichen Isoflavone das Risiko für hormonsensitive Brustkrebserkrankungen erhöhen, den Testosteronspiegel von Männern senken, der Schilddrüse schaden, den Eintritt in die Geschlechtsreife verzögern und viele weitere Schäden anrichten können. All diese und weitere Themen rund um Soja werden auf knapp 40 Seiten im Vorgängerwerk »Vegan-Klischee ade! Wissenschaftliche Antworten auf kritische Fragen zu pflanzlicher Ernährung« anhand von Dutzenden weiterer Quellen ausführlich behandelt und das Resümee lautet: Mit Ausnahme von Sojaallergiker*innen können alle Menschen Sojaprodukte verzehren, wenn sie dies möchten.[9] Die Anzahl an echten Sojaallergiker*innen unter den Erwachsenen ist zudem verschwindend gering, da die meisten Kinder mit Sojaallergien diese im Laufe des Erwachsenwerdens verlieren. In Europa sind weniger als ein Prozent der Kinder von einer Sojaallergie betroffen[10] und bei etwa 80 % dieser Kinder wächst sich die Sojaallergie im Laufe des Erwachsenenlebens aus.[11]

Wenn man nicht gegen Soja allergisch ist, gibt es aus gesundheitlicher Sicht keinen Grund, darauf zu verzichten. In den üblichen Verzehrmengen sind Sojaprodukte nicht nur ungefährlich, sondern können im Gegenteil voraussichtlich das Risiko für die Entstehung und das Wiederauftreten von hormonsensitiven Brustkrebserkrankungen reduzieren.[12] 2010 erschien unter dem Titel »Is soy consumption good or bad for the breast?« eine Zusammenfassung der relevanten Literatur zu dieser Thematik.[13] Die Autor*innen stellten fest, dass die Gesamtheit der verfügbaren Daten zeigt, dass Frauen bei lebenslangem, moderatem Sojaverzehr ein verringertes Brustkrebsrisiko gegenüber Frauen aufweisen, die Soja nicht regelmäßig oder nur in geringen Maßen konsumieren. Wie die Wissenschaftler*innen betonen, hat vor allem der Sojaverzehr innerhalb des ersten Lebensjahrzehnts einen entscheidenden Einfluss auf das Brustkrebsrisiko in den nachfolgenden Jahrzehnten. Dieser Umstand mag neben eventuell vorhandenen Unterschieden in den Genen auch ein weiteres Erklärungsmodell dafür bieten, warum die schützenden Effekte durch Soja in asiatischen Ländern in Untersuchungen stärker als in Untersuchungen mit westlichen Frauen ausfielen. Darüber hinaus senkt Soja in den gängigen Portionsmengen nicht den Testosteronspiegel, wie eine umfassende Metaanalyse zu dieser Fragestellung zeigte.[14] Auch hinsichtlich der Auswirkungen von Isoflavonen auf die Spermienqualität geben Studien klare Entwarnung. Zwei klinische Studien haben die Effekte von Isoflavonen auf die Spermienqualität getestet und kommen zu dem Ergebnis, dass Phytoöstrogene keine negativen Auswirkungen haben.[15,16] Außerdem zeigt Soja, entgegen den Behauptungen von Sojakritiker*innen, bei gesunden Menschen mit ausreichender Jodversorgung auch keine negativen Folgen auf die Schilddrüsengesundheit.[17]

Der wissenschaftliche Konsens spricht sich für den Sojaverzehr aus

All dies und vieles mehr zu Soja kann man ausführlich in den in diesem Kapitel zitierten Studien sowie in den Positionspapieren Dutzender nationaler und internationaler Krebs-[18,19] und Ernährungsfachgesellschaften[20,21] sowie Fachgesellschaften für Kinder- und Jugendmedizin[22,23] und weiterer Risikobewertungsinstitute[24, 25] nachlesen. Keine der renommierten Fachgesellschaften rät vom Konsum von Soja-produkten ab. Tabelle 2 listet exemplarisch einige Auszüge aus deren Positions-papieren zum Thema Soja auf.

Tab. 2: **Positionen von Fachgesellschaften zur gesundheitlichen Bedeutung des Sojaverzehrs**

Organisation	Statement zu Soja
Ernährungsgesellschaften	
British Dietetic Association (BDA)	»Es ist belegt, dass Sojaprodukte von allen Personen innerhalb der Bevölkerung ebenso wie von Männern und Frauen mit Brustkrebs konsumiert werden können. [...] Es gibt mittlerweile einen wissen-schaftlichen Konsens, dass die Kontroverse rund um potenziell negative Effekte von Isoflavonen beim Menschen lediglich durch Zell-studien und Tierexperimente mit isolierten Isoflavonen in hohen Dosen zustande kamen.«[26]
Dietitians of Canada (DC)	»Mehrere nationale Ernährungsrichtlinien empfehlen den Konsum von Soja im Rahmen einer gesunden Ernährung. [...] Die zwei Bereiche, in denen Soja positive Effekte zeigen konnte, waren in der Erhaltung der Herzgesundheit und der Brustkrebs-Prävention.«[27]
The Israel Dietitians and Nutritionists Association & The Ministry of Health	»Sojakonsum ist in jeder Phase des Lebens einschließlich der Kindheit und Jugend für Männer wie Frauen sicher und bietet eventuell gesundheitliche Vorteile. [...] Sojakonsum führt nicht zu vorzeitiger Geschlechtsreife und schadet nicht der Fortpflanzungs-fähigkeit von Männern. [...] Soja erhöht nicht das Brustkrebsrisiko. [...] Der Gebrauch von sojabasierter Säuglings-Anfangsnahrung gilt als sicher.«[28]
Gesellschaften für Kinder- und Jugendmedizin	
American Academy of Pediatrics (AAP)	»Säuglingsnahrung auf Sojabasis ist bereits seit knapp 100 Jahren im Umlauf. [...] Obwohl zahlreiche Wissenschaftler[*innen] unterschied-liche Spezies untersucht haben, gibt es keine überzeugenden Beweise aus Tierversuchen oder Humanstudien mit Kindern und Erwachsenen, dass Isoflavone aus Sojaprodukten negative Effekte auf die mensch-liche Entwicklung, die Reproduktionsfähigkeit oder das Hormonsystem haben.«[29]
Canadian Paediatric Society (CPS)	»Es gab aufgrund von Tierversuchen und Zellstudien Bedenken bezüglich des Gehalts an Phytoöstrogenen im Soja für jene Säuglinge, deren Nährstoffzufuhr ausschließlich über Säuglings-Anfangsnahrung auf Sojabasis erfolgt. [...] Untersuchungen am Menschen haben jedoch gezeigt, dass auch selbst dann keine Gefahr von diesen Produkten aus-geht, wenn Säuglinge exklusiv damit gefüttert werden.«[30]

Organisation	Statement zu Soja
Krebsgesellschaften	
Cancer Council Australia (CCA)	»Das Cancer Council empfiehlt den Konsum von Sojaprodukten. [...] Die Beweislage legt nahe, dass Sojaprodukte im Rahmen einer gesunden Ernährung in der Krebsprävention wirksam sein könnten. [...] Dies steht in Übereinstimmung mit den Empfehlungen des Cancer Councils, einer Ernährung mit einem hohen Anteil an pflanzlichen Lebensmitteln zu folgen.«[31]
American Institute for Cancer Research (AICR)	»Da Soja östrogenähnliche Substanzen enthält, führte dies in der Vergangenheit zu der Befürchtung, dass Soja das Risiko für hormonabhängige Krebserkrankungen erhöhen könnte. Die Beweislage zeigt aber, dass dies nicht der Fall ist.[32] [...] Sojakonsum führt nicht zu einer Erhöhung des Östrogenspiegels im Menschen.[33] [...] Brustkrebs-Patientinnen müssen keine Befürchtungen mehr beim Konsum moderater Mengen an Soja haben.«[34]
American Cancer Society (ACS)	»Sojabohnen und daraus hergestellte Lebensmittel sind eine exzellente Quelle an Protein und stellen eine gute Alternative zu Fleisch dar. [...] Soja ist eine gute Quelle für sekundäre Pflanzenstoffe wie Phytoöstrogene, die einen Schutz vor hormonsensitiven Krebsarten darstellen können.«[35]
World Cancer Research Fund International (WCRF)	»Es gibt Hinweise darauf, dass es einen Zusammenhang zwischen einer besseren Überlebenschance bei Brustkrebs und einem gesunden Gewicht, physischer Aktivität, ballaststoffreicher Ernährung, Sojaprodukten und einer geringeren Aufnahme von Fetten, im Speziellen gesättigten Fetten, gibt.«[36]
Weitere Organisationen	
Bundesinstitut für Risikobewertung (BfR)	»Die Teilnehmer[*innen] des Expertentreffens waren sich einig, dass die Aufnahme von Isoflavonen im Rahmen einer normalen Soja-Kost bei üblichen Verzehrmengen nach dem gegenwärtigen wissenschaftlichen Kenntnisstand als unbedenklich angesehen werden kann.«[37]
American Heart Association (AHA)	»Eine Auswahl an klinischen Untersuchungen hat gezeigt, dass ein Verzehr von 25–50 g Sojaprotein pro Tag sicher und effektiv in der Reduktion des LDL-Cholesterins ist. [...] Zusammenfassend kann gesagt werden, dass es vernünftig ist, im Rahmen einer Ernährung mit einer geringen Menge an gesättigten Fetten und Cholesterin Sojaprodukte zu inkludieren, um die Herzgesundheit zu fördern.«[38]
U.S. National Center for Complementary and Integrative Health (NCCIH)	»Mit Ausnahme von Personen mit Sojaallergie ist der Konsum von Sojaprodukten in üblichen Mengen sicher. [...] Die aktuelle Beweislage zeigt, dass der Konsum von Soja auch für ehemalige Brustkrebspatientinnen sowie Risikogruppen für Brustkrebs sicher ist.«[39]

Tierversuche und Zellkulturstudien können nicht einfach auf Menschen übertragen werden

Bei jenen Studien, die von Sojakritiker*innen zitiert werden, handelt es sich zumeist um (nicht auf den Menschen übertragbare) Tierversuche oder Zellstudien mit hoch dosierten Isoflavonen in isolierter Form.[40] Allerdings unterscheidet sich der Organismus bei unterschiedlichen Spezies in Bezug auf die Verstoffwechselung von Sojaisoflavonen stark voneinander und isolierte Isoflavone wirken in derart hohen Dosen auch gänzlich anders als die geringeren Mengen aus der ganzen Sojabohne.[41] Vereinfacht gesagt: Nur weil eine Ratte[42] oder ein Gepard[43] besser von zu großen Mengen an Sojaisoflavonen Abstand nehmen sollten, lässt dies nicht zwingend Rückschlüsse auf den Sojaverzehr beim Menschen zu. Im Gegenteil: Der wissenschaftliche Konsens lautet, dass ein moderater regelmäßiger Sojaverzehr in Höhe von ein bis drei Portionen pro Tag als sicher und potenziell gesundheitlich vorteilhaft angesehen werden kann.[44] Eine Portion wird anhand des Isoflavongehalts des jeweiligen Lebensmittels bestimmt (25 mg Isoflavone) und stellt anhand der Durchschnittswerte des Isoflavongehalts beispielsweise etwa 230 ml Sojamilch oder ca. 110 g Tofu dar.[45] Von diesen Portionen können auf Wunsch gut und gerne auf Dauer bis zu drei Portionen auf täglicher Basis gegessen werden. Sojaprodukte sind also für sämtliche Nicht-Sojaallergiker*innen geeignet und bereichern nicht nur eine vegane, sondern auch eine mischköstliche Ernährung durch ihre Vielseitigkeit und ihre ausgezeichneten Nährwerte.

Sojaprodukte schaden (im Gegensatz zu Soja-Futtermitteln) nicht dem Regenwald

In der Erntesaison 2013/2014 wurde weltweit eine Fläche von über einer Million Quadratkilometer für den Anbau von Soja benötigt.[46] Das ist in etwa die gesamte Fläche der Staaten Deutschland, Frankreich, Belgien und Niederlande zusammengezählt. Diese immense Fläche musste zum Teil erst neu geschaffen werden und war unter anderem dafür mitverantwortlich, dass Regenwald durch Brandrodungen dem Sojaanbau zum Opfer fiel. Daraus allerdings ein Argument gegen den Verzehr von Sojaprodukten oder gar den Veganismus selbst abzuleiten, ist falsch. So ist es nicht korrekt, dass Sojaprodukte wie Tofu, Tempeh und Sojamilch negative Auswirkungen auf den Regenwald hätten, da der Anteil des direkten menschlichen Sojaverzehrs im Verhältnis zur Gesamternte verschwindend gering ist und die für den direkten Verzehr durch den Menschen angebauten Sojabohnen auch nicht aus Regenwaldgebieten stammen. Wie Abbildung 53 darstellt, kommen etwa 80 Prozent der weltweiten Sojaernte nicht direkt als Sojaprodukte auf die Teller der

Menschen, sondern landen in Form von entöltem Sojamehl als Futtermittel in den Trögen der Tierhaltung.[47] Nur etwa zwei Prozent der weltweiten Sojaernte werden vom Menschen direkt in Form von Sojaprodukten konsumiert.[48] Die verbleibenden 18 Prozent werden als Sojaöl in Convenience-Produkten sowie in Non-Food-Produkten (z. B. in der Kosmetik- und in der Autoindustrie) verwendet.[49]

Abb. 53: **Verarbeitungswege der weltweiten Sojaernte**[50,51,52]

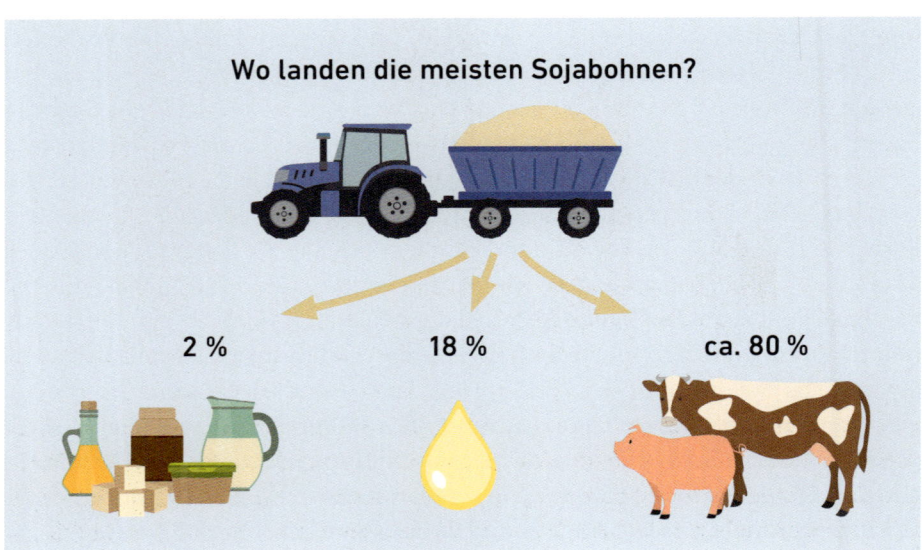

2013 verbrauchten die EU-Länder zusammen etwa 31 Millionen Tonnen Soja. So kommt ein durchschnittlicher EU-Bürger auf einen theoretischen Verbrauch von 60,6 kg Soja pro Jahr.[54] Davon verzehrt jede Person allerdings nur einen verschwindend geringen Teil in Form von Sojaprodukten. Der überwiegende Teil wird indirekt über den Konsum tierischer Produkte verbraucht. Etwa ein Drittel des eingesetzten Kraftfutters in der deutschen Massentierhaltung besteht aus Soja. So kommt beispielsweise auf jedes Kilo Schweinefleisch (neben den restlichen Futtermitteln) im Durchschnitt etwas mehr als ein halbes Kilo Soja und auf jedes Kilo Geflügelfleisch ist es sogar knapp ein ganzes Kilo, da der Sojaanteil in der Geflügelmast deutlich höher als in der Schweine- und Rinderzucht bzw. in der Milchwirtschaft ist.[55] Bei der Rinderzucht bzw. Milchproduktion spielt Soja im Futtermittel mit guten 200 g pro Kilo Rindfleisch bzw. 20 g pro Liter Kuhmilch eine eher untergeordnete Rolle. Aufgrund des hohen Anteils an Sojamehl im Futtermittel von Hühnern ist der Sojaanteil in der Eierproduktion mit über einem halben Kilogramm Sojamehl pro Kilogramm Eier ebenfalls sehr hoch. Dabei darf nicht vergessen werden, dass Soja nicht das einzige Lebensmittel im Kraftfutter

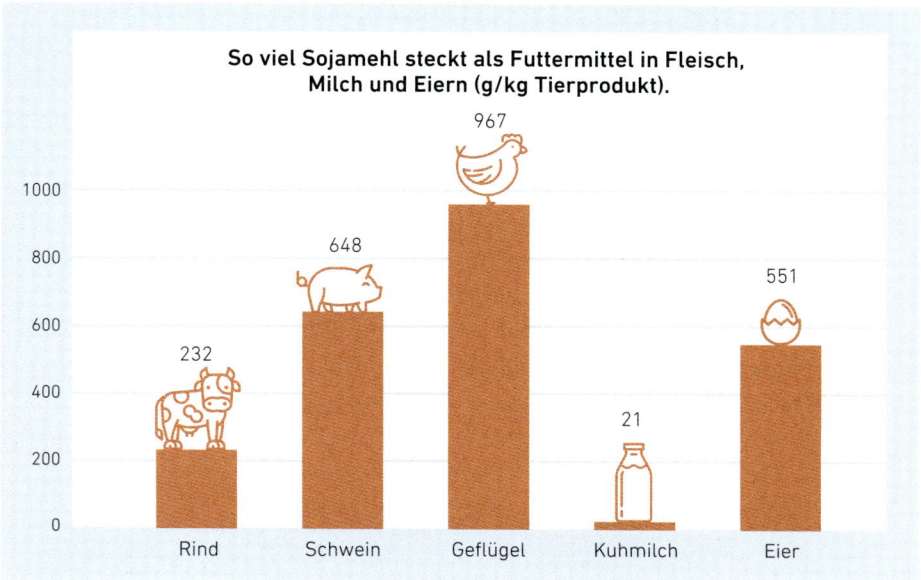

So viel Sojamehl steckt als Futtermittel in Fleisch, Milch und Eiern (g/kg Tierprodukt).

der Tierhaltung ist, das eigentlich auch vom Menschen gegessen werden könnte und somit zur Teller-Trog-Problematik (also der Nutzungskonkurrenz zwischen Nahrung und Futtermittel) beiträgt. Je nach Fleischsorte beträgt die Gesamtmenge an Kraftfutter (neben Soja auch Weizen, Mais sowie andere Getreide und Ölsaaten) pro Kilogramm Fleisch zwischen 1,7 kg (Rindfleisch) und 3,4 kg (Schweinefleisch).[56] Abbildung 54 illustriert die eingesetzten Mengen an Soja für die Produktion tierischer Lebensmittel.

Somit sind nicht die vegan lebenden Menschen die stärksten Sojaverbraucher*innen, sondern die Personen, die besonders viele tierische Produkte (vor allem Geflügel- und Schweinefleisch) aus konventioneller Haltung konsumieren, da die Tiere dort mit Sojabohnen aus dem Regenwald als Teil des Kraftfutters gemästet werden. Von den jährlich etwa 31 Millionen Tonnen an in Europa verbrauchtem Soja wird nur etwas mehr als eine Million Tonnen in Europa produziert.[57] Die restlichen knapp 30 Millionen Tonnen werden importiert. Müsste man diese Menge an Soja vor Ort in Europa anbauen, so benötigte man hierfür in etwa die Fläche von ganz Österreich.[58] Da die enormen Soja-Anbauflächen zur Deckung der steigenden Nachfrage zum Teil erst neu geschaffen werden mussten, fanden zu diesem Zweck wie erwähnt in den vergangenen Jahrzehnten massive Rodungen in Regenwaldgebieten statt. Wenn es also heißt, dass Soja den Regenwald zerstört, dann ist das zwar grundsätzlich korrekt. Die Aussage trifft aber nicht auf Tofu oder Tempeh aus Sojabohnen zu, sondern wie beschrieben auf das Fleisch und andere tierische Produkte der »Nutztiere«, an die ein Großteil des importierten Sojas verfüttert wird. Darüber hinaus konsumieren auch Nicht-Veganer*innen Sojaprodukte wie Tofu und Sojamilch. Bestandteile der Sojabohne wie Sojaprotein, Sojalecithin und Sojaöl werden auch in einer Vielzahl von industriellen (meist nicht-veganen) Lebensmitteln verwendet, die von vielen Mischköstler*innen konsumiert werden. Deutsche, österreichische und schweizerische Produzenten von Sojaprodukten legen hingegen größten Wert auf einen möglichst regionalen Anbau von Sojabohnen. Egal, ob man an Sojaprodukte von Produzenten aus Deutschland,[59,60] Österreich[61] oder der Schweiz[62,63] denkt – sie alle garantieren, dass ihre Sojabohnen entweder ausschließlich oder zu mindestens 90 % aus Europa stammen. Die wenigen Restprozente kommen aus Kanada, nicht aus Südamerika, und tragen somit nicht zur Rodung von Regenwald bei. Eine Recherche der Verbraucherzentrale Hamburg zur Herkunft der Sojabohnen in Sojadrinks von einer Vielzahl von Herstellern zeichnete dasselbe Bild: Kein einziger der Sojamilch-Hersteller bezog Sojabohnen aus Südamerika.[64]

Schlussfolgerung

Niemand (egal ob vegan oder nicht) muss Sojaprodukte verzehren, um den Nährstoffbedarf decken zu können. Die Sojabohne ist abseits ihres Isoflavongehalts im Grunde eine Hülsenfrucht unter vielen, die jedoch im Vergleich zu anderen Arten mehr Protein, mehr Fett und weniger Kohlenhydrate enthält. Die in der menschlichen Ernährung exklusiv in dieser Menge in der Sojabohne vorkommenden Isoflavone zeigen, unter Berücksichtigung der Gesamtheit der wissenschaftlichen Datenlage, weder die durchschlagenden Wunderwirkungen noch die fatalen Schäden, die manche Soja-Befürworter*innen und Soja-Gegner*innen in ihren Veröffentlichungen nennen. Ob einige der beobachteten positiven Effekte aus asiatischen Ländern, wie die niedrigere Brustkrebsrate, die geringeren Menopausensymptome und weitere Effekte, auch in der westlichen Bevölkerung erreicht werden können, ist noch offen und vermutlich eine Frage der Ernährung in ihrer Gesamtheit sowie in Bezug auf Soja eine Frage der schon in der Kindheit beginnenden und kontinuierlichen Zufuhr.

Die Summe der wissenschaftlichen Daten zeigt aber deutlich (und das ist in dem Kontext dieses Kapitels von vorrangiger Bedeutung), dass die Ungefährlichkeit von Sojaprodukten in den gängigen Mengen für jedes Individuum (mit Ausnahme von Soja-Allergiker*innen) in jeder Phase des Lebens gewährleistet werden kann. Auch das häufige Argument des negativen Effekts von Soja auf den Regenwald muss differenziert betrachtet werden und bietet keine Angriffsfläche für den Veganismus, weil der für den Sojaanbau gerodete Regenwald keine Bohnen für den direkten Verzehr des Menschen, sondern für Tierfuttermittel liefert und keiner der gängigen Produzenten von Tofu, Sojamilch und anderen Sojaprodukten in Deutschland, Österreich und der Schweiz Soja aus Regenwaldgebieten bezieht.

Vorurteil	Faktenlage
Vegane Ernährung ist aufgrund des vielen Sojas ungesund.	Der gesundheitliche Wert der veganen Ernährung kann sich nicht durch den gesundheitlichen Wert eines einzelnen Lebensmittels bestimmen lassen. Eine gesunde vegane Ernährung kann beispielsweise vollkommen ohne Sojaprodukte auskommen. Untersuchungen zeigen, dass ein regelmäßiger Sojakonsum mit mehreren Portionen pro Tag nicht mit gesundheitlichen Nachteilen einhergeht, solange garantiert ist, dass der Speiseplan andere gesunde Lebensmittelgruppen nicht vernachlässigt.
Sojaprodukte begünstigen die Entstehung von Brustkrebs bei Frauen.	Führende Krebs- und Ernährungsgesellschaften sind sich einig, dass der Konsum von Sojaprodukten das Brustkrebsrisiko nicht erhöht und auch Frauen mit Brustkrebs Soja essen können. Die Summe an Humandaten zeigt keinerlei risikoerhöhende Wirkung durch regelmäßigen Sojakonsum, sondern potenziell sogar schützende Effekte.
Der Konsum von Sojaprodukten verweiblicht Männer.	Entgegen früheren Befürchtungen, die größtenteils auf Zellkulturstudien und Tierversuche zurückgehen, zeigen Studien am Menschen keine negativen Auswirkungen durch Soja in Bezug auf den Testosteronspiegel, die Spermienqualität und weitere Parameter der Fruchtbarkeit bei den üblichen Verzehrmengen.
Der Sojaverzehr schadet der Entwicklung von Kindern.	Soja-Säuglingsanfangsnahrung ist seit etwa 100 Jahren im Einsatz. Seit dem Beginn der Zugabe von Jod 1959 gibt es keine Hinweise mehr darauf, dass Soja-Anfangsnahrung jener aus Kuhmilch unterlegen ist. Untersuchungen zeigen, dass sich Säuglinge mit Soja-Anfangsnahrung innerhalb des ersten Jahres gleich entwickeln und auch im Erwachsenenalter keine signifikanten Unterschiede in Größe, Intelligenz, Fruchtbarkeit und weiteren Parametern bestehen. Möchte man dennoch keine Soja-Säuglingsnahrung kaufen, gibt es auch sojafreie, rein vegane Anfangsnahrung auf Basis von Reis und Mandeln.
Das Soja der Veganer*innen zerstört den Regenwald.	Für den Sojaanbau wurden große Flächen des Regenwaldes gerodet. Allerdings geht ein überwiegender Teil der weltweiten Sojaernte als Futtermittel in die Intensivtierhaltung oder in andere Wirtschaftszweige abseits der Tofu- und Sojamilchproduktion. Keiner der gängigen Produzenten von Tofu, Sojamilch und anderen Sojaprodukten in Deutschland, Österreich und der Schweiz bezieht Soja aus Regenwaldgebieten.

Quellen

1 The Weston A. Price Foundation (2009). *Soy Alert! Brochure – Myths & Truths About Soy.* Zugriff am 1. Februar 2021. Verfügbar unter http://bit.ly/2CBkWcQ

2 Kahn, M. J. (2016). *Vegan Betrayal – Love, lies and hunger in a plants-only world.* Colorado: Little Boat Press, 180.

3 Fallon, S. und Enig, M. G. (2000). *Tragedy and Hype – The Third International Soy Symposium.* Zugriff am 1. Februar 2021. Verfügbar unter http://bit.ly/2CG3LDX

4 McGee, H. (2016). *On Food and Cooking – Das Standardwerk der Küchenwissenschaft.* Hamburg: Matthaes Verlag, 578.

5 Thompson, L. U., Boucher, B. A., Liu, Z., Cotterchio, M. und Kreiger, N. (2006). Phytoestrogen content of foods consumed in Canada, including isoflavones, lignans, and coumestan. *Nutr Cancer*, 54(2), 184–201.

6 Jargin, S. V. (2014). Soy and phytoestrogens: possible side effects. *Ger Med Sci*, 12, 18.

7 Kulling, S. E. und Watzl, B. (2003). Phytoöstrogene. *Ernährungs-Umschau*, 50(6), 234–239.

8 Balk, E., Chung, M., Chew, P., Ip, S., Raman, G., Kupelnick, B. et al. (2005). *Effects of Soy on Health Outcomes. Evidence Report/Technology Assessment No. 126.* AHRQ Publication No. 05-E024–2. Rockville, MD: Agency for Healthcare Research and Quality.

9 U.S. National Center for Complementary and Integrative Health (2016). *Soy.* Zugriff am 1. Februar 2021. Verfügbar unter http://bit.ly/2lGcDls.

10 Zuberbier, T. (2016). *European Centre for Allergy Research Foundation (ECARF) – Sojaallergie.* Zugriff am 1. Februar 2021. Verfügbar unter https://bit.ly/2J4ujCQ

11 Schmidt, S. und Linnemann, J. (2016). *Erdnussallergie: Häufigkeit und Prognose. Allum – Allergie, Umwelt und Gesundheit.* Zugriff am 1. Februar 2021. Verfügbar unter http://bit.ly/2C2azKV

12 American Institute for Cancer Research (2012). *Soy is Safe for Breast Cancer Survivors – New Review of the Research.* Zugriff am 21. Februar 2021. Verfügbar unter https://bit.ly/3t1hHB4

13 Hilakivi-Clarke, L., Andrade, J. E. und Helferich, W. (2010). Is soy consumption good or bad for the breast? *J Nutr*, 140(12), 2326–2334.

14 Hamilton-Reeves, J. M., Vazquez, G., Duval, S. J., Phipps, W. R., Kurzer, M. S. und Messina, M. J. (2009). Clinical studies show no effects of soy protein or isoflavones on reproductive hormones in men: results of a meta-analysis. *Fertil Steril*, 94(3), 997–1007.

15 Mitchell, J. H., Cawood, E., Kinniburgh, D., Provan, A., Collins, A. R. und Irvine, D. S. (2001). Effect of a phytoestrogen food supplement on reproductive health in normal males. *Clin Sci (Lond),* 100(6), 613–618.

16 Beaton, L. K., McVeigh, B. L., Dillingham, B. L., Lampe, J. W. und Duncan, A. M. (2010). Soy protein isolates of varying isoflavone content do not adversely affect semen quality in healthy young men. *Fertil Steril*, 94(5), 1717–1722.

17 British Dietetic Association (o. D.). *Soya foods: Food Fact Sheet.* Zugriff am 1. Februar 2021. Verfügbar unter https://bit.ly/2J67DSG

18 Cancer Council Australia (2017). *Position statement – Soy, phytoestrogens and cancer prevention.* Zugriff am 1. Februar 2021. Verfügbar unter http://bit.ly/2Ct34Rn

19 American Institute for Cancer Research (2017). *AICR's foods that fight cancer – soy.* Zugriff am 1. Februar 2021. Verfügbar unter http://bit.ly/1kZ6Pk9

20 Dietitians of Canada (2015). *What are the health benefits of soy?* Zugriff am 1. Februar 2021. Verfügbar unter https://bit. ly/2qsqP2C

21 The Israel Dietitians and Nutritionists Association & The Ministry of Health (2005). *Updated Information on Soy Consumption and Health Effects.* Zugriff am 1. Februar 2021. Verfügbar unter http://bit.ly/2CrON7z

22 Bhatia, J. und Greer, F. (2008). Use of Soy Protein-Based Formulas in Infant Feeding. *Pediatrics*, 121(5), 1062–1068.

23 Leung, A. und Otley, A. (2009). Canadian Paediatric Society – Concerns for the use of soybased formulas in infant nutrition. *Paediatr Child Health,* 14(3),109–113.

24 Bundesinstitut für Risikobewertung. (2008). *Fragen und Antworten zur Sicherheit von isoflavonhaltigen Nahrungsergänzungsmitteln und ergänzenden bilanzierten Diäten.* Zugriff am 1. Februar 2021. Verfügbar unter http://bit.ly/2Ex3BPv

25 Rozman, K. K., Bhatia, J., Calafat, A. M., Chambers, C., Culty, M., Etzel, R. A. et al. (2006). NTP-CERHR Expert Panel Report on the Reproductive and Developmental Toxicity of Genistein. *Birth Defects Res B Dev Reprod Toxicol*, 77(6), 485–638.

26 British Dietetic Association (2017). *Food Fact Sheet: Soya, food and health.* Zugriff am 1. Februar 2021. Verfügbar unter http://bit.ly/2qgoEmC

27 Dietitians of Canada (2015). What are the health benefits of soy? Zugriff am 1. Februar 2021. Verfügbar unter https://bit.ly/2qsqP2C

28 The Israel Dietitians and Nutritionists Association & The Ministry of Health (2005). *Updated Information on Soy Consumption and Health Effects.* Zugriff am 1. Februar 2021. Verfügbar unter http://bit.ly/2CrON7z

29 Bhatia, J. und Greer, F. (2008). Use of Soy Protein-Based Formulas in Infant Feeding. *Pediatrics*, 121(5), 1062–1068.

30 Leung, A. und Otley, A. (2009). Canadian Paediatric Society – Concerns for the use of soy-based formulas in infant nutrition. Paediatr Child Health, 14(3), 109–113.

31 Cancer Council Australia (2017). *Position statement – Soy, phyto-oestrogens and cancer prevention.* Zugriff am 1. Februar 2021. Verfügbar unter http://bit.ly/2Ct34Rn

32 American Institute for Cancer Research (2012). *Soy is Safe for Breast Cancer Survivors – New Review of the Research.* Zugriff am 1. Februar 2021. Verfügbar unter http://bit.ly/2CrUIc1

33 American Institute for Cancer Research (2017).

AICR's foods that fight cancer – soy. Zugriff am 1. Februar 2021. Verfügbar unter http://bit.ly/1kZ6Pk9

34 American Institute for Cancer Research (2014). *Your Questions on Soy and Breast Cancer Answered.* Zugriff am 1. Februar 2021. Verfügbar unter http://bit.ly/ZsfErC

35 The American Cancer Society (2016). *Common questions about diet and cancer – soy.* Zugriff am 1. Februar 2021 Verfügbar unter http://bit.ly/2jkNeK2

36 World Cancer Research Fund International (2014). *Diet, nutrition, physical activity and breast cancer survivors.* Zugriff am 1. Februar 2021. Verfügbar unter http://bit.ly/1re3WHv

37 Bundesinstitut für Risikobewertung (2008). *Fragen und Antworten zur Sicherheit von isoflavonhaltigen Nahrungsergänzungsmitteln und ergänzenden bilanzierten Diäten.* Zugriff am 1. Februar 2021. Verfügbar unter http://bit.ly/2Ex3BPv

38 Erdman, J. W. (2000). Soy Protein and Cardiovascular Disease – A Statement for Healthcare Professionals From the Nutrition Committee of the AHA. *Circulation*, 102(20), 2555–2559.

39 U.S. National Center for Complementary and Integrative Health (2016). *Soy.* Zugriff am 1. Februar 2021. Verfügbar unter http://bit.ly/2lGcDls

40 Messina, M. (2016). Soy and Health Update: Evaluation of the Clinical and Epidemiologic Literature. *Nutrients,* 8(12), 754.

41 Setchell, K. D., Brown, N. M., Zhao, X., Lindley, S. L., Heubi, J. E., King, E. C. und Messina, M. J. (2011). Soy isoflavone phase II metabolism differs between rodents and humans: implications for the effect on breast cancer risk. *Am J Clin Nutr,* 94(5), 1284–1294.

42 Pan, L., Xia, X., Feng, Y., Jiang, C., Cui, Y. und Huang, Y. (2008). Exposure of juvenile rats to the phytoestrogen daidzein impairs erectile function in a dose-related manner in adulthood. *J Androl,* 29(1), 55–62.

43 Setchell, K. D., Gosselin, S. J., Welsh, M. B., Johnston, J. O., Balistreri, W. F., Kramer, L. W. et al. (1987). Dietary estrogens – a probable cause of infertility and liver disease in captive cheetahs. *Gastroenterology,* 93(1), 225–233.

44 American Institute for Cancer Research (o. D.). *The Cancer Research.* Zugriff am 1. Februar 2021. Verfügbar unter http://bit.ly/2EiKeJ8

45 Bhagwat, S., Haytowitz, D. B. und Holden, J. M. (2008). *USDA Database for the Isoflavone Content of Selected Foods – Release 2.0. U. S. Department of Agriculture.* Zugriff am 1. Februar 2021. Verfügbar unter http://bit.ly/2CPbbqG

46 World Wide Fund for Nature (2014). *The Growth of Soy Impacts and Solutions.* Gland, Switzerland: WWF International Report, 4.

47 Koneswaran, G. und Nierenberg, D. (2008). Global Farm Animal Production and Global Warming: Impacting and Mitigating Climate Change. *Environ Health Perspect.* 116(5), 578–582.

48 Goldsmith, P. (2008). Economics of Soybean Production, Marketing, and Utilization. *Soybean Monograph,* 117.

49 Meretz, S. und Mannigel, E. (2017). *Soja – Was unser Fleischkonsum mit dem Regenwald zu tun hat.* Bonn: OroVerde, 7.

50 Koneswaran, G. und Nierenberg, D. (2008). Global Farm Animal Production and Global Warming: Impacting and Mitigating Climate Change. *Environ Health Perspect.* 116(5), 578–582.

51 Goldsmith, P. (2008). Economics of Soybean Production, Marketing, and Utilization. *Soybean Monograph,* 117.

52 Meretz, S. und Mannigel, E. (2017). *Soja – Was unser Fleischkonsum mit dem Regenwald zu tun hat.* Bonn: OroVerde, 7.

53 Ebd.

54 Kroes, H. und Kuepper, B. (2015). *Mapping the soy supply chain in Europe – A research paper prepared for WNF.* Zugriff am 1. Februar 2021. Verfügbar unter https://bit.ly/2lEvcGw

55 WWF Deutschland (2014). *Fleisch frisst Land (4. Unv. Ausg.).* Zugriff am 1. Februar 2021. Verfügbar unter https://bit.ly/2WEP6EV

56 Ebd.

57 Küpper, B., Willem van Gelder, J. und Vrins, M. (2014). *Dutch Soy Coalition – Soy barometer 2014.* Zugriff am 1. Februar 2021. Verfügbar unter https://bit.ly/2IuJouE

58 Meretz, S. und Mannigel, E. (2017). *Soja – Was unser Fleischkonsum mit dem Regenwald zu tun hat.* Bonn: OroVerde, 7.

59 Taifun (2017). *1987–2017: 30 Jahre Taifun.* Zugriff am 1. Februar 2021. Verfügbar unter http://bit.ly/2q4aFjo

60 Tofutown (2014). *Tofutown Portrait.* Zugriff am 1. Februar 2021. Verfügbar unter http://bit.ly/2DCJIFm

61 Joya (2016). *Joya Factsheet.* Zugriff am 1. Februar 2021. Verfügbar unter http://bit.ly/2CqCuYf

62 Dänzer, A. W. (2017). *Soyana – Herkunft der Bio-Soyabohnen und von anderen wichtigen Rohstoffen.* Zugriff am 1. Februar 2021. Verfügbar unter http://bit.ly/2lAAF0e

63 Pichler, R. (2015). Tofu aus einheimischen Sojabohnen? *Veg-Info*, 2/2015, 18–19.

64 Verbraucherzentrale Hamburg (2014). *Woher kommen die Sojabohnen in den Drinks?* Zugriff am 1. Februar 2021. Verfügbar unter http://bit.ly/2DE9DN8

PALMÖL IN VEGANEN PRODUKTEN ZERSTÖRT DEN REGENWALD

30.

W ann immer über Themen wie Nachhaltigkeit und Tierrechte gesprochen wird, trifft man früher oder später in Diskussionen auf ein belehrendes »Du bist aber auch nicht perfekt, weil du dieses oder jenes ebenfalls tust.« Gerade in Bezug auf die durchschnittlich bessere Umweltverträglichkeit[1,2] der veganen Ernährung im Vergleich zur typischen westlichen Mischkost wird häufig entgegnet, dass in veganen Lebensmitteln auch jede Menge Palmöl verwendet wird und man daher mit einer veganen Lebensweise ebenso zur Umweltzerstörung beitrage. Wie in Kapitel 5 im Detail besprochen, haben derartige Erwiderungen aber keinen Einfluss auf die grundsätzliche Richtigkeit des vorgebrachten Arguments. Die Tatsache, dass auch in einigen veganen Lebensmitteln Palmöl enthalten ist, obwohl die Palmölproduktion (zumindest in den meisten Fällen) mit negativen Auswirkungen auf die Umwelt einhergeht, ändert nichts an dem Sachverhalt, dass pflanzenbetonte (und damit auch vegane) Ernährungsformen im Durchschnitt nachhaltiger (weil ressourcenschonender und umweltverträglicher) als die gängigen westlichen mischköstlichen Ernährungsweisen sind. Palmöl ist außerdem kein zwingender Bestandteil der veganen Ernährung, und nur weil manche vegane Produkte Palmöl enthalten, legitimiert das keineswegs die ökologischen Missstände, die durch die weltweite »Nutztierhaltung« verursacht werden. Noch weniger ändert dies an den ethischen Argumenten gegen die Ausbeutung von Tieren durch den Menschen. Selbstverständlich ist es wichtig, über Themen wie die Palmölproduktion zu sprechen, aber derartige Diskussionen dürfen nicht vorgeschoben werden, um von anderen Themen abzulenken. Wie auch durch den Anbau von anderen Kulturpflanzen wie Soja (siehe Kapitel 29) geht die Pflanzung von Ölpalmen mit einem Verlust von Wald durch die Erweiterung der landwirtschaftlich genutzten Fläche einher. Es gibt also de facto eine direkte Umwandlung von Regenwald in Ölpalmplantagen.[3]

Im Gegensatz zum Sojaanbau in Regenwaldgebieten, der quasi nie für die Produktion veganer Sojaprodukte wie Tofu oder Sojamilch verwendet wird, landet in einigen veganen Lebensmitteln durchaus Palmöl, das für die Zerstörung von Regenwald verantwortlich ist. Daher betrifft diese Thematik auch vegan lebende Menschen – aber eben nicht vorrangig.

Palmöl ist kein »veganes Problem«

Obwohl es vegane Lebensmittel mit Palmöl gibt, existiert zugleich keine Notwendigkeit für die Verwendung von Palmöl in der veganen Ernährung. Nur durch eine zwingende Notwendigkeit für Palmöl im Rahmen der veganen Ernährung hätte sich daraus ein tatsächlich valides Argument gegen den Veganismus ergeben können. Vor allem mit Blick auf die nationalen und internationalen Verwendungszwecke von Palmöl wird deutlich, dass der Veganismus (selbst wenn er zukünftig noch weiter wächst) keine relevante Nachfragesteigerung bewirken wird. Dennoch soll dadurch nicht die Wichtigkeit dieses Themas geschmälert werden und es wird nachfolgend noch im Detail besprochen. In Indonesien und Malaysia, wo etwa 85 % des weltweiten Palmöls produziert werden,[4] geschah die Erweiterung von Flächen zur Palmölproduktion in der Periode von 1990 bis 2005 zu mehr als der Hälfte auf Kosten des Regenwaldes.[5] Neben der Abholzung spielt der damit einhergehende Verlust der Artenvielfalt eine wichtige Rolle,[6] denn obwohl tropische Wälder nur 7 % der weltweiten Landfläche bedecken, beherbergen sie über die Hälfte aller weltweit bekannten Spezies.[7] In Bezug auf die Palmölproduktion werden darüber hinaus immer wieder Fälle von Kinderarbeit und Verstöße gegen Menschenrechte verzeichnet.[8] Demgegenüber steht die wichtige ökonomische Rolle dieses Rohstoffs, denn weltweit sind etwa 7 Millionen Menschen beruflich in der Palmölproduktion involviert und besonders in den beiden zuvor erwähnten südostasiatischen Staaten trägt diese merklich zum Bruttoinlandsprodukt (BIP) bei.[9] Die Regierungen der beider Staaten fördern vermehrt den Anbau von Ölpalmen, da sie darin eine Möglichkeit zur Verbesserung der wirtschaftlichen Situation der Menschen vor Ort sowie eine größere Chance auf Unabhängigkeit in Bezug auf die Nahrungs- und Energiebereitstellung sehen.[10] Bei Palmöl handelt es sich um einen sehr vielfältig einsetzbaren Rohstoff, der einerseits direkt als Lebensmittel, besonders als Bratöl, aber auch in vielen verarbeiteten Produkten der Lebensmittelindustrie wie Margarinen, Keksen, Eiscremes, Süßwaren etc. Verwendung findet und andererseits in der Kosmetikproduktion genutzt wird. Zudem wird es (zumindest in Ländern wie Deutschland) vermehrt für die Produktion von Biodiesel genutzt.[11] All diese Nutzungsarten haben nichts mit dem Veganismus per se zu tun.

Wo landet das meiste Palmöl?

Um die Kritik an Palmöl richtig einordnen zu können, sollte man einige grundsätzliche Zahlen zu Palmöl kennen. Palmöl ist mengenmäßig das weltweit bedeutendste Pflanzenöl, das zu großen Teilen als Speiseöl (vor allem in Südostasien) verbraucht wird. Die Produktion von Palmöl ist in den vergangenen 30 Jahren von sechs Millionen Tonnen (1986)[12] um mehr als das Zehnfache auf über 70 Millionen Tonnen im Jahr 2018[13] gestiegen. Aktuell verfügbare Daten zeigen auf, dass weltweit bereits 2010 auf einer Fläche von etwa 160.000 km² Palmöl angebaut wurde.[14] Das entsprach bereits vor zehn Jahren einer Fläche so groß wie etwa halb Deutschland, und diese Fläche ist seitdem kontinuierlich gestiegen. Von der globalen Palmölproduktion werden etwa drei Viertel für Nahrungszwecke verwendet.[15] Der Großteil der Restmenge findet in der Industrie für Kosmetikprodukte, Wasch- und Reinigungsmittel Verwendung und ein weiterer kleiner Teil landet in anderen Industriezweigen. Wie Abbildung 54 allerdings zeigt, sieht die Situation in Deutschland anders aus: Im Jahr 2013 gelangte der mit Abstand größte Teil (42 %) nicht in der Ernährung des Menschen, sondern wurde für die Produktion von Bioenergie verwendet. 33 % wurden als Nahrungsmittel verzehrt (ein Großteil davon für nicht-vegane Produkte), 17 % wurden für weitere Industriezwecke wie Kosmetik, Reinigungsmittel etc. verwendet und rund 8 % gingen als Teil von Futtermitteln in die industrielle Tierhaltung.[16]

So fordert der WWF (World Wide Fund for Nature) neben einem Verzicht auf Palmöl als Biokraftstoff und den insgesamt sparsameren und bewussteren Einsatz von (zertifiziertem) Palmöl in Lebensmitteln und anderen Industrieprodukten eine Halbierung des aktuellen Fleischkonsums, um dadurch in der Tiermast die Verwendung von Palmöl zu reduzieren.[17] Eine Halbierung des aktuellen Fleischkonsums in der Mischkost empfehlen auch Ernährungsfachgesellschaften wie die DGE (Deutsche Gesellschaft für Ernährung).[18]

Abb. 55: **Benötigte Menge an Soja als Teil des Futtermittels für die Produktion von ausgewählten Tierprodukten[19]**

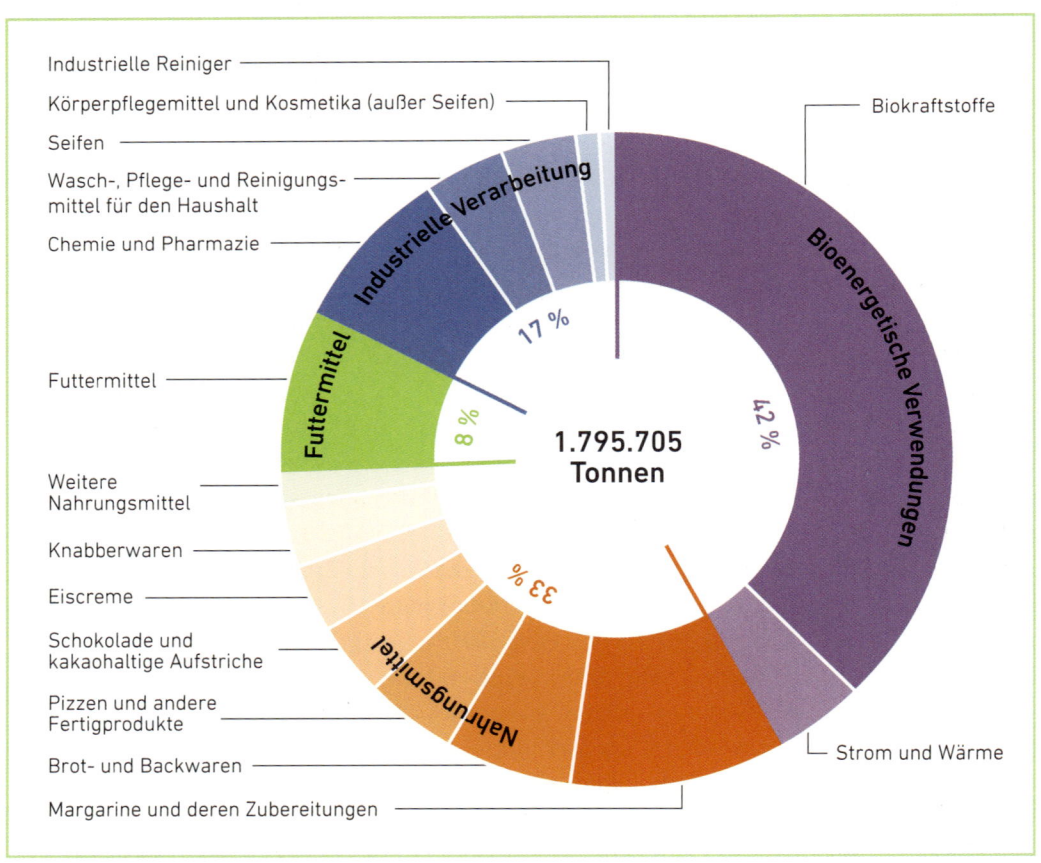

Bei mehr als 1,8 Millionen Tonnen Palmöl, die jährlich nach Deutschland importiert werden, verbraucht jeder Mensch hierzulande im Schnitt etwa 22 kg Palmöl pro Jahr.[20] Dieser Sachverhalt ist jedoch den meisten Konsument*innen nicht bewusst, da ein Großteil des Palmöls nicht in Form von Lebensmitteln auf ihren Tellern landet. Die Palmöl-Problematik in der Erzeugung von Biokraftstoffen wird bereits seit Jahren diskutiert und die EU-Kommission plant, ab 2023 die Verwendung von Palmöl in Biodiesel schrittweise zu reduzieren und es bis 2030 gänzlich zu exkludieren.[21] Um hier wirklich nachhaltig eine positive Veränderung zu bewirken, gilt es, auch gesellschaftlich eine Reihe an Maßnahmen zu treffen. Wie der WWF vorschlägt, sollte der Individualverkehr elektrisiert und reduziert werden, bei Langstrecken sollte vermehrt das Bahnnetz genutzt werden, Flugreisen sollten insgesamt vermindert und Geschäftsbesprechungen vermehrt digital per Videokonferenz abgehalten werden.[22]

Mehr Palmöl in nicht-veganen Lebensmitteln

Trotz der geringen Menge in der Lebensmittelproduktion spielt Palmöl hier in Deutschland eine wichtige Rolle. So landet Palmöl in etwa jedem zweiten Lebensmittel, das in gängigen Supermärkten hierzulande verkauft wird.[23] Man sieht also bereits deutlich, dass es hier nicht das knapp eine Prozent der Bevölkerung ist, das sich vegan ernährt, das für die große Nachfrage verantwortlich ist. Weltweit gesehen ist es vielmehr der Überkonsum verarbeiteter Produkte (vor allem in Schokolade, Eiscreme, Knabberwaren, Margarine und weiteren Fertigprodukten mit Palmöl), die zu überwiegenden Teilen nicht vegan sind. In Deutschland kommt vor allem die Verwendung von Palmöl in der Bioenergie hinzu. Aufgrund des noch verhältnismäßig kleinen Angebots an rein veganen Lebensmitteln ist sogar die absolute Menge an Palmöl in Tierfuttermitteln in Deutschland aktuell noch höher als die in veganen Lebensmitteln. Dieser Umstand soll nicht bedeuten, dass nicht auch vegan lebende Menschen auf ihren Konsum von problematischen Produkten mit Palmöl achten sollten, aber das Argument gegen Palmöl kann somit zum einen kein Argument gegen den Veganismus sein, da man sich auch wunderbar ohne Palmöl vegan ernähren kann, und zum anderen stellt ein undifferenziert geforderter Verzicht auf jegliches Palmöl (vor allem in der Ernährung) nicht die Lösung des Problems dar, wie nachfolgend im Detail geschildert wird.

Kompletter Palmölverzicht ist nicht die Lösung

Zur Erinnerung: Palmölplantagen liefern mehr als ein Drittel der weltweit genutzten Ölmenge. Das macht Palmöl zum mengenmäßig bedeutendsten Pflanzenöl.[24] Ölpalmen sind überaus ertragreich und benötigen im Vergleich zu anderen, weniger ertragreichen Ölpflanzen nur einen Bruchteil der Anbaufläche. Wie Abbildung 56 zeigt, ist der Ertrag an Palmöl etwa 3,3 Tonnen Öl pro Hektar, bei Raps-, Kokos und Sonnenblumenöl nur etwa 0,7 Tonnen und bei Sojaöl sind es weniger als 0,4 Tonnen pro Hektar.[25]

So benötigt man für dieselbe Menge des vorherigen Flächenbeispiels aus 2010 bei einem Wechsel von beispielsweise Palmöl zu Rapsöl nicht nur eine Fläche in der Größe von etwa halb Deutschland, sondern mehr als die doppelte Fläche von ganz Deutschland. Dieses Beispiel zeigt, dass ein reines Ersetzen durch andere Öle aus Platzgründen schwierig ist. Außerdem weist Palmöl aufgrund seiner Fettsäurestruktur Verarbeitungseigenschaften auf, die ebenfalls nur bedingt durch andere Öle ersetzt werden können.

Abb. 56: **Ertrag diverser Ölpflanzen im Vergleich[26]**

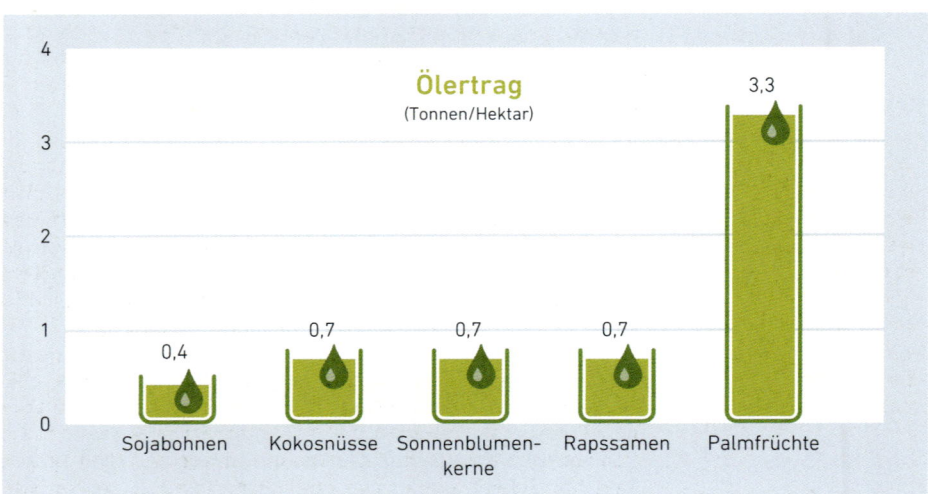

Schlussfolgerung

Letztendlich muss die Diskussion um nachhaltiges Palmöl Teil einer umfassenden Debatte über Konsumhöhe, Ressourcenverbrauch und Anbaubedingungen sein. Der Einsatz von Palmöl sollte, wo es möglich ist, reduziert werden, und wo es nicht möglich ist, sollte biozertifiziertes und nach dem RSPO-Standard (Roundtable on Sustainable Palm Oil) produziertes Palmöl verwendet werden. Obwohl vegane Produkte in den D-A-CH-Staaten noch einen verhältnismäßig kleinen Anteil am gesamten Lebensmittelsortiment (in Bezug auf verarbeitete Produkte und nicht in Bezug auf Obst, Gemüse, Getreide etc.) ausmachen, spielt dieses Thema dennoch eine wichtige Rolle. Produzent*innen veganer Produkte sollten Palmöl nur dann nutzen, wenn es wirklich notwendig ist (insbesondere da es neben all den genannten Aspekten aufgrund des unvorteilhaften Fettsäurespektrums mit einem hohen Anteil an gesättigten Fettsäuren gesundheitlich suboptimal ist), und in anderen Fällen nach Alternativen suchen. Ein Argument gegen den Veganismus lässt sich daraus aber in keinem Fall ableiten.

Richtigstellung des Arguments »Palmöl in veganen Produkten zerstört den Regenwald«

Vorurteil	Faktenlage
Das Palmöl in veganen Produkten zerstört den Regenwald.	Auch wenn es vegane Lebensmittel mit Palmöl gibt, so gibt es keine Notwendigkeit zur Verwendung von Palmöl in der veganen Ernährung. Nur durch eine zwingende Notwendigkeit für Palmöl im Rahmen einer veganen Ernährung würde sich daraus ein valides Argument gegen den Veganismus herleiten lassen. Mit Blick auf die Verwendungszwecke von Palmöl wird außerdem deutlich, dass der Veganismus (selbst wenn er zukünftig noch weiter wächst) keine relevante Nachfragesteigerung an Palmöl bewirken wird. Dennoch handelt es sich um ein gesellschaftlich relevantes Thema – aber eben nicht um ein Argument gegen den Veganismus.
Vegane Lebensmittel und nicht Biokraftstoffe sind das Problem, denn weltweit landet nur ein Bruchteil des Palmöls in Bio-Kraftstoffen.	Weltweit gesehen landet ohnehin nur ein Bruchteil des Palmöls in veganen Lebensmitteln. Der Großteil wird für nicht-vegane Nahrungsmittel verwendet. In Deutschland landete jedoch knapp die Hälfte des importierten Palmöls in der Produktion von Bioenergie und nur etwa ein Drittel wird als Nahrungsmittel verzehrt. Der Großteil davon allerdings ebenfalls in nicht-veganen Produkten. Immerhin 8 % gehen außerdem als Teil von Futtermitteln in die Tierhaltung.
Es gibt kein nachhaltiges Palmöl.	Entgegen dem bei vielen Themen vorherrschenden Schwarz-Weiß-Denken sollte auch die Palmölproduktion differenziert betrachtet werden. Palmöl kann aufgrund seines Ertragreichtums unter den richtigen Bedingungen ein nachhaltiges und umweltverträgliches Lebensmittel sein. Konsument*innen sollten auf biozertifiziertes und nach dem RSPO-Standard (Roundtable on Sustainable Palm Oil) produziertes Palmöl zurückgreifen.
Das Ziel sollte eine palmölfreie Ernährung sein.	Ein kompletter Verzicht auf Palmöl ist weder realistisch noch notwendig. Palmöl ist überaus ertragreich und benötigt im Vergleich zu anderen weniger ertragreichen Pflanzenölen einen Bruchteil der Anbaufläche. Ein reines Ersetzen von Palmöl durch andere Öle ist daher aus Platzgründen schwierig. Außerdem weist Palmöl aufgrund seiner Fettsäurestruktur Verarbeitungseigenschaften auf, die ebenfalls nur bedingt durch andere Öle ersetzt werden können. Das Ziel sollte also in erster Linie eine Abkehr der Bioenergieproduktion mit Palmöl, eine Reduzierung des Einsatzes in der Lebensmittelproduktion auf die alternativlosen Einsatzgebiete sowie die ausschließliche Verwendung von biozertifiziertem und nach dem RSPO-Standard (Roundtable on Sustainable Palm Oil) produziertem Palmöl sein.

Quellen

1 Sabaté, J. und Soret, S. (2014). Sustainability of plant-based diets: back to the future. Am J Clin Nutr, 100(1), 476–482.

2 Baroni, L., Cenci, L., Tettamanti, M. und Berati, M. (2007). Evaluating the environmental impact of various dietary patterns combined with different food production systems. Eur J Clin Nutr, 61(2), 279–286.

3 Kongsager, R. und Reenberg, A. (2012). Contemporary land-use transitions: The global oil palm expansion - GLP Report No. 4. Kopenhagen: GLP International Project Office, 21.

4 Ramdani, F. und Hino, M. (2013). Land Use Changes and GHG Emissions from Tropical Forest Conversion by Oil Palm Plantations in Riau Province, Indonesia. PLoS One. 8(7), e70323.

5 Koh, L. P. und Wilcove, D. S. (2008). Is oil palm agriculture really destroying tropical biodiversity? Conservation letters. 1(2), 60–64.

6 Sheil, D., Casson, A., Meijaard, E. et al. (2009). The impacts and opportunities of oil palm in Southeast Asia: What do we know and what do we need to know? CIFOR. Occasional paper no. 51, 1.

7 Plotkin, J.B, Potts, M. D., Yu, D. W. et al. (2000). Predicting species diversity in tropical forests. Proc Natl Acad Sci USA. 97(20), 10850–

8 Kadandale, S., Marten, R. und Smith, R. (2019). The palm oil industry and noncommunicable diseases. Bull World Health Organ, 97(2), 118–128.

9 United Nations Development Programme. (2010). Palm Oil Scoping Paper. Zugriff am 19. Januar 2021. Verfügbar unter https://bit.ly/2wyQRc3

10 Pirker, J., Mosnier, A., Kraxner, F. et al. (2016). What are the limits to oil palm expansion? Global Environmental Change, 40, 73–81.

11 Ebd.

12 Walter, B. (2018). Kein Palmöl für Biodiesel? – Der kritische Agrarbericht 2018. Zugriff am 19. Januar. Verfügbar unter https://bit.ly/2wUia0v

13 Shahbandeh, M. (2020). Production volume of palm oil worldwide from 2012/13 to 2019/20. Zugriff am 19. Januar 2021. Verfügbar unter https://bit.ly/3bmTX1v

14 Pirker, J., Mosnier, A., Kraxner, F. et al. (2016). What are the limits to oil palm expansion? Global Environmental Change, 40, 73–81.

15 Union zur Förderung von Öl- und Proteinpflanzen. (2017). UFOP Versorgungsbericht 2016/17 – Ist Palmöl uneingeschränkt nutzbar? Zugriff am 19. Januar 2021. Verfügbar unter https://bit.ly/2wMCrFw

16 World Wide Fund for Nature. (2016). Auf der Ölspur – Berechnungen zu einer palmölfreien Welt. Zugriff am 19. Januar 2021. Verfügbar unter https://bit.ly/2w627wh

17 Ebd.

18 Deutsche Gesellschaft für Ernährung. (2015). Weniger Fleisch auf dem Teller schont das Klima. Zugriff am 19. Januar 2021. Verfügbar unter https://bit.ly/2waW0ac

19 Ebd.

20 World Wide Fund for Nature. (2016). Auf der Ölspur – Berechnungen zu einer palmölfreien Welt. Zugriff am 19. Januar 2021. Verfügbar unter https://bit.ly/2w627wh

21 Deutsche Umwelthilfe e. V. (2019). EU verbannt Palmöl aus dem Diesel – Deutsche Umwelthilfe wertet Entscheidung als Fortschritt für mehr Klima- und Naturschutz. Zugriff am 19. Januar 2021. Verfügbar unter https://bit.ly/39MWAuw

22 World Wide Fund for Nature. (2016). Auf der Ölspur – Berechnungen zu einer palmölfreien Welt. Zugriff am 19. Januar 2021. Verfügbar unter https://bit.ly/2w627wh

23 Kadandale, S., Marten, R. und Smith, R. (2019). The palm oil industry and noncommunicable diseases. Bull World Health Organ, 97(2), 118–128.

24 Statista Research Department. (2019). Vegetable oil production worldwide 2000–2020. Zugriff am 19. Januar 2021. Verfügbar unter https://bit.ly/2UE4SwX

25 World Wide Fund for Nature. (2016). Auf der Ölspur – Berechnungen zu einer palmölfreien Welt. Zugriff am 19. Januar 2021. Verfügbar unter https://bit.ly/2w627wh

26 Ebd.

Bildnachweise

Danksagung

Das vorliegende Buch baut auf einer großen Vielfalt an Publikationen aus dem Bereich der Tierethik und Ernährungswissenschaft auf und unser größter Dank gilt den Philosoph*innen, Wissenschaftler*innen und weiteren Expert*innen, die durch ihre Veröffentlichungen diese Erkenntnisse geliefert haben. Zu zahlreich sind die Namen, um sie an dieser Stelle vollständig zu nennen, aber sie alle finden mit ihrer Arbeit Erwähnung im Quellenverzeichnis der jeweiligen Kapitel. Ein großer Dank gilt außerdem den Pionier*innen des Veganismus, die mit ihren populären Büchern vielen Menschen auch abseits des akademischen Umfelds das Thema der Tierrechte nähergebracht haben. Ohne ihre Arbeit wäre ein Werk wie dieses nicht realisierbar gewesen. Ein besonderer Dank geht an:

Tom Regan, Gary L. Francione, Peter Singer, Melanie Joy, Carol J. Adams, Friederike Schmitz, Richard D. Ryder, Mark Rowlands, Martin Balluch, Jonathan Safran Foer, Virginia Messina, Jack Norris, Brenda Davis, Nick Cooney, Tobias Leenaert, Richard David Precht, Jonathan Balcombe, John Robbins, Michael Greger, Paul Shapiro und Bastian Flor.

Für die Mithilfe an diesem Buch in Form von wertvollem Feedback und weiteren Anregungen danken wir außerdem Benjamin Ploberger, Katharina Frauenknecht, Anna-Lena Klapp, Katharina Wirnitzer, Jan Hegenberg, Stefan Kirschke, Daniel Mettke, Falko Pietsch, Hella Martin, Jörg Schwerdtfeger, Daniela Wakonnig, Jens Grote und Mladena Aleksic. Auch abseits dieser Liste gilt unser Dank allen Tierrechtsaktivist*innen, die jenen Tieren eine Stimme geben, die in unserer Gesellschaft zu oft ungehört bleiben. Außerdem geht ein großer Dank an die vielen Organisationen, die sich für Tierrechte und eine vegane Lebensweise einsetzen. Abschließend richtet sich unser Dank noch an jede einzelne Person, die sich für die ethischen, ökologischen und weltgesundheitlichen Auswirkungen ihrer Ernährung und Lebensweise interessiert und ihren Werten entsprechend handelt.

WEITERE BÜCHER VON NIKO RITTENAU

BECKER
JOEST
VOLK
VERLAG

VEGAN-KLISCHEE ADE!
Wissenschaftliche Antworten
auf kritische Fragen zu
pflanzlicher Ernährung –
Erweiterte Auflage mit neuem
Zusatzkapitel
Text Niko Rittenau
512 Seiten
Format 17 × 24 cm, gebunden

26,50 EUR (D), 27,30 EUR (A)
ISBN 978-3-95453-189-9

Im Ventil Verlag erschienen:
E-Book
ISBN 978-3-95575-108-1
Audiobook
ISBN 978-3-95575-138-8

Bei DK erschienen:
VEGAN-KLISCHEE ADE!
Das Kochbuch
Text Niko Rittenau, Sebastian Copien
Fotografie Julia Hildebrand, Ingolf Hatz
256 Seiten
Format 19,6 × 25,3 cm, gebunden

24,95 EUR (D), 25,70 EUR (A)
ISBN 978-3-8310-3885-5

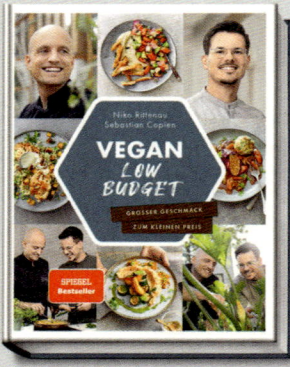

VEGAN LOW BUDGET
Großer Geschmack
zum kleinen Preis
Text Niko Rittenau, Sebastian Copien
Fotografie Matthias Hoffmann,
Hansi Heckmair
256 Seiten, 98 Fotos
Format 19 × 24 cm, gebunden

19,95 EUR (D), 20,60 EUR (A)
ISBN 978-3-95453-202-5

E-Book
ISBN 978-3-95453-209-4
(E-Pub Fixed Layout)
ISBN 978-3-95453-210-0
(E-Pub Reflow, Tolino)
ISBN 978-3-95453-211-7
(Mobi, Kindle)

 Viele weitere kostenlose Ernährungsinformationen gibt es als Video jeden
Mittwoch um 16:00 Uhr auf YouTube unter www.youtube.com/nikorittenau

MEHR INFORMATIONEN UNTER WWW.NIKORITTENAU.COM